金融学译丛
FINANCE

财务管理基础（第七版）

Principles of Managerial Finance, Brief (Seventh Edition)

劳伦斯·J. 吉特曼（Lawrence J. Gitman）
查德·J. 祖特（Chad J. Zutter） ／著
路蒙佳 ／译

中国人民大学出版社
·北 京·

出版说明

作为世界经济的重要组成部分，金融在经济发展中扮演着越来越重要的角色。为了加速中国金融市场与国际金融市场的顺利接轨，帮助中国金融界相关人士更好、更快地了解西方金融学的最新动态，寻求建立并完善中国金融体系的新思路，促进具有中国特色的现代金融体系的建立，中国人民大学出版社精心策划了这套“金融学译丛”，该套译丛旨在把西方，尤其是美国等金融体系相对完善的国家最权威、最具代表性的金融学著作，被实践证明最有效的金融理论和实用操作方法介绍给中国的广大读者。

该套丛书主要包括以下三个方面：

(1) 理论方法。重在介绍金融学的基础知识和基本理论，帮助读者更好地认识和了解金融业，奠定从事深层次学习、研究等的基础。

(2) 实务案例。突出金融理论在实践中的应用，重在通过实务案例以及案例讲解等，帮助广大读者将金融学理论的学习与金融学方法的应用结合起来，更加全面地掌握现代金融知识，学会在实际决策中应用具体理论，培养宏观分析和进行实务操作的能力。

(3) 学术前沿。重在反映金融学科的最新发展方向，便于广大金融领域的研究人员在系统掌握金融学基础理论的同时，了解金融学科的学术前沿问题和发展现状，帮助中国金融学界更好地认清世界金融的发展趋势和发展前景。

我们衷心地希望这套译丛的推出能够如我们所愿，为中国的金融体系建设和改革贡献出一份力量。

中国人民大学出版社

2004 年 8 月

序

我们写《财务管理基础》的想法来自教授财务管理入门课程的经验。反复教授入门课程的人能体会到，一些学生很难吸收和应用财务概念。学生需要一本语言平实并且将概念与实际联系起来的教科书。这些学生需要的不仅仅是语言描述；他们还需要概念、工具和方法的示例。这本书是根据学生的需求编写的，并提供了学生顺利完成入门财务课程所需的资源。

本书初版之后，课程和学生都有所变化，但本书的目标没有变。使用谈话的语气和广泛使用案例仍是《财务管理基础》的特色。《财务管理基础》经历了七次修订，拥有大量翻译版本和超过 50 万名美国读者，在这些优势的基础上，本书基于教师和学生、采用者、未采用者以及财务从业者的反馈而不断完善。在本版中，我们努力确保本书反映出当代的思考和教育理念，以便更好地传授读者期望学习的经典知识。

第七版的变化

当我们计划出版第七版时，我们认真评估了第六版的读者反馈以及尚未采用本教材的教师的反馈，并考虑如何修改内容以改善这一教学工具。

每章的变化旨在让内容更加新鲜，更加与学生切实相关。我们在适当地方加入了新内容，每章的新特色包括：

- “实例分析”专栏提供了更多详实有趣的实例，帮助学生了解财务概念的实际含义。许多专栏的内容在第七版中都进行了更新或更换。
- 案例中新的“使用计算器”解题方法让学生可以按照计算器图示所示输入键值，计算出案例的解。
- 每章章末的许多习题也有所变化。

与上一版相比，章节顺序基本没有变化，但每章中都有一些值得注意的变化。本版包括七个部分，共 15 章。每个部分开篇都是一段简要概述，旨在让学生提前感受到本部分章节的整体价值。

第一部分包括两章。第一章概述了财务管理对公司的作用。第二章介绍了公司所处的金融市场环境以及金融危机及其余波的最新发展。本章不仅分析了金融危机的根源和影响，还讨论了金融机构和市场所处的不断变化的监管环境。

第二部分包括三章，重点为财务报表分析、现金流分析和货币的时间价值计算等基本财务技巧。

第三部分的重点是债券与股票估值。我们将这两章放在关于风险与收益的章节之前，以便学生了解债券与股票的基本内容，这些内容比下一部分的某些理论概念更容易掌握。

第四部分包括关于风险与收益的章节以及关于资金成本的章节。我们认为，在风险与收益之后介绍资金成本有助于学生理解一项重要原则：公司投资者的预期决定了公司应该如何做出重大投资决策（第五部分将介绍如何做出这种决策）。换言之，第四部分旨在帮助学生在使用必要收益率解决资本预算问题之前理解项目的"必要收益率"从何而来。

第五部分包括两章，它们涉及不同的资本预算问题。其中第十章的重点是回收期法与净现值法等资本预算方法。第十一章说明了财务分析师如何进行现金流预测，什么是现金流的主要组成部分，并介绍了公司如何分析与资本投资相关的风险。

第六部分介绍了资本结构与分配政策。这两章介绍了公司使用杠杆与分配实务的最新趋势。

最后，第七部分包括两章，重点为营运资本问题。一项重大的商业发展就是公司发现了优化营运资本投资的新方法。第七部分的第一章说明了公司从现金和存货等流动资产投资中挤出资源的原因和方式。本部分第二章的重点为流动负债管理。

尽管本书内容是按顺序安排的，但教师几乎可以把每章都当作独立的单元，根据具体情况调整教材内容，以适应不同的教学策略和课程长度。

与之前的版本一样，第七版采用了经过实践检验的学习体系，将概念与实际应用结合到一起。它专注于在竞争日益激烈的商业环境中做出敏锐财务决策所需的知识。强大的教学方法和丰富的案例运用——包括个人理财案例——让本书成为易于上手的课内与课外（例如在线课程和自学课程）学习资源。本书中用 IRF 标示的案例为利率系数案例。

组织结构

本书的组织结构从概念上将公司行为与金融市场决定的公司价值联系起来。每个重大决策领域都列举了风险因素和收益因素以及它们对所有者财富的影响。各章总结的"价值焦点"专栏有助于学生巩固对财务经理行为与公司股票价值之间联系的理解。

在组织每章内容时，我们都严守管理者决策角度，将决策与最大化公司财富的整体目标联系起来。只要介绍某个概念，就用例子来说明其应用，这是本书的特色之一。这些例子将在学生的思考、财务决策过程和结果中得到验证和巩固。

国际因素

在我们身处的世界中，国际因素与广义的商学和具体的财务学密不可分。和以前的版本一样，书中融合了对各章主题的国际层面的讨论。学习目标和章末习题中也包含国际内容。

与个人理财的联系

第七版包括多个特色，它们旨在帮助学生了解在个人生活中应用财务原则与方法的价值。在每章开篇，“本章的重要性”专栏都会讨论本章主题与其他商业主修课和个人生活的关系，借此激发学生的兴趣。每章的个人理财案例都会将本章介绍的概念、工具和方法与个人理财应用联系起来。本书在作业资料中提供了大量个人理财习题。这些个人理财习题旨在向学生说明财务管理知识在公司和个人的金融交易中的重要性。

道德问题

商业道德向来很重要。学生需要理解财务经理在试图最大化股东价值和解决商业问题时面临的道德问题。因此，半数章节都包括以道德问题为重点的“道德焦点”专栏。

家庭作业

当然，当学生学习财务管理概念、工具和方法时，实践是至关重要的。为了满足这个需要，本书提供了丰富多样的家庭作业：答案见附录的自测题；简短的热身练习；综合性的习题（针对概念、方法及个人理财等方面）；每章一道的道德习题；电子表格练习。这些资料向学生提供了脚踏实地的学习机会，它们还为教师提供了扩展与丰富课堂的机会。

从课堂到董事会，《财务管理基础（第七版）》可以帮助读者实现他们的目标。我们相信，这是迄今为止最优秀的一版，比以往的版本更切实、更精准、更有效。

劳伦斯·J. 吉特曼
加利福尼亚州拉霍亚
查德·J. 祖特
宾夕法尼亚州匹兹堡

目 录

第一部分 财务管理入门

第二部分　财务工具

第三部分　证券估值

第四部分　风险与必要收益率

第五部分　长期投资决策

第六部分 长期财务决策

第七部分 短期财务决策

融学译丛·财务管理基础(第七版) 金融学译丛·财务管理基础(第七版) 金融学译丛·财务管理基础(第七版)

第一部分

财务管理入门

《财务管理基础（第七版）》的第一部分讨论了财务经理在公司中所起的作用以及公司所处的金融市场环境。我们认为，财务经理的目标应该是最大化公司价值，进而最大化所有者财富。财务经理代表公司所有者做出收益超过成本的经营与投资决策。最大化股东财富很重要，因为公司是在高度竞争的金融市场环境中经营，这种环境为股东提供了许多投资选择。为了筹集公司持续经营和利用未来投资机会所需的金融资源，财务经理必须为公司投资者创造价值，没有精明的财务经理和利用金融市场的渠道，公司不可能生存下来，更不用提实现最大化公司价值的长期目标了。

第一章　财务管理的作用

学习目标

目标1　定义财务学与财务管理的功能。
目标2　描述企业的法定组织形式。
目标3　描述企业的目标，并说明为何最大化企业价值是合适的企业目标。
目标4　描述财务管理与经济和会计的关系。
目标5　识别财务经理的主要活动。
目标6　描述公司所有者与经理之间的委托—代理关系的性质，并说明如何用不同的公司治理机制管理代理问题。

本章的重要性

对职业生涯的重要性

会计　你需要了解企业中的会计部门与财务部门的关系，决策者如何依赖你编制的财务报表做出决策，为何最大化企业价值与最大化企业利润不同，以及你向投资者和其他利益相关者报告财务业绩时的道德责任。

信息系统　你需要了解为何财务信息对所有部门经理都很重要，企业为了遵守各种规定而需要准备的文件，以及为何操纵信息获得个人利益可能让管理者惹上大麻烦。

管理　你需要了解不同的企业法定组织形式，如何让员工和其他利益相关者知晓企业目标，公司管理者与所有者之间的代理关系的优点与缺点，以及薪酬制度与管理者和投资者利益一致和不一致的情况。

市场营销 你需要了解为何企业收入或市场份额的增加不一定是好事，财务经理如何评估各方面的客户关系，例如现金与赊销管理政策，以及为何企业品牌是企业对投资者的价值的一个重要部分。

经营 你需要了解提高企业生产效率的财务收益，为何通过削减成本最大化利润不一定能提高企业价值，以及管理者在经营企业时如何代表投资者采取行动。

对个人生活的重要性

财务管理的许多原则也适用于你的个人生活。学习一些简单的财务原则有助于你更有效地管理自己的钱财。

1.1 财务与商业

财务领域广泛而充满变化。从雇用人才到推出新广告，财务影响着企业所做的每件事。由于财务对企业的方方面面都非常重要，因此如果你理解本书中介绍的财务原则，将会有许多财务方向的职业机会。即使你认为自己不会从事财务工作，也会发现了解一些重要的财务概念有助于你更明智地花钱和投资。

什么是财务学?

财务学（finance）可以被定义为管理金钱的科学与艺术。在个人层面上，财务学与个人花多少钱、存多少钱、如何投资和储蓄息息相关。在商业范畴内，财务学涉及相同类型的决策：企业如何向投资者筹资、企业如何投资以获得利润、企业如何决定将利润再投资还是分配给投资者。对个人和企业来说，做出优秀财务决策的关键大同小异，这就是为什么多数学生都将从了解财务学中获益，不管他们想从事何种职业。学习优秀的财务分析技巧不仅能帮助身为消费者的你做出更好的财务决策，还能帮助你了解重要商务决策的财务后果，不管你从事何种职业。

财务类职业机会

财务类职业机会通常分为两大类：（1）金融服务；（2）财务管理。这两个领域的从业人员都依靠一个共同的分析“工具箱”，但是用工具箱解决的问题的类型大相径庭。

金融服务

金融服务（financial services）是为个人、企业和政府设计与提供建议和金融产品的金融领域。它涉及银行、个人理财规划、投资、房地产和保险等领域内的丰富多彩的职业机会。

财务管理

财务管理（managerial finance）与在企业中工作的财务经理的职责有关。**财务经理**

(financial manager) 管理各类企业的财务：私人企业与上市公司、大企业与小企业、营利企业与非营利企业。他们的任务多种多样，例如制定财务计划或预算、向客户提供贷款、评估大型支出计划、为企业经营筹资等。近年来，一些因素提高了财务经理职责的重要性和复杂性。这些因素包括最近的全球金融危机和监管机构的后续反应、日益激烈的竞争和技术变革。例如，全球化导致美国公司增加与其他国家的交易，外国公司同样也增加了与美国的交易。这些变化增加了对能管理不同币种现金流并防范国际贸易风险的财务专家的需求。这些变化提高了财务部门的复杂性，但它们也创造了回报更高的职业机会。财务经理职责的日益复杂让各种职业认证课程愈加热门。如今，财务经理积极制定与执行旨在帮助企业成长和提高竞争力的公司战略。因此，许多公司总裁和首席执行官是因为其在财务部门中表现卓越而升至公司高层的。

企业的法定组织形式

所有企业面临的最重要的决策之一就是如何选择法定组织形式。这个决策具有非常重要的财务意义，因为企业的法定组织形式影响了企业所有者必须承担的风险、企业如何筹资、如何对企业利润征税。三种最常见的企业法定组织形式是独资企业、合伙企业和法人公司。独资企业比其他法定组织形式更常见，但是大型企业的组织形式几乎都为法人公司。即使如此，每类组织形式也都有自己的优点和缺点。

独资企业

独资企业 (sole proprietorship) 是个人为营利而所有和经营的企业。约 61%的企业为独资企业。典型的独资企业很小，例如自行车店、私人培训师或水管工。大部分独资企业从事的是批发业、零售业、服务业和建筑业。

通常，所有者（业主）和一些员工经营独资企业。独资企业的资本来自个人或借款，所有者负责所有商业决策。因此，这种组织形式对喜欢独立工作的企业家很有吸引力。

独资企业的一个主要缺点是**无限责任** (unlimited liability)，这意味着企业负债就是企业主的债务，如果企业无法偿债，债权人可以要求用企业主的个人资产抵债。表 1.1 总结了独资企业的优点和缺点。

合伙企业

合伙企业 (partnership) 是由两个或两个以上以营利为目的的所有者经营的企业。合伙企业约占所有企业的 8%，它们的规模通常大于独资企业。合伙企业在金融业、保险业和房地产业中很常见。公共会计师事务所和公共法律事务所通常有大量合伙人。

多数合伙企业都是根据被称为**合伙企业章程** (articles of partnership) 的书面合同建立的。在一般（或普通）合伙企业中，所有合伙人都承担无限责任，每个合伙人对合伙企业的所有债务都负有法律责任。

表 1.1 总结了合伙企业的优点和缺点。

实例分析

BizStats.com统计的美国各类企业的总收入

尽管独资企业的数量远远多于合伙企业与法人公司的总和，但它们创造的收入水平却是最低的。独资企业总共创造的收入超过1.3万亿美元，但是这个数字很难与法人公司创造的50万亿美元收入相比。

BizStats.com统计的美国各类企业的总收入

	独资企业	合伙企业	法人公司
企业数量（百万家）	23.1	3.1	7.7
占所有企业的百分比	61%	8%	20%
总收入（10亿美元）	1 324	4 244	50 757
占所有收入的百分比	2%	7%	80%

法人公司

法人公司（corporation）是依法建立的实体。法人公司拥有个人的法律权力，可以起诉和被诉，签订合同并作为合同中的一方，以及以自己的名义购买不动产。尽管所有美国企业中只有20%是法人公司，但最大的企业几乎全是法人公司，法人公司的收入约占所有企业收入的80%。尽管法人公司从事所有类型的商业活动，但是制造企业创造的收入和净利润占比最高。表1.1列出了法人公司的优点和缺点。

表1.1　常见企业法定组织形式的优点与缺点

	独资企业	合伙企业	法人公司
优点	·所有者获得所有利润（并承担所有亏损） ·组织成本较低 ·收入由业主个人申报和纳税 ·独立 ·保密性高 ·容易解散	·可以比独资企业筹集到更多的资金 ·由于所有者更多，借款能力也更强 ·集思广益，管理能力更强 ·收入由合伙人个人申报和纳税	·所有者承担有限责任，这确保他们的损失不会高于投资 ·可以通过出售所有权（股票）扩大规模 ·所有权（股票）容易转让 ·企业寿命较长 ·可以雇用专业经理 ·更容易获得融资
缺点	·所有者承担无限责任，全部财富可能被用于偿债 ·筹资能力有限，容易限制成长 ·业主必须拥有全面的技能 ·难以向员工提供长期职业机会 ·业主去世后难以维系经营	·所有者承担无限责任，可能需要偿还其他合伙人的债务 ·当某位合伙人去世时，合伙企业将解散 ·难以清盘或转让所有权	·税款通常较高，因为公司所得要纳税，支付给所有者的股利也要纳税，税率最高为15% ·比其他企业法定组织形式的组织成本更高昂 ·需要接受更多政府监管 ·缺少保密性，因为监管要求企业披露财务业绩

法人公司的所有者是它的**股东**（stockholder），其所有权，即股权，采取普通股的形式，偶尔也采取优先股的形式。与独资企业或合伙企业的所有者不同，法人公司的股东承

担**有限责任**（limited liability），这意味着他们个人不必为公司债务负责。他们的损失限于购买股票时对公司投资的金额。在第七章中，你将了解到更多关于**普通股**（common stock）的内容，但是现在你知道普通股是最纯粹、最基本的公司所有权形式就足矣。股东期望通过获得**股利**（dividend）——定期分配的现金——或通过股价上升实现收益。由于支付股利的钱通常来自公司获得的利润，因此股东有时被称为剩余索偿人，这意味着股东最后获得偿付，顺序排在员工、供应商、税务部门和贷款人之后。如果公司没有创造出足够偿付所有人的钱，股东就将一无所获。

正如图1.1的上半部分所示，法人公司的管理方式有点像民主制度。股东（所有者）定期投票选出董事会成员，并决定修改公司章程等其他事项。**董事会**（board of director）通常负责批准战略目标和计划、制定一般政策、领导公司事务和批准重大支出。更重要的是，董事会决定何时雇用和开除高管并确定多数高管的薪酬。董事会由主要公司高管等“内部”董事和其他公司的高管、主要股东、国家或社会领导人等“外部”董事或“独立”董事组成。大公司的外部董事将获得现金、股票和股票期权形式的报酬。这些报酬通常总额为每年100 000美元或以上。

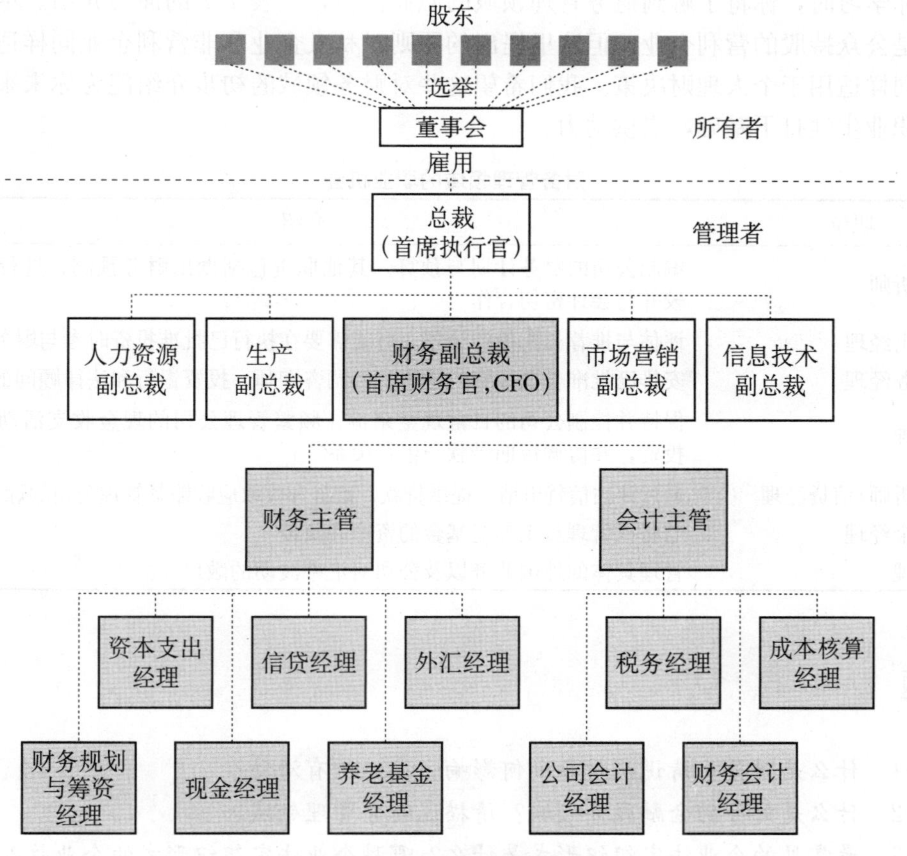

图1.1 法人公司的组织结构

法人公司及其财务部门（阴影区域表示的部分）的一般组织结构

总裁（president）或**首席执行官**（chief executive officer，CEO）负责管理日常经营并执行董事会制定的政策。首席执行官定期向公司董事汇报。

值得指出的是，大公司的所有者和管理者是分开的，如图 1.1 的水平虚线所示。本章后面在讨论代理问题时将解释这种区分和相关问题。

为什么要学习财务管理?

对财务管理概念、方法和实务的理解将让你完全熟悉财务经理的活动与决策。由于多数商业决策的结果是用财务术语衡量的，因此财务经理起着重要的实际作用。所有部门——会计、信息系统、管理、市场营销、经营等——的人员都需要掌握一般的财务知识，从而了解如何量化其行为结果。

如果你还没有计划主修财务学，即便为了提高在你选择的职业道路上的成功机会，你也仍需要了解财务经理如何思考。企业管理者，不论是什么职位，通常都必须从财务角度说明工作所需资源的合理性。不管是雇用新员工、协商广告预算，还是升级生产流程中使用的技术，了解这些行为的财务意义都有助于你获得成功所需的资源。每章开篇的“本章的重要性”部分可以帮助你了解每章对你的职业生涯和个人生活的重要性。

当你学习时，你将了解到财务管理领域的职业机会，见表 1.2 的简要介绍。尽管我们的重点是公众持股的营利企业，但这里提出的原则对私人企业和非营利企业同样适用。决策原则同样适用于个人理财决策。我们希望这些对财务领域的初步介绍能为你未来的学习甚至是职业生涯打下基础，提供动力。

表 1.2　财务管理领域的职业机会

职位	介绍
财务分析师	编制公司的财务计划与预算。其他职责包括做出财务预测、进行财务比较并与会计密切合作
资本支出经理	评估与推荐长期投资计划。可能需要在执行已批准投资时参与财务工作
项目财务经理	安排已批准长期投资的融资。协调咨询师、投资银行和法律顾问的工作
现金经理	保持并控制公司的日常现金余额。频繁管理公司的现金收支活动和短期投资，并协调短期借款与银行关系
信贷分析师/信贷经理	通过评估信贷申请、提供贷款、监督和收取应收账款管理公司的赊销政策
养老基金经理	监督或管理员工养老基金的资产和负债
外汇经理	管理具体的外国业务以及公司对汇率波动的敞口

复习题

1—1　什么是财务？请说明财务如何影响企业的所有活动？

1—2　什么是财务的金融服务领域？请描述财务管理领域。

1—3　最常见的企业法定组织形式是什么？哪种企业法定组织形式的企业收入最高？

1—4　请描述法人公司主要相关方——股东、董事会和管理者——的作用与关系。法人公司所有者如何根据承担的风险获得回报？

1—5　为什么不管你在企业中从事什么具体工作，学习财务管理对你的职业生涯都很重要？为什么它对你的个人生活很重要？

1.2 企业的目标

管理者应该追求什么目标？这个问题并不缺备选答案。一些人可能认为管理者应该将重点完全放在满足客户上。推进这个目标的进度可以用每种公司产品实现的市场份额衡量。还有人认为管理者必须首先激发员工的动力，在这种情况下，员工流动率可能是衡量成功与否的重要指标。显然，管理者选择的目标将影响他们的许多决策，因此选择目标是决定企业经营方式的重要因素。

最大化股东财富

财务学告诉我们，管理者的主要目标应该是最大化企业所有者——股东——的财富。最简单、最理想的股东财富指标是企业股价，因此多数教科书（也包括我们这本）都建议管理者采取提高企业股价的行为。一个常见的错误观念是，当企业努力让股东满意时，它们是以牺牲客户、员工或供应商等其他利益相关者的利益为代价的。这种思考方式忽略了在多数情况下，为了让股东更富有，管理者必须首先满足这些其他利益群体的需求。股东得到的股利最终来自企业利润。如果客户对产品不满意、员工另谋他职或供应商不愿意提供原材料，股东也不可能变得富有，因为这种企业的长期盈利能力不如那些能更好地管理与利益相关群体关系的企业。

因此，我们认为，企业的目标——同样也是管理者的目标——应该是最大化所有者的财富，企业正是为他们而经营的。在多数情况下，这等于最大化股价。这个目标可以转化为一条简单的管理者决策规则：只采取预期将增加股东财富的行为。尽管这个目标听上去很简单，但执行这个目标并不总是那么容易。为了确定某项行为将增加还是减少股东财富，管理者必须评估这种行为带来的收益（即现金流入减去现金流出）以及与这种收益相关的风险。图 1.2 说明了这个过程。实际上，我们可以说，管理者在进行商业决策时必须考虑的重要变量是收益（现金流）和风险。

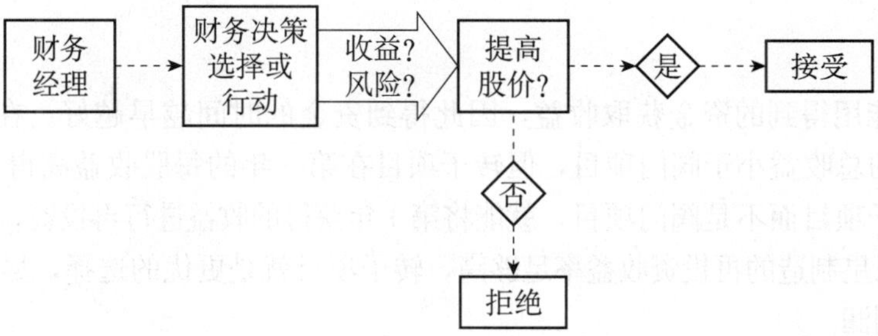

图 1.2　股价最大化

财务决策与股价

最大化利润?

从直观上看，最大化公司股价就等于最大化公司利润。不过，这种想法并不总是正确的。

公司通常用**每股收益**（earnings per share，EPS）衡量利润，它表示某段时期内每股流通普通股的收益金额。每股收益的计算方法是用公司普通股股东在某个时期内的总收益除以流通普通股股数。

例 1.1

海王星制造（Neptune Manufacturing）是一家船舶发动机零件生产商，该公司的财务经理尼克·杜卡基斯（Nick Dukakis）需要在两笔投资——转子（rotor）和阀门（valve）——之间进行选择。下表显示了每笔投资在 3 年寿命期内的预期每股收益。

每股收益　　单位：美元

投资	第 1 年	第 2 年	第 3 年	三年总计
转子	1.40	1.00	0.40	2.80
阀门	0.60	1.00	1.40	3.00

从利润最大化目标的角度看，阀门项目优于转子项目，因为它在 3 年期内的每股收益总额较高（阀门项目的每股收益总额为 3.00 美元，转子项目的每股收益总额为 2.80 美元）。

利润最大化会导致股价最大化吗？答案通常是否定的，原因至少有三个：第一，时间很重要。整体利润较低的投资可能优于短期利润较低的投资。第二，利润和现金流并不等同。企业报告的利润只是对业绩的估计，这个估计值受企业编制财务报告时其他许多会计选择的影响。与利润相比，现金流是更直接的资金流入与流出指标。公司必须用现金而非收益付账，因此现金流对财务经理最重要。第三，风险也非常重要。利润较低但稳定的公司可能比利润剧烈波动（利润时而非常高，时而非常低）的公司价值更高。

时间

因为公司能用得到的资金获取收益，因此得到资金的时间越早越好。在我们的例子中，尽管转子项目的总收益小于阀门项目，但转子项目在第一年的每股收益高得多。如果海王星制造投资于转子项目而不是阀门项目，就能将第 1 年获得的收益进行再投资，产生更高的整体利润。如果海王星制造的再投资收益率足够高，转子项目就是更优的选择，尽管单独来看，它不能最大化总利润。

现金流

利润并不一定能让股东获得现金流。当利润增加时，董事会不一定会提高股利。此外，公司采用的会计假设和会计核算方法有时也让公司表现出正利润，即使其现金流出超过现金流入。

此外，较高的利润不一定转化为较高的股价。只有当利润增加伴随着未来现金流增加时，股价才有可能升高。例如，拥有高质量产品的公司在高度竞争市场上出售产品时，可能会显著降低设备维护支出来提高利润。公司费用将会降低，从而增加利润。然而，如果设备维护支出降低导致产品质量降低，公司的竞争地位就可能遭到削弱，股价可能降低，因为许多消息灵通的投资者都预期未来现金流会减少而卖出股票。在这种情况下，利润增加将伴随着未来现金流减少，因而股价降低。

风险

利润最大化也没有考虑**风险**（risk），即实际结果不同于预期结果的可能。财务管理中的一个基本假设是，收益（现金流）与风险之间存在权衡。实际上，收益与风险是股价的主要决定因素，而股价代表了公司所有者的财富。

现金流和风险影响股价的方式不同：保持风险不变，现金流越高，通常股价也越高。反之，保持现金流不变，风险越高，通常股价越低，因为股东不喜欢风险。通常，股东是**风险厌恶**（risk averse）的投资者，这意味着他们只有在预期承担风险能获得报酬时才愿意承担风险。换言之，投资者希望风险较高的投资获得较高的收益，对于相对安全的投资愿意接受较低的收益。关键是，风险差异可能显著影响不同投资的价值，这将在第五章中得到详细介绍。

什么是利益相关者?

尽管最大化股东财富是主要目标，但许多公司拓宽了目标重点，将利益相关者的利益像股东的利益一样包括在内。**利益相关者**（stakeholder）是员工、客户、供应商、债权人、所有者和其他与公司有直接经济联系的群体。重视利益相关者的公司会自觉避免有损于利益相关者的行为。它们的目标不是最大化利益相关者的福利，而是维持他们的福利。

以利益相关者为重的观点并没有改变最大化股东财富的目标。这种观点通常被视为公司“社会责任”的一部分。公司希望通过保持与利益相关者的良好关系，为股东提供长期利益。这种关系可以尽量降低利益相关者的流动率以及与利益相关者的冲突和诉讼。显然，通过促进与其他利益相关者的合作而不是冲突，公司可以更好地实现最大化股东财富的目标。

商业道德的作用

商业道德（business ethics）是适用于商业活动从事者的行为准则或道德判断标准。违反财务道德准则的情况多种多样，例如：伪造账目、盈余管理、误导性财务预测、内部交易、欺诈、过高的高管薪酬、期权倒签、贿赂和回扣等。近年来的金融报道披露了许多此类违反商业道德的行为，涉及诸如JP摩根（JP Morgan）和第一资本（Capital One）等知名公司。因此，金融界制定和强化了道德标准。这些道德标准的目标是激励公司和市场参与者在商业与职业活动中遵守法律条文与法律精神。多数公司管理者认为，通过维持高道德标准，公司实际上增强了竞争力。

实例分析

公司通过加速分红为股东节省税款

公司最大化股东财富的一种方式是认真考虑股东必须为股利缴纳的税款。从2003年布什政府减税开始，美国股东的大部分股利税率适中，为15%。然而，由于美国国会没有采取行动延长2003年的减税方案，股利税率在2013年显著提高。由于在2012年的大选年不太可能达成政治妥协，因此许多公司宣布了加速分红的计划，将本来计划在2013年年初派发的股利提前到了2012年年底派发。例如，华盛顿邮报公司（Washington Post Company）宣布在2012年12月27日派发原本计划在2013年派发的每股9.80美元的股利。股市对华盛顿邮报公司公告的反应是，该公司的股价上升了5美元。通过加速分红，华盛顿邮报、亿客行（Expedia）和奢侈品制造商蔻驰（Coach）等公司帮助股东节省了税款，从而增加了股东财富。

考虑道德问题

著名伦理学家罗伯特·A. 库克（Robert A. Cooke）建议，应该用下列问题评估行动计划的道德可行性。①

1. 这种行为是否武断或任性？它是否不公平地排斥了某个人或某个群体？
2. 这种行为是否触犯了某个人或某个群体的道德权利或法律权利？
3. 这种行为是否符合公认道德准则？
4. 是否存在其他使实际损害或潜在损害降低的行为？

显然，在采取行动前考虑这种问题有助于确保道德可行性。

如今，许多公司都通过制定公司道德政策解决道德问题，这种政策包括一系列基本原则，指导员工什么该做、什么不该做。一些公司更进一步，让道德准则成为公司形象的核心。例如，谷歌有一条著名的公司座右铭："不作恶。"然而，即使对谷歌而言，商业活动中的道德困境也是不可避免的。"道德焦点"专栏举例说明了谷歌的新产品"谷歌眼镜"面临的道德问题。

道德与股价

有效的道德计划可以产生许多正效益，从而提高公司价值。它可以降低潜在的诉讼成本与审判成本，维护公司的正面形象，树立股东信心，赢得公司利益相关者的忠诚、承诺和尊重。通过维持和提高现金流并降低风险，这种行为可以对公司股价产生积极影响。因此，道德行为被视为实现公司最大化所有者财富目标的必要条件。

---

① Robert A. Cooke, "Business Ethics: A Perspective," in *Arthur Andersen Cases on Business Ethics* (Chicago: Arthur Andersen, September 1991), pp. 2 and 5.

道德焦点

批评家在谷歌眼镜中看到了道德困境?

实务 2012年6月27日，在谷歌I/O开发者大会上，谷歌推出了一款令人兴奋的新产品：谷歌眼镜。它基本上是一款可以像眼镜一样被用户佩戴的电脑。谷歌眼镜拥有智能手机的许多功能，而且不需要人们使用双手。为了演示新产品的功能，谷歌的创始人之一谢尔盖·布林（Sergey Brin）从一艘齐柏林飞艇上戴着谷歌眼镜跳伞，并将下落过程实时传输给与会者。

谷歌为价值最大化和公司道德提供了一项有趣的案例研究。2004年，谷歌的创始人向股东提供了所有者手册，上面写道“谷歌不是一家传统公司”，该公司的终极目标“是提供服务，让尽可能多的人的生活得到显著改善”。创始人强调，经营一家成功的企业对谷歌来说还不够，他们还希望利用该公司让世界变得更美好。布林的跳伞噱头清楚地表明，谷歌已经推出了另一款让客户兴奋不已的产品。但是谷歌眼镜对普通大众有什么影响？高科技产品领域的记者很快将报道的焦点从佩戴谷歌眼镜的体验转移到周围人佩戴谷歌眼镜所带来的影响上。显然，这种设备引起了对非用户的隐私的广泛关注。一位推特用户写道：“有个孩子在这家餐厅使用谷歌眼镜，在此之前，这里一直是我最爱去的地方。”

谷歌著名的公司座右铭“不作恶”表达了谷歌即使牺牲短期利益也要正确行事的意愿。谷歌采用的方法看起来没有限制其最大化价值的能力，因为从2004年到2013年，谷歌的股价提高了700%以上！然而，在本书即将付梓时，谷歌将如何应对对谷歌眼镜的批评尚不明朗。

- 最大化股东财富的目标一定是道德或不道德的吗?
- 谷歌是否需要为谷歌眼镜用户的交往者的隐私保护承担责任？如果需要，该公司需要承担什么责任?

资料来源：Creativegood. com, “The Google Glass Feature No One Is Talking About,” February 28, 2013; Slog. thestranger. com, “The Closer Google Glass Gets, the More Ethical Dilemmas Appear,” March 5, 2013.

复习题

1—6 企业的目标是什么？所有管理者和员工的目标是什么？请讨论如何用一个指标衡量是否实现了这个目标。

1—7 利润最大化与财富最大化不一致的三个主要原因是什么?

1—8 什么是风险？为什么风险和收益被认为是财务经理评估不同决策或行动时必须考虑的因素?

1—9 请描述公司道德政策和方针的作用，并讨论道德与股价之间存在的关系。

1.3 财务管理的功能

公司所有部门的人都必须与财务人员和财务流程打交道才能完成自己的工作。财务人员如果想做出有用的预测与决策，就必须愿意且能够与公司其他部门的人交流。例如，当财务经理考虑一种新产品时，需要从市场营销人员那里获得销售预测、定价方针和广告与宣传预算估计。通过考察财务管理在组织内部的作用、与经济和会计的关系以及财务经理的主要活动，就可以大致描述出财务管理的功能。

财务部门的组织结构

财务部门的规模与重要性取决于公司规模。在小公司中，财务功能通常是由会计部门执行的。随着公司的成长，财务部门通常会演化成一个独立的部门，通过首席财务官（CFO）与公司总裁或首席执行官直接联系。图 1.1 的组织结构图的下半部分显示了典型的大中型公司的财务部门结构。

向首席财务官汇报的是财务主管和会计主管。**财务主管**（treasurer，首席财务经理）通常负责管理公司的现金，在有多余资金时进行投资并确保在需要时获得外部融资。财务主管也负责监督公司的养老金计划并管理与外币价值、利率和商品价格波动相关的重要风险。**会计主管**（controller，首席会计）通常负责处理会计业务，例如公司会计、税务管理、财务会计和成本会计。财务主管的工作通常更侧重于外部事务，而会计主管的工作通常更侧重于内部事务。

如果国际贸易对公司很重要，公司就很可能雇用一名或多名专业财务人员来监督和管理公司由于外汇波动而产生亏损的风险。训练有素的财务经理可以使用各种财务工具以合理成本"对冲"或防止这种亏损。**外汇经理**（foreign exchange manager）通常向公司财务主管汇报。

与经济的关系

财务与经济息息相关。财务经理必须了解经济环境，并留意不同水平经济活动与经济政策变化的影响。他们必须能用经济理论指导公司高效经营，这些经济理论包括供求分析、利润最大化策略和价格理论。财务管理中使用的基本经济原则是**边际成本—收益分析**（marginal cost-benefit analysis），根据该原则，财务决策和行为必须使增加的收益超过增加的成本。几乎所有财务决策最终都可以归结为评估边际收益与边际成本。

例 1.2

杰米·邓（Jamie Teng）是一家主要在美国西部经营的高档连锁百货商店诺德百货商店（Nord Department Stores）的财务经理。现在，她要决定是否应该用一台更高级、速度更快、能处理大量交易的新电脑服务器代替旧电脑服务器。新电脑服务器需要支出

8 000美元现金，旧电脑服务器可以卖得2 000美元。新电脑服务器的总收益（用现值衡量）为10 000美元。同期旧电脑服务器的总收益（用现值衡量）为3 000美元。杰米使用边际成本—收益分析，得到了如下数据：

新电脑服务器的收益	10 000美元
减去：旧电脑服务器的收益	3 000美元
（1）边际（增加的）收益	7 000美元
新电脑服务器的成本	8 000美元
减去：旧电脑服务器的销售收入	2 000美元
（2）边际（增加的）成本	6 000美元
净收益［（1）－（2）］	1 000美元

由于边际（增加的）收益为7 000美元，高于6 000美元的边际（增加的）成本，因此杰米建议公司购买新电脑服务器替换旧电脑服务器。公司这样做将得到1 000美元的净收益。

与会计的关系

公司的财务活动与会计活动息息相关，通常还会发生重叠。在小公司中，会计人员通常执行财务职能；在大公司中，财务分析通常有助于整理会计信息。然而，财务和会计存在两个差异。一个与对现金流的强调有关，另一个与决策有关。

对现金流的强调

会计人员的主要职能是记录和报告数据以衡量公司业绩，评估公司的财务状况，遵守证券监管机构的要求并按照要求编写报告，申报和缴纳税款。会计人员使用公认会计原则编制财务报表，在销售时确认收入（不管是否收到付款），并在发生费用时确认支出。这种方法被称为**权责发生制**（accrual basis）。

另外，财务经理主要关注的是现金流，即现金的流入与流出。为了实现公司目标，公司需要偿还债务和购买资产，财务经理通过规划这个过程中所需的现金流来保持公司的清偿能力。财务经理在使用**现金收付制**（cash basis）确认收入和费用时，只以实际现金流入与现金流出为依据。不管公司盈利还是亏损，都必须有足够的现金流偿还到期债务。

例 1.3

纳索公司（Nassau Corporation）是一家小型游艇交易商，在刚刚结束的日历年中，它以100 000美元的价格卖出了一艘游艇。纳索公司最初购买游艇的价格为80 000美元。尽管当年该公司是以全款购买游艇的，但到年底尚未收到客户的100 000美元货款。下页的利润表与现金流量表分别显示了从会计角度和财务角度考察的该公司当年的业绩。

会计角度 （权责发生制）	
纳索公司截至12月31日的年度利润表	
销售收入	100 000美元
减去：成本	80 000美元
净利润	20 000美元

财务角度 （现金收付制）	
纳索公司截至12月31日的年度现金流量表	
现金流入	0美元
减去：现金流出	80 000美元
净现金流	−80 000美元

从会计角度看，纳索公司是盈利的，但是从实际现金流角度看，它在财务上是失败的。它没有获得100 000美元应收账款的现金流。不管利润水平有多高，没有足够的现金流入偿还债务，公司就无法生存。

正如这个例子所示，根据权责发生制得到的会计数据不能完全描述公司所处的环境。因此，财务经理必须在财务报表的基础上看得更远，以深入认识现有问题或发展中的问题。当然，会计人员很清楚现金流的重要性，财务经理也使用并了解权责发生制财务报表。然而，财务经理关注的是现金流，他应该避免公司丧失清偿能力并实现公司的财务目标。

个人理财案例1.4

个人不使用权责发生制概念，而只依靠现金流衡量财务结果。通常，个人使用一定时期（通常为1个月或1年）内的现金流计划、监督和评估财务活动。安·巴赫（Ann Bach）对她2015年10月的现金流预测如下：

项目	金额	
	现金流入	现金流出
收到的净付款	4 400美元	
租金		−1 200美元
汽车贷款月供		−450美元
水电费		−300美元
杂货		−800美元
衣服		−750美元
外出就餐		−650美元
汽油		−260美元
利息收入	220美元	
杂项费用		−425美元
总计	4 620美元	−4 835美元

安从4 620美元的总现金流入中减去4 835美元的总现金流出，发现她10月的净现金流为−215美元。为了弥补这215美元的缺口，安必须借入215美元（信用卡透支是一种借款形式）或者从存款中提取215美元。或者，她可以减少购买衣服、外出就餐或425美元杂项费用中的一些开支以减少现金流出。

决策

财务经理与会计人员的第二个主要区别与决策有关。会计人员关注的主要是搜集与报送财务数据。财务经理评估会计报表、搜集附加数据并根据对相关收益和风险的评估做出决策。当然，这并不意味着会计人员永远不做决策或财务经理永远不搜集数据，而是说会计人员和财务经理的主要关注点截然不同。

财务经理的主要活动

除了持续参与财务分析与规划，财务经理的主要活动还包括进行投资与融资决策。投资决策决定了公司持有的资产类型。融资决策决定了公司如何筹集资金来购买其要投资的资产。形象描述公司投资决策与融资决策区别的一种方法是图 1.3 所示的资产负债表。投资决策通常涉及资产负债表左侧的科目，融资决策通常涉及资产负债表右侧的科目。但是要记住，财务经理是根据这些决策对公司价值的影响而不是用以编制资产负债表的会计原则来做决策的。

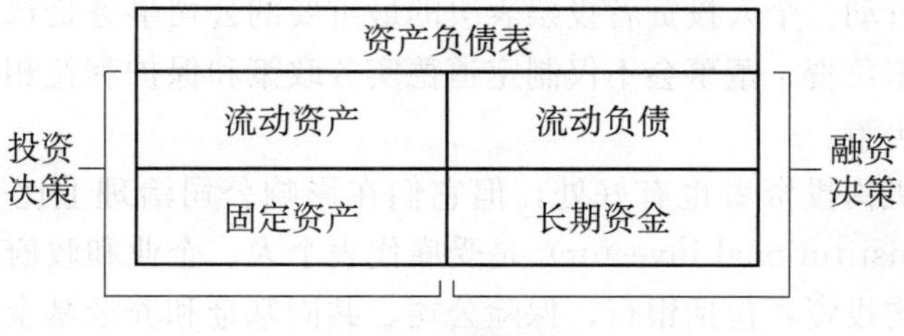

图 1.3　财务活动

财务经理的主要活动

复习题

1—10　公司财务主管进行的财务活动有哪些？

1—11　财务管理中运用的主要经济原则是什么？

1—12　会计与财务在对现金流的强调与决策上有哪些主要差异？

1—13　财务经理与公司资产负债表相关的两项主要活动是什么？

1.4　治理与代理

公司的多数所有者通常不是管理者。管理者只是受托采取符合公司所有者——股东——最大利益的行动或决策。在多数情况下，如果管理者不能代表股东行动，他们就无法实现最大化股东财富的目标。为了确保管理者的行为方式符合股东利益并考虑对其他利益相关者的责任，公司的目标是建立稳健的公司治理实务。

公司治理

公司治理（corporate governance）是指经营、控制和管理公司的规则、流程和制度。

它定义了股东、董事会、公司高管和其他利益相关者等公司参与者的权利与责任以及做出公司决策的规则与程序。完善的公司治理结构旨在确保公司以合法、道德、符合最佳实务且遵守公司制度的方式运营，从而让所有公司利益相关者受益。

公司的公司治理既受股东、董事会和高管等内部因素的影响，也受客户、供应商、竞争者和政府监管等外部因素的影响。如图 1.1 所示，公司的组织结构影响了公司治理结构。具体而言就是，股东选举出董事会，董事会再雇用高管，由高管代表股东，按照董事会制定和监督的目标、计划和政策经营企业。

个人投资者与机构投资者

为了更好地理解股东在公司治理中的作用，有必要区别两大类所有者：个人和机构。通常，**个人投资者**（individual investor）拥有的股份相对较少，因此通常不具备足以影响公司治理的力量。为了影响公司，个人投资者通常认为有必要对公司事务进行集体投票，从而作为一个群体行动。个人投资者投票表决的最重要的公司事务是选举公司董事会。公司董事会首先对股东负责。董事会不仅制定道德实务政策和保护利益相关者的利益，还代表投资者监督管理决策。

尽管董事会对机构投资者也有好处，但它们在影响公司治理上比个人投资者更有优势。**机构投资者**（institutional investor）是受雇代表个人、企业和政府管理与持有大量证券的投资专家。机构投资者包括银行、保险公司、共同基金和养老基金。与个人投资者不同，机构投资者通常通过对管理层施压，使其执行它们关心的事务或与董事会沟通，从而监督并直接影响公司的公司治理。如果董事会不对它们关心的问题做出积极回应，这些大型投资者还可能威胁董事会要行使表决权或者变现其持有的股份。由于个人投资者和机构投资者的目标相同，因此个人投资者可以从机构投资者的股东积极主义中受益。

政府监管

与客户、债权人、供应商或竞争者对公司治理的影响不同，政府监管通常会影响所有公司的公司治理。在过去十年中，由于多桩涉及滥用公司权力甚至公司高管被控犯罪的著名的公司丑闻，公司治理得到了更多关注。这些错误行为主要源自两类问题：（1）错误披露财务报告和其他重大信息发布；（2）未披露公司与分析师、审计师和律师之间以及公司董事、高管和股东之间的利益冲突。

委托问题

我们知道，财务经理的职责是最大化公司所有者的财富。股东赋予管理者公司事务的决策权；因此，管理者可以被视为公司股东的代理人。从严格意义上讲，任何拥有公司股份不足 100%的管理者都是代表其他所有者采取行动的代理人。所有者和管理者的这种区别如图 1.1 的水平虚线所示，它代表经典的**委托—代理关系**（principal-agent relationship），其中股东是委托人。通常，人们用合同来规定委托—代理关系的条款。当代理人做出符合委托人最大利益的决策时，这种安排运行顺利，但是当委托人和代理人的利益不同时，这种安排就会运行不畅。

从理论上讲，多数财务经理都认同股东财富最大化目标。然而，在实际中，管理者也关心他们的个人财富、工作保障和附加福利。这些关心可能导致管理者做出的决策与最大化股东财富目标不一致。例如，如果财务经理认为承担太多风险可能危及工作或减少个人财富，就可能不愿承担超过普通水平的风险。

代理问题

公司治理的一个重要主题是通过试图降低或消除委托—代理问题的机制确保公司管理者负起责任。然而，当这种机制失灵时，就会产生**代理问题**（agency problem）。当管理者将个人目标置于股东目标之上，从而偏离最大化股东财富目标时，就会产生代理问题。这种问题反过来将产生代理成本。**代理成本**（agency cost）是由于存在代理问题或避免了代理问题股东所承担的成本，不管是哪种情况，都会使股东财富产生损失。例如，当管理者没有做出最优投资决策或者必须接受监督才能确保做出最优决策时，股东就要承担代理成本，因为不论哪种情况都可能导致股价降低。

管理层薪酬计划

除了借助于公司董事会、机构投资者和政府监管的力量，还可以通过确保管理者利益与股东利益一致而增强公司治理。一种常见的方法是设计与公司业绩挂钩的管理层薪酬。除了应对代理问题，基于业绩的薪酬包还使得公司可以吸引和聘用最优秀的管理者。主要的管理层薪酬计划有两类，分别是激励计划和业绩计划。

激励计划（incentive plan）将管理层薪酬与股价挂钩。一种激励计划向管理层授予**股票期权**（stock option）。如果公司股价逐渐上升，管理者就可以获得回报，他们可以在获得期权时以实际市场价格购买股票，一段时间以后以更高的通行市场价格转售股票。

许多公司还提供将管理层薪酬与每股收益（EPS）或每股收益增长率等业绩指标挂钩的**业绩计划**（performance plan）。根据业绩计划发放的薪酬形式通常为业绩股或奖金。**业绩股**（performance shares）是由于实现规定业绩目标而奖给管理层的股票，**奖金**（cash bonuses）是由于实现规定业绩目标而支付给管理层的现金。

收购威胁

当一家公司的内部公司治理结构无法约束代理问题时，竞争对手的管理者就可能试图获得该公司的控制权。由于代理问题表示公司资源的滥用且使公司股东承担了代理成本，因此公司股价通常会下跌，使公司成为有吸引力的收购目标。如果另一家公司认为自己能通过管理层重组、经营与融资提高问题公司的价值，那么收购威胁可以提供强大的外部公司治理来源。持续的收购威胁往往会激励管理层按公司所有者的最大利益采取行动。

在不受约束的情况下，管理者可能除了股价最大化还有其他目标，但多数证据表明，股价最大化——本书的重点——是多数公司的首要目标。

复习题

1—14　什么是公司治理？

1—15　请定义代理问题，并描述它如何产生代理成本。请说明公司的公司治理结构如何帮助避免代理问题。

1—16　公司如何设计管理层薪酬以尽量避免代理问题？当前的主流观点如何看待各种薪酬计划的执行问题？

1—17　市场力量——既包括股东积极主义也包括收购威胁——如何防止或尽量避免代理问题？机构投资者在股东积极主义中起到了什么作用？

总　结

价值焦点

本章确立了公司的主要目标：最大化所有者（公司为之而经营）的财富。上市公司的价值随时反映在股价中。因此，只有在出现预期将提高股价从而为所有者创造价值的机会时，管理层才应该采取行动。这就要求管理层考虑收益（现金流的大小与时间）、每个行为计划的风险及其对价值的综合影响。

学习目标复习

目标1　定义财务学与财务管理的功能。财务学是管理金钱的科学与艺术。它实际上影响着企业的所有方面。财务管理与为企业工作的财务经理的职责有关。财务经理管理所有类型企业的财务：私人企业与上市公司、大企业与小企业、营利企业与非营利企业。他们执行各种各样的任务，例如制定财务计划或预算、向客户提供信贷、评估大额支出计划、为企业经营筹资。

目标2　描述企业的法定组织形式。企业的法定组织形式包括独资企业、合伙企业和法人公司。法人公司是企业收入的主要贡献者，其所有者为股东。股东预期通过股利或者股价上升获得收益。

目标3　描述企业的目标，并说明为何最大化企业价值是合适的企业目标。企业的目标是最大化自身的价值，从而最大化股东财富。最大化企业价值意味着为所有者（股东）的利益而经营企业。由于股东的偿付顺序位于其他利益相关者之后，因此为了让股东变得富有，通常必须满足其他利益相关者的利益。

目标4　描述财务管理与经济和会计的关系。企业内部的所有职能部门都要与财务人员和财务流程打交道。财务经理必须了解经济环境，并主要依赖边际成本—收益分析的经济原则做出财务决策。财务经理使用会计核算，但关注的主要是现金流和决策。

目标5　识别财务经理的主要活动。财务经理的主要活动除了持续参与财务分析与规划，还包括做出投资决策和财务决策。

目标6　描述公司所有者与经理之间的委托—代理关系的性质，并说明如何用不同的公司治理机制管理代理问题。在典型的公司中，所有者与管理者的分离代表了经典的委托—代理关系，其中股东是委托人，管理者是代理人。当代理人的决策符合委托人的最大利益时，这种安排运行顺利，但当委托人与代理人的利益不同时，它就可能导致委托—代理问题。公司的公司治理结构旨在帮助确保管理者按公司股东和其他利益相关者的最大利益采取行动，它通常既受内部因素影响，也受外部因素影响。

自测题（答案见附录）

自测1—1　对现金流的强调　环球地毯（Worldwide Rugs）是一家位于美国的地毯进口商，该公司将进口商品转售给当地零售商。去年，环球地毯从全世界进口了价值250万美元的地毯，全部商品都在运货前付款。收到地毯后，进口商立即将其以300万美元的价格卖给了当地零售商。为了让零售客户有时间卖出地毯，环球地毯以赊销的方式向零售商出售。在财务年度结束前，环球地毯收到了85%的应收账款。

a. 环球地毯当年产生的会计利润是多少？

b. 从会计角度看，环球地毯当年是否成功？

c. 环球地毯当年创造的财务现金流是多少？

d. 从财务角度看，环球地毯当年是否成功？

e. 如果当前的模式持续下去，你预期环球地毯将来会取得成功吗？

热身练习

练习1—1 安（Ann）和杰克（Jack）是多年的合作伙伴。他们的公司A&J税务筹划公司（A&J Tax Preparation）非常成功，因为他们在多数商业问题上都能达成一致意见。然而他们在企业的法律形式上产生了分歧。在过去两年中，安一直劝说杰克组建法人公司，她认为成立法人公司没有缺点，只有优点。杰克强烈反对，他认为他们的企业应该永远保持合伙形式。

首先，请你从安的角度说明组建法人公司的优点。然后，请你从杰克的角度说明保持合伙形式的优点。最后，如果你需要替安和杰克做出决策，你需要什么信息？

练习1—2 作为首席财务官，你的责任是权衡公司研发部提出的许多投资机会的财务优点与财务缺点。你现在正在评估两个互斥的15年期项目，它们有以下几点差异。与该公司目前的每股收益相比，第一个项目预期可以在前五年创造超过平均水平的每股收益，在第二个五年创造相当于平均水平的每股收益，在最后五年创造低于平均水平的每股收益。第二个项目预期将在前五年创造低于平均水平的每股收益，在第二个五年创造相当于平均水平的每股收益，在最后五年创造高于平均水平的每股收益。

如果你预期第二笔投资将使整体收益的增幅更大，是否很容易就能做出选择？假设公司目标已定，你在做出最终决策之前将考虑哪些问题？

练习1—3 耶灵公司（Yearling，Inc.）的年终派对因铺张奢华而出名。管理层在派对上提供最好的食物与娱乐以答谢员工的辛勤工作。在规划今年的派对时，财务主管的团队和会计主管的团队出现了分歧。财务主管的团队声称公司目前现金不足，可能难以支付下个月的账单，他们要求削减派对预算；会计主管的团队认为削减预算没有根据，因为公司的盈利能力仍然非常强。

双方可能都正确吗？请解释你的答案。

练习1—4 假设你将在爱米科公司（AIMCO，Inc.）做一天财务主管。爱米科公司开发出了视频会议技术。卫星部门的一名经理请你批准一笔10 000美元的资本支出。这位经理称，这笔支出对于继续某个长期项目是必要的，该项目旨在用卫星让全球各地都能进行视频会议。这位经理承认，卫星技术已被最近的电话技术的发展超越，但他认为爱米科公司应该继续该项目，因为过去15年这个项目已经花了250万美元。尽管这个项目的可行性很低，这名经理仍然认为浪费已经花掉的金钱和时间很可耻。

请使用边际成本—收益分析决定你是否应该批准这10 000美元的支出以继续该项目。

练习1—5 最近，甜甜圈店（Donut Shop，Inc.）的一些分店放弃了让员工接受小费的做法。以前说“不用找钱了”的顾客现在习惯于等待找钱。管理层甚至制定了政策，要求如果顾客离开时没有拿零钱，就要把零钱扔掉。作为一位常来购买咖啡和甜甜圈带去上班的顾客，你注意到队伍排得更长了，你下单时店员犯的错误更多了。

请说明为何小费可以被视为类似于股票期权，为什么服务延误和错误订单可能产生代理成本。如果永远取消小费，甜甜圈店如何降低这些代理成本？

习　题

习题 1—1　责任比较　梅里德斯·哈珀（Merideth Harper）对西南发展公司（Southwest Development Company）投资了 25 000 美元。该公司最近宣布破产，并有 60 000 美元未清偿债务。请说明在下列每种情况下梅里德斯的投资的性质。

a. 西南发展公司是哈珀女士所有的独资企业。

b. 西南发展公司是梅里德斯·哈珀与克里斯托弗·布莱克（Christopher Black）各占一半股份的合伙企业。

c. 西南发展公司是法人公司。

习题 1—2　某段时期的应计收入与现金流　托马斯图书公司（Thomas Book Sales，Inc.）向大学书店供应教科书。供应教科书的附加条件是，书店必须在 30 天内付款，但是可以在 90 天内全款退货。2014 年，托马斯图书公司发货和记账的图书总价值为 760 000 美元。当年的收款金额减去退货金额总计为690 000美元。该公司的图书进货支出为 300 000 美元。

a. 请使用权责发生制和题目中的数值计算去年该企业的净利润。

b. 请使用现金收付制和题目中的数值计算去年该企业的净现金流。

c. 哪种结果对财务经理更有用？为什么？

个人理财习题 1—3　现金流　简（Jane）通常使用现金流规划、监督并评估她在一段时期（通常为 1 个月）内的财务状况。简有一个存款账户，她的银行年贷款利率为 6%，短期投资收益率为 5%。8 月，简的现金流如下：

科目	现金流入	现金流出
衣服		−1 000 美元
利息收入	450 美元	
外出就餐		−500 美元
杂货		−800 美元
工资	4 500 美元	
汽车贷款月供		−355 美元
水电费		−280 美元
抵押贷款月供		−1 200 美元
汽油		−222 美元

a. 请计算简的总现金流入与总现金流出。

b. 请计算 8 月份的净现金流量。

c. 如果现金不足，简有哪些选择？

d. 如果现金有盈余，简可以采取哪些审慎策略？

习题 1—4　边际成本—收益分析与企业的目标　肯·艾伦（Ken Allen）是巴利齿轮公司（Bally Gears，Inc.）的资本预算分析师，他需要评估一个项目。汽车部门经理认为更换重型卡车手挡生产线上的机器人将在接下来 5 年中产生 560 000 美元（现值）的总收益。现有机器人将在同期内产生400 000美元（同样是现值）的总收益。安装新设备需要 220 000 美元的初始现金投资。这位经理估计，现有机器人可以卖得 70 000 美元。请说明肯如何运用边际成本—收益分析方法确定下列事项：

a. 新机器人产生的边际（增加的）收益。

b. 新机器人产生的边际（增加的）成本。

c. 新机器人产生的净收益。

d. 肯应该建议该公司怎样做？为什么？

e. 除了成本和收益，在做出最终决策前，还应该考虑什么因素？

习题 1—5 识别代理问题、成本和解决方法 请说明为何下列每种情况都是代理问题，以及它们可能给公司造成什么成本。请说明如何在不解雇相关人员的情况下解决问题。

a. 前台接待人员通常要多花 20 分钟的午餐时间处理个人事务。

b. 部门经理虚报成本估计，目的是在成本低于估计时表现出短期效率提高。

c. 公司的首席执行官与竞争者进行密谈，商讨并购案的可能性，条件是她担任合并后公司的首席执行官。

d. 分店经理解雇了有经验的全职员工，让兼职员工或临时工担任客服职位，以降低工资成本，提高今年的分店利润。这位经理的奖金与利润挂钩。

习题 1—6 道德习题 管理者应该"在道德约束下"最大化股东财富是什么意思？决策时应该考虑哪些导致现金流和股价低于正常水平的道德因素？

电子表格练习

假设孟山都公司（Monsanto Corporation）正在考虑更换部分老旧过时的地毯生产设备。它的目标是通过提高生产速度和减少次品数量提高经营效率。该公司的财务部门正在整理相关数据，以进行关于更换设备计划的边际成本—收益分析。

新设备的现金支出约为 600 000 美元。旧设备的净账面价值与可能净售价总计为 250 000 美元。新设备（用现值衡量）的总收益为 900 000 美元。相同时期旧设备的收益（用现值衡量）为 300 000 美元。

任务

请编制一张电子表格，为孟山都公司进行边际成本—收益分析，并确定下列事项：

a. 新设备产生的边际（增加的）收益。

b. 新设备产生的边际（增加的）成本。

c. 新设备产生的净收益。

d. 你将建议该公司怎样做？为什么？

第二章 金融市场环境

学习目标

目标 1　了解金融机构在财务管理中的作用。
目标 2　对比金融机构与金融市场的功能。
目标 3　描述资本市场与货币市场的区别。
目标 4　说明 2008 年金融危机与经济衰退的根本原因与后续影响。
目标 5　了解影响金融机构与金融市场的主要监管法规和监管机构。
目标 6　讨论企业所得税及其在财务决策中的重要性。

本章的重要性

对职业生涯的重要性

会计　你需要了解公司所得如何纳税，以及平均税率与边际税率的区别。

信息系统　你需要了解信息如何在公司与金融市场之间流动。

管理　你需要了解为何健康的金融机构是健康经济体的有机组成部分，以及金融部门的危机如何传播并影响几乎每类企业。

市场营销　你需要了解为何公司与外部投资者沟通经营业绩很重要，以及监管对沟通类型的限制。

经营　你需要了解为何对多数公司而言，外部融资都是持续经营的重要保障。

对个人生活的重要性

你的整个一生都要经常进行金融交易。这些交易可能就像在银行存入工资一样简单，也可能很复杂，比如决定如何将存起来养老的钱分配于不同的投资。这些交易中许多都会产生重要的税务影响，不同时间、不同类型的交易产生的税务影响也不同。本章的内容将帮助你在进行这些交易时做出更好的决策。

2.1 金融机构与金融市场

多数成功的公司都有持续的资金需求。它们可以通过三种来源获得外部资金。第一种来源是通过金融机构接受存款并把它们转移给资金需求方。第二种来源是通过金融市场，它是各类资金的供求双方进行交易的有组织场所。第三种来源是通过私募。由于私募的无组织性，这里我们的重点主要是金融机构和金融市场在促进公司融资中的作用。

金融机构

金融机构（financial institution）是将个人、企业和政府的存款转化为贷款或投资的中介。许多金融机构都直接或间接地向存款人支付存款利息；还有些金融机构收取服务费（例如，客户要为支票账户支付服务费）。一些金融机构接受客户的存款，并将这些资金贷给其他客户或公司，另一些金融机构将客户存款投资于获利资产，例如房地产、股票或债券，还有一些金融机构两种业务都做。政府要求金融机构按照现有监管法规经营。

金融机构的主要客户

对于金融机构而言，主要的资金供给者和主要的资金需求者为个人、企业和政府。个人客户在金融机构中的存款为这些机构提供了大部分资金。个人不仅向金融机构提供资金，还产生贷款形式的资金需求。然而，个人作为一个群体，对于金融机构来说是净供给方：他们的存款多于借款。

企业也在金融机构存入部分资金，主要是存入不同商业银行的支票账户。和个人一样，企业向这些金融机构借款。但企业是资金的净需求方：它们的借款多于存款。

政府在商业银行存有临时闲置资金、某些税款和社会保障金。它们不直接向金融机构借款，而是通过向不同金融机构卖出债券向它们间接借款。政府和企业一样，通常是资金的净需求方：它们的借款通常多于存款。我们都听说过联邦预算赤字。

主要金融机构

美国经济中的主要金融机构有商业银行、储贷协会、信用社、储蓄银行、保险公司、共同基金和养老基金。这些金融机构向个人、企业和政府吸收存款，并将这些资金合并起来向个人和企业发放贷款。

商业银行、投资银行和影子银行体系

商业银行（commercial bank）是经济体中最重要的经济机构，因为它们为存款人提供

了安全的投资渠道，并通过向个人和公司提供贷款为投资融资，例如购买新房或业务扩张。**投资银行**（investment bank）是从事以下业务的金融机构：（1）协助公司筹资；（2）向公司提供关于并购或财务重组等重大交易的建议；（3）进行交易和做市活动。

商业银行的传统业务模式——吸收存款并支付利息，以更高的利率投资或贷出这些资金——能否顺利运转，取决于存款人对投资安全的信心的大小。自20世纪30年代以来，美国政府通过存款保险（现在每位存款人的保额最高为250 000美元）等保障方式让存款人确信资金是安全的。存款保险制度的出台是对大萧条中的银行挤兑或银行恐慌的反应。美国国会推出存款保险制度的法案**《格拉斯-斯蒂格尔法案》**（Glass-Steagall Act）也建立了商业银行与投资银行的分业体制，这意味着吸收存款的机构不能同时从事证券承销和交易等高风险业务。

商业银行和投资银行基本上保持了50多年的分业状况。但是美国国会在克林顿总统的批准下，决定于1999年废除《格拉斯-斯蒂格尔法案》。之前只能从事传统商业银行业务的金融机构开始从事证券承销和其他服务，与投资银行展开竞争。此外，20世纪90年代的影子银行体系有巨大发展。**影子银行体系**（shadow banking system）是指一群从事贷款活动的金融机构，它们很像传统银行，但是这些金融机构不接受存款，因此不用遵守传统银行必须遵守的法规。例如，养老基金等金融机构可能有多余的现金用于投资，而大公司可能需要短期融资满足季节性现金流需求。雷曼兄弟（Lehman Brothers）（于2008年金融危机之初宣布破产）这类公司作为这两方之间的中介帮助促成贷款，因而是影子银行体系的一部分。2010年3月，美国财政部长蒂莫西·盖特纳（Timothy Geithner）指出，影子银行体系在发展到顶峰时融入了约8万亿美元资产，几乎与传统银行体系的规模相当。

实例分析

美国银行业的合并

美国银行业经历了漫长的合并期。根据美国联邦存款保险公司（FDIC）提供的数据，自1992年到2013年3月，美国的商业银行数量从11 463家下降到6 048家，降幅为47%。减少的银行主要是小型社区银行，它们迅速被大型金融机构收购。

金融市场

金融市场（financial market）是资金供给方和资金需求方直接进行交易的场所。尽管金融机构发放的贷款并不包含关于资金供给方（存款人）的直接信息，但金融市场上的供给方知道他们的资金被贷往或投资到何处。两个主要的金融市场是货币市场和资本市场。货币市场上发生的是短期债务工具（适销证券）的交易。资本市场上发生的是长期证券——债券和股票——的交易。

为了筹资，公司可以使用私募或公募。**私募**（private placement）是指直接向投资者（例如保险公司或养老基金）出售新证券。在不过，多数公司是通过证券**公募**（public offering）筹资的，它是指向公众出售债券或股票。

当公司或政府向投资者出售股票或债券并获得现金时，就被称为在**初级市场**（primary market）上出售证券。在发生初级市场交易后，任何进一步的证券交易都不直接涉及发行人，发行人也不会从这些后续交易中获得更多收入。一旦证券开始在投资者之间交易，它们就成为**二级市场**（secondary market）的一部分。在大型证券交易所中，每天都在买卖双方之间发生数以亿计的股票交易，这些交易都是二级市场交易。货币从购买股票的投资者流向出售股票的投资者，而股票所属的公司基本不受交易影响。初级市场是出售“新”证券的市场。二级市场可以被视为“二手”证券市场。

金融机构与金融市场的关系

金融机构同时以资金供给方和资金需求方的身份积极参与金融市场。图 2.1 显示了资金在金融机构和金融市场上的一般流动以及私募交易机制。国内或国外的个人、企业和政府可以供给或需求资金。我们接下来将简要讨论货币市场，包括国际货币市场：欧洲货币市场。然后，我们将在本节最后讨论对公司至关重要的资本市场。

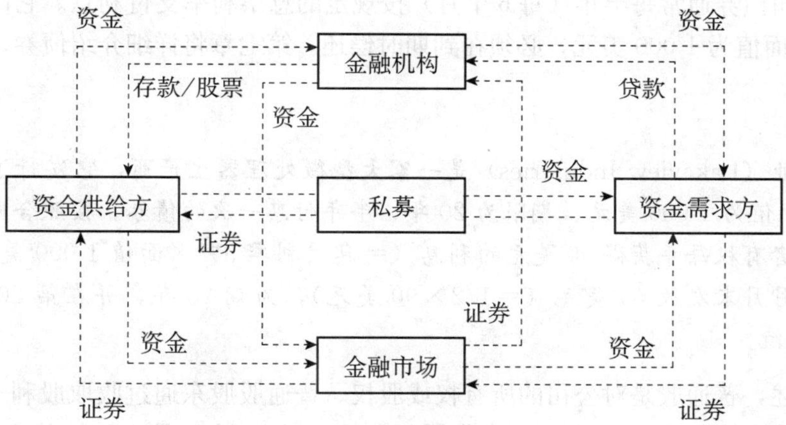

图 2.1　资金流动

金融机构与金融市场上的资金流动

货币市场

货币市场（money market）是由短期资金（期限不长于一年的资金）供求双方的金融联系建立的。货币市场之所以存在，是因为一些个人、企业、政府和金融机构拥有暂时闲置的资金且希望投资于相对安全的有息资产。同时，另一些个人、企业、政府和金融机构发现它们需要季节性融资或临时性融资。货币市场将短期资金的供求双方聚集到一起。

多数货币市场交易是**适销证券**（marketable securities）交易，它们是指政府发行的国库券、企业发行的商业票据和个人发行的大额可转让存单等短期债务工具。投资者通常认为适销证券是风险最低的投资。第十四章将介绍适销证券。

国内货币市场对应的国际货币市场被称为**欧洲货币市场**（Eurocurrency market）。这种短期银行存款市场用美元或其他主要货币计价。当公司或个人以银行所在国当地货币以外的货币向银行存款时，就产生了欧洲货币存款。例如，如果一家跨国公司在一家伦敦银行存入美元，这种行为就创造了欧洲美元存款（在一家欧洲银行存入的美元）。几乎所有欧洲美元存款都是定期存款，这意味着银行承诺在未来某个固定日期（例如6个月后）对存款还本付息。在这段时期内，银行可以自由将这笔美元存款贷给可信的公司或政府借款人。如果银行自己找不到借款人，可以将这笔存款贷给另一家国际银行。

资本市场

资本市场（capital market）是长期资金的供求双方进行交易的市场。在资本市场上交易的证券由企业和政府发行。资本市场的基础是经纪商市场和交易商市场，它们提供了债券与股票交易的场所。此外还有国际资本市场。

主要交易证券：债券与股票

资本市场上的主要交易证券是债券（长期债务）、普通股和优先股（股权或所有权）。

债券（bond）是企业和政府用来筹集大额资金的长期债务工具，筹资对象通常为广大贷款人。公司债券通常每半年（每6个月）按规定的息票利率支付利息。它的初始期限为10～30年，面值为1 000美元，必须在到期时偿还。第七章将详细介绍债券。

例2.1

湖景产业（Lakeview Industries）是一家大型微处理器生产商，它发行了一只息票利率为9%、面值为1 000美元、期限为20年、半年付息一次的债券。按照合同，购买这只债券的投资者有权每年获得90美元的利息（=息票利率9%×面值1 000美元），发放方式为每六个月月末发放45美元（=1/2×90美元），为期20年，并在第20年年末偿还1 000美元面值。

如前所述，普通股是对公司的所有权或股权。普通股股东通过收取股利——定期分配的现金——或股价上升获得收益。**优先股**（preferred stock）是一种特殊形式的所有权，它既具有债券的特征，又具有普通股的特征。股票发行方承诺定期向优先股股东支付固定的股利，且支付顺序必须先于普通股股东。换言之，优先股“优先于”普通股。第八章将详细介绍优先股和普通股。

经纪商市场与交易商市场

迄今为止，个人投资者进行的绝大部分交易都发生在二级市场上。二级市场的交易机制和流程近年来发展迅速。过去，我们可以根据证券交易方式将二级市场分为两个部分。这两个部分是经纪商市场和交易商市场。如今，这两个部分仍然很重要，但它们之间的区别不如以前那样明显了。

经纪商市场和交易商市场的主要区别在于执行交易的技术方式。也就是说，当交易发生在**经纪商市场**（broker market）上时，交易双方（买方和卖方）被撮合到一起，交易在此时发生：甲方直接向买方（乙方）出售证券。在某种意义上，证券实际上是在经纪商的帮助下转手的，这个过程可能是在交易所进行的。经纪商市场包括全国**证券交易所**（securities exchange）和地区证券交易所，它们是为公司提供场所，让公司可以通过出售新证券筹资、买方可以转售证券的机构。

相比之下，当交易在**交易商市场**（dealer market）上进行时，买卖双方不会直接接触，而是由**做市商**（market maker）执行买卖订单。做市商是通过以规定价格买卖特定证券“做市”的证券交易商。基本上，在这种市场上进行的是两笔独立交易：甲方将证券（比如，戴尔公司的股票）卖给交易商，然后乙方从另一个或同一个交易商那里买入证券（戴尔公司的股票）。因此，交易商市场上的交易总有一方为交易商（做市商）。交易商市场既包括**纳斯达克市场**（Nasdaq market），即使用全电子交易平台执行证券交易的市场，又包括**场外（OTC）市场**（over-the-counter（OTC）market），即交易非上市小额证券的市场。

近年来，经纪商市场和交易商市场的区别日渐模糊。电子交易平台使用复杂算法迅速撮合买单和卖单（所谓的高频率交易），通常无须人力干预。这些算法可以用于推测股价波动，也可以用于进行单笔大额买卖，并把它分割为许多小单，以尽量降低大量买卖股票对价格的影响。如今，越来越多的交易在“交易所外”——通常是“资金暗池”等私人交易场所——进行。约三分之一的二级市场交易在交易所以外的环境中进行。

经纪商市场　如果你和多数人一样，那么当你想到“股票市场”时，映入脑海的第一个名字将是纽约证券交易所（New York Stock Exchange，NYSE，简称纽交所），在经过一系列并购进行全球扩张后，现在它被称为纽约泛欧证券交易所（NYSE Euronext）。实际上，纽约泛欧证券交易所是主要的经纪商市场。一些地区交易所也是经纪商市场。2012年，纽约泛欧证券交易所的股票交易额超过美国股市所有股票交易总额的25%。

多数交易所都多少照搬了纽约泛欧证券交易所的模式。为了让自己的证券在证券交易所上市交易，公司必须提交上市申请并满足一些要求。例如，为了符合纽约泛欧证券交易所的上市规定，公司必须至少有400名持股数不少于100股的股东；公众持有的流通股不得少于110万股；前三年的税前利润至少为1 000万美元，前两年每年的税前利润至少为200万美元。显然，公司要想在纽约泛欧证券交易所上市，必须获得某种程度的成功。

一旦下单，纽约泛欧证券交易所上的买单或卖单可能在几分钟内就被执行，这要归功于先进的电信设备。新的互联网经纪系统让投资者可以通过电子方式下单。各种媒体都会报道上市证券的信息，不论是纸质媒体（例如《华尔街日报》）还是电子媒体（例如MSN Money（www.moneycentral.msn.com））。

交易商市场　交易商市场的主要特征之一是它没有集中的交易场所。相反，它是由通过集成电信网络联系到一起的大量做市商组成的。

每个做市商实际上都是证券经纪商，它们以规定买价或卖价买卖一种或多种证券，从而对其做市。**买价**（bid price）和**卖价**（ask price）分别是买入某种证券的最高出价和卖出某种证券的最低要价。实际上，投资者在买入证券时支付的是卖价，在卖出证券时得到的是买价。

如前所述，交易商市场由纳斯达克市场和场外（OTC）市场组成，在这两个市场上交易的股票一共约占美国市场上交易的所有股票的22%，在纳斯达克市场上交易的股票占这些交易中的绝大部分。（此外，初级市场也是交易商市场，因为所有出售给投资者的新股票都是由交易商代表投资银行出售的。）

最大的交易商市场由在美国全国证券交易商协会自动报价系统（通常称为纳斯达克）

上挂牌交易的部分股票组成。纳斯达克成立于1971年，它起源自场外市场，但现在被认为是一个完全独立的实体，不再属于场外市场。实际上，2006年，纳斯达克市场由美国证券交易委员会正式组建为“交易所”，这让它享有了与纽交所相同的地位与声望。

国际资本市场

尽管美国资本市场是迄今为止全球最大的资本市场，但其他国家也有重要的债务与股票市场。在**欧洲债券市场**（Eurobond market）上，公司和政府通常发行美元债券，并将它们卖给美国以外的投资者。例如，美国公司可以发行美元债券，购买这些债券的投资者可能来自比利时、德国或瑞士。通过欧洲债券市场，发行公司和政府可以面向通常比本地市场广阔得多的投资者群体。

> **实例分析**
>
> **纽约泛欧证券交易所是全球最大的证券交易所**
>
> 根据世界交易所联合会（World Federation of Exchanges）提供的数据，以上市证券总市值衡量，2012年全球最大的股票市场为纽约泛欧证券交易所，它的美国上市证券总市值超过14.1万亿美元，欧洲上市证券总市值超过2.8万亿美元。第二大股票市场是纳斯达克市场，其上市证券总市值为4.6万亿美元。东京证券交易所和伦敦证券交易所紧随其后，上市证券总市值分别为3.5万亿美元和3.3万亿美元。

外国债券市场是长期债券的国际市场。**外国债券**（foreign bond）是外国公司或政府用投资者的母国货币发行，并在投资者母国市场上出售的债券。美国公司发行的用瑞士法郎标价、在瑞士出售的债券为外国债券。尽管外国债券市场小于欧洲债券市场，但许多发行人发现，利用全球债务市场是一种有吸引力的方式。

最后，**国际股票市场**（international equity market）让公司可以同时在多个国家将大量股票出售给投资者。国际股票市场让公司可以筹集到比它们能从任何单一市场上筹集到的资本都多的资本。国际股票交易对于将国有公司卖给私人投资者的政府而言是必不可少的。

资本市场的作用

从公司角度看，资本市场是公司与投资者互动以获得宝贵的外部融资的高流动性市场。从投资者的角度看，资本市场是为公司出售的证券确定合适的证券价格，并将资金配置给生产率最高的用途的**有效市场**（efficient market）。这种作用对于在经纪商市场或交易商市场上活跃交易的证券尤为实际，在这些市场上，投资者之间的激烈竞争决定了证券价格。

证券价格是由市场上买卖双方的互动决定的。如果市场有效，股价就是股票真实价值的无偏估计。投资者彼此竞争以获得关于股票真实价值的信息，因此在任何给定的时间，股价都反映股票的所有已知信息。股价变化反映出投资者了解到并据此采取行动的股票新信息。例如，假设某只股票当前的交易价为每股40美元。如果该公司宣布某种新产品的销售额高于预期，且投资者没有预期到该公司会发布这项声明，那么投资者将提高他们对这只股票真实价值的估计。当股价为 40 美元时，这只股票的价格是相对划算的，因此希望交易这只股票的买方暂时多于卖方，且股价必须上升以重新实现市场均衡。市场越有效，整个过程就越迅速。理论上，股价中还可能包含只有内部人知道的信息。

按照定义，新信息几乎是不可预测的。例如，众所周知，美国的零售商在年底假日季邻近时销售额都会飙升。当公司在年底报告销售额增加时，这不是新信息，因为市场上的投资者都清楚季节性模式并预期第四季度的销售额会比全年任何其他时候都高。对于市场来说，新信息是指零售商报告其第四季度的销售额比投资者的预期更高（或更低）。由于这是预料之外的，因此新信息有随机性（也就是说，有时公司宣布的业绩优于预期，有时公司宣布的业绩差于预期）。当新信息出现时，股价将快速做出反应，且股价变化呈现随机形式。因此，股市有效的一个标志是股价变化几乎不可预测，即使是专业投资者也无法预测。

并非所有人都认为金融市场的价格和上一段所描述的一样有效。宣扬行为金融学——将金融学与心理学观点融合在一起的一个新兴领域——的人认为，股价和其他证券的价格可能在长期内偏离其真实价值，这种偏离可能导致可预测的股价模式。他们指出，20 世纪 90 年代末的大型银行挤兑、之后的互联网股票价格崩溃以及在最近的金融危机中市场无法准确评估抵押贷款支持证券的风险都是一条原则的例证：股价有时根本不是准确的价值指标。

金融市场价格的有效性究竟有多大？这个问题还将在很长时间内争论不休。显然，价格会根据新信息发生变化，对于多数投资者和公司管理者，最好的建议可能是小心谨慎地判断市场趋势。找出市场高估或低估其价值的股票极其困难，证明自己有能力在长期内正确判断市场趋势的投资者非常少。

复习题

2—1　金融机构交易的主要参与者是谁？谁是净供给方？谁是净需求方？

2—2　金融市场在经济中的作用是什么？什么是初级市场和二级市场？金融机构和金融市场之间的关系是什么？

2—3　什么是货币市场？什么是欧洲货币市场？

2—4　什么是资本市场？在资本市场上交易的主要证券是什么？

2—5　什么是经纪商市场？什么是交易商市场？它们的区别是什么？

2—6　请简要描述国际资本市场，尤其是欧洲债券市场和国际股票市场。

2—7　什么是有效市场？什么决定了有效市场上的证券价格？

2.2　金融危机

2008 年夏秋，美国金融体系和全球金融体系陷入了危机。金融部门的问题蔓延到其他行业，一场严重的全球衰退随之而来。在本节中，我们将概述这场危机的部分主要原因和后果。

金融机构与房地产金融

在经典电影《生活多美好》(*It's a Wonderful Life*) 中，主人公乔治·贝利 (George Bailey) 经营着一家叫做贝利建筑与贷款协会 (Bailey Building and Loan Association) 的金融机构。这部电影的重要一幕是，银行挤兑即将发生，存款人要求乔治返还他们对贝利建筑与贷款协会的投资。乔治恳求某个人将钱留在银行中，他说：

> 你认为这里问题重重，就好像我把钱都藏在保险箱里似的。钱不在这里。你的钱在乔 (Joe) 的房子里。那所房子就在你家旁边——还在肯尼迪 (Kennedy)、马克林 (Maklin) 太太和其他上百人的房子里。你贷款给他们盖房子，他们将尽其所能把钱还给你。你要做什么？没收他们的房产？

这一幕相对真实地描绘了多年来金融机构在发放住房贷款中的作用。当地银行吸收存款，并向当地借款人发放贷款。然而，自 20 世纪 70 年代以来，**证券化** (securitization) 过程改变了抵押贷款融资的运作方式。证券化是指集中抵押贷款或其他类型的贷款，然后在二级市场上出售对这些贷款的索偿权或以其为基础的证券的过程。这些证券被称为**抵押贷款支持证券** (mortgage-backed security)，买方可以是个人投资者、养老基金、共同基金或其他任何投资者。当住房所有者偿还贷款时，这些钱最终将流入持有抵押贷款支持证券的投资者手中。因此，与抵押贷款支持证券相关的主要风险是房屋所有者不能偿还贷款或者选择不偿还贷款。现在，银行仍然向希望建造或购买新房的人发放贷款，但它们通常将这些贷款捆绑到一起并向机构出售，后者将其证券化并发行给全球投资者。

房价下跌与拖欠抵押贷款

在 2008 年金融危机以前，多数投资者将抵押贷款支持证券视为相对安全的投资。图 2.2说明了形成这种观点的主要原因之一。图 2.2 显示了标准普尔/凯斯-希勒房价指数 (Standard and Poor's Case-Shiller Home Price Index) 的表现，它是美国十大城市的房价晴雨表，图中包含了自 1987 年 1 月至 2013 年 2 月的每月数据。历史上，该指数下降的情况相对较少，1995 年 7 月至 2006 年 4 月该指数连续上升，甚至没有一个月下降。当房价上升时，借款人的住房贷款与住房价值之间的差距会拉大，贷款人可以让难以偿还抵押贷款的借款人凭借价值增加的房屋所有权重新借入贷款并降低月供。因此，房价上升使 20 世纪 90 年代中期至 2006 年的抵押贷款违约率一直很低。在这段时期内，房地产投资和抵押贷款支持证券投资的风险看上去很低。

贷款人开始放松对借款人设立的标准，部分原因是房地产投资看上去相对安全。这种变化导致次级抵押贷款剧增。次级抵押贷款是相对于“优级”借款人而言，对收入较低、信用历史较差的借款人发放的抵押贷款。向次级借款人提供的贷款利率通常是可调整利率而非固定利率，因此如果利率上升，次级借款人尤为容易受到伤害。许多次级借款人（和贷款人）认为，如果还款发生困难，住房价格上升将使得借款人可对贷款进行再融资。银行和其他金融机构逐渐增加了对房地产贷款的投资，其中部分是通过增加次级抵押贷款实

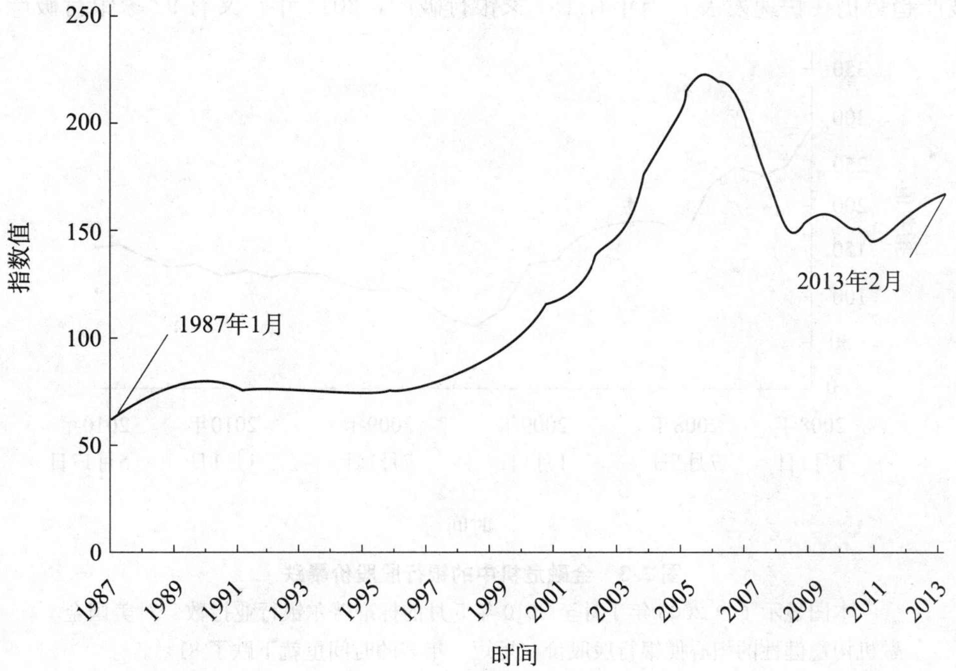

图 2.2　房价的涨跌

本图显示了自 1987 年 1 月至 2013 年 2 月的标准普尔/凯斯-希勒房价指数，房价连续上涨了约 10 年，之后则进入漫长的下跌期。

现的。2000 年，房地产贷款占大型银行贷款总和的比例不到 40%。到 2007 年，房地产贷款已超过大型银行所有贷款的一半，这些贷款中的次级抵押贷款的比例也随之上升。

遗憾的是，如图 2.2 所示，自 2006 年 5 月至 2009 年 5 月，房价几乎不间断地下跌。3 年内，房价平均跌幅超过 30%。毫不令人意外的是，当房屋所有者难以偿还抵押贷款时，他们将无法进行再融资，而拖欠利息和房屋被没收的情况开始增多。2009 年，近 25%的次级抵押贷款借款人都未能及时偿还抵押贷款。一些借款人意识到其房屋的价值远远低于他们的抵押贷款，于是干脆搬出房子，把它们丢给贷款人。

银行信心危机

随着拖欠率的上升，抵押贷款支持证券的价格开始下跌，而大量投资于房地产资产的金融机构的财富也开始下跌。2008 年 3 月，美联储为摩根大通收购（也就是拯救）贝尔斯登（Bear Stearns）提供融资。当年晚些时候，雷曼兄弟申请破产。自 2008 年至 2009 年，美联储、小布什政府以及到最后奥巴马政府马不停蹄地采取措施支持银行部门并刺激经济，但这些措施无法完全阻止危机。

图 2.3 显示了标准普尔银行业指数（该指数追踪银行股的表现）。自 2008 年 1 月至 2009 年 3 月，银行股股价下跌了 81%，银行破产数量不断攀升。根据美国联邦存款保险公司提供的数据，2007 年只有 3 家银行破产。2008 年，该数字翻了约 8 倍，升至 25 家，然后这个数字在 2009 年又翻了近 6 倍，达到 140 家。尽管 2010 年美国经济开始复苏，但

银行破产趋势仍在快速发展，当年有157家银行破产，2011年，又有92家银行破产。

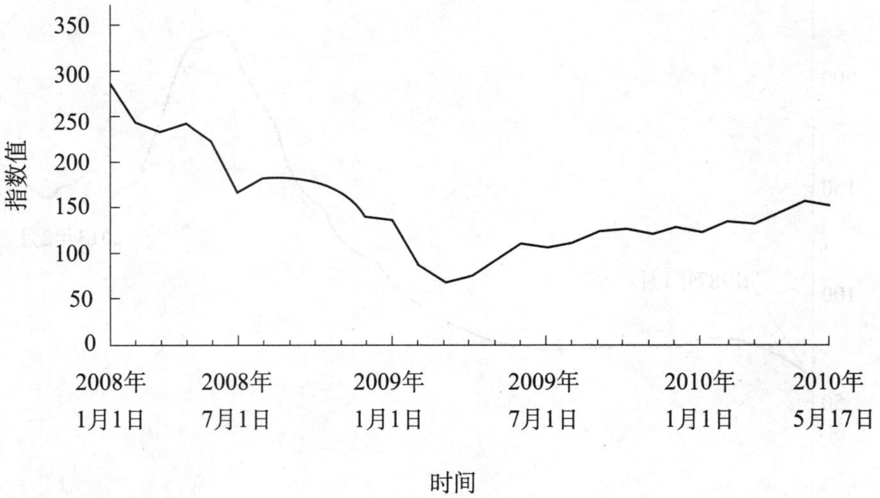

图2.3 金融危机中的银行股股价暴跌

本图显示了自2008年1月至2010年5月的标准普尔银行业指数。对美国金融机构稳健性的担心使银行股股价在短短一年多的时间里就下跌了81%。

溢出效应与大衰退

2008年，当银行面临巨大的财务压力时，它们开始收紧贷款标准，并大幅降低贷款数量。在雷曼兄弟破产后，货币市场贷款剧烈萎缩。依赖货币市场获取短期融资的公司发现，它们无法再在这个市场上筹资，除非接受非常高的利率。

因此，企业开始囤积现金，削减开支，经济活动紧缩。美国的国内生产总值（GDP）在从2008年第一季度开始的六个季度中的五个季度都出现了下降，2008—2009年，美国的就业岗位减少了800万个以上，失业率达到10%。美国国会通过了8 620亿美元的刺激政策，试图复苏经济，美联储将短期利率压低到接近0。尽管2009年美国经济开始复苏，但复苏十分缓慢。直到2013年5月，总就业率仍然比经济衰退开始时低2%。

或许从这次金融危机中得到的最重要的经验是，金融机构对现代经济有多重要。按照某些指标，2008—2009年的经济衰退是美国自大萧条以来最严重的经济衰退。实际上，这两次经济衰退有许多共同点。它们都发生在经济快速增长、股价攀升、银行开展新业务之后，金融部门都出现了大型危机。与银行危机相关的经济衰退往往比其他经济衰退更严重，因为许多企业都依赖贷款经营。当金融机构收紧贷款时，多数其他行业的活动也会放缓。

复习题

2—8 什么是证券化？它如何促进房地产投资？

2—9 什么是抵押贷款支持证券？与抵押贷款支持证券相关的基本风险是什么？

2—10 为何房价上升会造成低抵押贷款违约率？

2—11　为什么房价下降会导致房屋所有者对抵押贷款违约，即使他们能负担月供？

2—12　金融部门危机为何会溢出到其他行业？

2.3　对金融机构与金融市场的监管

上一节讨论了金融机构发生危机时现代经济的脆弱性。为了避免这些类型的问题，政府通常会像管理经济体中的其他部门一样管理金融机构与金融市场，甚至更加严格。本节概述了美国的金融监管状况。

对金融机构的监管

如第 2.1 节所示，美国国会在 1933 年美国深陷大萧条时通过了《格拉斯-斯蒂格尔法案》。20 世纪 30 年代初，一系列银行恐慌导致美国近三分之一的银行破产。银行部门的问题和其他因素导致了美国历史上最严重的经济衰退，工业产值跌幅超过 50%，失业率达到近 25%的高峰，股价跌幅约为 86%。《格拉斯-斯蒂格尔法案》试图通过建立**联邦存款保险公司**（Federal Deposit Insurance Corporation，FDIC）平息公众对银行业的担忧，这家公司提供存款保险，从而有效保障个人在银行持有的存款不会在银行破产时遭受损失。联邦存款保险公司还负责定期对银行进行检查，以确保它们"安全稳健"。《格拉斯-斯蒂格尔法案》还禁止银行通过参与证券承销和交易等活动吸收存款，从而有效地将商业银行与投资银行分离开。

对金融市场的监管

在大萧条期间，美国还通过了另两项对金融市场监管有重大影响的法案。**《1933 年证券法》**（Securities Act of 1933）对新证券销售做出了新规定。也就是说，《1933 年证券法》旨在监管初级市场（即最初向公众发行证券的市场）上的活动。该法案的目的是确保新证券卖方对证券潜在买方披露足够的信息。

《1934 年证券交易法》（Securities Exchange Act of 1934）监管的是股票和债券等证券的二级交易。《1934 年证券交易法》还建立了**证券交易委员会**（Securities and Exchange Commission，SEC），该机构是负责执行美国证券法的主要机构。

尽管政府监管的类型和水平总是有争议，但应该承认，我们需要政府在某种程度上对金融机构和金融市场进行监管并实际上从中受益。政府监管的最大好处是它使社会对金融机构和金融市场建立了信任和信心。这种信任和信心是必需的，它确保社会参与金融市场环境，使几乎每个人都有望以某种方式从中受益。

复习题

2—13　你认为在大萧条期间为何会通过如此多与金融市场和金融机构有关的重要

法案？

2—14　《1933年证券法》和《1934年证券交易法》在金融市场监管方面有哪些不同？

2.4　企业税

征税是客观存在的事实，和个人一样，企业必须对所得纳税。独资企业和合伙企业的所得按照个人所有者的收入纳税；公司所得需要缴纳公司税。

不论采用什么法定形式，所有企业都能获得两类所得：普通所得和资本利得。根据现行法律，当对个人征税时，这两类所得的税务处理不同；当对公司征税时，这两类所得的税务处理相同。

普通所得

公司的**普通所得**（ordinary income）是指通过出售商品或服务获得的收入。2012年美国公司的普通所得税按照表2.1显示的公司税率表征收。

表2.1　公司税率表

应税所得的范围（美元）	税额计算		
	基础税款（美元）	＋	（边际税率×超过基础税级的金额）
0～50 000	0	＋	（15%×超过0美元的金额）
50 000～75 000	7 500	＋	（25%×超过50 000美元的金额）
75 000～100 000	13 750	＋	（34%×超过75 000美元的金额）
100 000～335 000	22 250	＋	（39%×超过100 000美元的金额）
335 000～10 000 000	113 900	＋	（34%×超过335 000美元的金额）
10 000 000～15 000 000	3 400 000	＋	（35%×超过10 000 000美元的金额）
15 000 000～18 333 333	5 150 000	＋	（38%×超过15 000 000美元的金额）
超过18 333 333	6 416 667	＋	（35%×超过18 333 333美元的金额）

例2.2

韦伯斯特制造（Webster Manufacturing，Inc.）是一家生产厨房刀具的小型生产商，该公司的税前利润为250 000美元。使用表2.1显示的公司税率表，可以算出这些利润的应纳税额：

总计应纳税额＝22 250美元＋0.39×(250 000美元－100 000美元)
＝22 250美元＋0.39×150 000美元
＝22 250美元＋58 500美元＝80 750美元

从财务角度看，了解平均税率与边际税率的区别、对利息与股利收入的处理以及税收减免的影响很重要。

边际税率与平均税率

边际税率（marginal tax rate）表示下一美元所得的税率。在当前的公司税结构中，如果公司所得低于50 000美元，则边际税率为 15%。如果公司所得高于 50 000 美元但低于 75 000 美元，则边际税率为 25%。随着公司所得的上升，边际税率的变化如表 2.1 所示。在上述例子中，如果韦伯斯特制造的税前利润增至 250 001 美元，那么最后 1 美元所得将适用 39%的边际税率。

公司普通所得对应的**平均税率**（average tax rate）的计算方法是用应纳税额除以应税所得。对于多数公司而言，平均税率并不等于边际税率，因为税率随着所得水平的变化而变化。在上述例子中，韦伯斯特制造的边际税率为 39%，但是其平均税率为 32.3%（=80 750美元÷250 000 美元）。对于利润高达数亿美元甚至数十亿美元的大公司而言，平均税率非常接近于最高税级的边际税率（35%），因为多数公司所得都是按该税率纳税的。

在管理者所做的多数商业决策中，真正重要的是边际税率。为简化起见，本书中的案例使用 40%的单一税率。这意味着平均税率和边际税率都等于 40%。

利息与股利收入

在计算应税所得的过程中，公司的任何利息收入都属于普通所得。另外，对股利的处理方法不同。这种不同的处理方法减轻了**双重纳税**（double taxation）的影响，双重纳税是指公司将已经纳税的利润作为现金股利分配给股东，而股东又必须对股利缴纳最高 15%的所得税。公司持有其他公司的普通股和优先股所获得的股利在纳税时准予扣除 70%。[①] 股利减免税规定实际上消除了第二家公司以及后来公司所得股利的大部分税负。

可扣除费用

当计算税款时，公司可以扣除营业费用和利息费用。由于这些费用可以免税，因此减少了它们的税后成本。下例说明了税收减免的好处。

例 2.3

债务公司（Debt Co.）和无债务公司（No-Debt Co.）都预期在明年获得 200 000 美元的息税前利润。当年，债务公司必须支付 30 000 美元利息。无债务公司没有债务，因此没有利息费用。这两家公司的税后利润计算如下：

---

① 如果股利收取方对股利支付方的持股比例低于 20%，则在纳税时准予扣除 70%。如果股利收取方对股利支付方的持股比例为 20%～80%，应纳税所得额的 80%准予扣除。如果股利收取方对股利支付方的持股比例高于 80%，应纳税所得额的 100%准予扣除。为方便起见，这里我们假设股利收取方对股利支付方的持股比例低于 20%。

	债务公司	无债务公司
息税前利润	200 000 美元	200 000 美元
减：利息费用	30 000 美元	0 美元
税前利润	170 000 美元	200 000 美元
减：税款（40%）	68 000 美元	80 000 美元
税后利润	102 000 美元	120 000 美元
税后利润之差	18 000美元	

债务公司的利息费用比无债务公司多 30 000 美元，但债务公司的税后利润仅比无债务公司少 18 000 美元。这种差异是由于债务公司的 30 000 美元利息费用在计算所得税时可以扣除，从而节省了 12 000 美元税款（债务公司的税款为 68 000 美元，无债务公司的税款为 80 000 美元）。该金额可以用税率乘以利息费用直接计算出来（0.40×30 000 美元=12 000 美元）。类似地，利息费用的税后成本 18 000 美元可以用 1 减去税率再乘以利息费用直接计算出来［（1−0.40）×30 000 美元=18 000 美元］。

可扣除费用减少了公司在盈利情况下的实际（税后）成本。如果公司在某个年份出现净亏损，其应纳税款已经为零。即使在这种情况下，一年的亏损也可以用来抵销以往年份的利润缴纳的税款，在某些情况下，亏损还可以"向后结转"以抵销未来年份的所得并降低应纳税款。注意，在会计意义上和税收意义上，利息都是可扣除费用，而股利不是。由于股利不可扣除，因此其税后成本等于股利金额。因此，30 000 美元的现金股利的税后成本为 30 000 美元。

资本利得

如果公司以高于资产买价的价格出售资本性资产（例如作为投资持有的股票），卖价与买价之差就被称为**资本利得**（capital gain）。对于公司而言，资本利得需要与普通公司所得相加，按普通公司税率征税。

例 2.4

罗斯公司（Ross Company）是一家制药公司，它的税前营业利润为 500 000 美元，刚刚以 150 000 美元的价格卖出了一项两年前以 125 000 美元的价格买入的资产。由于这项资产的卖价高于初始买价，因此资本利得为 25 000 美元（=卖价 150 000 美元−初始买价 125 000 美元）。公司的应税所得总计为 525 000 美元（=普通所得 500 000 美元+资本利得 25 000 美元）。用应税所得乘以 40%，就得出了罗斯公司的应纳税款 210 000 美元。

复习题

2—15　请描述普通所得与资本利得的税务处理。平均税率与边际税率有何不同？

2—16　公司对股利收入的税务处理为何能减轻双重纳税的影响？

2—17　某些公司费用在计算所得税时可以扣除，这有什么好处？

总　结

价值焦点

本章介绍了为何金融机构和金融市场是财务管理的有机组成部分。公司如果不筹资就无法创建或生存，金融机构和金融市场为公司提供了成长所需的筹资渠道。然而，正如我们近年所见，金融市场的波动性可能非常大。当大型金融机构遇到困难时，筹资渠道就会减少，经济中所有公司都会受创。税收也是影响经济运行的重要因素之一，因为企业所得纳税规定影响了公司进行新投资的动机。

学习目标复习

目标 1　了解金融机构在财务管理中的作用。金融机构将资金净供给方和资金净需求方撮合到一起，从而帮助将个人、企业和政府的存款转化为贷款和其他类型的投资。资金净供给方通常是存款多于借款的个人或家庭。企业和政府通常是资金净需求方，这意味着它们的借款多于存款。

目标 2　对比金融机构与金融市场的功能。金融机构和金融市场都可以帮助企业筹集进行新投资所需的资金以实现增长。金融机构集中个人存款并将这些资金输送给企业和政府等借款人。金融市场提供了存款人和借款人直接交易的场所。企业和政府在初级市场上直接向公众发行债务和股票。投资者之间对这些证券的后续交易发生在二级市场上。

目标 3　描述资本市场与货币市场的区别。在货币市场上，希望临时将资金存起来获得利息的存款人与有短期资金需求的借款人互动。适销证券，包括国库券、商业票据和其他工具，是货币市场上交易的主要证券。欧洲货币市场是与国内货币市场对应的国际货币市场。

相反，资本市场是存款人和借款人进行长期资金交易的场所。公司在资本市场上发行债务（债券）或股权（股票）。这些证券被发行以后，就在经纪商市场或交易商市场等二级市场上进行交易。资本市场的一个重要功能是确定公司所发行的证券的基础价值。在有效市场上，证券价格是其真实价值的无偏估计。

目标 4　说明 2008 年金融危机与经济衰退的根本原因与后续影响。金融危机是由与房地产投资相关的多种因素导致的。金融机构降低了对房屋所有者的贷款标准，并大量投资于抵押贷款支持证券。当房价下跌，抵押贷款违约率上升时，银行持有的抵押贷款支持证券的价值大幅下降，导致一些银行破产，其他许多银行限制对公司的贷款。这反过来加重了美国和其他国家的经济衰退。

目标 5　了解影响金融机构与金融市场的主要监管法规和监管机构。《格拉斯-斯蒂格尔法案》建立了美国联邦存款保险公司，使商业银行与投资银行分业经营。该法案旨在限制银行承担的风险并保护存款人。

《1933 年证券法》与《1934 年证券交易法》是规范美国金融市场监管的主要法规。《1933 年证券法》的重点是监管初级市场上的证券交易，而《1934 年证券交易法》规范的是二级市场交易。《1934 年证券交易法》还建立了美国证券交易委员会，它是负责执行美国联邦证券法律的主要机构。

目标 6　讨论企业所得税及其在财务决策中的重要性。公司所得需要缴纳公司税。公司税率既适用于普通所得（扣除可扣除费用之后），也适用于资本利得。公司缴纳的平均税率为 15%～35%。公司纳税人可以根据税法中关于股利所得减免和可扣除费用的特定条款减少税款。当出售资产的价格高于初始买价时，就产生了资本利得。资本利得将与公司所得相加，按普通公司税率纳税。（为方便起见，全书假设边际税率为 40%。）

自测题（答案见附录）

自测 2—1　公司税　蒙哥马利公司（Montgomery Enterprises）在刚刚结束的一年中的营业利润为 280 000 美元。当年，该公司以 180 000 美元的价格卖出了它持有的另一家公司的股票，卖价比一年前支付的初始买价 150 000 美元高 30 000 美元。

a. 如果当年实现了资本利得，那么资本利得是多少？

b. 当年该公司的总应税所得是多少？

c. 请使用表 2.1 所示的公司税率表计算该公司的总应纳税款。

d. 请根据你的答案计算平均税率和边际税率。

热身练习

练习 2—1　对金融机构而言，个人作为一个群体是资金净供给方意味着什么？如果个人的消费高于收入，因而降低了对金融机构的资金供给，你认为对金融市场会带来什么后果？

练习 2—2　假设你是潮流时尚设计公司加嘉公司（Gaga Enterprises）的首席财务官（CFO）。你的公司需要 1 000 万美元扩大生产。你认为在金融机构的帮助下筹资和直接从金融市场筹资的过程有何不同？

练习 2—3　你认为公司在货币市场上发行证券和在资本市场上发行证券分别出于什么需求？

练习 2—4　你的经纪商向你提供对抵押贷款支持证券的终身投资机会。经纪商解释道，这些证券的基础资产是房屋抵押贷款池的本金与利息。请列出你评估这个投资机会的风险时需要问经纪商的问题。

练习 2—5　在过去 100 年中，政府对金融机构和金融市场的监管水平起起伏伏，正如一些经济学家所言，监管要么无声消退，要么来势汹汹。尽管政府制定的法律和建立的监管机构有各种明确或不甚明确的目标，但是你认为政府监管的最大好处是什么？

练习 2—6　雷斯顿公司（Reston，Inc.）请你的公司普鲁罗公司（Pruro，Inc.）提供财务援助。作为雷斯顿公司的长期客户，你的公司决定提供这项援助。你们讨论的问题是，普鲁罗公司应该购入雷斯顿公司年股利率为 5%的股票还是年利率为 5%的本票。

假设还款是有保障的，且年利息和年股利相同，那么在第一年，哪种选择的税后收益更高？

习　题

习题 2—1　公司税　小公司丹托供货（Tantor Supply）是一种主要运动商品的独家分销商。2013 年，该公司的税前利润为 92 500 美元。

a. 请使用表 2.1 所示的公司税率表计算该公司的应纳税款。

b. 2013 年，丹托供货的税后利润是多少？

c. 根据你第 a 问的答案，该公司的平均税率是多少？

d. 根据你第 a 问的答案，该公司的边际税率是多少？

习题 2—2　平均公司税率　请使用表 2.1 所示的公司税率表，解答下列问题：

a. 请计算以下税前公司利润水平的应纳税款、税后利润和平均税率：10 000 美元、80 000 美元、

300 000 美元、500 000 美元、150 万美元、1 000 万美元、2 000 万美元。

b. 请画出平均税率（y 轴）和税前所得水平（x 轴）的关系图。据此可以归纳出这些变量之间存在什么关系？

习题 2—3　边际公司税率　请使用表 2.1 所示的公司税率表，解答下列问题：

a. 请计算以下税前公司利润水平的边际税率：15 000 美元、60 000 美元、90 000 美元、200 000 美元、400 000 美元、100 万美元和 2 000 万美元。

b. 请画出边际税率（y 轴）和税前所得水平（x 轴）的关系图。请说明这些变量之间的关系。

习题 2—4　利息与股利费用　迈克尔斯公司（Michaels Corporation）预期当期的息税前利润为 50 000美元。假设普通所得税税率为 35%，请计算在下列条件下，该公司的税后利润和普通股股东可以获得的利润（纳税并支付优先股股利之后的利润）：

a. 该公司支付 12 000 美元利息。

b. 该公司支付 12 000 美元优先股股利。

习题 2—5　资本利得税　作为业务的一部分，弗格森管道公司（Ferguson's Plumbing）买卖了几种不可折旧的资本性资产。这些资产的买价和卖价见下表。假设弗格森管道公司的资本利得税税率为 40%，请填写下表的最后两列。

资产	卖价（美元）	买价（美元）	资本利得（美元）	应纳税款（美元）
A	3 400	3 000		
B	12 000	12 000		
C	80 000	62 000		
D	45 000	41 000		
E	18 000	16 500		

习题 2—6　道德习题　《1934 年证券交易法》限制但不禁止公司内部人交易本公司的股票。当公司内部人希望买卖本公司的股票时，可能产生什么道德问题？

电子表格练习

海明威公司（Hemingway Corporation）正在考虑扩展业务以提高收入，但在做出财务决策前，该公司请你计算这一财务决策会对企业所得税产生什么影响。当前，海明威公司的税前年所得为 200 000 美元，没有未清偿债务。扩展业务让海明威公司的税前年所得提高到 350 000 美元。海明威公司可以通过现金储备或举债为扩张融资。如果海明威公司举债，它的年利息费用将为 70 000 美元。

任务

请编制一张电子表格，为海明威公司进行税务分析，并确定以下事项：

a. 海明威公司当前的年应纳企业所得税是多少？

b. 海明威公司当前的平均税率是多少？

c. 如果海明威公司通过现金储备为扩张融资，它的新应纳企业所得税和平均税率是多少？

d. 如果海明威公司通过举债为扩张融资，它的新应纳企业所得税和平均税率是多少？

你建议这家公司怎么做？为什么？

融学译丛·财务管理基础(第七版) 金融学译丛·财务管理基础(第七版) 金融学译丛·财务管理基础(第七版)

第二部分
财务工具

在本部分中，你将学到一些财务经理几乎每天都会用到的基本分析工具。第三章介绍了公司与投资者、分析师和其他商界人士交流的主要财务报表。它还举例说明了财务经理用来分析财务报表中所包含的信息以找出并诊断财务问题的简单工具。

公司使用权责发生制会计原则编制财务报表；然而，在财务学中，真正重要的是现金流。第四章说明了如何用财务报表确定公司所创造的现金流的大小以及如何使用现金流。它还说明了公司如何制订短期财务计划与长期财务计划。

财务经理必须通过投资可能产生的后续现金流确定前期投资成本是否合理。第五章举例说明了公司用来评估这些投资是否合理的方法。

第三章 财务报表与比率分析

学习目标

目标 1 了解股东报告的内容以及合并国际财务报表的过程。
目标 2 了解财务比率使用者以及如何使用财务比率。
目标 3 使用财务比率分析公司的流动性和经营活动。
目标 4 讨论债务与财务杠杆之间的关系以及用于分析公司债务的财务比率。
目标 5 使用财务比率分析公司的盈利能力和市场价值。
目标 6 综合使用财务比率和杜邦分析法进行完整的比率分析。

本章的重要性

对职业生涯的重要性

会计 你需要了解股东报告以及如何编制四种主要的财务报表，公司如何合并国际财务报表，以及如何计算并解释用于决策的财务比率。

信息系统 你需要了解公司财务报表中包括哪些数据，以设计出一套体系，为报表编制者和需要计算财务比率的数据使用者提供这种数据。

管理 你需要了解哪类人对股东报告感兴趣，如何从公司内部和外部分析财务报表以评估不同方面的业绩，当使用财务比率分析时应该注意的事项以及财务报表如何影响公司价值。

市场营销 你需要了解决策对财务报表——尤其是利润表和现金流量表——的影响，以及比率分析——尤其是涉及销售数据的比率分析——如何影响公司关于存货水平、赊销政策和定价的决策。

经营 你需要了解营业成本如何反映在公司的财务报表中，以及比率分析——尤其是涉及资产、销货成本或存货的比率分析——如何影响对新设备或新设施的要求。

对个人生活的重要性

个人财务规划的一个常规步骤就是编制和分析个人财务报表，使你能监督财务目标的进度。同样，为了建立并监督投资组合，你需要理解和分析公司财务报表。

3.1 股东报告

每家公司的财务活动标准记录和报告都有许多不同的用途。公司必须定期为监管机构、债权人（贷款人）、所有者和管理层编制报告。用于编制和维持财务记录与报告的指引被称为**公认会计原则**（generally accepted accounting principles，GAAP）。这些会计实务和程序是由会计业的规则制定机构**财务会计准则委员会**（Financial Accounting Standards Board，FASB）批准的。

美国证券交易委员会——管理证券交易与上市的联邦监管机构——要求资产超过 500 万美元且股东不少于 500 人的公众持股公司向股东提供年度**股东报告**（stockholders' report）。股东报告总结并记录了公司过去一年的财务活动。它以公司首席执行官或董事会主席致股东的信开始。

致股东的信

致股东的信（letter to stockholders）是管理层的主要交流手段。它记述了当年被认为对公司影响最大的事件。它通常还会讨论管理理念、公司治理问题、策略、行动以及来年的计划。

四种主要的财务报表

证券交易委员会要求向股东报告的四种主要的财务报表是：（1）利润表；（2）资产负债表；（3）股东权益表；（4）现金流量表。本节介绍并简要讨论金属拉链制造商巴特利特公司（Bartlett Company）2015 年的股东报告。你很可能已经在会计课上学习了这四种财务报表，因此这里考察它们的目的是唤起你对基本知识的记忆，而非进行面面俱到的复习。

利润表

利润表（income statement）是公司在特定时期内经营业绩的财务总结。最常见的利润表涵盖期间为在某个具体时期（通常为日历年的 12 月 31 日）结束的一年。

道德焦点

按面值报告收益

实务 当每个季度临近结束时，华尔街万众期待的“财报季”就到来了。在财报季中，许多公司都会揭晓季度业绩。人们兴趣高涨，媒体争相报道最新公告，分析师忙着剖析数据，投资者根据新闻进行买卖。对于多数公司而言，最受期待的业绩指标就是每股收益，它通常被用来与分析师对公司的估计进行比较。超过分析师的估计的公司股价通常会飙升，而低于估计——即使只略低于估计——的公司股价往往会下跌。

许多投资者都意识到了根据报告收益判断公司业绩存在缺点。具体而言，财务报告的复杂性让管理者很容易误导投资者。有时，用来误导投资者的方法是合规的，即使违反公认会计实务的精神。有时，公司还会违反规则捏造数据。操纵收益误导投资者的行为被称为收益管理。

有些公司因为持续超过分析师的估计而出名。例如，在10年内（1995—2004年），通用电气公司（General Electric Co.，GE）每个季度都超过了华尔街的收益估计，通常每股只高出1、2美分。然而，2009年，美国证券交易委员会对通用电气公司罚款5 000万美元，原因是会计处理不当，包括记录未发生的销售交易。通用电气公司纠正了证券交易委员会指出的问题后，2001—2007年的净收益总额比最初报告的数字低了2.8亿美元。

在一封著名的致伯克希尔·哈撒韦公司股东的信中，沃伦·巴菲特（Warren Buffett）提出了关于财务报告的三条建议。[a] 第一，他警告说，显著有缺陷的会计实务通常是更严重问题的警告信号。第二，他提示说，当你无法理解管理层的做法时，原因可能是管理层不想让你了解。第三，他警告说，投资者应该对预测数据保持怀疑，因为收益和增长率通常不会按部就班地提高。第四，巴菲特指出，“总是承诺‘做出业绩’的管理者会在某个时刻试图‘粉饰业绩’。”

- 为什么财务经理总想管理收益？
- 如果管理者向投资者披露其行为，那么他们管理收益是不道德的吗？

a. www.berkshirehathaway.com/letters/2002pdf.pdf.

然而，许多大公司都是按照12个月的财务周期（即财政年度）经营的，该周期的结束时间不是12月31日。此外，上市公司通常会编制月度利润表供管理层使用，并必须向股东提供季度报表。

表3.1为巴特利特公司截至12月31日的2014年和2015年的利润表。2015年的报表从销售收入——当期销售总额——开始。从中减去销货成本，得到的986 000美元总利润表示剩下用来满足经营需求、财务需求和缴纳税款的金额。接下来，从总利润中扣除营业费用——包括销售费用、一般费用与管理费用、租赁费用和折旧费用，得到的418 000美元营业利润表示生产和销售产品获得的利润。该金额没有考虑财务成本和税务成本。（营业利润通常被称为息税前利润，即EBIT）。接下来，从营业利润中减去财务成本——利息费用，得到税前净利润（或收益）。减去2015年的93 000美元利息后，巴特利特公司的税前净利润为325 000美元。

表 3.1　巴特利特公司的利润表　单位：千美元

	截至 12 月 31 日的年度	
	2015 年	2014 年
销售收入	3 074	2 567
减：销货成本	2 088	1 711
总利润	986	856
减：营业费用		
销售费用	100	108
一般费用与管理费用	194	187
租赁费用[a]	35	35
折旧费用	239	223
营业费用总计	568	553
营业利润	418	303
减：利息费用	93	91
税前净利润	325	212
减：税款	94	64
税后净利润	231	148
减：优先股股利	10	10
普通股股东可得收益	221	138
每股收益（EPS）[b]	2.90	1.81
每股股利（DPS）[c]	1.29	0.75

a. 这里的租赁费用被单列为一项，而不是基于财务报告的目的，按照财务会计准则委员会的规定列为利息费用的一部分。这里使用的方法与税务报告程序而不是财务报告程序一致。

b. 计算方法为用普通股股东可得收益除以流通普通股股数：2015 年为 76 262 股，2014 年为 76 244 股。2015 年的每股收益：221 000 美元÷76 262＝2.90 美元。2014 年的每股收益：138 000 美元÷76 244＝1.81 美元。

c. 计算方法为支付给普通股股东的股利除以流通普通股股数。2015 年的每股股利：98 000 美元÷76 262＝1.29 美元。2014 年的每股股利：57 183 美元÷76 244＝0.75 美元。

接下来，按照相应税率计算税款并减去税款，得到税后净利润（或收益），也被称为净收入。巴特利特公司 2015 年的税后净利润为 231 000 美元。必须从税后净利润中减去优先股股利，得到普通股股东可得收益，它是公司代表普通股股东在该期间内获得的收益。

用普通股股东可得收益除以流通普通股股数，就得到了每股收益。每股收益表示特定时期内每股流通股获得的收益。2015 年，巴特利特公司的普通股股东获得了221 000美元收益，这表示每股流通股的收益为 2.90 美元。以现金形式实际分配的**每股股利**（dividend per share，DPS）是特定时期内每股流通普通股分配到的现金，2015 年的每股股利为 1.29 美元。

个人理财案例 3.1

简·史密斯（Jan Smith）和乔恩·史密斯（Jon Smith）是一对 30 多岁的夫妻，他们没有子女，正在编制个人收入与费用表，它类似于公司利润表。他们的简化收入与费用表如下页表所示。

简·史密斯和乔恩·史密斯截至2015年12月31日的年度收入与费用表 单位：美元

收入	
工资	72 725
利息收入	195
股利收入	120
(1) 收入总计	73 040
费用	
抵押贷款还款	16 864
汽车贷款还款	2 520
水电费	2 470
房屋维修费	1 050
食品	5 825
汽车费用	2 265
医疗与保险	1 505
衣服、鞋子、饰品	1 700
保险	1 380
税款	16 430
电器与家具	1 250
休闲娱乐	4 630
简的学费和书费	1 400
个人护理与其他科目	2 415
(2) 费用总计	61 704
(3) 现金盈余（或赤字）[(1) － (2)]	11 336

当年，史密斯夫妇的总收入为73 040美元，总费用为61 704美元，现金盈余为11 336美元。他们可以用这笔盈余增加储蓄和投资。

资产负债表

资产负债表（balance sheet）是公司在给定时点的财务状况总结报表。资产负债表由金额相等的两侧构成，其中一侧为公司资产（公司拥有的金额），另一侧为公司融资，它既包括债务（公司欠款），也包括权益（所有者提供的资金）。巴特利特公司2015年12月31日和2014年12月31日的资产负债表如表3.2所示。表中显示了各种资产、负债（债务）和股东权益账户。

短期资产和短期负债与长期资产和长期负债有重要区别。**流动资产**（current assets）和**流动负债**（current liabilities）是短期资产和短期负债，这意味着它们可以在一年或更短时期内转化为现金（流动资产）或被偿还（流动负债）。其他所有资产和负债以及股东权益被假定是无限期的，因而被认为是长期或固定的，因为预计它们将留在公司账簿上超过一年。

表 3.2　**巴特利特公司的资产负债表**　单位：千美元

	12月31日	
资产	2015年	2014年
现金	363	288
适销证券	68	51
应收账款	503	365
存货	289	300
流动资产总计	1 223	1 004
土地与建筑	2 072	1 903
机器与设备	1 866	1 693
家具与装置	358	316
汽车	275	314
其他（包括金融租赁）	98	96
固定资产总额（按成本计）	4 669	4 322
减：累计折旧	2 295	2 056
固定资产净额	2 374	2 266
资产总计	3 597	3 270
负债与股东权益		
应付账款	382	270
应付票据	79	99
应计项目	159	114
流动负债总计	620	483
长期债务（包括金融租赁）	1 023	967
负债总计	1 643	1 450
优先股：累计股利为5%、面值为100美元、额定股数为2 000股	200	200
普通股：面值为2.50美元，额定股数为100 000股，2015年发行和流通普通股股数：76 262股；2014年发行和流通普通股股数：76 244股	191	190
超过普通股面值的实收资本	428	418
留存收益	1 135	1 012
股东权益总计	1 954	1 820
负债与股东权益总计	3 597	3 270

按照惯例，资产排列顺序为自上而下，从流动性最高的资产——现金——到流动性最低的资产。适销证券是流动性很高的短期投资，例如公司持有的美国国库券或存单。由于适销证券的流动性很高，因此被视为一种形式的现金（“接近现金”）。应收账款表示由于赊销而产生的客户对公司的欠款。存货包括公司持有的原材料、在产品（部分完工的产品）和产成品。固定资产总额是指公司持有的所有固定（长期）资产的初始成本。① 固定资产净额是指固定资产总额与累计折旧之差，后者是指计入总费用的固定资产折旧。固定

① 为方便起见，本书中使用的“固定资产”是指在严格会计意义下的“财产、厂房和设备”。这种简化术语有助于更方便地提出特定财务概念。

资产净值被称为账面价值。

和资产一样，负债和权益账户也是按照从短期到长期的顺序排列的。流动负债包括应付账款、公司赊购产生的欠款、应付票据、未清偿短期贷款（通常来自商业银行）和应计项目（未支付的服务报酬）。应计项目的例子包括应向政府缴纳的税款和应向员工支付的工资。**长期债务**（long-term debt）表示当年未到期的债务。股东权益表示所有者对公司的索偿权。优先股表示出售优先股的历史收入（对巴特利特公司而言是 200 000 美元）。

接下来，普通股初始买方支付的金额由两个科目表示，普通股和超过普通股面值的实收资本。普通股一项是指普通股的面值。**超过普通股面值的实收资本**（paid-in capital in excess of par common stock）表示超过初始出售普通股面值的收入金额。普通股与超过普通股面值的实收资本账户之和除以流通股股数表示公司出售普通股得到的初始每股价格。因此，巴特利特公司出售普通股所得到的收入约为每股 8.12 美元 [=（面值 191 000 美元＋超过面值的实收资本 428 000 美元）÷76 262 股]。

最后，**留存收益**（retained earnings）表示所有收益的累计总额减去自期初起未发放而用于再投资的股利。重要的是要意识到留存收益不是现金，而是已经被用于为公司资产融资。

在表 3.2 中，巴特利特公司的资产负债表显示，该公司的总资产从 2014 年的 3 270 000美元增至 2015 年的 3 597 000 美元。增加到 3 270 000 美元主要是由于流动资产增加了219 000美元。反过来，增加的资产主要是由增加的 193 000 美元总负债提供融资的。从现金流量表中可以更深入地认识这些变化，我们将对其进行简要讨论。

个人理财案例 3.2

简·史密斯和乔恩·史密斯的下列个人资产负债表——之前介绍过，这对夫妻 30 多岁，没有子女——类似于公司的资产负债表。

简·史密斯和乔恩·史密斯的资产负债表：2015 年 12 月 31 日 单位：美元

资产		负债与净值	
现金	90	信用卡余额	665
支票账户	575	水电费	120
储蓄账户	760	医药费	75
货币市场基金	800	其他流动负债	45
流动资产总计	2 225	流动负债总计	905
股票和债券	2 250	房地产抵押贷款	92 000
共同基金	1 500	汽车贷款	4 250
退休基金，个人退休账户	2 000	教育贷款	3 800
投资总计	5 750	个人贷款	4 000
房地产	120 000	家具贷款	800
汽车	14 000	长期负债总计	104 850
家具	3 700	负债总计	105 755
珠宝与艺术品	1 500	净值（N/W）	41 420
个人财产总计	139 200		
资产总计	147 175	负债和净值总计	147 175

史密斯夫妇的总资产为147 175美元，总负债为105 755美元。个人净值（N/W）是“找平数字”——总资产与总负债之差，对于简·史密斯和乔恩·史密斯而言，是41 420美元。

留存收益表

留存收益表是股东权益表的简化形式。与显示给定年份发生的所有权益账户交易的**股东权益表**（statement of stockholders' equity）不同，**留存收益表**（statement of retained earnings）显示的是给定年份获得的净收入和支付的现金股利，以及该年年初与年末的留存收益变化。表3.3是巴特利特公司截至2015年12月31日的年度留存收益表。该表显示，该公司的年初留存收益为1 012 000美元，税后净利润为231 000美元，已付股利总额为108 000美元，年终留存收益为1 135 000美元。因此，巴特利特公司2015年的留存收益净增加额为123 000美元（231 000美元的税后净利润减去108 000美元的股利）。

表3.3　　巴特利特公司截至2015年12月31日的年度留存收益表　　单位：千美元

留存收益余额（2015年1月1日）	1 012
加：税后净利润（2015年）	231
减：现金股利（2015年已付股利）	
优先股	10
普通股	98
已付股利总额	108
留存收益余额（2015年12月31日）	1 135

现金流量表

现金流量表（statement of cash flows）是某个期间内现金流量的汇总表。现金流量表提供了公司某个期间内的营业现金流、投资现金流和融资现金流，以及现金与适销证券的变化。巴特利特公司截至2015年12月31日的年度现金流量表如表3.4所示。第四章对这张现金流量表进行了更深入的讨论。

表3.4　　巴特利特公司截至2015年12月31日的年度现金流量表　　单位：千美元

营业活动产生的现金流	
税后净利润	231
折旧	239
应收账款增加	(138)[a]
存货减少	11
应付账款增加	112
应计项目减少	45
营业活动提供的现金	500
投资活动产生的现金流	
固定资产总额增加	(347)

对其他公司的股权投资变化	0
投资活动提供的现金	(347)
融资活动产生的现金流	
应付票据减少	(20)
长期债务增加	56
股东权益变化[b]	11
已付股利	(108)
融资活动提供的现金	(61)
现金与适销证券的净增加	92

a. 按照惯例，用括号表示负数，在本例中为现金流出。
b. 这里不包括留存收益，因为它的变化实际上反映在“税后净利润”和“已付股利”中。

财务报表附注

在公布的财务报表中还包括对财务报表相关账户很重要的解释性附注。这些**财务报表附注**（notes to the financial statements）提供了关于财务报表科目的会计政策、程序、计算和交易的详细信息。这些附注通常涉及的问题包括收入确认、所得税、固定资产账户细目、债务与租赁以及或有事项。职业证券分析师也使用财务报表和附注中的数据估计公司发行的证券的价值，这些估计影响投资者行为，因而影响公司股价。

复习题

3—1 公认会计原则在上市公司的财务报告活动中起什么作用？

3—2 请描述四种主要财务报表的目的。

3—3 为什么财务报表附注对职业证券分析师很重要？

3.2 使用财务比率

四种基本财务报表中包含的信息对经常需要衡量公司相对业绩的各种利益相关方来说非常重要。“相对”是关键词，因为财务报表分析的基础是使用比率或相对价值。

比率分析（ratio analysis）是指各种计算和解释财务比率以分析和监督公司业绩的方法。比率分析的基本数据来自公司的利润表和资产负债表。

利益相关方

公司财务报表的比率分析与股东、债权人和公司自身管理层的利益相关。现有股东和未来股东都对公司当前和未来的风险与收益水平感兴趣，后者直接影响股价。公司的债权人主要对公司的短期流动性及其支付利息和偿还本金的能力感兴趣。债权人关心的第二点是公司的盈利能力；他们希望确保公司稳健。管理层和股东一样，关心公司财务状况的各个方面，并努力得出让所有者和债权人都满意的财务比率。此外，管理层还使用财务比率监督公司不同时期的业绩。

各类财务比率比较

比率分析不仅要计算给定比率，更重要的是要对比率数值进行解释。有意义的比较是回答“比率是否太高或太低”和“比率是好还是坏”这种问题所必需的。我们可以进行横截面比率比较和时间序列比率比较。

横截面分析

横截面分析（cross-sectional analysis）是指比较同一时间不同公司的财务比率。分析师通常对比较某家公司与行业内其他公司的业绩感兴趣。通常，公司将自身的财务比率与其希望效仿的某个重要竞争者或一群竞争者进行比较。这类横截面分析被称为**基准分析**（benchmarking），它十分流行。

与行业平均值进行比较也很常见。这些数字可以在《商业企业与工业企业财务比率年鉴》（*Almanac of Business and Industrial Financial Ratios*）、《邓白氏行业标准和主要商业比率》（*Dun & Bradstreet's Industry Norms and Key Business Ratios*）、《RMA 年度报表研究》（*RMA Annual Statement Studies*）、《价值线》（*Value Line*）和行业数据资源中找到。你也可以使用 Compustat 等财务数据库的财务信息推导出财务比率。表 3.5 是一个简单的横截面比率分析案例，它比较了一些彼此竞争的公司的几种财务比率与行业平均值。

分析师在根据财务比率比较得出结论时必须十分谨慎。如果某家公司的一个比率高于行业普通水平，那么这是这家公司业绩良好的信号，至少在该比率衡量的方面是如此。然而，财务比率高于或低于行业一般水平既可能有正面原因，也可能有负面原因。你需要确定某家公司的业绩与同行业其他公司不同的原因。因此，在对重点领域进行深入研究时，比率分析可能是最有用的。

表 3.5　　部分公司的财务比率与行业平均值

	流动比率	速动比率	存货周转率	平均收款期（天）	总资产周转率	负债比率	净利润率（%）	总资产收益率（%）	普通股收益率（%）
戴尔（Dell）	1.3	1.2	40.5	58.9	1.6	0.8	2.7	4.3	25.4
惠普（Hewlett-Packard）	1.2	1.1	13.8	80.6	1.0	0.6	6.7	6.7	18.9
电脑业	2.5	2.1	5.8	61.3	0.9	0.4	−3.1	−2.2	−2.6
家得宝（Home Depot）	1.3	0.4	4.3	5.3	1.6	0.5	4.0	6.5	13.7
劳氏（Lowe's）	1.3	0.2	3.7	0.0	1.4	0.4	3.7	5.4	9.3
建材业	2.8	0.8	3.7	5.3	1.6	0.3	4.0	6.5	13.7
克罗格（Kroger）	1.0	0.3	12.0	4.3	3.3	0.8	0.1	0.3	1.4

续前表

	流动比率	速动比率	存货周转率	平均收款期（天）	总资产周转率	负债比率	净利润率（%）	总资产收益率（%）	普通股收益率（%）
全食超市（Whole Foods Market）	1.3	1.0	25.6	7.0	3.6	0.4	2.3	8.0	14.5
食杂业	1.3	0.7	11.1	7.5	2.4	0.6	2.1	3.1	9.8
西尔斯（Sears）	1.3	0.3	3.7	5.4	1.8	0.6	0.5	0.9	2.6
沃尔玛（Walmart）	0.9	0.3	9.0	3.7	2.4	0.6	3.5	8.4	20.3
零售业	1.7	0.6	4.1	3.7	2.3	0.5	1.5	4.9	10.8

注：用于计算这些比率的数据来自 Compustat North American 数据库。

例 3.3

2016 年年初，热交换机生产商考德威尔制造（Caldwell Manufacturing）的首席财务分析师玛丽·博伊尔（Mary Boyle）搜集了该公司在刚刚结束的 2015 年中的财务业绩数据。她计算了各种比率并获得了行业平均值。她对存货周转率尤为感兴趣，该比率反映了公司存货中的原材料经过生产变为产成品并销售给顾客的速度。通常，该比率越高越好，因为这意味着存货周转更快，存货管理更有效。考德威尔制造 2015 年的存货周转率和行业平均存货周转率如下：

	2015 年的存货周转率
考德威尔制造	14.8
行业平均值	9.7

玛丽对这些数据的最初反应是，公司的存货管理显著优于该行业中的普通公司。存货周转率比行业平均值快将近 53%。然而，她意识到存货周转率很高可能是公司没有足够存货的信号。低存货的结果可能是大量缺货（存货不足以满足顾客的需求）。实际上，和生产部门以及市场部门员工的讨论揭示出这样一个问题：当年的存货极低，大量生产推迟，妨碍了公司满足需求的能力，使顾客不满，损失销量。该比率最初似乎反映出存货管理极为有效，但实际上它是一个严重问题的征兆。

时间序列分析

时间序列分析（time-series analysis）评估的是业绩变化。用财务比率比较当前的业绩与过去的业绩，可以让分析师评估公司的发展情况。通过多年比较可以了解发展趋势。显著的年度数据变化可能是问题的征兆，尤其是当行业中没有出现相同的趋势时。

合并分析

这种信息量最丰富的比率分析方法结合了横截面分析与时间序列分析。综合视角让人们可以评估与行业趋势相关的财务比率变化趋势。图 3.1 用 2012—2015 年巴特利特公司的平均收款期比率说明了这种方法。该比率反映了公司收款的平均时间（天数），该比率的值通常越低越好。该比率快速揭示出：（1）与行业相比，巴特利特公司的应收账款收款效率很低；（2）巴特利特公司的收款期趋于变长。显然，巴特利特公司需要缩短收款期。

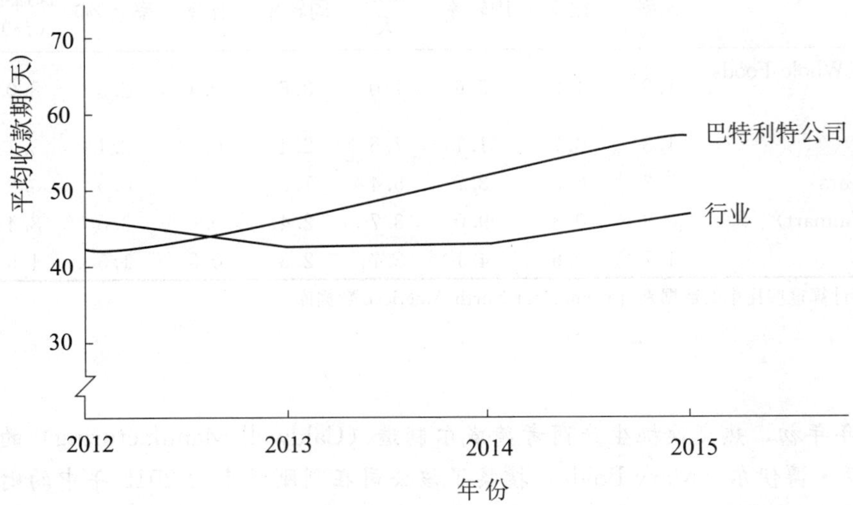

图 3.1　综合分析

综合横截面分析与时间序列分析考察巴特利特公司 2012—2015 年的平均收款期。

使用财务比率分析的注意事项

讨论具体比率之前，我们应该考虑下列使用财务比率的注意事项：

1. 大幅偏离一般水平的财务比率只是揭示出出现问题的可能性。通常需要更多分析以确定是否存在问题并找出问题的原因。

2. 一个比率通常不能提供判断公司整体业绩所需的足够信息。然而，如果只分析公司财务状况的某个具体方面，一两个比率就足够了。

3. 应该根据年内同一时点的财务报表计算用于比较的比率。否则，季节影响就可能导致错误的结论和决策。

4. 最好用经过审计的财务报表进行比率分析。如果财务报表没有经过审计，其中的数据可能就不反映公司的真实财务状况。

5. 用于比较的财务数据的获取方式应该相同。使用不同的会计处理——尤其是对存货和折旧而言——会扭曲比率比较的结果，不管使用的是横截面分析还是时间序列分析。

6. 通货膨胀可能导致存货和可折旧资产的账面价值显著不同于其重置价值，从而扭曲业绩。此外，存货成本和折旧冲销可能不同于其真实价值，从而扭曲利润。如果不经过调整，通货膨胀往往会导致旧公司（旧资产）显得比新公司（新资产）更有效率、利润更高。显然，使用比率比较旧公司与新公司或者在一段长时期内对公司自身进行比较时必须小心谨慎。

财务比率的类别

财务比率可以根据使用的方便程度分为五类：流动性比率、经营活动比率、负债比率、盈利能力比率和市场比率。流动性比率、经营活动比率和负债比率主要衡量的是风险。盈利能力比率衡量的是收益率。市场比率衡量的是风险和收益。

作为一项规则，有效的财务分析至少需要利润表和资产负债表的数据。我们将使用巴特利特公司 2015 年和 2014 年的利润表和资产负债表（见表 3.1 和表 3.2）说明如何计算这些比率。请注意，本章后面提到的比率几乎可以用于任何公司。当然，许多不同行业的公司使用的是行业特有比率。

复习题

3—4 关于财务比率分析，公司现有股东和未来股东、债权人和管理层持有的观点有何不同？

3—5 横截面比率分析和时间序列比率分析有何不同？什么是基准分析？

3—6 当进行横截面比率分析时，分析师主要应该关注哪类对一般水平的偏离？为什么？

3—7 为什么最好用基于年内同一时点的财务报表计算出的比率进行比较？

3.3 流动性比率

公司的**流动性**（liquidity）是用其偿还到期短期债务的能力衡量的。流动性是指公司整体财务状况下的清偿能力或者偿债容易程度。由于财务危机和破产的常见先驱指标是流动性较低或流动性下降，因此这些比率可以发出现金流问题和公司即将破产的早期信号。显然，人们希望公司有能力偿债，因此有足够的流动性进行日常经营很重要。然而，流动资产（比如在银行持有的现金和适销证券）无法获得很高的收益率，因此股东不希望公司过度投资于流动性。公司必须平衡对流动性提供的安全性的需求与流动资产为投资者创造的低收益率。流动性的两个基本指标是流动比率与速动（酸性测试）比率。

流动比率

流动比率（current ratio）是最常提到的财务比率之一，它衡量了公司偿还短期债务的能力。流动比率的计算公式为：

$$流动比率=流动资产\div流动负债 \tag{3.1}$$

巴特利特公司 2015 年的流动比率为：

1 223 000 美元÷620 000 美元=1.97

流动比率越高，表明流动性越高。公司需要多高的流动性取决于多种因素，包括公司规模、获取短期融资（比如银行信用额度）的能力和业务波动性。例如，食杂店对流动性的需求可能不如制造公司，因为前者的收入相对可预测，而后者要面临突然发生的产品需求的变化。公司现金流的可预测程度越高，可接受的流动比率就越低。由于巴特利特公司是一家年度现金流相对可预测的公司，因此 1.97 的流动比率应该是能接受的。

实例分析

流动性需求的决定因素

回过头来看表 3.5 的第一列数据，它显示了不同公司和行业的流动比率。注意，流动比率最高的行业是建材业，这个行业以对商业周期变化敏感而著称。建材业的流动比率为 2.8，表示典型建材公司的流动资产几乎是流动负债的 3 倍。建材业最大的两个竞争者家得宝和劳氏的流动比率为 1.3，低于行业平均值的一半。该比率是否意味着这些公司有流动性问题？不一定。大公司通常与银行保持着稳定的关系，银行能在这些公司需要流动性时提供信用额度和其他短期贷款。小公司无法获得这种信用额度，因此在经营中往往需要更高的流动性。

个人理财案例 3.4

个人和公司一样，可以用财务比率分析和监督业绩。通常，个人财务比率是用某个时期的个人收入和费用表以及个人资产负债表计算出来的。这里，我们使用个人理财案例 3.2 中给出的报表说明 2015 年简·史密斯和乔恩·史密斯的流动性比率。

个人流动性比率的计算方法是用总流动资产除以总流动负债。它表明个人可以用当期流动资产偿还的年度负债比率。史密斯夫妇的总流动资产为 2 225 美元。他们的总流动负债为 21 539 美元（=流动负债总计 905 美元+抵押贷款还款 16 864 美元+汽车贷款还款 2 520美元+电器与家具 1 250 美元）。将这些数值代入流动性比率公式，得到：

$$流动性比率=\frac{总流动资产}{总流动负债}=\frac{2\ 225\ 美元}{21\ 539\ 美元}=0.103=10.3\%$$

该比率表示，史密斯夫妇的当期流动资产只能偿还大约 10%的 1 年期债务。显然，史密斯夫妇计划用收入偿还债务，但是该比率表明，他们的流动资金不足以提供足够的缓冲。他们的目标之一应该是积攒一大笔流动资产以满足意外开支。

速动（酸性测试）比率

速动（酸性测试）比率（quick（acid-test）ratio）类似于流动比率，只是不包括存货，而存货通常是流动性最差的资产。存货的流动性普遍较低是由两个主要因素造成的：(1) 许多类型的存货不能轻易出售，因为它们是在产品、专有用途产品等；(2) 存货通常以赊销形式出售，这意味着它在转化为现金前是应收账款。存货作为流动性资产还有一个问题，即公司面临最紧迫的流动性需求、经营不景气的时候，也正是最难卖出存货将其转换为现金的时候。速动比率的计算公式为：

$$速动比率=\frac{流动资产-存货}{流动负债} \tag{3.2}$$

巴特利特公司2015年的速动比率为：

$$\frac{1\ 223\ 000\text{美元}-289\ 000\text{美元}}{620\ 000\text{美元}}=\frac{934\ 000\text{美元}}{620\ 000\text{美元}}=1.51$$

和流动比率一样，公司应该努力实现的速动比率水平主要取决于其业务性质。只有当公司的存货无法轻松转换为现金时，速动比率才是更好的整体流动性指标。如果存货流动性很高，流动比率就是更好的整体流动性指标。

实例分析

存货的重要性

让我们再来看表3.5并分析不同公司和行业的流动比率和速动比率。请注意，戴尔的流动比率为1.3，家得宝和劳氏的流动比率也是1.3。然而，家得宝和劳氏的速动比率显著低于流动比率，而戴尔的流动比率和速动比率几乎相同。为什么？多年来，戴尔都采用"按订单生产"的商业模式经营，因而可以几乎不持有存货。相反，你到当地的家得宝或劳氏的商店就会发现，这个行业的商业模式需要大量存货投资，这表明建材业的速动比率将远远低于流动比率。

复习题

3—8　在什么情况下，流动比率是反映整体公司流动性的更优指标？在什么情况下，速动比率是反映整体公司流动性的更优指标？

3—9　表3.5列出的多数公司的流动比率都低于行业平均值。这是为什么？这种一般模式的例外是全食超市，它在高端零售业市场竞争。为什么全食超市可以在流动性高于行业平均值的情况下经营？

3.4　经营活动比率

经营活动比率（activity ratios）衡量了不同账户转化为销售收入或现金（现金流入或现金流出）的速度。在某种意义上，经营活动比率衡量了公司在不同方面（例如存货管理、支出和收款）的营业效率。一些比率可以衡量最重要的流动账户的活动，这些账户包括存货、应收账款和应付账款。总资产的使用效率也可以用它们来评估。

存货周转率

存货周转率（inventory turnover）通常衡量的是公司存货的活动或流动性。它的计算公式为：

$$\text{存货周转率}=\text{销货成本}\div\text{存货} \tag{3.3}$$

用该关系式计算 2015 年巴特利特公司的存货周转率，得到：

2 088 000 美元÷289 000 美元=7.2

只有在与同行业的其他公司或该公司过去的存货周转率进行比较时，得到的存货周转率才有意义。对于食杂店来说，存货周转率为 20 并不罕见，因为食杂店的商品很容易腐坏，必须快速出售，而飞机制造商的存货周转率可能仅为每年 4 次。

另一种存货活动比率衡量了公司持有存货的天数。存货周转率可以轻松地换算为**平均存货天数**（average age of inventory），方法是用 365 除以存货周转率。巴特利特公司 2015 年的平均存货天数为 50.7（=365÷7.2）天。这个值也可以被视为平均存货销售天数。

平均收款期

平均收款期（average collection period）或应收账款平均账龄在评估赊销政策和收款政策时很有用。它的计算方法是用应收账款除以日均销售额[①]：

$$平均收款期=\frac{应收账款}{日均销售额}=\frac{应收账款}{\frac{年销售额}{365\text{ 天}}} \tag{3.4}$$

巴特利特公司 2015 年的平均收款期为：

$$\frac{503\ 000\text{ 美元}}{\frac{3\ 074\ 000\text{ 美元}}{365\text{ 天}}}=\frac{503\ 000\text{ 美元}}{8\ 422\text{ 美元/天}}=59.7\text{ 天}$$

平均而言，公司要花 59.7 天收回应收账款。

只有在谈到公司赊销条件时，平均收款期才有意义。如果巴特利特公司对客户提供 30 天内付款的赊销条件，而平均收款期为 59.7 天，可能就意味着信贷部门、收款部门或这两个部门的管理不善。由于竞争压力而导致有意放松赊销条件也可能是收款期延长的原因。如果公司的赊销条件为 60 天内付款，那么 59.7 天的平均收款期就可以接受。显然，为了评估公司赊销政策和收款政策的有效性，还需要更多信息。

实例分析

哪些行业的客户进行赊购？

注意，在表 3.5 中，不同行业的平均收款期大相径庭。建材业、食杂业和零售业公司的收款期只有几天，而电脑业公司的收款期约为 2 个月。造成这种差异的主要原因是这些行业的客户群有很大差别。食杂店和零售店的客户支付现金或使用信用卡（对于商店而言，这基本上与使用现金相同）。电脑生产商的客户是零售连锁店、企业和其他大型组织，它们之间签订了协议，客户可以在完成交易之后再支付电脑的货款。

① 为简化起见，该公式假设所有销售交易都是赊销。如果情况不是如此，就应该用日均销售额代替日均赊销额。

平均付款期

平均付款期（average payment period）或应付账款平均账龄的计算方法与平均收款期类似：

$$平均付款期=\frac{应付账款}{日均购买额}=\frac{应付账款}{\frac{年购买额}{365天}} \tag{3.5}$$

计算这种比率的困难之处在于需要获得年购买额①，而公开财务报表中没有这个数值。通常，年购买额是按照销货成本的一定比例估计出来的。如果我们假设巴特利特公司的年购买额等于2015年销货成本的70%，那么它的平均付款期为：

$$\frac{382\,000美元}{\frac{0.70\times2\,088\,000美元}{365天}}=\frac{382\,000美元}{4\,004美元/天}=95.4天$$

只有在提到公司的平均赊销条件时，95.4天才有意义。如果巴特利特公司的供应商的平均赊销条件为30天内付款，那么分析师将给巴特利特公司低信用评级，因为它的还款时间太长了。商业信贷的潜在贷款人和供给方对平均付款期感兴趣，因为它反映了公司的还款模式。

总资产周转率

总资产周转率（total asset turnover）表示公司用资产创造销售收入的效率。总资产周转率的计算公式为：

$$总资产周转率=销售收入\div总资产 \tag{3.6}$$

巴特利特公司2015年的总资产周转率为：

$$3\,074\,000美元\div3\,597\,000美元=0.85$$

这意味着该公司的资产每年周转0.85次。

实例分析

快速出售

在表3.5中，食杂业的总资产周转率高于任何其他行业。之所以会这样，是因为存货属于食杂店最有价值的资产，而食杂店必须出售烘焙点心、奶制品，因此它们必须快速生产这些产品或在它们坏掉时将其扔掉。不错，食杂店的某些商品的上架时间

① 从技术上讲，应该用年赊购额——而不是年购买额——计算该比率。为简化起见，这里忽略了这个差异。

长得让人难以置信（想想 Twinkies[①] 蛋糕吧），但是平均而言，食杂店几天或几周就要更新全部存货，这种做法导致这种公司的总资产周转率非常高。

通常，公司的总资产周转率越高，资产利用效率就越高。管理层可能对这一指标最感兴趣，因为它显示了公司经营的财务效率。

复习题

3—10　为了评估公司的平均收款期和平均付款期，还需要什么信息？为什么？

3.5　负债比率

公司的负债状况显示了公司创造利润所使用的他人资金金额。通常，财务分析师最关心长期债务，因为有长期债务的公司必须在长期内按合同偿还债务。公司的债务越多，无法按合同偿还债务的风险就越高。因为公司必须在向股东分配利润之前偿还对债权人的债务，因此现有股东和潜在股东密切关注公司的偿债能力。贷款人也关心公司的负债状况。

通常，公司使用的债务与总资产之比越高，财务杠杆就越高。**财务杠杆**（financial leverage）是指通过固定成本融资（例如债务和优先股）放大风险和收益的作用。公司使用的固定成本债务越多，预期风险和预期收益就越高。

例 3.5

帕蒂·埃克斯（Patty Akers）正在组建她的新公司。进行大量分析后，她认定需要进行 50 000 美元的初始投资——20 000 美元投资于流动资产，30 000 美元投资于固定资产。她可以用两种方式获得资金。第一种是不举债计划，此时她将投资全部 50 000 美元而不借款。另一种是举债计划，此时她将投资 25 000 美元，并以 12%的年利率借入剩下的 25 000美元。

帕蒂预期销售收入为 30 000 美元，营业费用为 18 000 美元，税率为 40%。表 3.6 总结了两种计划的预测资产负债表和利润表。不举债计划的税后利润为 7 200 美元，它表示帕蒂 50 000 美元投资的收益率为 14.4%。

表 3.6　　**帕蒂的两种计划的财务报表**

资产负债表	不举债计划	举债计划
流动资产	20 000 美元	20 000 美元
固定资产	30 000 美元	30 000 美元
总资产	50 000 美元	50 000 美元

① 一种夹心蛋糕，传说它由于含有化学添加物而保存期奇长，甚至可达几十年，因此可以永远不下架。但实际上，该公司的首席执行官在 2000 年接受《纽约时报》采访时称，Twinkies 的上架时间为 7～10 天。——译者注

续前表

资产负债表	不举债计划	举债计划
债务（利率为 12%）	0 美元	25 000 美元
(1) 股权	50 000 美元	25 000 美元
负债与权益总计	50 000 美元	50 000 美元
利润表		
销售收入	30 000 美元	30 000 美元
减：营业费用	18 000 美元	18 000 美元
营业利润	12 000 美元	12 000 美元
减：利息费用	0 美元	0.12×25 000 美元=3 000 美元
税前净利润	12 000 美元	9 000 美元
减：税款（税率=40%）	4 800 美元	3 600 美元
(2) 税后净利润	7 200 美元	5 400 美元
股权收益率［(2) ÷ (1)］	$\frac{7\ 200\text{美元}}{50\ 000\text{美元}}=14.4\%$	$\frac{5\ 400\text{美元}}{25\ 000\text{美元}}=21.6\%$

举债计划的税后净利润为 5 400 美元，表示帕蒂 25 000 美元的投资收益率为 21.6%。举债计划为帕蒂提供了较高的收益率，但这种计划的风险也较高，因为不管帕蒂的公司是否盈利，每年都必须支付 3 000 美元利息。

之前的例子说明，随着债务的增加，风险和潜在收益也将提高。因此，财务杠杆越高，潜在风险和收益就越高。第十一章将详细讨论债务对公司的风险、收益和价值的影响。这里，我们的重点是使用财务杠杆比率评估公司的外部负债状况。

杠杆指标有两大类：负债程度指标和偿债能力指标。**负债程度**（degree of indebtedness）衡量的是债务金额与其他主要资产负债表金额之比。负债程度的两个常用指标是负债比率和负债股权比率。

第二类杠杆指标是**偿债能力**（ability to service debts），它反映了公司在债务期限内按要求定期偿还债务的能力。偿债是指按期偿还债务。公司偿还固定债务的能力用**偿付比率**（coverage ratios）衡量。通常，偿付比率越高越好（尤其是对公司贷款人而言），但过高的偿付比率可能表明公司管理层太保守，或许可以通过增加借款提高收益率。通常，公司的偿付比率越低，偿还固定债务的能力就越不确定。如果公司无法偿还债务，债权人就可能要求立即还款，在多数情况下这会导致公司破产。

负债比率

负债比率（debt ratio）衡量了总资产中由公司债权人融资的比例。该比率越高，用他人资金创造利润的金额就越高。该比率的计算公式为：

负债比率=总负债÷总资产 (3.7)

巴特利特公司 2015 年的负债比率为：

1 643 000 美元÷3 597 000 美元=0.457=45.7%

该值表示，该公司接近一半的资产由债务融资。该比率越高，公司的负债程度和财务杠杆就越高。

负债股权比率

负债股权比率（debt-to-equity ratio）衡量了用来为公司资产融资的总负债与普通股权益之比。和负债比率一样，该比率越高，公司利用财务杠杆的程度就越高。负债股权比率的计算公式为：

负债股权比率＝总负债÷普通股权益 (3.8)

2015 年，巴特利特公司的负债股权比率为：

1 643 000 美元÷1 754 000 美元＝0.937＝93.7%

该结果告诉我们，普通股股东对巴特利特公司每投资 1 美元，该公司对债权人的负债约为 94 美分。普通股权益（1 754 000 美元）的计算方法是从 1 954 000 美元的股东权益总额中减去 200 000 美元优先股权益。应该注意，计算负债股权比率的方法有多种。一种常用方法只使用长期债务作为分子。按照这种方法，2015 年巴特利特公司的负债股权比率为：

1 023 000 美元÷1 754 000 美元＝0.583＝58.3%

在进行比率分析时，一些财务分析师选择将重点放在所有股东而非普通股股东身上。在这种情况下，他们使用与全体股东相关的指标，例如税后净利润（而不是普通股股东可得收益）和股东权益总额（而不是普通股权益）。显然，不同方法可能得出截然不同的结果。然而，不管使用哪种方法，人们通常认为低负债股权比率表明公司没有充分利用财务杠杆的优点提高利润，而人们通常认为高负债股权比率表明公司无法创造足够的现金来偿还债务。

利息保障倍数

利息保障倍数（times interest earned ratio）有时被称为利息保障比率，它衡量了公司按合同支付利息的能力。该比率越高，公司支付利息的能力就越强。利息保障倍数的计算公式为：

利息保障倍数＝息税前利润÷利息 (3.9)

息税前利润（EBIT）的数值与利润表中的营业利润相同。巴特利特公司 2015 年的利息保障倍数为：

利息保障倍数＝418 000 美元÷93 000 美元＝4.49

巴特利特公司的利息保障倍数看起来是可以接受的。通常认为利息保障倍数至少为 3.0，最好接近 5.0。该公司的息税前利润可以减少至多 78% [＝（4.49－1.0）÷4.49]，在这种情况下公司仍然能支付 93 000 美元的利息。因此，公司的安全系数很高。

固定费用偿付比率

固定费用偿付比率（fixed-payment coverage ratio）衡量了公司偿还贷款本息、支付租金和优先股股利等所有固定费用债务的能力。和利息保障倍数一样，该比率的值越高越好。固定费用偿付比率的公式为：

$$\text{固定费用偿付比率}=\frac{\text{息税前利润}+\text{租金}}{\text{利息}+\text{租金}+\{[\text{偿还的本金}+\text{优先股股利}]\times[1/(1-T)]\}} \tag{3.10}$$

其中，T 为公司所得适用的公司税率。$1/(1-T)$ 是用来将税后本金和优先股股利调整回税前金额的，以与其他所有项的税前金额保持一致。将巴特利特公司 2015 年的数据代入该式，得到：

$$\begin{aligned}\text{固定费用偿付比率}&=\frac{418\ 000\text{ 美元}+35\ 000\text{ 美元}}{93\ 000\text{ 美元}+35\ 000\text{ 美元}+\{(71\ 000\text{ 美元}+10\ 000\text{ 美元})\times[1/(1-0.29)]\}}\\&=\frac{453\ 000\text{ 美元}}{242\ 000\text{ 美元}}=1.87\end{aligned}$$

由于可以获得的利润几乎两倍于固定费用债务，因此该公司完全有能力偿付固定费用债务。

和利息保障倍数一样，固定费用偿付比率衡量的是风险。该比率越低，贷款人和所有者的风险就越高。该比率越高，贷款人和所有者的风险就越低。该比率让利益相关方可以评估公司偿还额外固定费用债务而不必破产的能力。

复习题

3—11　什么是财务杠杆？

3—12　哪种比率衡量了公司的负债程度？评估公司的偿债能力的比率有哪些？

3.6　盈利能力比率

盈利能力指标有许多种。从整体上看，这些指标让分析师可以评估公司在特定销售收入水平、特定资产水平或所有者投资水平上的利润。没有利润，公司就无法吸引外部资本。所有者、债权人和管理层高度关注提高利润，因为市场非常看重利润。

共同比利润表

评估与销售有关的盈利能力的一个有用工具是**共同比利润表**（common-size income statement）。在该表格中，每个科目都表示为销售收入的一定百分比。在比较不同年份的业绩时，共同比利润表尤为有用，因为可以从中轻松地看出某些类别的费用占公司总交易额的比例趋于上升还是下降。直接来自共同比利润表的三个最常用的盈利能力比率是：（1）总利润率，（2）营业利润率，（3）净利润率。

2015年和2014年巴特利特公司的共同比利润表见表3.7。这些利润表显示，该公司的销货成本占销售收入的比例从2014年的66.7%增至2015年的67.9%，导致总利润率下降。然而，得益于总营业费用下降，该公司的净利润占销售收入的比例从2014年的5.4%升至2015年的7.2%。费用下降幅度超过了销货成本增加幅度。该公司2015年的利息费用下降（2015年的利息费用占销售收入的3.0%，2014年的利息费用占销售收入的3.5%）促进了2015年的利润增加。

表3.7 巴特利特公司的共同比利润表

	截至12月31日的年度		评价[a]
	2015年	2014年	2014—2015年
销售收入	100.0%	100.0%	相同
减：销货成本	67.9%	66.7%	变差
（1）总利润率	32.1%	33.3%	变差
减：营业费用			
销售费用	3.3%	4.2%	变好
一般费用与管理费用	6.8%	6.7%	变差
租赁费用	1.1%	1.3%	变好
折旧费用	7.3%	9.3%	变好
营业费用总计	18.5%	21.5%	变好
（2）营业利润率	13.6%	11.8%	变好
减：利息费用	3.0%	3.5%	变好
税前净利润	10.6%	8.3%	变好
减：税款	3.1%	2.5%	变差[b]
税后净利润	7.5%	5.8%	变好
减：优先股股利	0.3%	0.4%	变好
（3）净利润率	7.2%	5.4%	变好

a. 基于所提供数据的主观评估。

b. 2014—2015年，由于成本和费用发生变化，税款占销售收入的比重显著上升，然而2014年和2015年的平均税率（=税款÷税前净利润）基本保持不变，分别为30%和29%。

总利润率

总利润率（gross profit margin）是指公司支付商品成本后的剩余收入占销售收入的比例。总利润率越高越好（也就是相对销货成本越低越好）。总利润率的计算公式为：

$$\text{总利润率}=\frac{\text{销售收入}-\text{销货成本}}{\text{销售收入}}=\frac{\text{总利润}}{\text{销售收入}} \tag{3.11}$$

巴特利特公司2015年的总利润率为：

$$\frac{3\ 074\ 000\text{美元}-2\ 088\ 000\text{美元}}{3\ 074\ 000\text{美元}}=\frac{986\ 000\text{美元}}{3\ 074\ 000\text{美元}}=0.321=32.1\%$$

在表3.7的共同比利润表中，该值标记为（1）。

营业利润率

营业利润率（operating profit margin）是指扣除除利息、税款和优先股股利以外的所有成本与费用以后的剩余收入占销售收入的比例。它表示每美元销售收入获得的“纯利润”。营业利润是“纯”的，因为它只衡量了经营获得的利润而忽略了利息、税款和优先股股利。营业利润率越高越好。营业利润率的计算方法如下：

营业利润率＝营业利润÷销售收入　　(3.12)

巴特利特公司2015年的营业利润率为：

418 000美元÷3 074 000美元＝0.136＝13.6%

在表3.7的共同比利润表中，该值标记为（2）。

净利润率

净利润率（net profit margin）是指扣除包括利息、税款和优先股股利的所有成本和费用后的剩余收入占销售收入的比例。公司的净利润率越高越好。净利润率的计算公式为：

净利润率＝普通股股东可得收益÷销售收入　　(3.13)

2015年，巴特利特公司的净利润率为：

221 000美元÷307 400美元＝0.072＝7.2%

在表3.7的共同比利润表中，该值标记为（3）。

净利润率是经常用来衡量公司销售利润是否够高的指标。不同行业的理想净利润率截然不同。食杂店的净利润率为1%或更低很平常，而零售珠宝店的净利润率为10%就很低了。

每股收益

公司的每股收益通常是现有股东或潜在股东和管理层感兴趣的指标。正如我们之前所指出的，每股收益表示某段时期内每股流通普通股获得的收益金额。每股收益的计算公式为：

$$\text{每股收益}=\frac{\text{普通股股东可得收益}}{\text{流通普通股股数}}\qquad(3.14)$$

2015 年，巴特利特公司的每股收益为：

221 000 美元÷76 262＝2.90 美元

该数字代表每股流通普通股获得的收益金额。实际分配给每位股东的现金为每股股利，如巴特利特公司的利润表（表 3.1）所示，该指标从 2014 年的 0.75 美元升至 2015 年的 1.29 美元。公众投资者密切关注每股收益，并将其视为公司成功的重要指标。

总资产收益率

总资产收益率（return on total assets，ROA）通常被称为投资收益率（return on investment，ROI），它衡量了管理层用可得资产创造利润的整体效率。公司的总资产收益率越高越好。总资产收益率的计算公式为：

总资产收益率＝普通股股东可得收益÷总资产　　(3.15)

巴特利特公司 2015 年的总资产收益率为：

221 000 美元÷3 597 000 美元＝0.061＝6.1％

该值表示，该公司每投资 1.00 美元普通股股东资产，就能获得 6.1 美分利润。当一家公司有流通优先股时，所有股东的资产收益率可以用税后净利润除以总资产计算出来。在这种情况下，总资产收益率为 6.4％。

股权收益率

股权收益率（return on equity，ROE）衡量了普通股股东对公司投资获得的收益率。通常，股权收益率越高对所有者越有利。股权收益率的计算方法为：

股权收益率＝普通股股东可得收益÷普通股权益　　(3.16)

巴特利特公司 2015 年的股权收益率为：

221 000 美元÷1 754 000 美元＝0.126＝12.6％

计算出的股权收益率为 12.6％，这表示 2015 年巴特利特公司每 1.00 美元普通股权益获得了 12.5 美分收益。当存在优先股时，一些分析师选择计算所有股东的股权收益率。在这种情况下，用税后净利润（231 000 美元）除以股东权益总额（1 954 000 美元），得到总股权收益率为 11.8％。上市公司通常没有优先股，因此总股权收益率通常与普通股股权收益率相同。总资产收益率也是如此。

复习题

3—13　通过共同比利润表可以计算哪三种盈利能力比率？

3—14　如何解释公司有较高的总利润率和较低的净利润率？

3—15　哪种盈利能力指标可能对公众投资者的影响最大？为什么？

3.7 市场比率

市场比率（market ratio）将用当前股价衡量的公司市场价值与特定会计价值联系起来。这些比率体现出市场上的投资者对公司风险与收益的认识。它们往往反映出普通股股东对公司所有过往业绩与预期未来业绩的相对评估。这里，我们考虑两种常见的市场比率，一种的重点是收益，另一种的重点是账面价值。

市盈率

市盈（P/E）率（price/earnings（P/E）ratio）常用来评估所有者对股票价值的评价。市盈率是指投资者愿意为公司的每美元收益支付的价格。该比率的水平表示投资者对公司未来业绩的信心的强弱。市盈率越高，投资者的信心就越强。市盈率的计算公式为：

$$\text{市盈率}=\text{每股普通股的市场价格}\div\text{每股收益} \tag{3.17}$$

如果巴特利特公司的普通股在 2015 年年底的售价为 32.25 美元，那么在 2015 年年底，使用 2.90 美元的每股收益计算出的市盈率为：

32.25 美元÷2.90 美元=11.12

该数字表明，投资者对每美元收益支付的价格为 11.12 美元。当使用行业平均市盈率或基准公司市盈率进行横截面分析时，市盈率包含的信息量最丰富。

市账率

市账（M/B）率（market/book（M/B）ratio）评估了投资者如何看待公司业绩。它将公司股票的市场价值与账面价值——严格的会计价值——联系起来。为了计算公司的市账率，我们首先需要计算每股普通股的账面价值：

$$\text{每股普通股的账面价值}=\frac{\text{普通股权益}}{\text{流通普通股股数}} \tag{3.18}$$

代入巴特利特公司 2015 年的资产负债表中的相应数字，得到：

$$\text{每股普通股的账面价值}=\frac{1\ 754\ 000\text{ 美元}}{76\ 262}=23.00\text{ 美元}$$

市账率公式为：

$$\text{市账率}=\frac{\text{每股普通股的市场价格}}{\text{每股普通股的账面价值}} \tag{3.19}$$

将巴特利特公司 2015 年年底的普通股价格 32.25 美元和每股普通股的账面价值 23.00 美元（计算方法见上）代入市账率公式，得到：

32.25 美元÷23.00 美元=1.40

该市账率表示，投资者现在对每美元账面价值的巴特利特公司股票支付 1.40 美元。

预期表现良好——利润增加、市场份额提高或推出成功产品——的公司的市账率通常高于业绩不太吸引人的公司。简单而言，相对于风险而言预期收益高的公司的市账率通常较高。显然，巴特利特公司的未来前景被投资者看好，因为后者愿意支付高于账面价值的价格购买该公司的股票。和市盈率一样，市账率通常用作横截面分析，以了解公司相对于同行公司的收益与风险。

复习题

3—16 如何通过市盈率和市账率了解公司的收益与风险？

3.8 完整的比率分析

分析师常常希望整体考察公司的财务业绩和状况。这里，我们考虑两种常用的完整比率分析方法：(1) 汇总分析法；(2) 杜邦分析法。汇总分析法倾向于考察公司各方面的财务活动以找出重要的责任领域。杜邦分析法是一种旨在找出对公司财务状况负责的主要领域的研究方法。

汇总分析法

我们可以用巴特利特公司的比率，使用横截面分析法和时间序列分析法进行完整的比率分析。表 3.8 总结了之前计算出的巴特利特公司 2015 年的比率，2013 年和 2014 年的比率以及 2015 年的行业平均比率，该表还给出了用来计算每个比率的公式。使用这些数据，我们可以讨论巴特利特公司的五类主要业绩：流动性、经营活动、负债、盈利能力和市场。

表 3.8　巴特利特公司的财务比率总结（2013—2015 年，包括 2015 年的行业平均值）

比率	公式	年份			行业平均值	评价[d]		
		2013[a]	2014[b]	2015[b]	2015[c]	横截面 2015	时间序列 2013—2015	整体
流动性								
流动比率	$\frac{\text{流动资产}}{\text{流动负债}}$	2.04	2.08	1.97	2.05	尚可	尚可	尚可
速动（酸性测试）比率	$\frac{\text{流动资产}-\text{存货}}{\text{流动负债}}$	1.32	1.46	1.51	1.43	尚可	良好	良好
经营活动								
存货周转率	$\frac{\text{销货成本}}{\text{存货}}$	5.1	5.7	7.2	6.6	良好	良好	良好
平均收款期	$\frac{\text{应收账款}}{\text{日均销售额}}$	43.9 天	51.2 天	59.7 天	44.3 天	不佳	不佳	不佳
平均付款期	$\frac{\text{应付账款}}{\text{日均购买额}}$	75.8 天	81.2 天	95.4 天	66.5 天	不佳	不佳	不佳
总资产周转率	$\frac{\text{销售收入}}{\text{总资产}}$	0.94	0.79	0.85	0.75	尚可	尚可	尚可

续前表

比率	公式	年份			行业平均值	评价[d]		
		2013[a]	2014[b]	2015[b]	2015[c]	横截面 2015	时间序列 2013—2015	整体
负债								
负债比率	总负债/总资产	36.8%	44.3%	45.7%	40.0%	尚可	尚可	尚可
利息保障倍数	息税前利润/利息	5.6	3.3	4.5	4.3	良好	尚可	尚可
固定费用偿付比率	(息税前利润＋租金)/(利息＋租金＋{(偿还的本金＋优先股股利)×[1－(1－T)]})	2.4	1.4	1.9	1.5	良好	尚可	良好
盈利能力								
总利润率	总利润/销售收入	31.4%	33.3%	32.1%	30.0%	尚可	尚可	尚可
营业利润率	营业利润/销售收入	14.6%	11.8%	13.6%	11.0%	良好	尚可	良好
净利润率	普通股股东可得收益/销售收入	8.2%	5.4%	7.2%	6.2%	良好	尚可	良好
每股收益	普通股股东可得收益/流通普通股股数	3.26	1.81	2.90	2.26	良好	尚可	良好
总资产收益率	普通股股东可得收益/总资产	7.8%	4.2%	6.1%	4.6%	良好	尚可	良好
股权收益率	普通股股东可得收益/普通股权益	13.7%	8.5%	12.6%	8.5%	良好	尚可	良好
市场								
市盈率	每股普通股的市场价格/每股收益	10.5	10.0[e]	11.1	12.5	尚可	尚可	尚可
市账率	每股普通股的市场价格/每股普通股的账面价值	1.25	0.85[e]	1.40	1.30	尚可	尚可	尚可

a. 数据来源不包括在本章中。
b. 按照表 3.1 和表 3.2 提供的财务报表计算。
c. 数据来源不包括在本章中。
d. 基于所提供数据的主观评估。
e. 2014 年年末的每股市价为 18.06 美元。

流动性

该公司的整体流动性表现出合理的稳定趋势，并在 2015 年保持与行业平均值相对一致的水平。该公司的流动性看起来不错。

经营活动

巴特利特公司的存货状况良好。其存货管理看起来有所改善，2015 年，该公司的存货管理水平优于同业。该公司的应收账款可能出现了一些问题。它的平均收款期高于行业水平。巴特利特公司的还款速度也较慢：它的还款速度比行业平均值慢近 30 天，这可能对公司的信用状况造成不利影响。尽管整体流动性看上去尚可，但该公司应检讨应收账款和应付账款管理。巴特利特公司的总资产周转率反映出 2013—2014 年的总资产利用效率下降。尽管在 2015 年，该比率升至显著高于行业平均值的水平，但看上去仍未达到 2014

年以前的效率水平。

债务

巴特利特公司的负债在2013—2015年期间增加，目前高于行业平均水平。尽管负债比率的提高可能是警告信号，但2014—2015年，该公司支付利息和偿还固定债务的能力有所上升，优于行业水平。2014年，该公司增加的负债显然导致其足额偿债能力下降。然而，巴特利特公司的收入在2015年明显提高，因此能以与行业平均值一致的水平支付利息和偿还固定债务。总的来看，尽管2014年的表现不佳，但该公司2015年的偿债能力有所提高，消除了债务增加的影响。

盈利能力

2015年，巴特利特公司相对于销售收入的盈利能力优于该行业的一般公司，尽管仍不及该公司2013年的业绩。尽管2014年和2015年的总利润率都高于2013年，但2014年和2015年的营业费用和利息费用增加，导致2015年的净利润率跌至2013年的水平以下。然而，与行业平均值相比，巴特利特公司2015年的净利润率很不错。

该公司的每股收益、总资产收益率和普通股股权收益率表现与2013—2015年的净利润率相似。巴特利特公司在2013—2014年的销售收入显著下降，资产迅速扩张。2015年超高的普通股股权收益率表明，该公司现在业绩良好。该公司的收益率——净利润率、每股收益、总资产收益率和股权收益率——高于平均值可能是由于其风险高于行业平均水平。考察市场比率有助于评估风险。

市场

2015年投资者对该公司的信心强于前两年，正如11.1的市盈率所示。然而，该比率低于行业平均值。市盈率表明，该公司的风险已经下降，但仍然高于行业平均值。该公司的市账率在2013—2015年期间上升，2015年，该比率高于行业平均值，这表明投资者对该公司的未来业绩持乐观态度。市盈率和市账率反映出该公司在2013—2015年的盈利能力增强：投资者预期将获得更高的未来收益，以补偿公司高于平均水平的风险。

总之，这家公司看起来正在成长，最近出现了资产扩张，其资金主要来自举债。2014—2015年的数据反映该公司经历了调整阶段，并且由于资产迅速增长而复苏。巴特利特公司的销售收入、利润和其他业绩因素看起来都随着经营规模的扩大而提高。此外，市场对这些成就的反应似乎是积极的。简言之，该公司在2015年的业绩不错。

杜邦分析法

杜邦分析法（DuPont system of analysis）被用来剖析公司的财务报表并评估其财务状况。它将利润表和资产负债表合并为两个汇总盈利能力指标——总资产收益率（ROA）和股权收益率（ROE）。图3.2用巴特利特公司2015年的财务指标金额与财务比率说明了基本的杜邦分析法。该图的上半部分总结了利润表活动，下半部分总结了资产负债表活动。

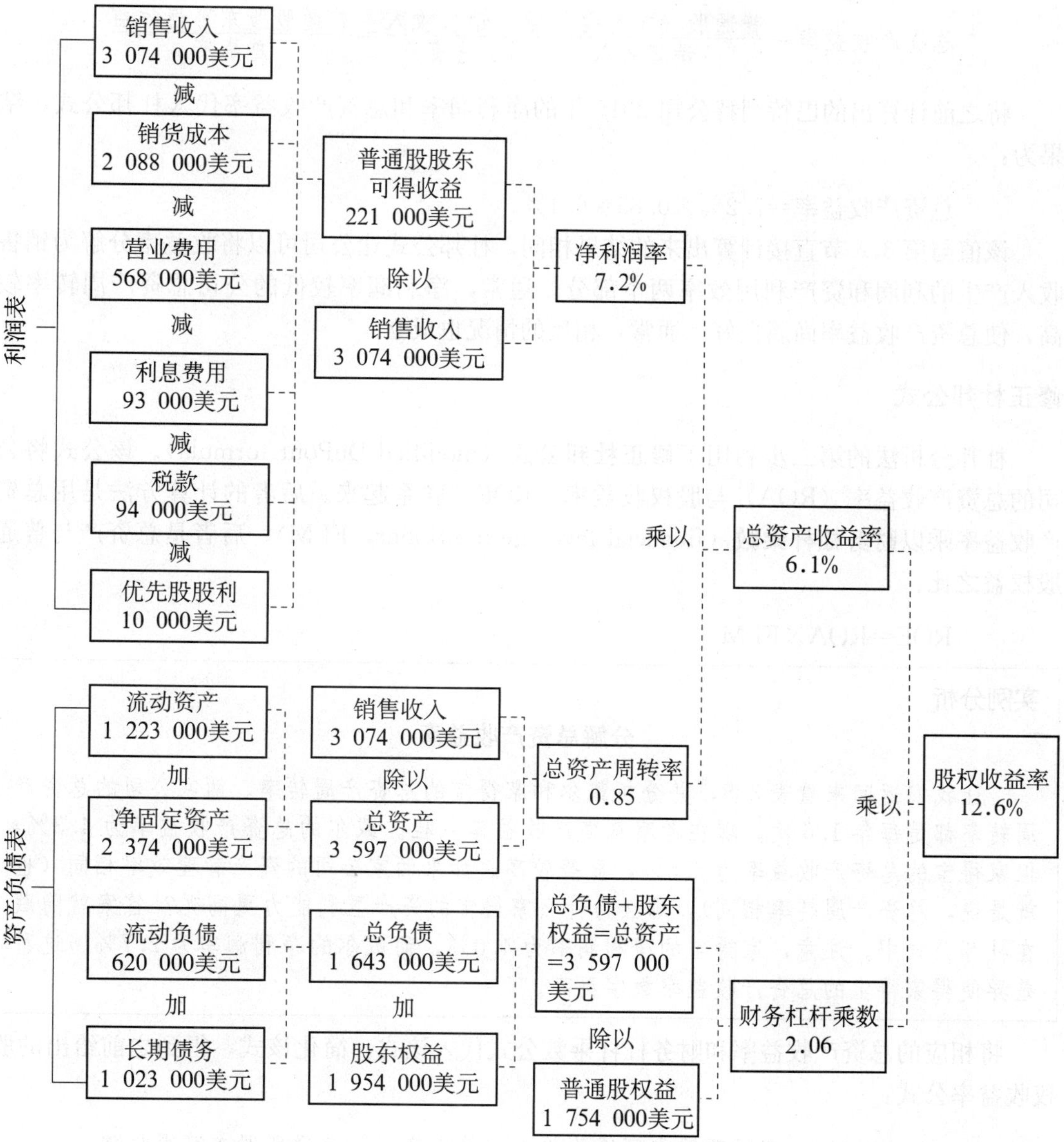

图 3.2　杜邦分析法

应用杜邦分析法对巴特利特公司进行分析（2015 年）

杜邦公式

杜邦分析法首先将衡量公司盈利能力与销售收入之比的净利润率和显示公司用资产创造销售收入的效率的总资产周转率结合到一起。在**杜邦公式**（DuPont formula）中，这两个比率相乘得到总资产收益率：

$$总资产收益率=净利润率\times总资产周转率$$

将相应的净利润率和总资产周转率公式代入该式，简化该式，得到之前给出的总资产收益率：

$$总资产收益率=\frac{普通股股东可得收益}{销售收入}\times\frac{销售收入}{总资产}=\frac{普通股股东可得收益}{总资产}$$

将之前计算出的巴特利特公司 2015 年的净利润率和总资产收益率代入杜邦公式，结果为：

总资产收益率＝7.2％×0.85＝6.1％

该值与第 3.6 节直接计算出来的结果相同。杜邦公式让公司可以将收益率分解为销售收入产生的利润和资产利用效率两个部分。通常，净利润率较低的公司总资产周转率较高，使总资产收益率尚属良好。通常，相反的情况也成立。

修正杜邦公式

杜邦分析法的第二步利用了**修正杜邦公式**（modified DuPont formula）。该公式将公司的总资产收益率（ROA）与股权收益率（ROE）联系起来。后者的计算方法是用总资产收益率乘以**财务杠杆乘数**（financial leverage multiplier，FLM），后者是总资产与普通股权益之比：

ROE＝ROA×FLM

实例分析

分解总资产收益率

让我们返回来看表 3.5，并分析戴尔和家得宝的总资产周转率。两家公司的总资产周转率都是每年 1.6 次。现在考察总资产收益率一栏。戴尔的总资产收益率为 4.3％，但家得宝的总资产收益率为 6.5％，显著较高。如果两家公司的资产管理效率相同（也就是说，总资产周转率相同），那么为什么家得宝的资产盈利能力更高呢？答案就隐藏在杜邦公式中。注意，家得宝的净利润率为 4.0％，而戴尔的净利润率为 2.7％。这种差异使得家得宝的总资产收益率数字更高。

将相应的总资产收益率和财务杠杆乘数公式代入该式，简化该式，得到之前给出的股权收益率公式：

$$股权收益率=\frac{普通股股东可得收益}{总资产}\times\frac{总资产}{普通股权益}=\frac{普通股股东可得收益}{普通股权益}$$

使用财务杠杆乘数将总资产收益率转换为股权收益率反映出财务杠杆对所有者收益率的影响。将之前计算的巴特利特公司的总资产收益率 6.1％以及巴特利特公司的财务杠杆乘数 2.051（＝总资产 3 597 000 美元÷普通股权益 1 754 000 美元）代入修正杜邦公式，得到：

ROE＝6.1％×2.051＝12.5％

用修正杜邦公式计算出股权收益率为 12.5％。[①]

财务杠杆乘数通常也被称为股权乘数，有时它可以用总股东权益作分母计算出来。不

① 英文原书此处使用 2.06 为财务杠杆乘数，与上下文不符。——译者注

管人们选择使用普通股权益还是总股东权益，重要的是意识到该乘数、负债比率和负债股权比率全都彼此相关，因此任何一个比率都可以根据另外两个比率直接计算出来。例如，使用负债股权比率和负债比率，我们可以计算出财务杠杆乘数为：

$$0.937 \div 0.457 = 2.05$$

在这个例子中，我们看到，负债股权比率除以负债比率得出了财务杠杆乘数。当将这三个指标关联起来时，应该确定你选择的负债指标和股东权益指标一致。

应用杜邦分析法

杜邦分析法的优点是，它让公司可以将股权收益率分解为销售收入产生的利润（净利润率）、资产利用效率（总资产周转率）和财务杠杆利用率（财务杠杆乘数）三个部分。因此，所有者的总收益率可以从这三个重要方面进行分析。

图 3.2 很好地说明了如何将杜邦分析法作为诊断工具。从最右边的数值——股权收益率——开始，财务分析师逐步向左考察，分解并分析该公式的各个部分，以找出结果高于平均值（或低于平均值）的可能原因。

例 3.6

为了方便说明，让我们忽略表 3.8 中所有的行业平均值数据，并假设巴特利特公司的股权收益率 12.6%实际上低于行业平均值。继续看图 3.2 左侧，我们将对比股权收益率的组成要素——总资产收益率和财务杠杆乘数——与行业平均值。假设财务杠杆乘数和行业平均值一致，但总资产收益率低于行业平均值。继续往左看，我们将分析总资产收益率的两个组成要素——净利润率和总资产周转率。假设净利润率与行业平均值一致，但总资产周转率低于行业平均值。继续往左看，我们发现尽管巴特利特公司的销售收入与行业平均值一致，但总资产在上年显著增加。继续往左看，我们将分析该公司流动资产的经营活动比率。假设尽管该公司的存货周转率与行业平均值一致，但平均收款期显著高于行业平均值。

我们已经倒推出了这个问题的根源：巴特利特公司的低股权收益率主要是应收账款收取缓慢的结果，这导致应收账款水平很高，因此总资产水平很高。较高的总资产降低了巴特利特公司的总资产周转率，从而降低了总资产收益率，进而降低了股权收益率。通过使用杜邦分析法分解用股权收益率衡量的巴特利特公司的整体收益率，我们发现应收账款收取缓慢导致股权收益率低于行业平均值。显然，该公司需要更好地管理其赊销业务。

复习题

3—17　财务比率分析通常可以分为五个领域：流动性比率、经营活动比率、负债比率、盈利能力比率和市场比率。请区别这些分析领域。债权人最关心哪个领域？

3—18　请说明你如何用大量财务比率对公司进行完整的财务比率分析。

3—19　修正杜邦公式结合了哪三个领域的分析？请说明如何用杜邦分析法分解公司的业绩并找出其原因。

总　结

价值焦点

财务经理定期审核和分析公司的财务报表，既是为了发现存在的问题，也是为了评估公司实现目标的进展。这些行为旨在**保护公司所有者的价值并为他们创造价值**。财务比率让财务经理可以监控公司的脉搏及其战略目标进展。尽管财务报表和财务比率依赖于权责发生制概念，但它们可以反映出影响股价的重要风险和收益（现金流），因而很有价值。

学习目标复习

目标 1　了解股东报告的内容以及合并国际财务报表的过程。公众持股公司必须向股东提供年度股东报告，它是记录公司上一年财务活动的文件。它包括致股东的信和各种主观信息与事实信息。它还包括四种主要财务报表：利润表、资产负债表、股东权益表（或其简化形式，留存收益表）和现金流量表。

目标 2　了解财务比率使用者以及如何使用财务比率。财务比率分析让股东、贷款人和公司经理可以评估公司的财务业绩。财务比率分析可以是横截面分析或时间序列分析。基准分析是一种常见的横截面分析。财务比率使用者应该了解使用中的注意事项。

目标 3　使用财务比率分析公司的流动性和经营活动。流动性，即公司偿还到期债务的能力，可以用流动比率和速动（酸性测试）比率衡量。经营活动比率衡量了账户转化为销售收入或现金、现金流入或现金流出的速度。存货活动性可以用存货周转率衡量；用平均收款期衡量应收账款周转率，用平均付款期衡量应付账款周转率。总资产周转率衡量了公司利用资产创造销售收入的效率。

目标 4　讨论债务与财务杠杆之间的关系以及用于分析公司债务的财务比率。公司使用的债务越多，财务杠杆就越大，这同时放大了风险和收益。负债比率衡量了负债程度和偿债能力。负债程度的常用衡量指标是负债比率。偿还固定债务的能力可以用利息保障倍数和固定费用偿付比率衡量。

目标 5　使用财务比率分析公司的盈利能力和市场价值。共同比利润表显示了每个科目占销售收入的比例，它可以用来计算总利润率、营业利润率和净利润率。其他盈利能力指标包括每股收益、总资产收益率和股权收益率。市场比率包括市盈率和市账率。

目标 6　综合使用财务比率和杜邦分析法进行完整的比率分析。通过综合使用所有比率进行横截面分析与时间序列分析，可以进行完整的比率分析。杜邦分析法是找出为公司财务业绩负责的重要领域的诊断工具。它让公司可以将普通股股权收益率分解为三个部分：销售收入产生的利润、资产利用效率和财务杠杆利用率。

自测题（答案见附录）

自测 3—1　比率公式与解释　请在不参考正文的情况下，指出下列比率的计算公式，如果该比率相对于行业平均水平过高，则说明公司可能出现了什么问题？如果该比率相对于行业平均水平过低，则说明公司可能出现了什么问题？请画出类似于下页表的表格并填写完整。

比率	过高	过低
流动比率＝		
存货周转率＝		
利息保障倍数＝	╳	
总利润率＝	╳	
总资产收益率＝	╳	
市盈率＝		

自测 3—2　使用财务比率将资产负债表填写完整　请使用下列财务信息，将奥基夫实业（O'Keefe Industries）2015 年的资产负债表填写完整。

奥基夫实业 2015 年 12 月 31 日的资产负债表　　单位：美元

资产		负债与股东权益	
现金	32 720	应付账款	120 000
适销证券	25 000	应付票据	______
应收账款	______	应计项目	20 000
存货	______	流动负债总计	______
流动资产总计	______	长期债务	______
净固定资产	______	股东权益	600 000
资产总计	______	负债与股东权益总计	______

2015 年的其他财务数据如下：

1. 销售收入总计为 1 800 000 美元。
2. 总利润率为 25%。
3. 存货周转率为 6.0。
4. 每年为 365 天。
5. 平均收款期为 40 天。
6. 流动比率为 1.60。
7. 总资产周转率为 1.20。
8. 负债比率为 60%。

热身练习

练习 3—1　你正在一家当地报税代理机构做暑期实习生。为了检验你对财务报表的基本知识，两年前从你的母校毕业的经理给了你下列账户，并请你用这些账户编制一张简单的利润表。

账户	（10 万美元）
折旧	25
一般费用与管理费用	22
销售收入	345
销售费用	18
销货成本	255
租赁费用	4
利息费用	3

a. 请将账户数字填入类目规范清晰的利润表。请确保各项科目名称准确并算出总利润、营业利润和税前净利润。

b. 假设税率为 35%，请计算出缴纳的税款和税后净利润。

c. 假设流通股股数为 425 万股，股利为每股 1.10 美元，请计算每股收益和留存收益。

练习 3—2 蓝石金属公司（Bluestone Metals，Inc.）是一家为不同行业客户生产金属预制件的金属预制件公司。该公司的座右铭是："只要你需要，我们就能做。"蓝石金属公司的首席执行官最近召开了一次董事会，在会议上他对公司美德大加赞扬。他自信地说，该公司有能力生产任何产品，并以精益的生产模式进行生产。这位首席执行官声称，这家公司很快就将实现可观的利润，因为这家公司在保持低存货水平的同时使用了先进技术生产各种产品。作为商业媒体记者，你计算了一些财务比率来分析这家公司的财务稳健状况。下表显示了蓝石金属公司过去 6 年的流动比率与速动比率：

	2010 年	2011 年	2012 年	2013 年	2014 年	2015 年
流动比率	1.2	1.4	1.3	1.6	1.8	2.2
速动比率	1.1	1.3	1.2	0.8	0.6	0.4

你怎样看待这位首席执行官声称该公司以精益的生产模式进行生产并很快将实现可观利润的说法？（提示：两个比率之间的关系是否存在警告信号？）

练习 3—3 如果我们知道某家公司的净利润率为 4.5%，总资产周转率为 0.72，且财务杠杆乘数为 1.43，该公司的股权收益率是多少？使用杜邦分析法计算股权收益率与用普通股股东可得收益除以普通股权益直接计算股权收益率相比有什么优点？

习　题

习题 3—1　分析基本财务报表　巧工公司（Technica，Inc.）截至 2015 年 12 月 31 日的年度利润表、2015 年 12 月 31 日和 2014 年 12 月 31 日的资产负债表和截至 2015 年 12 月 31 日的年度留存收益表如下。请简要讨论每张财务报表的形式以及其中的信息。

巧工公司截至 2015 年 12 月 31 日的年度利润表　单位：美元

销售收入	600 000
减：销货成本	460 000
总利润	140 000
减：营业费用	
一般费用与管理费用	30 000
折旧费用	30 000
总营业费用	60 000
营业利润	80 000
减：利息费用	10 000
税前净利润	70 000
减：税款	27 100
普通股股东可得收益	42 900
每股收益	2.15

巧工公司的资产负债表 单位：美元

资产	12月31日 2015年	2014年
现金	15 000	16 000
适销证券	7 200	8 000
应收账款	34 100	42 200
存货	82 000	50 000
流动资产总计	138 300	116 200
土地与建筑	150 000	150 000
机器与设备	200 000	190 000
家具与装置	54 000	50 000
其他	11 000	10 000
总固定资产总计	415 000	400 000
减：累计折旧	145 000	115 000
净固定资产	270 000	285 000
总资产	408 000	401 200
负债与股东权益		
应付账款	57 000	49 000
应付票据	13 000	16 000
应计项目	5 000	6 000
流动负债总计	75 000	71 000
长期债务	150 000	160 000
普通股权益（流通股股数：2015年为19 500股，2014年为20 000股）	110 200	120 000
留存收益	73 100	50 200
股东权益总计	183 300	170 200
负债与股东权益总计	408 300	401 200

巧工公司截至2015年12月31日的年度留存收益表 单位：美元

留存收益余额（2015年1月1日）	50 200
加：税后净利润（2015年）	42 900
减：现金股利（2015年支付）	20 000
留存收益余额（2015年12月31日）	73 100

习题3—2　编制利润表　2015年12月31日，个体注册会计师凯茜·陈（Cathy Chen）完成了第一年执业生涯。在这一年中，她通过提供会计服务获得了360 000美元收入。她有两名员工，一人是记账员，另一人是助理文员。除了她自己8 000美元的月薪，陈还向记账员和助理文员分别支付48 000美元和36 000美元的年薪。每年，陈和员工的雇佣税和福利成本总计为34 600美元。办公用品费用（包括邮费）每年为10 400美元。此外，当年陈还花了17 000美元可在税前扣除的差旅费与招待费，用于造访客户和新业务开发。办公室租金为每月2 700美元（可扣除费用）。办公家具与装置的折旧费用为每年15 600美元。当年，陈支付了用于开办公司的借款120 000美元的利息15 000美元。2015年，她的平均税率为30%。

a. 请编制截至 2015 年 12 月 31 日注册会计师凯茜·陈的年度利润表。

b. 请评估她 2015 年的财务业绩。

个人理财习题 3—3　编制利润表　亚当·亚当斯（Adam Adams）和阿林·亚当斯（Arin Adams）搜集了他们的个人收入与费用信息，并请你将其汇总为截至 2015 年 12 月 31 日的年度收入与费用表。亚当斯家的信息如下：

单位：美元

亚当的工资	45 000	水电费	3 200
阿林的工资	30 000	食杂开支	2 200
利息收入	500	医药费	1 500
股利收入	150	房产税	1 659
汽车保险	600	所得税、社保	13 000
房屋保险	750	服装与首饰	2 000
汽车贷款还款	3 300	天然气与汽车维修	2 100
抵押贷款还款	14 000	娱乐	2 000

a. 请编制截至 2015 年 12 月 31 日的年度收入与费用表。它应该类似于公司的利润表。

b. 亚当斯家拥有现金盈余还是现金赤字?

c. 如果结果是盈余，亚当斯家应该如何利用该盈余?

习题 3—4　编制资产负债表　请使用下表中的相应科目，计算梅氏点心（Mellark's Baked Goods）截至 2015 年 12 月 31 日的年度资产负债表。

科目	2015 年 12 月 31 日的价值（千美元）	科目	2015 年 12 月 31 日的价值（千美元）
应付账款	220	存货	375
应收账款	450	土地	100
应计项目	55	长期债务	420
累计折旧	265	机器	420
建筑物	225	适销证券	75
现金	215	应付票据	475
普通股（票面价值）	90	超过面值的实收资本	360
销货成本	2 500		
折旧费用	45	优先股	100
设备	140	留存收益	210
家具与装置	170	销售收入	3 600
一般费用	320	汽车	25

个人理财习题 3—5　编制资产负债表　亚当·亚当斯和阿林·亚当斯搜集了他们的个人资产与负债信息，并请你将其汇总为截至 2015 年 12 月 31 日的年度资产负债表。亚当斯家的信息如下：

单位：美元

现金	300	个人退休账户中的退休金	2 000
支票	3 000	2014 年款赛百灵汽车	15 000
存款	1 200	2010 年款吉普汽车	8 000
IBM 公司的股票	2 000	货币市场基金	1 200
汽车贷款	8 000	珠宝与艺术品	3 000
抵押贷款	100 000	净值	76 500
应付医疗费	250	家具	4 200
应付水电费	150	信用卡余额	2 000
房地产	150 000	个人贷款	3 000

a. 请编制截至 2015 年 12 月 31 日的个人资产负债表。它应该类似于公司的资产负债表。

b. 亚当斯家 2015 年 12 月 31 日的总资产必须为多少？

c. 亚当斯家 2015 年的净营运资本（NWC）为多少？（提示：净营运资本为总流动资产与总流动负债之差。）

习题 3—6　留存收益表　海耶斯公司（Hayes Enterprises）2015 年年初的留存收益余额为 928 000 美元。2015 年，该公司的税后利润为 377 000 美元。从这些利润中支付给优先股股东 47 000 美元股利。2015 年年末，该公司的留存收益总计为 1 048 000 美元。该公司 2015 年的流通普通股股数为 140 000 股。

a. 请编制海耶斯公司截至 2015 年 12 月 31 日的年度留存收益表。（注意：请确保计算并计入 2015 年支付的现金股利。）

b. 请计算该公司 2015 年的每股收益。

c. 该公司 2015 年对普通股支付的每股现金股利是多少？

习题 3—7　股东权益变化　下表是山景滑雪度假村（Mountain Air Ski Resorts，Inc.）2014 年和 2015 年的资产负债表中的股东权益部分。股东权益的整体价值从 2 000 000 美元升至 7 500 000 美元。请使用下表说明为何会发生这种情况。

山景滑雪度假村的资产负债表（部分）

单位：美元

股东权益	2014 年	2015 年
普通股（面值为 1.00 美元）		
额定股：5 000 000 股		
流通股：2015 年为 1 500 000 股		1 500 000
2014 年为 500 000 股	500 000	
超过面值的实收资本	500 000	4 500 000
留存收益	1 000 000	1 500 000
股东权益总计	2 000 000	7 500 000

该公司在 2015 年里支付的总股利为 200 000 美元。

a. 山景滑雪度假村在 2015 年的净收入是多少？

b. 该公司当年发行并出售了多少新股？

c. 2015 年出售的新股的每股平均价格是多少？

d. 山景滑雪度假村最初出售的 500 000 股股票的每股价格是多少？

习题 3—8　财务比率比较　罗伯特·阿里亚斯（Robert Arias）最近从叔叔那里继承了一些股票。罗伯特希望更多地了解自己现在投资的公司，因此对每家公司进行了比率分析并决定对它们进行比较。部分财务比率如下：

比率	岛屿电力 (Island Electric Utility)	汉堡天堂 (Burger Heaven)	芬克软件 (Fink Software)	罗兰汽车 (Roland Motors)
流动比率	1.1	1.3	6.8	4.5
速动比率	0.90	0.82	5.2	3.7
负债比率	0.68	0.46	0.0	0.35
净利润率	6.2%	14.3%	28.5%	8.4%

假设他叔叔是一位精明的投资者，投资组合经过了精挑细选。罗伯特发现这些比率的显著差异让他很困惑。请帮助他完成下列任务。

a. 罗伯特根据这些比率对这些公司进行比较时可能遇到什么问题？

b. 为什么电力公司和快餐公司的流动比率和速动比率比其他公司低得多？

c. 为什么电力公司大量举债可能没什么问题，但软件公司就不是如此？

d. 为什么投资者不将所有的钱投资于软件公司而要投资于盈利能力较差的公司？（重点是风险和收益。）

习题 3—9　流动性管理　鲍曼公司（Bauman Company）过去 4 年的总流动资产、总流动负债和存货如下：

单位：美元

科目	2012 年	2013 年	2014 年	2015 年
总流动资产	16 950	21 900	22 500	27 000
总流动负债	9 000	12 600	12 600	17 400
存货	6 000	6 900	6 900	7 200

a. 请计算该公司每年的流动比率和速动比率，并比较这些流动性指标的时间序列分析结果。

b. 请评价该公司 2012—2013 年的流动性。

c. 如果你被告知 2012—2015 年鲍曼公司每年的存货周转率和行业平均值如下，该信息是否支持你第 b 问的答案？为什么？

存货周转率	2012 年	2013 年	2014 年	2015 年
鲍曼公司	6.3	6.8	7.0	6.4
行业平均值	10.6	11.2	10.8	11.0

个人理财习题 3—10　流动性比率　乔希·史密斯（Josh Smith）整理了部分个人财务数据以判断流动性状况。数据如下表所示：

账户	金额（美元）
现金	3 200
适销证券	1 000
支票账户	800
信用卡应付账款	1 200
短期应付票据	900

a. 请计算乔希的流动性比率。

b. 乔希的几位朋友告诉他，他们的流动性比率约为 1.8。你如何分析乔希相对于他朋友的流动性？

习题 3—11　存货管理　威尔金斯制造（Wilkins Manufacturing）的年销售收入为 400 万美元，总利润率为 40%。其季末存货为：

季度	存货（美元）
1	400 000
2	800 000
3	1 200 000
4	200 000

a. 请计算平均季度存货并用其计算该公司的存货周转率和平均存货天数。

b. 假设该公司所在行业的平均存货周转率为 2.0，你如何评价威尔金斯制造的存货活动？

习题 3—12　应收账款管理　分析布莱尔供货（Blair Supply）的下列账簿可以得出年末应收账款余额，它是下表中各月发生的应收账款之和。该公司的年销售收入为 240 万美元。该公司的信用期限为 30 天。

发生月份	应收账款（美元）
7 月	3 875
8 月	2 000
9 月	34 025
10 月	15 100
11 月	52 000
12 月	193 000
年末应收账款	300 000

a. 请使用年末总额评估该公司的收款制度。

b. 如果该公司 70%的销售收入发生在 7—12 月，该信息是否影响你第 a 问答案的正确性？请说明原因。

习题 3—13　债务分析　小溪公司（Creek Enterprises）正在申请 4 000 000 美元贷款，斯普林菲尔德银行（Springfield Bank）希望评估该公司的财务杠杆和财务风险。请根据小溪公司的负债比率和行业平均值以及小溪公司最近的财务报表（见下表）评估该公司的贷款要求并提出贷款审批建议。

小溪公司截至 2015 年 12 月 31 日的年度利润表　　单位：美元

销售收入	30 000 000
减：销货成本	21 000 000
总利润	9 000 000
减：营业费用	
销售费用	3 000 000
一般费用与管理费用	1 800 000
租赁费用	200 000
折旧费用	1 000 000
营业费用总计	6 000 000
营业利润	3 000 000

减：利息费用	1 000 000
税前净利润	2 000 000
减：税款（税率＝40%）	800 000
税后净利润	1 200 000
减：优先股股利	100 000
普通股股东可得收益	1 100 000

小溪公司 2015 年 12 月 31 日的资产负债表 单位：美元

资产		负债与股东权益	
现金	1 000 000	应付账款	8 000 000
适销证券	3 000 000	应付票据	8 000 000
应收账款	12 000 000	应计项目	500 000
存货	7 500 000	流动负债总计	16 500 000
流动资产总计	23 500 000	长期债务（包括金融租赁）[b]	20 000 000
土地与建筑	11 000 000	优先股（25 000 股，每股股利为 4 美元）	2 500 000
机器与设备	20 500 000	普通股（100 万股，面值为 5 美元）	5 000 000
家具与装置	8 000 000	超过面值的实收资本	4 000 000
总固定资产（成本）[a]	39 500 000	留存收益	2 000 000
减：累计折旧	13 000 000	股东权益总计	13 500 000
净固定资产	26 500 000	负债与股东权益总计	50 000 000
资产总计	50 000 000		

a. 该公司有 4 年期的金融租赁，需要在每年年初支付 200 000 美元租金。租期还有 3 年。
b. 每年需要偿还 800 000 美元本金。

行业平均值	
负债比率	0.51
利息保障倍数	7.30
固定费用偿付比率	1.85

习题 3—14　盈利能力分析　2013 年年初，百事（Pepsi）的收入为 656.4 亿美元，普通股股东可得收益为 61.2 亿美元。当时百事的总资产为 746.4 亿美元。同时，百事的竞争者之一澎泉（Dr. Pepper）的销售收入为 60.1 亿美元，利润为 6.3 亿美元。澎泉的资产为 88.7 亿美元。哪家公司的盈利能力更强？为什么这个问题很难有明确的答案？

习题 3—15　共同比报表分析　小溪公司 2014 年的共同比利润表如下。请使用习题 3—13 中该公司 2015 年的利润表，编制 2015 年的共同比利润表并与 2014 年的利润表进行比较。哪些方面需要进一步分析研究？

小溪公司截至2014年12月31日的年度共同比利润表

销售收入（35 000 000美元）	100.0%
减：销货成本	65.9%
总利润	34.1%
减：营业费用	
销售费用	12.7%
一般费用与管理费用	6.3%
租赁费用	0.6%
折旧费用	3.6%
营业费用总计	23.2%
营业利润	10.9%
减：利息费用	1.5%
税前净利润	9.4%
减：税款（税率=40%）	3.8%
税后净利润	5.6%
减：优先股股利	0.1%
普通股股东可得收益	5.5%

习题3—16　财务杠杆与盈利能力的关系　鹈鹕纸业（Pelican Paper，Inc.）和林地公司（Timberland Forest，Inc.）是相互竞争的牛皮纸生产商。每家公司的部分财务报表数值如下。请用它们进行比率分析，比较两家公司的财务杠杆与盈利能力。

单位：美元

科目	鹈鹕纸业	林地公司
总资产	10 000 000	10 000 000
总权益（全部为普通股）	9 000 000	5 000 000
总债务	1 000 000	5 000 000
年利息	100 000	500 000
总销售收入	25 000 000	25 000 000
息税前利润	6 250 000	6 250 000
普通股股东可得收益	3 690 000	3 450 000

a. 请计算两家公司的下列负债比率与偿付比率，并比较两家公司的风险与收回成本的能力。

1. 负债比率。
2. 利息保障倍数。

b. 请计算两家公司的下列盈利能力比率，并比较两家公司的盈利能力。

1. 营业利润率。
2. 净利润率。
3. 总资产收益率。
4. 股权收益率。

c. 债务较多的林地公司如何才能具有比鹈鹕纸业更高的盈利能力？林地公司的投资者选择购买林地公司的股票而不是鹈鹕纸业的股票时需要承担什么风险？

习题 3—17　横截面比率分析　请使用福克斯制造公司（Fox Manufacturing Company）截至 2015 年 12 月 31 日的年度财务报表和行业平均比率完成下列任务：

a. 对该公司 2015 年的经营进行完整的比率分析并进行解释。

b. 总结你的结论并提出建议。

福克斯制造公司截至 2015 年 12 月 31 日的年度利润表　单位：美元

销售收入	600 000
减：销货成本	460 000
总利润	140 000
减：营业费用	
一般费用与管理费用	30 000
折旧费用	30 000
营业费用总计	60 000
营业利润	80 000
减：利息费用	10 000
税前净利润	70 000
减：税款	27 100
税后净利润（提示：即普通股股东可得收益，因为没有优先股股东）	42 900
每股收益	2.15

比率	2015 年的行业平均值
流动比率	2.35
速动比率	0.87
存货周转率[a]	4.55
平均收款期[a]	35.8 天
总资产周转率	1.09
负债比率	0.300
利息保障倍数	12.3
总利润率	0.202
营业利润率	0.135
净利润率	0.091
总资产收益率	0.099
股权收益率	0.167
每股收益	3.10 美元

a. 假设每年为 365 天，数据为年末数据。

福克斯制造公司 2015 年 12 月 31 日的资产负债表 单位：美元

资产	
现金	15 000
适销证券	7 200
应收账款	34 100
存货	82 000
流动资产总计	138 300
净固定资产	270 000
资产总计	408 300
负债与股东权益	
应付账款	57 000
应付票据	13 000
应计项目	5 000
流动负债总计	75 000
长期债务	150 000
普通股权益（流通股股数为 20 000 股）	110 200
留存收益	73 100
股东权益总计	183 300
负债与股东权益总计	408 300

习题 3—18 财务报表分析 扎克产业（Zach Industries）截至 2015 年 12 月 31 日的财务报表如下：

扎克产业截至 2015 年 12 月 31 日的年度利润表 单位：美元

销售收入	160 000
减：销货成本	106 000
总利润	54 000
减：营业费用	
销售费用	16 000
一般费用与管理费用	10 000
租赁费用	1 000
折旧费用	10 000
营业费用总计	37 000
营业利润	17 000
减：利息费用	6 100
税前净利润	10 900
减：税款	4 360
税后净利润	6 540

扎克产业 2015 年 12 月 31 日的资产负债表 单位：美元

资产	
现金	500
适销证券	1 000
应收账款	25 000
存货	45 500
流动资产总计	72 000
土地	26 000
建筑与设备	90 000
减：累计折旧	38 000
净固定资产	78 000
资产总计	150 000
负债与股东权益	
应付账款	22 000
应付票据	47 000
流动负债总计	69 000
长期债务	22 950
普通股[a]	31 500
留存收益	26 550
负债与股东权益总计	150 000

a. 该公司 2015 年年末有 3 000 股流通普通股，价格为每股 25 美元。

a. 请使用上述财务报表填写下表。假设表中给出的行业平均值适用于 2014 年和 2015 年。

比率	行业平均值	2014 年的实际数值	2015 年的实际数值
流动比率	1.80	1.84	___
速动比率	0.70	0.78	___
存货周转率[a]	2.50	2.59	___
平均收款期[a]	37.5 天	36.5 天	___
负债比率	65%	67%	___
利息保障倍数	3.8	4.0	___
总利润率	38%	40%	___
净利润率	3.5%	3.6%	___
总资产收益率	4.0%	4.0%	___
股权收益率	9.5%	8.0%	___
市账率	1.1	1.2	___

a. 假设每年为 365 天，数据为年末数据。

b. 请分析扎克产业的下列财务状况：(1)流动性；(2)经营活动；(3)负债；(4)盈利能力；(5)市场。

请总结该公司的整体财务状况。

习题 3—19　综合：完整比率分析　给定下列财务报表、历史比率和行业平均值，请计算斯特林公司（Sterling Company）最近一年的财务比率（假设一年为 365 天）。

斯特林公司截至 2015 年 12 月 31 日的年度利润表　　单位：美元

销售收入	10 000 000
减：销货成本	7 500 000
总利润	2 500 000
减：营业费用	
销售费用	300 000
一般费用与管理费用	650 000
租赁费用	50 000
折旧费用	200 000
营业费用总计	1 200 000
营业利润	1 300 000
减：利息费用	200 000
税前净利润	1 100 000
减：税款（税率＝40％）	440 000
税后净利润	660 000
减：优先股股利	50 000
普通股股东可得收益	610 000
每股收益	3.05

斯特林公司 2015 年 12 月 31 日的资产负债表　　单位：美元

资产		负债与股东权益	
现金	200 000	应付账款[a]	900 000
适销证券	50 000	应付票据	200 000
应收账款	800 000	应计项目	100 000
存货	950 000	流动负债总计	1 200 000
流动资产总计	2 000 000	长期债务（包括金融租赁）	3 000 000
总固定资产（成本）	12 000 000	优先股（25 000 股，每股股利为 2 美元）	1 000 000
减：累计折旧	3 000 000	普通股（200 000 股，面值为 3 美元）[b]	600 000
净固定资产	9 000 000	超过面值的实收资本	5 200 000
其他资产	1 000 000	留存收益	1 000 000
资产总计	12 000 000	股东权益总计	7 800 000
		负债与股东权益总计	12 000 000

a. 当年赊购金额为 6 200 000 美元。

b. 2015 年 12 月 31 日，该公司的普通股收盘价为每股 39.50 美元。

请使用横截面法和时间序列法分析该公司的整体财务状况。请对你的分析进行分解，分别评估该公司的流动性比率、经营活动比率、负债比率、盈利能力比率和市场比率。

斯特林公司的历史比率与行业平均值

比率	2013 年的实际比率	2014 年的实际比率	2015 年的行业平均值
流动比率	1.40	1.55	1.85
速动比率	1.00	0.92	1.05
存货周转率	9.52	9.21	8.60
平均收款期	45.6 天	36.9 天	35.5 天
平均付款期	59.3 天	61.6 天	46.4 天
总资产周转率	0.74	0.80	0.74
负债比率	0.20	0.20	0.30
利息保障倍数	8.2	7.3	8.0
固定费用偿付比率	4.5	4.2	4.2
总利润率	0.30	0.27	0.25
营业利润率	0.12	0.12	0.10
净利润率	0.062	0.062	0.053
总资产收益率	0.045	0.050	0.040
股权收益率	0.061	0.067	0.066
每股收益	1.75 美元	2.20 美元	1.50 美元
市盈率	12.0	10.2	11.2
市账率	1.20	1.05	1.110

习题 3—20　杜邦分析法　请使用约翰逊国际（Johnson International）的下列比率和约翰逊国际所在行业的行业平均值：

a. 对约翰逊国际及其所在行业进行杜邦分析。

b. 评估约翰逊国际（及其所在行业）在这三年期间的表现。

c. 请说明需要在哪些领域对约翰逊国际进行深入分析。为什么？

约翰逊国际	2013 年	2014 年	2015 年
财务杠杆乘数	1.75	1.75	1.85
净利润率	0.059	0.058	0.049
总资产周转率	2.11	2.18	2.34
行业平均值			
财务杠杆乘数	1.67	1.69	1.64
净利润率	0.054	0.047	0.041
总资产周转率	2.05	2.13	2.15

习题 3—21　道德习题　请阅读期刊或网络资料，找出《萨班斯-奥克斯利法案》（Sarbanes-Oxley Act）中更多关于公司的条款。选择其中一个条款，说明为什么如果公司财务主管执行该条款，财务报表将更可信。

电子表格练习

利润表和资产负债表是公司为方便管理层使用而编制并发送给股东、监管机构和公众的基本报表。它们是关于公司历史财务信息的主要来源。戴顿产品公司（Dayton Products，Inc.）是一家中型制造商。该公司的管理层请你对该公司的财务报表进行详细分析。

截至 2015 年 12 月 31 日和截至 2014 年 12 月 31 日的年度利润表分别如下：

年度利润表

	年末	
	2015 年 12 月 31 日	2014 年 12 月 31 日
销售收入（百万美元）	178 909	187 510
销货成本（百万美元）	109 701	111 631
销售费用、一般费用与管理费用（百万美元）	12 356	12 900
其他税费支出（百万美元）	33 572	33 377
折旧与摊销（百万美元）	12 103	7 944
其他所得（与息税前利润相加，得到税前利润）（百万美元）	3 147	3 323
利息费用（百万美元）	398	293
所得税税率（平均）	35.324%	37.945%
每股股利（美元）	1.13	0.91
全部经营获得的基本每股收益（美元）	1.34	2.25

你还可以得到 2015 年 12 月 31 日和 2014 年 12 月 31 日的下列资产负债表信息。

年度资产负债表

	2015 年 12 月 31 日	2014 年 12 月 31 日
现金（百万美元）	7 229	6 547
应收账款（百万美元）	21 163	19 549
存货（百万美元）	8 068	7 904
其他流动资产（百万美元）	1 831	1 681
不动产、厂房与设备总额（百万美元）	204 960	187 519
累计折旧与损耗（百万美元）	110 020	97 917
其他非流动资产（百万美元）	19 413	17 891
应付账款（百万美元）	13 792	22 862
短期应付债务（百万美元）	4 093	3 703
其他流动负债（百万美元）	15 290	3 549
长期应付债务（百万美元）	6 655	7 099
递延所得税（百万美元）	16 484	16 359
其他非流动负债（百万美元）	21 733	16 441
留存收益（百万美元）	74 597	73 161
流通普通股总计（亿股）	6.7	6.8

任务

a. 请编制一张类似于表 3.1 的表格，其中包括：

（1）戴顿公司截至 2015 年 12 月 31 日和截至 2014 年 12 月 31 日的年度多步比较利润表。你必须计算 2015 年的销货成本。

（2）戴顿公司 2015 年和 2014 年的共同比利润表。

b. 请编制一张类似于表 3.2 的表格，其中包括：

（1）戴顿公司截至 2015 年 12 月 31 日和截至 2014 年 12 月 31 日的年度比较资产负债表。

（2）戴顿公司 2015 年和 2014 年的共同比资产负债表。

c. 请编制一张类似于表 3.8 的表格，其中包括：

（1）一张反映戴顿公司 2015 年和 2014 年营业比率的表格，并细分为（a）流动性比率，（b）经营活动比率，（c）负债比率，（d）盈利能力比率，（e）市场比率。假设该公司股票的当前市价为 90 美元。

（2）比较 2015 年和 2014 年的财务比率。说明该结果“优于上年”还是“差于上年”。

第四章　现金流与财务规划

学习目标

目标 1　了解计算税款时的折旧程序和折旧对公司现金流的影响。

目标 2　讨论公司的现金流量表、营业现金流和自由现金流。

目标 3　了解财务规划过程，包括长期（战略）财务规划和短期（经营）财务规划。

目标 4　讨论现金规划过程和现金预算表的编制、评估与使用。

目标 5　说明用于编制与评估预计利润表和预计资产负债表的简化程序。

目标 6　评价编制预计财务报表的简化方法和预计报表的常见用途。

本章的重要性

对职业生涯的重要性

会计　你需要了解计算税款和编制财务报表时如何处理折旧，如何编制现金流量表，在进行财务决策时应主要关注现金流而不是应计项目，以及在公司内部如何使用预计财务报表。

信息系统　你需要了解计算税款和编制财务报表时记录折旧所必须获取的数据、制定战略规划和营业计划所需的信息，以及编制现金计划和利润计划所需的数据。

管理　你需要了解战略规划和营业计划之间的区别以及每种计划的作用，关注公司现金流的重要性，了解如何使用预计报表解决公司的困难。

市场营销　你需要了解市场在制定公司长期战略规划中的核心作用，以及销售预测作为现金计划和利润计划的关键信息的重要性。

经营 你需要了解折旧如何影响公司的固定资产价值，如何用现金流量表体现营业业绩，经营如何为公司短期财务规划提供重要信息，以及固定营业成本和可变营业成本之间的区别。

对个人生活的重要性

个人和公司一样，财务规划和财务监督的重点应该是现金流。你应该制定短期财务目标和长期财务目标，并制定个人财务规划（路线图）以实现财务目标。现金流和财务规划对个人和公司同等重要。

4.1 公司现金流分析

"现金为王"是财务学中的老话。现金流是公司的生命，也是任何财务估值模型的基本要素。不管分析师希望对公司考虑的投资进行估值还是对公司本身进行估值，现金流估计都是估值过程的核心。本章说明了估值过程中使用的现金流数字的来源。

折旧

当计算税款和编制财务报告时，公司通常不能将某项将使用多年的资产的全部成本作为费用扣除，而是需要每年从收入中扣除一部分固定资产成本。这种在一段时间内摊销历史成本的方法叫做**折旧**（depreciation）。扣除折旧和扣除其他经营费用一样，会降低公司利润表上的收入，因而降低公司必须缴纳的税款。然而，折旧扣除并不会产生现金支出。也就是说，当公司扣除折旧费用时，是将一部分资产初始成本（公司已经支付的价格）从当年收入中扣除。净影响是扣除折旧增加了公司的现金流，因为它减少了公司的税款。

当计算税款时，公司资产的折旧受美国国内税收法的监管。由于财务报告目标有时不同于税收法规目标，因此公司用于编制财务报告和计算税款的折旧方法往往不同。在美国，为这两种目标保留两套记录的做法是合法的。

当计算税款时，折旧是通过**修正加速成本回收法**（modified accelerated cost recovery system，MACRS）确定的；编制财务报表时的折旧方法有多种。所有折旧方法都需要你了解资产的应计折旧和应计折旧年限。

资产的应计折旧

根据基本的修正加速成本回收法程序，资产的应计折旧（应折旧金额）为全部成本，包括安装成本。即使资产在使用年限结束时有残值，公司仍可以扣除相当于资产全部初始成本的折旧。

例 4.1

贝克公司（Baker Corporation）以 38 000 美元的成本购买了一台新机器，安装成本为 2 000 美元。当机器退役时，贝克公司将把它拆解成废金属出售，预期将得到 1 000 美元。不管预期残值是多少，机器的应计折旧都是 40 000 美元：38 000 美元的成本＋2 000 美元的安装成本。

资产的应计折旧年限

资产进行折旧的年限被称为**应计折旧年限**（depreciable life）。其他条件相同，应计折旧年限越短，年折旧扣除额就越高，折旧扣除所节省的税款也就越多。因此，公司通常希望尽可能快地对资产进行折旧。然而，美国公司必须遵守美国国税局关于确定应计折旧年限的特定要求。这些修正加速成本回收法准则适用于新资产和二手资产，要求纳税人使用适当的修正加速成本**回收期**（recovery period）作为资产的应计折旧年限。修正加速成本回收期有六种——3 年、5 年、7 年、10 年、15 年和 20 年——不适用于房地产。按照惯例这些资产类别被称为 3 年期资产、5 年期资产、7 年期资产、10 年期资产、15 年期资产和 20 年期资产。表 4.1 中定义了前四种资产——公司通常使用的资产类别。

表 4.1　　修正加速成本回收法的前四种资产类别

资产类别（回收期）	定义
3 年	科研设备与某些特殊工具
5 年	电脑、打印机、复印机、复制设备、汽车、轻型卡车、合格科技设备和类似资产
7 年	办公家具、装置、多数生产设备、铁轨、单用途棚舍
10 年	用于炼油的设备或用于生产烟草和某些食品的设备

折旧方法

当编制财务报表时，公司可以使用不同的折旧方法（直线法、双倍余额递减法、年数总和法）。当计算税款时，前四种修正加速成本回收法资产类别的资产使用双倍余额递减法折旧，采用半年惯例（即在购买资产的当年提取半年的折旧），并在有利时转为直线法。表 4.2 显示了前四种资产类别每年的近似折旧百分比（四舍五入至最接近的整数百分比）。公司不是使用表格中的百分比，而是在资产回收期内根据半年惯例采用直线法或其他折旧法。在本书中，我们将使用修正加速成本回收法折旧百分比，因为它们通常可以最快地冲销成本，因此对盈利公司现金流的影响最优。

由于修正加速成本回收法需要使用半年惯例，因此假设资产是在年中购买的。所以，第一年只提取了半年的折旧，而最后半年折旧是在规定资产回收期之后的一年内提取的。在表 4.2 中，n 年期资产的折旧年限为 $n+1$ 年。例如，5 年期资产在 6 年的回收期中提取折旧。下面用一个简单的例子说明如何应用表 4.2 中的计税折旧百分比。

表 4.2　　使用修正加速成本回收法计算的前四类资产的各回收年份近似折旧百分比

回收年份	各回收年份的折旧百分比[a]			
	3 年	5 年	7 年	10 年
1	33%	20%	14%	10%
2	45%	32%	25%	18%
3	15%	19%	18%	14%

续前表

回收年份	各回收年份的折旧百分比[a]			
	3 年	5 年	7 年	10 年
4	7%	12%	12%	12%
5		12%	9%	9%
6		5%	9%	8%
7			9%	7%
8			4%	6%
9				6%
10				6%
11				4%
总计	100%	100%	100%	100%

a. 这些百分比已被四舍五入为整数百分比，以在简化计算的同时反映现实。为了在计税时计算实际折旧，应确保使用实际未四舍五入的百分比或直接采用半年惯例的双倍余额递减法折旧。

例 4.2

贝克公司购买了一台回收期为 5 年的机器，安装成本为 40 000 美元。使用表 4.2 的相应百分比，贝克公司计算出的每年的折旧如下：

年份	安装成本（美元） (1)	折旧百分比（摘自表 4.2） (2)	折旧（美元）[(1) × (2)] (3)
1	40 000	20%	8 000
2	40 000	32%	12 800
3	40 000	19%	7 600
4	40 000	12%	4 800
5	40 000	12%	4 800
6	40 000	5%	2 000
总计		100%	40 000

表中标为（3）的那列表明，该资产的全部安装成本在 6 年回收期内冲销。

由于财务经理的重点主要是现金流，因此本书只使用税收折旧法。

编制现金流量表

第三章中的现金流量表总结了公司在给定时期内的现金流。记住，分析师在评估公司的流动性时，通常将现金和适销证券一并考虑，因为现金和适销证券都是流动性蓄水池。该蓄水池随着现金流入而增加，随着现金流出而减少。

还要注意，公司的现金流分为三类：（1）营业活动产生的现金流；（2）投资活动产生的现金流；（3）融资活动产生的现金流。**营业活动产生的现金流**（cash flow from operating activities）包括与销售及生产公司产品和服务直接相关的现金流出和现金流入。**投资活动产生的现金流**（cash flow from investment activities）包括与购买及销售固定资产和对其他公司的股权投资相关的现金流。显然，购买交易将产生现金流出，而销售交易将产生现金流入。**融资活动产生的现金流**（cash flow from financing activities）来自债务和股权融资交易。短期债务或长期债务将产生相应的现金流入；偿还债务将产生现金流出。类似地，出售公司股票将产生现金流入；回购股票或支付现金股利将产生现金流出。

现金流入与现金流出的类别

现金流量表实际上总结了给定时期内的现金流入与现金流出。表 4.3 对基础的现金流入（来源）与现金流出（使用）进行了分类。例如，如果公司当年的应付账款余额增加了 1 000 美元，那么这部分变化就是现金流入。如果公司存货增加了 2 500 美元，那么这部分变化就是现金流出。

根据表 4.3 的分类法，还可以得出以下几点结论：

1. 资产（例如公司的现金余额）减少是现金流入。为什么？因为资产占用的现金被释放，可以用于其他用途，例如偿还贷款。另外，公司现金余额的增加是现金流出，因为超额现金被公司现金余额占用。

很多人难以理解公司现金余额增加与减少的分类。为了阐明这个问题，假设你将所有现金放在一个篮子里。你的现金余额由篮子里的现金代表。当你需要现金时，你从篮子里提取现金，这减少了你的现金余额，为你提供了现金流入。相反，当你有多余现金时，你将其存在篮子里，这增加了你的现金余额并表示现金流出。重点是进出你口袋的钱：显然，现金（从篮子里）减少表示现金流入（到口袋里）；现金增加（到篮子里）表示现金（从口袋里）流出。

> **实例分析**
>
> **苹果公司的现金流**
>
> 在苹果公司 2012 年的年报上，营业活动产生的现金流超过 500 亿美元。同一年，苹果公司动用 482 亿美元现金投资于适销证券和其他投资。相比之下，其融资活动产生的现金流很小，产生的现金流出约为 17 亿美元，多数是苹果公司的薪酬计划向员工发放的股票。

表 4.3　现金流入与现金流出

现金流入（来源）	现金流出（使用）
资产减少	资产增加
负债增加	负债减少
税后净利润	税后净亏损
折旧与其他非现金费用	已付股利
出售股票	股票回购或退股

2. 折旧（类似于摊销和损耗）是**非现金费用**（noncash charge），该费用从利润表中扣除，但不涉及实际的现金支出。因此，当衡量公司产生的现金流时，我们必须将折旧加回净所得；如果我们不这样做，就会低估公司真正创造的现金。因此，折旧在表 4.3 中显示为现金来源。

3. 由于折旧被作为独立的现金流入处理，因此在现金流量表上出现的是总固定资产变化而非净固定资产变化。净固定资产变化等于总固定资产变化减去折旧。因此，如果我们将折旧作为现金流入以及净固定资产（而非总固定资产）的减项处理，就将重复计算折旧。

4. 现金流量表中不包括留存收益的直接变化。影响留存收益的科目表现为税后净利润或税后净亏损和已付股利。

编制现金流量表

现金流量表使用的是利润表数据以及期初资产负债表和期末资产负债表。表 4.4 和表 4.5 给出了贝克公司截至 2015 年 12 月 31 日的年度利润表和 2014 年 12 月 31 日以及 2015 年 12 月 31 日的资产负债表。表 4.6 为截至 2015 年 12 月 31 日的年度现金流量表。注意，所有现金流入都是税后净利润，折旧作为正值处理。所有现金流出、亏损和已付股利都作为负值处理。每类——营业活动产生的现金流、投资活动产生的现金流和融资活动产生的现金流——中的科目都进行加总，三个总值相加即是当期的"现金与适销证券净增加额(减少额)"。检查时，应确保该值与当年的现金与适销证券实际变化一致，后者可以从期初资产负债表与期末资产负债表中获得。

表 4.4　　贝克公司 2015 年的利润表　　单位：千美元

销售收入	1 700
减：销货成本	1 000
总利润	700
减：营业费用	
销售费用、一般费用与管理费用	230
折旧费用	100
营业费用总计	330
息税前利润	370
减：利息费用	70
税前净利润	300
减：税款（税率＝40%）	120
税后净利润	180
减：优先股股利	10
普通股股东可得收益	170
每股收益[a]	1.70

a. 计算方法是用普通股股东可得收益除以流通普通股股数（170 000 美元÷100 000 股＝每股 1.70 美元）。

解释报表

现金流量表让财务经理和其他利益相关方可以分析公司的现金流量。财务经理应该特别关注主要类别的现金流和各项现金流入与现金流出，以评估是否存在与公司财务政策相悖的发展趋势。此外，财务报表还可以用来评估预期目标的进展或者消除低效现象。财务经理还可以根据预计财务报表编制现金流量表，以便从现金流角度确定计划行动是否令人满意。

表 4.5　　贝克公司的资产负债表　　单位：千美元

	12 月 31 日	
资产	2015 年	2014 年
现金与适销证券	1 000	500
应收账款	400	500
存货	600	900
流动资产总计	2 000	1 900
土地与建筑	1 200	1 050
机器与设备、家具与装置、汽车和其他	1 300	1 150
总固定资产（成本）	2 500	2 200
减：累计折旧	1 300	1 200
净固定资产	1 200	1 000
资产总计	3 200	2 900
负债与股东权益		
应付账款	700	500
应付票据	600	700
应计项目	100	200
流动负债总计	1 400	1 400
长期债务	600	400
负债总计	2 000	1 800
优先股	100	100
普通股：面值为 1.20 美元、2015 年和 2014 年的流通股股数为 100 000 股	120	120
超过普通股面值的实收资本	380	380
留存收益	600	500
股东权益总计	1 200	1 100
负债与股东权益总计	3 200	2 900

表 4.6　　贝克公司截至 2015 年 12 月 31 日的年度现金流量表　　单位：千美元

营业活动产生的现金流	
税后净利润	180
折旧	100
应收账款减少	100
存货减少	300
应付账款增加	200
应计项目减少	(100)[a]
营业活动提供的现金	780

投资活动产生的现金流	
总固定资产增加	(300)
对其他公司股权投资的变化	0
投资活动提供的现金	(300)
融资活动产生的现金流	
应付票据减少	(100)
长期债务增加	200
股东权益变化[b]	0
已付股利	(80)
融资活动提供的现金	20
现金和适销证券净增加	500

a. 按照惯例，括号用于表示负数，在本例中为现金流出。

b. 这里不包括留存收益，因为它的变化实际上反映在“税后净利润”和“已付股利”中。

营业现金流 公司的**营业现金流**（operating cash flow，OCF）是公司的正常营业活动产生的现金流：生产和销售商品或服务。在财务学文献中可以找到各种营业现金流的定义。这里介绍的定义不包括利息对现金流的影响。我们没有考虑这些影响，因为我们需要的是一个能反映公司营业活动产生的现金流的指标，而不是如何为这些营业活动融资、如何对其纳税。第一步是计算**税后净营业利润**（net operating profits after taxes，NOPAT），它表示公司支付利息之前和缴纳税款之后的利润。令 T 等于适用的公司税税率，税后净营业利润的计算公式为：

$$\text{NOPAT}=\text{EBIT}\times(1-T) \tag{4.1}$$

为了将税后净营业利润转换为营业现金流，我们只需加回折旧：

$$\text{营业现金流}=\text{税后净营业利润}+\text{折旧} \tag{4.2}$$

我们可以将式（4.1）中的税后净营业利润代入式（4.2），得到营业现金流公式：

$$\text{营业现金流}=\text{息税前利润}\times(1-T)+\text{折旧} \tag{4.3}$$

例 4.3

将贝克公司的利润表（表 4.4）中的值代入式（4.3），得到：

$$\begin{aligned}\text{营业现金流}&=370\,000\text{ 美元}\times(1.00-0.40)+100\,000\text{ 美元}\\&=222\,000\text{ 美元}+100\,000\text{ 美元}=322\,000\text{ 美元}\end{aligned}$$

2015 年，贝克公司通过生产和销售产品创造了 322 000 美元现金流。因此，我们可以得出结论，贝克公司的营业活动创造了正现金流。

自由现金流

公司的**自由现金流**（free cash flow，FCF）表示投资者——债务提供者（债权人）和股权提供者（所有者）——在公司满足所有营业需求并支付对固定资产和流动资产的净投资后可以获得的现金。自由现金流的定义为：

自由现金流＝营业现金流－净固定资产投资－净流动资产投资 (4.4)

净固定资产投资（NFAI）是公司对固定资产的净投资，它是指购买的固定资产减去出售的固定资产。净固定资产投资的计算公式为：

净固定资产投资＝净固定资产变化＋折旧 (4.5)

净固定资产投资也等于总固定资产在相邻年份中的变化。

例 4.4

使用表 4.5 中贝克公司的资产负债表，我们看到该公司 2014—2015 年的净固定资产变化为 200 000 美元（＝2015 年的 1 200 000 美元－2014 年的 1 000 000 美元）。将该值和 2015 年的 100 000 美元折旧代入式（4.5），我们得到了贝克公司 2015 年的净固定资产投资：

净固定资产投资＝200 000 美元＋100 000 美元＝300 000 美元

因此，贝克公司 2015 年对固定资产的净投资为 300 000 美元。当然，该金额表示 2015 年购买固定资产的现金流出。

现在来看式（4.5），我们可以看到，如果固定资产的下降金额超过该期折旧，净固定资产投资将为负数。负的净固定资产投资表示净现金流入，这是因为公司当年出售的资产多于购买的资产。

净流动资产投资（NCAI）表示公司对流动（营业）资产的净投资。“净”是指流动资产与应付账款和应计项目之和的差。净流动资产投资的计算中不包括应付票据，因为后者表示的是债权人对公司自由现金流的议价索偿权。净流动资产投资的计算公式为：

净流动资产投资＝流动资产变化－应付账款和应计项目之和的变化 (4.6)

例 4.5

考察表 4.5 中贝克公司 2014 年和 2015 年的资产负债表，我们可以看到，2014 年和 2015 年的流动资产变化为 100 000 美元（＝2015 年的 2 000 000 美元－2014 年的1 900 000 美元）。贝克公司 2015 年的应付账款与应计项目之和 800 000 美元（＝700 000 美元的应付账款＋100 000 美元的应计项目）与 2014 年的 700 000 美元（＝500 000 美元的应付账款＋200 000美元的应计项目）之差为 100 000 美元（＝2015 年的 800 000 美元－2014 年的700 000美元）。将贝克公司的流动资产变化与应付账款和应计项目之和的变化之差代入式（4.6），得到 2015 年的净流动资产投资：

净流动资产投资＝100 000 美元－100 000 美元＝0 美元

因此，2015 年贝克公司没有对流动资产减去应付账款和应计项目之和后的净值进行投资（0 美元）。

现在，我们可以将贝克公司2015年的营业现金流322 000美元、净固定资产投资300 000美元和净流动资产投资0美元代入式（4.4），得出自由现金流：

自由现金流＝322 000美元－300 000美元－0美元＝22 000美元

我们可以看到，2015年贝克公司创造了22 000美元自由现金流，该公司可以用这笔钱支付给投资者：债权人（支付利息）和所有者（支付股利）。因此，该公司创造了足以收回所有营业成本和投资的现金流，并有自由现金流可以支付给投资者。然而，贝克公司2015年的利息费用为70 000美元，因此该公司没有创造足够的自由现金流为投资者提供充足的回报。

显然，现金流是公司的命脉。下面的“实务焦点”专栏讨论了思科公司（Cisco System）的自由现金流。在下一节中，我们将考虑现金流与利润财务规划的不同方面。

实务焦点

思科公司的自由现金流

实务 2010年5月13日，思科公司发布了初看上去不错的收益报告，称该公司最近一个季度实现了0.42美元的每股收益，超过华尔街的预期——0.39美元的每股收益。然而奇怪的是，思科公司的股票价格在发布收益公告后开始下跌。

在接下来的分析中，一位分析师发现，在思科公司的每股收益超过华尔街预期的3美分中，第1美分归功于该季度有14周而非通常的13周。第2美分归功于不寻常的税收收益，第3美分属于模糊的“其他所得”类别。其他分析师甚至更加怀疑。一位分析师指出，思科公司前三个季度的自由现金流为62.4亿美元，但其中55.5亿美元用于购买股票以抵消思科公司向员工提供股票期权造成的稀释。这位分析师抗议道：“思科公司在为员工而非公众股东的利益经营。”

●自由现金流通常被视为比报告收益更可靠的公司收入指标。公司会计人员可能用什么方法改变收益以做出更漂亮的收益报表？

资料来源：“Update Cisco Systems (CSCO),” May 13, 2010, http://jubakpicks.com; Eric Savitz, “Cisco Shares Off Despite Strong FYQ3; Focus on Q4 Guidance,” May 13, 2010, http://blogs.barrons.com.

复习题

4—1 请简要介绍前四种修正加速成本回收法资产类别和回收期。请说明如何用修正加速成本回收期计算折旧百分比。

4—2 请介绍公司的整体现金流，包括营业活动产生的现金流、投资活动产生的现金流和融资活动产生的现金流。

4—3 请说明为何在编制现金流量表时，现金减少被归类为现金流入（来源），现金增加被归类为现金流出（使用）？

4—4　为什么折旧（以及摊销和损耗）被认为是非现金费用？

4—5　请描述一般格式的现金流量表。在现金流量表中，现金流入与现金流出有什么区别？

4—6　为什么营业现金流中不包括利息费用和税款？

4—7　请从严格的财务角度说明公司的营业现金流和自由现金流的区别。

4.2　财务规划过程

财务规划是公司经营的重要部分，因为它提供了指导、协调和控制公司行为以实现目标的路线图。财务规划过程的两个主要方面是现金规划和利润规划。现金规划需要编制公司的财务预算。利润规划需要编制预计报表。现金预算和预计报表对于内部财务规划都很有用。现有贷款人和未来贷款人通常也需要它们。

财务规划过程（financial planning process）始于长期（战略）财务规划。这些规划反过来指导了短期或营业计划与预算。通常，短期计划和预算执行的是公司的长期战略目标。尽管本章后面的重点是短期财务规划和预算，但也对长期财务规划进行了一些初步评论。

长期（战略）财务规划

长期（战略）财务规划（long-term（strategic）financial plans）列出了公司在 2～10 年中计划采取的财务行动和这些行动的预期影响。5 年战略规划较为常见，它将根据可得的重大新信息进行修订。通常，经营具有高度不确定性、生产周期相对较短或两者兼有的公司往往规划期较短。

长期财务规划是整体战略的一部分，它与生产规划和营销规划一起指导公司实现战略目标。这些长期规划考虑了固定资产计划支出、研发活动、市场营销与产品开发活动、资本结构和主要融资来源。它还包括现有项目、产品或业务的终止，偿还或赎回未清偿债务，以及任何计划收购。这种计划往往有一系列年度预算的支持。

短期（经营）财务规划

短期（经营）财务规划（short-term（operating）financial plans）规定了短期财务行动和这些行动的预期影响。这些规划的期限通常为 1～2 年。编制短期财务规划所需的重要信息包括销售预测和各种形式的营业数据与财务数据。短期财务规划的重要结果包括一系列营业预算、现金预算和预计财务报表。图 4.1 概括了整个短期财务规划过程。这里我们采用财务经理的角度，只强调现金规划和利润规划。

短期财务规划从销售预测开始。公司从销售预测开始制订生产计划，这种计划考虑了前置（准备）时间，并包括对必要原材料的估计。公司可以利用生产计划估计直接劳动力要求、工厂间接费用和营业费用。一旦做出这些估计，公司就可以编制预计利润表和现金预算表。有了这些基本信息，公司最终将能编制出预计资产负债表。

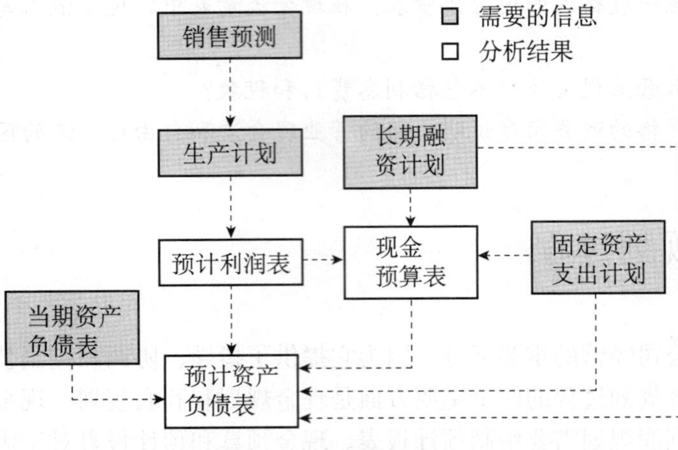

图 4.1 短期财务规划

短期（经营）财务规划过程

个人理财案例 4.6

个人财务规划的第一步要求确定目标。公司的目标是最大化所有者的财富（即股价），个人通常有多个主要目标。

通常，个人目标可以分为短期目标（1 年）、中期目标（2～5 年）和长期目标（6 年以上）。短期目标和中期目标支持长期目标。显然，长期个人目标的类型取决于个人或家人的年龄，目标将继续随着个人生活状态发生变化。

你应该谨慎现实地确定个人财务目标。每个目标都应该定义清晰，并有优先顺序、时间表和成本估计。例如，一位大四学生 2015 年的中期目标可能包括以 40 000 美元的成本在 2017 年获得硕士学位，他的长期目标可能是在 2019 年花 125 000 美元购买一套公寓。

在本章剩下的部分中，我们将重点分析短期财务规划的主要产物：现金预算表、预计利润表和预计资产负债表。

复习题

4—8 什么是财务规划过程？请比较长期（战略）财务规划与短期（经营）财务规划。

4—9 哪三种财务报表属于短期（经营）财务规划过程的结果？

4.3 现金规划：现金预算表

现金预算表（cash budget）或**现金预测表**（cash forecast）是表明公司计划现金流入与现金流出的报表。公司用它估计短期现金需求，并尤其关注对现金盈余与现金短缺的规划。

通常，现金预算表涵盖的期间为 1 年，并可以分为更短的期间。期间的数量与类型取决于业务性质。公司现金流的季节性越强、越不确定，期间数量就越多。由于许多公司的现金流都呈现出季节性模式，因此现金预算表常常是月度预算表。现金流模式稳定的公司可以使用季度预算表或年度预算表。

销售预测

短期财务规划需要的主要信息是公司的**销售预测**（sales forecast）。公司在给定时期内的销售预测通常是由市场营销部门编制的。财务经理根据销售预测估计月现金流，后者来自预计销售收入和与生产、存货和销售相关的支出。如果需要这些数据支持预测销售收入水平与生产水平，财务经理还将确定所需的固定资产水平以及融资金额。在现实中，获得高质量数据是预测中最难的部分。销售预测可以基于对外部数据、内部数据或上述两者的分析。

外部预测（external forecast）基于观察到的公司销售收入与特定关键外部经济指标（例如国内生产总值、新住房开工率、消费者信心和可支配个人收入）之间的关系。包括这些指标的外部预测是现成的。

内部预测（internal forecast）基于公司自身销售渠道对销售预测的一致看法。通常，公司的相关销售人员需要估计他们预期在未来一年中各类产品的销量。这些预测数据将由销售经理搜集和汇总，他们可能根据对特定市场的了解或销售人员的预测能力对数据进行调整。最后，还可能根据生产能力等附加内部因素进行调整。

公司通常会结合外部预测数据和内部预测数据进行最终的销售预测。内部预测数据提供了有见地的销售预期，外部预测数据提供了调整这些预期以考虑一般经济因素的方法。公司产品的性质通常也会影响使用的预测方法组合和类型。

编制现金预算表

表 4.7 为一般格式的现金预算表。下列讨论以及表 4.8 和表 4.9 说明了现金预算表的各个组成部分。表 4.10 是库尔森实业（Coulson Industries）完整的现金预算表。

表 4.7 **一般形式的现金预算表** 单位：美元

	1月	2月	…	11月	12月
总现金收入	XXA	XXH		XXN	XXU
减：总现金支出	XXB	XXI	…	XXO	XXV
净现金流	XXC	XXJ		XXP	XXW
加：期初现金	XXD	XXE	XXK	XXQ	XXR
期末现金	XXE	XXK		XXR	XXX
减：最低现金余额	XXF	XXL	…	XXS	XXY
必要融资总额		XXM		XXT	
超额现金余额	XXG				XXZ

总现金收入

总现金收入（total cash receipts）包括某家公司在给定财务时期内的所有现金流入。

最常见的现金收入包括现金销售收入、应收账款收款和其他现金收入。

例 4.7

库尔森实业是一家国防承包商，该公司正在制定10月、11月和12月的现金预算。库尔森实业8月和9月的销售收入分别为100 000美元和200 000美元。10月、11月和12月的预测销售收入分别为400 000美元、300 000美元和200 000美元。历史上，该公司20%的销售收入为现金，50%的销售收入为1个月以后收取的应收账款，剩下30%为2个月以后收取的应收账款。坏账费用（无法收取的应收账款）可以忽略不计。12月，该公司持有的某家分公司的股票获得了30 000美元股利收入。表4.8为该公司的预计现金收入时间表。它包括以下信息：

销售预测 该初始数据是纯信息性的。它是计算与销售相关的其他科目的辅助信息。

现金销售收入 每月的现金销售收入为当月总预测销售收入的20%。

应收账款收款 该数据表示收回的之前月份销售产生的应收账款（A/R）。

滞后1个月 这些数字表示当月收回的上月销售产生的应收账款。由于50%的当月销售收入是在1个月以后收回的，因此9月份的滞后1个月应收账款收款为8月份销售收入的50%，10月份的滞后1个月应收账款收款为9月份销售收入的50%，以此类推。

滞后2个月 这些数字表示当月收回的2个月前销售产生的应收账款。由于30%的当月销售收入是在2个月以后收回的，因此10月份的滞后2个月应收账款收款为8月份销售收入的30%，以此类推。

其他现金收入 这些收入是预期从销售收入以外的来源获得的收入。它包括利息收入、股利收入、出售设备的收入、出售股票和债券的收入和租金收入。库尔森实业唯一的其他现金收入是12月收到的30 000美元股利。

总现金收入 该数字表示每月的所有现金收入之和。库尔森实业只有10月、11月和12月有现金收入，如表4.8所示。

表 4.8 **库尔森实业的预计现金收入时间表**

销售预测	8月 100 000美元	9月 200 000美元	10月 400 000美元	11月 300 000美元	12月 200 000美元
现金销售收入（0.20）	20 000美元	40 000美元	80 000美元	60 000美元	40 000美元
应收账款收款					
滞后1个月（0.50）		50 000美元	100 000美元	200 000美元	150 000美元
滞后2个月（0.30）			30 000美元	60 000美元	120 000美元
其他现金收入					30 000美元
总现金收入	20 000美元	90 000美元	210 000美元	320 000美元	340 000美元

总现金支出

总现金支出（total cash disbursements）包括某家公司在给定财务时期内的所有现金支出。最常见的现金支出包括：

现金购买	固定资产支出
支付应付账款	支付利息

支付租金　　　　　支付现金股利
工资和薪金　　　　偿还本金（贷款）
缴纳税款　　　　　股票回购或退股

重要的是认识到现金预算中不包括折旧和其他非现金费用，因为它们只表示按计划对之前现金流出的冲销。折旧的影响，正如我们之前所指出的，反映为缴纳税款时的现金流出减少。

例 4.8

库尔森实业搜集了编制10月、11月和12月的预计现金支出时间表所需的下列信息。

购买金额　该公司的购买金额占销售收入的70%。其中，10%用现金支付，70%在购买后1个月内支付，剩下20%在购买后2个月内支付。

支付租金　该公司每月支付5 000美元租金。

工资和薪金　该公司当年支付的固定薪金为96 000美元，即每月8 000美元。此外，工资估计为每月销售收入的10%。

缴纳税款　该公司必须在12月缴纳25 000美元税款。

固定资产支出　该公司将在11月购买新机器，并支付130 000美元价款。

支付利息　该公司12月需要支付10 000美元利息。

支付现金股利　该公司10月需要支付20 000美元现金股利。

偿还本金（贷款）　该公司12月需要偿还20 000美元本金。

股票回购或退股　该公司10～12月预期不会发生股票回购或退股。

使用上述信息得出该公司的预计现金支出时间表，如表4.9所示。下面将详细解释该表的部分科目：

购买金额　该数据为纯信息性的。它为每月预测销售收入的70%。获取该数据是为了方便计算现金购买和相关支付金额。

现金购买　每月的现金购买为当月购买金额的10%。

支付应付账款　该数值表示支付之前月份购买产生的应付账款（A/P）。

表 4.9　　库尔森实业的预计现金支出时间表

购买金额（0.7×销售收入）	8月 70 000美元	9月 140 000美元	10月 280 000美元	11月 210 000美元	12月 140 000美元
现金购买（0.10）	7 000美元	14 000美元	28 000美元	21 000美元	14 000美元
支付应付账款：					
滞后1个月（0.70）		49 000美元	98 000美元	196 000美元	147 000美元
滞后2个月（0.20）			14 000美元	28 000美元	56 000美元
支付租金			5 000美元	5 000美元	5 000美元
工资和薪金			48 000美元	38 000美元	28 000美元
缴纳税款					25 000美元
固定资产支出				130 000美元	
支付利息					10 000美元
支付现金股利			20 000美元		
偿还本金					20 000美元
总现金支出	7 000美元	63 000美元	213 000美元	418 000美元	305 000美元

滞后1个月 这些数字表示当月支付的上月购买金额。由于该公司70%的购买金额是在1个月以后支付的，因此9月份的滞后1个月付款为8月份购买金额的70%，10月份的滞后1个月付款为9月份购买金额的70%，以此类推。

滞后2个月 这些数字表示当月支付的之前2个月的购买金额。由于在该公司购买的商品中，20%是在2个月以后支付的，因此10月份的滞后2个月付款为8月份购买金额的20%，以此类推。

工资和薪金 工资和薪金为8 000美元加上每月销售收入的10%。8 000美元表示薪金；剩下的为工资。

现金支出计划中的其余科目无须再做更多解释。

净现金流、期末现金、融资与超额现金

让我们回过头来看表4.7一般形式的现金预算表。我们已经有了前两项数据，现在将继续计算公司的现金需求。公司的**净现金流**（net cash flow）等于每期的现金收入减去现金支出。然后，我们将期初现金与公司的净现金流相加，得出每期的**期末现金**（ending cash）。

最后，我们从期末现金中减去理想最低现金余额，得到**必要融资总额**（required total financing），即**超额现金余额**（excess cash balance）。如果期末现金小于最低现金余额，就需要进行融资。这种融资通常被视为短期融资，因此用应付票据表示。如果期末现金大于最低现金余额，就存在超额现金。超额现金被认为是对流动性短期付息资产（即适销证券）的投资。

例4.9

表4.10为库尔森实业的现金预算表。该公司希望保留25 000美元的最低现金余额作为意外需求准备金。库尔森实业为了保留必要的25 000美元期末现金余额，需要在11月借款76 000美元，在12月借款41 000美元。10月，该公司的超额现金余额为22 000美元，持有形式可能为付息适销证券。现金预算表中的必要融资总额是指月底负债金额，它并不表示该月的借款变化。

通过进一步分析现金预算表可以得出借款和超额现金的月度变化。10月，期初现金为50 000美元，经过3 000美元的净现金流出后，变为47 000美元，扣除25 000美元最低现金余额后，得到超额现金22 000美元。11月，98 000美元净现金流出减去10月的22 000美元超额现金，得到必要融资总额76 000美元。11月的必要融资总额76 000美元减去11月的35 000美元净现金流入，得到12月的必要融资总额41 000美元。每月的财务活动总结如下：

10月：投资22 000美元超额现金购买适销证券。

11月：变现22 000美元适销证券，借入76 000美元（应付票据）。

12月：偿还35 000美元应付票据，必要融资总额为41 000美元。

表 4.10　　库尔森实业的现金预算表　　单位：千美元

	10月	11月	12月
总现金收入[a]	210	320	340
减：总现金支出[b]	213	418	305
净现金流	(3)	(98)	35
加：期初现金	50	47	(51)
期末现金	47	(51)	(16)
减：最低现金余额	25	25	25
必要融资总额（应付票据）[c]		76	41
超额现金余额（适销证券）[d]	22		

a. 摘自表 4.8。
b. 摘自表 4.9。
c. 当期末现金小于理想最低现金余额时，将不足数额计入此栏。该金额通常是短期融资，因此用应付票据表示。
d. 当期末现金大于理想最低现金余额时，将超出数额计入此栏。该金额通常是短期投资，因此用适销证券表示。

评估现金预算表

现金预算表显示出在预测期间内每个月是现金短缺还是现金盈余。每个月的数字都基于最低现金余额的内部规定，并列出了月末余额总计。

库尔森实业预测了 3 个月中每个月月末的现金、适销证券和应付票据余额，如下所示：

账户	月末余额（千美元）		
	10月	11月	12月
现金	25	25	25
适销证券	22	0	0
应付票据	0	76	41

注意，假设该公司首先变现适销证券以弥补赤字，如果需要更多融资，再以应付票据的形式借款。因此，它的账簿上不能同时存在适销证券和应付票据。由于它在 3 个月内可能需要借入多达 76 000 美元，因此财务经理肯定要进行一些安排以确保能获得这些资金。

个人理财案例 4.10

由于个人在给定时期内只能获得有限收入（现金流入），因此他们需要编制预算以确保自己能承担该时期内的费用（现金流出）。个人预算表是一种短期财务规划报告，它可以帮助个人或家庭实现短期财务目标。个人预算表通常为期 1 年，并按月份进行细分。

第一季度（3 个月）的简化个人预算表如下页表所示。

单位：美元

	1月	2月	3月
收入			
实得工资	4 775	4 775	4 775
投资收益			90
(1) 总收入	4 775	4 775	4 865
费用			
(2) 总费用	4 026	5 291	7 396
现金盈余或现金赤字 [(1) − (2)]	749	(516)	(2 531)
累计现金盈余或现金赤字	749	233	(2 298)

个人预算表显示，1 月有 749 美元的现金盈余，之后 2 月和 3 月分别有 516 美元和 2 531美元的现金赤字，导致 3 月份有 2 298 美元的累计赤字。显然，为了弥补赤字，必须采取一些行动让预算平衡，例如提高收入、减少费用、提取存款或借款。借入贷款可以在短期抵消赤字，但如果重复这样做，会导致财务困境。

处理现金预算表中的不确定性

除了认真估计编制现金预算表所需的数据，还有两种处理现金预算表中的不确定性的方法。一种方法是编制多张现金预算表：悲观结果下的现金预算表、最可能的结果下的现金预算表和乐观结果下的现金预算表。根据这个现金流范围，财务经理可以确定撑过最不利的情况所需的融资金额。根据不同情况使用多张现金预算表还能让财务经理感受到不同情况下的风险。这种情景分析，即“假设”法，常被用于分析不同情况下的现金流。显然，使用电子表格可以简化情景分析过程。

例 4.11

表 4.11 总结了库尔森实业编制的每月现金预算表，包括悲观结果、最可能的结果和乐观结果下总现金收入与总现金支出的估计。最可能的结果下的估计基于之前的预期结果。

10 月，库尔森实业在悲观结果下将需要最高 15 000 美元的融资，在乐观结果下将有 62 000 美元的超额现金余额。11 月，其融资需求将在 0～185 000 美元之间，或者将出现 5 000美元的超额现金余额。12 月的预测显示，最高借款金额为 190 000 美元，可能出现 107 000 美元的超额现金余额。通过考察悲观结果与乐观结果的极端值，库尔森实业将能更好地规划现金需求。在 3 个月期间内，在最差情况下的最高借款需求为 190 000 美元，该金额大大高于该期间内最可能的结果下的最高借款需求 76 000 美元。

表 4.11　库尔森实业现金预算表的情景分析　单位：千美元

	10月			11月			12月		
	悲观结果	最可能的结果	乐观结果	悲观结果	最可能的结果	乐观结果	悲观结果	最可能的结果	乐观结果
总现金收入	160	210	285	210	320	410	275	340	422
减：总现金支出	200	213	248	380	418	467	280	305	320
净现金流	(40)	(3)	37	(170)	(98)	(57)	(5)	35	102

续前表

	10月			11月			12月		
	悲观结果	最可能的结果	乐观结果	悲观结果	最可能的结果	乐观结果	悲观结果	最可能的结果	乐观结果
加：期初现金	50	50	50	10	47	87	(160)	(51)	30
期末现金	10	47	87	(160)	(51)	30	(165)	(16)	132
减：最低现金余额	25	25	25	25	25	25	25	25	25
必要融资总额	15			185	76		190	41	
超额现金余额		22	62			5			107

第二种处理现金预算表中不确定性的方法要复杂得多，即模拟法（将在第十一章中讨论）。通过模拟销售事件和其他不确定事件，公司可以建立每个月月末现金流的概率分布。财务决策者可以使用该概率分布决定需要的融资金额，以保证公司不出现现金短缺。

月内现金流

由于现金预算表只显示了每月的总现金流，因此现金预算表提供的信息并不一定能确保公司拥有清偿能力。公司还必须更仔细地考察每日现金收支模式，以确保有足够现金偿还到期债务。

在月末同步现金预算表中的现金流并不能确保公司能满足每天的现金需求。由于从每日角度看，公司的现金流通常波动很大，因此有效的现金规划要求考虑现金预算表以外的因素。因此，财务经理必须比每月一次更频繁地规划和监督现金流。日现金流波动性越大，需要的关注就越多。

复习题

4—10　现金预算表的目的是什么？销售预测在编制现金预算时的作用是什么？

4—11　请简要介绍现金预算表的基本格式。

4—12　如何用现金预算的两个“底线科目”确定公司的短期借款需求与短期投资需求？

4—13　导致现金预算表中的不确定性的原因是什么？可以用哪两种方法处理这种不确定性？

4.4　利润规划：预计报表

尽管现金规划的重点是预测现金流，但利润规划需要利用权责发生制概念预测公司的利润和整体财务状况。股东、债权人和公司管理层密切关注**预计报表**（pro forma statements），即预计利润表和预计资产负债表。图 4.1 的流程图显示了短期财务规划过程的基本步骤。估计预计报表的方法完全基于这样一种观念：反映在公司过往财务报表中的财务关系在未来期间不会变化。下列讨论提供了常用的简化方法。

编制预计报表需要两种信息：（1）上一年的财务报表；（2）下一年的销售预测。此外，还必须做出各种假设，我们将用威达制造（Vectra Manufacturing）说明编制预计报表的简化方法，该公司生产和销售一种产品。它的基本产品分为两种类型——X型和Y型，它们的生产工艺相同，但需要的原材料和人工数量不同。

上一年的财务报表

表4.12给出了该公司2015年的利润表。它显示威达制造的销售收入为100 000美元，销货成本总计为80 000美元，税前净利润为9 000美元，税后净利润为7 650美元。该公司支付了4 000美元现金股利，剩下3 650美元转为留存收益。表4.13为该公司2015年的资产负债表。

表4.12　威达制造截至2015年12月31日的年度利润表　单位：美元

销售收入	
X型（1 000件，单位售价为20美元）	20 000
Y型（2 000件，单位售价为40美元）	80 000
销售收入总计	100 000
减：销货成本	
劳动力	28 500
材料A	8 000
材料B	5 500
间接成本	38 000
销货成本总计	80 000
总利润	20 000
减：营业费用	10 000
营业利润	10 000
减：利息费用	1 000
税前净利润	9 000
减：税款（0.15×9 000美元）	1 350
税后净利润	7 650
减：普通股股利	4 000
转为留存收益	3 650

表4.13　威达制造2015年12月31日的资产负债表　单位：美元

资产		负债与股东权益	
现金	6 000	应付账款	7 000
适销证券	4 000	应纳税款	300
应收账款	13 000	应付票据	8 300
存货	16 000	其他流动负债	3 400
流动资产总计	39 000	流动负债总计	19 000
净固定资产	51 000	长期债务	18 000
资产总计	90 000	负债总计	37 000
		普通股	30 000
		留存收益	23 000
		负债与股东权益总计	90 000

销售预测

和现金预算表一样，预计报表需要的主要信息为销售预测。下一年（2016 年）威达制造的销售预测基于外部数据与内部数据，见表 4.14。X 型产品的单位售价从 20 美元提高到 25 美元，Y 型产品的单位售价从 40 美元提高到 50 美元。提高价格是收回增加的预期成本所必需的。

表 4.14　　　　威达制造 2016 年的销售预测

销量		销售收入	
X 型	1 500 件	X 型（25 美元/件）	37 500 美元
Y 型	1 950 件	Y 型（50 美元/件）	97 500 美元
		总计	135 000 美元

复习题

4—14　预计报表的目的是什么？使用简化方法编制预计报表需要什么信息？

4.5　编制预计利润表

编制预计利润表的一种简单方法是**销售百分比法**（percent-of-sales method）。它预测了销售收入，然后将不同的利润表科目表示为预测销售收入的百分比。使用的百分比很可能是上一年这些科目占销售收入的百分比。使用威达制造 2015 年利润表（表 4.12）中的金额，可以计算出这些百分比：

$$\frac{\text{销货成本}}{\text{销售收入}}=\frac{80\ 000\text{ 美元}}{100\ 000\text{ 美元}}=0.800=80.0\%$$

$$\frac{\text{营业费用}}{\text{销售收入}}=\frac{10\ 000\text{ 美元}}{100\ 000\text{ 美元}}=0.100=10.0\%$$

$$\frac{\text{利息费用}}{\text{销售收入}}=\frac{1\ 000\text{ 美元}}{100\ 000\text{ 美元}}=0.010=1.0\%$$

结合这些百分比与该公司的预测销售收入 135 000 美元（见表 4.14），我们得到了 2016 年的预计利润表，如表 4.15 所示。我们假设，威达制造将支付 4 000 美元的普通股股利，因此对留存收益的预期贡献为 6 327 美元。这显著高于上一年的 3 650 美元（见表 4.12）。

表 4.15　　使用销售百分比法编制的威达制造截至 2016 年 12 月 31 日的年度预计利润表

销售收入	135 000 美元
减：销货成本（0.80）	108 000 美元
总利润	27 000 美元

减：营业费用（0.10）	13 500 美元
营业利润	13 500 美元
减：利息费用（0.01）	1 350 美元
税前净利润	12 150 美元
减：税款（0.15×12 150 美元）	1 823 美元
税后净利润	10 327 美元
减：普通股股利	4 000 美元
转为留存收益	6 327 美元

考虑成本和费用的类型

用于编制表 4.15 所示的预计利润表的方法假设公司的所有成本和费用都是可变的。也就是说，给定销售收入增幅，销货成本、营业费用和利息费用的增幅将相同。例如，如果威达制造的销售收入增加 35%，那么我们假设其销货成本也将增加 35%。根据该假设，该公司的税后净利润也将增加 35%。

由于这种方法假设所有成本都是可变的，因此当公司的部分成本固定时，它可能低估销售收入增加时增加的利润。类似地，如果某些成本是固定的且不会随着销售收入下降，那么销售百分比法将会高估销售收入下降时的利润。因此，使用销售收入百分比法编制的预计利润表通常会在销售收入增加时低估利润，在销售收入减少时高估利润。编制预计利润表时调整固定成本比例的最佳方法是把公司的历史成本和费用分解为固定部分和可变部分。使用固定成本（营业成本和财务成本）创造“杠杆”的潜在收益和风险将在第十二章中讨论。重要的是认识到固定成本让公司的利润波动性高于收入波动性。也就是说，当利润和销售收入均上升时，利润往往增加得更快，而当利润和销售收入均下降时，利润往往下降得更快。

例 4.12

威达制造 2015 年的实际利润表和 2016 年的预计利润表可以分为固定的成本与费用和可变的成本与费用，如下表所示。

将威达制造的成本与费用分为固定部分和可变部分可以更准确地预测预计利润。假设所有成本都可变（如表 4.15 所示），我们发现预计税前净利润仍等于销售收入的 9%（=2015年税前净利润 9 000 美元÷销售收入 100 000 美元）。因此，用这种方法计算出的 2016 年税前净利润将为 12 150 美元（=0.09×预计销售收入 135 000 美元），而不是对公司的固定成本和可变成本进行分解得到的 28 250 美元。

威达制造的利润表

	2015 年 实际利润表	2016 年 预计利润表
销售收入	100 000 美元	135 000 美元
减：销货成本		
固定成本	40 000 美元	40 000 美元
可变成本（0.40×销售收入）	40 000 美元	54 000 美元
总利润	20 000 美元	41 000 美元

续前表

	2015 年 实际利润表	2016 年 预计利润表
减：营业费用		
固定费用	5 000 美元	5 000 美元
可变费用（0.05×销售收入）	5 000 美元	6 750 美元
营业利润	10 000 美元	29 250 美元
减：利息费用（所有利息费用均为固定费用）	1 000 美元	1 000 美元
税前净利润	9 000 美元	28 250 美元
减：税款（0.15×税前净利润）	1 350 美元	4 238 美元
税后净利润	7 650 美元	24 012 美元

显然，当使用简化方法编制预计利润表时，我们应该将成本与费用分解为固定部分和可变部分。

复习题

4—15　如何用销售百分比法编制预计利润表？

4—16　为什么固定成本会导致编制预计利润表的销售百分比法失败？有没有更好的方法？

4.6　编制预计资产负债表

编制预计资产负债表有几种简单的方法。一种方法严格按照占销售收入的百分比估计所有资产负债表账户。一种更好、更广泛使用的方法是**判断法**（judgmental approach），根据这种方法，公司估计特定资产负债表账户的价值并使用外部融资作为平衡（即“找平”）数据。判断法是用来编制预计资产负债表的改良版销售百分比法。由于判断法要求的信息只稍多一点儿，并且获得的估计优于较粗糙的销售百分比法，因此这里对其进行介绍。

为了用判断法编制威达制造 2016 年的预计资产负债表，必须对不同资产负债表账户做出一些假设：

（1）理想的最低现金余额为 6 000 美元。

（2）适销证券保持 4 000 美元的当前水平不变。

（3）应收账款的平均收款期约为 45 天（约 1/8 年）。由于威达制造的年销售收入预计为 135 000 美元，因此平均应收账款为 16 875 美元（=1/8×135 000 美元）。

（4）期末存货应保持约 16 000 美元的水平，其中 25%（约 4 000 美元）为原材料，剩下 75%（约 12 000 美元）为产成品。

（5）将购买一台价格为 20 000 美元的新机器。当年的总折旧为 8 000 美元。购买价格 20 000美元加上现有净固定资产 51 000 美元，再减去 8 000 美元折旧，得到净固定资产 63 000美元。

（6）购买金额约为年销售收入的 30%，在这个例子中约为 40 500 美元（=0.30×135 000美元）。该公司估计，应付账款的平均付款期为 73 天。因此，应付账款应等于该公司购买金额的 1/5（=73 天÷365 天），即 8 100 美元（=1/5×40 500 美元）。

（7）应纳税款等于当年税款的 1/4，即 455 美元（表 4.15 中预计利润表的1 823美元税款的 1/4）。

（8）应付票据保持 8 300 美元的当前水平不变。

（9）流动负债预期不会发生变化。它保持在前一年的水平：3 400 美元。

（10）该公司的长期债务和普通股保持不变，分别为 18 000 美元和 30 000 美元；计划不发行、赎回或者回购债券或股票。

（11）留存收益将从期初水平 23 000 美元（摘自 2015 年 12 月 31 日的资产负债表，即表 4.13）增至 29 327 美元。增加的 6 327 美元表示用 2016 年预计利润表（表 4.15）的年末数据计算出的留存收益。

基于这些假设的威达制造 2016 年的预计资产负债表见表 4.16。8 293 美元的**"找平"数据**（"plug" figure）——**必要外部融资**（external financing required）——是报表平衡所必需的。这意味着该公司必须获得 8 300 美元的额外外部融资来支持 2016 年提高的销售收入水平 135 000 美元。

如表 4.16 所示，"必要外部融资"为正值意味着根据计划，该公司无法产生足够的内部融资以支持预计的资产增加。为了支持预计营业水平，该公司必须进行外部融资，形式可以是债务、股权融资或减少股利。一旦确定了融资形式，就要修正预计资产负债表，用计划增加的债务和（或）股权账户代替"必要外部融资"。

"必要外部融资"为负值表示根据计划，该公司内部产生的融资将多于支持预计的资产增加所需的资金。在这种情况下，可以用资金偿还债务、回购股票或提高股利。一旦确定了具体行动，预计资产负债表中的"必要外部融资"就被债务和（或）股权账户的计划减少取代。显然，除了用于编制预计资产负债表，判断法还常用于估计公司的融资要求。

表 4.16　　使用判断法编制的威达制造的预计资产负债表（2016 年 12 月 31 日）　　单位：美元

资产		负债与股东权益	
现金	6 000	应付账款	8 100
适销证券	4 000	应纳税款	455
应收账款	16 875	应付票据	8 300
存货		其他流动负债	3 400
原材料	4 000	流动负债总计	20 255
产成品	12 000	长期债务	18 000
存货总计	16 000	负债总计	38 255
流动资产总计	42 875	普通股	30 000
净固定资产	63 000	留存收益	29 327
资产总计	105 875	总计	97 582
		必要外部融资[a]	8 293
		负债与股东权益总计	105 875

a. 使公司资产负债表达到平衡所需的外部融资金额。由于判断法的性质，资产负债表不进行某类调整就无法平衡。

复习题

4—17　请描述预计资产负债表的简化编制方法——判断法。

4—18　“找平”数据即必要外部融资的重要性是什么？请说明与正必要外部融资和负必要外部融资相关的策略的区别。

4.7 评估预计报表

预测与预计报表相关的许多变量都很困难。因此，投资者、贷款人和财务经理经常使用本章介绍的方法对预计报表进行粗略估计。无疑，认识到这些简化方法的基本缺点很重要。它们的缺点在于两条假设：(1) 公司的过往财务状况是未来的准确指标；(2) 某些变量（例如现金、应收账款和存货）可以被赋予特定的“理想”值。仅仅由于这些假设能简化计算，并不能说明它们的合理性。然而，尽管编制预计报表的简化方法存在缺点，但由于它相对简单，因此仍然很受欢迎。电子表格的广泛使用当然也有助于优化财务规划过程。

然而，当编制预计报表时，分析师必须了解如何用它们做出财务决策。财务经理和贷款人都可能使用预计报表分析公司的现金流入与现金流出以及流动性、经营活动、负债、盈利能力和市场价值。根据预计利润表和资产负债表可以计算出各种比率以评估公司业绩。通过编制预计现金流量表可以评估现金流入与现金流出。在分析预计报表后，财务经理可以采取步骤调整计划经营活动以实现短期财务目标。例如，如果预计利润表中的预计利润过低，可以采取各种定价措施和（或）削减成本的措施。如果预计资产负债表中的预计应收账款过高，可能需要更改赊销政策或收款政策。因此，预计报表对充实公司来年的财务计划很重要。

复习题

4—19　编制预计报表的简化方法有哪两个基本缺点？

4—20　财务经理评估预计报表的目标是什么？

总　结

价值焦点

现金流是公司的命脉，是公司价值的主要决定因素。财务经理必须规划和管理公司的现金流。目标是确保公司的清偿能力并为公司所有者创造正现金流。为所有者创造的现金流的大小和风险决定了公司的价值。

为了履行为所有者创造价值的责任，财务经理将现金预算表和预计财务报表等工具用作创造正现金流过程的一部分。良好的财务计划应该产生大量自由现金流。显然，财务经理必须认真仔细地规划和管理公司的现金流，以实现公司最大化股价的目标。

学习目标复习

目标 1　了解计算税款时的折旧程序和折旧对公司现金流的影响。折旧是影响公司现金流的重要因素。公司的应计折旧和应计折旧年限是根据美国联邦税法中的修正加速成本回收法标准确定的。修正加速成本回收法将资产（不包括房地产）根据回收期长度分为六类。

目标 2　讨论公司的现金流量表，营业现金流和自由现金流。现金流量表可以分为营业活动产生的现金流、投资活动产生的现金流和融资活动产生的现金流。它使公司当期的现金流变化与现金和适销证券的变化协调一致。解释现金流量表涉及主要的现金流类别和各项现金流入与现金流出。从严格的财务角度看，公司的营业现金流不包括利息。更重要的是公司的自由现金流，即债权人和所有者可以获得的现金流。

目标 3　了解财务规划过程，包括长期（战略）财务规划和短期（经营）财务规划。财务规划过程的两个重要方面是现金规划和利润规划。现金规划包括现金预算表或现金预测表。利润规划依赖于预计利润表和资产负债表。长期（战略）财务规划是编制短期（经营）财务规划的指南。长期财务规划涵盖的时期通常为 2～10 年；短期财务规划涵盖的时期通常为 1～2 年。

目标 4　讨论现金规划过程和现金预算表的编制、评估与使用。现金规划过程根据销售预测，使用现金预算表估计短期现金盈余和短期现金短缺。现金预算表涵盖的期间通常为 1 年并按月进行分解。它用每期的现金收入减去现金支出，得到净现金流。期末现金的估计方法是用期初现金加上净现金流。公司可以用期末现金减去理想最低现金余额，计算出必要融资总额或超额现金余额。为了处理现金预算中的不确定性，可以使用情景分析法或模拟法。公司还必须考虑每日现金收支模式。

目标 5　说明用于编制与评估预计利润表和预计资产负债表的简化程序。预计利润表的编制方法是计算过去特定成本与费用科目和公司销售收入的百分比关系，然后将这些百分比用于预测。由于这种方法暗示所有成本和费用都可变，因此在销售收入增加时容易低估利润，而在销售收入减少时容易高估利润。通过将成本和费用分解为固定部分和可变部分，可以避免这个问题。在这种情况下，固定部分和最近一年的相同，可变成本和费用是根据销售百分比法做出的预测。

根据判断法，特定资产负债表账户的价值是估计值，公司的外部融资被用作平衡（即“找平”）数据。正必要外部融资表示公司没有产生足够的内部融资以支持预计的资产增加，必须从外部筹资或减少股利。负必要外部融资表示公司创造的内部融资高于支持预计的资产增加所需要的资金，这些资金可以用于偿还债务、回购股票或提高股利。

目标 6　评价编制预计财务报表的简化方法和预计报表的常见用途。编制预计财务报表的简化方法假设公司的过往财务状况是未来的准确指标。预计报表常被用来预测与分析公司的盈利能力和整体财务业绩，以便对计划经营行为进行调整以实现短期财务目标。

自测题（答案见附录）

自测 4—1　折旧与现金流　一家公司预期在接下来 6 年中每年都获得 160 000 美元息税前利润。该公司每年支付 15 000 美元利息。它正在考虑购买价格为 140 000 美元的资产，该资产的安装成本为10 000美元，回收期为 5 年。它将成为该公司唯一的资产，且资产折旧已经反映在息税前利润的估计中。

a. 请用表 4.2 中的修正加速成本回收法折旧百分比计算该资产的年折旧金额。

b. 请用式（4.3）计算接下来 6 年中该公司每年的营业现金流。假设该公司的所有利润都适用 40%的税率。

c. 假设该公司在最后一年（第 6 年）年初和年末的净固定资产、流动资产、应付账款和应计项目如下。请计算当年该公司的自由现金流。

账户	第 6 年年初	第 6 年年末
净固定资产	7 500 美元	0 美元
流动资产	90 000 美元	110 000 美元
应付账款	40 000 美元	45 000 美元
应计项目	8 000 美元	7 000 美元

d. 请比较并讨论第 b 问和第 c 问计算的每个数值的重要性。

自测 4—2　编制现金预算表与预计资产负债表需要的信息　卡罗尔公司（Carroll Company）的财务分析师简·麦克唐纳（Jane McDonald）编制了当年 2—6 月的下列销售收入与现金支出估计。

月份	销售收入	现金支出
2 月	500 美元	400 美元
3 月	600 美元	300 美元
4 月	400 美元	600 美元
5 月	200 美元	500 美元
6 月	200 美元	200 美元

麦克唐纳指出，历史上，30%的销售收入为现金收入。70%的赊销在销售后 1 个月收款，剩下的 30%在销售后 2 个月收款。该公司希望在现金账户中保留 25 美元的最低期末余额。高于该数值的金额将被投资于短期政府证券（适销证券），而赤字将通过短期银行借款（应付票据）融资。4 月 1 日的期初现金余额为 115 美元。

a. 请编制 4 月、5 月和 6 月的现金预算。

b. 如果卡罗尔公司需要融资偿还这 3 个月的债务，那么它最多需要多少融资？

c. 请根据现有信息编制 6 月末的预计资产负债表。下列各项目的金额已知：现金、应付票据、适销证券、应收账款。

自测 4—3　预计利润表　欧罗设计公司（Euro Designs，Inc.）预期 2016 年的销售收入从 2015 年的 350 万美元升至 390 万美元。由于按照还贷计划，需要偿还的贷款金额很高，因此 2016 年的利息费用预计将跌至 325 000 美元。该公司计划将 2016 年的现金股利增至 320 000 美元。该公司 2015 年年末的利润表如下。

欧罗设计公司截至 2015 年 12 月 31 日的年度利润表

销售收入	3 500 000 美元
减：销货成本	1 925 000 美元
总利润	1 575 000 美元
减：营业费用	420 000 美元
营业利润	1 155 000 美元
减：利息费用	400 000 美元
税前净利润	755 000 美元
减：税款（利率＝40%）	302 000 美元
税后净利润	453 000 美元
减：现金股利	250 000 美元
转为留存收益	203 000 美元

a. 请使用销售百分比法编制2016年欧罗设计公司的预计利润表。

b. 请说明为什么该报表可能低估该公司2016年的预计利润。

热身练习

练习 4—1 一台新程控设备的安装成本为65 000美元。假设回收期为5年，请使用表4.2给出的相应修正加速成本回收法折旧百分比计算折旧年表。

练习 4—2 请说明下列账户变化是现金流入还是现金流出：(a) 适销证券增加；(b) 土地与建筑减少；(c) 应付账款增加；(d) 汽车减少；(e) 应收账款增加；(f) 支付股利。

练习 4—3 莱米尔公司（Rimier Corp.）预测2016年的销售收入为650 000美元。假设该公司的固定成本为250 000美元，可变成本为销售收入的35%。估计营业费用包括28 000美元的固定成本和相当于销售收入的7.5%的可变成本。下一年的利息费用估计为20 000美元。请估计莱米尔公司2016年的税后净利润。

习　题

习题 4—1　折旧 2015年3月20日，诺顿系统（Norton Systems）购买了两项新资产。资产A是价格为17 000美元的研究设备，回收期为3年。资产B是安装成本为45 000美元的复印设备，回收期为5年。请使用表4.2中的修正加速成本回收法折旧百分比编制每种资产的折旧时间表。

习题 4—2　修正加速成本回收法折旧费用与会计现金流 帕夫洛维奇仪器公司（Pavlovich Instruments, Inc.）是一家精密望远镜生产商，该公司今年的预期税前利润为430 000美元。该公司的财务经理正在考虑购买新程控镜片打磨机的时机。镜片打磨机的安装成本为80 000美元，成本回收期为5年，使用修正加速成本回收法提取折旧。

a. 如果该公司在年底之前购买镜片打磨机，本年可以提取的折旧费用是多少（使用表4.2）?

b. 如果该公司通过扣除第a问计算出的折旧费用减少了报告利润，能节省多少税款?

习题 4—3　折旧与现金流核算 一家公司处于其唯一资产折旧期的第3年，该资产的初始成本为180 000美元，根据修正加速成本回收法规定的回收期为5年，当年的营业数据如下页表所示。

应计费用	15 000美元
流动资产	120 000美元
利息费用	15 000美元
销售收入	400 000美元
存货	70 000美元
折旧、利息和税前总成本	290 000美元
普通所得的税率	40%

a. 请使用相关数据计算当年的营业现金流（见式（4.2）和式（4.3））。

b. 请说明折旧和其他非现金费用对该公司现金流的影响。

习题 4—4　计算营业现金流和自由现金流 假设基思公司（Keith Corporation）的资产负债表和部分利润表数据如下页表所示。

基思公司的资产负债表

资产	12月31日 2015年	12月31日 2014年
现金	1 500美元	1 000美元
适销证券	1 800美元	1 200美元
应收账款	2 000美元	1 800美元
存货	2 900美元	2 800美元
流动资产总计	8 200美元	6 800美元
总固定资产	29 500美元	28 100美元
减：累计折旧	14 700美元	13 100美元
净固定资产	14 800美元	15 000美元
资产总计	23 000美元	21 800美元
负债与股东权益		
应付账款	1 600美元	1 500美元
应付票据	2 800美元	2 200美元
应计项目	200美元	300美元
流动负债总计	4 600美元	4 000美元
长期债务	5 000美元	5 000美元
负债总计	9 600美元	9 000美元
普通股	10 000美元	10 000美元
留存收益	3 400美元	2 800美元
股东权益总计	13 400美元	12 800美元
负债与股东权益总计	23 000美元	21 800美元

基思公司的利润表数据（2015年）

折旧费用	1 600美元
息税前利润	2 700美元
利息费用	367美元
税前净利润	1 400美元
税率	40%

a. 请用式（4.1）计算该公司截至2015年12月31日的年度税后净营业利润。

b. 请用式（4.3）计算该公司截至2015年12月31日的年度营业现金流。

c. 请使用式（4.4）计算该公司截至2015年12月31日的年度自由现金流。

d. 请解释、比较和对比你对第b问和第c问的现金流估计。

习题4—5　现金预算：基础　格勒诺布尔公司（Grenoble Enterprises）3月的销售收入为50 000美元，4月的销售收入为60 000美元。5月、6月和7月的销售收入预测分别为70 000美元、80 000美元和100 000美元。该公司5月1日的现金余额为5 000美元，并希望保留5 000美元的最低现金余额。已知如下数据，请编制5月、6月和7月的现金预算表。

（1）该公司预测20%的销售收入为现金收入，60%的销售收入在下个月收款，剩下20%的销售收入在销售之后第二个月收款。

（2）该公司每月获得2 000美元的其他收入。

（3）该公司5—7月的实际购买金额或预期购买金额（全部以现金购买）分别为50 000美元、70 000美元和80 000美元。

（4）租金为每月 3 000 美元。

（5）工资和薪金为上个月销售收入的 10%。

（6）现金股利为 3 000 美元，将在 6 月支付。

（7）本金和利息为 4 000 美元，将在 6 月到期。

（8）7 月将购买一台价格为 6 000 美元的设备。

（9）6 月将缴纳 6 000 美元税款。

个人理财习题 4—6　编制现金预算表　萨姆·赛斯曼（Sam Sizeman）和苏茜·赛斯曼（Suzy Sizeman）需要编制 2016 年最后一个季度的现金预算表，以确保他们可以承担该期的支出。萨姆和苏茜编制了过去几年的预算表，并确定了多数现金流出占实得工资的具体百分比（例如，月水电费通常为月实得工资的 5%）。下表中的信息可以用来编制他们 2016 年第四季度的预算表。

收入	
月实得工资	4 900 美元
费用	
住房	30%
水电费	5%
食品	10%
交通	7%
医疗/牙医	0.5%
10 月和 11 月的服装	3%
12 月的服装	440 美元
房产税（只有 11 月）	11.5%
电器	1%
个人护理	2%
10 月和 11 月的娱乐	6%
12 月的娱乐	1 500 美元
储蓄	7.5%
其他	5%
超额现金	4.5%

a. 请编制萨姆和苏茜 2016 年 10—12 月的季度现金预算表。

b. 是否有月份出现赤字？

c. 2016 年 12 月底的累计现金盈余或累计现金赤字是多少？

习题 4—7　现金流概念　约翰斯菲尔德公司（Johnsfield & Co.）将在下个计划期间产生下列财务交易。请检查每笔交易可能直接影响的报表。

交易	报表		
	现金预算表	预计利润表	预计资产负债表
现金销售收入			
赊销销售收入			
收取应收账款			

续前表

交易	报表		
	现金预算表	预计利润表	预计资产负债表
购买5年期资产			
提取折旧			
摊销商誉			
出售普通股			
赎回未清偿债券			
缴纳接下来三年的火灾保险保费			

习题4—8 现金预算：情景分析 特罗特公司（Trotter Enterprises，Inc.）搜集了下列数据，用于制定10月、11月和12月的现金需求和短期投资计划。所有数据如下所示。

	10月			11月			12月		
	悲观结果	最可能的结果	乐观结果	悲观结果	最可能的结果	乐观结果	悲观结果	最可能的结果	乐观结果
总现金收入	260 000美元	342 000美元	462 000美元	200 000美元	287 000美元	366 000美元	191 000美元	294 000美元	353 000美元
总现金支出	285 000美元	326 000美元	421 000美元	203 000美元	261 000美元	313 000美元	287 000美元	332 000美元	315 000美元

a. 假设10月初的现金余额为−20 000美元，最低现金需求为18 000美元，请对特罗特公司的现金预算表进行情景分析。

b. 请使用第a问的分析，预测特罗特公司在10月、11月和12月的融资需求和投资机会。请讨论时间与金额信息对规划过程有什么帮助。

习题4—9 预计利润表 麦特兰制造（Metroline Manufacturing）的市场营销部估计，该公司2016年的销售收入将为150万美元。预计利息费用将保持35 000美元不变，该公司计划在2016年支付70 000美元现金股利。麦特兰制造截至2015年12月31日的年度利润表以及该公司分解为固定部分和可变部分的销货成本与营业费用如下。

麦特兰制造截至2015年12月31日的年度利润表

销售收入	1 400 000美元
减：销货成本	910 000美元
总利润	490 000美元
减：营业费用	120 000美元
营业利润	370 000美元
减：利息费用	35 000美元
税前净利润	335 000美元
减：税款（税率=40%）	134 000美元
税后净利润	201 000美元
减：现金股利	66 000美元
转为留存收益	135 000美元

麦特兰制造截至 2015 年 12 月 31 日年度分解为固定部分和可变部分的成本与费用

销货成本	
固定成本	210 000 美元
可变成本	700 000 美元
成本总计	910 000 美元
营业费用	
固定费用	36 000 美元
可变费用	84 000 美元
费用总计	120 000 美元

a. 请使用销售百分比法编制截至 2016 年 12 月 31 日的年度预计利润表。

b. 请使用固定成本和可变成本数据编制截至 2016 年 12 月 31 日的年度预计利润表。

c. 请比较和对比第 a 问和第 b 问的报表。哪张报表可能是 2016 年收入的更佳估计？请解释原因。

习题 4—10　预计利润表：情景分析　艾伦产品（Allen Products，Inc.）希望对下一年进行情景分析。悲观的销售收入预计为 900 000 美元；最可能的销售收入预计为 1 125 000 美元；乐观的销售收入预计为 1 280 000 美元。艾伦产品最近一年的利润表如下：

艾伦产品截至 2015 年 12 月 31 日的年度利润表

销售收入	937 500 美元
减：销货成本	421 875 美元
总利润	515 625 美元
减：营业费用	234 375 美元
营业利润	281 250 美元
减：利息费用	30 000 美元
税前净利润	251 250 美元
减：税款（税率＝25%）	62 813 美元
税后净利润	188 437 美元

a. 请使用销售百分比法、截至 2015 年 12 月 31 日的年度利润表和销售收入估计编制下一年在悲观结果下、最可能的结果下和乐观结果下的预计利润表。

b. 请说明销售百分比法为何可能高估悲观结果下的利润、低估最可能的结果下与乐观结果下的利润。

c. 考虑关于 2015 年的成本的下列假设，重新编制第 a 问的预计利润表：

250 000 美元的销货成本为固定成本，其余为可变成本。

180 000 美元的营业费用为固定费用，其余为可变费用。

所有利息费用均为固定费用。

d. 请比较你第 c 问的答案和第 a 问的答案。你的观察结果是否能证实你对第 b 问的解释？

习题 4—11　预计资产负债表：基础　莱昂纳德实业（Leonard Industries）希望编制 2015 年 12 月 31 日的预计资产负债表。该公司预期 2016 年的销售收入总计为 3 000 000 美元。已搜集到的信息如下：

（1）理想最低现金余额为 50 000 美元。

（2）适销证券预期保持不变。

（3）应收账款占销售收入的 10%。

（4）存货占销售收入的 12%。

（5）2016 年将购买一台价格为 90 000 美元的新机器。当年的折旧总额为 32 000 美元。

（6）应付账款为销售收入的 14%。

（7）预期应计项目、其他流动负债、长期债务和普通股保持不变。

（8）该公司的净利润率为4%，该公司预期将在2016年支付70 000美元现金股利。

（9）2015年12月31日的资产负债表如下。

莱昂纳德实业2015年12月31日的资产负债表

资产		负债与股东权益	
现金	45 000美元	应付账款	395 000美元
适销证券	15 000美元	应计项目	60 000美元
应收账款	255 000美元	其他流动负债	30 000美元
存货	340 000美元	流动负债总计	485 000美元
流动资产总计	655 000美元	长期债务	350 000美元
净固定资产	600 000美元	负债总计	835 000美元
资产总计	1 255 000美元	普通股	200 000美元
		留存收益	220 000美元
		负债与股东权益总计	1 255 000美元

a. 请使用判断法编制莱昂纳德实业2016年12月31日的预计资产负债表。

b. 如果莱昂纳德实业2016年需要额外融资，那么它需要多少额外融资？请讨论。

c. 莱昂纳德实业如何调整2016年计划发放的股利以避免第b问中的情况？请说明。

习题4—12　预计资产负债表　皮博迪公司（Peabody & Peabody）2015年的销售收入为1 000万美元。该公司希望分析2年后即2017年的预期业绩和融资需求。已知下列信息，请回答第a问和第b问。

（1）直接随销售收入变化的各科目占销售收入的百分比如下：

应收账款，12%；

存货，18%；

应付账款，14%；

净利润率，3%。

（2）预期适销证券和其他流动负债保持不变。

（3）理想最低现金余额为480 000美元。

（4）2016年将购买一台价格为650 000美元的新机器，2017年将购买一台价格为850 000美元的设备。2016年的预计折旧总额为290 000美元，2017年的预计折旧总额为390 000美元。

（5）预计2017年年末，应计项目将升至500 000美元。

（6）预计不会出售或赎回长期债务。

（7）预计不会出售或回购普通股。

（8）预计将继续支付50%的净利润作为股利。

（9）预计2016年的销售收入为1 100万美元，2017年的销售收入为1 200万美元。

（10）2015年12月31日的资产负债表如下。

皮博迪公司2015年12月31日的资产负债表　　单位：千美元

资产		负债与股东权益	
现金	400	应付账款	1 400
适销证券	200	应计费用	400
应收账款	1 200	其他流动负债	80
存货	1 800	流动负债总计	1 880
流动资产总计	3 600	长期债务	2 000
净固定资产	4 000	负债总计	3 880
资产总计	7 600	普通股	3 720
		负债与股东权益总计	7 600

a. 请编制 2017 年 12 月 31 日的预计资产负债表。

b. 请根据第 a 问的报表讨论融资金额变化。

习题 4—13　综合：预计报表　红皇后餐厅（Red Queen Restaurants）希望编制财务计划。请使用下面提供的财务报表和其他信息编制财务计划。

可以得到的财务信息如下：

（1）该公司估计 2016 年的销售收入为 900 000 美元。

（2）该公司预期将在 2016 年支付 35 000 美元现金股利。

（3）该公司希望保持 30 000 美元的最低现金余额。

（4）应收账款约占年销售收入的 18%。

（5）该公司的期末存货将直接随着 2016 年的销售收入变化。

（6）2016 年将购买一台价格为 42 000 美元的新机器。2016 年的折旧总额将为 17 000 美元。

（7）应付账款将直接随着 2016 年的销售收入变化。

（8）应纳税款等于预计利润表税款的 1/4。

（9）适销证券、其他流动负债、长期债务和普通股将保持不变。

a. 请使用销售百分比法编制截至 2016 年 12 月 31 日的年度预计利润表。

b. 请使用判断法编制 2016 年 12 月 31 日的预计资产负债表。

c. 请分析这些报表并讨论必要外部融资。

红皇后餐厅截至 2015 年 12 月 31 日的年度利润表

销售收入	800 000 美元
减：销货成本	600 000 美元
总利润	200 000 美元
减：营业费用	100 000 美元
税前净利润	100 000 美元
减：税款（税率＝40%）	40 000 美元
税后净利润	60 000 美元
减：现金股利	20 000 美元
转为留存收益	40 000 美元

红皇后餐厅 2015 年 12 月 31 日的资产负债表

资产		负债与股东权益	
现金	32 000 美元	应付账款	100 000 美元
适销证券	18 000 美元	应纳税款	20 000 美元
应收账款	150 000 美元	其他流动负债	5 000 美元
存货	100 000 美元	流动负债总计	125 000 美元
流动资产总计	300 000 美元	长期债务	200 000 美元
净固定资产	350 000 美元	负债总计	325 000 美元
资产总计	650 000 美元	普通股	150 000 美元
		留存收益	175 000 美元
		负债与股东权益总计	650 000 美元

习题 4—14　道德习题　美国证券交易委员会试图让公司在“实质变化”将影响未来财务业绩时更迅速地通知投资公众。如果财务经理遵守这项指令并发布公告指出销售收入可能不如之前的预期那样高，那么在何种意义上他（她）可能被认为是“更道德的”？

电子表格练习

你得到了一个任务：汇总 ACME 公司（ACME Company）的报表，该报表显示了 2016 年 7—12 月该公司的预期现金流入与预期现金流出。

你获得了 ACME 公司的下列数据：

（1）5—12 月的预期总销售收入分别为 300 000 美元、290 000 美元、425 000 美元、500 000 美元、600 000 美元、625 000 美元、650 000 美元和 700 000 美元。

（2）在每月的销售收入中，12%为当月收款。然而，该公司的赊销政策为 30 天内付款，且 10 天内付款可享受 3%的折扣。因此当月收取的销售收入需要计算 3%的折扣。

（3）在每月的销售收入中，75%为销售后 1 个月内收款。

（4）在每月的销售收入中，13%为销售后 2 个月内收款。

（5）每月预期购买的原材料为下个月预期销售收入的 60%。

（6）该公司在下一个月支付当月购买的原材料价款的 100%。

（7）工资和薪金按月支付，为当月预期销售收入的 6%。

（8）月租金为当月预期销售收入的 2%。

（9）月广告费等于销售收入的 3%。

（10）研发支出预期在 8 月、9 月和 10 月摊销，摊销比例等于这些月份销售收入的 12%。

（11）12 月将预付下一年的保险费 24 000 美元。

（12）7—12 月，该公司的预期杂项支出分别为 15 000 美元、20 000 美元、25 000 美元、30 000 美元、35 000 美元和 40 000 美元。

（13）预期 9 月将缴纳 40 000 美元税款，12 月将缴纳 45 000 美元税款。

（14）7 月份的期初现金余额为 15 000 美元。

（15）目标现金余额为 15 000 美元。

任务

a. 请编制一张 2016 年 7—12 月的现金预算表，它是一张合并电子表格，其中包括类似于表 4.8、表 4.9 和表 4.10 的表格。把你的电子表格分为以下三部分：

（1）总现金收入；

（2）总现金支出；

（3）7—12 月的现金预算表。

该现金预算表应该反映下列事项：

（1）每月的期初现金余额与期末现金余额；

（2）每月的必要融资总额；

（3）每月的超额现金余额。

b. 请根据你的分析，简要描述该公司在接下来 6 个月的前景。请讨论可以用来实现这些目标的债务和资金。该公司在出现现金赤字时应该怎么做？（该公司能从哪里获得资金？）该公司在出现现金盈余时应该怎么做？

第五章　货币的时间价值

学习目标

目标1　讨论时间价值在财务学中的作用、计算工具的使用和现金流的基本模式。

目标2　了解终值和现值的概念、如何计算单笔现金流的终值和现值以及它们之间的关系。

目标3　计算普通年金与期初年金的终值和现值，并计算永续年金的现值。

目标4　计算混合现金流的终值和现值。

目标5　了解复利频率高于每年一次对终值和实际年利率的影响。

目标6　描述以下过程：(1) 计算累积到某个未来金额所需的存款；(2) 计算贷款分期偿还金额；(3) 计算利率或增长率；(4) 计算未知期数。

本章的重要性

对职业生涯的重要性

会计　你需要了解如何计算货币的时间价值，以便对贷款分期偿还额、租金以及债券利率等进行会计核算。

信息系统　你需要了解如何计算货币的时间价值，以设计准确衡量与计算公司现金流价值的方法。

管理　你需要了解如何计算货币的时间价值，以管理现金收支，让公司可以从现金流中获得最大价值。

市场营销 你需要了解货币的时间价值，因为必须用货币时间价值方法证明新项目和新产品在财务上是合理的。

经营 你需要了解货币的时间价值，因为对新设备、新工艺和存货的投资将受到货币时间价值的影响。

对个人生活的重要性

货币时间价值方法被广泛用于个人理财规划。你可以用它计算存款在未来某个日期的价值并估计现在你需要存多少钱才能在未来某个日期积累到特定金额。你还可以用它计算一次性现金流的价值，以及实现特定财务目标所需的利率或时间。

5.1 时间价值在财务学中的作用

货币的时间价值是指这样一种观察结果：早得到钱比晚得到钱好。你今天拥有的钱可以拿来投资，获得正收益率，在明天产生更多的钱。因此，今天的一美元比未来的一美元更值钱。在公司中，经理经常面临需要权衡的情况，即需要立即产生现金流出的行动可能在未来产生现金流入。由于未来获得的资金价值小于公司提前花费的资金价值，因此经理需要一套工具帮助他们比较在不同时间产生的现金流入与现金流出。本章将向你介绍这些工具。

终值与现值

假设一家公司有机会现在进行 15 000 美元的投资，并将在未来 5 年产生 17 000 美元收入，如下：

第 1 年	3 000 美元
第 2 年	5 000 美元
第 3 年	4 000 美元
第 4 年	3 000 美元
第 5 年	2 000 美元

这笔投资是否明智？看起来答案是肯定的，因为该公司花了 15 000 美元，而得到了 17 000 美元。不过要记住，公司未来得到的资金价值小于现在支出的资金价值。因此，我们还不清楚 17 000 美元的现金流入是否足以补偿初始投资。

货币时间价值分析帮助财务经理回答了这类问题。财务经理需要一种方法比较现在的钱与未来的钱。比较方法有两种。一种方法是算出未来的多少钱等于现在的 15 000 美元。换言之，15 000 美元的终值是多少？另一种方法是算出现在的多少钱等于接下来 5 年中陆续获得的 17 000 美元。换言之，未来 5 年产生的现金流的现值是多少？

时间线（time line）显示了与给定投资相关的现金流。这条水平线的最左端为时点 0，从左向右标出未来时期。图 5.1 为这个虚构投资问题的时间线。水平线上方为时点 0 时（现在）产生的现金流和接下来每年年末产生的现金流；负值表示现金流出（现在，即时点 0 时投资了 15 000 美元)；正值表示现金流入（第 1 年的现金流入为 3 000 美元，第 2 年的现金流入为 5 000 美元，等等)。

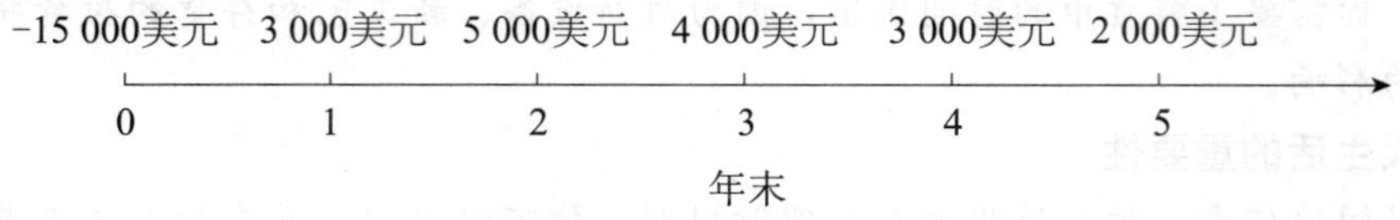

图 5.1 时间线

时间线描述了投资现金流。

为了做出正确的投资决策，财务经理需要比较图 5.1 中某个时点上的现金流。通常，该点要么为投资期期末，要么为投资期期初。终值方法使用复利计算投资期结束时每笔现金流的终值，然后将这些终值加总得到投资的终值。这种方法如图 5.2 的时间线上方所示。该图显示，在 5 年投资期期末计算每笔现金流的终值。另外，现值方法使用贴现计算每笔现金流在时点 0 时的现值，然后将这些现值加总得到投资的现值。这种方法如图 5.2 的时间线下方所示。在实际中，当进行投资决策时，财务经理通常采用现值法。

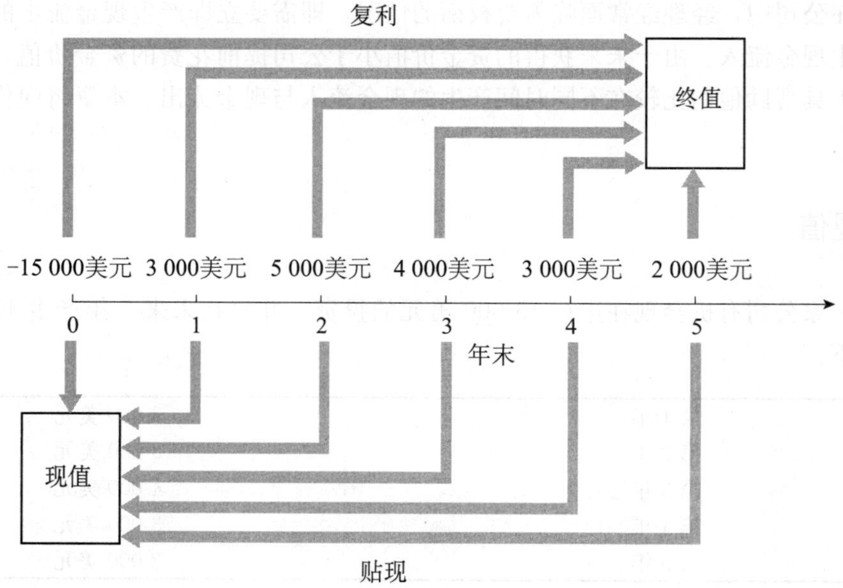

图 5.2 复利与贴现

时间线显示了如何用复利方法计算终值和用贴现方法计算现值。

计算工具

计算现值和终值都需要进行耗时的计算。尽管你应该理解这些计算背后的概念和数学原理，但财务计算器和电子表格可以让货币时间价值法的应用更加方便。

财务计算器

财务计算器包含许多事先编制好程序的财务公式。学会如何使用这些公式可以让现值与终值的计算变得十分轻松。

我们主要关注的是图 5.3 中的键。我们通常使用左栏中显示的前五个键中的四个，以及计算（CPT）键。这四个键之一表示需要计算的未知值。一些更复杂的计算器需要展开菜单：在你选择适当的公式前，计算器需要你输入每个值。不管如何，任何带有基本终值和现值计算功能的计算器都能简化货币时间价值的计算。财务计算器的使用方法见它们附带的参考指南。

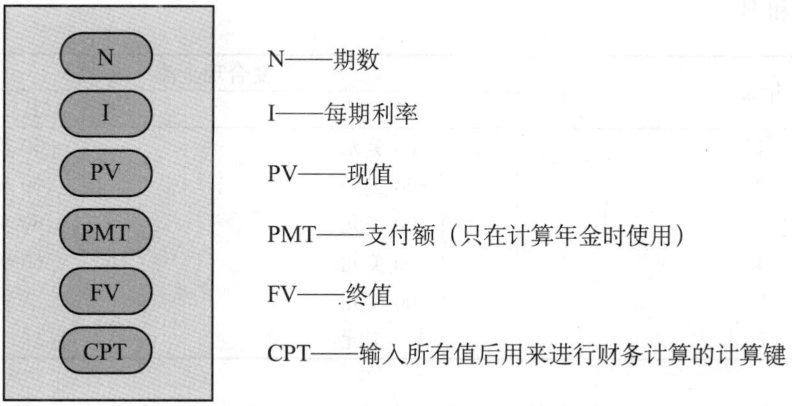

图 5.3　计算器的键

典型计算器上的重要财务键

一旦你理解了基本概念，就会希望使用计算器简化计算。只需少量练习，你就能提高财务计算的速度和准确性。记住，目标是理解材料所体现的概念。能在计算器的辅助下解答问题并不一定说明你理解了材料，因此不要只是解出答案。应该研究材料，直到你确信自己也理解了概念。

电子表格

和财务计算器一样，电子表格也有简化货币时间价值计算的内置公式。我们在本书中提供了一些电子表格解决方案，它们列出了计算时间价值的单元格数值。在电子表格的单元格中输入每个变量的数值后，就可以按照将各单元格联系起来的编制好的公式进行计算。由于公式将不同单元格联系起来，因此当变量的值变化时，答案也会自动变化。

现金流信号

为了提供正确答案，财务计算器和电子表格要求将计算器的相关现金流准确输入为现金流入或现金流出。如果是现金流入，就输入正值，如果是现金流出，就输入负值。在正确输入现金流后，你就为财务计算器或电子表格提供了计算的时间线。在输入准确的现金流后，财务计算器或电子表格提供的答案就是正确结果。

现金流的基本模式

公司的现金流——现金流入和现金流出——可以用一般模式来描述。这些一般模式包括单笔现金流、年金或复合现金流。

单笔现金流：现在或将来某个日期持有的一次性金额。比如，今天持有的 1 000 美元或将在 10 年后得到的 650 美元。

年金：期间现金流水平。根据我们的目标，我们将主要分析年现金流。例如，在接下来 7 年的每年年末支付或得到 800 美元。

复合现金流：不属于年金的现金流；没有特定模式的不等额定期现金流。例如下列两笔现金流 A 和 B。

年末	复合现金流	
	A	B
1	100 美元	−50 美元
2	800 美元	100 美元
3	1 200 美元	80 美元
4	1 200 美元	−60 美元
5	1 400 美元	
6	300 美元	

注意，这两笔现金流都不是等额定期现金流，现金流 A 为 6 年期复合现金流，现金流 B 为 4 年期复合现金流。

在本章接下来的三节，我们将介绍计算单笔现金流、年金和复合现金流的终值与现值的概念和方法。包括对这些现金流模式的详细说明。

复习题

5—1 终值和现值的区别是什么？财务经理通常更喜欢哪种方法？为什么？

5—2 请定义和区别三种基本现金流模式：(1) 单笔现金流；(2) 年金；(3) 复合现金流。

5.2 单笔现金流

请设想当你 25 岁时，你开始每年投资 2 000 美元，利率为 5%。40 年后，当你 65 岁时，你总共已经投资了 80 000 美元（=40 年×每年 2 000 美元）。你在第 40 年年末攒到了多少钱？100 000 美元？150 000 美元？200 000 美元？不，你的 80 000 美元已经增至 242 000美元！为什么？因为货币的时间价值让你的投资在 40 年中不断创造累加的收益。

单笔现金流的终值

最基本的现值和终值的概念与计算是单笔现金流的现值或终值的概念与计算。首先，我们考虑如何计算现在持有的现金的终值。然后，我们将使用基本概念解答如何计算将在未来收到或支付的现金的现值。

我们经常需要计算现在存的一笔钱在未来某个日期的价值。例如，如果你现在在年利率为5%的账户中存了500美元，那么10年后账户中将有多少钱？**终值**（future value）是现在存入并以特定利率赚取利息的资金在未来某个日期的价值。终值取决于利率和存款的时间长度。这里，我们将分析单笔现金流的终值。

终值的概念

我们谈到的**复利**（compound interest）是指给定存款获得的利息已经成为特定时期结束时本金的一部分。**本金**（principal）是指据以支付利息的货币金额。年复利是最常见的复利类型。

使用特定时期内的复利可以计算出某笔现值的终值。存款机构公布的复利收益率为$x\%$，复利频率为每年、每半年、每季、每月、每周、每天甚至持续不断。下面用一个简单的例子说明年复利终值的概念。

个人理财案例 5.1

如果弗雷德·莫雷诺（Fred Moreno）在年复利利率为8%的存款账户中存入了100美元，那么在第1年年末，他的账户中将有108美元，即初始本金100美元加上8%的利息（8美元）。第1年年末的终值为：

$$\text{第 1 年年末的终值} = 100\ \text{美元} \times (1+0.08) = 108\ \text{美元}$$

如果弗雷德的这笔钱在账户中再存一年，他将在新本金108美元的基础上再获得8%的利息。在第2年年末，账户中将有116.64美元。这笔金额将表示第2年年初的本金（108美元）加上第2年的利息（108美元的8%，即8.64美元）。第2年年末的终值为：

$$\text{第 2 年年末的终值} = 108\ \text{美元} \times (1+0.08) = 116.64\ \text{美元}$$

将计算出第1年终值108美元的公式［100美元×(1+0.08)］代入第2年终值的计算公式，得到：

$$\begin{aligned}\text{第 2 年年末的终值} &= 100\ \text{美元} \times (1+0.08) \times (1+0.08)\\ &= 100\ \text{美元} \times (1+0.08)^2\\ &= 116.64\ \text{美元}\end{aligned}$$

利用上个例子中的公式，可以推导出更一般的终值计算公式。

终值公式

例5.1中的基本关系可以归纳为任何时期后的终值计算公式。我们使用下列符号表示各输入值：

FV_n = 第 n 期期末的值
PV_n = 初始本金，即现值
r = 支付的年利率（注：在财务计算器中，I通常用于表示该利率）

$n=$ 存款期(通常为年)

第 n 期期末的终值一般公式为

$$FV_n = PV \times (1+r)^n \tag{5.1}$$

下面用一个简单的例子说明如何应用式(5.1)。

[IRF] 个人理财案例 5.2

简·法伯(Jane Farber)在年复利利率为 6%的存款账户中存入了 800 美元。她希望知道第 5 年年末该账户中将有多少钱。将 $PV=800$ 美元、$r=0.06$ 和 $n=5$ 代入式(5.1),得到第 5 年年末的金额:

$$FV_5 = 800\text{ 美元} \times (1+0.06)^5 = 800\text{ 美元} \times 1.338\ 23 = 1\ 070.58\text{ 美元}$$

该分析可以用时间线表示,如下:

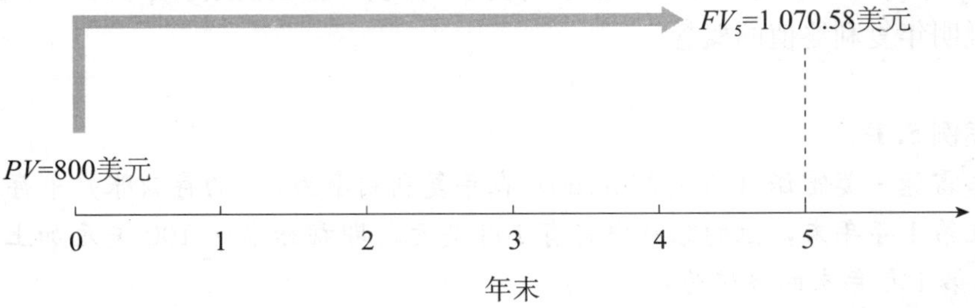

解上例中的等式,需要求 1.06 的 5 次幂。使用财务计算器或电子表格可以大大简化计算过程。

个人理财案例 5.3

在个人理财案例 5.2 中,简·法伯在年复利利率为 6%的存款账户中存入了 800 美元,并希望计算出 5 年后该账户中将有多少钱。

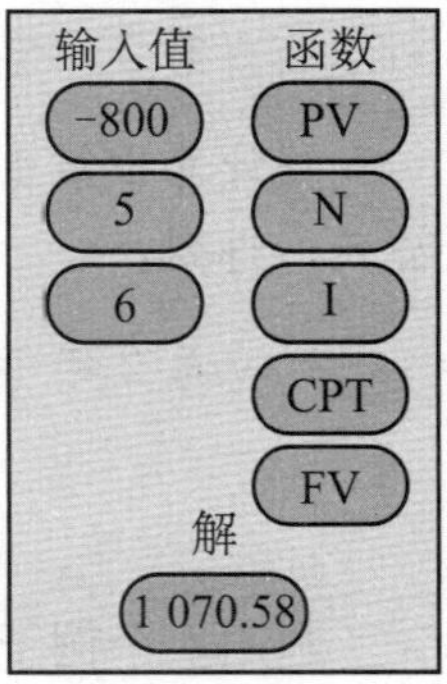

使用计算器[①] 使用财务计算器可以直接计算出终值。首先输入 −800,并按 PV 键;接下来输入 5,并按 N 键;然后输入 6,并按 I 键(相当于本例中的“r”);最后,为了计算终值,按 CPT 键,然后按 FV 键。计算器显示屏上将出现终值:1 070.58 美元。记住,计算器通过在现金流出前面加负号区别现金流入与现金流出。例如,在上述问题中,现值 800 美元是作为负值输入的,因而被认为是现金流出。因此,计算出的终值(FV)1 070.58 显示为正值,表示它是现金流入。如果将 800 美元现值作为正值(800)输入,1 070.58美元的终值将显示为负值

① 许多计算器都允许使用者设定每年的支付次数。多数计算器都预先设定为每月支付一次,即每年支付 12 次。由于我们主要分析的是年支付——每年支付一次,因此确定你的计算器设定为每年支付一次很重要。尽管多数计算器已预先设定为默认所有支付都发生在期末,但确保你的计算器正确设定为 END(期末)模式也很重要。为了避免在当前计算中包括之前的数据,应该始终在输入数值并进行计算前清除你计算器中的全部记录。已知数值可以按任何顺序输入计算器;本例中的这种输入顺序和本书中的其他计算器示例只是为了方便和反映个人偏好。

(—1 070.58)。简单地说，现金流入和现金流出——现值和终值——的符号相反。(注：在未来使用计算器的例子中，我们将使用类似于本例的输入键示意图。如果你需要回忆涉及的程序，请复习本段。)

使用电子表格 Excel 提供了一种可以方便计算终值的函数。函数格式为 FV(rate, nper, pmt, pv, type)。括号中的项为 Excel 计算终值需要的数据。rate 和 nper 分别为利率和期数。pv 是指现在的一次性投资金额（即现值）。现在，我们将忽略另两个输入值 pmt 和 type，并输入一个零值。单笔现金流的终值也可以按照下列 Excel 电子表格进行计算。

	A	B
1	单笔现金流的终值	
2	现值	—800 美元
3	年利率	6%
4	年数	5
5	终值	1 070.58 美元
单元格 B5 的数值=FV(B3，B4，0，B2，0)。 B2 中的 800 美元前面为负号，因为投资成本被视为现金流出。		

改变单元格 B2、B3 或 B4 中的任何值都会自动改变单元格 B5 中的结果，因为该单元格中的公式与其他单元格中的数值自动链接。和计算器一样，Excel 将现金流入显示为正值，将现金流出显示为负值。在本例中，我们将 800 美元的现值作为负值输入，这导致 Excel 将终值显示为正值。按照逻辑，Excel 将 800 美元的现值作为现金流出处理，正如你付钱进行投资一样，当你在 5 年后获得投资收益时，它将把终值作为现金流入处理。

终值图形

前面曾经提到，我们计算的是给定期间结束时的终值。图 5.4 说明了终值为何取决于利率和投资期数。它表明：(1) 利率越高，终值就越高。(2) 时期越长，终值就越高。注意，当利率为 0 时，终值总等于现值（1 美元）。然而，对于任何高于 0 的利率，终值都大于 1 美元的现值。

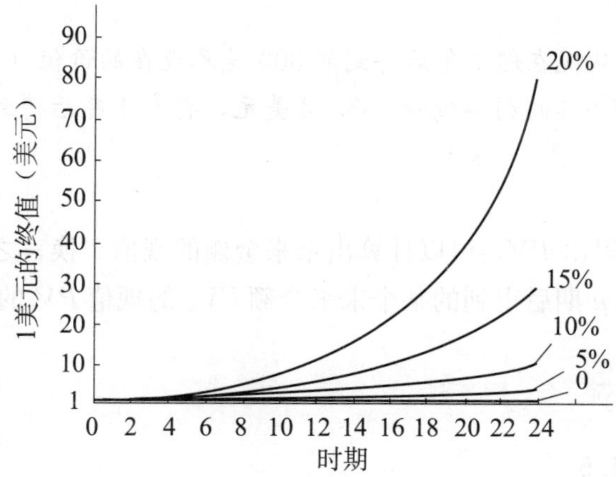

图 5.4 终值关系

利率、时期和 1 美元的终值

单笔现金流的现值

通常，确定一笔未来资金的现值很有用。例如，我现在必须在年利率为7%的账户中存入多少钱，才能在5年后攒到3 000美元？**现值**（present value）是一笔未来金额现在的价值，即在给定利率下，要想在特定时期后获得某个终值，现在必须投资的金额。和终值一样，现值主要取决于利率和得到收入的时间。本节将研究单笔现金流的现值。

现值的概念

计算现值的过程通常被称为**贴现现金流**（discounting cash flows）。它需要回答下列问题：如果我的钱可以获得r%的收益率，那么我现在需要对某个机会投资多少钱，才能在n期以后获得FV_n美元？

这个过程实际上是计算复利的逆向过程。贴现不是计算现在以给定利率进行的投资的终值，而是在假设投资机会能获得特定收益率的情况下，计算未来金额的现值。这种年收益率在不同情况下可以指贴现率、必要收益率、资本成本和机会成本。本书中这些术语可以互换。

个人理财案例 5.4

保罗·肖特（Paul Shorter）有机会从现在起1年后获得300美元。如果他在通常情况下能获得6%的投资收益率，那么他现在最多必须为这个机会投资多少钱？为了回答这个问题，保罗必须决定他现在必须以6%的收益率投资多少金额，才能在1年后获得300美元。令PV等于这个未知金额并使用与终值讨论中相同的符号，我们有：

$$PV\times(1+0.06)=300\text{ 美元}$$

解PV，得到：

$$PV=\frac{300\text{ 美元}}{1+0.06}=283.02\text{ 美元}$$

当利率为6%时，从现在起1年后得到的300美元现在的价值（“现值”）为283.02美元。也就是说，现在以6%的利率投资283.02美元，将在1年后得到300美元。

现值公式

通过解式（5.1）得出PV，可以计算出未来金额的现值。换言之，假设利率（或机会成本）为r，从现在起n期后得到的某个未来金额FV_n的现值PV的计算公式为：

$$PV=\frac{FV_n}{(1+r)^n} \tag{5.2}$$

[IRF] 个人理财案例 5.5

帕姆·瓦伦蒂（Pam Valenti）希望计算从现在起8年后她将得到的1 700美元的现值。帕姆的机会成本为8%。将FV_8=1 700美元、n=8、r=0.08代入式（5.2），得到：

$$PV=\frac{1\ 700\ \text{美元}}{(1+0.08)^8}=\frac{1\ 700\ \text{美元}}{1.850\ 93}=918.46\ \text{美元}$$

下列时间线显示了分析过程。

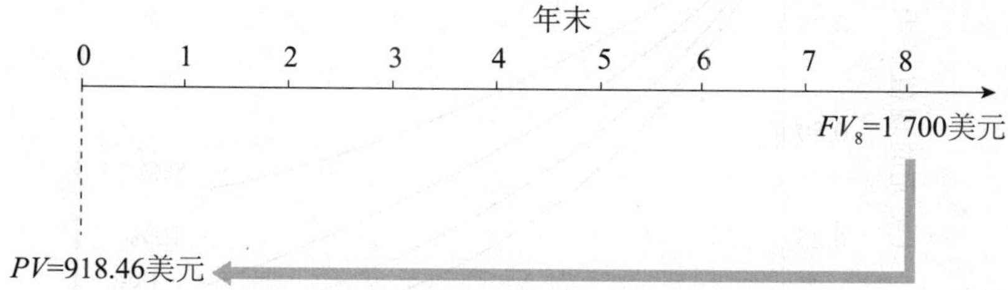

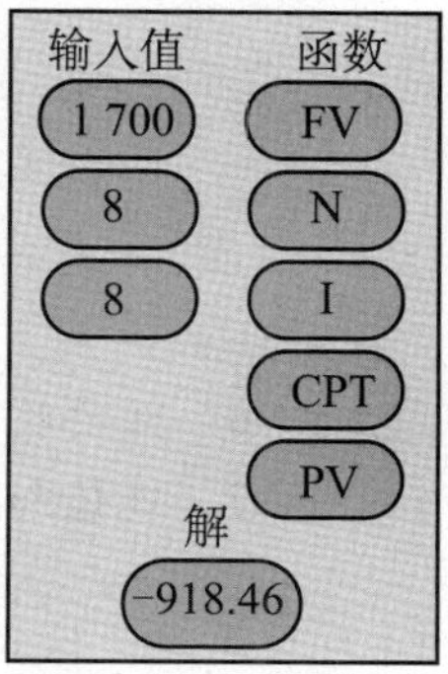

使用计算器 使用右侧显示的计算器财务函数和输入值，你能算出现值为 918.46 美元。注意，计算器的结果显示为负值，这表示现值为现金流出（即投资成本）。

使用电子表格 Excel 的现值函数格式非常类似于之前介绍的终值函数格式。正确的语法是 PV(rate，nper，pmt，fv，type)。括号里的输入值除了一项，均与 Excel 的终值函数相同。现值函数包括 fv 项，它表示未来的一次性支付（或收入），你要计算的正是它的现值。这笔未来金额的现值还可以按照下列 Excel 电子表格计算。

	A	B
1	单笔现金流的现值	
2	终值	1 700 美元
3	年利率	8%
4	年数	8
5	现值	−918.46 美元

单元格 B5 中的输入值=PV(B3，B4，0，B2，0)。
B5 中的 918.46 美元前面为负号，因为投资成本被视为现金流出。

现值的图形

前面曾经提到，当计算现值时，假设终值的衡量时点为给定时期的期末。图 5.5 举例说明了在计算现值的过程中各因素之间的关系。该图清楚地表明，当其他一切条件相同时，(1) 贴现率越高，现值就越低；(2) 时期越长，现值就越低。同样，请注意，当贴现率为 0 时，现值永远等于终值（1 美元）。但是对于任何大于 0 的贴现率，现值都小于 1 美元的终值。

复习题

5—3 复利过程和存款利息的关系是什么？终值的一般公式是什么？

5—4 利率下降对存款终值有什么影响？持有期延长对终值有什么影响？

5—5 “未来金额的现值”是什么意思？现值的一般公式是什么？

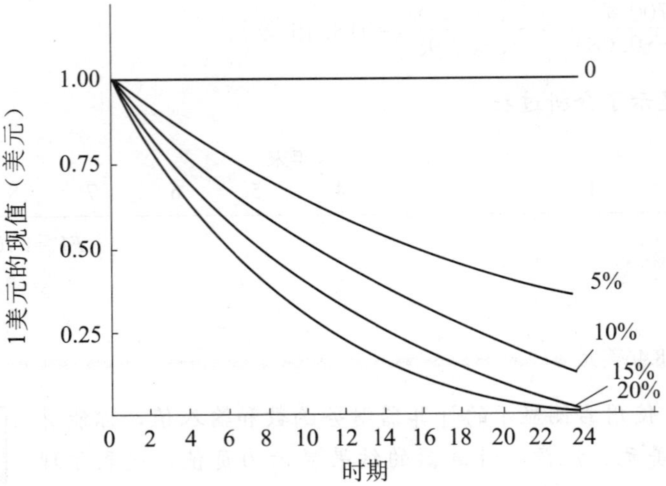

图 5.5　现值关系

贴现率、时期和 1 美元的现值

5—6　必要收益率提高对未来金额的现值有什么影响？为什么？

5—7　现值和终值之间的关系是什么？

5.3　年金

如果你的低风险投资能获得 7%的收益率，那么你现在需要投资多少钱，才能保证在接下来 20 年的每年年末都获得 3 000 美元？如果你的雇主在接下来每 5 年年末都扣下你的 1 000元奖金并进行投资，且向你保证能获得 9%的年收益率，那么你在第 5 年年末将有多少钱？为了回答这些问题，你需要理解如何用货币的时间价值计算年金。

年金（annuity）是特定时期内的一系列等额期间现金流。这些现金流通常是每年产生的，但也可能按其他时间间隔产生，例如月租金或汽车贷款月供。年金中的现金流可能是现金流入（在接下来 20 年的每年年末都得到 3 000 美元），也可能是现金流出（在接下来 5 年的每年年末都投资 1 000 美元）。

年金的类型

年金有两大类。**普通年金**（ordinary annuity）的现金流发生在每期期末。**期初年金**（annuity due）的现金流发生在每期期初。

个人理财案例 5.6

弗朗·艾布拉姆斯（Fran Abrams）正在评估两笔年金的价值。这两笔都是 1 000 美元的 5 年期年金。年金 A 为普通年金，年金 B 为期初年金。为了更好地理解这两笔年金的区别，她在表 5.1 中列出了它们的现金流。两笔年金唯一的不同是现金流产生的时间：期初年金的现金流产生时间早于普通年金。

表 5.1　　　普通年金与期初年金的现金流比较（1 000 美元、5 年）

年份	年现金流	
	年金 A（普通年金）	年金 B（期初年金）
0	0 美元	1 000 美元
1	1 000 美元	1 000 美元
2	1 000 美元	1 000 美元
3	1 000 美元	1 000 美元
4	1 000 美元	1 000 美元
5	1 000 美元	0 美元
总计	5 000 美元	5 000 美元

尽管表 5.1 中两笔年金的总价值均为 5 000 美元，但期初年金的终值高于普通年金，因为在它的 5 笔年现金流中，每笔都能比普通年金的现金流多获得 1 年利息。通常，正如本章后面将证明的，期初年金的价值（现值或终值）总大于其他条件相同的普通年金的价值。

由于普通年金在财务学中更常用，因此除非事先规定，本书中的年金均指普通年金。

计算普通年金的终值

计算普通年金终值的一种方法是计算每笔现金流的终值，然后加总这些终值。幸运的是，你可以通过几种捷径得到答案。你可以用式（5.3）计算年支付现金流为 CF 的普通年金的终值：

$$FV_n = CF \times \frac{(1+r)^n - 1}{r} \tag{5.3}$$

如前，在这个公式中，r 表示利率，n 表示年金的支付次数（或者年金涵盖的年数）。下例说明了普通年金终值的计算过程。

[IRF] 个人理财案例 5.7

弗朗·艾布拉姆斯希望确定，如果她选择年金 A，即普通年金，在第 5 年年末将有多少钱。在接下来 5 年的每年年末，她都将向年利率为 7%的账户中存入 1 000 美元。该条件可以用下列时间线说明。

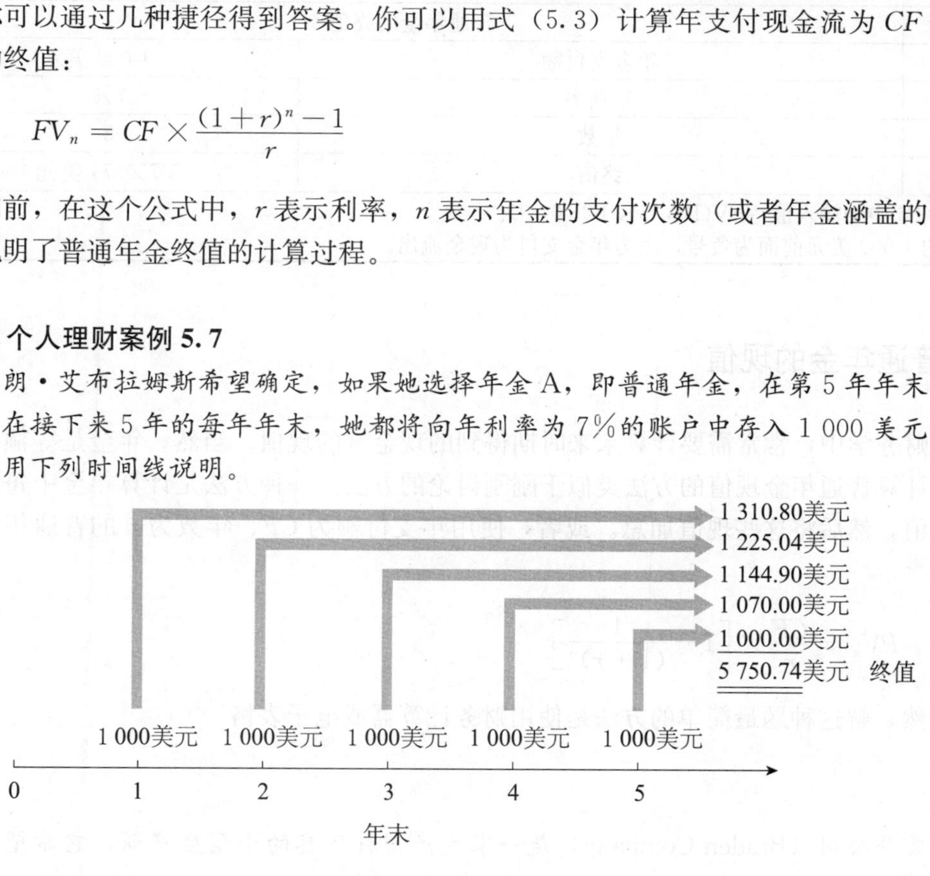

如上页图所示，在第 5 年年末，弗朗的账户中将有 5 750.74 美元。注意，由于是在年末存款，因此第一笔存款将获得 4 年利息，第二笔存款将获得 3 年利息，以此类推。将相关数值代入式（5.3），我们得到：

$$FV_5 = 1\ 000\ 美元 \times \frac{(1+0.07)^5-1}{0.07} = 5\ 750.74\ 美元$$

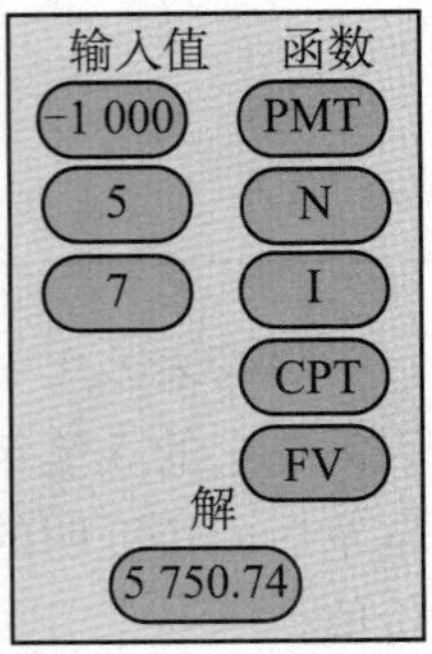

使用计算器 使用右侧显示的计算器输入值，你可以证实普通年金的终值等于 5 750.74 美元。在这个例子中，1 000 美元年金被作为负值输入，因为它是现金流出，这反过来也使计算器将终值作为现金流入（即投资回报）处理。

使用电子表格 为了在 Excel 中计算年金的终值，我们将使用计算一次性金额的终值时的终值函数，但我们将加入两个新变量。前面曾提到，终值函数的语法为 FV(rate，nper，pmt，pv，type)。我们已经解释了该函数中的 rate、nper 和 pv。pmt 是指年金提供的年支付额。type 的输入值是让 Excel 知道将年金赋值为普通年金（此时 type 的输入值为 0 或被省略）还是期初年金（此时 type 正确的输入值为 1)。在这个问题中，pv 的输入值为 0 或被省略，因为没有预收款项。唯一的现金流是年金。普通年金的终值可以按照下列 Excel 电子表格计算。

	A	B
1	普通年金的终值	
2	年金支付额	−1 000 美元
3	年利率	7%
4	年数	5
5	终值	5 750.74 美元

单元格 B5 中的输入值=FV(B3，B4，B2，0，0)。
B2 中的 1 000 美元前面为负号，因为年金支付为现金流出。

计算普通年金的现值

在财务学中，常常需要计算未来时期得到的现金流的现值。当然，年金是等额定期现金流。计算普通年金现值的方法类似于刚刚讨论的方法。一种方法是计算年金中每笔现金流的现值，然后将这些现值加总。或者，使用年支付额为 CF、年数为 n 的普通年金现值公式：

$$PV_n = \frac{CF}{r} \times \left[1-\frac{1}{(1+r)^n}\right] \qquad (5.4)$$

当然，解这种题最简单的方法是使用财务计算器或电子表格。

例 5.8

布雷登公司（Braden Company）是一家生产塑料玩具的小型生产商，它希望确定购买一笔普通年金最多需要付多少钱。这笔年金的期限为5年，每年年末支付700美元。该公司要求这笔年金至少提供8%的收益率。下列时间线显示了以上条件。

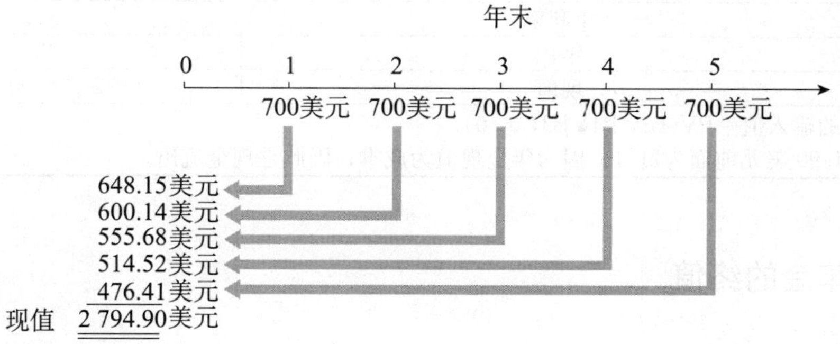

表5.2显示，计算年金现值的一种方法是用现值公式式（5.2）计算所有现金支付的现值，并将其加总。按照这个程序计算出的现值为2 794.90美元。计算器和电子表格能更方便地得出这个数字。

表5.2　计算普通年金现值的冗长方法

年数（n）	现金流	现值计算公式	现值
1	700美元	$\frac{700}{(1+0.08)^1}=$	648.15美元
2	700美元	$\frac{700}{(1+0.08)^2}=$	600.14美元
3	700美元	$\frac{700}{(1+0.08)^3}=$	555.68美元
4	700美元	$\frac{700}{(1+0.08)^4}=$	514.52美元
5	700美元	$\frac{700}{(1+0.08)^5}=$	476.41美元
		年金的现值	2 794.90美元

使用计算器　使用下列的计算器输入值，你将计算出普通年金的现值为2 794.90美元。由于本例中现值是表示年金成本的现金流出，因此它在计算器上显示为负值。

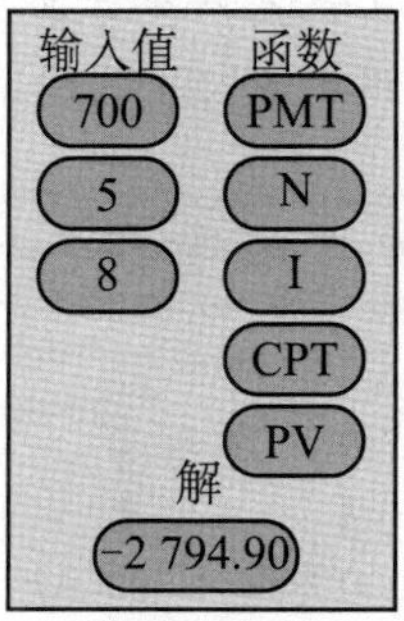

使用电子表格　普通年金的现值也可以按照下页的Excel电子表格计算。

	A	B
1	普通年金的终值	
2	年金支付额	700 美元
3	年利率	8%
4	年数	5
5	现值	−2 794.90 美元
单元格 B5 中的输入值＝PV(B3，B4，B2，0，0)。 B5 中的 2 794.90 美元前面为负号，因为年金现值为成本，因此是现金流出。		

计算期初年金的终值

现在，我们来关注期初年金。前面曾经提到，期初年金的现金流发生在期初。换言之，如果我们的分析对象是年支付额，期初年金的每笔支付都将比普通年金早发生 1 年，这反过来意味着每笔支付可以多获得 1 年利息。这就是期初年金终值高于其他条件相同的普通年金终值的原因。

年支付额为 CF、年数为 n 的期初年金的终值为：

$$FV_n = CF \times \frac{(1+r)^n - 1}{r} \times (1+r) \tag{5.5}$$

比较该式与普通年金的终值计算公式——式（5.3）。这两个公式几乎相同，但式（5.5）最后多了一项——$(1+r)$。换言之，如果其他输入值（CF 和 n）相同，那么根据式（5.5）计算出的值将大于根据式（5.3）计算出的值，这是自然的，因为期初年金的所有支付都比普通年金多获得 1 年利息。

[IRF] 个人理财案例 5.9

前面的例子曾用表 5.1 说明弗朗·艾布拉姆斯对普通年金和期初年金的比较，除了现金流产生时间不同，二者提供的条件类似。我们在例 5.7 中计算了普通年金的终值，但现在我们希望计算期初年金的终值。下列时间线描述了这种情况。我们可以用计算器或电子表格计算其终值。

使用计算器 在用计算器计算期初年金的终值之前，你必须把它转换为 BEGIN 模式，或者使用 DUE 键，这取决于不同计算器的设置。然后，输入右图的数值，你将计算出期初年金的终值为 6 153.29 美元。（注：由于我们几乎总是假定现金流产生于期末，因此计算完期初年金的终值后，一定要将计算器调回 END 模式。）

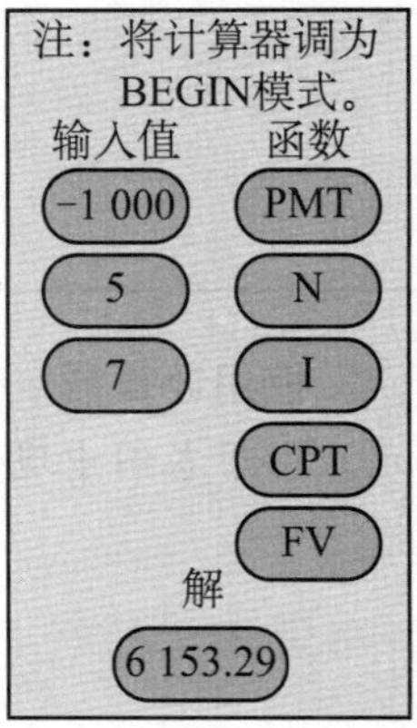

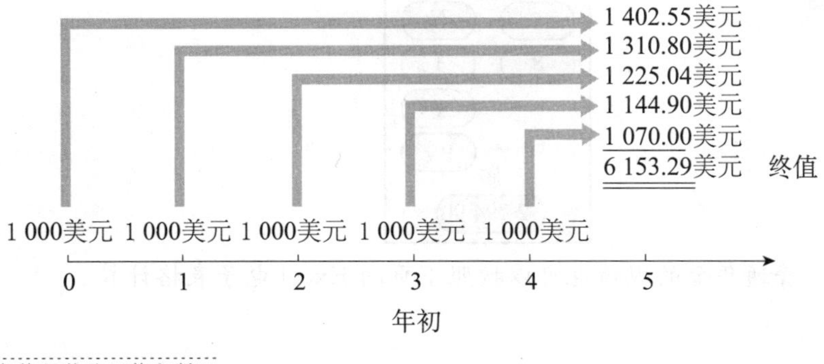

使用电子表格 期初年金的终值还可以用下列 Excel 电子表格计算。记住，期初年金的 type 输入值必须为 1，我们还必须规定 pv 的输入值为 0，因为输入是按顺序进行的。

	A	B
1	期初年金的终值	
2	年金支付额	−1 000 美元
3	年利率	7%
4	年数	5
5	终值	6 153.29 美元

单元格 B5 中的输入值＝FV(B3，B4，B2，0，1)。
B2 中的 1 000 美元前面为负号，因为年金支付额为现金流出。

比较期初年金的终值与普通年金的终值

期初年金的终值总高于其他条件相同的普通年金的终值。我们可以比较弗朗·艾布拉姆斯的两笔年金在第 5 年年末的终值，证明这个结论：

普通年金＝5 750.74 美元　　期初年金＝6 153.29 美元

由于期初年金的现金流发生在期初而不是期末（也就是说，期初年金的每笔支付都早 1 年），因此它的终值更高。高多少？计算普通年金和期初年金的价值差百分比，会发现一个有趣的现象：

(6 153.29 美元−5 750.74 美元)÷5 750.74 美元＝0.07＝7%

前面曾经提到，本例中的利率为 7%。期初年金比普通年金的价值高 7%并非巧合。期初年金的每笔支付都多获得 1 年利息，这让期初年金的价值比普通年金高 7%。

计算期初年金的现值

我们可以计算期初年金的现值。它可以通过调整普通年金的计算公式轻松计算出来。由于期初年金发生在期初而非期末，因此在计算每笔期初年金的现值时，现金流的贴现时间都比普通年金少 1 年。期初年金的现值公式为：

$$PV_n = \frac{CF}{r} \times \left[1 - \frac{1}{(1+r)^n}\right] \times (1+r) \tag{5.6}$$

注意，该式与式（5.4）类似。除了式（5.6）最后多了一项（$1+r$），两个公式基本相同。多出一项的原因与我们计算期初年金的终值时的情况相同。在期初年金中，每笔支付的产生时间都早 1 年（与普通年金比较），因此每笔支付的价值都高一点，高出的部分即 1 年利息。

[IRF] 例 5.10

在关于布雷登公司的例 5.8 中，我们计算出布雷登公司的每笔支付额为 700 美元，贴现率为 8%的 5 年期普通年金的现值为 2 794.90 美元。现在我们假设布雷登公司的 700 美元年现金流产生于每年年初，即属于期初年金。下列时间线描述了这种情况。

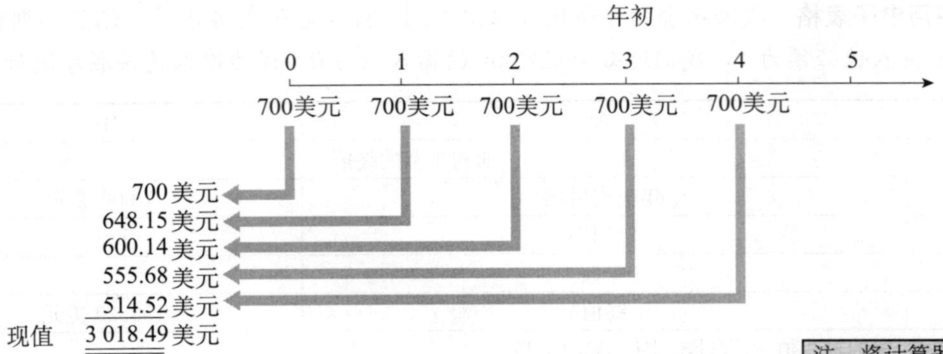

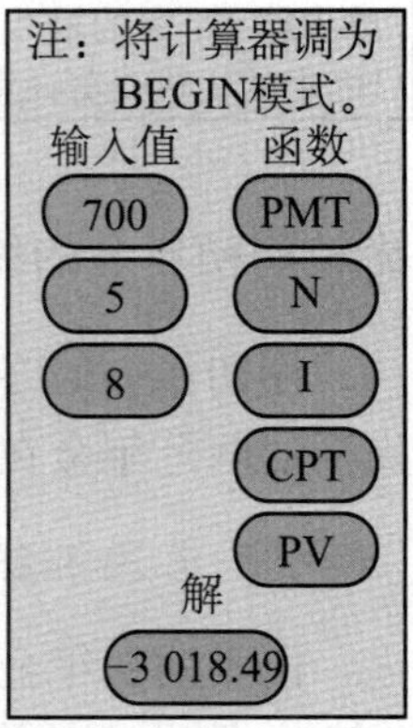

我们可以用计算器或电子表格计算其现值。

使用计算器　在使用计算器计算期初年金的现值之前，你必须将其转换为BEGIN模式或者使用DUE键，这取决于具体计算器的设置。然后，使用右侧的输入值，你可以计算出期初年金的现值为3 018.49美元。（注：由于我们几乎总是假定现金流产生于期末，因此计算完期初年金的现值后，一定要将计算器调回END模式。）

使用电子表格　你也可以用下列Excel电子表格计算期初年金的现值。

	A	B
1	期初年金现值	
2	年金支付额	700 美元
3	年利率	8%
4	年数	5
5	现值	−3 018.49 美元

单元格B5中的输入值=PV(B3，B4，B2，0，1)。
B5中的3 018.49美元前面是负号，因为年金现值为成本，因此是现金流出。

比较期初年金的现值与普通年金的现值

期初年金的现值总大于其他条件相同的普通年金的现值。我们可以比较布雷登公司的两笔年金现值，证明这个结论：

普通年金=2 794.90美元　　期初年金=3 018.49美元

由于期初年金的现金流发生在期初而非期末，因此其现值更高。如果我们计算这两笔年金的价值百分比差异，将发现期初年金的价值比普通年金高8%：

(3 018.49美元−2 794.90美元)÷2 794.90美元=0.08=8%

实例分析

彩票兑奖与（期初）年金

堪萨斯城的卡车司机唐纳德·戴蒙（Donald Damon）惊喜地发现他在2009年11

月 11 日买的强力球（Powerball）彩票中了奖。按照宣传，这个彩票的头奖为 9 660 万美元。戴蒙可以选择分 30 年获得奖金，每年获得 3 220 000 美元（30×322 万美元＝9 660万美元），但他选择一次性接受 48 367 329.08 美元，这约为头奖票面总额的一半。

计算永续年金的现值

永续年金（perpetuity）是无限期的年金。换言之，它是一种永远在每年年末向持有者提供现金流的年金（例如，永远在每年年末得到 500 美元的权利）。

有时有必要计算永续年金的现值。幸运的是，计算永续年金的现值是财务学中最容易的事之一。如果永续年金从现在起一年后每年支付现金流 CF，那么这笔现金流的现值为：

$$PV = CF \div r \tag{5.7}$$

[IRF] 个人理财案例 5.11

罗斯·克拉克（Ross Clark）希望向母校捐款，用于增聘一位财务学教授。这所大学称，聘用一位财务学教授每年需要 200 000 美元的开支，捐赠基金每年将获得 10%的收益率。为了计算罗斯需要向大学提供的捐款，我们必须计算贴现率为 10%时 200 000 美元永续年金的现值。使用式（5.7），我们可以计算出当利率为 10%时，每年支付 200 000 美元的永续年金的现值为 200 000 美元：

$$PV = 200\ 000\text{ 美元} \div 0.10 = 2\ 000\ 000\text{ 美元}$$

换言之，如果罗斯·克拉克的母校能获得 10%的收益率，为了每年产生 200 000 美元现金流直至永远，现在需要 2 000 000 美元。如果这所大学得到的 2 000 000 美元每年能获得 10%的收益率，就能永远每年提取 200 000 美元。

复习题

5—8　普通年金和期初年金的区别是什么？哪种年金的价值更高？为什么？

5—9　计算普通年金的现值最有效的方法是什么？

5—10　如何调整普通年金的终值公式以计算期初年金的终值？

5—11　如何调整普通年金的现值公式以计算期初年金的现值？

5—12　什么是永续年金？为什么永续年金的现值等于每年支付的现金除以利率？

5.4　混合现金流

现金流可能有两类，年金和混合现金流。年金是等额定期现金流，而**混合现金流**（mixed stream）是不反映特定模式的不等额定期现金流。财务经理经常需要评估预期将出现混合现金流的机会。这里，我们将考察混合现金流的终值和现值。

混合现金流的终值

计算混合现金流的终值很简单。我们将计算每笔现金流在未来某个日期的终值，然后将各个终值相加，得出终值的总和。

[IRF] 例 5.12

夏莱尔产业（Shrell Industries）是一家橱柜生产商，该公司预期将在接下来 5 年中从一家小客户那里得到以下混合现金流。

年末	现金流
1	11 500 美元
2	14 000 美元
3	12 900 美元
4	16 000 美元
5	18 000 美元

如果夏莱尔产业预期投资收益率为 8%，且在得到现金流时立即进行投资，那么它在第 5 年年末将积累到多少钱？

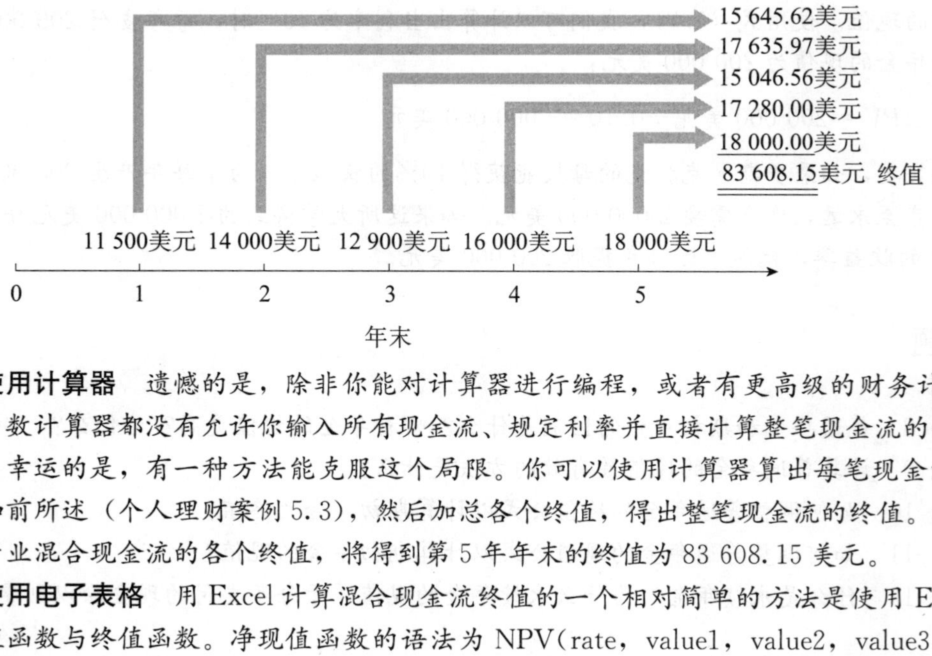

使用计算器 遗憾的是，除非你能对计算器进行编程，或者有更高级的财务计算器，否则多数计算器都没有允许你输入所有现金流、规定利率并直接计算整笔现金流的终值的功能。幸运的是，有一种方法能克服这个局限。你可以使用计算器算出每笔现金流的终值，如前所述（个人理财案例 5.3），然后加总各个终值，得出整笔现金流的终值。加总夏莱尔产业混合现金流的各个终值，将得到第 5 年年末的终值为 83 608.15 美元。

使用电子表格 用 Excel 计算混合现金流终值的一个相对简单的方法是使用 Excel 的净现值函数与终值函数。净现值函数的语法为 NPV(rate，value1，value2，value3，…)。rate 表示利率；value1，value2，value3，…表示一系列现金流。净现值函数假设现金流的第一笔支付在 1 年后出现，所有后续支付都相隔 1 年出现。

为了计算混合现金流的终值，可以先使用净现值函数计算出混合现金流的现值，然后计算这笔一次性现值的终值。下页的 Excel 电子表格举例说明了这种方法（注意，净现值显示为现金流出，因为它表示投资成本的净现值）。

	A	B
1	混合现金流的终值	
2	年份	现金流
3	1	－11 500 美元
4	2	－14 000 美元
5	3	－12 900 美元
6	4	－16 000 美元
7	5	－18 000 美元
8	年利率	8%
9	净现值	－56 902.30 美元
10	年数	5
11	终值	83 608.15 美元

单元格 B9 中的输入值＝NPV(B8，B3:B7)。
单元格 B11 中的输入值＝FV(B8，B10，0，B9，0)。
B3～B7 中的值前面为负号，因为它们是现金流出。

混合现金流的现值

计算混合现金流的现值类似于计算混合现金流的终值。我们计算每笔终值的现值，然后将所有现值相加，计算出总现值。

［IRF］例 5.13

弗雷公司（Frey Company）是一家鞋厂，该公司提供了一个在接下来 5 年中得到下列混合现金流的机会。

年末	现金流
1	400 美元
2	800 美元
3	500 美元
4	400 美元
5	300 美元

如果该公司的投资收益率至少为 9%，那么它最多为这个机会支付多少钱？下列时间线描绘了这种情况。

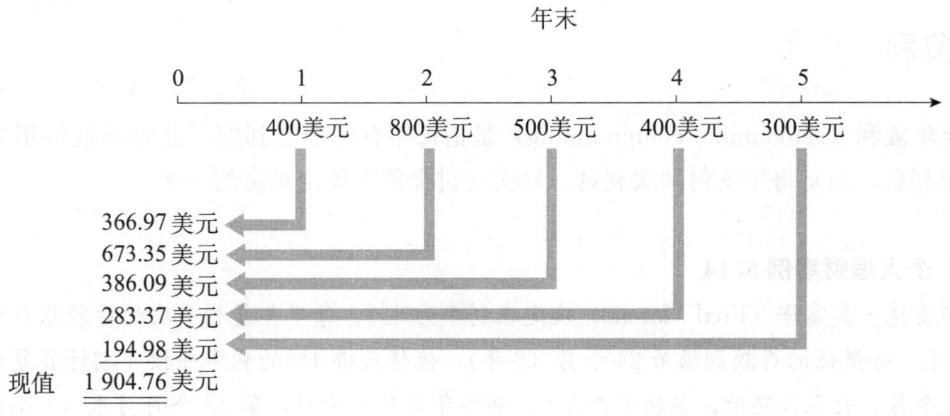

使用计算器 如前所述，你可以用计算器计算每笔现金流的现值，然后加总现值，得到现金流的现值。然而，多数财务计算器都有允许你键入所有现金流、规定利率，然后直接计算出整笔现金流的现值的功能。你可以参考计算器说明书中关于输入一系列现金流的程序。使用计算器，可以计算出弗雷公司现金流的现值为1 904.76美元。

使用电子表格 为了在Excel中计算混合现金流的现值，我们将使用净现值函数。未来混合现金流的现值可以按照如下Excel电子表格计算。

	A	B
1	混合现金流的现值	
2	年份	现金流
3	1	400 美元
4	2	800 美元
5	3	500 美元
6	4	400 美元
7	5	300 美元
8	年利率	9%
9	现值	1 904.76 美元
单元格 B9 中的输入值＝NPV(B8，B3:B7)。		

复习题

5—13 如何计算混合现金流的终值？如何计算混合现金流的现值？

5.5 复利频率高于每年一次的情况

复利频率经常会高于每年一次。存款机构可能每半年、每季、每月、每周、每天、甚至持续不断地计算利息。本节讨论了与这些更频繁的复利间隔相关的问题和方法。

半年复利

半年复利（semiannual compounding）是指每年有两个复利期。此时不是每年支付一次规定利息，而是每年支付两次利息，每次支付金额为规定利息的一半。

[IRF] 个人理财案例 5.14

弗雷德·莫雷诺（Fred Moreno）决定在利率为8%、每半年复利一次的存款账户中存入100美元。如果他的存款期限为24个月（2年），他将获得4%的利率并按4期计算复利，每期为6个月。表5.3显示，当利率为8%、每半年复利一次时，第12个月月末（1年后）弗雷德将拥有 108.16 美元，第 24 个月月末（2 年后）弗雷德将拥有 116.99 美元。

表 5.3　　利率为 8%、每半年复利一次、期限为 24 个月（2 年）时 100 美元投资的终值

时期	期初本金	终值计算公式	期末终值
6 个月	100.00 美元	100.00×(1+0.04)=	104.00 美元
12 个月	104.00 美元	104.00×(1+0.04)=	108.16 美元
18 个月	108.16 美元	108.16×(1+0.04)=	112.49 美元
24 个月	112.49 美元	112.49×(1+0.04)=	116.99 美元

季度复利

季度复利（quarterly compounding）是指每年复利期数为四期。一年支付四次利息，每次支付金额为票面利息的四分之一。

[IRF] 个人理财案例 5.15

弗雷德·莫雷诺找到了一家机构，这家机构支付 8%的利率，每季复利一次。如果他把钱存在账户中 24 个月（2 年），就将在共 8 期的每期期末获得 2%的利息，每期为 3 个月。表 5.4 显示了弗雷德在每期期末将拥有的钱。当利率为 8%、每季复利一次时，在第 12 个月月末（1 年后），弗雷德将拥有 108.24 美元。在第 24 个月月末（2 年后），他将拥有 117.17 美元。

表 5.4　　当利率为 8%、每季复利一次时，24 个月（2 年）后 100 美元投资的终值

时期	期初酬金	终值计算公式	期末终值
3 个月	100.00 美元	100.00×(1+0.02)=	102.00 美元
6 个月	102.00 美元	102.00×(1+0.02)=	104.04 美元
9 个月	104.04 美元	104.04×(1+0.02)=	106.12 美元
12 个月	106.12 美元	106.12×(1+0.02)=	108.24 美元
15 个月	108.24 美元	108.24×(1+0.02)=	110.41 美元
18 个月	110.41 美元	110.41×(1+0.02)=	112.62 美元
21 个月	112.62 美元	112.62×(1+0.02)=	114.87 美元
24 个月	114.87 美元	114.87×(1+0.02)=	117.17 美元

表 5.5 比较了当利率为 8%，每年、每半年和每季复利一次时弗雷德·莫雷诺的 100 美元投资在第 1 年年末和第 2 年年末的价值。该表显示，复利次数越频繁，累计金额就越高。对于任何时期、任何利率而言，这种表述都是正确的。

表 5.5　　利率为 8%、不同复利期数的 100 美元投资在第 1 年年末和第 2 年年末的终值

年末	复利期数		
	每年复利一次	每半年复利一次	每季复利一次
1	108.00 美元	108.16 美元	108.24 美元
2	116.64 美元	116.99 美元	117.17 美元

复利频率高于每年一次时的一般公式

当复利发生得更频繁时，可以改写终值公式（式（5.1））。如果 m 等于每年的复利次数，一次性金额的终值公式将为：

$$FV_n = PV \times \left(1+\frac{r}{m}\right)^{m\times n} \tag{5.8}$$

如果 $m=1$，式（5.8）将简化为式（5.1）。因此，如果每年复利一次，式（5.8）的结果将与式（5.1）相同。可以用一个简单的例子说明式（5.8）的一般应用。

[IRF] 个人理财案例 5.16

前面的例子计算了当利率为 8%、每半年复利一次和每季复利一次时，弗雷德·莫雷诺在 2 年后将拥有的金额。当每半年复利一次时，式（5.8）中的 m 等于 4。将半年复利和季度复利的相应金额代入式（5.8），得到：

（1）当每半年复利一次时，

$$FV_2 = 100 \text{ 美元} \times \left(1+\frac{0.08}{2}\right)^{2\times 2} = 100 \text{ 美元} \times (1+0.04)^4 = 116.99 \text{ 美元}$$

（2）当每季复利一次时，

$$FV_2 = 100 \text{ 美元} \times \left(1+\frac{0.08}{4}\right)^{4\times 2} = 100 \text{ 美元} \times (1+0.02)^8 = 117.17 \text{ 美元}$$

这些结果与表 5.4 和表 5.5 中的 FV_2 价值相同。

如果每月、每周或每天计算一次复利，m 将分别等于 12、52 或 365。

使用计算工具计算复利频率高于每年一次时的情况

和之前一样，我们将使用计算器或电子表格简化计算过程。

个人理财案例 5.17

弗雷德·莫雷诺希望计算利率为 8%、每半年复利一次和每季复利一次、期限为 2 年的 100 美元投资的终值。

使用计算器　假设每半年复利一次、期数为 4、利率为 4%，使用计算器算出的终值为 116.99 美元，如下页图左边所示。

假设每季复利一次、期数为 8、利率为 2%，使用计算器算出的终值为 117.17 美元，

如下图右边所示。

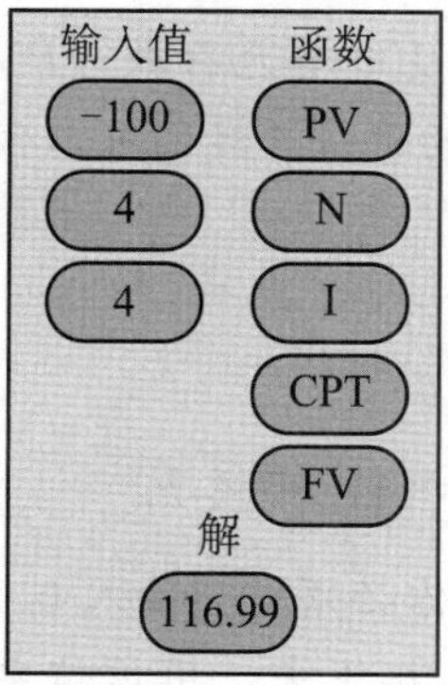

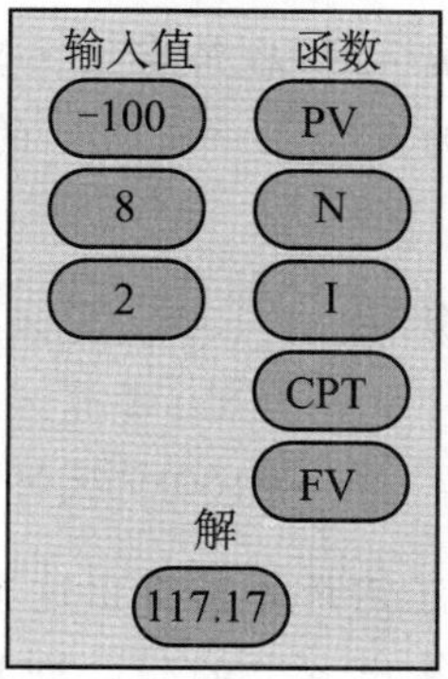

使用电子表格 也可以按照下面的 Excel 电子表格计算当每半年复利一次或每季复利一次时单笔现金流的终值。

	A	B
1	每半年复利一次和每季复利一次时单笔现金流的终值	
2	现值	−100 美元
3	年利率	8%
4	复利频率——每半年复利一次	2
5	年数	2
6	每半年复利一次时的终值	116.99 美元
7	现值	−100 美元
8	年利率	8%
9	复利频率——每季复利一次	4
10	年数	2
11	每季复利一次时的终值	117.17 美元

单元格 B6 中的输入值=FV(B3/B4，B5 * B4，0，B2，0)。
单元格 B11 中的输入值=FV(B8/B9，B10 * B9，0，B7，0)。
B2 和 B7 中的 100 美元前面是负号，因为投资成本被视为现金流出。

持续复利

在极端情况下，可以持续计算复利。在这种情况下，每秒（甚至是每纳秒）都会计算一次复利——可以说无时无刻不在计算复利。在这种情况下，式（5.8）中的 m 将接近于无穷。通过使用微积分，我们知道当 m 接近无穷时，式（5.8）收敛于：

$$FV_n = PV \times e^{r \times n} \tag{5.9}$$

其中，e 为指数函数①，它的值约等于 2.718 3。

① 多数计算器都有指数函数，通常用 e^x 表示。在计算持续复利的终值时，这个键尤为有用。

[IRF] 个人理财案例 5.18

为了计算 2 年（$n=2$）后弗雷德·莫雷诺的 100 美元存款（$PV=$100 美元）在年利率为 8%（$r=0.08$）的账户中的价值，我们可以代入式（5.9）：

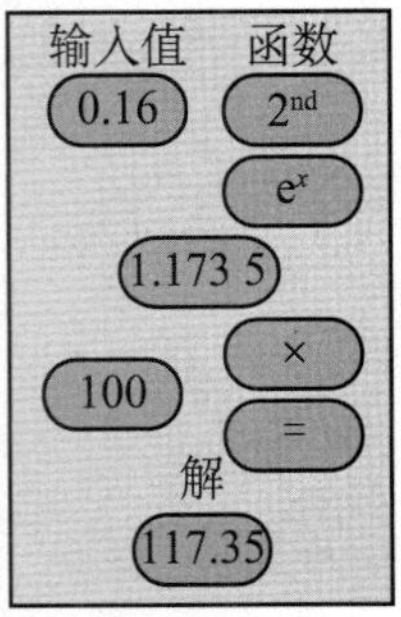

$$\begin{aligned} FV_2\text{（持续复利）} &= 100\text{ 美元}\times e^{0.08\times 2} \\ &= 100\text{ 美元}\times 2.718\ 3^{0.16} \\ &= 100\text{ 美元}\times 1.173\ 5 = 117.35\text{ 美元} \end{aligned}$$

使用计算器 为了用计算器得出这个数值，你必须首先输入 0.16，然后按 2nd 和 e^x，计算出 $e^{0.16}$ 的值，即1.173 5。接下来，用该值乘以 100 美元，得到终值 117.35 美元，如右侧所示。（注：在某些计算器中，你在按 e^x 之前不用按 2nd。）

使用电子表格 还可以用下列电子表格计算持续复利情况下弗雷德的存款的终值。

	A	B
1	当持续复利时单笔现金流的终值	
2	现值	100 美元
3	年利率、持续复利	8%
4	年数	2
5	持续复利时的终值	117.35 美元
单元格 B5 中的输入值＝B3 * EXP(B3 * B4)。		

因此，持续复利时的终值等于 117.35 美元。正如预期的那样，持续复利时的终值大于每半年复利一次时的终值（116.99 美元）或每季复利一次时的终值（117.17 美元）。实际上，持续复利时的终值大于其他任何一种复利频率下的终值。

普通年利率与实际年利率

公司和投资者都需要客观比较不同复利期间中的贷款成本或投资收益率。为了在共同的基础上比较利率，我们将区别名义年利率与实际年利率。**名义年利率**（nominal annual rate）或**票面年利率**（stated annual rate）是指贷款人或借款人承诺的合同年利率。**实际年利率**（effective annual rate，EAR）或**真实年利率**（true annual rate）是指实际支付或实际获得的年利率。实际年利率反映了复利频率的影响，而名义年利率不反映复利频率的影响。

使用之前介绍的符号，我们可以将名义年利率 r 和复利频率 m 代入下式，计算出实际年利率：

$$EAR=\left(1+\frac{r}{m}\right)^m-1 \tag{5.10}$$

我们可以将前面例子中的数据代入式（5.10）。

个人理财案例 5.19

弗雷德·莫雷诺希望计算当名义年利率为8%（$r=0.08$），(1) 每年复利一次（$m=1$）、(2) 每半年复利一次（$m=2$）和 (3) 每季复利一次（$m=4$）时的实际年利率。将这些值代入式（5.10），得到：

(1) 每年复利一次：

$$EAR=\left(1+\frac{0.08}{1}\right)^{1}-1=(1+0.08)^{1}-1=1+0.08-1=0.08=8\%$$

(2) 每半年复利一次：

$$EAR=\left(1+\frac{0.08}{2}\right)^{2}-1=(1+0.04)^{2}-1=1.0816-1=0.0816=8.16\%$$

(3) 每季复利一次：

$$EAR=\left(1+\frac{0.08}{4}\right)^{4}-1=(1+0.02)^{4}-1=1.0824-1=0.0824=8.24\%$$

使用计算器 为了用计算器计算实际年利率，首先需要输入名义年利率和每年的复利频率。多数财务计算器都是用 NOM 键输入名义年利率，用 P/Y 或 C/Y 键输入每年的复利频率。一旦输入这些值，就可以按 EFF 键或 CPT 键，显示相应的实际年利率。

使用电子表格 使用 Excel 的 EFFECT 和 NOMINAL 函数可以轻松转换利率。当计算实际年利率时，EFFECT 函数要求你输入名义年利率和复利频率，如果你输入实际年利率和复利频率，NOMINAL 函数将提供名义年利率，即 APR。下列 Excel 表显示了如何将8%的名义年利率转换为实际半年利率和如何将实际季利率换算回8%的名义年利率。

	A	B
1	利率转换 名义年利率与实际年利率	
2	名义年利率	8%
3	复利频率——每半年复利一次	2
4	实际年利率	8.16%
5	名义年利率	8%
6	复利频率——每季复利一次	4
7	实际年利率	8.24%
单元格 B4 中的输入值=EFFECT(B2，B3)。 单元格 B5 中的输入值=NOMINAL(B7，B6)。		

这些值表明了重要的两点。首先，当每年复利一次时，名义年利率和实际年利率是相同的。第二，实际年利率随着复利频率的提高而提高，持续复利时达到最高。①

① 在这种极端情况下，实际年利率可以用下式计算：

$$EAR(\text{持续复利})=e^{r}-1 \qquad (5.10a)$$

当名义年利率为8%（$r=0.08$）时，代入式（5.10a），得到连续复利情况下的实际年利率为：

$$e^{0.08}-1=1.0833-1=0.0833=8.33\%$$

这个结果是名义年利率为8%时能得到的最高实际年利率。

对消费者来说，“真实借贷法则”要求披露信用卡和贷款协议的**年度百分比利率**（annual percentage rate，APR）。年度百分比利率是名义年利率，它的计算方法是用期利率乘以1年之中的期数。例如，月利率为1.5%（期利率）的银行信用卡的年度百分比利率为18%（=月利率1.5%×每年12个月）。

另外，“真实储蓄法则”要求银行公开存款产品的**年度百分比收益率**（annual percentage yield，APY）。年度百分比收益率是存款产品支付的实际年利率。例如，月利率为0.5%的存款账户的年度百分比收益率为6.17% [$=(1.005)^{12}-1$]。

以较低的名义年利率（APR）作为贷款利率牌价，以较高的实际年利率（APY）作为存款利率牌价有两个优点。第一，它规定了对消费者披露信息的标准。第二，它让金融机构可以挂出最具吸引力的利率牌价：低贷款利率和高存款利率。

复习题

5—14 复利频率高于每年一次对（a）终值和（b）实际年利率有什么影响？为什么？

5—15 与每年复利一次计算出的存款终值相比，根据持续复利计算出的存款终值更高还是更低？

5—16 请区别名义年利率和实际年利率。请定义年度百分比利率和年度百分比收益率。

5.6 时间价值的特殊应用

终值和现值方法在财务学中有若干重要应用。我们将在本节中学习四种应用：（1）计算累积到某个未来金额所需的存款；（2）计算贷款分期偿还金额；（3）计算利率或增长率；（4）计算未知期数。

计算累积到某个未来金额所需的存款

假设你希望在5年后购买一栋房子，你估计到那时需要支付30 000美元的首付。为了攒到30 000美元，你希望每年年末向年利率为6%的账户存入等额资金。该问题的解与年金终值的计算过程密切相关。你必须计算年金为多少，到第5年年末才能得到30 000美元。

本章前面的式（5.3）提供了每年支付CF时的普通年金的终值。在现在的问题中，我们已知我们想得到30 000美元的终值，但我们希望解出实现该目标每年必须存入多少钱。解式（5.3）中的CF，得到：

$$CF = FV_n \div \frac{(1+r)^n - 1}{r} \tag{5.11}$$

实际上，为了解答这样的问题，分析师几乎总要使用计算器或Excel，如下例所示。

个人理财案例 5.20

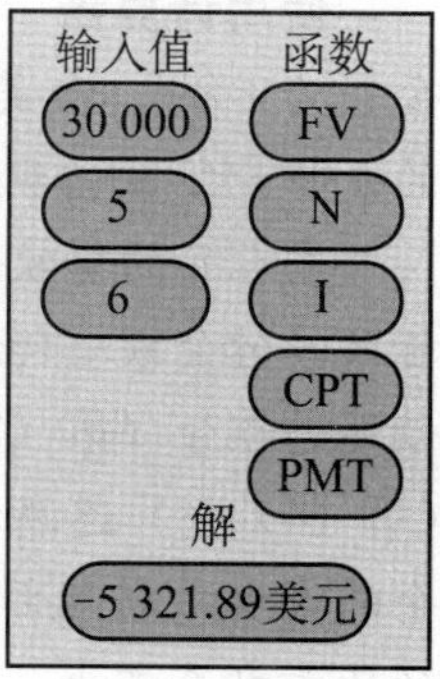

如前所述，你希望计算年利率为 6%、在第 5 年年末攒到 30 000 美元时每年年末需要存入的等额资金。

使用计算器 使用右侧显示的计算器输入值，你将计算出年存款金额为 5 321.89 美元。因此，如果在 5 年中的每年年末以 6%的利率存入 5 321.89 美元，第 5 年年末账户中就将有 30 000 美元。

使用电子表格 在 Excel 中，解出得到 30 000 美元所需的年现金流意味着要使用支付函数。它的语法为 PMT(rate，nper，pv，fv，type)。该函数中的所有输入值之前都讨论过。下面的 Excel 电子表格说明了如何用该公式计算累积到 30 000 美元所需的年支付额。

	A	B
1	累积到某个未来金额所需的年存款金额	
2	终值	30 000 美元
3	年利率	6%
4	年数	5
5	年支付额	−5 321.89 美元

单元格 B5 中的输入值＝PMT(B3，B4，0，B2，0)。
B5 中的年支付额前面为负号，因为存款金额为投资者的现金流出。

计算贷款分期偿还金额

计算**贷款分期偿还金额**（loan amortization）是指计算等额定期贷款偿付。这些偿付在一段特定的时期内为贷款人提供了特定的利息收益，并偿还了贷款本金。计算贷款分期偿还金额的过程包括计算贷款期限内的未来支付，其按照贷款利率计算的现值等于初始借入的本金。贷款人使用**贷款分期偿还时间表**（loan amortization schedule）计算这些支付金额和每笔支付中的利息和本金。在住房抵押贷款的例子中，这些表格被用于计算在 15～30 年的时期内按规定利率分期偿还抵押贷款时每月支付的相等金额。

分期偿还贷款实际上从现值中创造了一笔年金。例如，假设你以 10%的利率借入了 6 000美元，并同意在 4 年中的每年年末偿还相同的金额。为了得到支付金额，贷款人需要确定以 10%的利率贴现、现值为 6 000 美元的 4 年期年金的金额。

本章前面的式（5.4）证明了如何在已知期数、利率和年金定期支付金额的信息下计算普通年金的现值。我们可以重新整理公式，计算出支付金额，即本题中我们的目标：

$$CF = PV \times r \div \left[1 - \frac{r}{(1+r)^n}\right] \qquad (5.12)$$

个人理财案例 5.21

如前所述，你希望计算金额为 6 000 美元、利率为 10%的 4 年期贷款每年年末的等额偿还金额。

使用计算器 使用右侧显示的计算器输入值，你将计算出年偿还金额为 1 892.82 美元。因此，为了偿还金额为6 000美元、利率为10%的 4 年期贷款的利息和本金，每年年末都需要支付 1 892.82 美元。

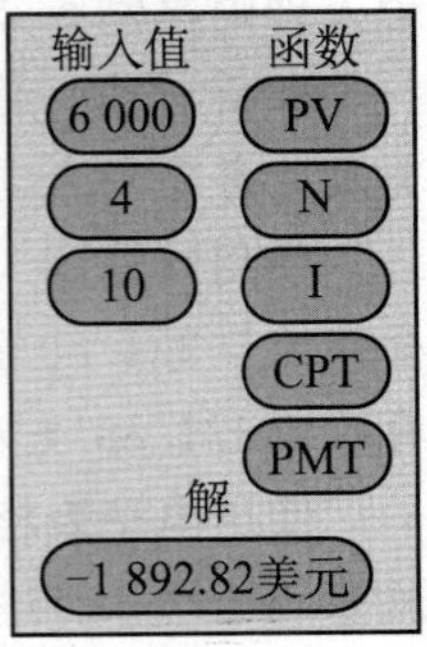

表 5.6 的贷款分期偿还时间表的第（3）列和第（4）列显示了每笔贷款偿付金额中利息和本金所占的部分。在每笔偿还金额中，代表利息偿还的部分（第（3）列）在还款期中逐渐减少，代表本金偿还的部分（第（4）列）逐渐增加。这种模式是典型的分期偿还贷款模式。随着本金的减少，利息部分减少，接下来每笔贷款偿还金额中用于偿还本金的比重就会变大。

表 5.6　　贷款分期偿还时间表（本金为 6 000 美元、利率为 10%、还款期为 4 年）　　单位：美元

年末	年初本金 (1)	贷款偿还金额 (2)	偿还金额 利息 [0.10×(1)] (3)	偿还金额 本金 [(2) −(3)] (4)	年末本金 [(1) − (4)] (5)
1	6 000.00	1 892.82	600.00	1 292.82	4 707.18
2	4 707.18	1 892.82	470.72	1 422.10	3 285.08
3	3 285.08	1 892.82	328.51	1 564.31	1 720.77
4	1 720.77	1 892.82	172.08	1 720.74	—[a]

a. 由于四舍五入，第 4 年年初的本金（第（1）列）和第 4 年的本金偿还金额（第（4）列）存在微小差异（0.03 美元）。

使用电子表格 也可以按照下面的第一张 Excel 电子表格计算每年用于偿还贷款的支付金额。表 5.6 的贷款分期偿还时间表将每笔贷款偿还分为利息和本金两部分，它们可以按照第二张 Excel 电子表格精确计算出来。

	A	B
1	每年用于偿还贷款的支付金额	
2	现值	6 000 美元
3	年利率	10%
4	年数	4
5	年贷款偿还金额	−1 892.82 美元

单元格 B5 中的输入值=PMT(B3，B4，B2，0，0)。
B5 中的年贷款偿还金额前面为负号，因为它是借款人的现金流出。

	A	B	C	D	E
1	贷款分期偿还时间表				
2		贷款本金		6 000 美元	
3		年利率		10%	
4		年数		4	
5	年金支付金额				
6	年份	总计	利息	本金	年末本金
7	0				6 000.00 美元

8	1	−1 892.82 美元	−600.00 美元	−1 292.82 美元	4 707.18 美元
9	2	−1 892.82 美元	−470.72 美元	−1 422.11 美元	3 285.07 美元
10	3	−1 892.82 美元	−328.51 美元	−1 564.32 美元	1 720.75 美元
11	4	−1 892.82 美元	−172.07 美元	−1 720.75 美元	0.00 美元

关键单元格中的输入值：
B8＝PMT(D3，D4，D2，0，0)，复制到 B9:B11
C8＝PMT(D3，D4，D2，0，0)，复制到 C9:C11
D8＝PMT(D3，D4，D2，0，0)，复制到 D9:D11
E8＝E7－D8，复制到 E9:E11
贷款偿还金额前面为负号，因为它是借款人的现金流出。

为了吸引无法立即负担每年偿还相等金额的 15～30 年抵押贷款的买家，贷款人提供了利率按特定点数调整的抵押贷款。“实务焦点”专栏讨论了这些抵押贷款如何解决某些“次级”借款人的问题。

实务焦点

新世纪的次级抵押贷款危机

实务 随着房屋市场在 20 世纪末 21 世纪初开始回暖，次级抵押贷款的市场份额从 1997 年的将近 0 跃升至 2006 年的约 20%。几个因素的共同作用促使对有不良信用记录的借款人发放的贷款迅速增加，包括低利率环境、放松承销标准和贷款融资创新，例如旨在提高低收入借款人住房所有率的“房屋购买力计划”。

尤其吸引新住房买家的是混合可调整利率抵押贷款（ARM），它的特征是低入门利率，在一段事先规定的时期之后再向高调整。2004 年年末，利率开始稳定上升。2006 年，价值约 3 000 亿美元的可调整利率抵押贷款被调高利率。在房屋价值上升的市场中，借款人可以选择对抵押贷款重新融资，使用房屋增值创造的部分权益降低抵押贷款偿还金额。然而，2006 年后，房屋价格开始连续 3 年下跌，因此许多次级借款人无法选择再融资。相反，还款有困难的借款人可能试图说服贷款人允许“卖空”，也就是借款人以市场能接受的价格卖出房屋，贷款人同意接受卖房收入作为偿还抵押贷款的方式。对于贷款人和借款人而言，取消抵押品赎回权都是最后、最坏的方式。

作为对次级抵押贷款问题的反应，贷款人收紧了贷款标准。你认为这种变化对住房市场有什么影响？

计算利率或增长率

人们经常需要计算一系列现金流的复利年利率或增长率（即年价值变化率）。例子包括计算贷款利率、销售增长率和收益增长率。为此，我们再次使用式（5.1）。在这种情况下，我们希望解出利率（或增长率），它表示两个时期之间某笔投资的价值增幅。解式

(5.1) 中的 r，有：

$$r=\left(\frac{FV_n}{PV}\right)^{1/n}-1 \qquad (5.13)$$

这个简单的条件就是投资价值逐渐增长的原因之一，你希望知道以投资增幅表示的年利率（即利率）。

个人理财案例 5.22

雷·诺布尔（Ray Noble）4 年前花 1 250 美元购买了一笔投资。现在，它价值 1 520 美元。雷的这笔投资获得的复利年收益率是多少？将相应的值代入式（5.13），我们得到：

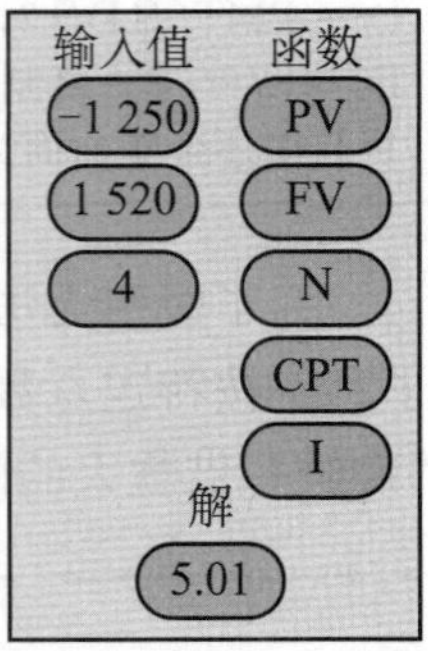

$$\begin{aligned} r &= (1\,520\text{ 美元}\div 1\,250\text{ 美元})^{1/4}-1 \\ &=0.050\,1=5.01\% \end{aligned}$$

使用计算器 当使用计算器计算利率或增长率时，我们将最早的值作为现值 PV 处理，将最晚的值作为终值 FV_n 处理。（注意：多数计算器都需要将 PV 或 FV 输入为负值，以计算出未知利率或增长率。这里使用的就是这种方法。）使用右侧显示的输入值，你将算出利率或增长率为 5.01%。

使用电子表格 系列现金流的利率或增长率也可以用下列 Excel 表格计算。

	A	B
1	解单笔投资的利率或增长率	
2	现值	−1 250 美元
3	年数	4
4	终值	1 520 美元
5	年利率	5.01%

单元格 B5 中的输入值＝RATE(B3，0，B2，B4，0)。
B2 中的 1 250 美元前面为负号，因为投资成本被视为现金流出。

另一类利率问题涉及计算年金或等额偿还贷款的利率。

个人理财案例 5.23

简·雅各布斯（Jan Jacobs）可以借款 2 000 美元，并在接下来 5 年中每年年末偿还 514.14 美元。她希望计算这笔贷款的利率。

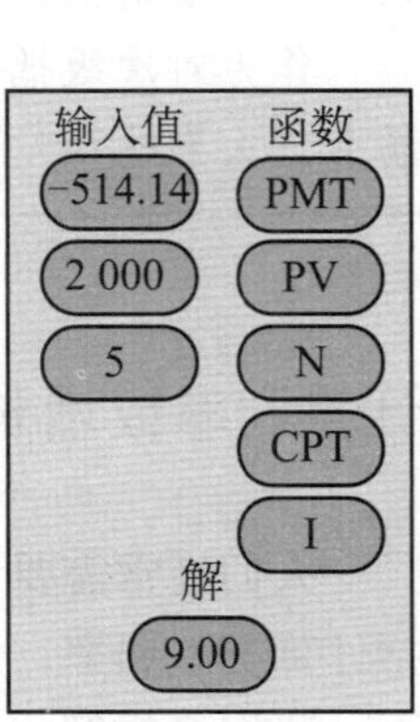

使用计算器 （注：多数计算器都需要将 PMT 或 PV 输入为负值，以计算出等额偿付贷款的未知利率。这里使用的就是这种方法。）使用右侧显示的输入值，将算出利率为 9.00%。

使用电子表格 年金的利率或增长率可以用下页的电子表格计算。

	A	B
1	解普通年金的利率或增长率	
2	现值	2 000 美元
3	年数	5
4	年金金额	−514.14 美元
5	年利率	9.00%

单元格 B5 中的输入值＝RATE(B3，B4，B2，0，0)。
B4 中的 514.14 美元前面为负号，因为偿还贷款被视为现金流出。

计算未知期数

有时必须计算从初始金额产生给定金额现金流所需的期数。这里，我们简要考察如何计算单笔现金流和年金的期数。这个简单的例子是，某人希望计算在利率为 r 的情况下，初始存款 PV 增至未来金额 FV_n 所需的期数 n。

个人理财案例 5.24

安·贝茨（Ann Bates）希望计算当年利率为 8%时，她最初存入的 1 000 美元需要多少年才能增至 2 500 美元。简单地说，当年利率为 8%时，安的 1 000 美元（PV）要花多少年（n）才能增至 2 500 美元（FV_n）？

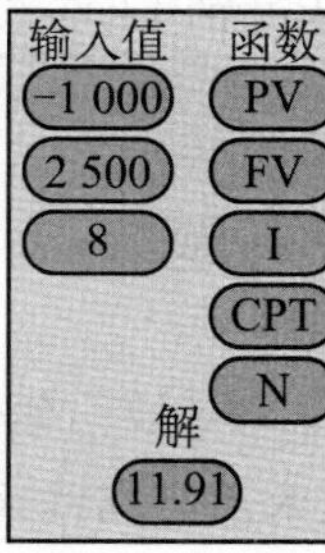

使用计算器 使用计算器，我们将初始价值视为现值 PV，最终价值视为终值 FV_n。（注：多数计算器都需要将 PV 或 FV 输入为负值，以计算未知期数。这里使用的就是这种方法。）使用右侧显示的输入值，我们计算出期数为 11.91 年。

使用电子表格 现值增至特定终值需要的年数可以按照下列 Excel 表格计算。

	A	B
1	解单笔现金流投资的年数	
2	现值	−1 000 美元
3	年利率	8%
4	终值	2 500 美元
5	年数	11.91

单元格 B5 中的输入值＝NPER(B3，0，B2，B4，0)。
B2 中的 1 000 美元前面为负号，因为初始存款被视为现金流出。

另一类期数问题需要解出与年金相关的期数。有时我们希望计算出旨在实现具体目标（例如偿还特定金额贷款）的年金的未知期数 n。

个人理财案例 5.25

比尔·斯马特（Bill Smart）可以按11%的年利率借入25 000美元，每年年末都需要偿还4 800美元。他希望计算出完全偿还贷款需要多久。换言之，他希望计算当贷款利率为11%、每年年末偿付4 800美元时，需要多久才能偿还完现值（PV_n）为25 000美元的贷款。

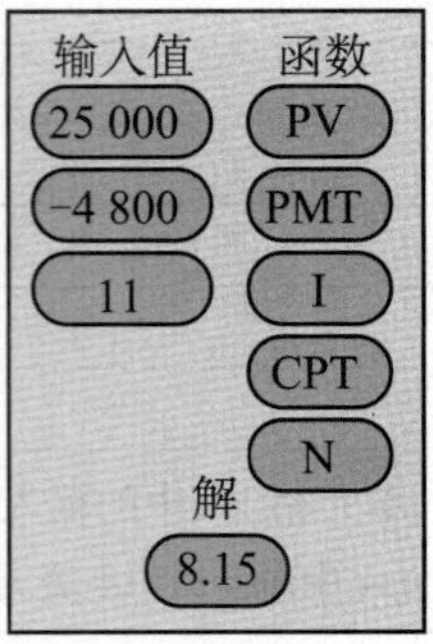

使用计算器 （注：多数计算器都需要将*PV*或*PMT*输入为负值，以计算未知期数。这里使用的就是这种方法。）使用右侧显示的输入值，将计算出期数为8.15年。因此，支付了8笔4 800美元后，比尔仍然有一笔较小的未清偿余额。

使用电子表格 也可以按照下列Excel电子表格计算偿还贷款所需的年数。

	A	B
1	解单笔现金流贷款的偿还年数	
2	现值	25 000美元
3	年利率	11%
4	年偿付额	−4 800美元
5	年数	8.15
单元格B5中的输入值＝NPER(B3，B4，B2，0，0)。 B4中的4 800美元前面为负号，因为还贷金额被视为现金流出。		

复习题

5—17 你如何计算在给定年利率下，每年年末需要存入多少相等的金额，才能在特定未来时期结束时积累到一定的终值？

5—18 请说明将贷款偿还金额摊为一系列等额定期偿付时使用的程序。

5—19 当已知现值和终值——单笔现金流或年金——以及适用的利率时，如何计算未知期数？

总 结

价值焦点

货币的时间价值是财务经理和其他市场参与者用来评估计划行为的影响的重要工具。由于公司的寿命很长，某些决策会影响其长期现金流，因此有效运用货币时间价值方法极为重要。这些方法让财务经理可以评估不同时间产生的现金流，以合并、比较和评估这些现金流并分析它们与公司最大化股价的整体目标的关系。在第六章和第七章中我们将清楚说明，运用货币时间价值方法是价值确定过程的重要部分，它有助于做出明智的价值创造决策。

学习目标复习

目标 1　讨论时间价值在财务学中的作用、计算工具的使用和现金流的基本模式。财务经理和投资者在评估预期现金流的价值时使用货币时间价值方法。通过计算复利得出终值或通过贴现得出现值可以评估不同的投资机会。财务经理主要依靠现值方法。财务计算器、电子表格和财务表格可以简化货币时间价值方法的应用。公司的现金流可以用其模式来描述：单笔现金流、年金或混合现金流。

目标 2　了解终值和现值的概念、如何计算单笔现金流的终值和现值以及它们之间的关系。终值依靠复利衡量未来金额。一期的初始本金或存款及其产生的利息将成为下一期的初始本金。

未来金额的现值是在给定收益率下，等于未来某个金额的资金现在的价值。现值是终值的逆运算。

目标 3　计算普通年金与期初年金的终值和现值，并计算永续年金的现值。年金是一种等额定期现金流。普通年金的现金流产生于期末。期初年金的现金流产生于期初。

普通年金的终值或现值可以用算术公式、财务计算器或电子表格计算。期初年金的价值总比其他条件相同的普通年金的价值高 r%。永续年金——一种永远存在的年金——的现值等于年现金支付额除以贴现率。

目标 4　计算混合现金流的终值和现值。混合现金流是不反映特定模式的不等额定期现金流。混合现金流的终值是每笔现金流的终值之和。类似地，混合现金流的现值是各笔现金流的现值之和。

目标 5　了解复利频率高于每年一次对终值和实际年利率的影响。复利频率可能是每年一次、每天一次，甚至是持续复利。复利计算越频繁、累积的未来金额越高，实际年利率或真实年利率就越高。

信用卡和贷款的挂牌利率为年度百分比利率——名义年利率。存款产品的挂牌利率为年度百分比收益率——实际年利率。

目标 6　描述以下过程：（1）计算累积到某个未来金额所需的存款；（2）计算贷款分期偿还金额；（3）计算利率或增长率；（4）计算未知期数。（1）解年金终值公式中的年支付额，可以计算出累积到一定未来金额所需的定期存款额。（2）解年金现值公式中的定期支付额，可以计算出贷款分期偿还金额。（3）计算单笔现金流或年金现值公式中的未知利率，可以估计出利率或增长率。（4）计算单笔现金流或年金现值公式中的未知期数，可以估计出期数。

自测题（答案见附录）

自测 5—1　不同复利频率下的终值　迪莉娅·马丁（Delia Martin）有 10 000 美元，她可以将其存在三个存款账户中的任何一个里，存期为 3 年。银行 A 每年复利一次，银行 B 每年复利两次，银行 C 每季复利一次。三家银行的票面年利率均为 4%。

a. 如果马丁女士将所有利息都存入存款账户中，第三年年末她在三家银行中分别应该有多少钱？

b. 每家银行为她提供的实际年利率是多少？

c. 根据第 a 问和第 b 问的答案，马丁女士应该将钱存在哪家银行？为什么？

d. 如果第四家银行（银行 D）的利率也为 4%，且持续复利，那么马丁女士在第三年年末将有多少钱？这种情况将会如何改变你在第 c 问中的建议？请解释原因。

自测 5—2　年金终值　拉梅什·阿卜杜勒（Ramesh Abdul）希望从两笔成本相同的现金流中选择较优者：年金 X 和年金 Y。X 是期初年金，年现金流入为 9 000 美元，期限为 6 年。Y 是普通年金，年现金流入为 10 000 美元，期限为 6 年。假设拉梅什可以获得 15% 的投资收益率。

a. 纯主观地看，你认为哪笔年金更有吸引力？为什么？

b. 请计算两笔年金在第 6 年年末的终值。

c. 请使用你第 b 问的答案说明哪笔年金更有吸引力。为什么？请比较你的结论与第 a 问的主观答案。

自测 5—3　单笔现金和现金流的现值　你需要在两笔 5 年期的现金流或单笔现金之间做出选择。一笔现金流是普通年金，另一笔现金流是混合现金流。你可以接受 A 选择或 B 选择，也可以选择一系列现金流或者单笔现金。假设现金流和单笔现金彼此相关（见下表），且机会成本为 9%，你更愿意接受哪种选择（A 选择还是 B 选择）、哪种形式（现金流还是单笔现金）？

年末	现金流	
	A 选择	B 选择
1	700 美元	1 100 美元
2	700 美元	900 美元
3	700 美元	700 美元
4	700 美元	500 美元
5	700 美元	300 美元
时点 0	单笔现金	
	2 825 美元	2 800 美元

热身练习

练习 5—1　假设一家公司在货币市场账户中存入了 2 500 美元。如果该账户现在的利率为 0.7%（对，比 1%还低），1 年后该账户的余额将是多少？

练习 5—2　如果鲍勃（Bob）和朱迪（Judy）将他们各自的存款 1 260 美元和 975 美元合并到一起，存入年利率为 2%、每月复利的账户，该账户 4 年后的余额将是多少？

练习 5—3　加布丽埃勒（Gabrielle）刚中了 250 万美元的州彩票。她有两个选择：现在接受总计为 130 万美元的奖金，或者在接下来 25 年的每年年末都接受 100 000 美元。如果加布丽埃勒的投资年收益率为 5%，那么从严格的经济学角度她应该选择哪一种？

练习 5—4　你的公司可以选择投资于一种新软件，它现在的成本为 130 000 美元，预计将在 5 年内提供如下表所示的存款。

年份	存款估计
1	35 000 美元
2	50 000 美元
3	45 000 美元
4	25 000 美元
5	15 000 美元

如果所有投资的最低年收益率为 9%，那么该公司是否应该进行这笔投资？

练习 5—5　约瑟夫（Joseph）是你的一位朋友。他有很多钱，但没什么财务头脑。最近他在毕业时获赠了 12 000 美元，并希望找一家银行把这笔钱存起来。合伙人储蓄银行（Partner's Savings Bank）提供了年利率为 3%、每半年复利一次的账户，而赛氏银行（Selwyn's）提供了年利率为 2.75%、持续复利的账户。请计算两个账户 1 年后的价值，并就约瑟夫应该选择哪个账户提出建议。

练习 5—6　杰克（Jack）和吉尔（Jill）刚刚有了第一个孩子。如果 18 年后每年的大学学费预期为 150 000 美元，这对夫妻应该开始在每年年末存多少钱，才能在第 19 年年初攒够足够支付第一年学费的钱？假设他们的投资可以获得 6%的年收益率。

习　题

习题 5—1　使用时间线　星巴克的财务经理正在考虑进行一笔投资，它的初始支出为 25 000 美元，预期将在第 1 年年末产生 3 000 美元现金流入，在第 2 年年末和第 3 年年末产生 6 000 美元现金流入，在第 4 年年末产生 10 000 美元现金流入，在第 5 年年末产生 8 000 美元现金流入，在第 6 年年末产生 7 000 美元现金流入。

a. 请画出一条时间线，显示与星巴克这笔投资相关的现金流。

b. 请用箭头在第 a 问的时间线上表示如何用复利计算终值，以衡量第 6 年年末的全部现金流。

c. 请用箭头在第 b 问的时间线上表示如何用贴现计算现值，以衡量在时点 0 时的所有现金流。

d. 财务经理最常用哪种方法——终值还是现值——进行决策？为什么？

习题 5—2　终值计算　请你不要借助于财务计算器上事先编制好程序的函数，而是使用终值基本公式和给定的利率 r、期数 n 计算下表中每种情况下 1 美元的终值。

情况	利率 r	期数 n
A	12%	2
B	6%	3
C	9%	2
D	3%	4

个人理财习题 5—3　时间价值　作为财务规划的一部分，你希望在 5 年后购买一辆新车。你希望购买的这辆车现在的价格为 14 000 美元，你经过调查研究，认为接下来 5 年中它的价格将每年提高 2%～4%。

a. 请估计当年通货膨胀率为（1）2%或（2）4%时，5 年后这辆车的价格。

b. 如果通货膨胀率为 4%而不是 2%，这辆车的价格将上升多少？

c. 请估计在接下来 2 年通货膨胀率为 2%，而从第 3 年以后通货膨胀率为 4%时这辆车的价格。

习题 5—4　一次性偿还贷款　某人借入了 200 美元，将在 8 年后偿还，年复利利率为 14%。贷款可以在之前任何一年年末偿还，提前还款不用缴纳罚金。

a. 如果在第 1 年年末偿还贷款，应该偿还多少钱？

b. 如果在第 4 年年末偿还贷款，应该偿还多少钱？

c. 如果在第 8 年年末偿还贷款，应该偿还多少钱？

习题 5—5　现值计算　请你不要借助于财务计算器上事先编制好程序的函数，而是使用现值基本公式和给定机会成本 r、期数 n 计算下表中每种情况下 1 美元的现值。

情况	机会成本 r	期数 n
A	2%	4
B	10%	2
C	5%	3
D	13%	2

习题 5—6　时间价值与贴现率　你刚刚中了一张彩票，该彩票承诺从现在起 10 年后向你支付 1 000 000美元。由于这 1 000 000 美元由你居住的州担保，因此可以现在卖掉这张彩票，立即得到一笔现金。

a. 如果你的类似风险投资可以在 10 年中获得下列收益率，那么你的彩票至少应该卖多少钱？

（1）6%；

（2）9%；

（3）12%。

b. 假设你将在 15 年后而不是 10 年后得到 1 000 000 美元，请重新计算第 a 问。

c. 请根据第 a 问和第 b 问的答案，讨论收益率的大小和收到这笔钱的时间对这笔钱现值的影响。

个人理财习题 5—7　现金流投资决策　汤姆・亚历山大（Tom Alexander）有机会购买下表显示的任何一笔投资。表中给出了每笔投资的价格、单笔现金流入和收款年份。假设汤姆能获得 10%的投资收益率，你建议购买哪笔投资？

投资	价格	单笔现金流入	收款年份
A	18 000 美元	30 000 美元	5
B	600 美元	3 000 美元	20
C	3 500 美元	10 000 美元	10
D	1 000 美元	15 000 美元	40

习题 5—8　计算所需存款　你在利率为 5%的账户中存入了 10 000 美元。3 年后，你在同一个账户中又存入了一笔钱。4 年后（也就是你最初存入 10 000 美元 7 年后），账户余额为 20 000 美元。第 3 年年末的存款金额是多少？

习题 5—9　年金终值　对于下表中的每种情况，请回答下列问题。

情况	年金金额	利率	存期（年）
A	2 500 美元	8%	10
B	500 美元	12%	6
C	30 000 美元	20%	5
D	11 500 美元	9%	8
E	6 000 美元	14%	30

a. 请计算下列年金的终值：

（1）普通年金；

（2）期初年金。

b. 请比较你第 a（1）问和第 a（2）问的答案。其他条件相同，哪种年金——普通年金还是期初年金——更好？请说明原因。

习题 5—10　年金的现值　请考虑下列情况。

情况	年金金额	利率	期数（年）
A	12 000 美元	7%	3
B	55 000 美元	12%	15
C	700 美元	20%	9
D	140 000 美元	5%	7
E	22 500 美元	10%	5

a. 请计算下列年金的现值：

（1）普通年金；

（2）期初年金。

b. 请比较你第 a（1）问和第 a（2）问的答案。其他条件相同，哪种年金——普通年金还是期初年金——更好？请说明原因。

个人理财习题 5—11　退休计划　25 岁的研究生哈尔・托马斯（Hal Thomas）希望在 65 岁退休。作为其他退休收入来源的补充，他可以在递延纳税的个人退休账户（IRA）中每年存入 2 000 美元。个人退休账户在接下来 40 年中将获得 10%的收益率。

a. 如果哈尔每年年末向个人退休账户存入 2 000 美元，他在 65 岁那年年末将攒到多少钱？

b. 如果哈尔决定等到 35 岁再在每年年末向个人退休账户存入 2 000 美元，他在 65 岁那年年末将攒到多少钱？

c. 请根据你第 a 问和第 b 问的答案，讨论推迟 10 年（从 25 岁推迟到 35 岁）向个人退休账户存款对哈尔 65 岁那年年末的累计存款的影响。

d. 假设哈尔在每年年初而不是每年年末存钱，请重新计算第 a 问、第 b 问和第 c 问。请讨论年初存款对哈尔 65 岁那年年末的累计存款终值的影响。

个人理财习题 5—12　年金与单笔现金流的价值　假设你刚中了州彩票。你可以在接下来 25 年的每年年末得到 40 000 美元（即在 25 年中得到 1 000 000 美元）或者立即获得 500 000 美元的单笔现金流。

a. 如果你预期在接下来 25 年中每年获得 5%的投资收益率，忽略税收和其他因素，你应该选择哪种方式？为什么？

b. 如果你在接下来 25 年中每年获得 7%而非 5%的投资收益率，你对第 a 问的答案会变化吗？为什么？

c. 在严格的经济学基础上，当收益率大约为多少时，这两种计划对你来说没有差别？

习题 5—13　永续年金　请考虑下表中的数据。

永续年金	年金金额	贴现率
A	20 000 美元	8%
B	100 000 美元	10%
C	3 000 美元	6%
D	60 000 美元	5%

请计算每笔年金的现值。

个人理财习题 5—14　成立捐赠基金　马拉·李（Marla Lee）念完入门财务学课程后，很高兴学到了这些有用而有趣的知识，并用这些知识说服她的父母——她所就读大学的富裕的校友——成立一家捐赠基金。这家捐赠基金每年都可以用永续年金资助三位急需学费的学生学习入门财务学课程。每位学生每年学习该课程所需的学费和课本成本为 600 美元。该捐赠基金将通过向大学一次性捐款的方式成立。这所大学预期这笔钱每年能获得 6%的收益率。

a. 马拉的父母为这所大学成立捐赠基金需要的一次性捐款金额是多少？

b. 如果这所大学的捐赠基金能实现 9%而非 6%的年收益率，那么捐赠基金需要的一次性捐款金额是多少？

习题 5—15　为混合现金流定价　请计算下表中每笔混合现金流在最后一年年末的终值，假设存款账户的年利率为 12%，中间没有提取存款，且存款时间如下：

a. 每年年末；

b. 每年年初。

年份	现金流		
	A	B	C
1	900 美元	30 000 美元	1 200 美元
2	1 000 美元	25 000 美元	1 200 美元
3	1 200 美元	20 000 美元	1 000 美元
4		10 000 美元	1 900 美元
5		5 000 美元	

个人理财习题 5—16　单笔现金流的价值与混合现金流的价值　吉娜·瓦伊塔尔（Gina Vitale）刚刚签约出售了一小块几年前继承的土地。卖方愿意在交易交割时支付 24 000 美元或在接下来 5 年的每年年初支付下表显示的金额。由于吉娜现在并不急需这笔钱，因此她可以将它存在年利率为 7%的账户中。假设她希望在出售土地后第 5 年年末购买一块土地，并决定选择在第 5 年年末终值较高的收款方法——一次性收款 24 000 美元或按下表所示的混合现金流收款。她应该选择哪种方式？

混合现金流	
年初	现金流
1	2 000 美元
2	4 000 美元
3	6 000 美元
4	8 000 美元
5	10 000 美元

个人理财习题 5—17　基金预算缺口　作为个人预算过程的一部分，你预期接下来 5 年中每年都会出现预算缺口。换言之，你在每年年末都需要下表显示的金额以平衡预算，也就是让现金流入等于现金流出。你预期在接下来 5 年中能获得 8%的投资收益率，并希望存入单笔现金流为接下来 5 年的预算缺口融资。

年末	预算缺口
1	5 000 美元
2	4 000 美元
3	6 000 美元
4	10 000 美元
5	3 000 美元

a. 现在必须在年利率为 8%的账户中存入多少钱才能完全弥补预期预算缺口？

b. 收益率提高对第 a 问计算出的金额有什么影响？请说明原因。

习题 5—18　终值和现值的关系：混合现金流　请使用下表中的信息回答下列问题。

年份（t）	现金流
1	800 美元
2	900 美元
3	1 000 美元
4	1 500 美元
5	2 000 美元

a. 请用 5%的贴现率计算混合现金流的现值。

b. 假设你的投资最高能获得 5%的收益率，你愿意为购买这笔现金流支付多少钱？

c. 如果机会成本为 7%而不是 5%，对你的分析有什么影响（请用语言说明）？

习题 5—19　终值与现值的关系：混合现金流　下表显示了一笔混合现金流，其中遗漏了第 3 年的现金流。

第 1 年	10 000 美元
第 2 年	5 000 美元
第 3 年	
第 4 年	20 000 美元
第 5 年	3 000 美元

假设你通过某种方式知道整笔现金流的现值为 32 911.03 美元，且贴现率为 4%。遗漏的第 3 年的现

金流是多少？

习题 5—20　改变复利频率　对下列情况在每年复利一次、每半年复利一次、每季复利一次的条件下计算（1）最初存入的 5 000 美元的终值以及（2）实际年利率。

a. 年利率为 12%，期限为 5 年。

b. 年利率为 16%，期限为 6 年。

c. 年利率为 20%，期限为 10 年。

习题 5—21　复利频率、时间价值和实际年利率　对于下表中的每种情况：

情况	初始存款金额	名义年利率 r	复利频率 m（复利次数/年）	存款期（年）
A	2 500 美元	6%	2	5
B	50 000 美元	12%	6	3
C	1 000 美元	5%	1	10
D	20 000 美元	16%	4	6

a. 请计算指定存款期期末的终值。

b. 请计算实际年利率。

c. 请比较年利率 r 与实际年利率。复利频率与名义年利率和实际年利率的关系是什么？

习题 5—22　持续复利　假设以给定名义年利率持续计算复利，对于下表中的每种情况，请计算存款期期末的终值。

情况	初始存款金额	名义年利率 r	存款期（年）n
A	1 000 美元	9%	2
B	600 美元	10%	10
C	4 000 美元	8%	7
D	2 500 美元	12%	4

个人理财习题 5—23　复利频率与时间价值　你计划现在对个人退休账户投资 2 000 美元，名义年利率为 8%，预期适用于所有未来年份。

a. 如果（1）每年复利一次、（2）每半年复利一次、（3）每天复利一次（假设一年为 365 天）、（4）持续复利，第 10 年年末账户中将有多少钱？

b. 第 a 问中每个复利期的实际年利率是多少？

c. 如果持续复利而不是每年复利一次，那么第 10 年年末你的个人退休账户中的余额将是多少？

d. 复利频率如何影响给定存款的终值和实际年利率？请解释你对第 a 问到第 c 问的答案。

个人理财习题 5—24　年金和复利　珍妮特·博伊尔（Janet Boyle）将在接下来的 10 年中每年都在一家信用社存入 300 美元，该信用社支付 8%的年利率。

a. 请计算在下列情况下第 10 年年末珍妮特将拥有的终值，假设她在每年年末存款，没有提取利息：

（1）每年存入 300 美元，信用社每年支付一次利息。

（2）每半年存入 150 美元，信用社每半年支付一次利息。

（3）每季度存入 75 美元，信用社每季度支付一次利息。

b. 请使用你对第 a 问的答案讨论更频繁地存款和更频繁地计算复利对年金终值的影响。

个人理财习题 5—25　建立退休基金　你预计在 42 年后退休，为了补充退休后的收入来源，你估计需要在从现在起第 42 年年末攒到 220 000 美元。你计划每年年末向年利率为 8%的账户中存入等额资金。

a. 年存款金额必须为多少，才能在第 42 年年末攒到 220 000 美元?

b. 如果你每年只能向账户存入 600 美元，第 42 年年末你将攒到多少钱?

个人理财习题 5—26 用存款建立永续年金 你决定向你喜欢的大学捐款设立一项奖学金。预期这所大学每年的学费为 6 000 美元，直到永远。你预期将在接下来 10 年中对这所大学捐款，方法是每年(年末)向某个账户存入等额资金。预期所有未来时期的利率均为 10%。

a. 捐赠金额应为多少?

b. 你必须在接下来 10 年中每年年末存入多少钱，才能积累到必要金额?

个人理财习题 5—27 通货膨胀、时间价值和年存款 在佛罗里达州度假时，约翰·凯利(John Kelley)看到了他梦想中的度假别墅。它的售价为 200 000 美元。唯一的问题是约翰今年 40 岁，他计划工作到 65 岁。然而，他认为房价通常会随着整体通货膨胀率上涨。约翰认为他的投资可以获得 9%的税后年收益率。他愿意在接下来 25 年的每年年末投资固定金额，好在退休时攒够买这栋房子(现在花 200 000美元可以买到的房子)的钱。

a. 预期在接下来 25 年中每年的平均通货膨胀率为 5%。约翰退休时梦想中的房子的成本是多少?

b. 在接下来 25 年中，约翰必须每年年底投资多少钱，才能在退休时攒够购买这栋房子的钱?

c. 如果约翰在接下来 25 年的每年年初而不是每年年末投资，那么他每年必须投资多少钱?

习题 5—28 偿还贷款 请计算为了在贷款到期时完全偿还下表中显示的贷款，贷款存续期内每年年末必须偿还的相等金额。

贷款	本金	利率	贷款期限(年)
A	12 000 美元	8%	3
B	60 000 美元	12%	10
C	75 000 美元	10%	30
D	4 000 美元	15%	5

个人理财习题 5—29 贷款分期偿还时间表 琼·梅西内奥(Joan Messineo)以 14%的年利率借入了一笔金额为 15 000 美元、期限为 3 年的贷款。这笔贷款分三次偿还，每年年末偿还相等金额。

a. 请计算每年年末的贷款偿还额。

b. 请编制一张贷款分期偿还时间表，显示各笔贷款偿还额的利息和本金。

c. 请说明为何每笔贷款偿还额中利息所占的部分都随着时间的推移而下降。

个人理财习题 5—30 贷款月供 蒂姆·史密斯(Tim Smith)正在选购二手车。他找到了一辆价格为 4 500 美元的二手车。车行告诉蒂姆，如果他能分期付款，每期付 500 美元，车行可以提供年利率为 12%、期限为 2 年(24 个月)的贷款。

a. 假设蒂姆接受了车行的出价，他的贷款月供(月末还贷)是多少?

b. 请用财务计算器或电子表格计算如果车行愿意提供年利率为 9%的汽车贷款，蒂姆的月供是多少。

个人理财习题 5—31 收益率 里希·辛格(Rishi Singh)有 1 500 美元可以投资。他的投资顾问建议他进行一笔不支付规定利息而是在 3 年后产生 2 000 美元收益的投资。

a. 里希的这笔投资将获得多高的年收益率?

b. 里希正在考虑另一笔风险相同、年收益率为 8%的投资。他应该进行哪笔投资? 为什么?

个人理财习题 5—32 收益率与投资选择 克莱尔·雅卡尔(Clare Jaccard)有 5 000 美元可以投资。由于她只有 25 岁，因此她并不关心投资期限。她关心的是投资收益率。在投资顾问的帮助下，克莱尔选出了四种风险相同的投资，每种投资都在投资期结束时提供单笔现金流，如下表所示。所有投资都需要 5 000 美元的初始支出。

投资	单笔现金流	投资期限（年）
A	8 400 美元	6
B	15 900 美元	15
C	7 600 美元	4
D	13 000 美元	10

a. 请计算克莱尔的这四笔投资分别能获得多高的收益率？精确至百分位。

b. 假设克莱尔的目标是最大化收益率，你推荐她进行哪笔投资？

习题 5—33　收益率：年金　如果某家公司投资 10 606 美元，能在接下来 10 年的每年年末都得到 2 000美元，那么这笔投资的收益率是多少？

个人理财习题 5—34　选择最佳年金　雷娜·赫齐格（Raina Herzig）希望在四种即时退休年金中选择最佳年金。在每种情况下，现在都要支付一笔钱，以在特定年限中每年年末都获得一笔等额现金。她认为这些年金的风险相同，并且不关心它们的不同期限。她的决策依据仅为每笔年金的收益率。四笔年金的主要条件见下表。

年金	现在支付的金额	年收益	期限（年数）
A	30 000 美元	3 100 美元	20
B	25 000 美元	3 900 美元	10
C	40 000 美元	4 200 美元	15
D	35 000 美元	4 000 美元	12

a. 请计算在雷娜考虑的四笔年金中每笔年金的收益率，精确至百分位。

b. 假设雷娜的决策标准如题，你推荐她购买哪笔年金？

个人理财习题 5—35　贷款利率　约翰·弗莱明（John Flemming）正在为购买二手车申请贷款。他发现了三个看似有吸引力的机会，并希望选择一个利率最低的机会。下表显示了三种贷款的信息，每种贷款的本金均为 5 000 美元。

贷款	本金	年还款额	期限（年数）
A	5 000 美元	1 352.81 美元	5
B	5 000 美元	1 543.21 美元	4
C	5 000 美元	2 010.45 美元	3

a. 请计算每笔贷款的利率。

b. 约翰应该借入哪笔贷款？

习题 5—36　累积至一定终值所需的年数　请计算在下列各种情况下，初始存款增至给定终值时所需的年数，假设利率已知。

情况	初始存款	终值	利率
A	300 美元	1 000 美元	7%
B	12 000 美元	15 000 美元	5%
C	9 000 美元	20 000 美元	10%
D	100 美元	500 美元	9%
E	7 500 美元	30 000 美元	15%

个人理财习题 5—37　累积到一定金额所需的时间　曼纽尔·里奥斯（Manuel Rios）希望计算10 000美元的初始存款翻倍所需的时间。

a. 如果曼纽尔的存款年利率为 10%，那么他的钱翻倍需要多久？

b. 如果他的存款年利率仅为 7%，那么他的钱翻倍需要多久？

c. 如果他的存款年利率为 12%，那么他的钱翻倍需要多久？

d. 请参考第 a 问、第 b 问和第 c 问的答案，指出利率和曼纽尔的钱翻倍所需的时间之间的关系。

习题 5—38　提供一定收益率所需的年数　请计算在下列各种情况下，年末现金流需要持续多少年，才能为初始金额提供给定收益率。

情况	初始金额	每年年末现金流	收益率
A	1 000 美元	250 美元	11%
B	150 000 美元	30 000 美元	15%
C	80 000 美元	10 000 美元	10%
D	600 美元	275 美元	9%
E	17 000 美元	3 500 美元	6%

个人理财习题 5—39　分期偿还贷款所需的时间　米娅·萨尔托（Mia Salto）希望计算每年年末偿还2 450美元，需要多久才能偿还完初始金额为 14 000 美元的贷款。

a. 如果米娅可以按 12%的年利率借入贷款，她还完贷款需要多久？

b. 如果她可以按 9%的年利率借入贷款，她还完贷款需要多久？

c. 如果她可以按 15%的年利率借入贷款，她还完贷款需要多久？

d. 请参考第 a 问、第 b 问和第 c 问的答案，说明利率和米娅还完贷款所需时间之间的一般关系。

习题 5—40　道德习题　“现金贷”（Check Into Cash）的经理称这种业务只“收取市场能承担的利率。”“毕竟，”这位经理称，“我们不会强迫顾客上门。”你如何看待对发薪日贷款业务的这种道德辩护？

电子表格练习

2015 年年末，乌玛公司（Uma Corporation）考虑进行一个重大长期项目以保持在行业中的竞争力。生产部和销售部已经算出了如果该公司马上行动每年可能节约的现金流。具体而言，他们估计从 2016 年年末到 2021 年年末，节约的未来现金流为混合现金流。2022—2026 年，每年年末将连续节约相等的现金流。该公司估计，前 6 年的贴现率将为 7%。2022—2026 年的贴现率将为 11%。

项目经理发现，要让项目可以接受，节约的现金流的现值至少应为 860 000 美元。财务部获得了下列节约的现金流数据用于分析。

年末	节约的现金流
2016	110 000 美元
2017	120 000 美元
2018	130 000 美元
2019	150 000 美元
2020	160 000 美元
2021	150 000 美元
2022	90 000 美元
2023	90 000 美元
2024	90 000 美元
2025	90 000 美元
2026	90 000 美元

任务

请编制类似于表 5.2 的电子表格，然后回答下列问题。

a. 请计算该项目预期节约的未来现金流的现值（2016 年年初）。

b. 仅根据管理层制定的标准，该公司是否应该进行这个项目？请说明原因。

c. 什么是利率风险？利率风险如何影响第 b 问中的建议？请说明原因。

第三部分
证券估值

在第二部分中，你学到了如何使用货币的时间价值工具比较不同时间的现金流。在接下来两章中，你将综合运用这些工具为两种最常见的证券估值：债券和股票。

第六章介绍了利率和债券。尽管债券是最安全的投资之一，但它并非没有风险。债券投资者面临的主要风险是市场利率波动的风险。这些波动将导致债券价格变化，而债券价格变化会影响债券投资者所获得的收益率。第六章说明了为什么一种债券和另一种债券的利率不同，以及导致利率变化的因素。

第七章的重点是股票估值。它说明了股票有别于债务的特征，并介绍了公司如何向投资者发行股票。第七章说明了如何通过贴现以下对象对股票估值：(1) 股东得到的股利；(2) 公司在一段时间内创造的自由现金流。它给了你另一个练习货币时间价值方法的机会。

第六章 利率与债券估值

学习目标

目标 1 说明影响利率的基本因素、利率期限结构和风险溢价。

目标 2 考察债券融资和债券成本的法律要素。

目标 3 讨论公司债券的一般特征、收益率、价格、评级、常见类型和国际公司债券。

目标 4 了解债券估值过程中使用的主要数据和基本模型。

目标 5 将基本估值模型应用于债券，并描述必要收益率和到期期限对债券价值的影响。

目标 6 说明到期收益率、它的计算方法和每半年付息一次的债券的估值程序。

本章的重要性

对职业生涯的重要性

会计 你需要了解利率和不同类型的债券，以正确核算债券溢价和债券折价的摊销以及债券发行与赎回。

信息系统 你需要了解追踪债券价值和债券摊销时间表所需的数据。

管理 你需要了解利率行为以及它如何影响公司可以筹集的资金类型以及债券发行与赎回的时间和成本。

市场营销 你需要了解利率水平和公司发行债券的能力如何影响市场营销研究计划和新产品开发的融资能力。

经营 你需要了解利率水平如何影响公司筹资以维持和提高产能。

对个人生活的重要性

利率直接影响个人理财规划。利率变化频繁发生，影响存款与投资的收益率和价值。你的信用卡和贷款利率可能对你的个人理财有深远影响。了解利率基础知识对你成功进行个人理财十分重要。

6.1 利率与必要收益率

如第二章所示，金融机构和市场创造了存款人（资金供给者）和借款人（资金需求者）之间的资金流动机制。在其他所有条件都相同的情况下，存款人希望获得尽可能高的利率，借款人希望支付尽可能低的利率。给定时点上的市场通行利率反映了存款人与借款人之间的均衡。

影响利率的基本因素

利率或必要收益率表示资金成本。它是资金供给者预期获得的价格和资金需求者必须支付的价格。通常，**利率**（interest rate）用于银行贷款或债券等债务工具，而**必要收益率**（required return）几乎可以用于任何类型的投资，包括普通股，即将一定份额的发行人所有权赋予投资者的证券。实际上，这两个术语的含义十分类似，因为在这两种情况下，供给者都通过向需求者提供资金而获得补偿。

影响均衡利率的因素多种多样。第一个因素是**通货膨胀**（inflation），即多数商品和服务的价格呈上升趋势。通常，当通货膨胀率较高时，存款人需要较高的收益率（即较高的利率），因为他们希望投资的升值速度快于价格上涨速度。影响利率的第二个因素是风险。当人们意识到某种投资风险升高时，他们预期该投资的收益率将升高以弥补所承担的风险。影响利率的第三个因素是投资者的**流动性偏好**（liquidity preference）。流动性偏好是指投资者偏好短期证券（即流动性更高的证券）的一般趋势。如果其他所有条件相同，投资者更愿意购买短期证券而非长期证券，国库券等短期证券的利率低于长期证券的利率。尽管这些证券的收益率相对较低，但投资者还是愿意持有它们，因为它们符合投资者的流动性偏好。

实例分析

恐惧让国库券利率变为负数

2008 年 12 月，当金融危机接近顶峰时，美国国库券利率曾短暂变为负数，意味着投资者支付的国库券价款高于国库券承诺偿还的金额。为什么人们愿意投资于他们明知将亏损的证券？前面曾经提到，2008 年雷曼兄弟破产，对其他商业银行和投资银行破产的担心盛行一时。很明显，一些投资者宁愿向美国财政部付款以暂时保证他们的资金安全。

实际利率

假设存在一个没有通货膨胀、投资者没有流动性偏好、没有风险的完美世界。在这个世界中，只有一种资金成本：**实际利率**（real rate of interest）。实际利率创造了存款供给和资金需求之间的均衡。它表示最基本的资金成本。历史上，美国的实际年利率平均约为1%，但该数字会随着时间波动。图6.1用供给函数（用S_0表示）和需求函数（用D表示）显示了这种供求关系。当利率为r_0^*即实际利率时，资金供给和资金需求取得均衡（$S_0=D$）。

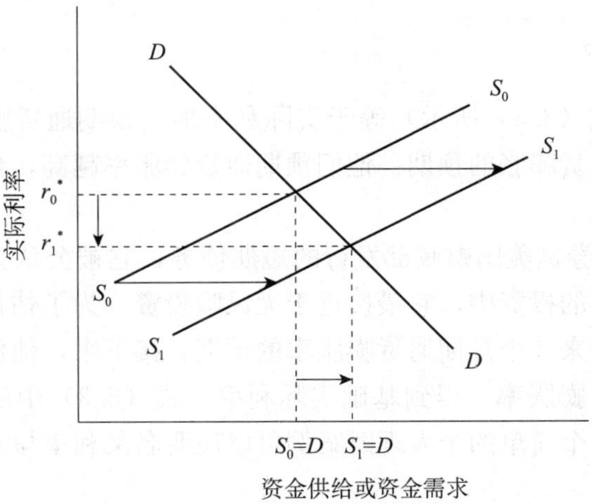

图6.1 供求关系

存款供给与投资资金需求

显然，实际利率会随着经济状况、品味和偏好的变化而变化。为了抗击衰退，美联储可以采取行动增加经济中的信贷供给，导致图6.1中的供给函数移动至S_1。结果是均衡时（$S_1=D$）的实际利率降为r_1^*。在资金成本降低后，公司可能发现之前不具有吸引力的投资现在值得投资了，随着公司雇用更多工人和增加厂房与设备支出，经济开始再度扩张。

名义利率或现行利率（收益率）

名义利率（nominal rate of interest）是资金供给方收取、资金需求方支付的现行利率。在本书中，除非特别指明，否则利率和必要收益率均为名义利率。造成名义利率不同于实际利率r^*的原因有两个，它们是通货膨胀和风险。当人们储蓄和投资时，他们牺牲了现在的消费（即他们的支出少于能够支出的金额），以换取更高的未来消费。当投资者预期将发生通货膨胀时，他们认为消费品和服务的价格在未来将提高。因此，他们不愿牺牲现在的消费，除非他们的存款（或投资）收益率足够高，让他们能以更高的未来价格购买需要的商品和服务。也就是说，如果投资者预期发生通货膨胀，他们将要求更高的名义收益率。投资者要求作为通货膨胀补偿的额外收益率被称为预期通货膨胀溢价（IP）。

类似地，投资者通常对高风险投资要求的收益率高于对安全投资要求的收益率。否则，投资者几乎没有动机承担额外的风险。因此，投资者对高风险投资要求较高的名义收益率。投资者要求作为承担风险的补偿的额外收益率被称为风险溢价（RP）。因此，证券1的名义利率r_1的计算公式如下：

$$r_1 = \underbrace{r^* + IP}_{\text{无风险利率}R_F} + \underbrace{RP_1}_{\text{风险溢价}} \tag{6.1}$$

公式下的横括号表示名义利率 r_1 可以分为两个基本部分：无风险利率 R_F 和风险溢价 RP_1：

$$r_1 = R_F + RP_1 \tag{6.2}$$

此时，忽略风险溢价 RP_1，只关注无风险利率。式（6.1）说明无风险利率可以表示为：

$$R_F = r^* + IP \tag{6.3}$$

无风险利率（如式（6.3）所示）等于实际利率加上预期通货膨胀溢价。预期通货膨胀溢价表示投资者对通货膨胀的预期：他们预期通货膨胀率越高，预期通货膨胀溢价就越高，名义利率就越高。

3个月期美国国库券是美国财政部发行的短期债务，它被公认为是世界上最安全的投资。在真实世界能获得的投资中，它最接近于无风险投资。为了估计实际利率，分析师通常希望确定投资者对未来3个月期通货膨胀率的预期。接下来，他们从3个月期国库券名义利率中减去预期通货膨胀率，得到基础实际利率。式（6.3）中的无风险资产的实际利率 r^* 等于 $R_F - IP$。一个简单的个人理财案例可以说明名义利率与实际利率的实际区别。

个人理财案例 6.1

玛丽莲·卡尔博（Marilyn Carbo）有10美元，可以购买每颗0.25美元的糖果。她现在可以购买40（=10美元÷0.25美元）颗糖果。1年期投资的名义利率现在为7%，下一年的预期通货膨胀率为4%。玛丽莲也可以用10美元进行投资，而不是现在购买40颗糖果。1年后，她将有10.70美元，因为她可以获得7%的利率——10美元投资可以获得0.70美元（=0.07×10.00美元）。当年，通货膨胀使糖果的价格提高了4%——提高了0.01美元（=0.04×0.25美元），因而每颗糖果的价格变为0.26美元。因此，1年以后，玛丽莲将能购买41.2（=10.70美元÷0.26美元）颗糖果，即能多买大约3%的糖果（41.2÷40.0=1.03）。玛丽莲提高的3%的购买力表示她的实际收益率。她的名义投资收益率（7%）部分被通货膨胀率（4%）侵蚀，因此她当年的投资收益率为名义利率和通货膨胀率之差（7%−4%=3%）。

式（6.3）的预期通货膨胀溢价表示投资期内的预期平均通货膨胀率。它不是最近的通货膨胀率，而是投资者的通货膨胀率预期，这种预期无疑受最近的通货膨胀率的影响。即使如此，预期通货膨胀溢价反映的仍是预期通货膨胀率。预期通货膨胀溢价的变化受许多因素的影响，例如货币政策和财政政策的变化、货币运动和国际政治事件。

图6.2说明了1961—2012年的年通货膨胀率和无风险利率的变化。在这段时期内，这两种利率倾向于以类似方式变化。请注意，国库券利率多数时间都稍高于通货膨胀率，这意味着国库券通常提供较低的正实际收益率。自1978年至20世纪80年代初，通货膨胀率和利率很高，在1980—1981年达到高峰，超过13%。从那时起，利率逐渐下降。为了抗击严重衰退，美联储在2009年将利率压低至接近0，并保持了数年之久。注意，在整段时期内，通货膨胀率只出现过一次负数（2009年）。尽管2010—2012年每年均为正通货

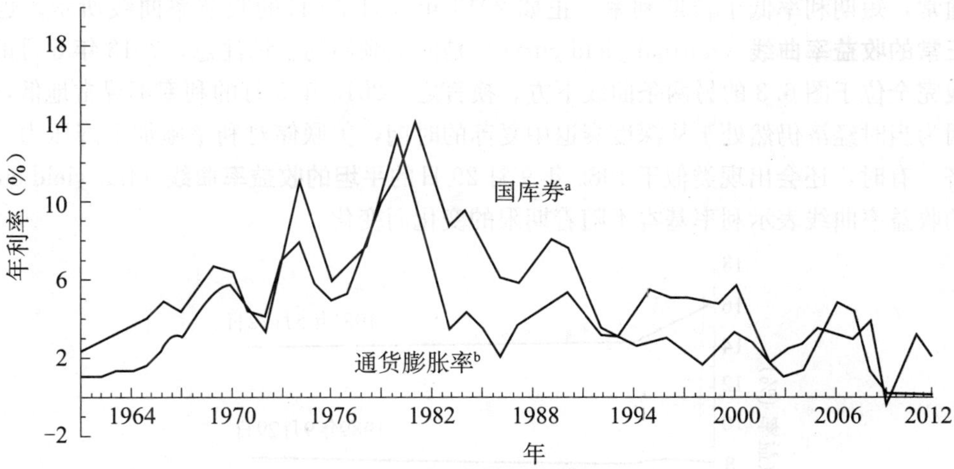

图 6.2　通货膨胀率的影响

年通货膨胀率与 3 个月期美国国库券平均年收益率的关系，1961—2012 年

a. 3 个月期美国国库券的平均年收益率。

b. 居民消费价格指数年变化率。

资料来源：摘自《美联储公告》与美国劳工部的劳动力统计数据。

膨胀率，但美联储将利率保持在接近 0，因此这些年的实际利率为负数。

利率期限结构

利率期限结构（term structure of interest rates）是类似风险水平的债券的期限和收益率之间的关系。描述这种关系的图形被称为**收益率曲线**（yield curve）。快速浏览收益率曲线不仅能让分析师知道短期债券、中期债券和长期债券的利率变化，还能提供关于利率与一般经济未来走势的信息。通常，当分析师分析利率期限结构时，他们的重点是国债，因为国债通常被视为没有违约风险。

收益率曲线

债券的**到期收益率**（yield to maturity，YTM）（将在本章稍后讨论）表示投资者的债券年复利收益率，假设债券按承诺支付所有款项，且投资者持有债券至到期。在收益率曲线上，纵轴为到期收益率，横轴为到期时间，图 6.3 显示了美国国债的三条收益率曲线，第一条的时间为 1981 年 5 月 22 日，第二条的时间为 1989 年 9 月 29 日，第三条的时间为 2013 年 5 月 20 日。

我们可以观察到，收益率曲线的位置和形状随着时间而变化。1981 年 5 月 22 日的收益率曲线表示，当时的短期利率高于长期利率。由于一目了然的原因，这条曲线被称为向下倾斜的收益率曲线。1981 年 5 月的利率与历史标准相比也很高，因此整体收益率曲线水平很高。历史上，向下倾斜的收益率曲线有时被称为**倒挂的收益率曲线**（inverted yield curve），它很少出现，通常是经济衰退的信号。在美国的多数经济衰退之前都会出现倒挂的收益率曲线。

通常，短期利率低于长期利率，正如2013年5月20日的收益率曲线所示。也就是说，**正常的收益率曲线**（normal yield curve）是向上倾斜的。请注意，2013年5月的收益率曲线完全位于图6.3的另两条曲线下方。换言之，2013年5月的利率不寻常地低，这主要是因为当时经济仍然处于从深度衰退中复苏的时期，美联储对利率施加下降压力，以刺激经济。有时，还会出现类似于1989年9月29日的**平坦的收益率曲线**（flat yield curve）。平坦的收益率曲线表示利率基本不随着期限的变化而变化。

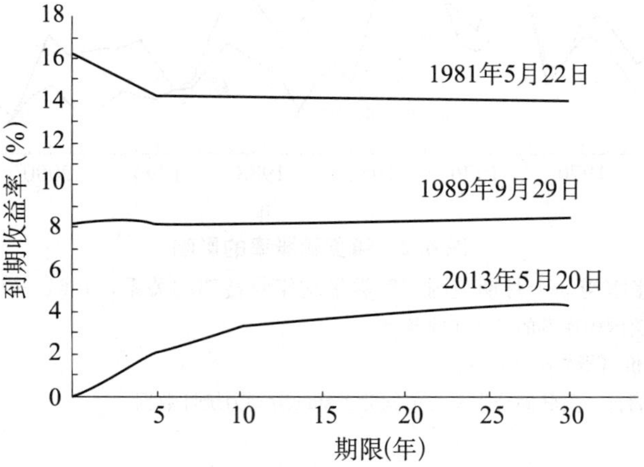

图6.3　国债收益率曲线

美国的国债收益率曲线：1981年5月22日；1989年9月29日；2013年5月20日

资料来源：U. S. Department of the Treasury，Office of Domestic Finance，Office of Debt Management.

收益率曲线的形状可能影响公司的财务决策。面临向下倾斜的收益率曲线的财务经理可能更依赖低廉的长期融资。然而，采取这种策略的风险是利率在未来可能下降，因此现在看起来低廉的长期利率未来可能变得相对高昂。类似地，当收益率曲线向上倾斜时，财务经理可能认为使用低廉的短期融资更为明智。依赖短期融资也有自身的风险。当利率上升时，借入短期资金的公司可能发现其成本增加。更严重的是公司可能无法在短期贷款到期时对其进行再融资。各种因素都会影响贷款期限的选择，但收益率曲线的形状是财务经理决定进行短期借款还是长期借款时必须考虑的问题。

实例分析

债券收益率跌至历史新低

2012年7月25日，10年期美国中期国债和30年期美国长期国债的收益率分别达到1.43%和2.46%的历史低点。这对于房屋市场来说是好消息。许多抵押贷款利率都与国债利率挂钩。例如，传统的30年期抵押贷款利率通常与10年期中期国债的收益率挂钩，当抵押贷款利率跌至新低时，潜在买方发现他们买得起更贵的房子，现有房主能够为现有贷款进行再融资，降低月供，从而能留出更多的钱用于其他支出。这种活动正是美联储希望通过在经济复苏期间保持低利率所刺激的活动。

期限结构理论

解释收益率曲线的一般形状最常用的三种理论是：预期理论、流动性偏好理论和市场分割理论。

预期理论 **预期理论**（expectations theory）是利率期限结构理论的一种，它认为收益率曲线反映了投资者关于未来利率的预期。根据这种理论，当投资者预期短期利率将在未来上升（可能是由于投资者认为通货膨胀率将在未来上升）时，当前的长期利率将高于当前的短期利率，因此收益率曲线将向上倾斜。当投资者预期短期利率将在未来下降时，则会发生相反的情况。当前的短期利率高于当前的长期利率，因此收益率曲线将倒挂。

为了理解预期理论，我们在此举例说明。假设收益率曲线是平坦的。1 年期中期国债利率为 4%，2 年期中期国债利率也为 4%。现在，假设一位投资者有钱进行 2 年低风险投资。这位投资者有两种选择。第一，他可以购买 2 年期中期国债并在 2 年中得到 8%的总利率（忽略复利）。第二，他可以投资于利率为 4%的中期国债 1 年，然后当该债券到期时，他可以再投资于另一只 1 年期中期国债。如果投资者希望最大化预期收益率，那么选择第一种策略还是第二种策略就取决于他预期利率在第二年是升高、降低还是保持不变。

如果投资者认为利率将上升，这意味着第二年的 1 年期中期国债利率将高于 4%（也就是说，高于现在的 1 年期中期国债利率）。假设投资者认为第二年的 1 年期中期国债利率将为 5%。投资者预期利率上升，如果他选择第二种策略，现在买入 1 年期中期国债（利率为 4%），然后在第二年重新投资于利率为 5%的新证券，他的预期收益率将升高。在两年中，这位投资者预期将获得约 9%的利率（忽略复利），而持有 2 年期债券只能获得 8%的利率。

如果当前的 1 年期中期国债利率为 4%，且投资者通常预期第二年的利率将升至 5%，那么 2 年期中期国债利率现在必须为多少才能保持竞争力呢？答案是 4.5%。购买这只债券并持有 2 年的投资者将获得 9%的利率（再次忽略复利），这与连续投资 2 只 1 年期债券的预期收益率相同。换言之，如果投资者预期利率上升，那么现在的 2 年期利率必须高于 1 年期利率，这反过来意味着收益率曲线必然向上倾斜。

例 6.2

假设一只 5 年期中期国债现在的年收益率为 3%。投资者认为利率将下降，他们预期从现在起 5 年后的 5 年期中期国债利率为 2.5%。根据预期理论，10 年期中期国债现在必须提供多高的收益率？这意味着收益率曲线的斜率如何？

假设一位投资者现在购买了 5 年期中期国债，并计划在未来重新投资于另一只 5 年期中期国债。在 10 年的投资期中，这位投资者预期将获得约 27.5%的收益率，忽略复利（即前 5 年的年收益率为 3%，接下来 5 年的年收益率为 2.5%）。为了与该收益率竞争，10 年期债券现在应该提供 2.75%的年收益率。也就是说，在接下来 10 年中，年利率为 2.75%的债券将与两只 5 年期中期国债同样产生 27.5%的总收益率。因此，现在 5 年期中期国债的利率为 3%，现在 10 年期中期国债的利率为 2.75%，收益率曲线向下倾斜。

流动性偏好理论 多数时候，收益率曲线都是向上倾斜的，根据预期理论，这意味着投资者预期利率将上升。对典型的向上倾斜的收益率曲线的另一种解释是**流动性偏好理论**[①]（liquidity preference theory）。这种理论认为，在其他所有条件都相同的情况下，投

① 在本章后面，我们将证明长期债务工具对市场利率变化更敏感。在给定的市场利率变化下，长期债务的价格或价值变化（升高或降低）将高于短期债务的价格或价值变化。

资者通常更愿意购买短期证券，而发行人更愿意出售长期证券。对投资者而言，短期证券有吸引力，因为它们的流动性高，且价格波动并不是很大。因此，投资者将接受利率较低的短期债券，因为它们的风险低于长期债券。相反，当公司或政府希望通过出售长期债券锁定长期借款成本时，这些提供高利率的债券将吸引原来偏好短期债券的投资者。借款人愿意支付较高的利率，因为长期债务让他们可以消除或降低短期债务到期时无法再融资的风险。借入长期债券也降低了未来借款成本的不确定性。

市场分割理论　市场分割理论（market segmentation theory）认为贷款市场是完全根据期限分割的，且每个部门的贷款供求决定了现行利率。换言之，短期资金（例如季节性商业贷款）的供求均衡决定了现行的短期利率，长期资金（例如房地产贷款）的供求均衡决定了现行的长期利率。收益率曲线由每个市场部门现行利率的一般关系决定。简单地说，向上倾斜的收益率曲线表示，与债务市场短期部门相比，债务市场长期部门的借款需求与资金供给之比更大。

三种期限结构理论都有道理。我们可以从中得出结论，在任何时间，收益率曲线都受下列因素的影响：（1）利率预期；（2）流动性偏好；（3）短期市场部门与长期市场部门的比较供求均衡。向上倾斜的收益率曲线来自利率上升预期、贷款人对短期贷款的偏好以及短期贷款供给与需求之比高于长期贷款供给与需求之比。相反的状况将导致向下倾斜的收益率曲线。不论何时，这三种因素的相互作用都决定了收益率曲线的当前斜率。

风险溢价：发行人和证券特征

迄今为止，我们只考虑了无风险美国国债。现在，我们引入风险溢价并基于有风险的非国债证券对其进行评估。式（6.1）为：

$$r_1 = \underbrace{r^* + IP}_{\text{无风险利率}R_F} + \underbrace{RP_1}_{\text{风险溢价}}$$

换言之，证券 1 的名义利率 r_1 等于无风险利率（实际利率 r^* 加上预期通货膨胀溢价 IP）与风险溢价（RP_1）之和。风险溢价随着具体的发行人和证券特征变化。

例 6.3

2013 年 5 月的一些长期证券的名义利率如下：

证券	名义利率
美国国债（平均）	3.18%
公司债券（按评级分类）：	
高质量（Aaa 到 Aa）	3.94%
中等质量（A 到 Baa）	4.76%
投机级（Ba 到 C）	5.46%

由于美国国债代表无风险长期证券，因此我们可以从每个名义利率（收益率）中减去无风险利率 3.18%，得到其他证券的风险溢价：

证券	风险溢价
公司债券（按评级分类）	
高质量（Aaa 到 Aa）	3.94%－3.18%＝0.76%
中等质量（A 到 Baa）	4.76%－3.18%＝1.58%
投机级（Ba 到 C）	5.46%－3.18%＝2.28%

这些风险溢价反映出不同的发行人和发行风险。低评级（投机级）公司债券的风险溢价高于高评级（高质量和中等质量）公司债券的风险溢价，风险溢价是低质量债券投资者由于承担较高的违约风险所要求的补偿。

风险溢价由发行人要素和证券要素组成，包括商业风险、金融风险、利率风险、流动性风险和税收风险，以及纯粹与具体债务相关的风险——违约风险、期限风险和合同条款风险——表 6.1 简要介绍了这些风险。通常，具有高违约风险的公司债券和合同条款不利的长期债券的风险溢价最高，因而收益率也最高。

表 6.1　与具体债务相关的风险溢价要素

要素	介绍
违约风险	债务发行人不能按期支付合同利息或本金的可能性。借款人无法偿还本金或支付利息的不确定性越高，风险溢价就越高。高债券评级反映了低违约风险，低债券评级反映了高违约风险
期限风险	证券期限越长，给定利率变化下的证券价值就越大。如果具有类似风险的证券的利率忽然升高，长期债券的价格降幅将高于短期债券的价格降幅，反之亦然[a]
合同条款风险	合同条款是指通常载于债务协议或股票发行公告中的条件。一些条款可能降低风险，而另一些条款可能提高风险。例如，允许债券发行人在有利条件下提前赎回债券的条款将提高债券的风险

a. 本章后面将详细讨论利率对债券和其他固定收益证券的价格或价值的影响。

复习题

6—1　什么是实际利率？请区别无风险资产（例如 3 个月期美国国库券）的实际利率和名义利率。

6—2　什么是利率期限结构？它与收益率曲线有什么关系？

6—3　对于给定类别的风险类似的证券，请指出下列各种收益率曲线反映出什么利率特征：(a) 向下倾斜的收益率曲线，(b) 向上倾斜的收益率曲线，(c) 平坦的收益率曲线。收益率曲线的“正常”形状是什么？

6—4　请简要介绍下列关于收益率曲线一般形状的理论：(a) 预期理论；(b) 流动性偏好理论；(c) 市场分割理论。

6—5　请列出并简要介绍风险溢价中与发行人和证券相关的潜在风险溢价要素。纯粹与具体债务相关的风险是什么？

6.2 公司债券

公司债券（corporate bond）是公司借入特定金额的资金并承诺在未来根据明确定义的条款偿还这些借款的长期债务工具。多数债券的期限为10～30年，面值为1 000美元。债券的**息票利率**（coupon interest rate）表示每年支付的利息占债券面值的比率，通常为每半年付息一次，每次的支付金额相等。债券持有者（即贷款人）得到的承诺是每半年收到一次利息并在到期时收回本金。

公司债券的法律安排

债券买方需要特定的法律安排保护。债券持有者主要是通过契约和受托人得到保护。

债券契约

债券契约（bond indenture）是规定债券持有者权利和发行公司责任的法律文件。债券契约中介绍了所有利息和本金支付的金额与时间、不同的标准债务条款和限制性条款，通常还包括偿债基金要求和证券利息条款。借款人通常必须（1）根据公认会计原则保持符合要求的会计记录；（2）定期提供经过审计的财务报表；（3）按期缴纳税款和偿还债务；（4）保持所有设施运行良好。

标准债务条款 债券契约的**标准债务条款**（standard debt provisions）规定了特定的记账惯例和一般商业惯例，债券发行人必须遵循这些惯例。

限制性条款 债券契约通常还包括某些**限制性条款**（restrictive covenants），对借款人的经营活动和金融活动进行约束。这些条款有助于保护债券持有者免受借款人风险提高的危害。没有这些条款，借款人可能会提高公司风险而无须对提高的风险支付更高利息作为补偿。

最常见的限制性条款包括：

（1）要求保持最低流动性水平以确保不出现贷款违约。

（2）禁止通过出售应收账款创造收入。如果出售应收账款的收入被用于偿还当前债务，可能导致长期现金短缺。

（3）对固定资产的限制。借款人必须使固定资产维持在一定水平，以确保偿还债券的能力。

（4）对后续借款的限制。禁止借入更多长期债务，或者只能借入级别次于原始贷款的借款。**次级**（subordination）意味着后续债权人同意等到高级债务被全部偿还之后再获得偿还。

（5）限制公司每年发放的现金股利不超过特定比例或金额。

债券契约有时还包括其他限制性条款。

借款人违反标准债务条款或限制性条款的行为赋予债券持有者要求立即偿还债务的权利。通常，债券持有者会评估违约行为，以确定它是否对贷款有害。然后，债券持有者可以决定要求立即偿还贷款、继续贷款还是变更债券契约条款。

偿债基金要求 另一条常见的限制性条款是**偿债基金要求**（sinking-fund requirement）。它的目标是在债券到期前系统性地赎回债券。为了执行该要求，公司每半年或者每年支付一定金额，用于在市场上赎回债券。

证券利息 债券契约规定了债券的抵押品并规定了如何保护这些抵押品。保护债券抵押品对于确保债券安全至关重要。

受托人

受托人（trustee）是债券契约的第三方。受托人可以是个人、公司或（最常见的情形）商业银行信托部。受托人受雇代表债券所有者进行"监督"并在契约条款被违反时代表债券持有者采取特定行动。

发行人的债券成本

债券融资成本通常高于发行人的短期借款成本。影响成本（债券发行人支付的利率）的主要因素是债券期限、发行规模、发行人风险和资金成本。

债券期限的影响

通常，正如我们在第 6.1 节中所示，长期债券的利率高于短期债务。从实践角度看，债券期限越长，预测未来利率的准确性就越低，因此债券持有者放弃以更高利率贷款的机会的风险就越高。此外，期限越长，发行人违约的概率就越高。

发行规模的影响

债券发行规模也会影响借款的利率成本，但方式相反：每单位借款的债券发行费和管理费可能随着发行规模的增大而减少。另外，债券持有者的风险可能增加，因为发行规模越大，违约风险就越高。

发行人风险的影响

发行人的违约风险越高，利率就越高。其中部分风险可以通过在债券契约中加入适当限制性条款降低。显然，债券持有者必须获得更高收益作为承担更高风险的补偿。通常，债券买方依赖债券评级（稍后讨论）确定发行人的整体风险。

资金成本的影响

资本市场的资金成本是计算债券息票利率的基础。通常，具有相同期限的美国国债利率被当作风险最低的资金成本。在该基础利率上增加的风险溢价（见本章前面的介绍）反映了上述因素（债券期限、发行规模和发行人风险）。

债券的一般特征

公司债券有时包括三个特征，即转换特征、赎回特征和认股权证。这些特征为发行人或者买方提供了更换或赎回债券或者用某种股票作为债券补充的机会。

可转换债券提供了**转换特征**（conversion feature），它允许债券持有者将每只债券变为特定数量的普通股。只有在股票市场价格使转换能为债券持有者提供利润时，债券持有者才会将债券转换为股票。发行人在债券中加入转换特征降低了利息成本，并让债券可以在未来股价显著升高时自动转换为股票。

几乎所有公司债券都包括**赎回特征**（call feature）。它赋予发行人在到期前回购债券的机会。**赎回价格**（call price）是在到期前回购债券的规定价格。有时只有在特定时期才能进行赎回。作为一项规定，赎回价格比债券面值多1年期利息。例如，息票利率为10%、面值为1 000美元的债券将可以按大约1 100美元［=1 000美元+(10%×1 000美元)］的价格赎回。赎回价格超过债券面值的部分通常被称为**赎回溢价**（call premium）。这种溢价补偿了债券持有者承担的债券被赎回的风险；对于发行人而言，它是赎回债券的成本。

赎回特征让发行人可以在利率下降时赎回未清偿债券，并以更低的利率发行新债券。当利率上升时，赎回特权不会被执行，除非为了满足偿债基金要求。当然，为了尽快卖出可赎回债券，发行人必须支付高于风险相同的不可赎回债券的利率，以补偿债券持有者承担的债券被赎回的风险。

债券偶尔附有认股权证作为"甜头"，使其对潜在买方更有吸引力。**认股权证**（stock purchase warrants）是赋予持有者在特定时期以规定价格购买特定数量发行人普通股的权利的工具。附有认股权证的债券通常让发行人可以支付稍低于不附有认股权证时的息票利率。

债券收益率

债券收益率常用于评估债券在给定时期（通常为1年）内的表现。由于衡量债券收益率的方法有很多种，因此了解常用的收益率指标很重要。三种最常提到的债券收益率为：(1) 当期收益率；(2) 到期收益率（YTM）；(3) 赎回收益率（YTC）。每种收益率都提供了特有的债券收益率指标。

最简单的收益率指标为**当期收益率**（current yield），即年利息除以当前价格。例如，面值为1 000美元、息票利率为8%、当前售价为970美元的债券的当期收益率为8.25%［=（0.08×1 000美元）÷970美元］。该指标表示债券当年的现金收益率。然而，由于当期收益率忽略了债券价值变化，因此它衡量的不是总收益率。正如我们将在本章后面看到的，到期收益率和赎回收益率衡量的都是总收益率。

债券价格

由于多数公司债券都由机构投资者例如银行、保险公司和共同基金而不是个人投资者持有，因此个人无法获得现成的债券评级和价格数据。表6.2显示了五家公司的部分债券数据，这五家公司用A至E表示。先来看公司C的债券，我们看到这只债券的息票利率为5.200%，到期日为2017年1月15日。这些数据定义了公司C发行的一只债券（公司的未清偿债券可能多于一只）。价格表示债券当天交易的最终价格。

尽管多数公司债券都是以面值（1 000 美元）发行的，但所有债券都是以面值的百分比报价。面值为 1 000 美元、报价为 94.007 的债券价格为 940.07 美元（＝94.007%×1 000美元）。公司债券的价格单位为美元和美分。因此，公司 C 的债券报价为 103.143 意味着它的报价为 1 031.43 美元（＝103.143%×1 000 美元）。

表 6.2 **部分债券的数据**

公司	息票利率	到期日	报价	收益率（YTM）
公司 A	4.125%	2014 年 11 月 15 日	998.521	4.28%
公司 B	4.000%	2039 年 10 月 31 日	94.007	4.54%
公司 C	5.200%	2017 年 1 月 15 日	103.143	4.34%
公司 D	3.150%	2020 年 1 月 15 日	95.140	3.96%
公司 E	3.850%	2015 年 1 月 14 日	100.876	3.40%

表 6.2 的最后一列表示债券的到期收益率，它是购买债券并持有至到期时将获得的年复利收益率。（到期收益率将在本章后面详细讨论。）

债券评级

穆迪、惠誉和标准普尔等独立机构评估公开交易债券的风险程度。这些机构使用财务比率和现金流分析评估债券支付利息和偿还本金的可能性，从而得出债券评级。表 6.3 总结了穆迪与标准普尔的债券评级。与债券评级机构相关的道德讨论见“道德焦点”专栏。

表 6.3 **穆迪与标准普尔的债券评级**

穆迪	解释	标准普尔	解释
Aaa	最高质量	AAA	投资级
Aa	高级	AA	
A	中高级	A	
Baa	中级	BBB	
Ba	中低级或投机级	BB	投机级
		B	
B	投机级		
Caa	非常投机级	CCC	
Ca	接近或已经违约级	CC	
C	最低级	C	收益债券
		D	违约

注：一些评级可能经过修正，以反映在评级大类中的相对位置；例如，穆迪使用数字修饰符（1、2、3），而标准普尔使用加（＋）减（－）符号。

资料来源：穆迪投资者服务公司和标准普尔公司。

道德焦点

我们可以相信债券评级机构吗？

实务 穆迪投资者服务、标准普尔和惠誉评级在金融市场上发挥着重要作用。这些信用评级机构评估信用工具（例如债券）并给出评级。在历史上，高评级债券几乎总能按期偿还，而低评级、更投机的“垃圾”债券的违约率要高得多。机构评级对公司外部筹资成本和投资者对固定收益投资的估价有直接影响。

最近，评级机构由于其在次贷危机中的作用而备受批评。评级机构对复杂证券的评级没有反映出基础投资的真实风险。例如，向信用不佳和没有收入记录的借款人发放的抵押贷款支持证券常常得到投资级评级，这意味着违约概率几乎为零。然而，当房价开始在2006年下跌时，高风险抵押贷款支持证券开始违约，包括许多投资级证券。

为何评级机构对这些证券给出如此高的评级尚不完全清楚。评级机构相信复杂的金融工程可以从高风险的抵押贷款创造出投资级证券吗？评级机构了解它们评级的证券吗？它们是否受到了证券发行人（向评级机构支付费用的恰恰也是证券发行人）的不正当影响？显然，评级机构中的一些人有嫌疑。2006年12月，在标准普尔同事之间的一封电子邮件中，一个工作人员声称：“但愿纸牌屋倒塌时我们都足够富有而且已经退休。”

- 发行债券的公司也是付款请评级机构为债券评级的公司，这可能引起什么道德问题？

a. http://oversight.house.gov/images/stories/Hearings/Committee_on_Oversight/E-mail_from_Belinda_Ghetti_to_Nicole_Billick_et_al._December_16_2006.pdf.

通常债券质量和债券必须向债券持有者提供的收益率之间存在逆向关系：高质量（高评级）债券提供的收益率低于低质量（低评级）债券，反映出贷款人的风险—收益权衡。当考虑债券融资时，财务经理必须考虑债券的预期评级，因为这些评级影响债券的销路和成本。

常见债券类型

债券可以按多种方法分类。这里，我们将其分为传统债券（存在已久的基本债券类型）和现代债券（新出现的创新型债券）。表6.4按主要特征和贷款人索偿权的优先顺序总结了传统债券类型。注意，前三种债券——**信用债券**（debenture）、**次级信用债券**（subordinated debenture）和**收益债券**（income bond）——是无担保债券，而后三种债券——**抵押贷款债券**（mortgage bond）、担保信托债券（collateral trust bond）和设备信托凭证（equipment trust certificate）——是有担保债券。

表6.4　贷款人对传统债券类型的索偿权的特征与优先顺序

债券类型	特征	贷款人索偿权的优先顺序
无担保债券		
信用债券	只有信誉高的公司能发行的无担保债券。可转换债券通常为信用债券	索偿权与一般债权人相同。可能附带其他无担保次级债券
次级信用债券	直到完全满足持有特定（高级）债务的债权人的索偿权后才能得到满足的索偿权	普通债权人的索偿权，优先顺序在高级债务索偿权之后
收益债券	只有可以获得收益时才需要支付利息。通常在破产公司重组时发行	普通债权人的索偿权。遗漏支付利息不算违约，因为只有可以获得收益时才需要支付利息

续前表

债券类型	特征	贷款人索偿权的优先顺序
有担保债券		
抵押贷款债券	由房地产或建筑物担保	索偿权基于出售抵押贷款支持资产的收入；如果索偿权没有完全得到满足，贷款人将成为一般债权人。必须在向抵押贷款持有者分配收入之前完全满足一级抵押贷款索偿权，以此类推。可以对同一担保品发行多笔抵押贷款
担保信托债券	由发行人所有的股票和（或）债券担保。担保品价值通常比债券价值高 25%～35%	索偿权基于股票和（或）债券担保品的收入。如果索偿权没有完全得到满足，贷款人将成为一般债权人
设备信托凭证	用于为“所有运输工具”融资，例如飞机、卡车、游艇、火车。受托人用出售信托凭证的收入购买资产，然后将其租赁给公司；后者按期支付完最后一笔租金时获得资产所有权。租赁的一种	索偿权基于资产销售收入。如果收入无法偿还未清偿债务，信托凭证贷款人将成为一般债权人

表 6.5 介绍了五种现代债券的主要特征，它们是**零息（或低息）债券**（zero-(or low-) coupon bond）、**垃圾债券**（junk bond）、**浮动利率债券**（floating-rate bond）、**可展期票据**（extendible note）和**可回售债券**（putable bond）。这些债券有些是无担保债券，有些是有担保债券。近年来的市场条件和投资者偏好变化进一步刺激了债券融资创新，并可能继续形成刺激。

表 6.5　　现代债券类型的特征

债券类型	特征[a]
零息（或低息）债券	息票利率（票面利率）为零或非常低，并以面值的很大折扣出售的债券。投资者收益的一大部分（或全部）来自价值收益（也就是说，面值减去买价）。通常可以按面值赎回
垃圾债券	穆迪评级为 Ba 级或以下或者标准普尔评级为 BB 级或以下的债券。通常被迅速成长的公司用于获得增长资本，是并购和接管的最常见融资方式。高风险债券的收益率通常比最高质量的公司债券高 2%～3%
浮动利率债券	票面利率在规定范围内根据特定货币市场利率或资本市场利率定期调整。当未来通货膨胀率和利率不确定时尤为受欢迎。往往以接近面值的价格出售，因为它会根据变化的市场条件自动调整。有些债券可以让债券持有者选择每年按面值赎回
可展期票据	短期债券，期限通常为 1～5 年，持有者可以选择展期类似期限。类似于浮动利率债券。这种债券可能是一系列总时间跨度为 15 年的 3 年期可展期票据；这些票据每 3 年可以展期 3 年，并在展期时根据市场利率规定有竞争力的新利率
可回售债券	持有者可以选择在发行后特定日期或公司采取特定行为（例如被收购、收购其他公司或增发大额债务）后每 1～5 年以面值（通常为 1 000 美元）赎回的债券。由于它授予了在特定时间或公司采取特定行为时“回售债券”的权利，因此这种债券的收益率低于不可回售债券

a. 贷款人（即债券持有者）对每类债券发行人的索偿权不同，这取决于债券的其他特征。每只债券都可能是无担保债券，也可能是有担保债券。

国际债券

公司和政府通过在两种主要金融市场上发行债券进行国际借款：欧洲债券市场和外国债券市场。这两种市场都给了借款人快速获得大额长期债务融资的机会，这种债务由他们选择的货币标价，偿还条件灵活。

欧洲债券（Eurobond）是由国际借款人发行，卖给债券标价货币国以外国家的投资者的债券。例如，美国公司发行，出售给比利时投资者的美元债券。自从欧洲货币市场 20 世纪 60 年代建立到 20 世纪 80 年代中期，“蓝筹”美国公司都是最大一类欧洲债券发行人。这些公司中的一部分可以按低于美国国债利率的利率在欧洲债券市场上借款。随着市场变得成熟，发行人可以选择他们借入的货币，欧洲和日本借款人开始占据显著地位。最近，欧洲债券市场的借款人构成、总发行量和标价货币的均衡程度明显提高。

相对而言，**外国债券**（foreign bond）是由外国公司或政府发行，用投资者母国货币标价，并在投资者母国市场上销售的债券。美国公司在瑞士发行的瑞士法郎债券就是外国债券的一个例子。三个最大的外国债券市场是日本、瑞士和美国。

复习题

6—6　公司债券的典型期限、计价货币和利息支付方式是什么？保护债券持有者的机制是什么？

6—7　请区别债券契约中的标准债务条款和限制性条款。如果债券发行人违反了这些条款，将有什么后果？

6—8　债券融资成本通常与短期借款有什么关系？除了债券期限，还有什么因素影响发行人的成本？

6—9　什么是转换特征？什么是赎回特征？什么是认股权证？

6—10　什么是债券的当期收益率？债券如何报价？债券如何评级？为什么？

6—11　请比较欧洲债券和外国债券的基本特征。

6.3　估值基础

估值（valuation）是将风险与收益联系起来以确定资产价值的过程。这是一个相对简单的过程，可以用于估计债券、股票、收益性财产、油田等的预期收益流。为了确定给定时点的资产价值，财务经理可以使用第五章介绍的货币时间价值方法和第八章将要介绍的风险和收益概念。

关键变量

估值过程有三个关键变量：（1）现金流（收益）；（2）时间；（3）风险指标。它们决定了必要收益率。下面将依次介绍这些变量。

现金流（收益）

任何资产的价值都取决于它预期在持有期内提供的现金流。资产要拥有价值，不一定必须提供年现金流，也可以提供间歇现金流，甚至在整个期间内只提供一笔现金流。

个人理财案例 6.4

西莉亚·萨金特（Celia Sargent）希望估计她正在考虑投资的三种资产的价值：迈克尔斯公司（Michaels Enterprises）的普通股、一个油田的权益和一幅著名艺术家的原画。她对每笔投资的现金流估计如下：

迈克尔斯公司的股票 预期每年得到 300 美元现金股利，直到永远。

油田 预期第 1 年年末得到 2 000 美元现金流，第 2 年年末得到 4 000 美元，第 4 年年末出售油田，得到 10 000 美元。

原画 预期 5 年后能以 85 000 美元的价格出售画作。

有了这些现金流估计，西莉亚已经向为每种资产估值迈出了第一步。

时间

除了进行现金流估计，我们还必须知道现金流产生的时间。① 例如，西莉亚预期油田在第 1 年年末、第 2 年年末和第 4 年年末分别产生 2 000 美元、4 000 美元和 10 000 美元的现金流。该现金流组合及其产生时间完全可以反映出这项资产的预期收益。

风险与必要收益率

与给定现金流相关的风险水平可能显著影响其价值。通常，现金流的风险越高（即越不确定），其价值就越低。在估值分析中反映较高风险的方法是使用较高的必要收益率或贴现率。风险越高，必要收益率就越高，风险越低，必要收益率就越低。

个人理财案例 6.5

让我们回到西莉亚·萨金特为原画估值的任务上来，并考虑两种情境。

情境 1：确定性 一家大型艺术画廊已经签约在 5 年后以 85 000 美元的价格购买这幅画作。由于这份合约被视为确定情况，因此西莉亚将这项资产看作“银行里的钱”。因此，她使用现行无风险利率 3%作为必要收益率，计算画作的价值。

情境 2：高风险 这位艺术家的原画的价值在过去 10 年波动很大。尽管西莉亚预期能以 85 000 美元的价格卖出画作，但她意识到售价在 5 年中可能在 30 000～140 000 美元之间波动。由于画作的价值高度不确定，西莉亚认为适当的必要收益率为 15%。

对适当必要收益率的这两个估计值说明了利率如何体现风险。很明显，这种估计通常是主观的。

---

① 尽管现金流可能发生在一年中的任何时间，但为了计算方便和尊重惯例，除非专门指出，我们均假设现金流发生在年末。

基本估值模型

简单地说，资产价值是预期在相关时期内提供的所有未来现金流的现值。这段时期可能是任何长度，甚至是永远。因此，资产价值是通过将补偿资产风险的必要收益率作为适当贴现率，将预期现金流贴现回现值计算出来的。使用第五章说明的现值方法，我们可以将任何资产在时点 0 的价值 V_0 表示为：

$$V_0=\frac{CF_1}{(1+r)^1}+\frac{CF_2}{(1+r)^2}+\cdots+\frac{CF_n}{(1+r)^n} \tag{6.4}$$

其中，

V_0＝资产在时点 0 的价值

CF_t＝预期在第 t 年年末产生的现金流

r＝适当的必要收益率（贴现率）

n＝相关时期

我们可以用式（6.4）计算任何资产的价值。

[IRF] 个人理财案例 6.6

西莉亚·萨金特使用式（6.4）计算每种资产的价值。她使用式（5.7）估计迈克尔斯公司股票的价值，该式说明，永续年金的现值等于年支付额除以必要收益率。迈克尔斯公司股票的年现金流为 300 美元，西莉亚认为这笔投资的适当贴现率为 12%。因此，她对迈克尔斯公司股票价值的估计为：

300 美元÷0.12＝2 500 美元

接下来，西莉亚为油田投资估值，她认为这是三笔投资中风险最高的一笔。使用 20% 的必要收益率，西莉亚估计油田的价值为：

$$\frac{2\,000\text{ 美元}}{(1+0.20)^1}+\frac{4\,000\text{ 美元}}{(1+0.20)^2}+\frac{10\,000\text{ 美元}}{(1+0.20)^4}=9\,266.98\text{ 美元}$$

最后，西莉亚以 15% 的贴现率贴现 5 年后的预期一次性收入 85 000 美元，估计出画作的价值为：

$$85\,000\text{ 美元}\div(1+0.15)^5=42\,260.02\text{ 美元}$$

注意，不管资产的预期现金流是何种模式，都可以用基本估值公式计算其价值。

复习题

6—12　为什么财务经理了解估值过程很重要？

6—13　估值过程的三个重要变量是什么？

6—14　估值过程只适用于提供年现金流的资产吗？请说明原因。

6—15　请定义并写出资产价值 V_0 的一般公式。

6.4　债券估值

基本估值公式可以用于估计债券、普通股和优先股等特定证券的价格。我们在本章中介绍债券估值，并将在第七章中讨论对普通股和优先股的估值。

债券基础

正如本章之前所提到的，债券是公司和政府用来筹集大额资金的长期债务工具，筹资对象通常是各种贷款人。多数公司债券都是以规定的息票利率每半年付息一次（每 6 个月付息一次），初始期限为 10～30 年，面值为 1 000 美元，必须在到期时偿还。

例 6.7

米尔斯公司（Mills Company）是一家大型国防承包商，2014 年 1 月 1 日，该公司发行了一笔息票利率为 10%、面值为 1 000 美元、每年付息一次的 10 年期债券。按照合同，购买这种债券的投资者有获得两笔现金流的权利：（1）在每年年末获得 100 美元的年利息（=10%的息票利率×1 000 美元面值）；（2）在第 10 年年末获得 1 000 美元面值。

我们将用米尔斯公司的债券数据考察基本债券估值过程。

基本债券估值

债券的价值是发行人按照合同从现在到债券到期时必须支付的所有金额的现值。债券价值 B_0 的基本模型如下：

$$B_0 = I \times \sum_{t=1}^{n} \frac{1}{(1+r_d)^t} + M \times \frac{1}{(1+r_d)^n} \tag{6.5}$$

其中，

B_0＝时点 0 的债券价值

I＝支付的年利息

n＝距到期的年数

M＝面值

r_d＝债券的必要收益率

我们可以用式（6.5）、财务计算器或电子表格计算债券价值。

[IRF] 个人理财案例 6.8

蒂姆·桑切斯（Tim Sanchez）希望计算米尔斯公司债券的现值。假设米尔斯公司的债券按年支付利息，必要收益率等于债券的息票利率，I＝100 美元，r_d＝10%，M＝

1 000美元，n=10 年。

下列时间线用图形说明了计算债券价值的过程。

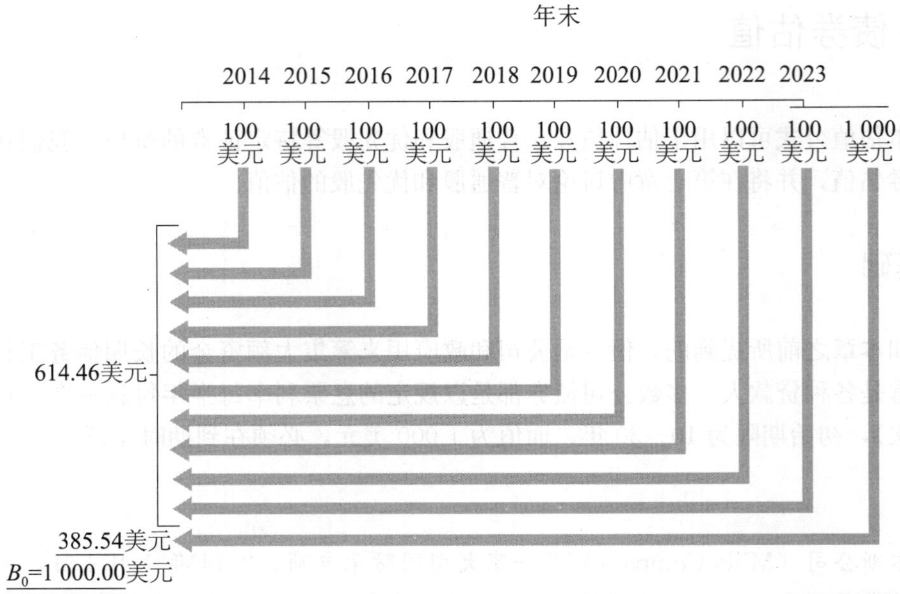

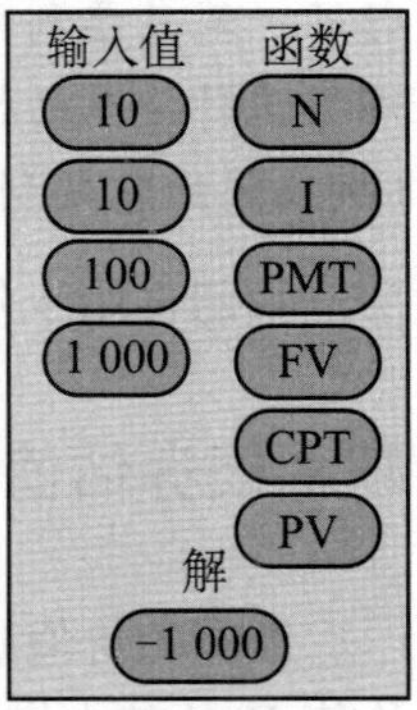

使用计算器 使用右侧显示的米尔斯公司的数据，你可以计算出债券价值恰好为1 000美元。注意，计算出的债券价值等于债券面值，当必要收益率等于息票利率时，情况总是如此。①

使用电子表格 米尔斯公司的债券价值也可以按照下列电子表格显示的方法计算。

	A	B
1	每年付息一次的债券估值	
2	面值	1 000 美元
3	息票利率	10%
4	年利息支付额	100 美元
5	必要收益率	10%
6	距到期的年数	10
7	债券价值	−1 000.00 美元
单元格 B7 中的输入值=PV(B3，B6，B4，B2，0)。 B7 中的 1 000.00 美元前面为负号，因为债券价格是投资者的成本。		

① 注意，由于债券连续支付利息，因此债券报价和交易价格反映了它们的价值加上应计利息。例如，面值为1 000美元、息票利率为10%、每半年付息一次、计算出的价值为900美元的债券在每6个月月末支付50美元的利息。如果现在是计息期开始3个月后，应计利息为50美元利息的3/6，即25美元（=3/6×50美元）。因此，该债券的报价应为925美元：900美元的价值加上25美元应计利息。为方便起见，本书假设债券价值都是在计息期开始时计算的，因而避免了考虑应计利息的需要。

债券价值表现

在现实中，市场上的债券价值很少等于债券面值。在债券数据（见表 6.2）中你可以看到，债券价格通常不同于面值 100（面值的 100%，即 1 000 美元）。一些债券的价值低于面值（当期价格低于 100），另一些债券的价值高于面值（当期价格高于 100），经济中的各种力量以及时间的推移都会影响价值。尽管这些外部力量不受债券发行人或投资者的控制，但它有助于理解必要收益率和到期时间对债券价值的影响。

必要收益率和债券价值

只要债券的必要收益率不同于债券的息票利率，债券价值就不同于息票面值。必要收益率可能不同于息票利率，是因为：(1) 债券发行以后经济条件发生了变化，导致资金成本变化；(2) 公司风险发生了变化。资金成本或风险的上升将提高必要收益率；资金成本或风险的下降将减少必要收益率。

不管确切原因为何，重要的是必要收益率和息票利率之间的关系：当必要收益率高于息票利率时，债券价值 B_0 将小于债券面值 M。在这种情况下，债券被称为按**折价**（discount）出售，该价格等于 $M-B_0$。当必要收益率跌至息票利率以下时，债券价值将大于债券面值。在这种情况下，称债券按**溢价**（premium）出售，该价格等于 B_0-M。

[IRF] 例 6.9

上例表明，当必要收益率等于息票利率时，债券价值等于 1 000 美元的面值。如果同一只债券的必要收益率升至 12%或降至 8%，那么可以用式（6.5）或者如下方法计算每种情况下的债券价值。

使用计算器 使用下方计算器显示的两种不同的必要收益率，你将算出低于面值或高于面值的债券价值。当必要收益率为 12%时，债券将以 113.00 美元（=1 000 美元的面值−887.00美元的价值）的折价出售。当必要收益率为 8%时，债券将以 134.20 美元（=1 134.20美元的价值−1 000 美元的面值）的溢价出售。表 6.6 总结了米尔斯公司债券价值的这些计算结果，图 6.4 用图形进行了说明。图中清楚显示了债券价值与必要收益率的逆向关系。

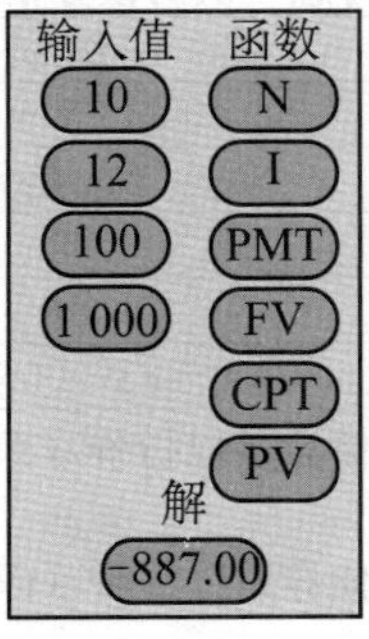

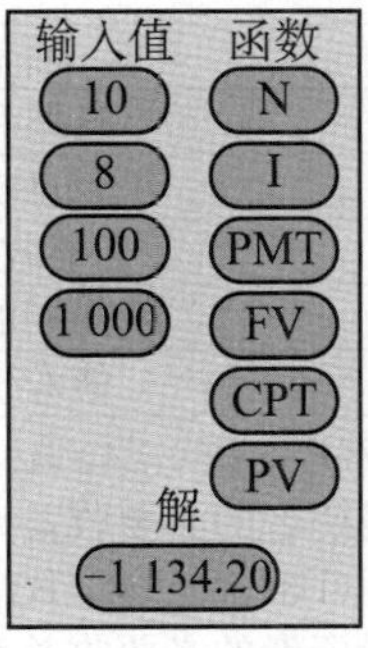

表 6.6　不同必要收益率下的债券价值（米尔斯公司的息票利率为 10%、期限为 10 年、面值为 1 000 美元、发行日期为 2014 年 1 月 1 日、每年付息一次的债券）

必要收益率 r_d	债券价值 B_0	状态
12%	887.00 美元	折价
10%	1 000.00 美元	平价
8%	1 134.20 美元	溢价

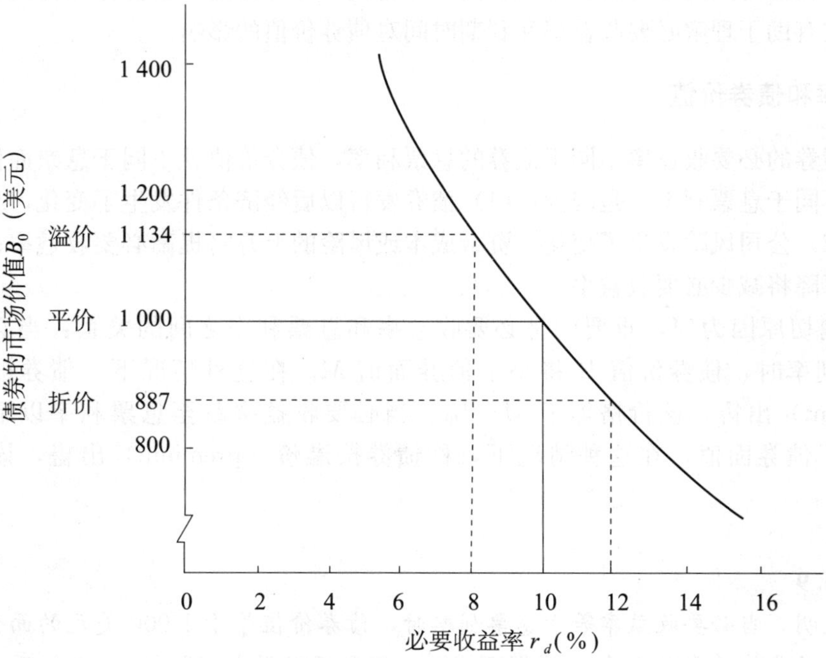

图 6.4　债券价值与必要收益率

债券价值与必要收益率（米尔斯公司债券的息票利率为 10%、期限为 10 年、面值为 1 000 美元、发行日期为 2014 年 1 月 1 日、每年付息一次）

使用电子表格　还可以按下列 Excel 电子表格显示的方法计算必要收益率为 12% 和 8% 时米尔斯公司的债券价值。一旦做好了电子表格，你就可以通过改变输入值比较任意两种必要收益率下的债券价值。

	A	B	C
1	每年付息一次的债券估值		
2	面值	1 000 美元	1 000 美元
3	息票利率	10%	10%
4	年利息支付额	100 美元	100 美元
5	必要收益率	12%	8%
6	距到期的年数	10	10
7	债券价值	−887.00 美元	−1 134.20 美元

单元格 B7 中的输入值＝PV(B3，B6，B4，B2，0)。注意，债券是以折价（即低于面值的价格）交易的，因为债券的息票利率低于投资者的必要收益率。

单元格 C7 中的输入值＝PV(B3，B6，B4，B2，0)。注意，债券是以溢价（即高于面值的价格）交易的，因为债券的息票利率高于投资者的必要收益率。

到期期限与债券价值

只要必要收益率不同于息票利率，到期期限就会影响债券价值。另外一个因素是必要收益率在债券期限内是固定的还是变化的。

固定的必要收益率 当必要收益率不同于息票利率且在债券期限内固定时，债券价值将随着临近到期而逐渐接近面值。(当然，当必要收益率等于息票利率时，债券价值将保持为面值，直至到期。)

例 6.10

图 6.5 显示了之前计算的债券价值表现，表 6.6 描述了米尔斯公司的息票利率为 10%、每年付息一次、还有 10 年到期的债券。假设三种必要收益率——12%、10%、8%——在 10 年中均保持固定，直到债券到期。当必要收益率为 12%和 8%时，随着折价（当必要收益率为 12%时）或溢价（当必要收益率为 8%时）逐渐减小，债券价值将接近并在到期时最终等于债券的面值 1 000 美元。

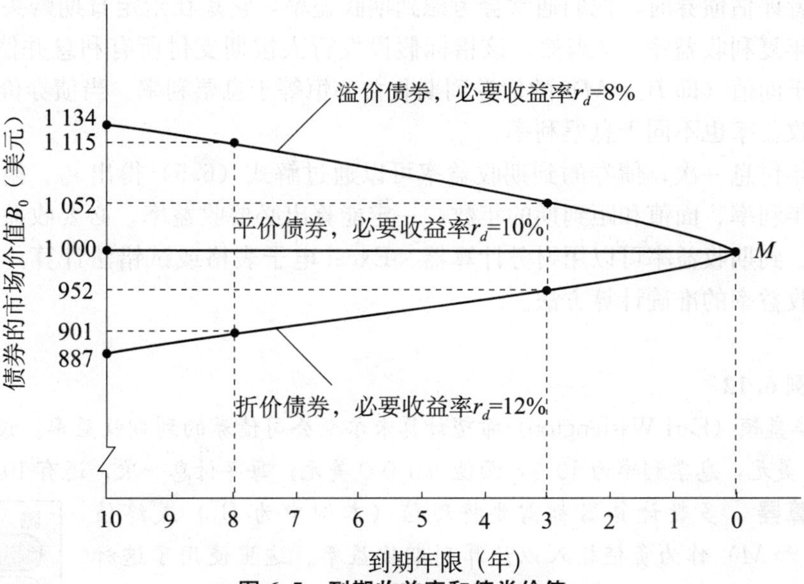

图 6.5 到期收益率和债券价值

到期期限、必要收益率和债券价值的关系（米尔斯公司债券的息票利率为 10%、期限为 10 年、面值为 1 000 美元、发行日期为 2014 年 1 月 1 日、每年付息一次）

变化的必要收益率 利率变化从而改变必要收益率和债券价值的可能被称为**利率风险**(interest rate risk)。① 债券持有者通常更关心利率上升，因为当利率上升时，必要收益率也会上升，导致债券价值下降。债券距到期的时间越短，市场价值对给定的必要收益率变化就

---

① 衡量债券对利率变化敏感性的一个更可靠的指标是久期。久期衡量了债券价格对利率变化的敏感性。它将利率（息票利率）和到期期限包含在一个统计数字中。久期是债券尚需支付的所有合同现金流现值的加权平均期限。久期用年表示，因此如果利率上升 1%，久期为 5 年的债券价值将下降 5%；如果利率下降 1%，久期为 5 年的债券价值将上升 5%。

越不敏感。换言之，当其他所有条件（息票利率、面值和付息频率）都相同时，期限短的债券比期限长的债券利率风险更低。由于时间价值的计算原理，这段话是正确的；在给定的贴现率（必要收益率）变化下，短期现金流的现值变化远远小于长期现金流的现值变化。

例 6.11

必要收益率变化对具有不同期限的债券的影响可以用米尔斯公司的债券和图 6.5 来说明。如果必要收益率从 10%升至 12%，债券还有 8 年到期（见 8 年时点上的虚线），债券价值将从 1 000 美元降至 901 美元，跌幅为 9.9%。如果在只有 3 年到期的情况下必要收益率发生相同的变化（见 3 年时点上的虚线），债券价值将仅跌至 952 美元，跌幅仅为 4.8%。从必要收益率下降时的债券价值变化中也能看到类似的反应。到期期限越短，给定收益率变化对债券价值的影响就越小。

到期收益率

当投资者评估债券时，他们通常会考虑到期收益率，它是在给定日期购买并持有至到期的债券的年复利收益率。（当然，该指标假设发行人按期支付所有利息并偿还本金。）① 当期价格等于面值（即 $B_0=M$）的债券到期收益率恒等于息票利率。当债券价值不同于面值时，到期收益率也不同于息票利率。

假设每年付息一次，债券的到期收益率可以通过解式（6.5）得出 r_d。换言之，已知当期价值、年利率、面值和距到期的年数，一定能算出必要收益率。必要收益率是债券的到期收益率。到期收益率可以用财务计算器、Excel 电子表格或试错法计算。计算器是最省力的到期收益率的准确计算方法。

个人理财案例 6.12

厄尔·华盛顿（Earl Washington）希望计算米尔斯公司债券的到期收益率。该债券现在的售价为 1 080 美元，息票利率为 10%，面值为 1 000 美元，每年付息一次，还有 10 年到期。

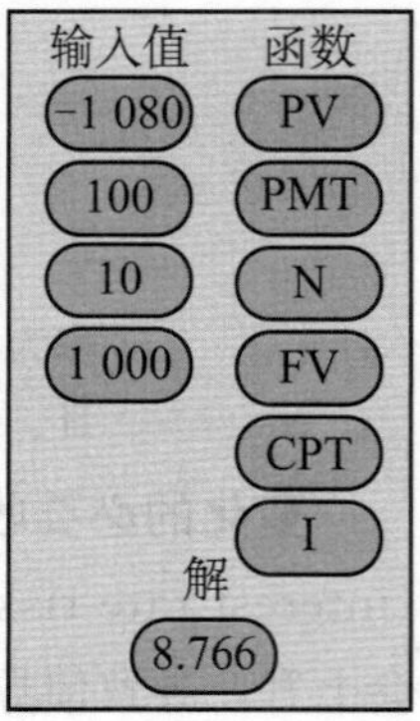

使用计算器 多数计算器都需要将现值（本例中为 B_0）或终值（本例中为 I 和 M）作为负值输入以计算到期收益率。这里使用了这种方法。使用右侧计算器界面显示的输入值，你将算出到期收益率为 8.766%。

使用电子表格 米尔斯公司债券的到期收益率也可以按下页的 Excel 电子表格显示的方法计算。首先，输入债券的所有现金流。注意，你首先将债券价格作为现金流出（负数）输入。换言之，投资者必须在接下来 10 年在得到现金流之前支付债券价格。接下来，使用 Excel 的内部收益率函数。该函数计算出令一系列现金流的现值等于零的贴

① 许多债券都有赎回特征，它表示如果发行人在一段时期后赎回债券，它们将可能不会存续至到期。由于债券通常不能在特定未来日期之前赎回，因此投资者通常会计算赎回收益率（YTC）。赎回收益率表示投资者以特定价格购买可赎回债券并持有至赎回，得到高于债券面值的赎回价格时获得的收益率。这里，我们的重点是更一般的到期收益率指标。

现率。在本例中，当所有现金流的现值等于零时，现金流入（利息与本金）的现值等于现金流出的现值（债券的初始价格）。换言之，我们用内部收益率函数计算出债券的到期收益率，即令债券价格等于现金流现值的贴现率。

由于典型的债券利息支付形成了年金，因此你可以用 Excel 进一步简化计算债券到期收益率的工作。下面第二个表显示了如何在 Excel 中使用 RATE 函数计算债券的到期收益率。

	A	B
1	到期收益率	
2	年份	现金流
3	0	−1 080 美元
4	1	100 美元
5	2	100 美元
6	3	100 美元
7	4	100 美元
8	5	100 美元
9	6	100 美元
10	7	100 美元
11	8	100 美元
12	9	100 美元
13	10	1 100 美元
14	YTM	8.766%

单元格 B14 中的输入值＝IRR(B3:B13)。

	A	B
1	到期收益率	
2	面值	1 000 美元
3	息票利率	10.0%
4	年利息支付次数	1
5	利息支付额	100.00 美元
6	距到期的年数	10
7	债券的当期价值	−1 080.00 美元
8	债券的到期收益率	8.766%

单元格 B8 中的输入值＝RATE(B6 * B4，B5，B7，B2，0)。

半年付息与债券价值

除了这里我们要计算的是现值而不是终值，每半年付息一次的债券估值程序类似于第五章中复利频率高于每年一次的现金流估值程序。涉及的变化如下：

(1) 将年利率 I 转换为半年利率，即用 I 除以 2。

(2) 将距到期的年数 n 转换为期限长度为 6 个月时距到期的期数，即用 n 乘以 2。

（3）将同为半年付息一次的类似风险债券的必要（而非实际）[①] 年收益率 r_d 转换为半年收益率，即用 r_d 除以 2。

将这三项变化代入式（6.5），得到：

$$B_0 = \frac{I}{2} \times \sum_{t=1}^{2n} \frac{1}{\left(1+\frac{r_d}{2}\right)^t} + M \times \frac{1}{\left(1+\frac{r_d}{2}\right)^{2n}} \tag{6.6}$$

[IRF] 例 6.13

假设米尔斯公司的债券每半年付息一次，具有类似风险、每半年付息一次的债券的必要年收益率 r_d 为 12%，将这些值代入式（6.6），得到：

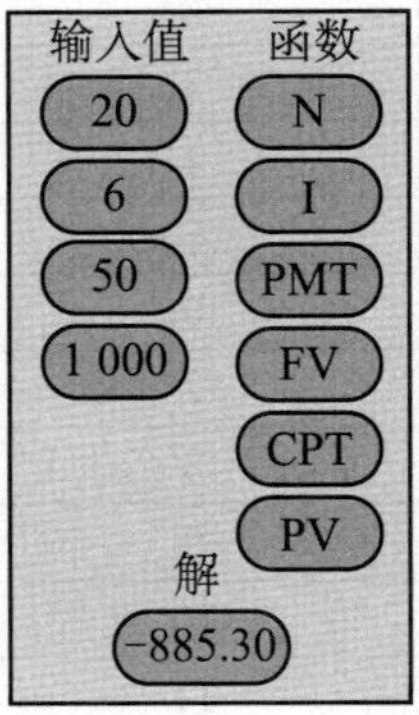

$$B_0 = \frac{100\text{ 美元}}{2} \times \sum_{t=1}^{20} \frac{1}{\left(1+\frac{0.12}{2}\right)^t} + 1\,000\text{ 美元} \times \frac{1}{\left(1+\frac{0.12}{2}\right)^{20}}$$

$$= 885.30\text{ 美元}$$

使用计算器 当使用计算器计算每半年付息一次的债券价值时，我们必须将期数翻倍，并将必要年收益率和年利息除以 2。本例中米尔斯公司的期数为 20 期（=2×10 年），必要收益率为 6%（=12%÷2），单笔利息为 50 美元（=100 美元÷2）。使用这些输入值，你将计算出每半年付息一次的债券价值为 885.30 美元，如右图所示。

使用电子表格 也可以用下列 Excel 电子表格显示的方法计算米尔斯公司每半年付息一次、必要收益率为 12%的债券价值。

	A	B
1	每半年付息一次的债券估值	
2	面值	1 000 美元
3	息票利率	10%
4	年付息次数	2
5	利息支付额	50 美元
6	必要收益率	12%
7	距到期的年数	10
8	债券价值	−885.30 美元
单元格 B8 中的输入值=PV(B6/B4，B7 * B4，B5，B2，0)。 单元格 B8 中的 885.30 美元前面为负号，因为债券价格是投资者的成本。		

① 正如我们在第五章中所示，当每半年付息一次（$m=2$）时，可以用式（5.10）计算票面利率为 r 的债券的实际年利率 EAR：

$$EAR = \left(1+\frac{r}{2}\right)^2 - 1$$

例如，必要年收益率 r_d 为 12%、每半年付息一次的债券的实际年利率为：

$$EAR = \left(1+\frac{0.12}{2}\right)^2 - 1 = 1.06^2 - 1 = 1.123\,6 - 1 = 0.123\,6 = 12.36\%$$

由于多数债券都是每半年付息一次，半年利率等于票面年利率的 50%，因此它们的实际年利率一般高于票面年利率。

请比较该结果与之前年复利情况下计算出的 887.00 美元，我们可以看到，当每半年付息一次时，债券的价值较低。当债券折价出售时，情况总是如此。溢价出售的债券情况相反：每半年付息一次的债券价值将高于每年付息一次的债券价值。

复习题

6—16 如何估计每年付息一次的债券的价值？如何估计每半年付息一次的债券的价值？

6—17 必要收益率与息票利率存在什么关系将导致债券折价出售？溢价出售？平价出售？

6—18 如果债券的必要收益率不同于息票利率，请描述债券接近到期时的债券价值表现。

6—19 作为厌恶风险的投资者，你偏好距到期时间较短的债券还是距到期时间较长的债券？为什么？

6—20 什么是债券的到期收益率？请简要描述如何使用财务计算器和 Excel 电子表格计算到期收益率。

总 结

价值焦点

利率和必要收益率体现了资金的实际成本、通货膨胀预期以及发行人和发行风险。它们反映了补偿市场参与者承担特定证券或资产投资的风险所需的收益率水平。由于这些收益率受经济预期的影响，因此它们会随着时间变化，通常随着期限的延长而升高。收益率曲线反映了任何时点上的这种市场预期。

资产的价值可以通过将必要收益率作为贴现率计算其预期现金流的现值确定。债券是最容易估值的金融资产；债券现金流的金额和时间由合同规定，因此是确定已知的（至少高评级债券是如此）。财务经理需要了解如何用估值方法计算债券、股票和有形资产的价值（我们将在后面的章节中说明），以做出与公司最大化股价目标一致的决策。

学习目标复习

目标 1 说明影响利率的基本因素、利率期限结构和风险溢价。存款人和借款人之间的资金流动受利率或必要收益率的约束。在完美、无通货膨胀的确定世界中，只有一种资金成本：实际利率。名义利率或现行利率是无风险利率与反映发行人和证券特征的风险溢价之和。无风险利率是实际利率与预期通货膨胀溢价之和。

对于任何类别的类似风险债券，利率期限结构都反映了利率或收益率与到期期限之间的关系。收益率曲线可以是向下倾斜的（倒挂的）、向上倾斜的（正常的）或平坦的。预期理论、流动性偏好理论和市场分割理论解释了收益率曲线的形状。非国债债券的风险溢价来自商业风险、金融风险、利率风险、流动性风险、税收风险、违约风险、期限风险和合同条款风险。

目标 2　考察债券融资和债券成本的法律要素。公司债券是表示公司借入某笔款项并将根据清晰定义的条件在未来偿还这笔款项的长期债务工具。多数债券的期限都在 10～30 年之间，面值为 1 000 美元。受托人执行的债券契约规定了债券的所有条件。它既包括标准债务条款，也包括限制性条款，后者可能包括偿债基金要求和（或）证券利息。发行人的债券成本取决于期限、发行规模、发行风险和基本资金成本。

目标 3　讨论公司债券的一般特征、收益率、价格、评级、常见类型和国际公司债券。债券的一般特征包括转换特征、赎回特征或认股权证。债券的收益率可以用当期收益率、到期收益率或赎回收益率衡量。债券价格通常与息票利率、到期日和到期收益率一起公布。独立机构的债券评级显示了债券的风险。市场上有各类传统债券和现代债券。欧洲债券和外国债券让信誉卓著的著名公司和政府可以在国际上大量借款。

目标 4　了解债券估值过程中使用的主要数据和基本模型。估值过程使用的主要数据包括现金流（收益）、时间、风险和必要收益率。资产的价值等于该资产预期在相关时期内提供的所有未来现金流的现值。

目标 5　将基本估值模型应用于债券，并描述必要收益率和到期期限对债券价值的影响。债券价值是利息支付的现值加上面值的现值。用于确定债券价值的贴现率是必要收益率，它可能不同于债券的息票利率。债券可能按折价、平价或溢价出售，这取决于必要收益率大于、等于还是小于息票利率。到期期限影响债券价值。随着债券临近到期，债券价值将接近债券面值。利率变化从而改变必要收益率和债券价值的可能被称为利率风险。距债券到期的时间越短，债券的市场价值对给定必要收益率变化的敏感度就越低。

目标 6　说明到期收益率、它的计算方法和每半年付息一次的债券的估值程序。到期收益率是投资者以规定价格购买债券并持有至到期时获得的收益率。到期收益率可以用财务计算器或 Excel 电子表格计算。每半年付息一次的债券估值方法与每年付息一次的债券估值方法相同，除了利息支付金额为年利息支付金额的一半，期数为距到期年数的两倍，必要收益率为类似风险债券年必要收益率的一半。

自测题（答案见附录）

自测 6—1　债券估值　莱希实业（Lahey Industries）有一只息票利率为 8%、面值为 1 000 美元的债券。该债券距到期日还有 12 年。

a. 如果每年付息一次，请计算必要收益率如下时的债券价值：（1）7%；（2）8%；（3）10%。

b. 请指出在第 a 问的每种情况下，债券是按折价、溢价还是平价出售。

c. 请用 10%的必要收益率计算每半年付息一次时的债券价值。

自测 6—2　债券收益率　埃利奥特公司（Elliot Enterprises）的债券当前售价为 1 150 美元，息票利率为 11%，面值为 1 000 美元，每半年付息一次，还有 18 年到期。

a. 请计算该债券的当期收益率。

b. 请计算该债券的到期收益率。

c. 请比较第 b 问的到期收益率与债券的息票利率和当期收益率（见第 a 问的计算结果）。请比较该债券的当期价格和面值以解释这些区别。

热身练习

练习 6—1　最近有一天，具有不同期限的国债的收益率见下页表。

期限	收益率
3 个月	1.41%
6 个月	1.71%
2 年	2.68%
3 年	3.01%
5 年	3.70%
10 年	4.51%
30 年	5.25%

a. 请使用这些信息画出这天的收益率曲线。

b. 如果预期假说是正确的，那么投资者预期从现在起 5 年后偿还的 5 年期中期国债的收益率大约是多少？

c. 如果预期假说是正确的，那么投资者预期从现在起 2 年后偿还的 1 年期国债的收益率大约是多少（忽略复利）？

d. 即使本题中的收益率曲线向上倾斜，投资者是否也可能预期利率不上升？请说明原因。

练习 6—2 最近，由居民消费价格指数（CPI）衡量的年通货膨胀率预期为 3.3%。同一时期的国库券在什么情况下会出现负实际收益率？同一时期的国库券在什么情况下会出现零实际收益率？为了实现 2%的必要收益率，国库券的最低收益率必须为多少？

练习 6—3 假设可比国库券的到期收益率为 4.51%，请计算下列各类长期证券的风险溢价。

评级类别	名义利率
AAA	5.12%
BBB	5.78%
B	7.82%

练习 6—4 你有两种资产，必须根据不同的支付流和适当的必要收益率计算它们的现值。资产 1 的必要收益率为 15%，将在每年年末产生 500 美元现金流，直到永远。资产 2 的必要收益率为 10%，将在第一年年末产生 1 200 美元现金流，在第二年年末产生 1 500 美元现金流，在第三年和最后一年产生 850 美元现金流。

练习 6—5 还有 5 年到期、息票利率为 6%的债券面值为 20 000 美元，每年付息一次。如果该债券的必要收益率为 8%，那么该债券对你的价值是多少？

练习 6—6 假设 5 年期国债的息票利率为 4.5%。

a. 请举例说明按折价、溢价和平价出售债券的必要收益率。

b. 如果债券面值为 10 000 美元，请计算债券在第 a 问中选择的必要收益率下的不同价值。

习　题

习题 6—1 利率基础：实际收益率 卡尔·福斯特（Carl Foster）是一家投资银行的实习生，他希望了解投资者对现在市场的实际收益率预期。他已经查阅了 3 个月期美国国库券利率，发现它为 5.5%。他决定将居民消费价格指数的变化率作为投资者通货膨胀预期的替代指标。年化居民消费价格指数变化率现在为 3%。根据卡尔搜集的信息，他对实际收益率的估计是多少？

习题 6—2 实际利率 为了估计实际利率，山峰银行（Mountain Banks）——一家大型银行持股公司——的经济部门搜集了下表中总结的数据。由于近期很可能通过新税法，因此当前数据也反映了通过税法对资金需求可能产生的影响，见下表。(注意：法律提案不会影响资金供给计划。假设当前环境为没有通货膨胀的完美世界，资金供给者和资金需求者没有流动性偏好，所有结果都是确定的。)

资金供给金额/资金需求金额（10亿美元）	当前		税法通过后
	资金供给者要求的利率	资金需求者要求的利率	资金需求者要求的利率
1	2%	7%	9%
5	3%	6%	8%
10	4%	4%	7%
20	6%	3%	6%
50	7%	2%	4%
100	9%	1%	3%

a. 请用当期数据画出供给曲线和需求曲线。（注：与图 6.1 的函数不同，这里的函数不会显示为直线。）

b. 请使用当期数据，在画出的曲线上标出实际利率。

c. 请在第 a 问的图形中加入通过税法提案后预期出现的新需求曲线。

d. 新的实际利率是多少？请比较和分析该答案与第 b 问的答案。

个人理财习题 6—3　实际利率与名义利率　赞恩·佩雷利（Zane Perelli）现在有 100 美元，可以用来购买每件 25 美元的 polo 衫。或者，他可以将 100 美元投资于预期名义利率为 9%的无风险美国国债。著名经济学家一致预期下一年通货膨胀率为 5%。

a. 赞恩现在可以购买多少件 polo 衫？

b. 如果赞恩放弃现在购买 polo 衫，他在第 1 年年末将有多少钱？

c. 根据预期通货膨胀率，你预期 polo 衫 1 年后的价格是多少？

d. 请使用第 b 问和第 c 问的结果计算第 1 年年末赞恩可以买多少件 polo 衫（可以出现小数）。赞恩在第 1 年年末能购买的 polo 衫增加或减少了百分之多少？

e. 赞恩当年的实际收益率是多少？它是否与第 d 问中赞恩的购买力变化率有关？请说明。

习题 6—4　收益率曲线　一家公司希望评估利率变化，该公司已经搜集了五种美国国债的收益率数据，每种国债的期限都不同，并且都是同一时点的数据。下表总结了这些数据。

美国国债	到期期限	收益率
A	1 年	12.6%
B	10 年	11.2%
C	6 个月	13.0%
D	20 年	11.0%
E	5 年	11.4%

a. 请画出与这些数据相关的收益率曲线。

b. 请描述第 a 问得到的收益率曲线，并解释其中包含的一般预期。

习题 6—5　名义利率、实际利率与收益率曲线　一家公司希望评估利率变化，并已经搜集了五只美国国债的名义利率和通货膨胀预期数据，每只国债的期限不同，且都是在刚刚结束的一年中的不同时点的数据。(注：假设未来利率变化对长期债券的影响大于对短期债券的影响的风险为零。也就是说，假设没有期限风险。)下表总结了这些数据。

美国国债	时点	期限	名义利率	通货膨胀预期
A	1月7日	2年	12.6%	9.5%
B	3月12日	10年	11.2%	8.2%
C	5月30日	6个月	13.0%	10.0%
D	8月15日	20年	11.0%	8.1%
E	12月30日	5年	11.4%	8.3%

a. 请使用上述数据，计算出每个时点的实际利率。

b. 请描述年内的实际利率变化。造成这种变化的因素是什么？

c. 请画出与这些数据相关的收益率曲线，假设名义利率是在相同时点衡量的。

d. 请描述第 c 问计算出的收益率曲线，并说明其中包含的一般预期。

习题 6—6　利率期限结构　以下是三个时点的部分最高质量公司债券的收益率数据。

到期收益率（年）	收益率		
	5年前	2年前	现在
1	9.1%	14.6%	9.3%
3	9.2%	12.8%	9.8%
5	9.3%	12.2%	10.9%
10	9.5%	10.9%	12.6%
15	9.4%	10.7%	12.7%
20	9.3%	10.5%	12.9%
30	9.4%	10.5%	13.5%

a. 请在同一个坐标系中画出三个时点的收益率曲线。

b. 请在第 a 问的每条曲线上标出它的一般形状（向下倾斜、向上倾斜、平坦）。

c. 请描述三个时点上的一般利率预期。

d. 请分析 5 年前的数据。根据预期理论，投资者预期现在偿还的 5 年期债券的收益率大约是多少？

习题 6—7　无风险利率与风险溢价　当前的实际利率为 3%；通货膨胀预期和一些证券的风险溢价如下。

证券	通货膨胀预期溢价	风险溢价
A	6%	3%
B	9%	2%
C	8%	2%
D	5%	4%
E	11%	1%

a. 请计算适用于每只债券的无风险利率 R_F。

b. 尽管没有指出，但哪种因素必然是导致第 a 问中无风险利率不同的原因？

c. 请计算每只债券的名义利率。

习题 6—8　风险溢价　埃莉诺·伯恩斯（Eleanor Burns）希望计算不同公司在相同时间发行的两只债券——债券 A 和债券 B——的名义利率。她搜集了以下数据。

特征	证券 A	证券 B
到期期限	3 年	15 年
预期通货膨胀溢价	9.0%	7.0%
风险溢价：		
流动性风险	1.0%	1.0%
违约风险	1.0%	2.0%
期限风险	0.5%	1.5%
其他风险	0.5%	1.5%

a. 如果当前的实际利率为 2%，请计算每只证券的无风险利率。

b. 请计算每只证券的发行人和证券特征的总风险溢价。

c. 请计算每只证券的名义利率。请比较并讨论你的计算结果。

习题 6—9　税前支付债券利息和税后支付债券利息　查特公司（Charter Corp.）发行了总本金价值为 2 500 000 美元的 2 500 只信用债券。债券的息票利率为 7%。

a. 投资者预期每只查特公司的债券每年支付多少利息？

b. 查特公司这次发行的债券每年的总利息费用是多少？

c. 假设查特公司适用 35%的公司税税率，该公司这次发行的债券的净税后利息成本为多少？

习题 6—10　债券价格与收益率　假设金融管理公司（Financial Management Corporation）发行了面值为 1 000 美元的债券，其息票利率为 5.700%，2023 年 5 月 15 日到期，当前报价为 97.708，到期收益率为 6.034%。请根据这些信息回答下列问题：

a. 债券价格是多少？

b. 债券的当期收益率是多少？

c. 债券是按平价、折价还是溢价出售？为什么？

d. 请比较第 b 问计算出的债券当期收益率与到期收益率，并解释为什么它们会有差异。

个人理财习题 6—11　估值基础　假设你希望估计购买汽车是否合算。你预期汽车将在每年年末提供 1 200 美元的税后现金收益，并假设你可以在计划的 5 年持有期结束时卖出汽车，获得 5 000 美元税后收入。购买汽车的所有钱来自你的存款，现在存款的税后收益率为 6%。

a. 请列出为汽车估值所需的现金流、现金流产生时间与必要收益率。

b. 你愿意为购买汽车支付的最高价格是多少？请说明。

习题 6—12　资产估值　请使用下表提供的信息，计算每种资产的价值。

资产	现金流		恰当的必要收益率
	年末	金额	
A	第 1 年	5 000 美元	18%
	第 2 年	5 000 美元	
	第 3 年	5 000 美元	
B	第 1 年到永远	300 美元	15%
C	第 1 年	0 美元	16%
	第 2 年	0 美元	
	第 3 年	0 美元	
	第 4 年	0 美元	
	第 5 年	35 000 美元	

续前表

资产	现金流		恰当的必要收益率
	年末	金额	
D	第 1 年到第 5 年	1 500 美元	12%
	第 6 年	8 500 美元	
E	第 1 年	2 000 美元	14%
	第 2 年	3 000 美元	
	第 3 年	5 000 美元	
	第 4 年	7 000 美元	
	第 5 年	4 000 美元	
	第 6 年	1 000 美元	

个人理财习题 6—13　资产估值与风险　劳拉·德雷克（Laura Drake）希望估计预期在第 1～4 年每年年末提供 3 000 美元现金流入，并在第 5 年年末提供 15 000 美元现金流入的资产的价值。她的研究表明，她的低风险资产必须获得 10%的收益率，一般风险资产必须获得 15%的收益率，高风险资产必须获得 22%的收益率。

a. 请确定如果该项资产被分类为（1）低风险资产、（2）一般风险资产、（3）高风险资产，劳拉最多应该为该项资产支付多少价格？

b. 假设劳拉无法评估资产风险，并希望确保她的交易合算。根据你第 a 问的计算结果，她最多应该支付多少钱？为什么？

c. 其他所有条件都相同，风险升高对资产价值的影响是什么？请根据你第 a 问的计算结果进行说明。

习题 6—14　基本债券估值　复杂系统公司（Complex Systems）有一只面值为 1 000 美元、息票利率为 12%的未清偿债券。该债券每年付息一次，距到期日还有 16 年。

a. 如果类似风险债券现在的收益率为 10%，复杂系统公司债券现在的售价应为多少？

b. 请描述类似债券的息票利率低于复杂系统公司债券的息票利率的两个可能原因。

c. 如果必要收益率为 12%而非 10%，那么复杂系统公司债券的当前价值为多少？请比较该结果与第 a 问的结果，并进行讨论。

习题 6—15　债券估值：年利息　请计算下表中每只债券的价值，所有债券都是每年付息一次。

债券	面值	息票利率	距到期的年数	必要收益率
A	1 000 美元	14%	20	12%
B	1 000 美元	8%	16	8%
C	100 美元	10%	8	13%
D	500 美元	16%	13	18%
E	1 000 美元	12%	10	10%

习题 6—16　债券价值与变化的必要收益率　中土公用事业公司（Midland Utilities）有一只面值为 1 000美元、12 年后到期的未清偿债券。该债券的息票利率为 11%，每年付息一次。

a. 请计算必要收益率为（1）11%、（2）15%、（3）8%时的债券价值。

b. 请根据第 a 问的答案画出"必要收益率（x 轴）—债券市场价值（y 轴）"曲线。

c. 请使用第 a 问和第 b 问的答案讨论债券息票利率、必要收益率和债券市场价值与面值之比的关系。

d. 导致必要收益率不同于息票利率的两个可能原因是什么？

个人理财习题 6—17　债券价值与时间：变化的必要收益率　林恩·帕森斯（Lynn Parsons）正在考

虑投资于两只未清偿债券之一。两只债券均是面值为 1 000 美元、息票利率为 11%、每年付息一次。债券 A 恰好还有 5 年到期，债券 B 还有 15 年到期。

a. 请计算必要收益率为（1）8%、（2）11%、（3）14%时债券 A 的价值。

b. 请计算必要收益率为（1）8%、（2）11%、（3）14%时债券 B 的价值。

c. 请根据第 a 问和第 b 问的答案填写下表，并讨论到期期限和变化的必要收益率之间的关系。

必要收益率	债券 A 的价值	债券 B 的价值
8%	?	?
11%	?	?
14%	?	?

d. 如果林恩希望最小化利率风险，她应该购买哪只债券？为什么？

习题 6—18　到期收益率　债券的到期收益率与息票利率之间的关系可以用于预测价格水平。请说明下列每只债券的债券价格是溢价、平价还是折价。

债券	息票利率	到期收益率	价格
A	6%	10%	___
B	8%	8%	___
C	9%	7%	___
D	7%	9%	___
E	12%	10%	___

个人理财习题 6—19　债券估值与到期收益率　马克·戈德史密斯（Mark Goldsmith）的经纪人向他展示了两只债券。每只债券均是期限为 5 年、面值为 1 000 美元、到期收益率为 12%。债券 A 的息票利率为 6%，每年付息一次。债券 B 的息票利率为 14%，每年付息一次。

a. 请计算每只债券的售价。

b. 马克有 20 000 美元可以投资。请根据债券价格判断，如果马克从中选择一种债券，他可以购买多少数量的债券？

c. 请根据息票利率和马克能用 20 000 美元购买的债券数量计算每只债券的年利息收益。

d. 假设马克将对（每年年末）得到的利息进行再投资，且他的投资收益率仅为 10%。请计算第 5 年年末每只债券的本金偿还额与马克的再投资账户价值之和。

e. 为什么第 d 问的两个值不同？如果马克担心他的利息再投资的到期收益率低于 12%，那么两只债券中的哪一只是更好的选择？

习题 6—20　债券估值：每半年付息一次　请计算下表中各只债券的价值，所有债券均每半年付息一次。

债券	面值	息票利率	到期年数	必要年收益率
A	1 000 美元	10%	12	8%
B	1 000 美元	12%	20	12%
C	500 美元	12%	5	14%
D	1 000 美元	14%	10	10%
E	100 美元	6%	4	14%

习题 6—21　债券估值：每季付息一次　如果每季付息一次的类似风险债券的必要年收益率现在为12%，请计算每季付息一次、年息票利率为 10%、面值为 5 000 美元的债券的价值。

习题 6—22　道德习题　债券评级机构投入重金以确定哪些量化因素和非量化因素能最准确地预测债券违约。此外，部分评级机构花时间和金钱与公司员工进行私人会面，以获得非公开信息用于债券评级。为了弥补这些成本，一些债券评级机构将评级与购买额外服务捆绑。你认为这是可接受的做法吗？请说明你的理由。

电子表格练习

CSM 公司（CSM Corporation）在 2015 年年末有一只未清偿债券。该债券距到期还有 15 年，息票利率为 6%。该债券每半年复利一次。CSM 债券的面值为 1 000 美元，当前售价为 874.42 美元。

任务

请创建一张类似于本章案例中关于到期收益率和半年利率的 Excel 电子表格，解答下列问题：

a. 请创建一张类似于本章案例中的 Excel 电子表格，并用它解出到期收益率。

b. 请创建一张类似于本章案例中的 Excel 电子表格，并用它解出到期收益率高 2%时的债券价格。

c. 请创建一张类似于本章案例中的 Excel 电子表格，并用它解出到期收益率低 2%时的债券价格。

d. 请总结出债券价格、面值、到期收益率和息票利率之间的关系。

第七章 股票估值

学习目标

目标 1 区别债务和股权。

目标 2 讨论普通股和优先股的特征。

目标 3 描述发行普通股的过程，包括风险投资、上市和投资银行。

目标 4 了解市场有效性的概念，并用零增长模型、固定增长模型和可变增长模型进行基本股票估值。

目标 5 讨论自由现金流估值模型和账面价值法、清算价值法和市盈率倍数法。

目标 6 说明财务决策、收益率、风险和公司价值之间的关系。

本章的重要性

对职业生涯的重要性

会计 你需要了解债务和股权在税务处理上的差异，资本提供者包括风险投资人和股东的所有权要求，以及每股账面价值和其他基于市场的价值的差异。

信息系统 你需要了解发行普通股的程序，为股票估值所需的信息，如何搜集和处理每个部门需要的信息，以及如何向投资者传达信息。

管理 你需要了解债务和股本的区别，股东的权利和索偿权，发行普通股的过程，以及每个部门对公司股票价值的影响。

市场营销 你需要了解公司的产品和服务理念将在很大程度上影响投资者对项目成功的信心，以及被认为更可能成功的项目也被认为是更有价值的项目，因此股价也更高。

经营 你需要了解风险投资人和其他潜在投资者的估值部分取决于公司的经营效率，成本效率更高的经营方式可以导致更好的成长前景，因而导致更高的股票估值。

对个人生活的重要性

某个时候，你可能持有股票作为退休计划中的一项资产。你可能希望估计某只股票的价值。如果股票售价低于估计价值，你就可以买入；如果股票售价高于估计价值，你就可以卖出。一些人依赖理财顾问提供的买卖建议。不管你如何做出投资决策，了解股票估值方法都很有帮助。

7.1 债务与股权的区别

尽管债务和股权资本都是公司使用的外部融资来源，但它们在几个重要方面截然不同。最重要的是，债务融资是从债权人那里获得的，而股权融资是从成为公司部分所有者的投资者那里获得的。债权人（贷款人或债务持有者）拥有收债的法律权利，而投资者只有得到回报的预期。**债务**（debt）包括公司的所有借款（包括债券），这些借款将根据固定偿付时间表偿还。**股权**（equity）是公司所有者（投资者或股东）提供的资金，股票持有者的收益率没有保证，但与公司业绩挂钩。公司可以通过留存收益而不是将其作为股利发放给股东从内部获得股权，也可以通过卖出普通股或优先股从外部获得股权。债务与股权的主要差异见表 7.1 的总结和之后的讨论。

表 7.1　债务与股权的主要差异

特征	资本类型	
	债务	股权
对管理的发言权[a]	无	有
对收入和资产的索偿权	高于股权	次于债务
期限	规定期限	无
税务处理	可扣除利息	无扣除

a. 债权人没有投票权，而是依靠公司对其负有的合同义务表达意见。

对管理的发言权

和债权人不同，股权持有者（股东）是公司所有者。股东通常拥有投票权，有权利选择公司董事并对特殊事项进行投票。相反，债权人没有投票权，而是依靠公司对其负有的合同义务表达意见。

对收入和资产的索偿权

股东对收入和资产的索偿权次于债权人对收入和资产的索偿权。他们对收入的索偿权只有在满足所有债权人的索偿权（支付利息和按期偿还本金）后才能得到满足。满足债权人的索偿权后，公司董事会将决定是否向所有者分配股利。

实例分析

破产时如何分割资产？

据美国证券交易委员会称，破产公司的资产将按如下方法分割：

1. 有担保的债权人：首先偿还有担保的银行贷款或担保债券。

2. 无担保的债权人：接下来偿还无担保的银行贷款或无担保债券，供应商或客户的索偿权排在其后。

3. 股东：股东或公司所有者对资产的索偿权排在最后，如果有担保和无担保的债权人索偿权没有得到完全满足，他们将什么也得不到。

股东对资产的索偿权也次于债权人对资产的索偿权。如果公司倒闭，出售资产，所得收入将按照以下顺序分配：有担保的债权人、无担保的债权人、股东。由于股东是最后被分配资产的人，因此他们的投资风险相对较高，而他们预期获得的公司股票投资收益率高于债权人对公司借款要求的收益率。股东的预期收益率越高，意味着公司的股权融资相对于债务融资的成本越高。

期限

与债务不同，股权是公司的永久融资形式。它不会“到期”，因此不需要偿还。当股东购买股票时，他们必须认识到，尽管这些股票的市场可能已经存在，但股票价格会随着时间波动，且无法知道投资者准备卖出股票时股价将是多少。这种股票市场价格波动提高了公司股东整体收益的风险。

税务处理

对债权人支付的利息是发行公司可在计税前扣除的费用，而对公司股东支付的股利不能在计税前扣除。利息的可扣除性降低了公司的债务融资成本，这是债务融资成本低于股权融资成本的另一个原因。

复习题

7—1　债务和股权的主要差异是什么？

7.2　普通股和优先股

公司可以通过出售普通股或优先股获得股本。所有公司最初都通过发行普通股筹集股本。一些公司后来增发普通股或发行优先股以筹集更多股本。尽管普通股和优先股都是股本，但优先股的部分特征类似于债务，而显著不同于普通股。这里，我们将首先考察普通股和优先股的特征，然后介绍发行普通股的过程，包括风险投资的使用。

普通股

公司的真正所有者是普通股股东。普通股股东有时被称为剩余所有者，因为他们得到的是满足对公司收入和资产的其他所有索偿权以后剩下的东西——残值。他们只获得一样保证：他们的亏损不会多于他们对公司的投资。由于这种通常不确定的地位，普通股股东预期将获得相对较高的收益。这些收益可能以股利、资本利得形式或者同时以这两种形式出现。

所有权

公司的普通股可能由私人投资者**私人持有**（privately owned），也可能由公众投资者**公共持有**（publicly owned）。私人公司的规模通常小于上市公司，它们通常被个人投资者或一小群私人投资者（例如家庭）**封闭式持有**（closely owned）。上市公司被许多无关个人或机构投资者**广泛持有**（widely owned）。私人所有公司的股票通常不在股市上活跃交易；如果这些股票被交易，交易通常发生在私人投资者之间，并需要得到公司的同意。下面将重点讨论的大型公司是公共持股公司，它们的股票通常在第二章介绍的股票市场上活跃交易。

面值

普通股的市场价值与其面值完全无关。普通股的**面值**（par value）是根据公司章程人为确定的法律意义上的价值，通常非常低，多为 1 美元甚至更低。前面曾经提到，当公司出售新普通股时，出售股票的面值将被记录在资产负债表的资本项下，作为普通股的一部分。这样记录的一种好处是，任何时候的流通普通股总股数都可以用普通股的账面价值除以面值计算出来。

在根据股票面值征收公司税的州，规定较低的股票面值有好处。在法律禁止以折价出售股票的州，低面值股票也有好处。例如，如果投资者不愿意支付高于每股 16 美元的价格，普通股面值为每股 20 美元的公司将无法发行股票。

优先认购权

优先认购权（preemptive right）允许普通股股东在新股发行时保持其在公司中的所有权比例，因而保护其所有权免受稀释。**所有权稀释**（dilution of ownership）是指增发普通股导致之前每位股东的所有权比例减少。优先认购权允许之前的股东保持发行前的投票控制权并保护其收益免受稀释。当发行新股导致之前的股东的收益索偿权减少时，他们将面临**收益稀释**（dilution of earnings）。

在配股中，公司向股东发放**配股权**（rights）。这种金融工具允许股东以低于市场价格的价格按直接持股比例购买更多股票。在这些条件中，配股权是一种重要的融资工具，没有它，股东就会面临对公司的控制比例下降的风险。从公司的角度看，使用配股权筹集新股本可能比公开发行股票的成本更低。

额定股、流通股和发行股

公司章程说明了公司可以发行多少**额定股**（authorized shares）。在未经股东投票批准的情况下，公司出售的股票不能超过公司章程规定的数量。为了避免以后修订章程，公司额定发行的股票通常多于它们最初计划发行的股票。

当额定股被发行或出售给投资者时，它们就成了**流通股**（outstanding shares）。如果公司回购流通股，它们就被记录为**库存股**（treasury stock），且不再被认为是流通股。**发行股**（issued shares）是已经进入流通的普通股，它们表示流通股和库存股之和。

例 7.1

医用泵生产商金色公司（Golden Enterprises）12 月 31 日的股东权益账户如下：

股东权益

普通股——面值为 0.80 美元：	
额定股股数为 35 000 000 股；发行股股数为 15 000 000 股	12 000 000 美元
超过面值的实收资本	63 000 000 美元
留存收益	31 000 000 美元
	106 000 000 美元
减：库存股成本（1 000 000 股）	4 000 000 美元
股东权益总计	102 000 000 美元

金色公司可以在未经股东批准的情况下增发多少普通股？该公司有 35 000 000 股额定股、15 000 000 股发行股和 1 000 000 股库存股。因此，流通股股数为 14 000 000 股（＝15 000 000股发行股－1 000 000 股库存股），且金色公司可以在未经股东批准的情况下增发 21 000 000 股（＝35 000 000股额定股－14 000 000 股流通股）。这个总数包括当前持有的库存股，即公司可以在未经股东批准的情况下重新向公众发行的股票。

投票权

通常，每股普通股都授予持有者在选举董事或决定特殊事项时的一票投票权。投票权通常是可以转让的，并可以在年度股东大会上行使。

由于多数小股东都不参加年度股东大会的投票，因此他们可以签署一份**代理声明**（proxy statement），将他们的投票权转让给另一方。征求股东代理权的过程受美国证券交易委员会的严格控制，以确保征求代理权时不会出现错误信息或误导信息。接受股东代理权的通常是现有管理层，因为他们征求代理权的费用可以由公司承担。

当公司被广泛持股时，外部人偶尔可能发动**代理权争夺战**（proxy battle），罢免现任管理层并获得对公司的控制权。为了赢得公司选举，需要获得多数股东的投票。历史上，外部群体赢得代理权争夺战的机会通常很小，但是这种情况在近年发生了变化。卡尔·伊坎（Carl Icahn）等投资者通过代理权多次成功获得董事会席位并在其他方面影响公司政策。

股东不是通过代理权争夺战获得公司控制权，而只需提出有待股东大会投票的提案。即使在非常大的公司中，这些提案有时也很有效。例如，2011 年，标准普尔 500 公司的股东提出了347项提案，其中16.1%获得了多数票支持。

近年来，许多公司，包括谷歌和脸谱这种家喻户晓的公司，都发行了两种或两种以上投票权不平等的普通股。公司可以使用不同类别的股票防御恶意收购，即外部群体在没有管理层支持的情况下试图通过在市场上购买股票获得公司投票控制权的行为。**超级投票权股票**（supervoting shares）——每股有多票投票权的股票——让"内部人"可以在外部人每股只有一票投票权的情况下保持控制。在另外一些情况下，当公司希望通过出售普通股筹资，但是不希望放弃投票控制权时，可以发行**无投票权普通股**（nonvoting common stock）。

当发行投票权不平等的不同类别普通股时，A类普通股通常——但不是在所有情况下——每股有一票投票权，而B类普通股有超级投票权。在多数情况下，多票投票权股票在其他所有权方面与普通股相同，尽管这条一般规则有某些例外。尤其是，利润（股利）和资产分配通常没有差别。一般来说，公司内部持有的库存股没有投票权，也不能获得股利或者在清算时对资产行使索偿权。

股利

对公司股东支付的股利取决于公司董事会的自由裁量。多数公司每季支付股利。股利可以以现金、股票或商品的形式支付。现金股利是最常见的，商品股利最不常见。

普通股股东不一定能获得股利，但他们会根据公司的历史股利模式预期能获得的股利。在公司向普通股股东支付股利前，它们必须向优先股股东支付拖欠的股利。公司支付股利的能力可能受到限制性债务条款的约束，这些条款的目的是确保公司能偿还债务。

实例分析

减税刺激了股利发放？

一项研究认真分析了公司对《2003年就业与增长税收减免调节法案》中削减股利税政策的反应，并发现在这项法案通过后不久，公司股利就大幅增加。一项有趣的比较发现了以下趋势：从未发放股利的公司开始支付股利。在减税之前，每季只有大约4家公司支付股利，但在新税法通过后，每季有29家公司宣布它们将开始支付股利。已经支付股利的公司也开始增加股利，在所有支付股利的公司中，约50%的公司在减税法案通过后宣布它们将提高20%的股利或者更高。然而，还有一个重要的复杂因素：公司利润同时也大幅上升，因此股利增加是由于税收政策还是由于公司利润提高仍然有待讨论。

国际股票发行

尽管普通股的国际市场不如债券的国际市场那样大，但在过去30年中，普通股的跨国发行和交易已经显著增加。

一些公司在外国市场上发行股票。例如，通用电气的股票在法兰克福、伦敦、巴黎和东京交易；时代华纳和微软的股票在法兰克福和伦敦交易；麦当劳的股票在法兰克福、伦敦和巴黎交易。法兰克福、伦敦和东京市场是最受欢迎的市场。在国际上发行股票拓宽了股东人群，并有助于公司融入当地的商业环境。在当地交易的股票可以促进公司收购，因为股票可以作为可接受的支付方法。

外国公司也发现了在美国交易股票的好处。从历史上看，美国证券交易委员会规定的披露和报告要求不鼓励公司在纽约证券交易所或美国证券交易所直接发行股票，除非它们是最大的外国公司。

作为另一种选择，多数外国公司选择通过**美国存托股票**（American depositary shares，ADSs）利用美国市场。这些股票是用美元表示的美国金融机构在海外持有的外国公司股票收入。它们用于支持**美国存托凭证**（American depositary receipts，ADRs），即允许美国投资者持有非美国公司股票并在美国市场上交易的证券。由于美国存托凭证是以美元发行给美国投资者的，因此它们需要遵守美国证券法。同时，它们给了投资者在国际上分散投资组合的机会。

优先股

多数公司不发行优先股，但在有些行业中，优先股很普遍。优先股赋予持有者优于普通股股东的特权。优先股股东有权定期收取固定股利，这些股利按照一定百分比或者一定金额发放。然而，如何规定股利取决于优先股是否有面值。

有面值优先股（par-value preferred stock）规定了票面价值，它每年的股利规定为票面价值的一定比例。**无面值优先股**（no-par preferred stock）没有票面价值，但是规定了每年的股利金额。最常发行优先股的是公共事业单位、银行和保险公司等金融机构、并购交易中的收购方公司和从风险投资公司获得投资的年轻公司。和普通股股利一样，优先股股利不能从支付股利公司的税款中扣除。

优先股股东的基本权利

优先股股东的基本权利在某种程度上大于普通股股东的权利。优先股常常被视为准债务，因为和债务利息很类似，它规定了定期支付（股利）。优先股与债务不同的是，它没有到期日。由于优先股对公司收入有固定索偿权，且顺序优先于普通股股东的索偿权，因此优先股股东的风险较低。

在法律上破产的公司中，优先股股东对清算资产的权利也优先于普通股股东，尽管他们必须“排”在债权人后面。优先股股东在清算中的索偿金额通常等于优先股的票面价值。优先股股东通常没有投票权，尽管优先股股东有时被允许选举一名董事。

优先股的特征

优先股通常包括许多特征。股票面值、股利支付金额、股利支付日期和限制性条款等特征由类似于债券契约的协议规定。

限制性条款 优先股的限制性条款的重点是确保公司持续存在并定期支付股利。这些条款涉及的内容包括不分配股利、出售高级证券、并购、出售资产、最低流动性要求和回购普通股等。如果公司违反优先股条款，优先股股东通常可以获得公司董事会席位或以不低于票面价值的价格强制退股。

累积性 多数优先股漏发的股利都是**可累积的**（cumulative）。也就是说，所有拖欠的股利以及当期股利都必须在向普通股股东支付股利前支付。如果优先股是**非累积的**（non-cumulative），那么漏发（未支付）的股利就是不可累积的。在这种情况下，只有当期股利必须在向普通股股东支付股利前支付。由于普通股股东只有在满足优先股股东的股利索偿权后才能得到股利，因此在到期时支付优先股股利符合公司的最佳利益。

其他特征 优先股可能是可赎回或可转换的。有**赎回特征**（callable feature）的优先股允许发行人在特定时期内以规定价格赎回流通股。赎回价格通常高于初始发行价格，但可能随着时间的推移而下降。可赎回优先股为发行人提供了一种在条件有利时结束固定支付优先股股利承诺的方式。

有**转换特征**（conversion feature）的优先股允许持有者将每只优先股转换为规定数量的普通股，转换通常可以在预先确定的日期之后的任何时间进行。转换比率可能是固定的，也可能要根据事先确定的公式计算随着时间的推移优先股可以转换的普通股数量。

发行普通股

由于初创公司的风险很高，因此公司的初始资金通常来自创始人的普通股投资。在创始人进行股权投资前，其他人不太可能进行股权投资或债务投资。公司的早期股权投资者和提供债务资本的贷款人希望确定他们承担的风险不高于创始人。此外，他们还希望确认创始人对公司有足够的信心，因此愿意用自己的钱承担风险。

通常，成长前景诱人的初创公司的初始资金中不由创始人提供的部分来自私募股权投资者。然后，当公司的产品或服务在市场上立住脚，并开始产生收入、现金流和利润时，它通常将向更广大的投资者群体发行普通股，实现“上市”。

在我们考察首次公开募股之前，让我们先来讨论成长前景诱人的公司的早期股权融资的部分重要内容。

风险投资

公司（通常为成长前景诱人的早期阶段公司）通过私人筹集的初始外部股权融资被称为**风险投资**（venture capital）。这些提供风险投资的人被称为**风险投资人**（venture capitalists，VCs）。它们通常是对投资的公司保持严密监督并有明确退出策略的正规公司。较不明显的早期阶段投资者被称为**天使投资人**（angel capitalists）（或**天使**（angels）），他们往往是不实际经营公司，而是愿意投资于有前途的早期阶段公司以换取一部分公司股权的富人投资者。尽管天使投资人在早期阶段股权融资中起着重要作用，但我们的重点是风险投资人，因为它们的结构更正式、更广为公众熟知。

组织结构与投资策略 风险投资人往往采取四种基本组织结构之一，如表 7.2 所示。风险投资有限合伙公司是迄今为止最主要的风险投资公司组织结构。这些机构的唯一目标是获得高收益率而不是接触这些公司以买卖其他产品或服务。

风险投资人可以投资于早期阶段公司、晚期阶段公司，或者进行买断或收购。通常，40％～50％的风险投资对象为早期阶段公司（为了初创公司的融资和扩张），一小部分的风险投资对象为晚期阶段公司（为了市场营销、生产扩张和准备上市）；剩下 5％～10％的风险投资用于买断或收购其他公司。通常，风险投资公司希望获得20%～50%或更高的年复利收益率，这取决于每家公司的发展阶段和特征。早期阶段投资往往比晚期阶段投资需要更高的收益率，因为公司早期成长阶段的风险更高。

表 7.2　风险投资人的组织结构

组织结构	介绍
小企业投资公司(SBICs)	美国联邦政府授权特许经营的公司，可以按有吸引力的利率向美国财政部借款，并用这些资金对私人公司进行风险投资
金融风险投资基金	金融机构（尤其是银行）的子公司，旨在帮助年轻公司成长，以期这些公司成为金融机构的大客户
公司风险投资基金	非金融公司建立的公司（有时为子公司），通常是为了获得接触新科技的途径，以便借助于这些科技推进自身的成长
风险投资有限合伙公司	专业风险投资公司组织的有限合伙公司，它作为一般合伙人，使用有限合伙人的资金组织、投资和管理合伙公司；专业风险投资最终将清算合伙公司并将收入分配给所有合伙人

交易结构与定价　不管处于何种发展阶段，风险投资都是根据法律合同进行的，这种合同明确分配了现有所有者（创始人）和风险投资基金或风险投资有限合伙公司的责任与所有权。协议条款将取决于与创始人相关的许多因素，公司结构、发展阶段和前景，以及其他市场和时机因素。当然，具体财务条款取决于公司价值、融资金额和风险。为了控制风险投资人的风险，协议中包括各种条款，实际融资额可能与可衡量目标的实现挂钩。风险投资人将通过协商将其他许多条款列入合同，这既是为了确保公司成功，也是为了控制风险。合同规定了风险投资人的明确退出策略，它既可能与可衡量目标挂钩，也可能与时间挂钩。

当然，风险投资人有权获得的股权金额取决于公司价值、合同条款、退出条款和风险投资人对投资要求的最低年复利收益率。尽管每笔风险投资都是独特的，没有标准的合同可循，但交易结构应为风险投资人提供与这种交易通常具有的高风险一致的高收益率。多数风险投资的退出策略是通过首次公开募股让公司上市。

上市

当公司希望在初级市场上出售股票时，它有三种选择。它可以：(1) 上市，即向公众出售股票；(2) 配股，即向现有股东出售新股；(3) 私募，即公司直接向某位投资者或一群投资者出售新证券。这里，我们的重点是上市，尤其是**首次公开募股**（initial public offering，IPO），它是指首次公开出售某家公司的股票。首次公开募股通常是由需要额外资本继续扩张或者在获得风险投资时所签署的合同中规定了上市目标的快速成长的小公司进行的。

为了上市，公司必须首先获得现有股东的批准，即持有该公司私下发行股票的投资者。接下来，公司的审计师和律师必须核实公司的所有文件都合法。然后，公司要找到一家愿意承销股票的投资银行。承销商负责推销股票，并促成公司的首次公开募股。承销商通常还会带来其他投资银行作为参与者。我们将在下一节详细讨论投资银行的作用。

公司需要在证券交易委员会备案登记声明。登记声明的一部分被称为**招股说明书**(prospectus)。它介绍了待发行股票、发行人及其管理层和财务状况的主要内容。在提交声明和得到批准之间的等待期，潜在投资者会收到预招股说明书。这份预招股说明书被称为**红鲱鱼**（red herring），因为封面上的通知是用红色印刷的，表示预招股说明书的试行性。图 7.1 的预招股说明书封面介绍了 2013 年雷加多生物科技公司（Regado Biosciences）发行的股票。注意该页上方用红色印刷的免责声明。*

在证券交易委员会批准登记声明后，投资者就可以开始分析公司的招股说明书。然而，从登记到首次公开募股完成后至少 1 个月，公司必须遵守静默期，在此期间公司官方发表的关于公司的言论将受到限制。静默期的目的是确保所有潜在投资者获得的公司信息相同——均为预招股说明书中提供的信息——并且不会获得令他们具有不公平优势的非公开信息。

本预招股说明书的内容不完整且可能有变化。这些证券不得在证券交易委员会登记生效前出售。本预招股说明书不是出售要约，也不寻求在不允许出售这些股票的任何州或者地区购买这些股票的要约。

招股说明书（待补完） 2013 年 4 月 29 日

股票

雷加多生物科技公司

普通股

这是本公司普通股的首次公开募股。本公司将发售 股普通股。在发售前，本公司的普通股没有公开市场。我们希望将本公司的普通股以代码“RGDO”在纳斯达克全球市场上市发行。我们预期公开发行价为每股 美元到 美元。

本公司是一家“新兴成长公司”，该术语的含义见《2012 年初创企业融资法案》，因而本招股说明书和未来的备案文件选择遵守某些精简的上市公司报告要求。见“招股说明书总结——成为新兴成长公司的意义”。

本公司的业务和对本公司普通股的投资存在显著风险。本招股说明书第 9 页顶端的“风险因素”介绍了这些风险。

美国证券交易委员会、美国各州证券委员会均没有批准或不批准这些证券，亦未鉴定本招股说明书是否恰当或准确。任何不符上述事项的声明均属刑事犯罪。

	每股	总计
发行价	美元	美元
承销折扣	美元	美元
本公司计算费用前的收入	美元	美元

自本招股说明书公布之日起 30 日内，承销商最多可以按发行价向本公司额外购买 股，减去承销折扣，以履行超额配售权（若有超额配售权的话）。

承销商预期在 2013 年 在纽约交付股票。

科文公司（Cowen and Company） **BMO 资本市场（BMO Capital Markets）**

佳通贝祥（Canaccord Genuity） 尼德汉姆公司（Needham & Company）

韦德布什-帕克格劳生命科学公司（Wedbush PacGrow Life Sciences）

2013 年

图 7.1 股票的预招股说明书封面

这份预招股说明书的封面总结了与雷加多生物科技公司 2013 年发行普通股相关的部分要素。该页上方的红色免责声明是预招股说明书“红鲱鱼”名字的由来。

资料来源：SEC filing Form S-1，Regado Biosciences，filed April 29，2013.

* 英文原版为红色印刷，此处由于为单色印刷，所以不是红色。——译者注

投资银行和公司高管通过路演促进股票发售，路演是向全国（有时包括海外）潜在投资者进行的一系列介绍演示。除了为投资者提供关于新股票的信息，路演还有助于投资银行评估新股需求并制定预期定价区间。在承销商规定股票的条款和价格后，必须由证券交易委员会批准股票发行。

投资银行的作用

多数公开发行股票是在**投资银行**（investment banker）的协助下进行的。投资银行是专门出售新证券，并为公司提供重大金融交易咨询的金融中介（例如摩根士丹利或高盛）。投资银行的主要业务是**承销**（underwriting）。这个过程需要以协议价格向发行公司购买证券，并承担将其再出售给公众以获得利润的风险。投资银行还为发行商提供关于股票定价和其他重要方面的建议。

当证券发行金额非常大时，投资银行会带来其他银行作为合作伙伴组成**承销辛迪加**（underwriting syndicate）。承销辛迪加承担与向发行方购买全部新证券并将其再出售给公众相关的金融风险。发起投资银行和其他辛迪加成员共同组成**销售集团**（selling group），该集团通常由这些银行本身和大量经纪公司组成。销售集团的每个成员都承担了销售一定比例新证券的责任，并根据其销售的证券收取佣金。图 7.2 描述了大额证券的销售过程。

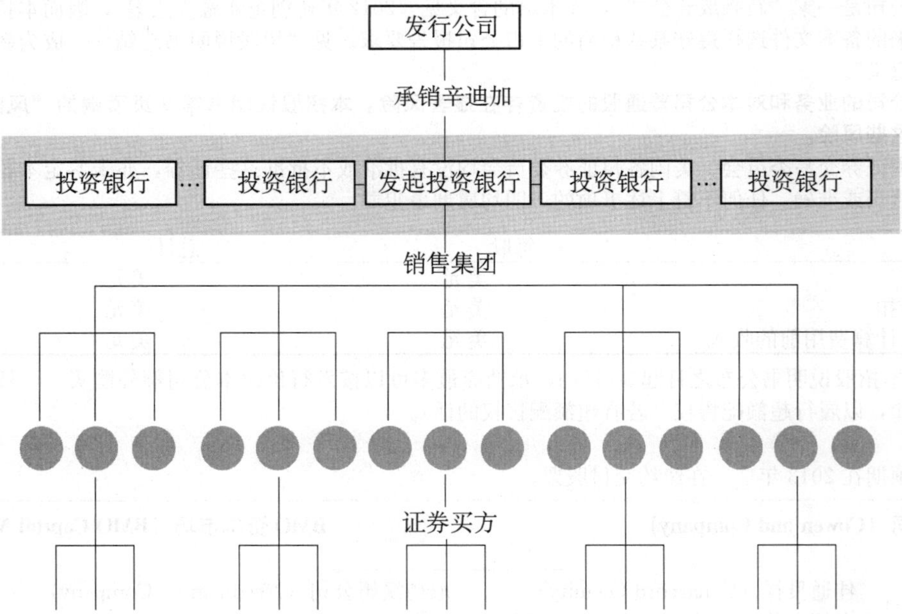

图 7.2　大额证券的销售过程

发行公司雇用的投资银行可以组成承销辛迪加。承销辛迪加按协议价格向发行公司购买整笔证券。然后，承销商有机会将证券再出售给公众以获利（并承担风险）。发起投资银行和其他辛迪加成员共同组成销售集团，将股票出售给投资者并据此获得佣金。

承销和销售服务的报酬通常体现为证券售价的折扣。例如，对于每股售价为 26 美元的股票，投资银行可能向发行公司支付每股 24 美元的价格。然后，投资银行可以向销售集团成员以每股 25.25 美元的价格销售股票。在这种情况下，发起投资银行每股可以获得 1.25 美元收益（即 25.25 美元售价减去 24 美元买价）。销售集团成员每销售一股股票可获得 75 美分收益（即 26 美元售价减去 25.25 美元买价）。尽管一些初级市场证券是由发行人直接发行的，但多数新股是通过刚才介绍的公开募股机制出售的。

复习题

7—2　普通股股东承担而其他资本供给方不承担的风险是什么？

7—3　配股权如何保护公司股东不受所有权稀释的影响？

7—4　请说明额定股、流通股、库存股和发行股的关系。

7—5　美国公司和外国公司在本国市场以外发行股票有什么优点？什么是美国存托凭证？什么是美国存托股票？

7—6　优先股股东对利润（股利）和资产分配有什么索偿权？

7—7　请说明优先股的累积特征。优先股的赎回特征有什么目的？

7—8　风险投资人和天使投资人（天使）有什么区别？

7—9　风险投资人最常见的四种组织形式是什么？它们如何组织交易和定价？

7—10　私人公司通过首次公开募股上市必须遵循的一般程序是什么？

7—11　投资银行在首次公开募股中的作用是什么？请介绍承销辛迪加。

7.3　普通股估值

普通股股东预期将通过定期现金股利和股票增值获得回报。一些投资者根据计划决定买卖哪些股票，以保持广泛分散化的投资组合。还有些投资者的交易动机更加投机。他们试图找出价值被低估的股票，即真实价值高于当前市场价格的股票。这些投资者购买他们认为价值被低估的股票，卖出他们认为价值被高估（即市场价格高于真实价值的股票）的股票。不管投资者的交易动机是什么，了解普通股如何定价都是投资过程的重要部分。股票估值也是财务经理的重要工具；他们如何在不了解股价决定因素的情况下最大化股价？在本节中，我们将介绍具体的股票估值方法。首先，我们将考虑市场效率和股票估值之间的关系。

市场有效性

理性的买卖双方根据其对资产风险和收益的评估确定资产价值。对于买方，资产价值表示最高买价；对于卖方，资产价值表示最低卖价。在有许多活跃参与者的竞争市场（例如证券交易所）上，许多买方和卖方的互动产生了证券的均衡价格——市场价格。该价格反映了买卖双方根据所有可得信息采取的集体行为。买卖双方在获得新信息时迅速消化，并通过买卖行为产生新的市场均衡价格。由于新信息的流动是连续的，且信息内容是不可预测的（否则就不是新信息），因此股票价格是波动的，总会朝着反映最近可得信息的新均衡运动。这个一般概念被称为市场有效性。

实例分析

速度的价值

密歇根大学对消费者信心进行月度调查，按照惯例，这项调查会在发布时导致股价变化。2013 年 6 月，不同新闻机构报道称汤森路透持有一份合同，合同允许其通过电话会议在消费者信心月度调查被发布于密歇根大学网站上的 5 分钟前向客户发布调查结果。该合同还包括另一项条款，允许汤森路透在电话会议前 2 秒，即上午 9：54：58 用电子方式向一群精英客户发布调查结果。比其他市场参与者提前的这 2 秒让这些客户可以在多数市场参与者了解新调查信息之前交易股票。

有效市场假说

正如第二章所指出的，活跃的股市（例如纽约泛欧证券交易所和纳斯达克市场）是有效市场，因为它们由许多迅速行动且客观评价新信息的理性投资者组成。**有效市场假说**（efficient-market hypothesis，EMH）是描述这种市场中的行为的基本理论，它的具体内容为：

1. 证券通常处于均衡状态，这意味着它们的定价公允，且预期收益率等于必要收益率。

2. 不论何时，证券价格都充分反映关于公司及其证券的所有可得信息，且这些价格会根据新信息迅速做出反应。

3. 由于股票是充分且公允定价的，因此投资者无须浪费时间找出错误定价（价值被低估或高估）的证券。

并非所有市场参与者都相信有效市场假说。有些市场参与者认为值得搜索价值低估或高估的证券，并利用市场低效交易这些证券以求获利。还有些人认为市场参与者正确预测新信息并因此获得超常收益率（即高于给定风险下的投资预期收益率的实际收益率）靠的只是运气。他们认为，市场参与者不可能在长期获得超常收益率。与这种观念相反，一些著名投资者例如沃伦·巴菲特和比尔·格罗斯（Bill Gross）的投资组合都在长期持续获得了超常收益率。尚不清楚他们的成功得益于超强的新信息预测能力还是某种形式的市场无效。

行为金融学的挑战

尽管许多证据支持市场有效性概念，但越来越多的学术证据开始对这个概念的真实性提出质疑。有研究记录了股票收益率的各种异常——与有效市场假说不一致的结果。一些学者和市场参与者还承认，情绪和其他主观因素在投资决策中起作用。

对投资者行为的关注导致了大量研究，它们被统称为**行为金融学**（behavioral finance）。行为金融学的倡导者通常被称为“行为金融学家”。丹尼尔·卡内曼（Daniel Kahneman）因其行为金融学研究成果尤其是他对心理学和经济学的综合深刻见解而获得了 2002 年诺贝尔经济学奖。对可能影响投资者行为的心理因素及其对股价影响的持续研究可能导致人们逐渐接受行为金融学。“实务焦点”专栏进一步说明了行为金融学的部分成果。

实务焦点

了解人类行为有助于我们理解投资者行为

实务 市场异常是与有效市场假说不一致的模式。行为金融学有许多理论帮助解释人类的情感如何影响人们的投资决策过程。

遗憾理论涉及人们意识到自己做出错误判断后的情绪反应。当投资者决定是否卖出股票时，他们的情绪会受股票买价的影响。以亏损价格卖出股票证明投资者在购买股票时错误计算了它的价值。当考虑是否卖出股票时，正确的方法是：“如果我已经抛出了股票，现在我会把它买回来吗?”如果答案是否定的，那么就是时候卖出股票了。遗憾理论也适用于错过购买现在售价大幅提高的股票的投资者。正确的方法仍然是评估股票的当前价值，而不考虑它的历史价值。

羊群效应是另一种影响投资者决策的市场行为。一些投资者认为购买“别人都买”的股票是理性决策。投资者在热门股票亏损时面临的尴尬小于在不知名或不热门股票亏损时面临的尴尬。

人们倾向于将特定事件存入思维账户，这些区隔之间的差异对行为的影响有时大于事件本身的影响。研究人员曾问人们下列问题：“如果你在到达当地一家剧院后发现自己丢了 20 美元，你是否会购买 20 美元的戏票?”大约 88%的人都会买票。在另一种情况下人们被问到，如果他们到达剧院时意识到自己把提前买的 20 美元的戏票丢在家里，他们是否会再花 20 美元购买戏票。只有 40%的人选择再买一张戏票。在两种情况下，人们都要花 40 美元，但思维账户导致了不同的结果。在投资意义上，区隔化的最佳例子是卖出曾经收益很高但现在收益一般的投资时的犹豫心理。在牛市中，人们习惯于获得账面收益。当市场修正减少了投资者的净值时，他们不愿卖出，他们愿意等待收益率恢复。

其他投资者行为理论包括前景理论和锚定效应。根据前景理论，人们对收益表现出的预期情感程度不同于对亏损表现出的预期情感程度。预期亏损带来的压力大于同等预期收益带来的鼓舞。锚定理论是投资者更重视近期信息的趋势。人们往往太相信近期的市场观点和事件，并错误地推断出不同于历史长期平均值和概率的近期趋势。锚定理论可以部分解释某些牛市的长期持续。

多数股票估值方法都要求获得所有相关信息以正确确定股票的价值和未来获利潜力。行为金融学可以解释估值和投资者基于该估值的行为之间的关系。

- 行为金融学理论可应用于投资以外的其他人类行为领域。请举出你可能表现出其中一种行为的例子，并与你的同学共同讨论。

尽管对有效市场假说的各种挑战——例如行为金融学倡导者提出的挑战——有趣而值得研究，但在本书中我们通常认为市场是有效的。我们将视预期收益率和必要收益率的概念是通用的，因为它们在有效市场中是相同的。换言之，我们的基本假设是，任何时点上的股票市场价格都是股票价值的最佳估计。现在，我们已经准备好仔细考察普通股的估值机制。

普通股的基本估值公式

和我们在第六章中讨论的债券价值一样，一股普通股的价值等于它预期提供的所有未来现金流（股利）的现值。尽管股东可以按高于初始价格的价格卖出股票，获得资本收益，但买方真正买到的是对所有未来股利的权利。现在对不支付股利的股票如何估值？这种股票的价值可以归于未来股利流或出售公司的收入。因此，从估值角度看，未来股利是重要的。

普通股的基本估值公式为：

$$P_0=\frac{D_1}{(1+r_s)^1}+\frac{D_2}{(1+r_s)^2}+\cdots+\frac{D_\infty}{(1+r_s)^\infty} \tag{7.1}$$

其中，

P_0 ＝普通股的现值

D_t ＝第 t 年年末的预期每股股利

r_s ＝普通股的必要收益率

根据预期增长率重新定义每年的股利 D_t 可以简化该公式。这里我们将考虑三个模型：零增长模型、固定增长模型和可变增长模型。

零增长模型

最简单的股利估值方法是**零增长模型**（zero-growth model），它假设存在固定、无增长的股利流。根据之前介绍的符号：

$$D_1=D_2=\cdots=D_\infty$$

当我们令 D_1 表示年股利金额时，式（7.1）在零增长率下简化为：

$$P_0=D_1\times\sum_{t=1}^{\infty}\frac{1}{(1+r_s)^t}=D_1\times\frac{1}{r_s}=\frac{D_1}{r_s} \tag{7.2}$$

该式表示，在零增长率下，股票价值等于永续年金 D_1 以 r_s 贴现时的现值（第五章介绍了永续年金；见式（5.14）和相关讨论）。

[IRF] 个人理财案例 7.2

查克·斯维默（Chuck Swimmer）预期纺织品生产商德纳姆公司（Denham Company）的股利将永远保持为每股 3 美元。如果他的股票必要收益率为 15%，那么该股票的每股价值为 20 美元（＝3 美元÷0.15）。

优先股估值 由于优先股通常为优先股股东提供了固定年股利且永远不会到期，因此式（7.2）可以用来计算优先股的价值。优先股价值的估计方法为，将优先股股利代入式（7.2）中的 D_1，将必要收益率代入式（7.2）中的 r_s。例如，如果每年支付 5 美元股利的优先股的必要收益率为 13%，那么该优先股的每股价值为 38.46 美元（＝5 美元÷0.13）。

固定增长模型

使用最广泛的股利估值方法是**固定增长模型**（constant-growth model），它假设股利以固定速度增长，但增长速度低于必要收益率。（固定增长率 g 低于必要收益率 r_s 的假设是推导出该模型的必要数学条件。[1]）令 D_0 表示最近的股利，我们可以将式（7.1）改写为：

$$P_0=\frac{D_0\times(1+g)^1}{(1+r_s)^1}+\frac{D_0\times(1+g)^2}{(1+r_s)^2}+\cdots+\frac{D_0\times(1+g)^{\infty}}{(1+r_s)^{\infty}} \tag{7.3}$$

如果我们简化式（7.3），它可以改写为：

$$P_0=\frac{D_1}{r_s-g} \tag{7.4}$$

式（7.4）中的固定增长模型通常被称为**戈登增长模型**（Gordon growth model）。下面的例子说明了它的原理。

[IRF] 例 7.3

拉马尔公司（Lamar Company）是一家小型化妆品公司，2010—2015 年，该公司支付的每股股利如下：

年份	每股股利（美元）
2015	1.40
2014	1.29
2013	1.20
2012	1.12
2011	1.05
2010	1.00

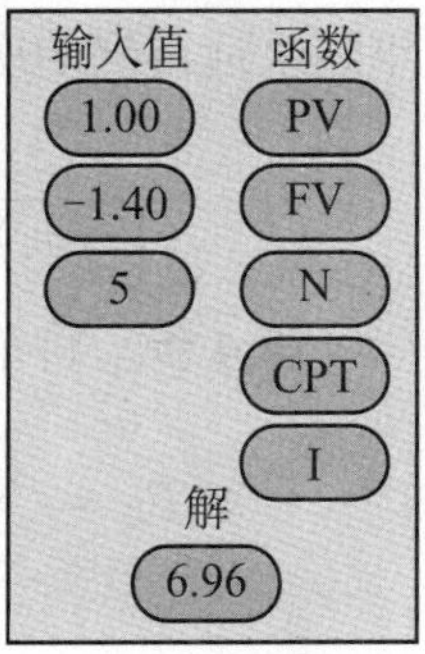

我们假设历史股利年增长率是未来股利年固定增长率 g 的准确估计。为了计算历史股利年增长率，我们必须解出下列公式中的 g：

$$D_{2015}=D_{2010}\times(1+g)^5$$

$$\frac{D_{2015}}{D_{2010}}=(1+g)^5$$

$$\frac{1.40\text{ 美元}}{1.00\text{ 美元}}=(1+g)^5$$

使用财务计算器，我们计算出拉马尔公司的历史股利年增长率约等于 7%。（注：多数计算器都需要将 PV 或 FV 输入为负数，以计算未知利率或增长率。

① 固定增长模型提出的另一个假设是，利润和股利以相同速度增长。该假设只有在公司每年分配占利润固定比例的股利（有固定分配比率）的情况下才成立。在夕阳产业，可能存在负增长率（$g<0\%$）。在这种情况下，固定增长模型和下面介绍的可变增长模型仍然完全适用于估值过程。

这里使用了这种方法。）该公司估计，2016 年的股利 D_1 将等于 1.50 美元（比上一年股利约高 7%）。必要收益率 r_s 为 15%。将这些数值代入式（7.4），我们可以计算出股票价值为：

$$P_0=\frac{1.50\text{ 美元}}{0.15-0.07}=\frac{1.50\text{ 美元}}{0.08}=18.75\text{ 美元}$$

假设 D_1、r_s 和 g 的值均为准确估计，则拉马尔公司的股票价值为每股 18.75 美元。

可变增长模型

零增长普通股模型和固定增长普通股模型不允许预期增长率发生任何变化。由于未来增长率可能因为商业环境变化而上升或下降，因此考虑允许股利增长率变化的**可变增长模型**（variable-growth model）是有用的。① 我们假设增长率在第 N 年年末发生一次变化，并用 g_1 表示初始增长率，用 g_2 表示变化后的增长率。在可变增长率下股票价值计算程序分为四步：

第 1 步 计算初始增长期（第 1 年至第 N 年）中每年年末现金股利 D_t 的价值。这一步可能要求用初始增长率 g_1 调整最近一次的股利 D_0，以计算每年的股利。因此，对于前 N 年：

$$D_t=D_0\times(1+g_1)^t$$

第 2 步 计算初始增长期内预期股利的现值。使用之前给出的符号，我们可以将该值表示为：

$$\sum_{t=1}^{N}\frac{D_0\times(1+g_1)^t}{(1+r_s)^t}=\sum_{t=1}^{N}\frac{D_t}{(1+r_s)^t}$$

第 3 步 计算初始增长期结束时的股票价值 $P_N=D_{N+1}/(r_s-g_2)$，它是假设固定股利增长率为 g_2 时，从第 $N+1$ 年到永远的所有预期股利的现值。这个值的计算方法是将从第 $N+1$ 年到永远的预期股利代入固定增长模型（式（7.4））。现值 P_N 表示预期从第 $N+1$ 年到永远得到的所有股利的现值。该值可以表示为：

$$\frac{1}{(1+r_s)^N}\times\frac{D_{N+1}}{r_s-g_2}$$

第 4 步 将第 2 步和第 3 步得出的现值相加，得到股票价值 P_0，如式（7.5）所示：

$$P_0=\underbrace{\sum_{t=1}^{N}\frac{D_0\times(1+g_1)^t}{(1+r_s)^t}}_{\text{初始增长期中股利的现值}}+\underbrace{\frac{1}{(1+r_s)^N}\times\frac{D_{N+1}}{r_s-g_2}}_{\text{初始增长期结束时股价的现值}}\tag{7.5}$$

下例说明了增长率只变化一次时，如何用这些步骤计算股利增长率可变情况下的股价。

① 在该模型中可以考虑多于 1 次的增长率变化，但是为了简化讨论，我们将只考虑增长率变化 1 次的情况。可变增长模型的数量在技术上没有限制，但即使考虑所有可能的增长率变化，也不太可能获得比简单模型准确很多的结论。

[IRF] 个人理财案例 7.4

维多利亚·罗布（Victoria Robb）正在考虑购买迅速成长的船舶制造商沃伦实业（Warren Industries）的普通股。她发现，该公司最近（2015 年）的年股利支付额为每股 1.50 美元。维多利亚估计，在接下来 3 年（2016 年、2017 年、2018 年）中，由于该公司将推出一款热门新船，股利将以 10%的年速度 g_1 增加。在第 3 年年末（2018 年年末），她预期该公司的成熟产品将导致股利增长率在可预见的未来降至每年 5%，即 g_2。维多利亚的必要收益率 r_s 为 15%。为了估计沃伦实业普通股的现值（2015 年年末）$P_0=P_{2015}$，她将通过四步程序处理这些数据（见表 7.3）。

表 7.3　计算沃伦实业股利的现值（2016—2018 年）

t	年末	$D_0=D_{2015}$ (1)	$(1+g_1)^t$ (2)	D_t [(1)×(2)] (3)	$(1+r_s)^t$ (4)	股利的现值 [(3)÷(4)] (5)
1	2013	1.50 美元	1.100	1.65 美元	1.150	1.43 美元
2	2014	1.50 美元	1.210	1.82 美元	1.323	1.37 美元
3	2015	1.50 美元	1.331	2.00 美元	1.521	1.32 美元

$$\text{股利的现值之和}=\sum_{t=1}^{3}\frac{D_0\times(1+g_1)^t}{(1+r_s)^t}=4.12\text{ 美元}$$

第 1 步　表 7.3 的第（1）、（2）、（3）列计算了接下来 3 年中每年的现金股利价值。2016 年、2017 年和 2018 年的股利分别为 1.65 美元、1.82 美元和 2.00 美元。

第 2 步　表 7.3 的第（3）、（4）、（5）列计算了 2016—2018 年的初始增长期中的三笔预期股利的现值。三笔股利的现值之和为 4.12 美元。

第 3 步　初始增长期（$N=2018$）结束时的股票价值计算方法如下。首先计算 $D_{N+1}=D_{2019}$：

$$D_{2019}=D_{2018}\times(1+0.05)=2.00\text{ 美元}\times1.05=2.10\text{ 美元}$$

其次，根据 $D_{2019}=2.10$ 美元、必要收益率为 15%、股利增长率为 5%，2018 年年末的股票价值计算方法为：

$$P_{2018}=\frac{D_{2019}}{r_s-g_2}=\frac{2.10\text{ 美元}}{0.15-0.05}=\frac{2.10\text{ 美元}}{0.10}=21.00\text{ 美元}$$

最后，第 3 步中的 2018 年年末的股票价值 21 美元必须换算为现值（2015 年年末的价值）。使用 15%的必要收益率，我们得到：

$$\frac{P_{2018}}{(1+r_s)^3}=\frac{21\text{ 美元}}{(1+0.15)^3}=13.81\text{ 美元}$$

第 4 步　如式（7.5）所示，将初始股利流的现值（第 2 步的计算结果）与初始增长期结束时股票的现值（第 3 步的计算结果）相加，得出沃伦实业股票的现值（2015 年年末的价值）为：

$$P_{2015}=4.12\text{ 美元}+13.81\text{ 美元}=17.93\text{ 美元}$$

维多利亚的计算表明，股票的现值为每股 17.93 美元。

自由现金流估值模型

除了本章之前介绍的股利估值模型，还可以使用预期自由现金流估计公司的价值。当为以前没有发放过股利的公司估值，或者为大型上市公司的业务单位或业务部门估值时，这种方法很有吸引力。尽管股利估值模型被广泛使用和接受，但在这些情况下，最好使用更一般的自由现金流估值模型。

自由现金流估值模型（free cash flow valuation model）基于与股利估值模型相同的基本假设：普通股的价值是它预期在无限时期内提供的所有未来现金流的现值。然而，在自由现金流估值模型中，我们不是估计公司的预期股利价值，而是估计公司的预期自由现金流价值，正如第四章的定义（式（4.4））所示。它表示投资者——债务提供者（债权人）和股权提供者（所有者）——在偿还其他所有债务后可以获得的现金流金额。

自由现金流估值模型估计的是整个公司的价值，方法是计算预期自由现金流以加权平均资本成本（即资金的预期平均未来成本，我们将在第九章中详细介绍）贴现的预期自由现金流的现值，如式（7.6）所示：

$$V_C = \frac{FCF_1}{(1+r_a)^1} + \frac{FCF_2}{(1+r_a)^2} + \cdots + \frac{FCF_\infty}{(1+r_a)^\infty} \tag{7.6}$$

其中，

V_c = 整个公司的价值

FCF_t = 第 t 年年末的预期自由现金流

r_a = 公司的加权平均资本成本

注意，式（7.6）和式（7.1）——一般股票估值公式——类似。

由于整个公司的价值 V_C 为整个公司（即所有资产）的市场价值，因此为了算出普通股的价值 V_S，我们必须从 V_C 中减去所有公司债务的市场价值 V_D 和优先股的市场价值 V_P：

$$V_S = V_C - V_D - V_P \tag{7.7}$$

由于很难预测公司的自由现金流，因此通常只预测大约 5 年的具体年现金流，并假设此后的年现金流遵循固定增长率。这里，我们假设前 5 年的自由现金流已经被明确预测出来，从第 5 年年末到永远的自由现金流增长率固定。该模型使用的方法类似于本章前面介绍的可变增长模型。下面用一个例子说明它的应用。

[IRF] 例 7.5

杜赫斯特公司（Dewhurst，Inc.）希望用自由现金流估值模型计算它的股票价值。为了应用该模型，杜赫斯特公司的首席财务官搜集了表 7.4 中的数据。我们可以分 4 步应用该模型。

表 7.4　　杜赫斯特公司的自由现金流估值模型数据

自由现金流		其他数据
年份（t）	FCF_t	
2016	400 000 美元	从 2020 年到永远的自由现金流增长率 $g_{FCF}=3\%$
2017	450 000 美元	加权平均资本成本 $r_a=9\%$
2018	520 000 美元	所有债务的市场价值 V_D=3 100 000 美元
2019	560 000 美元	优先股的市场价值 V_P=800 000 美元
2020	600 000 美元	流通普通股股数=300 000 股

第 1 步　计算从 2021 年年末到永远的自由现金流在 2021 年年初（即 2020 年年末）的现值。由于预测 2020 年以后自由现金流的增长率固定，因此我们可以用固定增长模型（式（7.4））计算从 2021 年年末到永远的自由现金流价值：

$$FCF_{2021\to\infty}\text{ 的价值}=\frac{FCF_{2021}}{r_a-g_{FCF}}$$

$$=\frac{600\ 000\text{ 美元}\times(1+0.03)}{0.09-0.03}$$

$$=\frac{618\ 000\text{ 美元}}{0.06}=10\ 300\ 000\text{ 美元}$$

注意，为了计算 2021 年的自由现金流，必须在 2020 年的自由现金流价值 600 000 美元的基础上增加 3%，即自由现金流增长率 g_{FCF}。

第 2 步　将从 2021 年到永远的自由现金流在 2020 年年末的现值与 2020 年的自由现金流价值相加，得到 2020 年的自由现金流总计：

$$FCF_{2020}\text{ 总计}=600\ 000\text{ 美元}+10\ 300\ 000\text{ 美元}=10\ 900\ 000\text{ 美元}$$

第 3 步　计算 2016—2020 年的自由现金流的现值之和，以决定整个公司的价值 V_C。计算方法见表 7.5。

表 7.5　　计算杜赫斯特公司的整体价值

年（t）	FCF_t (1)	$(1+r_a)^t$ (2)	FCF_t 的现值 ［(1) ÷ (2)］ (3)
2016	400 000 美元	1.090	366 972 美元
2017	450 000 美元	1.188	378 788 美元
2018	520 000 美元	1.295	401 544 美元
2019	560 000 美元	1.412	396 601 美元
2020	10 900 000 美元[a]	1.539	7 082 521 美元
			公司的整体价值 V_C=8 626 426 美元[b]

a. 该金额为表 7.4 中 FCF_{2020} 的值 600 000 美元与第 1 步的计算结果 $FCF_{2021\to\infty}$ 的值 10 300 000 美元之和。

b. 公司的整体价值是基于表中数值四舍五入后的结果。没有四舍五入的准确价值为 8 628 234 美元。

第 4 步　使用式（7.7）计算普通股的价值。将第 3 步计算的公司整体价值 V_C 和表 7.4 给出的所有债务的市场价值 V_D 和优先股的市场价值 V_P 代入式（7.7），得出普通股的价值 V_S：

$$V_S=8\ 626\ 426\text{ 美元}-3\ 100\ 000\text{ 美元}-800\ 000\text{ 美元}=4\ 726\ 426\text{ 美元}$$

因此，杜赫斯特公司的普通股价值估计为 4 726 426 美元。用该总价值除以该公司的 300 000 股普通股，得到普通股每股价值为 15.75 美元（=4 726 426 美元÷300 000）。

现在可以清楚地看出，自由现金流估值模型与之前介绍的股利估值模型是一致的。这种方法的吸引力在于它的重点是估计自由现金流，而不是预测股利，后者的估计难度大得多，因为股利是根据公司董事会的自由裁量支付的。由于自由现金流估值模型更具有一般性，因此它日益受欢迎，尤其是受首席财务官和其他财务经理的欢迎。

普通股估值的其他方法

普通股还有许多其他估值方法。较为常见的方法包括账面价值法、清算价值法和市盈率倍数法。

账面价值法

每股账面价值（book value per share）是当公司的所有资产均恰好按账面（会计）价值出售，且将偿还所有负债（包括优先股）后的收入分配给普通股股东时，每股普通股将得到的金额。这种方法不够成熟，且由于依赖历史资产负债表数据而受到批评。它忽略了公司的预期收益率潜力，且通常缺乏与公司市场价值的真实联系。让我们来看一个例子。

例 7.6

2015 年年末，拉马尔公司的资产负债表显示，该公司的总资产为 6 000 000 美元，总负债和优先股为 4 500 000 美元，流通普通股股数为 100 000 股。因此，其每股账面价值为：

$$\frac{6\ 000\ 000\text{ 美元}-4\ 500\ 000\text{ 美元}}{100\ 000\text{ 股}}=15\text{ 美元 / 股}$$

由于假设资产可以按账面价值出售，因此该价值不表示市场对股票定的最低价格。事实上，尽管多数股票的售价都高于账面价值，但当投资者认为资产价值被高估或公司负债被低估时，股票售价低于账面价值的情况很常见。

清算价值法

每股清算价值（liquidation value per share）为当所有公司资产以市场价值出售、偿还了负债和优先股，并将残值在普通股股东中分配时，每股普通股将得到的实际价值。该指标比账面价值更现实——因为它是基于公司资产的当前市场价值——但仍然没有考虑这些资产的盈利能力。一个例子将说明这个问题。

例 7.7

拉马尔公司通过调查发现，如果该公司现在出售资产，只能获得 5 250 000 美元。因此，该公司的每股清算价值为：

$$\frac{5\ 250\ 000\text{ 美元}-4\ 500\ 000\text{ 美元}}{100\ 000\text{ 股}}=7.5\text{ 美元 / 股}$$

忽略清算费用，该金额为该公司的最低价值。

市盈率倍数法

第三章介绍的市盈率反映了投资者愿意为每美元利润支付的金额。如果假设投资者对某家公司利润的估值方法与他们对特定行业“一般”公司利润的估值方法相同，那么该行业的平均市盈率就可以用作该公司价值的指南。**市盈率倍数法**（price/earnings multiple approach）是一种常见的公司股票估值方法；它的计算方法是用公司的预期每股利润乘以该行业的平均市盈率。该行业的平均市盈率可以从标准普尔行业比率等来源获得。

市盈率估值技术是一种简单的股票估值方法，并可以在公司公布利润后迅速计算出来，因此广受欢迎。自然，使用这种方法提高了对频繁发布未来利润公告或指南的需求。一些公司认为，提前发布利润指南将产生额外成本并可能导致道德问题。

使用市盈率倍数法在对非上市公司估值时尤为有用，但分析师也使用这种方法为上市公司估值。在任何情况下，市盈率倍数法都被认为优于账面价值法或清算价值法，因为它考虑了预期利润。下面用一个例子说明市盈率倍数法的使用。

个人理财案例 7.8

安·佩里耶（Ann Perrier）计划使用市盈率倍数法估计拉马尔公司的股票价值，现在她在退休账户中持有该公司的股票。她估计拉马尔公司将在下一年（2016 年）获得每股 2.60 美元的利润。该预期基于对该公司历史盈利趋势和经济与行业预期的分析。她发现同行业公司的市盈率平均值为 7。假设该投资者预期该行业的平均市盈率为 7，用拉马尔公司的预期每股盈利 2.60 美元乘以该比率，得出该公司的股票价值为 18.20 美元。

那么，拉马尔公司股票的实际价值是多少呢？这是一个复杂的问题，因为它没有正确答案。重要的是要意识到答案取决于假设和使用的方法。专业证券分析师通常使用各种模型和方法为股票估值。例如，分析师可能使用固定增长模型、清算价值法和市盈率倍数法估计特定股票的价值。如果分析师对他的估计满意，股票价值将被认为不高于最大估计值。当然，如果公司的估计每股清算价值高于用一种估值模型（零增长模型、固定增长模型、可变增长模型或自由现金流估值模型）或市盈率倍数法估计的“持续经营”每股价值，公司就会被视为“破产比存续好”。在这种情况下，公司可能缺乏生存所需的足够盈利能力，并可能被清算。

实例分析

市盈率估值的问题

市盈率倍数法是一种快速简易的股票估值方法。不过，市盈率会随着时间的推移大幅变化。1980 年，股票的平均市盈率低于 9，但到了 2000 年，股票的平均市盈率升至 40 以上。因此，分析师在 20 世纪 80 年代使用市盈率方法得出的估计比 20 年后使用市盈率方法得出的估计低得多。2012 年，股票平均市盈率约为 20，接近长期平均值。当使用这种方法估计股票价值时，估计值更取决于股票的市场价值通常是高还是低，而不是特定公司的业绩是好还是差。

复习题

7—12　请描述在有效市场中对导致预期收益率超过必要收益率的信息做出反应的事件。市场价值将会如何变化？

7—13　请说明有效市场假说是如何阐述下列内容的：(a) 证券价格；(b) 证券价格对新信息的反应；(c) 投资者的获利机会。行为金融学对该假说的挑战是什么？

7—14　请描述和对比下列普通股股利估值模型：(a) 零增长模型；(b) 固定增长模型；(c) 可变增长模型。

7—15　请描述自由现金流估值模型，并说明它与股利估值模型的区别。该模型的吸引力在于何处？

7—16　请说明以下三种普通股估值方法：(a) 账面价值法；(b) 清算价值法；(c) 市盈率倍数法。哪种估值方法被认为最好？

7.4　决策与普通股价值

估值公式根据预期收益率和风险衡量某个时点上的股票价值。财务经理做出的影响这些变量的任何决策都会导致公司价值的变化。图 7.3 描绘了财务决策、收益率、风险与股票价值之间的关系。

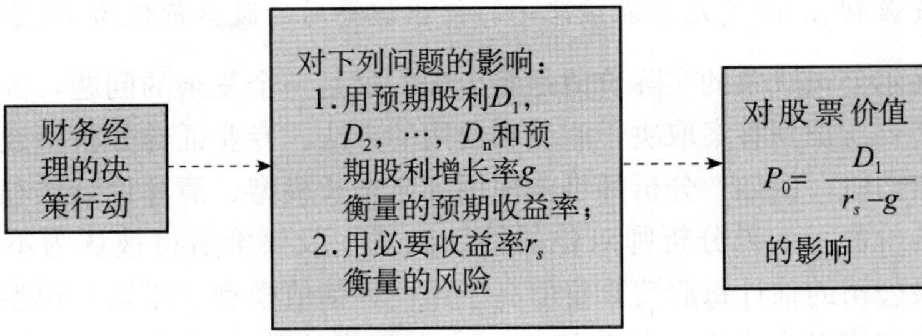

图 7.3　决策与股票价值

财务决策、收益率、风险与股票价值

预期股利的变化

假设经济状况保持稳定，任何导致当前股东和潜在股东提高股利预期的管理层行为都将提高公司的价值。在式 (7.4) 中，我们可以看到 D_1 和 g 的提高都会导致 P_0 提高。财务经理会采取任何提高预期股利水平而不改变风险（必要收益率）的行为，因为它将对所有者的财富产生积极影响。

例 7.9

使用之前例 7.3 中给出的固定增长模型，我们可以计算出拉马尔公司的股票价值为

18.75 美元。第二天，该公司宣布了一项将掀起行业革命的重大技术突破。根据预期，当前股东和潜在股东不会调整他们的必要收益率 15%，而是预期未来股利将提高。具体来说，尽管他们预期第 2 年的股利 D_1 仍将保持在 1.50 美元，但之后的预期增长率将从 7% 增至 9%。如果我们将 $D_1=1.50$ 美元、$r_s=0.15$、$g=0.09$ 代入式（7.4），得出的股票价值将为 25 美元［=1.50 美元÷（0.15−0.09)]。因此，预期未来股利提高所增加的价值反映为增长率的提高。

风险变化

尽管第八章和第九章将重点讨论必要收益率，但这里我们可以考虑其基本组成要素。任何必要收益率指标都由两个要素组成，即无风险利率和风险溢价。我们在第六章中用式（6.1）表示这种关系，这里我们再次用 r_s 表示这种关系：

$$r_s = \underbrace{r^* + IP}_{\text{无风险利率}R_F} + \underbrace{RP_s}_{\text{风险溢价}}$$

在第八章中你将学到计算必要收益率的真正挑战是确定合适的风险溢价。在第八章和第九章中，我们将讨论投资者和管理者如何估计特定资产的风险溢价。现在，你应该认识到 r_s 表示公司股票必须提供给股东以补偿他们承担持有公司股票的风险的最低收益率。

财务经理采取的任何提高股东必须承担的风险的行为也会提高股东要求的风险溢价，因而提高必要收益率。此外，即使风险溢价保持固定，必要收益率也可能受无风险利率的影响。例如，如果无风险利率由于政府政策的变化而上升，必要收益率也会上升。在式（7.1）中，我们可以看到必要收益率 r_s 的上升将降低股票价值 P_0，且必要收益率的下降将提高股票价值。因此，财务经理提高风险的任何行为都会导致股票价值下降，降低风险的任何行为都会导致股票价值提高。

例 7.10

假设拉马尔公司的必要收益率 15% 来自无风险利率 9% 和风险溢价 6%。根据该收益率，例 7.3 中的公司股票价值计算结果为 18.75 美元。

现在，假设财务经理做出决定，在不改变预期股利的情况下，使风险溢价增至 7%。假设无风险利率保持为 9%，拉马尔公司股票的新必要收益率将为 16%（=9%+7%），将 $D_1=1.50$ 美元、$r_s=0.16$ 美元和 $g=0.07$ 代入估值公式，得到新的股票价值为 16.67 美元［=1.50 美元÷(0.16−0.07)]。正如预期所料，在预期股利没有相应增加的情况下，必要收益率提高将导致公司股票价值下降。显然，财务经理的行为不符合所有者的最大利益。

合并影响

财务决策很少独立影响股利和风险；多数决策通常会对两个因素施加同向的影响。随着公司承担更多风险，股东预期股利将升高。对股票价值的净影响取决于这两个变量的相对变化。

例 7.11

如果我们假设拉马尔公司同时出现上例中的两个变化，关键变量值将为 D_1＝1.50 美元、r_s＝0.16 和 g＝0.09。将其代入估值模型，我们得到股价为 21.43 美元［＝1.50 美元÷(0.16－0.09)］。这个决策的净结果是正面的，股利增长率提高（g 从 7%增至 9%），必要收益率也提高（r_s从 15%增至16%）。股价从 18.75 美元增至 21.43 美元。即使考虑合并影响，这个决策看起来也符合公司所有者的最大利益，因为它增加了他们的财富。

复习题

7—17　请说明财务决策、收益率、风险与股票价值之间的关系。

7—18　假设其他所有变量都保持不变，说明下列每种情况对股票价格的影响：(a) 公司的风险溢价增加；(b) 公司的必要收益率下降；(c) 第 2 年的股利预期将下降；(d) 股利增长率预期将提高。

总　结

价值焦点

每只公司普通股的价格是每股所有权的价值。尽管普通股股东通常有投票权，这间接赋予他们对管理的发言权，但他们最重要的权利是对公司剩余现金流的索偿权。该索偿权次于供应商、员工、客户、贷款人、政府（税收）和优先股股东的索偿权。普通股股东索偿权的价值内含于他们有权获得的未来现金流。这些预期现金流的现值就是公司的股票价值。

为了确定该现值，需要以反映预测现金流风险的利率贴现它们。高风险现金流以高利率贴现，低风险现金流以低利率贴现，因此高风险现金流的现值低于低风险现金流的现值。因此，公司普通股的价值是由预期现金流（收益）和风险（预期现金流的确定性）驱动的。

当追求公司最大化股价的目标时，财务经理必须认真考虑如何平衡与每个建议相关的收益率和风险，并只能采取为所有者创造价值的行动。如果财务经理将重点放在价值创造上并管理和监督公司的现金流与风险，就能实现公司最大化股价的目标。

学习目标复习

目标 1　区别债务和股权。股权资本（普通股和优先股）的持有者为公司所有者。通常，只有普通股股东对管理有发言权。股东对收入和资产的索偿权次于债权人的索偿权，没有到期日，对股东支付的股利在计税时不可扣除。

目标 2　讨论普通股和优先股的特征。公司的普通股可能为私人持有、封闭持有或公开持有。它被出售时可能有面值，也可能没有面值。优先认购权让普通股股东在发行新股时可以避免所有权被稀释。并非公司章程额定发行的所有股票都为流通股。如果公司有库存股，那么它发行的股票就多于流通股。一些公司有两类以上的普通股，它们的区别主要在于投票权不平等。代理权将投票权从一方转让给另一方。向普通股股东支付股利的决策是由公司董事会做出的。公司可以在外国市场上发行股票。许多外国公司的股票在美国市场上以美国存托股票支持的美国存托凭证的形式发行。

优先股股东在利润和资产分配上相对于普通股股东有优先权。他们通常没有投票特权。优先股可能有特定限制性条款、可累积的股利、赎回特征和转换特征。

目标 3　描述发行普通股的过程，包括风险投资、上市和投资银行。在成长前景有吸引力的初创公司的初始融资中，不来自创始人的部分通常来自私募股权投资者。这些投资者可能是天使投资人或风险投资人。风险投资人通常既投资于早期阶段公司，也投资于晚期阶段公司，它们希望通过公司上市获得投资回报。

公司股票的首次公开发行被称为首次公开募股。公司选择投资银行进行咨询并出售证券。主投资银行可能与其他投资银行组成销售辛迪加。首次公开募股过程包括获得证券交易委员会的批准、向投资者进行推销和为股票定价。

目标 4　了解市场有效性的概念，并用零增长模型、固定增长模型和可变增长模型进行基本股票估值。市场有效性假设理性投资者对新信息的快速反应导致普通股的市场价值迅速向上或向下调整。有效市场假说认为，证券定价是公允的，它充分反映了所有公开可得的信息，因此投资者不应浪费时间寻找和利用错误定价的证券获利。行为金融学提倡对这种假说进行挑战，该理论认为情绪和其他因素在投资决策中起了作用。

股票价值是股票预期在无限时期内提供的所有未来股利的现值。当进行普通股估值时可以考虑三种股利增长模型——零增长模型、固定增长模型和可变增长模型。最常用的模型为固定增长模型。

目标 5　讨论自由现金流估值模型和账面价值法、清算价值法和市盈率倍数法。自由现金流估值模型为没有股利发放历史的公司、初创公司或大公司的业务单位或业务部门进行估值。该模型通过用加权平均资本成本贴现公司的预期自由现金流来计算公司的整体价值。普通股价值的计算方法是用公司的整体价值减去公司债务和优先股的市场价值。

每股账面价值是当公司的所有资产都恰好以账面（会计）价值出售，且偿还所有负债（包括优先股）后的收入在普通股股东之间分配时每股普通股能获得的金额。每股清算价值是当公司所有资产以市场价值出售，且偿还负债（包括优先股）后的收入在普通股股东之间分配时每股普通股能获得的实际金额。市盈率倍数法是用公司预期每股利润乘以行业平均市盈率估计的股票价值。

目标 6　说明财务决策、收益率、风险和公司价值之间的关系。在稳定的经济中，财务经理提高预期股利水平而不改变风险的任何行动都会提高股票价值；财务经理降低预期股利水平而不改变风险的任何行动都会降低股票价值。类似地，任何提高风险（必要收益率）的行动都会降低股票价值；任何降低风险的行动都会提高股票价值。评估收益率和风险对股票价值的综合影响必然是财务经理决策过程的一部分。

自测题（答案见附录）

自测 7—1　普通股估值　佩里汽车（Perry Motors）的普通股刚刚支付了每股 1.80 美元的年股利。普通股的必要收益率为 12%。请估计在下列股利假设下的普通股价值。

a. 预期股利以 0%的年增长率增长至永远。

b. 预期股利以 5%的固定年增长率增长至永远。

c. 预期接下来 3 年股利以 5%的年增长率增长，从第 4 年到永远以 4%的固定年增长率增长。

自测 7—2　自由现金流估值　欧文鞋业（Erwin Footwear）希望评估运动鞋部门的价值。该部门债务的市场价值为 12 500 000 美元，没有优先股。该部门的加权平均资本成本为 10%。运动鞋部门从 2016 年到 2019 年每年的估计自由现金流见下页表。该公司预期从 2019 年到永远其自由现金流的年增长率为 4%。

年份（t）	自由现金流（FCF_t）
2016	800 000 美元
2017	1 200 000 美元
2018	1 400 000 美元
2019	1 500 000 美元

a. 请使用自由现金流估值模型估计欧文鞋业运动鞋部门的整体价值。

b. 请使用第 a 问的结果和提供的数据计算该部门的普通股价值。

c. 如果运动鞋部门是一家有 500 000 股流通股的上市公司，请使用第 b 问的结果计算该公司的每股价值。

热身练习

练习 7—1 一张资产负债表有资产、负债和股东权益三部分。如果某家公司的资产等于 520 万美元，负债比率为 75%，那么该公司负债的账面价值是多少？

练习 7—2 安吉娜公司（Angina，Inc.）有 500 万股流通股。该公司正在考虑增发 100 万股股票。在以每股 20 美元的发行价出售这些股票后，净收入为销售收入的 95%，该公司之前签署了一份协议，以发行价的 90%增发 250 000 股。该公司出售股票总共可以获得的净现金收入是多少？

练习 7—3 格雷沙姆科技公司（Gresham Technology）今天的普通股收盘价为每股 24.60 美元，比昨天降低了 0.35 美元。如果该公司有 460 万股流通股，年利润为 1 120 万美元，该公司今天的市盈率是多少？该公司昨天的市盈率是多少？

练习 7—4 斯戴克减肥公司（Stacker Weight Loss）现在每年年末支付每股 1.20 美元的股利。该公司计划在下一年将股利提高 5%，并在可预见的未来将股利保持在新水平。如果该公司股票的必要收益率为 8%，那么斯戴克减肥公司的股票价值是多少？

练习 7—5 布拉什公司（Brash Corporation）提出了一项新的公司战略，将年股利永远固定为每股 2.25 美元。如果无风险利率为 4.5%，布拉什公司股票的风险溢价为 10.8%，那么布拉什公司的股票价值是多少？

习　题

习题 7—1　优先股股利　在下表中的各种情况下，在支付普通股股利前，当期必须向优先股股东支付多少每股优先股股利？

情况	类型	面值	每期的每股股利	漏发股利的期数
A	可累积的优先股	80 美元	4 美元	3
B	非累积的优先股	110 美元	2%	2
C	非累积的优先股	100 美元	3 美元	1
D	可累积的优先股	60 美元	1.5%	4
E	可累积的优先股	70 美元	3%	0

习题 7—2　可转换优先股　瓦莱里安公司（Valerian Corp.）的可转换优先股的固定转换比率为每股

优先股转换 5 股普通股。优先股每年每股支付 10.00 美元股利。现在普通股的售价为每股 20.00 美元，每年每股支付 1.00 美元股利。

a. 请根据转换比率和普通股股价判断当前每股优先股的转换价值。

b. 如果优先股的售价为每股 96 美元，投资者是否应该将优先股转换为普通股？

c. 什么因素可能导致投资者不将优先股转换为普通股？

习题 7—3　优先股估值　TXS 制造公司（TXS Manufacturing）的流通优先股面值为每股 65 美元。优先股每年支付 10%的股利。

a. TXS 制造公司的优先股年股利为多少？

b. 如果投资者对该股票的必要收益率为 8%，且下一次的股利将在 1 年后支付，TXS 制造公司的优先股股价是多少？

c. 假设 TXS 制造公司前 2 年没有支付优先股股利，但投资者认为该公司会在 1 年后开始支付股利。如果投资者的必要收益率为 8%，TXS 制造公司的优先股价值是多少？

个人理财习题 7—4　普通股价值：零增长　凯尔西鼓行（Kelsey Drums）是一家著名的优质打击乐器供应商，客户为美国各地的交响乐团。在过去 15 年，该公司的 A 类普通股每年支付每股 5.00 美元的股利。管理层预期将在可预见的未来保持股利金额不变。萨莉·塔尔博特（Sally Talbot）10 年前购买了 100 股凯尔西鼓行的 A 类普通股，当时该股票的必要收益率为 16%。她希望现在卖掉这些股票。当前股票的必要收益率为 12%。萨莉的股票将产生多少资本收益或资本亏损？

习题 7—5　优先股估值　琼斯设计公司（Jones Design）希望估计该公司流通优先股的价值。优先股的面值为 80 美元，年股利为每股 6.40 美元。现在，类似风险优先股的年收益率为 9.3%。

a. 流通优先股的市场价值为多少？

b. 如果某位投资者以第 a 问计算出的价值购买了优先股，并在类似风险优先股的必要收益率升至 10.5%时卖出股票，该投资者的每股收益或每股亏损是多少？请说明。

习题 7—6　普通股价值：固定增长　请使用固定增长模型（戈登增长模型）计算下表中每家公司的价值。

公司	下一年的预期股利	股利增长率	必要收益率
A	1.20 美元	8%	13%
B	4.00 美元	5%	15%
C	0.65 美元	10%	14%
D	6.00 美元	8%	9%
E	2.25 美元	8%	20%

个人理财习题 7—7　普通股价值：固定增长　埃尔克县电话公司（Elk County Telephone）过去 6 年支付的股利如下表所示。

年份	每股股利
2015	2.87 美元
2014	2.76 美元
2013	2.60 美元
2012	2.46 美元
2011	2.37 美元
2010	2.25 美元

该公司下一年的预期每股股利为 3.02 美元。

a. 如果你的类似风险投资能获得 13%的收益率，那么你最多愿意支付多少每股股利？

b. 如果你的类似风险投资只能获得 10%的收益率，那么你最多愿意支付多少每股股利？

c. 请对比你对第 a 问和第 b 问的答案，并讨论风险变化对股票价值的影响。

习题 7—8　普通股价值：可变增长　纽曼制造公司（Newman Manufacturing）正在考虑用现金购买格里普斯工具公司（Grips Tool）的股票。在刚刚过去的 1 年中，格里普斯工具公司的每股利润为 4.25 美元，每股股利为 2.55 美元（$D_0=2.55$）。预期在接下来 3 年中，格里普斯工具公司的利润和股利以每年 25%的速度增长，此后预期以每年 10%的速度增长，直到永远。如果纽曼制造公司对风险特征类似于格里普斯工具公司的投资的必要收益率为 15%，纽曼制造公司应该向格里普斯工具公司支付的最高每股价格是多少？

个人理财习题 7—9　普通股价值：可变增长　家居空间酒店（Home Place Hotels，Inc.）正在进行为期 3 年的重建与扩张项目。施工对这段时期利润的影响有限，但完工后，公司的利润和股利将大幅增长。去年，该公司的每股股利为 3.40 美元。该公司预期在下一年增长率为 0。第 2 年和第 3 年的预期增长率为 5%，第 4 年的预期增长率为 15%。第 5 年以后的年增长率固定为 10%。必要收益率为 14%的投资者最多为家居空间酒店的普通股每股支付多少钱？

个人理财习题 7—10　普通股价值：所有增长模型　你正在评估购买一家当前税后现金流为 42 500 美元（$D_0=42\ 500$ 美元）的小公司的可能性。根据对类似风险投资机会的评估，你购买这家公司必须获得 18%的年收益率。由于你相对不确定未来现金流，因此决定用几种可能的现金流增长率假设估计这家公司的价值。

a. 如果从现在到永远的现金流预期年增长率为 0，该公司的价值是多少？

b. 如果从现在到永远的现金流预期固定年增长率为 7%，该公司的价值是多少？

c. 如果预期前 2 年的现金流年增长率为 12%，从第 3 年到永远的固定年增长率为 7%，该公司的价值是多少？

习题 7—11　自由现金流估值　纳博尔实业（Nabor Industries）正在考虑上市，但是不确定该公司的公允发行价。在雇用投资银行协助公开发行前，纳博尔实业的经理决定自己估计公司的普通股价值。该公司的首席财务官搜集了数据，以供用自由现金流估值模型进行估值。

该公司的加权平均资本成本为 11%，债务的市场价值为 1 500 000 美元，假设优先股的市场价值为 400 000 美元。接下来 5 年即 2016—2020 年的估计自由现金流见下表。从 2020 年到永远，该公司预期自由现金流每年增加 3%。

年份（t）	自由现金流（FCF_t）
2016	200 000 美元
2017	250 000 美元
2018	310 000 美元
2019	350 000 美元
2020	390 000 美元

a. 请用自由现金流估值模型估计纳博尔实业整家公司的价值。

b. 请用你对第 a 问的答案和上面提供的数据，计算纳博尔实业的普通股价值。

c. 如果该公司计划发行 200 000 股普通股，估计每股价值是多少？

个人理财习题 7—12　使用自由现金流估值模型为首次公开募股定价　假设你有机会购买酷科技公司（CoolTech，Inc.）的股票，该公司首次公开募股的每股价格为 12.50 美元。尽管你对持有该公司股票非常感兴趣，但你担心它的定价是否公允。为了计算股票价值，你决定应用自由现金流估值模型和你从不同数据来源取得的公司财务数据。下表总结了你搜集的主要数据。

自由现金流		其他数据
年份（t）	FCF_t	
2016	700 000 美元	从 2019 年到永远的自由现金流增长率=2%
2017	800 000 美元	加权平均资本成本=8%
2018	950 000 美元	所有债务的市场价值=2 700 000 美元
2019	1 100 000 美元	优先股的市场价值=1 000 000 美元
		流通普通股股数=1 100 000 股

a. 请使用自由现金流估值模型估计酷科技公司的每股普通股价值。

b. 请根据你对第 a 问的答案和股票发行价判断你是否应该购买该公司的股票。

c. 在深入分析中，你发现 2019 年后的自由现金流增长率将为 3%而非 2%。这个发现对你第 a 问和第 b 问的答案有什么影响？

习题 7—13　账面价值与清算价值　加利纳斯实业（Gallinas Industries）的资产负债表如下。

加利纳斯实业 12 月 31 日的资产负债表

资产		负债与股东权益	
现金	40 000 美元	应付账款	100 000 美元
适销证券	60 000 美元	应付票据	30 000 美元
应收账款	120 000 美元	应计工资	30 000 美元
存货	160 000 美元	流动负债总计	160 000 美元
流动资产总计	380 000 美元	长期债务	180 000 美元
土地与建筑物（净值）	150 000 美元	优先股	80 000 美元
机器与设备	250 000 美元	普通股（10 000 股）	260 000 美元
固定资产总计（净值）	400 000 美元	留存收益	100 000 美元
资产总计	780 000 美元	负债与股东权益总计	780 000 美元

关于公司的其他信息如下：

（1）优先股可以按账面价值变现。

（2）应收账款和存货可以按账面价值的 90%变现。

（3）公司有 10 000 股流通普通股。

（4）目前已经付清了所有利息和股利。

（5）土地与建筑物可以按账面价值的 130%变现。

（6）机器与设备可以按账面价值的 70%变现。

（7）现金和适销证券可以按账面价值变现。

给定这些信息，请回答下列问题：

a. 加利纳斯实业的每股账面价值是多少？

b. 每股清算价值是多少？

c. 请对比和讨论第 a 问与第 b 问计算出的价值。

习题 7—14　用市盈率倍数法估值　请使用给出的数据，用市盈率倍数法估计下表中每家公司的普通股价值。

公司	预期每股利润	市盈率倍数
A	3.00 美元	6.2
B	4.50 美元	10.0
C	1.80 美元	12.6
D	2.40 美元	8.9
E	5.10 美元	15.0

习题 7—15　管理层行为与股票价值　REH 公司（REH Corporation）最近的股利为每股 3 美元，该公司的预期年股利增长率为 5%，现在的必要收益率为 15%。管理层正在考虑各种重新调整公司业务方向的建议。请确定下列每项建议对股价的影响，并指出最优选择。

a. 什么都不做，保持主要财务变量不变。

b. 投资购买一台新机器，该机器将使股利增长率升至 6%、必要收益率降至 14%。

c. 停产一款不盈利的产品，这将使股利增长率升至 7%、必要收益率升至 17%。

d. 与另一家公司合并，这将使股利增长率降至 4%、必要收益率升至 16%。

e. 收购另一家生产商的子机构。收购将使股利增长率升至 8%、必要收益率升至 17%。

习题 7—16　综合：风险与估值　福斯特公司（Foster Company）的股票信息如下，请计算其普通股的风险溢价。

当前的每股普通股价格	50.00 美元
下一年的预期每股股利	3.00 美元
固定年股利增长率	9%
无风险利率	7%

习题 7—17　综合：风险与估值　哈姆林钢铁公司（Hamlin Steel Company）正在考虑用现金收购精艺铸造厂（Craft Foundry），因此希望确定这家公司的价值。哈姆林钢铁公司希望确定适当的贴现率，以代入固定增长模型。精艺铸造厂的股票没有公开交易。在研究了类似于精艺铸造厂的上市公司的必要收益率后，哈姆林钢铁公司认为，精艺铸造厂股票的适当风险溢价约为 5%。现在的无风险利率为 9%。下表显示了过去 6 年中每年精艺铸造厂的每股股利。

年份	每股股利
2015	3.44 美元
2014	3.28 美元
2013	3.15 美元
2012	2.90 美元
2011	2.75 美元
2010	2.45 美元

a. 假设精艺铸造厂预期明年将支付 3.68 美元股利，请计算哈姆林钢铁公司对精艺铸造厂的每股股票支付的最高现金价格。

b. 请描述下列变化对精艺铸造厂股票价值的影响：

（1）股利增长率比 2010—2015 年的股利增长率降低 2%。

（2）风险溢价降至 4%。

习题 7—18　道德习题　梅利莎（Melissa）希望为通用公共设施公司（Generic Utility，Inc.）的股票估值，该公司显然完全没有增长。通用公共设施公司去年宣布并支付每股 5 美元的股利。公用事业股票的必要收益率为 11%，但梅利莎不确定通用公共设施公司财务团队的财务报告的真实性。她决定在必要收益率中增加 1%的“可信度”风险溢价，作为她估值分析的一部分。

a. 假设财务团队可信，通用公共设施公司的股票价值是多少？

b. 假设梅利莎增加了 1%的“可信度”风险溢价，通用公共设施公司的股票价值是多少？

c. 第 a 问和第 b 问的答案有什么区别？你如何解释这种区别？

电子表格练习

你有兴趣购买蔚蓝公司（Azure Corporation）的普通股。该公司现在支付每股 3 美元的股利。该公司预期其利润——以及股利——将在可预见的未来以每年 7%的速度增长。现在，类似风险股票的必要收益率为 10%。

任务

a. 给定以上数据，请计算这只证券的现值。请使用固定增长模型（式（7.4））计算股票价值。

b. 1 年后，你的经纪人想以 73 美元的价格卖给你更多的蔚蓝公司的股票。最近得到的股利为 3.21 美元，利润的预期增长率仍为 7%。如果你认为适当的风险溢价为 6.74%，并观察到现在的无风险利率 R_F 为 5.25%，该公司现在的必要收益率 $r_{蔚蓝公司}$ 是多少？

c. 请运用式（7.4），根据新股利和第 b 问计算出的必要收益率确定股票价值。

d. 根据第 c 问的计算结果，你会以每股 73 美元的价格向经纪商购买更多股票吗？请说明原因。

e. 根据第 c 问的计算结果，你会以 73 美元的价格卖出你持有的旧股票吗？请说明原因。

第四部分

风险与必要收益率

多数人凭直觉理解风险与收益的关联原则。正如老话所说：“不入虎穴，焉得虎子。”在接下来两章中，我们将研究投资者和财务经理如何量化风险概念，以及他们如何确定承担额外风险应该得到多少额外收益作为补偿。

第八章介绍了基础知识，定义了风险和收益，并解释了为何投资者对风险的不同认识方式取决于他们希望了解某项具体投资的风险还是某个广泛投资组合的风险。该章将介绍资本资产定价模型（CAPM），它可能是所有财务学领域中最著名、应用最广泛的理论。资本资产定价模型告诉投资者和管理者等群体在给定投资风险下他们应该预期获得多高的收益率。

第九章将这些经验用于财务管理领域。公司从两大类来源即所有者和贷款人处筹资。所有者提供股权融资，贷款人提供债务。为了最大化公司价值，管理者必须满足这两个群体，这就意味着要获得足够高的收益率以满足投资者的预期。第九章的重点是资本成本，更准确地说，是加权平均资本成本（WACC）。加权平均资本成本确切地告诉管理者，如果公司想满足投资者，对厂房和设备、广告以及人力资源的投资必须获得多高的收益率。基本上，加权平均资本成本是一种必要收益率，即公司的投资应该获得的最低可接受收益率。

第八章 风险与收益

学习目标

目标 1　了解风险、收益和风险偏好的含义与基础知识。

目标 2　描述评估和衡量单笔资产的风险的程序。

目标 3　讨论如何衡量投资组合的收益率和标准差以及相关性的概念。

目标 4　了解用相关性和分散度衡量的投资组合的风险与收益特征，以及国际资产对投资组合的影响。

目标 5　考察两类风险以及贝塔系数的推导和贝塔系数对衡量证券与投资组合相关风险的作用。

目标 6　说明资本资产定价模型、它与证券市场线的关系以及导致证券市场线移动的主要因素。

本章的重要性

对职业生涯的重要性

会计　你需要了解风险与收益的关系，因为高风险项目会影响公司财务报表。

信息系统　你需要了解如何进行情景分析和相关分析，以做出系统决策，帮助管理层分析不同商业机会的风险和收益。

管理　你需要了解风险与收益的关系以及如何衡量这种关系，以评估财务人员提供的数据，并将这些数据转化为提高公司价值的决策。

经营　你需要了解为何需要评估厂房、设备和系统投资对公司风险和收益的影响（它们将共同影响公司价值)。

对个人生活的重要性

风险与收益的权衡影响许多个人理财决策。你在投资存款、购买房地产、购买大件商品、上保险、投资于证券和执行退休计划时将使用风险和收益的概念。尽管风险和收益难以准确衡量,但你能感受到它们,并根据个人风险倾向在风险和收益之间做出权衡决策。

8.1 风险与收益基础

在多数重要的商业决策中都有两个主要的财务因素:风险和收益。每个财务决策都有特定的风险和收益特征,不同特征的组合会提高或降低公司股价。分析师用不同方法量化风险,这取决于他们考察的是单笔资产还是**投资组合**(portfolio)——一组资产。我们将考察这两种情况,先从单笔资产的风险开始。不过,首先,重要的是介绍关于风险、收益和风险偏好的某些基本知识。

风险的定义

从最基本的角度看,**风险**(risk)是关于投资收益率的不确定性的指标。收益率越不确定的投资风险通常越高。更正式地讲,风险可以和不确定性互换使用,它是指与特定资产相关的收益率波动性。面值为1 000美元、保证在30天后向持有者支付5美元利息的政府债券没有风险,因为它的收益率没有波动。1 000美元的公司普通股投资风险很高,因为同样在30天内,股票价值可能大幅上下波动。

道德焦点

别信天上掉馅饼

实务 多年来,全球投资者争相将他们的钱交给伯纳德·麦道夫(Bernard Madoff)投资。这些有钱给"伯尼"(Bernie)投资的富人可能不了解他的秘密交易把戏,但他们乐于获得两位数的收益率。麦道夫人脉广泛,他曾是纳斯达克市场的董事会主席、国际证券清算公司的创始人。他的信用看来毫无瑕疵。

然而,正如老话所说,没有天上掉馅饼的事。麦道夫的投资者得到了惨痛的教训,2008年12月11日,美国证券交易委员会控告麦道夫进行证券欺诈。麦道夫的对冲基金阿斯科特合伙人公司(Ascot Partners)被发现是一个巨型庞氏骗局。

多年来,麦道夫饱受质疑。他年复一年地创造出高收益率,而风险似乎微乎其微。麦道夫将他的投资业绩归功于复杂的交易策略,但另一些投资者也使用类似的投资策略,业绩却与麦道夫大相径庭。哈里·马克波洛斯(Harry Markopolos)在麦道夫被捕前三年就向美国证券交易委员会提交了一份报告,标题是《全球最大的对冲基金是个骗局》,详细说明了他的担心。

2009年6月29日,在漫长的审判和最终定罪后,麦道夫被判处150年有期徒刑。麦道夫的投资者仍在努力弥补他们的损失。在麦道夫被捕前发现的虚假账户报表显示，投资者账户金额总计超过640亿美元。许多投资者根据这些报表的数字提出索偿权。然而，法庭判决只允许投资者索偿交给麦道夫的存款与投资者提取金额之差。法庭还判决，在欺诈被发现前已经至少提取了初始投资的投资者无权获取剩余资金。

麦道夫欺诈案的总现金亏损估计为175亿美元。2013年年初，证券投资者保护公司报告，超过53%的资金已被返还给受麦道夫欺诈的客户或正在返还当中。

- 允许投资者根据最近的账务报表提出索偿有什么危害？

资料来源：www.sec.gov/news.studies/2009/oig-509/exhibit-0293.pdf.

收益的定义

显然，如果我们要根据收益率波动性评估风险，就需要确定收益率是什么以及如何衡量收益率。**总收益率**（total rate of return）为给定时期内的总收益或总亏损与投资之比。从数学上看，投资的总收益率为现金分配（例如，股利或利息）与投资价值的变化之和除以期初价值。时期 t 内的资产总收益率 r_t 的计算公式通常为：

$$r_t = \frac{C_t + P_t - P_{t-1}}{P_{t-1}} \tag{8.1}$$

其中，

r_t＝时期 t 的实际收益率、预期收益率或必要收益率

C_t＝时期 $t-1$ 到时期 t 的投资现金（流）收入

P_t＝时点 t 的资产价格（价值）

P_{t-1}＝时点 $t-1$ 的资产价格（价值）

收益率 r_t 反映了现金流 C_t 和期间价值变化 P_t-P_{t-1} 的综合影响。①

式（8.1）用于确定短至1天、长至10年甚至更久的时期的收益率。然而，在多数情况下，t 为1年，因此 r 表示年收益率。

例 8.1

罗宾（Robin）希望确定她在2012年持有的两只股票——苹果（Apple）和沃尔玛（Wal-Mart）——的收益率。年初，苹果股票的交易价格为每股411.23美元，沃尔玛股票的交易价格为每股60.33美元。当年，苹果支付了5.30美元的股利，沃尔玛股东得到了每股1.59美元股利。年末，苹果股票的价格为532.17美元，沃尔玛股票的价格为68.23美元。将其代入式（8.1），我们可以计算出每只股票的年收益率 r：

苹果：（5.30美元＋532.17美元－411.23美元）÷411.23美元＝30.7%

① 该公式并不表示投资者一定在时点 $t-1$ 买入资产，并在时点 t 卖出资产，而是表示投资者在该时期内持有特定投资产生的财富增加（减少）。如果投资者在时点 t 卖出资产，我们就称投资者的这笔投资实现了收益。如果投资者继续持有这笔投资，我们就称收益未实现。

沃尔玛：(1.59 美元+68.23 美元−60.33 美元)÷60.33 美元=15.7%

罗宾的两只股票在 2012 年都赚钱了，苹果股票的收益金额和收益率都较高。

投资收益率会随着时间的推移和不同投资类型而变化。通过计算较长时期内的历史收益率平均值，可以凸显不同投资产生的收益率差异。

表 8.1 显示了 1900—2011 年三种不同类型投资的名义平均年收益率和实际平均年收益率：国库券、国债和普通股。尽管国库券和国债都是美国财政部发行的，因此被视为相对安全的投资，但国库券的期限为 1 年或更短，而国债的期限可长达 30 年。因此，国债的利率风险比国库券高得多。在过去 112 年中，国库券的收益率最低，名义平均年收益率只有 3.9%，实际平均年收益率只有 0.9%。后一个数字表示，国库券的平均收益率刚刚超过平均通货膨胀率。国债收益率较高，名义平均年收益率为 5.0%，实际平均年收益率为 2.0%。显然，股票让其他类型投资相形见绌，它的名义平均年收益率为 9.3%，实际平均年收益率为 6.2%。

表 8.1　部分投资的历史收益率（1900—2011 年）

投资	名义平均年收益率	实际平均年收益率
国库券	3.9%	0.9%
国债	5.0%	2.0%
普通股	9.3%	6.2%

资料来源：Elroy Dimson，Paul Marsh，Mike Staunton，Paul McGinnie，and Jonathan Wilmot，*Credit Suisse Global Investment Returns Yearbook 2012*.

这些统计数据可能会让你奇怪："如果股票收益率这么高，为什么还有人投资于国债或国库券?"正如你很快将看到的，答案是股票的风险比国债或国库券高得多，风险导致部分投资者喜欢更安全的国债，尽管它们的收益率较低。

风险偏好

不同人对风险的反应方式不同。经济学家将投资者对风险的反应分为三种类型。第一种类型，也是描述多数时间多数人行为的类型，被称为风险厌恶型。当收益率固定时，**风险厌恶**（risk averse）型投资者更喜欢低风险而非高风险投资。认为两种不同投资的预期收益率相同的风险厌恶型投资者将选择收益率更确定的投资。换句话说，当在两种投资之间选择时，风险厌恶型投资者不会进行风险较高的投资，除非它提供的预期收益率足以弥补投资者承担的额外风险。

对风险的第二种态度被称为风险中性。**风险中性**（risk neutral）型投资者只根据预期收益率选择投资，而不考虑风险。当在两种投资之间选择时，风险中性型投资者总会选择预期收益率较高的投资，不管它的风险多高。

最后，**风险喜好**（risk seeking）型投资者喜欢高风险投资，甚至在选择高风险投资时会牺牲部分预期收益率。通过设计，在赌场中购买彩票或赌博的人一般都会亏钱。毕竟，州政府和赌场要从这些赌徒身上赚钱，这意味着赌博活动的预期收益率为负，个人一般而言会亏钱。然而，人们还是会买彩票、进赌场，当他们这样做时就表明他们是风险喜好型投资者。

复习题

8—1 财务决策中的风险是指什么？

8—2 请定义收益，并说明如何计算投资的收益率。

8—3 请比较下列风险偏好：(a) 风险厌恶型；(b) 风险中性型；(c) 风险喜好型。财务经理最常见的风险偏好是什么？

8.2 单笔资产的风险

在本节中，我们将加深对风险的理解。令人惊讶的是，当重点从单笔资产的风险转移到投资组合的风险时，风险的概念也会随之变化。这里，我们将分析不同的风险量化统计方法。之后，我们将把这些方法应用于投资组合。

风险评估

从直观上能理解，风险与不确定性相关。你对投资业绩越不确定，投资的风险就越高。情景分析提供了量化这种直觉的简单方式，概率分布提供了分析投资风险的复杂方法。

情景分析

情景分析（scenario analysis）使用多个可能的结果（情景）获得对收益率波动性的认识。① 一种常见方法是考虑特定资产的悲观结果（最差结果）、最可能的结果（预期结果）和乐观结果（最好结果）以及与它们相关的收益率。用乐观结果下的收益率减去悲观结果下的收益率，就能得出**收益率范围**（range）。收益率范围越大，波动性就越大，或者说资产风险就越高。

例 8.2

诺曼公司（Norman Company）是一家定制高尔夫设备生产商，它希望从两种投资 A 和 B 中选择较优者。每种投资都需要 10 000 美元的初始支出，每种投资最可能的年收益率均为 15%。管理层估计了与每种投资的悲观结果和乐观结果相关的收益率。表 8.2 给出了每种资产的三个收益率估计及其范围。资产 A 的风险看来低于资产 B，它的收益率范围 4%（=17%－13%）低于资产 B 的收益率范围 16%（=23%－7%）。和资产 B 相比，风险厌恶型决策者更偏好资产 A，因为资产 A 提供的收益率和资产 B 相同（15%），但风险较低（收益率范围较小）。

① 这里，我们有意以一般形式而非技术上正确的形式运用情景分析，以简化讨论。对这种方法和情景分析更具技术性的、更准确的定义与讨论见第十一章。

表 8.2 **资产 A 和资产 B**

	资产 A	资产 B
初始投资	10 000 美元	10 000 美元
年收益率		
悲观结果	13%	7%
最可能的结果	15%	15%
乐观结果	17%	23%
收益率范围	4%	16%

财务经理通常在新投资项目的早期分析阶段就开始思考最好结果和最差结果。不管这种方法直观上多么有吸引力，考察投资结果的收益率范围都是一种非常简单的风险衡量方法。更复杂的方法需要一些基本的统计工具。

概率分布

概率分布提供了资产风险的量化信息。给定结果的出现机会是它的**概率**（probability）。概率为 80%的结果预期将会在 10 次中出现 8 次。概率为 100%的结果肯定会出现。概率为零的结果永远不会出现。

> **实例分析**
>
> **小心黑天鹅**
>
> 是否有可能确切知道某种结果永远不可能发生，即发生概率为零？在 2007 年的畅销书《黑天鹅：如何应对不可预知的未来》（*The Black Swan: The Impact of the Highly Improbable*）中，纳西姆·尼古拉斯·塔勒布（Nassim Nicholas Taleb）认为，表面上概率很低甚至不可能发生的事件可能比多数人认为的发生概率更高，尤其是在金融领域。该书的标题是指一种长久以来的观念，即所有天鹅都是白色的，许多人都持有这种观点，直到一种黑天鹅在澳大利亚被发现。据报道，塔勒布因在 2007—2008 年的金融危机中准确预测出金融市场将暴跌而赚了一大笔钱。

例 8.3

诺曼公司过去的估计表明，悲观结果、最可能的结果和乐观结果的概率分别为 25%、50%和 25%。注意，这三个概率之和必然为 100%；也就是说，它们必然是基于所有可能结果的考虑。

概率分布（probability distribution）是将概率与相关结果联系起来的模型。最简单的概率分布类型为**柱形图**（bar chart）。图 8.1 显示了诺曼公司的资产 A 和资产 B 的柱形图。尽管这两种资产的平均收益率相同，但资产 B 的收益率范围比资产 A 大得多（或更分散）：前者为 16%，而后者为 4%。

多数投资都有两三种以上的可能结果。实际上，多数情况下的可能结果数量都是无限的。如果我们知道所有可能的结果和相关概率，就能建立**连续概率分布**（continuous probability distribution）。这类分布可以被想象为大量结果的柱形图。图 8.2 是资产 C 和

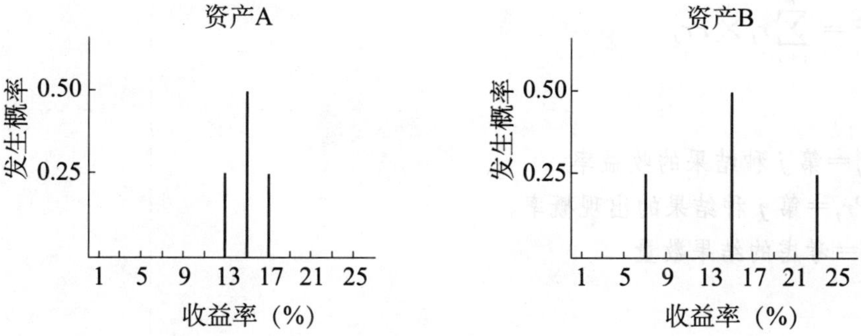

图 8.1　柱形图

资产 A 和资产 B 的收益率柱形图

资产 D 的连续概率分布。注意，尽管这两种资产的平均收益率相同（15%），但资产 D 的收益率分布比资产 C 分散得多。显然，资产 D 的风险高于资产 C。

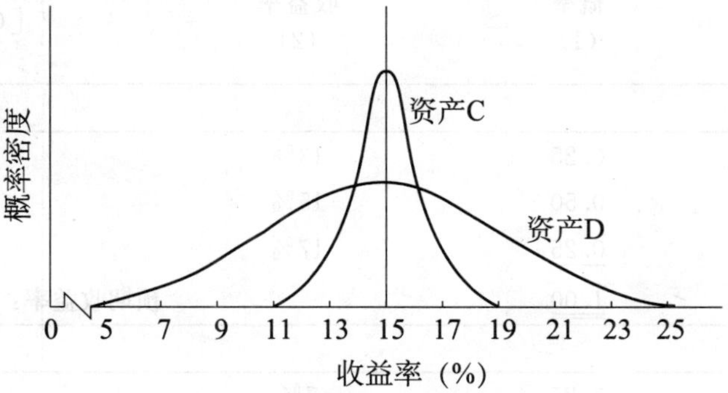

图 8.2　连续概率分布

资产 C 和资产 D 的连续概率分布

风险衡量

除了考虑投资可能产生的收益率范围，还可以用统计数据量化资产的风险。一种常用于描述投资风险的统计指标是标准差。

标准差

标准差（standard deviation）σ_r 衡量了预期收益率附近的投资收益率离散度。**预期收益率**（expected value of a return）$\bar{r}$ 是投资预期在一段时间内产生的平均收益率。对于有 j 种不同可能收益率的投资而言，预期收益率的计算方法为①：

① 当所有结果 r_j 都已知，且相关概率相等时，预期收益率的计算公式就是一个简单的算数平均值计算公式：

$$\bar{r} = \frac{\sum_{j=1}^{n} r_j}{n} \tag{8.2a}$$

其中 n 为观察值个数。

$$\bar{r} = \sum_{j=1}^{n} r_j \times Pr_j \tag{8.2}$$

其中，

r_j＝第 j 种结果的收益率

Pr_j＝第 j 种结果的出现概率

n＝考虑的结果数量

例 8.4

表 8.3 给出了诺曼公司的资产 A 和资产 B 的收益率预期值。第（1）列给出了 Pr_j 的值，第（2）列给出了 r_j 的值。在每种情况下，n 均为 3。每种资产的预期收益率均为 15%。

表 8.3　资产 A 和资产 B 的预期收益率

可能的结果	概率 (1)	收益率 (2)	加权价值 [(1) × (2)] (3)
资产 A			
悲观结果	0.25	13%	3.25%
最可能的结果	0.50	15%	7.50%
乐观结果	0.25	17%	4.25%
总计	1.00		预期收益率：15.00%
资产 B			
悲观结果	0.25	7%	1.75%
最可能的结果	0.50	15%	7.50%
乐观结果	0.25	23%	5.75%
总计	1.00		预期收益率：15.00%

收益率标准差 σ_r 的表达式为①：

$$\sigma_r = \sqrt{\sum_{j=1}^{n} (r_j - \bar{r})^2 \times Pr_j} \tag{8.3}$$

通常，标准差越大，风险就越高。

例 8.5

表 8.4 给出了根据以上数据算出的诺曼公司的资产 A 和资产 B 的标准差。资产 A 的标准差为 1.41%，资产 B 的标准差为 5.66%。显然，资产 B 较大的标准差反映出它的风

① 实际上，分析师很少知道可能的投资结果及其概率的完整范围。在这种情况下，分析师用历史数据估计标准差。这种情况应用的公式为：

$$\sigma_r = \sqrt{\frac{\sum_{j=1}^{n} (r_j - \bar{r})^2}{n-1}} \tag{8.3a}$$

险较高。

表 8.4 **资产 A 和资产 B 的收益率标准差计算**

j	r_j	$\bar{r}$	$r_j-\bar{r}$	$(r_j-\bar{r})^2$	Pr_j	$(r_j-\bar{r})^2\times Pr_j$
资产 A						
1	13%	15%	−2%	4%	0.25	1%
2	15%	15%	0%	0%	0.50	0%
3	17%	15%	2%	4%	0.25	1%

$$\sum_{j=1}^{3}(r_j-\bar{r})^2\times Pr_j = 2\%$$

$$\sigma_{r_A}=\sqrt{\sum_{j=1}^{3}(r_j-\bar{r})^2\times Pr_j}=\sqrt{2\%}=\underline{\underline{1.41}}\%$$

j	r_j	$\bar{r}$	$r_j-\bar{r}$	$(r_j-\bar{r})^2$	Pr_j	$(r_j-\bar{r})^2\times Pr_j$
资产 B						
1	7%	15%	−8%	64%	0.25	16%
2	15%	15%	0%	0%	0.50	0%
3	23%	15%	8%	64%	0.25	16%

$$\sum_{j=1}^{3}(r_j-\bar{r})^2\times Pr_j = 32\%$$

$$\sigma_{r_B}=\sqrt{\sum_{j=1}^{3}(r_j-\bar{r})^2\times Pr_j}=\sqrt{32\%}=\underline{\underline{5.66}}\%$$

注：本表中的计算数字为百分比形式而非小数形式，例如，13%而非 0.13。因此，部分中间结果看上去与使用小数形式的计算结果不一致。尽管如此，得出的标准差仍是正确的，且与用小数形式而非百分比形式计算的结果一致。

历史收益率和风险 现在，我们可以用标准差作为风险衡量指标来评估表 8.1 中的历史收益率（1900—2011 年）。表 8.5 在第（1）列中给出了名义平均年收益率，在第（2）列中给出了与每个收益率相关的标准差。可以看到，投资收益率和标准差存在密切关系：收益率高的投资的标准差也高。例如，股票的名义平均年收益率最高，为 9.3%，是国库券的名义平均年收益率的 2 倍多。同时，股票的波动性也高得多，它的标准差为 20.2%，是国库券的 4 倍多。由于高标准差与高风险相关，因此历史数据证实风险和收益率之间存在正向关系。这种关系反映出市场参与者的风险厌恶，他们要求高收益率作为高风险的补偿。表 8.5 的第（1）列和第（2）列的历史数据显示，在 1900—2011 年期间，投资者的高风险投资获得的平均收益率也较高。

表 8.5 **部分投资的历史收益率和标准差（1900—2011 年）**

投资	名义平均年收益率（1）	标准差（2）	变异系数（3）
国库券	3.9%	4.7%	1.20
国债	5.0%	10.3%	2.06
普通股	9.3%	20.2%	2.17

资料来源：Elroy Dimson，Paul Marsh，Mike Staunton，Paul McGinnie，and Jonathan Wilmot，*Credit Suisse Global Investment Returns Yearbook 2012*.

实例分析

股票并不生来平等

表 8.5 显示股票的风险高于债券，但一些股票的风险是否高于另一些股票呢？答案显然是肯定的。最近的一项研究分析了大股票和小股票的历史收益率，并发现在 1926—2011 年，大股票的平均年收益率为 9.8%，而小股票的平均年收益率为 11.9%。然而，小股票的高收益率是有成本的。小股票的收益率标准差高达 32.8%，而大股票的收益率标准差仅为 20.5%。

正态分布 如图 8.3 所示，**正态概率分布**（normal probability distribution）就像一条对称的钟形曲线。曲线的对称性表明，一半概率与峰值左侧的值有关，另一半概率与峰值右侧的值有关。如图所示，在正态概率分布下，所有结果的 68%位于预期收益率正负 1 个标准差范围内，所有结果的 95%位于预期收益率正负 2 个标准差范围内，所有结果的 99%位于预期收益率正负 3 个标准差范围内。

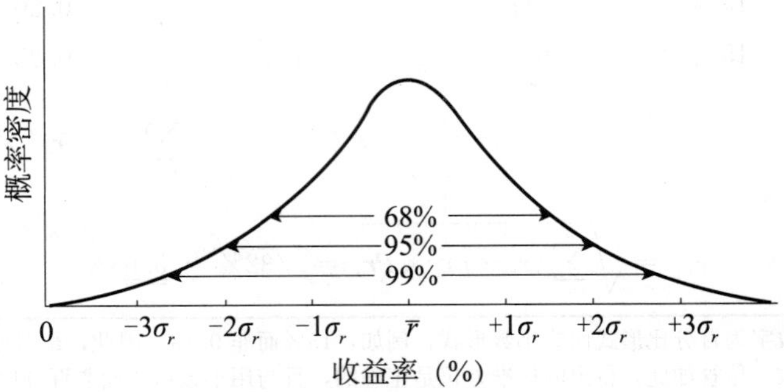

图 8.3 钟形曲线

正态分布曲线与范围

例 8.6

使用表 8.5 中的数据并假设普通股和债券的收益率概率分布均为正态分布，我们可以推测出，68%的股票可能收益率结果位于－10.9%～29.5%，68%的国债可能收益率结果位于－5.3%～15.3%；95%的股票可能收益率结果位于－31.1%～49.7%，95%的国债可能收益率结果位于－15.6%～25.6%。显然，股票的高风险反映为它在每个置信水平（68%或 95%）下的可能收益率范围大得多。

变异系数：权衡风险与收益

变异系数（coefficient of variation，CV）是一种相对离散度指标，它在比较具有不同预期收益率的资产的风险时很有用。变异系数的表达式如下：

$$CV = \frac{\sigma_r}{\bar{r}} \tag{8.4}$$

较高的变异系数意味着投资的波动性相对于预期收益率来说较高。由于投资者偏好高收益率和低风险，因此人们本能地预期投资者被低变异系数的投资吸引。然而，这种逻辑并不总适用于将在下一节出现的推理。现在，考虑表 8.5 第（3）列的变异系数。该表说明，国库券的变异系数最低，因此它的风险相对于收益率最低。这是否意味着投资者应该买入国库券而卖出股票呢？不一定。

例 8.7

将资产 A 和资产 B 的标准差（见表 8.4）和预期收益率（见表 8.3）代入式（8.4），得出资产 A 和资产 B 的变异系数分别为 0.094（＝1.41%÷15%）和 0.377（＝5.66%÷15%）。资产 B 的变异系数较高，因此它的风险高于资产 A，这点我们已经从标准差中知晓了。（由于两种资产的预期收益率相同，因此变异系数没有提供新信息。）

个人理财案例 8.8

玛丽莲·安斯布罗（Marilyn Ansbro）正在挑选可以加入投资组合的股票。她希望分析达那俄斯实业（Danhaus Industries，Inc.，DII）的股票，这是一家多元化经营的宠物产品生产商。她关心的一个主要问题是风险。她有一项规则，即只投资于变异系数低于 0.75 的股票。她搜集了过去三年（2013—2015 年）的股价和已付股利数据（见下表），并假设每年的收益率概率都相同。

年份	股价		已付股利
	年初	年末	
2013	35.00 美元	36.50 美元	3.50 美元
2014	36.50 美元	34.50 美元	3.50 美元
2015	34.50 美元	35.00 美元	4.00 美元

将每年的股价和股利数据代入式（8.1），我们将得到下列信息：

年份	收益率
2013	[3.50 美元＋(36.50 美元－35.00 美元)]÷35.00 美元＝5.00 美元÷35.00 美元＝14.3%
2014	[3.50 美元＋(34.50 美元－36.50 美元)]÷36.50 美元＝1.50 美元÷36.50 美元＝4.1%
2015	[4.00 美元＋(35.00 美元－34.50 美元)]÷34.50 美元＝4.50 美元÷34.50 美元＝13.0%

假设收益率概率相同，代入式（8.2a），我们得到平均收益率 $\bar{r}_{2013—2015}$：

$$\bar{r}_{2013—2015}=(14.3\%+4.1\%+13.0\%)\div 3=10.5\%$$

将平均收益率和年收益率代入式（8.3a），我们得到标准差 $\sigma_{r2013—2015}$：

$$\sigma_{r2013—2015}$$
$$=\sqrt{[(14.3\%-10.5\%)^2+(4.1\%-10.5\%)^2+(13.0\%-10.5\%)^2]\div(3-1)}$$
$$=\sqrt{(14.44\%+40.96\%+6.25\%)\div 2}=\sqrt{30.825\%}=5.6\%$$

最后，将收益率标准差和平均收益率代入式（8.4），我们得到变异系数 CV：

$$CV=5.6\%\div 10.5\%=0.53$$

由于达那俄斯实业的股票 2013—2015 年的收益率变异系数 0.53 显著低于玛丽莲的最

大变异系数 0.75，因此她得出结论，达那俄斯实业的股票是可以接受的投资。

复习题

8—4 请说明如何在情景分析中应用收益率范围。

8—5 决策者可以从结果的概率分布图中了解到哪些关于资产风险的信息？

8—6 标准差大小和资产风险程度之间存在什么关系？

8—7 变异系数揭示了哪些标准差没有揭示的投资风险？

8.3 投资组合的风险

在现实世界中，任何一笔资产的风险都不应该独立于其他资产进行考虑。必须考虑新投资对投资者投资组合的风险和收益率的影响。财务经理的目标是建立**有效投资组合**（efficient portfolio），这是在给定风险水平下提供最高收益率的投资组合。因此，我们需要一种方法来衡量投资组合的收益率和标准差。作为这种分析的一部分，我们将考察相关性统计概念，这是用于建立有效投资组合的分散化过程的基础。

投资组合收益率与标准差

投资组合收益率是组成投资组合的各种资产的加权平均收益率。我们可以使用式（8.5）计算投资组合的收益率 r_p：

$$r_p = w_1 \times r_1 + w_2 \times r_2 + \cdots + w_n \times r_n = \sum_{j=1}^{n} w_j \times r_j \tag{8.5}$$

其中，

w_j＝资产 j 占投资组合总价值的比例

r_j＝资产 j 的收益率

当然，$\sum_{j=1}^{n} w_j = 1$ 表示计算过程中必然包括 100%的投资组合资产。

例 8.9

詹姆斯（James）以每股 55 美元的价格购买了 100 股沃尔玛公司的股票，因此他对沃尔玛公司的总投资为 5 500 美元。他还以每股 25 美元的价格购买了 100 股思科公司的股票，因此他对思科公司的总投资为 2 500 美元。将这两笔资产加起来，詹姆斯的总投资组合价值 8 000 美元。其中，68.75%（＝5 500 美元÷8 000 美元）投资于沃尔玛公司，31.25%（＝2 500 美元÷8 000 美元）投资于思科公司。因此，$w_1=0.687\ 5$，$w_2=0.312\ 5$，$w_1+w_2=1.0$。

投资组合收益率标准差的计算方法是应用单笔资产标准差的公式。具体而言，当已知收益率概率时，使用式（8.3），当分析师用历史数据估计标准差时，使用式（8.3a）。

例 8.10

假设我们希望确定投资组合 XY 的预期收益率和标准差，该投资组合由相同比例（每种占 50%）的资产 X 和资产 Y 组成。表 8.6 的 A 部分第（1）列和第（2）列分别给出了接下来 5 年（2014—2018 年）中资产 X 和资产 Y 的预期收益率。在第（3）列中，资产 X 和资产 Y 的权数 50%及第（1）列和第（2）列中它们各自的收益率被代入式（8.5）。第（4）列显示了计算结果：2014—2018 年每年的预期投资组合收益率为 12%。

此外，如表 8.6 的 B 部分所示，5 年中投资组合的预期收益率为 12%（用式（8.2a）计算）。在表 8.6 的 C 部分中，投资组合 XY 的标准差的计算结果为 0（使用式（8.3a））。这个数值并不令人惊讶，因为每年的投资组合收益率均为 12%。投资组合收益率不随着时间变化。

表 8.6　　投资组合 XY 的预期收益率、预期价值和标准差

A. 投资组合的预期收益率

年份	预期收益率 资产 X (1)	预期收益率 资产 Y (2)	投资组合预期收益率的计算[a] (3)	投资组合的预期收益率 r_p (4)
2014	8%	16%	0.50×8%+0.50×16%=	12%
2015	10%	14%	0.50×10%+0.50×14%=	12%
2016	12%	12%	0.50×12%+0.50×12%=	12%
2017	14%	10%	0.50×14%+0.50×10%=	12%
2018	16%	8%	0.50×16%+0.50×8%=	12%

B. 2014—2018 年投资组合预期收益率[b]

$$\bar{r}_p=\frac{12\%+12\%+12\%+12\%+12\%}{5}=\frac{60\%}{5}=\underline{\underline{12\%}}$$

C. 投资组合预期收益率的标准差[c]

$$\sigma_{r_p}=\sqrt{\frac{(12\%-12\%)^2+(12\%-12\%)^2+(12\%-12\%)^2+(12\%-12\%)^2+(12\%-12\%)^2}{5-1}}$$

$$=\sqrt{\frac{0\%+0\%+0\%+0\%+0\%}{4}}$$

$$=\sqrt{\frac{0\%}{4}}=\underline{\underline{0}}$$

a. 使用式（8.5）。
b. 使用式（8.2a）。
c. 使用式（8.3a）。

相关性

相关性（correlation）是衡量任意两组数字之间关系的统计指标。这些数字可能是从收益率到考试分数等任何类型的数据。如果两组数字趋于同向变化，则它们**正相关**（positively correlated）。如果两组数字反向变化，则它们**负相关**（negatively correlated）。例如，假设我们搜集了新汽车的零售价和重量数据。我们可能发现大汽车的价格高于小汽车，因此我们会说在新汽车中，重量和价格正相关。如果我们也衡量了这些汽车的燃油效率（用每加仑汽油的行驶里数衡量），我们会发现轻型汽车的燃油效率高于重型汽车。在这种情况下，我们会说燃油效率与汽车重量负相关。①

相关程度用**相关系数**（correlation coefficient）衡量，它的范围为从**完全正相关**（perfectly positively correlated）的+1到**完全负相关**（perfectly negatively correlated）的−1。这两个极端可用图8.4中的系列M和系列N表示。完全正相关的系列的变化完全相同，没有例外；完全负相关的系列的变化则完全相反。

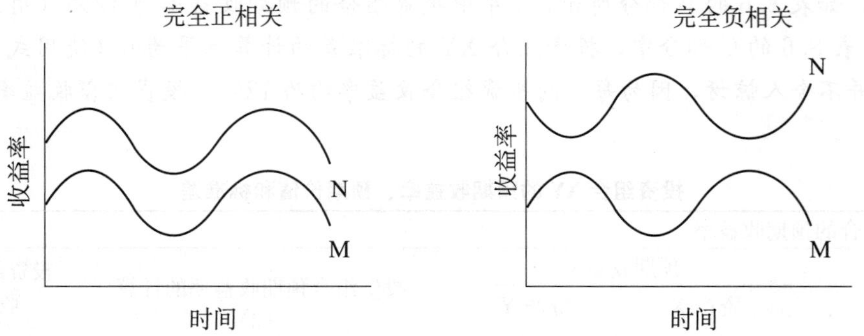

图8.4　相关性

系列M和系列N的相关性

分散化

相关性概念对于建立有效投资组合很重要。为了降低整体风险，最好将可能相关性最低的资产加入投资组合以实现分散化。将彼此相关性低的资产合并可以降低投资组合收益率的整体波动性。图8.5显示了两种资产F和G的收益率变化。两种资产的平均收益率或预期收益率均为$\bar{r}$，但注意，当F的收益率高于平均值时，G的收益率低于平均值，反之亦然。换言之，F和G的收益率负相关。当这两种资产合并为一个投资组合时，投资组合的风险将下降，且不会降低平均收益率（也就是说，投资组合的平均收益率仍为$\bar{r}$）。对于风险厌恶型投资者来说，这是一个非常好的消息。他们去除了不喜欢的东西（风险），而不用牺牲喜欢的东西（收益率）。即使资产正相关，它们之间的相关性越低，通过分散化能降低的风险就越多。

一些资产**不相关**（uncorrelated），也就是说，它们的收益率之间相互没有影响。合并不相关资产可以降低风险，尽管有效性不如合并负相关资产那样高，但比合并正相关资产高。不相关资产的相关系数接近于零，处于完全正相关和完全负相关的中间。

将两种收益率完全正相关的资产合并为投资组合导致整个投资组合的最低风险等于风险最低的资产的风险，最高风险等于风险最高的资产的风险。然而，将并非完全正相关的

① 注意，在这里我们说的是一般趋势。例如，大型混合动力运动型多功能车的燃油效率可能高于传统汽油发动机驱动的小轿车，但这不会改变轻型汽车的燃油效率更高的一般趋势。

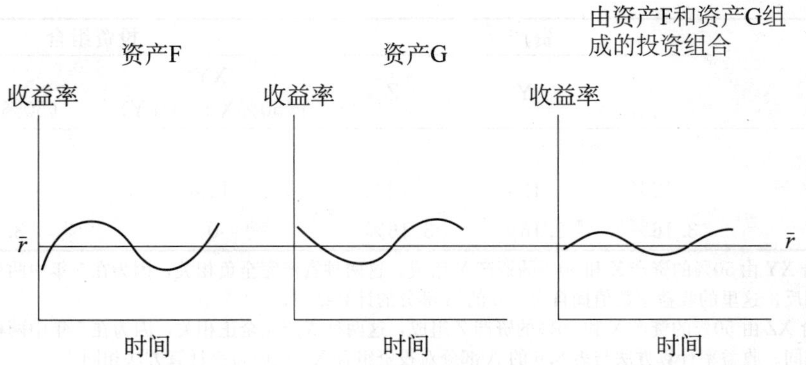

图 8.5　分散化

合并负相关资产可以降低或分散风险

两种资产合并为投资组合可以将总风险降低到其中任何一种资产的风险以下。例如，假设你购买了一家生产机器工具的公司的股票。该公司的业务周期性很强，因此当经济扩张时股票表现良好，而当经济衰退时股票表现疲软。如果你购买了另一家销售收入与这家公司正相关的机器工具公司的股票，合并以后的投资组合仍然周期性很强，风险不会降低很多。然而，你可以购买折扣零售商店的股票，它的销售收入是反周期的。它的股票通常在经济扩张时表现得差于经济衰退时（此时消费者希望每笔购物都省钱）。这些股票组成的投资组合的波动性将低于其中任何一只股票的波动性。

例 8.11

表 8.7 给出了在接下来 5 年中三种不同资产——X、Y 和 Z——的预期收益率、预期价值和标准差。每种资产的预期收益率均为 12%，标准差均为 3.16%。因此，这些资产的收益率和风险相同。资产 X 和资产 Y 的收益模式完全负相关。当 X 的收益率最高时，Y 的收益率最低，反之亦然。资产 X 和资产 Z 的收益率完全正相关。它们的变化方向完全相同，因此当 X 的收益率很高时，Z 的收益率也很高。（注：X 和 Z 的收益率完全相同。）① 现在，让我们考察当我们以不同方式将这些资产合并为投资组合时将发生什么情况。

表 8.7　　资产 X、资产 Y、资产 Z 和投资组合 XY 与 XZ 的预期收益率、预期价值和标准差

年份	资产			投资组合	
	X	Y	Z	XY[a] (50%X+50%Y)	XZ[b] (50%X+50%Z)
2014	8%	16%	8%	12%	8%
2015	10%	14%	10%	12%	10%
2016	12%	12%	12%	12%	12%
2017	14%	10%	14%	12%	14%
2018	16%	8%	16%	12%	16%

① 本例中使用相同的收益率以清楚说明概念，但是收益率并不一定完全相同才是完全正相关的。完全共同变化——不管相对收益率多高——的收益率就是完全正相关的。

续前表

年份	资产			投资组合	
	X	Y	Z	XY[a]（50%X+50%Y）	XZ[b]（50%X+50%Z）
统计数据[c]：					
预期价值	12%	12%	12%	12%	12%
标准差[d]	3.16%	3.16%	3.16%	0	3.16%

a. 投资组合XY由50%的资产X和50%的资产Y组成，这两种资产完全负相关，因为在5年中两种资产的收益率变化方式完全相反。这里的收益率数值摘自表8.6的A部分的计算结果。

b. 投资组合XZ由50%的资产X和50%的资产Z组成，这两种资产完全正相关，因为在5年中两种资产的收益率变化方式完全相同。收益率计算方法与表8.6的A部分对投资组合XY的收益率计算方法相同。

c. 由于未给出与收益率相关的概率，因此这里使用了一般公式——式（8.2a）和式（8.3a）——分别计算预期价值和标准差。表8.6的B部分和C部分分别计算了投资组合XY的预期价值和标准差。

d. 投资组合的标准差可以根据成分资产的标准差直接用下列公式计算：

$$\sigma_{r_p}=\sqrt{w_1^2\sigma_1^2+w_2^2\sigma_2^2+2w_1w_2c_{1,2}\sigma_1\sigma_2}$$

其中，w_1和w_2分别为资产1和资产2所占的比例，σ_1和σ_2是成分资产——资产1和资产2——的标准差，$c_{1,2}$是成分资产——资产1和资产2——的收益率相关系数。

投资组合XY 投资组合XY（如表8.7所示）是通过合并相同比例、完全负相关的两种资产——资产X和资产Y——创造出来的。（表8.6显示了如何计算投资组合XY的年收益率、投资组合的预期收益率和收益率标准差。）正如其标准差所反映的，该投资组合的风险降至0，而预期收益率仍为12%。因此，合并的结果是完全消除了风险，因为投资组合每年都获得12%的收益率。① 只要两种资产完全负相关，合并这两种资产就会导致投资组合的收益率无风险。

投资组合XZ 投资组合XZ（如表8.7所示）是通过合并相同比例、完全正相关的两种资产——资产X和资产Z——创造出来的。资产X和资产Z的标准差相同，均为3.16%，因为它们的变化总相同，所以将它们合并为一个投资组合不会降低风险；投资组合的标准差也为3.16%。和投资组合XY的情况一样，投资组合XZ的预期收益率为12%。由于两个投资组合的预期收益率相同，但投资组合XY的预期收益率没有风险，因此风险厌恶型投资者显然更偏好投资组合XY而非投资组合XZ。

相关性、分散化、风险与收益

通常，资产收益率的相关性越低，投资者通过分散化能降低的风险就越多。下例说明了相关性如何影响投资组合的风险而非投资组合的预期收益率。

例8.12

以两种资产——Lo和Hi——为例，它们的特征见下页表。

① 完全负相关意味着一种资产的收益率上升和下降正好被另一种资产的收益率下降和上升抵消。因此，投资组合的收益率不随时间变化。

资产	预期收益率 $\bar{r}$	风险（标准差）σ
Lo	6%	3%
Hi	8%	8%

显然，资产 Lo 的收益率低于资产 Hi，但 Lo 的风险也比 Hi 低。自然，人们会认为 Lo 和 Hi 合并而成的投资组合将提供介于 6%和 8%之间的收益率，投资组合的风险也将介于 Lo 和 Hi 的风险之间（3%～8%）。这种直观感受只是部分正确。

由资产 Lo 和资产 Hi 组成的投资组合的表现不仅取决于每种资产的预期收益率和标准差（如上所示），还取决于两种资产的收益率相关性。我们将举例说明三种情况的结果：(1) Lo和 Hi 的收益率完全正相关；(2) Lo 和 Hi 的收益率无关；(3) Lo 和 Hi 的收益率完全负相关。

分析结果如图 8.6 所示。不管 Lo 和 Hi 的相关系数为+1、0 还是−1，这两种资产组成的投资组合的预期收益率都必然介于 6%和 8%之间。这就是为什么图 8.6 左侧都位于 6%和 8%之间。然而，投资组合的标准差主要取决于 Lo 和 Hi 的相关性。只有当 Lo 和 Hi 完全正相关时，才能说投资组合的标准差必然位于 3%（Lo 的标准差）和 8%（Hi 的标准差）之间。随着 Lo 和 Hi 的相关性变弱（即随着相关系数下降），投资者可能发现，他们甚至能用 Lo 和 Hi 组成标准差低于 3%的投资组合（也就是说，比单独持有资产 Lo 风险更低的投资组合）。这就是为什么图 8.6 右侧的范围有变化。在 Lo 和 Hi 完全负相关的特殊情况下，可以完全分散掉所有风险，组成无风险投资组合。

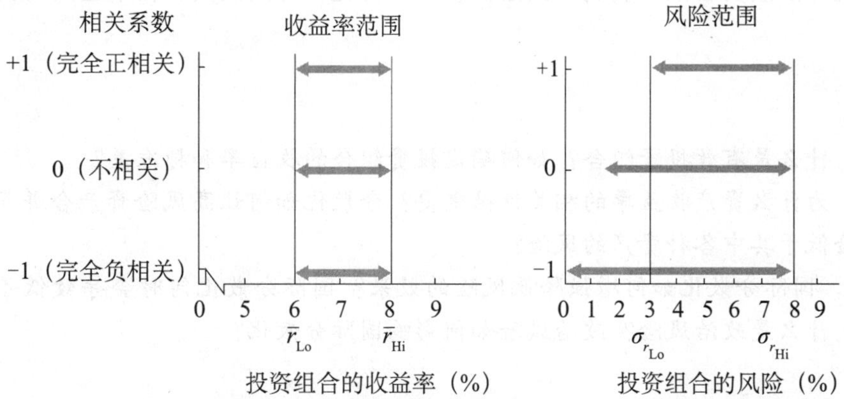

图 8.6 可能的相关系数

不同相关系数下资产 Lo 和资产 Hi 组成的投资组合的收益率（$\bar{r}_p$）和风险（σ_{r_p}）

国际分散化

投资组合分散化的一个绝佳实例是在投资组合中加入外国资产。加入商业周期与美国商业周期并非高度相关的国家的资产将减少投资组合对市场变化的反应。世界上不同市场的涨跌至少在某种程度上会相互抵消，结果是投资于世界市场的投资组合的风险低于完全投资于美国市场的投资组合的风险。

国际分散化的收益

长期以来，国际分散化投资组合的表现往往优于纯国内投资组合（这意味着它们相对于承担的风险具有更高的收益率）。然而，在短期内，例如一至两年，国际分散化投资组合的表现可能优于也可能差于国内投资组合。例如，考虑当美国经济表现相对较差，美元相对于多数外币贬值时发生的情况。在这种时候，美国投资者的外国资产组合的美元收益率可能非常有吸引力。然而，国际分散化也可能获得低于平均水平的收益率，尤其是当美元相对于其他货币升值时。当美元升值时，外币资产组合的美元价值将下降。即使该投资组合的外币收益率令人满意，当把外币利润换算为美元时，美国投资者的收益率也会下降。低于平均水平的当地货币投资组合的收益率加上美元升值，会让美国投资者的美元收益率下降。

然而，从整体上看，国际分散化投资组合理论认为货币价值和相对表现的这些波动会在长期内趋于平衡。与类似的纯国内投资组合相比，国际分散化投资组合往往可以在较低风险水平上获得与之相当的收益率。

国际分散化的风险

除了降低货币波动导致的风险，国际投资还有其他几种特有的金融风险。最重要的是**政治风险**（political risk)，它来自东道国政府采取对外国投资者有害的行动或政治动荡危害投资的可能性。发展中国家的政治风险尤为高，不稳定的政府或秉持理想主义的政府可能试图阻拦外国投资者汇回利润，甚至征收（国有化）外国投资者在东道国的资产。

复习题

8—8　什么是有效投资组合？如何确定投资组合的收益率和标准差？

8—9　为什么资产收益率的相关性很重要？分散化如何让高风险资产合并而成的投资组合的风险低于其中各种资产的风险？

8—10　国际分散化如何增强降低风险的效果？国际分散化何时会导致低于平均水平的收益率？什么是政治风险？政治风险如何影响国际分散化？

8.4　风险与收益：资本资产定价模型

迄今为止，我们已经观察到高风险投资获得高收益的趋势，也知道投资者可以通过分散化降低风险。现在，我们希望量化风险与收益的关系。换言之，我们希望衡量投资者多承担一点风险预期获得的额外收益率。将所有资产的风险与收益联系起来的经典理论是**资本资产定价模型**（capital asset pricing model，CAPM)。我们将使用资本资产定价模型理解所有类型金融决策中的基本风险收益权衡。

风险类型

在上一节中我们看到，投资组合的标准差通常小于投资组合中单个资产的标准差。这就是分散化的力量。为了更清楚地了解这个概念，考虑由一种证券（资产）组成的投资组合的风险和由从所有活跃交易证券中随机选择的证券组成的投资组合的风险。用收益率标准差 σ_{r_p} 衡量整个投资组合的风险，图 8.7 描绘了当加入更多证券（x 轴）时整个投资组合的风险变化（y 轴）。随着证券的增加，整个投资组合的风险将由于分散化而下降，并趋近一个下限。

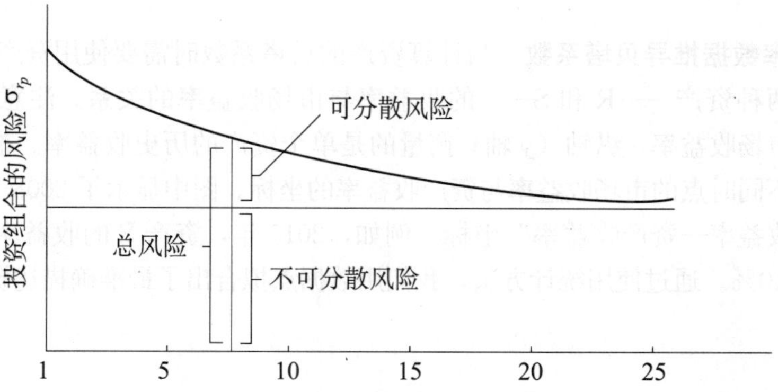

图 8.7　风险降低

投资组合的风险与分散化

证券的**总风险**（total risk）可以被视为由两部分组成：

$$证券的总风险=不可分散风险+可分散风险 \tag{8.6}$$

可分散风险（diversifiable risk）（有时被称为非系统性风险）表示与随机原因有关，可以通过分散化消除的资产风险。它是公司特定事件造成的风险，例如罢工、诉讼、监管行为或丢失重要客户。图 8.7 显示，随着投资组合中的股票数量的增加，可分散风险逐渐消失。**不可分散风险**（nondiversifiable risk）（也被称为系统性风险）是影响所有公司的市场因素造成的，它不能通过分散化消除。战争、通货膨胀、整体经济状况、国际事件和政治事件是造成不可分散风险的原因。在图 8.7 中，不可分散风险由水平线表示，不管投资组合多么分散，向下倾斜的曲线都永远不会到达它的下方。

由于任何投资者都能轻松创建基本消除所有可分散风险的资产组合，因而唯一重要的风险就是不可分散风险。因此，任何投资者或公司必然只关心不可分散风险。所以，当选择风险收益特征最理想的资产时，衡量不可分散风险是最重要的。

模型：资本资产定价模型

资本资产定价模型将不可分散风险与预期收益率联系起来。我们将分五个部分讨论这个模型。第一部分与贝塔系数有关，这是不可分散风险的衡量指标。第二部分介绍模型本身的公式，第三部分用图形描述风险和收益的关系。第四部分讨论通货膨胀预期和风险厌恶的变化对风险与收益关系的影响。第五部分对资本资产定价模型进行评论。

贝塔系数

贝塔系数 β（beta coefficient）是不可分散风险的相对衡量指标。它是资产收益率对市场收益率变化的反应程度指标。当计算资产的贝塔系数时需要使用资产的历史收益率。**市场收益率**（market return）是所有交易证券组成的市场投资组合的收益率。标准普尔 500 股票综合指数或某些类似股票指数常被用作市场收益率。活跃交易股票的贝塔系数可以通过各种来源获得，但你应该了解如何推导和解释它，以及如何将它应用于投资组合。

根据收益率数据推导贝塔系数　当计算资产的贝塔系数时需要使用资产的历史收益率。图 8.8 画出了两种资产——R 和 S——的收益率与市场收益率的关系。注意，横轴（x 轴）衡量的是历史市场收益率，纵轴（y 轴）衡量的是单个资产的历史收益率。推导贝塔系数的第一步是画出不同时点的市场收益率与资产收益率的坐标。图中显示了 2008—2015 年资产 S 的年度“市场收益率—资产收益率”坐标。例如，2015 年，资产 S 的收益率为 20%，此时市场收益率为 10%。通过使用统计方法，我们用数据点拟合出了最准确描述资产收益率与市

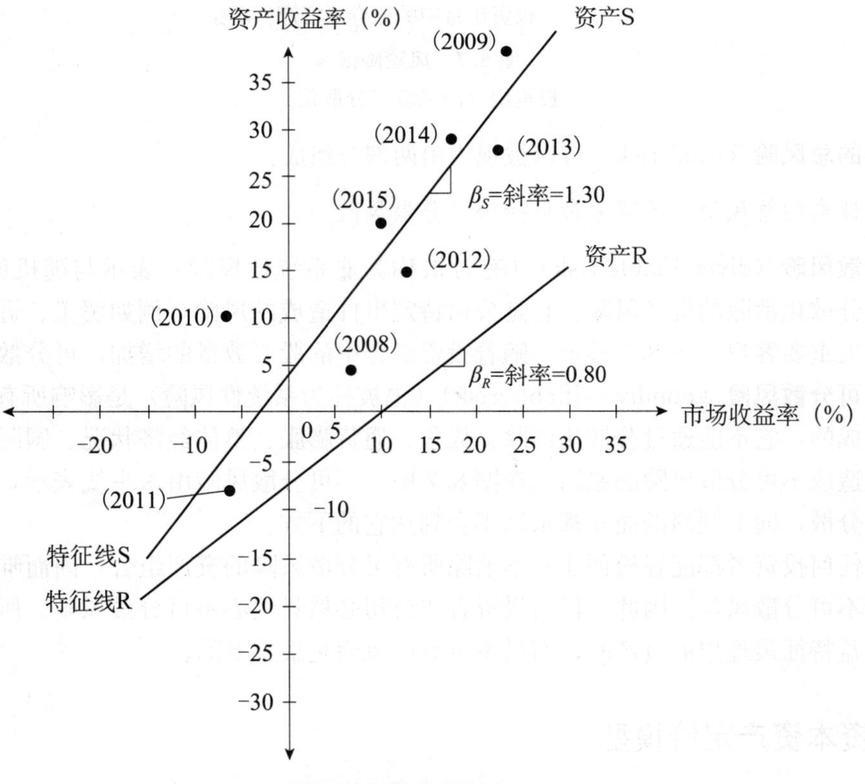

图 8.8　贝塔系数的推导[a]

a. 图中所有数据点均与资产 S 相关。图中没有资产 R 的数据点。

场收益率的坐标关系的“特征线”。[1] 这条线的斜率就是贝塔系数。资产R的贝塔系数约为0.80，资产S的贝塔系数约为1.30。资产S的贝塔系数较高（特征线较陡峭），表示它的收益率对市场收益率的变化更敏感。因此，资产S的风险高于资产R。

解释贝塔系数 整个市场的贝塔系数等于1.0。其他所有贝塔系数都被视为与该值有关。资产的贝塔系数可能为正，也可能为负，但正贝塔系数是常态。多数贝塔系数为0.5～2.0。如果股票收益率的敏感度是市场的一半（$\beta=0.5$），那么市场投资组合的收益率每变化1%，该股票的收益率就将变化0.5%。如果股票收益率的敏感度是市场的2倍（$\beta=2.0$），那么市场投资组合的收益率每变化1%，该股票的收益率就将变化2%。表8.8提供了各种贝塔系数及其解释。活跃交易股票的贝塔系数可以通过《价值线投资研究》（*Value Line Investment Survey*）等出版物、互联网或经纪公司获得。表8.9给出了部分股票的贝塔系数。

表8.8 **部分贝塔系数及其解释**

贝塔系数	评价	解释
2.0	与市场同向变化	敏感度是市场的两倍
1.0	与市场同向变化	敏感度和市场相同
0.5	与市场同向变化	敏感度只是市场的一半
0		不受市场变化的影响
−0.5	与市场反向变化	敏感度是市场的两倍
−1.0	与市场反向变化	敏感度和市场相同
−2.0	与市场反向变化	敏感度只是市场的一半

表8.9 **部分股票的贝塔系数（2013年5月20日）**

股票	贝塔系数	股票	贝塔系数
亚马逊	0.82	摩根大通	1.64
百威英博	0.86	美国银行	1.78
福特汽车	1.56	微软	1.18
迪士尼	1.09	耐克	0.78
亿贝网	0.87	百事可乐	0.35
埃克森美孚	0.86	高通	1.16
盖璞公司	1.25	桑普拉能源	0.38
通用电气	1.40	沃尔玛	0.42
英特尔	0.99	施乐	1.86
国际商业机器	0.65	雅虎	0.89

资料来源：www.finance.yahoo.com.

投资组合的贝塔系数 投资组合的贝塔系数可以用其中各种资产的贝塔系数轻松估计出来。令 w_j 表示资产 j 占投资组合总金额的比例，令 β_j 表示资产 j 的贝塔系数，我们可以用式（8.7）计算出投资组合的贝塔系数 β_p：

$$\beta_p = w_1 \times \beta_1 + w_2 \times \beta_2 + \cdots + w_n \times \beta_n = \sum_{j=1}^{n} w_j \times \beta_j \tag{8.7}$$

[1] 用最小二乘回归分析法可以对贝塔系数进行实证衡量。

当然，$\sum_{j=1}^{n} w_j = 1$，这意味着在计算过程中必然包括100%的投资组合资产。

投资组合贝塔系数的解释方法和单个资产贝塔系数的解释方法相同。它们显示了投资组合的收益率对市场收益率变化的敏感度。例如，当市场收益率提高10%时，贝塔系数为0.75的投资组合收益率将提高7.5%（=0.75×10%）；贝塔系数为1.25的投资组合收益率将提高12.5%（=1.25×10%）。显然，主要由低贝塔系数资产构成的投资组合的贝塔系数较低，主要由高贝塔系数资产构成的投资组合的贝塔系数较高。

个人理财案例 8.13

个人投资者马里奥·奥斯汀诺（Mario Austino）希望评估两个小型投资组合V和W的风险。两个投资组合都包括五种资产，比例和贝塔系数见表8.10。两个投资组合的贝塔系数β_V和β_W可以通过将表中的数据代入式（8.7）计算出来：

$$\beta_V = 0.10\times1.65+0.30\times1.00+0.20\times1.30+0.20\times1.10+0.20\times1.25$$
$$=0.165+0.300+0.260+0.220+0.250=\underline{\underline{1.195}}$$
$$\beta_W = 0.10\times0.80+0.10\times1.00+0.20\times0.65+0.10\times0.75+0.50\times1.05$$
$$=0.080+0.100+0.130+0.075+0.525=\underline{\underline{0.91}}$$

投资组合V的贝塔系数为1.195，投资组合W的贝塔系数为0.91. 这些值说明投资组合V中的资产的贝塔系数相对较高，投资组合W中的资产的贝塔系数相对较低。马里奥的计算结果显示，投资组合V的收益率对市场收益率变化反应更灵敏，因此比投资组合W风险更高。他必须决定在现有投资之中加入哪个投资组合对他更有利。

表 8.10　　马里奥·奥斯汀诺的投资组合V和W

资产	投资组合V		投资组合W	
	比例	贝塔系数	比例	贝塔系数
1	0.10	1.65	0.10	0.80
2	0.30	1.00	0.10	1.00
3	0.20	1.30	0.20	0.65
4	0.20	1.10	0.10	0.75
5	0.20	1.25	0.50	1.05
总计	1.00		1.00	

公式

用贝塔系数衡量不可分散风险，资本资产定价模型可以写为：

$$r_j = R_F + \beta_j \times (r_m - R_F) \tag{8.8}$$

其中，

r_j=资产j的必要收益率

R_F=无风险利率，通常用美国国库券的收益率衡量

β_j＝资产 j 的贝塔系数或不可分散风险指标

r_m＝市场收益率；市场资产组合的收益率

资本资产定价模型可以分为两部分：（1）**无风险利率**（risk-free rate of return）R_F。它是无风险资产——通常为3个月**美国国库券**（U.S. Treasury bills，T-bills），即美国财政部发行的短期债券——的必要收益率。（2）风险溢价。这两个部分分别是式（8.8）加号两侧的项。风险溢价（r_m-R_F）被称为市场风险溢价，因为它表示投资者承担持有市场资产组合的平均风险必然会得到的溢价。

历史风险溢价 使用表8.2中1900—2011年股票、债券和国库券的历史收益率，我们可以计算出每类投资的风险溢价。计算时（与式（8.8）一致）只需从给定投资的历史平均收益率中减去美国国库券的历史平均收益率：

投资	风险溢价[a]
股票	9.3%－3.9%＝5.4%
国债	5.0%－3.9%＝1.1%

a. 收益率数值摘自表8.1。

回顾以上计算的风险溢价，我们可以看出股票的风险溢价高于债券的风险溢价。这个结果符合直觉，因为股票的风险高于债券（股权的风险高于债务）。

例8.14

本杰明公司（Benjamin Corporation）是一家成长型电脑软件开发商，该公司希望确定资产Z的必要收益率，资产Z的贝塔系数为1.5。无风险利率为7%；市场资产组合的收益率为11%。将 $\beta_Z=1.5$，$R_F=7\%$，$r_m=11\%$代入式（8.8）的资本资产定价模型，得出必要收益率为：

$$r_Z = 7\% + 1.5\times(11\% - 7\%) = 7\% + 6\% = 13\%$$

市场风险溢价为4%（＝11%－7%），根据资产风险指数（贝塔系数）1.5进行调整后，得到风险溢价为6%（＝1.5×4%）。该风险溢价加上7%的无风险利率，得到13%的必要收益率。

其他条件相同，贝塔系数越高，必要收益率就越高，贝塔系数越低，必要收益率就越低。

图形：证券市场线

当用图形描述资本资产定价模型（式（8.8））时，它被称为**证券市场线**（security market line，SML）。证券市场线实际上是一条直线。它反映了市场上每个不可分散风险水平（贝塔系数）上的必要收益率。在该图中，风险由贝塔系数（β）衡量，被绘制在 x 轴上，必要收益率 r 被绘制在 y 轴上。显然，证券市场线表示风险收益权衡。

例8.15

在前面本杰明公司的例子中，无风险利率 R_F 为7%，市场收益率 r_m 为11%。证券市场线可以用两组分别与 R_F 和 r_m 相关的贝塔系数坐标 β_{R_F} 和 β_m 表示（即 $\beta_{R_F}=0$①，$R_F=7\%$；$\beta_m=1.0$，$r_m=11\%$）。图 8.9 表示得到的证券市场线。如传统所示，图 8.9 中的证券市场线表示与所有正贝塔系数相关的必要收益率。市场风险溢价 4%（$=r_m(11\%)-R_F(7\%)$）被特意标出。当资产 Z 的贝塔系数 β_Z 为 1.5 时，相应的必要收益率 r_Z 为 13%。图中还显示了资产 Z 的风险溢价 6%（$=r_Z(13\%)-R_F(7\%)$）。显然，贝塔系数大于 1 的资产的风险溢价高于市场风险溢价。贝塔系数小于 1 的资产的风险溢价低于市场风险溢价。

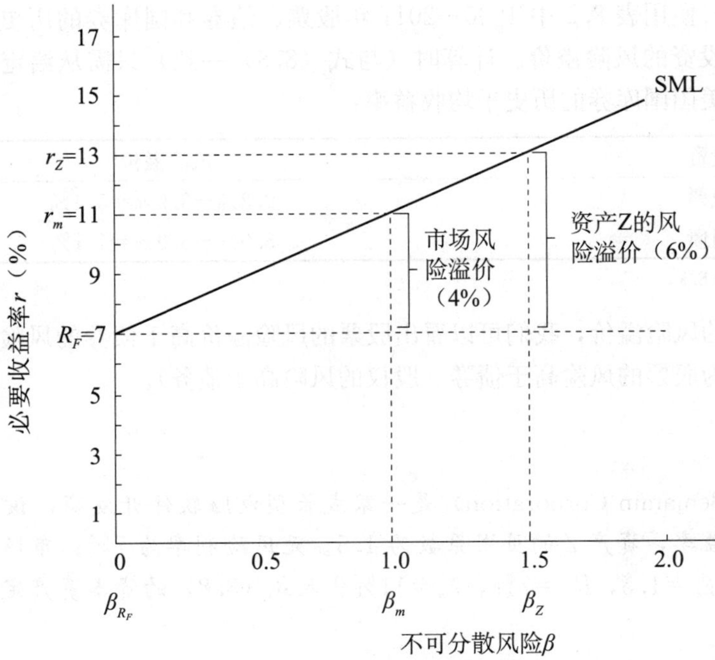

图 8.9　证券市场线

本杰明公司的资产 Z 数据显示的证券市场线

证券市场线的变化

证券市场线不是稳定的，证券市场线的移动可能导致必要收益率的变化。证券市场线的位置和斜率受两种主要力量——通货膨胀预期和风险厌恶——的影响，接下来将对它们进行分析。②

通货膨胀预期的变化　通货膨胀预期的变化影响无风险利率 R_F。无风险利率的公式为：

$$R_F=r^*+IP \tag{8.9}$$

该公式显示，假设实际利率 r^* 固定，那么通货膨胀溢价 IP 反映的通货膨胀预期的变

---

① 由于 R_F 是无风险资产的收益率，因此无风险资产的贝塔系数 β_{R_F} 应该等于 0。无风险资产的零贝塔系数不仅反映出它没有风险，而且反映出资产收益率不受市场收益率变化的影响。

② 由于公司的资产组合、融资组合或不受管理层控制的外部因素（例如地震和有毒物质泄露）变化，公司的贝塔系数可能随着时间的推移而变化。

化将导致无风险利率的相应变化。因此，国际贸易禁运或美联储重大政策变化等事件导致的通货膨胀预期的变化将使证券市场线发生移动。由于无风险利率是所有收益率的基本组成部分，因此R_F的任何变化都会反映在所有必要收益率中。

通货膨胀预期变化将直接导致证券市场线根据变化的大小和方向产生平移。这种影响可以用一个例子来说明。

例 8.16

在之前的例子中，使用资本资产定价模型计算出资产 Z 的必要收益率 r_Z 为 13%。假设无风险利率 7%中包括 2%的实际利率 r^* 和 5%的通货膨胀溢价 IP，那么根据式（8.9）可以得出：

$$R_F = 2\% + 5\% = 7\%$$

现在，假设近期经济事件导致通货膨胀预期提高 3%，使通货膨胀溢价升至 8%（IP_1）。因此，所有收益率都将提高 3%。在这种情况下，新的收益率（用下标 1 表示）为：

$R_{F_1}=10\%$（从 7%升至 10%）

$r_{m_1}=14\%$（从 11%升至 14%）

将这些值和资产 Z 的贝塔系数（β_Z）1.5 代入资本资产定价模型（式（8.8）)，我们可以计算出资产 Z 的新必要收益率（r_{Z_1}）：

$$r_{Z_1}=10\%+1.5\times(14\%-10\%)=10\%+6\%=\underline{\underline{16\%}}$$

比较 r_{Z_1}（16%）与 r_Z（13%），我们可以看到资产 Z 必要收益率的变化（3%）恰好等于通货膨胀溢价的变化。所有资产的必要收益率都会提高 3%。

图 8.10 描绘了刚才介绍的情况。它显示，通货膨胀预期提高 3%将导致证券市场线向上平移 3%。显然，所有资产的必要收益率都会升高 3%。注意，通货膨胀溢价从 5%升至 8%（IP 至 IP_1）导致无风险利率从 7%升至 10%（R_F 至 R_{F_1}），且市场收益率从 11%升至 14%（r_m 至 r_{m_1}）。因此，证券市场线上移 3%（SML 至 SML_1），导致所有风险资产（例如资产 Z）的必要收益率都升高 3%。这里的重要经验是，通货膨胀预期的给定变化会充分反映为所有资产收益率的相应变化，正如图中证券市场线的平移所示。

风险厌恶的变化　证券市场线的斜率反映了市场上投资者的一般风险偏好。正如之前所讨论的，多数投资者都是风险厌恶的；也就是说，他们要求在风险提高时提高收益率。这种风险与收益的正向关系可以用证券市场线的图形表示，它描述了由贝塔系数（x 轴）衡量的不可分散风险和必要收益率（y 轴）之间的关系。证券市场线的斜率反映了风险厌恶程度：它的斜率越大，风险厌恶程度就越高，因为贝塔系数衡量的每个风险水平上的必要收益率水平提高了。换言之，风险溢价随着避险程度的提高而提高。

风险厌恶程度的变化及其导致的证券市场线移动源于投资者偏好的变化，而这种变化通常是经济、政治或社会事件导致的。提高风险厌恶程度的事例包括股市崩盘、暗杀重要政治领袖和爆发战争。通常，人们普遍预期未来前景困难会导致投资者变得更加厌恶风险，要求更高的收益率作为接受给定风险水平的补偿。风险厌恶程度提高对证券市场线的

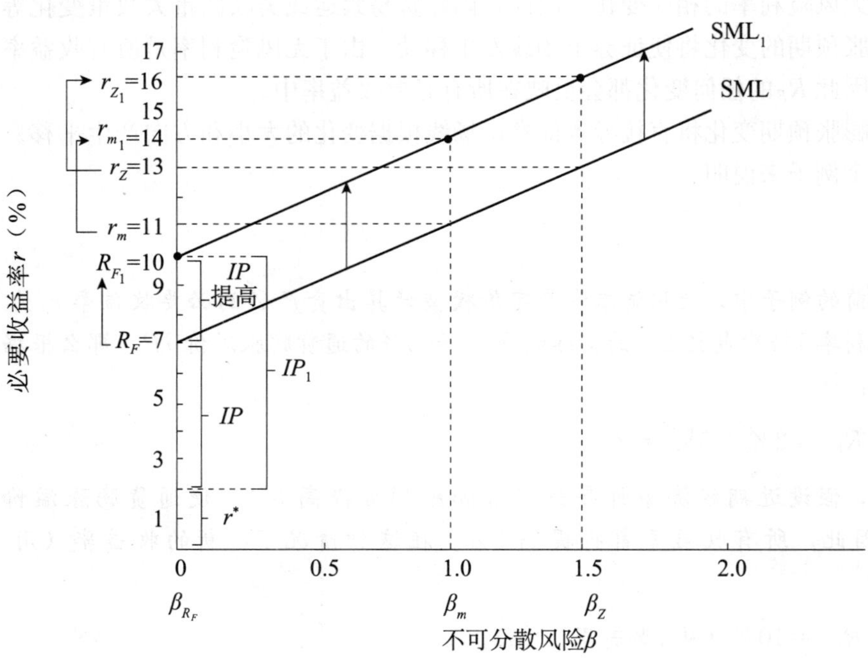

图 8.10　通货膨胀使证券市场线移动

通货膨胀预期提高对证券市场线的影响

影响可以用一个例子说明。

例 8.17

在之前的例子中，图 8.9 的证券市场线反映出无风险利率（R_F）为 7%，市场收益率（r_m）为 11%，市场风险溢价（r_m-R_F）为 4%，资产 Z 的必要收益率（r_Z）为 13%，贝塔系数（β_Z）为 1.5。假设近期经济事件导致投资者更加厌恶风险，产生了更高的新市场收益率（r_{m_1}）14%。从图形上看，这种变化将导致证券市场线向上旋转，如图 8.11 所示，产生新的市场风险溢价（$r_{m_1}-R_F$）7%。因此，所有风险资产的必要收益率都将提高。对于贝塔系数为 1.5 的资产 Z，新的必要收益率（r_{Z_1}）可以用资本资产定价模型（式(8.8)）计算出来：

$$r_{Z_1}=7\%+1.5\times(14\%-7\%)=7\%+10.5\%=\underline{\underline{17.5\%}}$$

从图 8.11 的新证券市场线（SML_1）上可以看到这个数值。注意，尽管如贝塔系数所示，资产 Z 的风险没有变化，但由于市场风险溢价中反映的风险厌恶程度提高，它的必要收益率提高了。总之，风险厌恶程度提高将导致每个风险水平上的必要收益率提高。类似地，风险厌恶程度下降将导致每个风险水平上的必要收益率下降。

对资本资产定价模型的一些评论

资本资产定价模型通常依赖于历史数据。贝塔系数可能实际反映也可能不实际反映收益率的未来波动性。因此，该模型规定的必要收益率只能被视为粗略的近似指标。贝塔系数的使用者通常对根据历史数据计算出的贝塔系数进行主观调整，以反映他们对未来的

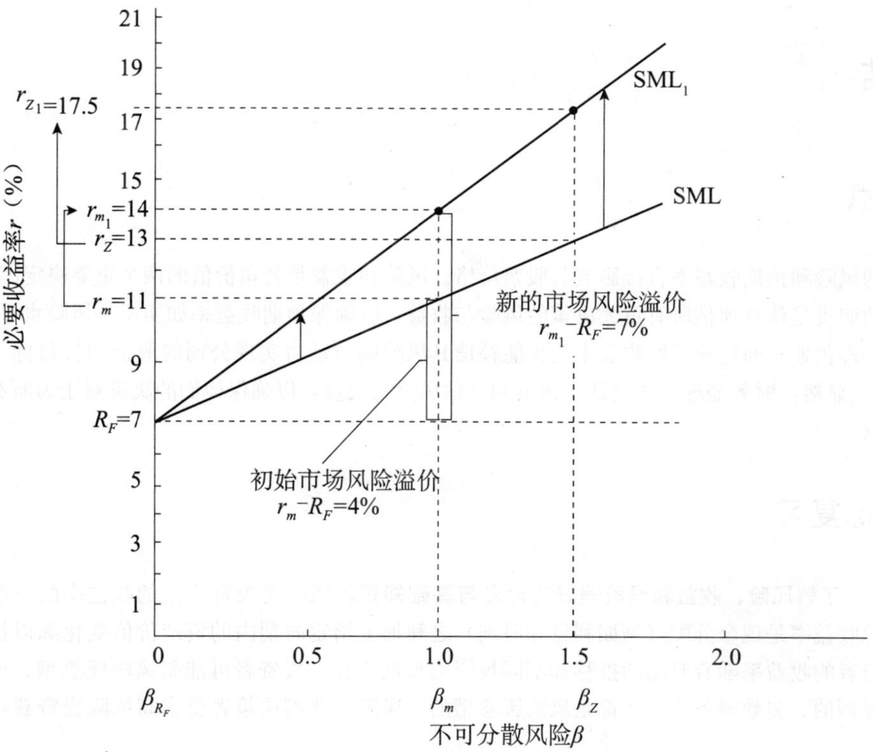

图 8.11　风险厌恶程度的变化使证券市场线移动

风险厌恶程度提高对证券市场线的影响

预期。

资本资产定价模型的目的是解释证券价格行为，并提供投资者可以据以评估某笔证券投资对其投资组合整体风险和收益的影响的机制。它基于具有下列特征的有效市场：许多小投资者拥有关于证券的相同信息和预期；没有投资限制，没有税收和交易成本；证券观点类似且厌恶风险的理性投资者偏好高收益和低风险。

尽管上一段描述的完美世界似乎并不现实，但已有研究为资本资产定价模型所描述的预期关系存在于纽约证券交易所等活跃市场提供了支持。资本资产定价模型还被公司广泛应用，这些公司使用该模型评估股东要求的必要收益率（因而也是公司管理者投资股东资金时需要实现的收益率）。

复习题

8—11　总风险、不可分散风险和可分散风险的关系是什么？为什么不可分散风险是唯一重要的风险？

8—12　贝塔系数衡量的是什么风险？如何计算投资组合的贝塔系数？

8—13　请说明资本资产定价模型公式中每个变量的含义。什么是证券市场线？

8—14　下列变化对证券市场线进而对给定风险水平上的必要收益率有什么影响？(a) 通货膨胀预期提高。(b) 投资者风险厌恶程度降低。

总　结

价值焦点

公司的风险和预期收益率直接影响其股票价格。风险和收益是公司价值的两个重要决定因素。因此，财务经理的职责是认真评估所有重大决策的风险与收益，以确保预期收益率如实反映风险水平。

财务经理预期，通过只采取收益率至少能补偿其风险的行动将实现公司的股价增长目标（从而令所有者受益）。显然，财务经理需要确认、衡量和评估风险与收益，以确保他们的决策对于为所有者创造价值有所贡献。

学习目标复习

目标1　了解风险、收益和风险偏好的含义与基础知识。风险是投资产生的收益率的不确定性的衡量指标。总收益率是现金分配（例如利息和股利）之和加上给定时期内的资产价值变化除以投资的期初价值。投资者的收益率随着时间的推移和不同投资类型而变化。投资者可能是风险厌恶型、风险中性型或风险喜好型的。多数财务决策者都是风险厌恶型的。风险厌恶型决策者要求高风险投资获得高预期收益率。

目标2　描述评估和衡量单笔资产的风险的程序。单笔资产的风险衡量方式与投资组合的风险衡量方式相同。可以用情景分析和概率分布评估风险，用标准差和变异系数量化风险。

目标3　讨论如何衡量投资组合的收益率和标准差以及相关性的概念。投资组合的收益率是各种组成资产的加权平均收益率。投资组合的标准差是用单笔资产的标准差公式计算出来的。

相关性——任何两组数字之间的统计关系——可能是正相关、负相关或不相关。在极端情况下，两组数字可能完全正相关或完全负相关。

目标4　了解用相关性和分散度衡量的投资组合的风险与收益特征，以及国际资产对投资组合的影响。分散化是指合并相关性较低的资产以降低投资组合的风险。双资产投资组合的风险范围取决于两种资产的相关性。如果它们完全正相关，投资组合的风险就位于两种资产的风险之间。如果它们完全负相关，投资组合的风险就位于高风险资产的风险和零之间。

国际分散化可以进一步降低投资组合的风险。外国资产存在币值波动风险和政治风险。

目标5　考察两类风险以及贝塔系数的推导和贝塔系数对衡量证券与投资组合相关风险的作用。证券的总风险由不可分散风险和可分散风险组成。可分散风险可以通过分散化消除。不可分散风险是唯一重要的风险。

不可分散风险由贝塔系数衡量，贝塔系数是资产收益率与市场收益率关系的相对衡量指标。贝塔系数是通过计算最准确解释资产收益率与市场收益率历史关系的“特征线”的斜率推导出来的。投资组合的贝塔系数是投资组合中各项资产的贝塔系数的加权平均值。

目标6　说明资本资产定价模型、它与证券市场线的关系以及导致证券市场线移动的主要因素。资本资产定价模型用贝塔系数将资产相对于市场的风险与资产的必要收益率联系起来。描述资本资产定价模型的图形就是证券市场线，它随着通货膨胀预期的变化和（或）投资者风险厌恶程度的变化而移动。通货膨胀预期变化导致证券市场线的平移。风险厌恶程度提高导致证券市场线的斜率增大。风险厌恶程度降低导致证券市场线的斜率减小。尽管资本资产定价模型存在某些缺点，但它为评估风险与收益及二者的关系提供了有用的概念框架。

自测题（答案见附录）

自测 8—1　投资组合分析　有人请你对投资组合的资产选择提出建议，已知数据如下：

年份	预期收益率		
	资产 A	资产 B	资产 C
2016	12%	16%	12%
2017	14%	14%	14%
2018	16%	12%	16%

你得知可以建立两个投资组合——一个由资产 A 和资产 B 组成，另一个由资产 A 和资产 C 组成——两种组成资产的投资比例相同（均为 50%）。

a. 每种资产在 3 年期间的预期收益率是多少？

b. 每种资产收益率的标准差是多少？

c. 两个投资组合的预期收益率分别是多少？

d. 第 c 问的两个投资组合中两种资产的收益率相关性特征是什么？

e. 每个投资组合的标准差是多少？

f. 你推荐哪个投资组合？为什么？

自测 8—2　贝塔系数和资本资产定价模型　你正在考虑一笔贝塔系数 β 为 1.50 的投资。此时，无风险利率 R_F 为 7%，市场投资组合的收益率 r_m 为 10%。你认为这笔投资将获得 11%的年收益率。

a. 如果市场投资组合的收益率提高 10%，你预期该笔投资的收益率将如何变化？如果市场投资组合的收益率降低 10%，你预期该笔投资的收益率将如何变化？

b. 请使用资本资产定价模型计算这笔投资的必要收益率。

c. 根据第 b 问的计算结果，你建议进行这笔投资吗？为什么？

d. 假设由于投资者的风险厌恶程度降低，市场收益率降低了 1%，降至 9%。这种变化对第 b 问和第 c 问的答案有何影响？

热身练习

练习 8—1　一位分析师去年预测后勤公司（Logistics，Inc.）的股票将在来年提供至少 10%的总收益率。年初，该公司的股票市场价值为 1 000 万美元。年末，该公司的股票市场价值为 1 200 万美元，尽管该公司出现了 250 万美元的亏损或负净收入。这位分析师的预测是正确的吗？请用总年收益率进行解释。

练习 8—2　四位分析师正在分析氟化工（Fluorine Chemical）的股票。第一位分析师预测其来年的收益率为 5%。第二位分析师预测其来年的收益率为−5%。第三位分析师预测其来年的收益率为 10%。第四位分析师预测其来年的收益率为 3%。你对于收益率将为正相对有信心，但是信心不大，因此你假定分析师预测正确的概率分别为 35%、5%、20%和 40%。给定这些概率，氟化工来年的预期收益率将是多少？

练习 8—3　投资 1 的预期年收益率为 15%，投资 2 的预期年收益率为 12%。第一笔投资的收益率标准差为 10%，第二笔投资的收益率标准差为 5%。仅根据标准差判断，哪笔投资的风险较低？根据变异系数判断，哪笔投资的风险较低？假设两笔投资的预期收益率不同，哪种指标更好？

练习 8—4 你的投资组合中有三类资产。美国国库券占投资组合的45%，大公司股票占40%，小公司股票占剩下的15%。如果国库券的预期收益率为3.8%，大公司股票的预期收益率为12.3%，小公司股票的预期收益率为17.4%，那么该投资组合的预期收益率为多少？

练习 8—5 你希望根据投资组合的贝塔系数计算它的风险水平。投资组合中的五只股票各自的权重和贝塔系数见下表。请计算你的投资组合的贝塔系数。

股票	投资组合的权重	贝塔系数
阿尔法（Alpha）	20%	1.15
琴陶里（Centauri）	10%	0.85
泽恩（Zen）	15%	1.60
雷恩（Wren）	20%	1.35
尤科斯（Yukos）	35%	1.85

练习 8—6

a. 假设无风险利率为5%，市场收益率为10%，请计算贝塔系数为1.8的资产的必要收益率。

b. 如果由于近期的地理政治事件，投资者变得更厌恶风险，且市场收益率升至13%，那么相同资产的必要收益率是多少？

c. 请使用第a问的答案画出初始证券市场线，然后用第b问的答案（在相同的坐标图上）画出证券市场线的移动。

习　题

习题 8—1　收益率　道格拉斯·基尔（Douglas Keel）是奥兰治实业（Orange Industries）的财务分析师，他希望估计两种类似的风险投资X和Y的收益率。道格拉斯的研究表明，最近的收益率可以作为未来收益率的合理估计。一年前，投资X的市场价值为20 000美元，投资Y的市场价值为55 000美元。当年，投资X产生的现金流为1 500美元，投资Y产生的现金流为6 800美元。投资X和投资Y的当前市场价值分别为21 000美元和55 000美元。

a. 请使用最近一年的数据计算投资X和投资Y的预期收益率。

b. 假设这两笔投资的风险相同，道格拉斯应推荐进行哪笔投资？为什么？

习题 8—2　收益率计算　请计算未指明时期内下表中每笔投资的收益率。

投资	当期的现金流	期初价值	期末价值
A	−800 美元	1 100 美元	100 美元
B	15 000 美元	120 000 美元	118 000 美元
C	7 000 美元	45 000 美元	48 000 美元
D	80 美元	600 美元	500 美元
E	1 500 美元	12 500 美元	12 400 美元

习题 8—3　风险偏好　巴尼特公司（Barnett Corporation）的财务经理沙伦·史密斯（Sharon Smith）希望评估三笔潜在投资：X、Y和Z。沙伦将评估每笔投资以确定它们是否优于本公司已进行的投资，后者的预期收益率为12%，标准差为6%。这些投资的预期收益率和标准差如下：

投资	预期收益率	标准差
X	14%	7%
Y	12%	8%
Z	10%	9%

a. 如果沙伦是风险中性型投资者，他应该选择哪笔投资？为什么？

b. 如果沙伦是风险厌恶型投资者，他应该选择哪笔投资？为什么？

c. 如果沙伦是风险喜好型投资者，他应该选择哪笔投资？为什么？

d. 假设沙伦的风险偏好为财务经理表现出的传统风险偏好，哪笔投资更优？为什么？

习题 8—4　风险分析　太阳能设计（Solar Designs）正在考虑投资进行产品扩张。该公司正在考虑两种可能的扩张类型。在调查了可能的结果后，该公司进行了估计，如下表所示。

	扩张 A	扩张 B
初始投资	12 000 美元	12 000 美元
年收益率		
悲观结果	16%	10%
最可能的结果	20%	20%
乐观结果	24%	30%

a. 请计算两个项目的收益率范围。

b. 哪个项目风险更低？为什么？

c. 如果你需要做出投资决策，你会选择哪个项目？为什么？这个决定表明你对风险的态度是什么？

d. 假设扩张 B 最可能的年收益率结果为 21%，其他所有条件都保持不变，你对第 c 问的答案会改变吗？为什么？

习题 8—5　风险与概率　微吧公司（Micro-Pub，Inc.）正在考虑购买两种微电影摄像机——R 和 S——之一。两种摄像机都能在 10 年内提供收益，每种摄像机的初始投资均为 4 000 美元。管理层已经计算了在悲观结果、最可能的结果和乐观结果下的收益率估计和概率，如下表所示。

	摄像机 R		摄像机 S	
	数量	概率	数量	概率
初始投资	4 000 美元	1.00	4 000 美元	1.00
年收益率				
悲观结果	20%	0.25	15%	0.20
最可能的结果	25%	0.50	25%	0.55
乐观结果	30%	0.25	35%	0.25

a. 请计算两种摄像机的收益率范围。

b. 请计算每种摄像机的预期收益价值。

c. 购买哪种摄像机的风险更高？为什么？

习题 8—6　柱形图和风险　天鹅运动服（Swan's Sportswear）正在考虑推出一款设计师品牌牛仔裤。最近，该公司正在与两个不同的著名设计师谈判。由于这一行的高度竞争性，这两种牛仔裤用编号命名，在进行市场研究后，这家公司对年收益率的预期如下页表所示。

市场接受度	概率	年收益率	
		产品 J	产品 K
非常差	0.05	0.007 5	0.010
差	0.15	0.012 5	0.025
一般	0.60	0.085 0	0.080
好	0.15	0.147 5	0.135
非常好	0.05	0.162 5	0.150

请使用该表完成以下任务：

a. 绘制出每种产品的年收益率柱形图。

b. 计算每种产品的预期价值。

c. 用柱形图估计每种牛仔裤收益率的相对风险。

习题 8—7　变异系数　金属制造（Metal Manufacturing）列出了满足提高产能需求的四种选项。下表总结了每种选项的相关数据。

选项	预期收益率	收益率的标准差
A	20%	7.0%
B	22%	9.5%
C	19%	6.0%
D	16%	5.5%

a. 请计算每种选项的变异系数。

b. 如果该公司希望最小化风险，你推荐哪种选项？为什么？

习题 8—8　作为风险指标的标准差与变异系数　青梅公司（Greengage Inc.）是一家成功的幼儿园，它正在考虑几个扩张项目。所有项目都承诺产生可接受的收益率。四个可能项目的数据如下。

选项	预期收益率	收益率范围	标准差
A	12.0%	4.0%	2.9%
B	12.5%	5.0%	3.2%
C	13.0%	6.0%	3.5%
D	12.8%	4.5%	3.0%

a. 根据收益率范围，哪个项目的风险最低？

b. 哪个项目的标准差最低？请说明就这项比较而言，为何标准差可能不是完全恰当的风险指标？

c. 请计算每个项目的变异系数。你认为青梅公司的所有者会选择哪个项目？请说明原因。

个人理财习题 8—9　收益率、标准差和变异系数　迈克（Mike）正在寻找一只股票加入他当前的股票组合。他对高科技公司（Hi-Tech，Inc.）感兴趣，他对该公司的电脑产品印象深刻，并认为高科技公司是创新型市场参与者。然而迈克意识到只要考虑科技股，风险就是一个重要的问题。他遵循的规则是只加入收益率变异系数低于 0.90 的股票。

迈克获得了 2012—2015 年的价格信息（见下页表）。由于高科技公司的股票是增长型股票，因此在这 4 年中不支付股利。

年份	股价	
	期初	期末
2012	14.36 美元	21.55 美元
2013	21.55 美元	64.78 美元
2014	64.78 美元	72.38 美元
2015	72.38 美元	91.80 美元

a. 请计算 2012—2015 年间每年的高科技公司的股票收益率。

b. 假设每年的收益率概率相同，请计算这段时期的平均收益率。

c. 请计算过去 4 年的收益率标准差。（提示：将这些数据作为样本。）

d. 请根据第 b 问和第 c 问，计算该股票的收益率变异系数。

e. 给定第 d 问的计算结果，迈克是否应决定在他的投资组合中加入高科技公司的股票？

习题 8—10　评估收益率和风险　斯威夫特制造（Swift Manufacturing）必须选择购买两种资产中的一种。下表总结了该公司此时对年收益率和相关概率的分析。

项目 257		项目 432	
收益率	概率	收益率	概率
−10%	0.01	10%	0.05
10%	0.04	15%	0.10
20%	0.05	20%	0.10
30%	0.10	25%	0.15
40%	0.15	30%	0.20
45%	0.30	35%	0.15
50%	0.15	40%	0.10
60%	0.10	45%	0.10
70%	0.05	50%	0.05
80%	0.04		
100%	0.01		

a. 对于每个项目，请计算：

（1）可能收益率范围。

（2）预期收益率。

（3）收益率的标准差。

（4）收益率的变异系数。

b. 请画出每个收益率分布的柱形图。

c. 你认为哪个项目的风险较低？为什么？

习题 8—11　综合：预期收益率、标准差和变异系数　珀思实业（Perth Industries）正在考察三种资产——F、G 和 H。这些资产的预期收益率概率分布如下表所示。

j	资产 F		资产 G		资产 H	
	Pr_j	收益率 r_j	Pr_j	收益率 r_j	Pr_j	收益率 r_j
1	0.10	40%	0.40	35%	0.10	40%
2	0.20	10%	0.30	10%	0.20	20%
3	0.40	0%	0.30	−20%	0.40	10%
4	0.20	−5%			0.20	0%
5	0.10	−10%			0.10	−20%

a. 请计算三种资产的预期收益率 $\bar{r}$。哪种资产的预期收益率最高？

b. 请计算三种资产收益率的标准差 σ_r。哪种资产的风险最高？

c. 请计算三种资产收益率的变异系数 CV。哪种资产的相对风险最高？

习题 8—12　正态概率分布　假设某项投资的收益率概率分布为正态分布；预期收益率 $\bar{r}$ 为 18.9%；变异系数 CV 为 0.75。请回答下列问题：

a. 请计算收益率的标准差 σ_r。

b. 请计算与下列发生概率相关的预期收益率范围：(1) 68%；(2) 95%；(3) 99%。

c. 请根据第 a 问和第 b 问的结果画出概率分布图。

个人理财习题 8—13　投资组合的收益率和标准差　杰米·王（Jamie Wong）正在考虑建立包括两种股票——L 和 M——的投资组合。股票 L 将代表投资组合 40%的价值，股票 M 将代表投资组合另外 60%的价值。在接下来 6 年即 2015—2020 年，这两只股票的预期收益率见下表。

年份	预期收益率	
	股票 L	股票 M
2015	14%	20%
2016	14%	18%
2017	16%	16%
2018	17%	14%
2019	17%	12%
2020	19%	10%

a. 请计算 6 年中每年的投资组合预期收益率 r_p。

b. 请计算 6 年中投资组合预期收益率的平均值 $\bar{r}_p$。

c. 请计算 6 年中投资组合预期收益率的标准差 σ_{r_p}。

d. 你如何形容股票 L 和股票 M 的收益率相关性特征？

e. 请讨论杰米通过创建投资组合实现的分散化收益。

习题 8—14　投资组合分析　你获得了三种资产——F、G 和 H——在 2016—2019 年的预期收益率数据，如下表所示：

年份	预期收益率		
	资产 F	资产 G	资产 H
2016	16%	17%	14%
2017	17%	16%	15%
2018	18%	15%	16%
2019	19%	14%	17%

你使用这些资产设计了三种投资，如下表所示。

选择	投资
1	100%的资产 F
2	50%的资产 F 和 50%的资产 G
3	50%的资产 F 和 50%的资产 H

a. 请计算三种投资在 4 年中的预期收益率。

b. 请计算三种投资在 4 年中的收益率标准差。

c. 请使用第 a 问和第 b 问的答案计算三种投资的变异系数。

d. 根据你的结果，你推荐哪种投资？为什么？

习题 8—15　相关系数、风险和收益率　马特·彼得斯（Matt Peters）希望评估在三种假设相关程度下资产 V 和资产 W 的不同组合的风险与收益：完全正相关、不相关和完全负相关。每种资产的预期收益率与标准差如下表所示。

资产	预期收益率 $\bar{r}$	风险（标准差）σ_r
V	8%	5%
W	13%	10%

a. 如果资产 V 和资产 W 的收益率完全正相关（相关系数＝＋1），请描述下列指标的范围：(1) 预期收益率；(2) 所有可能的投资组合的风险。

b. 如果资产 V 和资产 W 的收益率不相关（相关系数＝0），请描述下列指标的大致范围：(1) 预期收益率；(2) 所有可能的投资组合的风险。

c. 如果资产 V 和资产 W 的收益率完全负相关（相关系数＝－1），请描述下列指标的范围：(1) 预期收益率；(2) 所有可能的投资组合的风险。

个人理财习题 8—16　国际投资收益率　乔·马丁内斯（Joe Martinez）是一个住在得克萨斯州布朗斯维尔的美国公民，他投资于墨西哥电信公司（Telmex）的普通股。他以每股 20.50 比索的价格购买了 1 000 股股票。12 个月后，他以每股 24.75 美元的价格卖出了这些股票。在此期间他没有收到股利。

a. 根据股票的比索价值，乔当年的投资收益率（以百分比表示）是多少？

b. 在购买股票时，比索的汇率为 9.21 比索/美元。在卖出股票时，比索的汇率为 9.85 比索/美元。请将买价和卖价换算为美元。

c. 请根据股票的美元价值计算乔的投资收益率。

d. 请说明为何两种收益率不同。哪种收益率对乔更重要？为什么？

习题 8—17　总风险、不可分散风险和可分散风险　戴维·塔尔博特（David Talbot）从纽约证券交易所的所有上市证券中随机选择证券组成投资组合。他从一只证券开始，逐个增加，直到投资组合中有 20 只证券。每增加一只证券，戴维都会计算投资组合的标准差 σ_{r_p}。下表显示了计算出的数值。

证券数量	投资组合的风险 σ_{r_p}	证券数量	投资组合的风险 σ_{r_p}
1	14.50%	11	7.00%
2	13.30%	12	6.80%
3	12.20%	13	6.70%
4	11.20%	14	6.65%
5	10.30%	15	6.60%
6	9.50%	16	6.56%
7	8.80%	17	6.52%
8	8.20%	18	6.50%
9	7.70%	19	6.48%
10	7.30%	20	6.47%

a. 请根据上表中的数据画出 x 轴表示证券数量、y 轴表示投资组合标准差的图形。

b. 请将图中的总投资组合风险分为不可分散风险和可分散风险，并在图中标出这两种风险。

c. 请说明在这两种风险中，哪种是重要风险，并说明它为何重要。在戴维·塔尔博特的投资组合中这种风险有多高？

习题 8—18　贝塔系数的图形推导　一家公司希望用图形估计两种资产——A 和 B——的贝塔系数。下表显示了该公司搜集的市场投资组合和这两种资产在过去 10 年（2006—2015 年）的收益率数据。

年份	实际收益率		
	市场投资组合	资产 A	资产 B
2006	6%	11%	16%
2007	2%	8%	11%
2008	−13%	−4%	−10%
2009	−4%	3%	3%
2010	−8%	0%	−3%
2011	16%	19%	30%
2012	10%	14%	22%
2013	15%	18%	29%
2014	8%	12%	19%
2015	13%	17%	26%

a. 请在"市场收益率（x 轴）—资产收益率（y 轴）"坐标图中使用给出的数据画出资产 A 和资产 B 的特征线。

b. 请使用第 a 问的特征线估计资产 A 和资产 B 的贝塔系数。

c. 请使用第 b 问计算出的贝塔系数评价资产 A 和资产 B 的相对风险。

习题 8—19　图形推导与解释贝塔系数　你正在分析两只股票的表现。第一只股票为周期实业公司（Cyclical Industries Incorporated）的股票（见图 A）。周期实业公司生产机器工具和其他重型设备，对这些的需求紧密跟随整体经济状况而涨跌。第二只股票为生物科技治疗公司（Biotech Cures Corporation）的股票。生物科技治疗公司使用生物技术开发治疗疑难病症的新药。生物科技治疗公司的运气主要取决于科学家能否成功发现新的有效药物。图中的每个数据点都表示相关股票的月收益率和整体股票市场的月收益率。穿过数据点的直线表示每只股票的特征线。

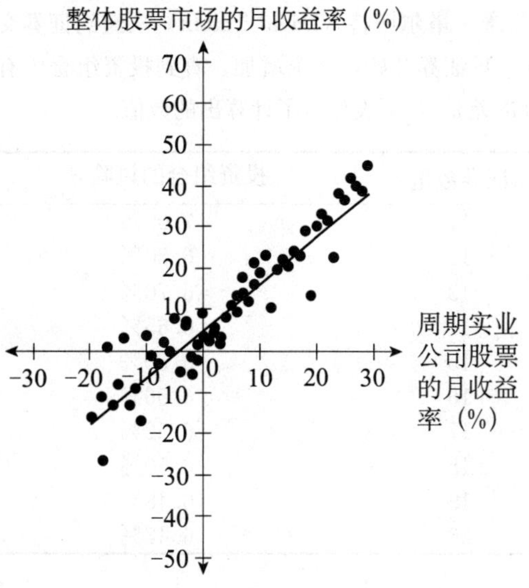

图A

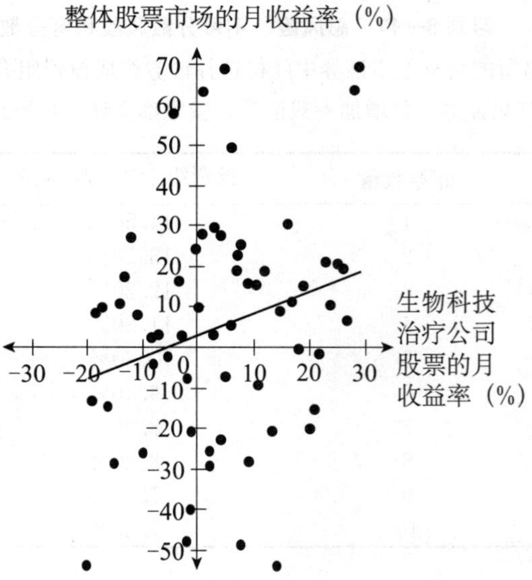

图B

a. 你认为哪只股票的标准差较高？为什么？

b. 你认为哪只股票的贝塔系数较高？为什么？

c. 你认为哪只股票的风险较高？这个问题的答案取决于什么？

个人理财习题 8—20　贝塔系数和风险排序　你正在考察三只可能加入你的投资组合的股票——A、

B 和 C。股票 A 的贝塔系数为 0.80，股票 B 的贝塔系数为 1.40，股票 C 的贝塔系数为－0.30。

a. 请按照风险从高到低的顺序为这些股票排序。

b. 如果市场投资组合的收益率升高 12%，你预期每只股票的收益率将如何变化？

c. 如果市场投资组合的收益率降低 5%，你预期每只股票的收益率将如何变化？

d. 如果你认为股市即将出现大幅下跌，你会将哪只股票加入你的投资组合？为什么？

e. 如果你预期股市即将出现大幅反弹，你会将哪只股票加入你的投资组合？为什么？

个人理财习题 8—21　投资组合的贝塔系数　罗丝·贝里（Rose Berry）希望评估两个可能的投资组合，它们包括持有比例不同的五种相同资产。她对使用贝塔系数比较投资组合的风险尤其感兴趣，因此搜集了下表所示的数据。

资产	资产的贝塔系数	投资组合的权重	
		投资组合 A	投资组合 B
1	1.30	10%	30%
2	0.70	30%	10%
3	1.25	10%	20%
4	1.10	10%	20%
5	0.90	40%	20%
总计		100%	100%

a. 请计算投资组合 A 和投资组合 B 的贝塔系数。

b. 请比较投资组合与市场的风险以及不同投资组合的风险。哪个投资组合的风险较高？

习题 8—22　资本资产定价模型　请用资本资产定价模型计算下表中每种情况的必要收益率。

情况	无风险利率 R_F	市场收益率 r_m	贝塔系数 β
A	5%	8%	1.30
B	8%	13%	0.90
C	9%	12%	－0.20
D	10%	15%	1.00
E	6%	10%	0.60

个人理财习题 8—23　贝塔系数与资本资产定价模型　凯瑟琳·威尔逊（Katherine Wilson）想知道她必须承担多高的风险才能使投资组合产生可接受的收益率。现在无风险利率为 5%。整体股票市场的收益率为 16%。请使用资本资产定价模型计算投资组合的贝塔系数为多高才能让凯瑟琳实现下列预期投资组合收益率。

a. 10%。

b. 15%。

c. 18%。

d. 20%。

e. 凯瑟琳为风险厌恶型投资者。如果她不愿意承担高于平均水平的风险，她能预期的最高收益率是多少？

习题 8—24　熟练使用资本资产定价模型　请使用资本资产定价模型的基本公式解决下列问题。

a. 请计算当无风险利率和市场收益率分别为 8% 和 12% 时，贝塔系数为 0.90 的资产的必要收益率。

b. 请计算当市场收益率为 14% 时，必要收益率为 15%、贝塔系数为 1.25 的公司的无风险利率。

c. 请计算当无风险利率为 9% 时，必要收益率为 16%，贝塔系数为 1.10 的资产的市场收益率。

d. 请计算当无风险利率和市场收益率分别为 10% 和 12.5% 时，必要收益率为 15% 的资产的贝塔系数。

个人理财习题 8—25　投资组合的收益率和贝塔系数　1 年前，杰米·彼得斯（Jamie Peters）投资 100 000 美元建立了下列投资组合。

资产	成本	购买时的贝塔系数	年收入	现在的价值
A	20 000 美元	0.80	1 600 美元	20 000 美元
B	35 000 美元	0.95	1 400 美元	36 000 美元
C	30 000 美元	1.50	—	34 500 美元
D	15 000 美元	1.25	375 美元	16 500 美元

a. 请根据初始成本计算投资组合的贝塔系数。

b. 请计算当年投资组合中每种资产的收益率。

c. 请根据初始成本，使用当年的收入和收益计算投资组合的收益率。

d. 当杰米进行投资时，投资者估计来年的市场收益率将为 10%，估计来年的平均无风险利率为 4%。请根据每只股票的贝塔系数和市场收益率与无风险利率的预期，计算每只股票的预期收益率。

e. 请根据实际结果，说明投资组合中的每只股票相对于资本资产定价模型预期的表现。哪些因素可以解释这些差异？

习题 8—26　证券市场线　假设无风险利率 R_F 现在为 9%，市场收益率 r_m 现在为 13%。

a. 请在"不可分散风险（x 轴）—必要收益率（y 轴）"坐标图上画出证券市场线。

b. 请在第 a 问的坐标图上标出市场风险溢价。

c. 使用给定的数据，请计算贝塔系数为 0.80 的资产 A 和贝塔系数为 1.30 的资产 B 的必要收益率。

d. 请在第 a 问的坐标图上画出第 c 问的资产 A 和资产 B 的贝塔系数与必要收益率。请标出每种资产的风险溢价并进行讨论。

习题 8—27　证券市场线的移动　假设无风险利率 R_F 现在为 8%，市场收益率 r_m 为 12%，资产 A 的贝塔系数 β_A 为 1.10。

a. 请在"不可分散风险（x 轴）—必要收益率（y 轴）"坐标图上画出证券市场线。

b. 请使用资本资产定价模型计算资产 A 的必要收益率 r_A，并在第 a 问的证券市场线上标出资产 A 的贝塔系数和必要收益率。

c. 假设由于近期的经济事件，通货膨胀预期下降了 2%，使 R_F 和 r_m 分别降至 6% 和 10%。请在第 a 问的坐标图上画出新的证券市场线，并计算资产 A 的新必要收益率。

d. 假设由于近期的事件，投资者变得更厌恶风险，导致市场收益率上升 1%，升至 13%。忽略第 c 问的变化，请在你之前使用的同一张坐标图上画出新的证券市场线，并计算资产 A 的新必要收益率。

e. 根据之前的变化，下列变化将对风险资产的必要收益率产生什么影响？（1）通货膨胀预期下降；（2）风险厌恶程度提高。

习题 8—28　综合：风险、收益和资本资产定价模型　沃尔夫公司（Wolff Enterprises）必须使用资本资产定价模型及其图形——证券市场线——考察几个投资项目：A 至 E。下表给出了相关信息。

项目	收益率	贝塔系数 β
无风险资产	9%	0.00
市场组合	14%	1.00
项目 A	—	1.50
项目 B	—	0.75
项目 C	—	2.00
项目 D	—	0.00
项目 E	—	−0.50

a. 请计算每个项目在给定不可分散风险水平上的（1）必要收益率和（2）风险溢价。

b. 请使用第 a 问的计算结果画出证券市场线（相对于不可分散风险的必要收益率）。

c. 请讨论项目 A 到项目 E 的相对不可分散风险。

d. 假设近期的经济事件导致投资者的风险厌恶程度下降，使市场收益率下降 2%，降至 12%。请计算资产 A 到资产 E 的新必要收益率，并在与第 b 问相同的坐标图上画出新的证券市场线。

e. 请比较第 a 问、第 b 问和第 d 问的结果。关于投资者风险厌恶程度下降对风险资产必要收益率的影响，你能得出什么结论？

习题 8—29　道德习题　风险是几乎所有投资者关注的主要问题。当股东投资于一家公司时，他们预期管理者将会用这笔钱进行有风险的活动。你认为管理者用其他人的钱进行有风险的活动时应该守住哪些道德底线？

电子表格练习

简（Jane）正在考虑投资于三只不同的股票或建立三个双股票投资组合。简认为自己是相当保守的投资者。2015—2021 年，她的三只证券可以获得的预测收益率见下表。

年份	股票 A	股票 B	股票 C
2015	10%	10%	12%
2016	13%	11%	14%
2017	15%	8%	10%
2018	14%	12%	11%
2019	16%	10%	9%
2020	14%	15%	9%
2021	12%	15%	10%

在任何可能的双股票投资组合中，每只股票的权重均为 50%。三个可能的投资组合为 AB、AC 和 BC。

任务

请编制一张类似于表 8.6 和表 8.7 的电子表格，并回答下列问题：

a. 请计算每只股票的预期收益率。

b. 请计算每只股票的标准差。

c. 请计算投资组合 AB、AC 和 BC 的预期收益率。

d. 请计算投资组合 AB、AC 和 BC 的标准差。

e. 你建议简投资于股票 A 还是包括股票 A 和股票 B 的投资组合？请从风险和收益的角度解释你的答案。

f. 你建议简投资于股票 B 还是包括股票 B 和股票 C 的投资组合？请从风险和收益的角度解释你的答案。

第九章 资本成本

学习目标

目标 1 了解与资本成本相关的基本概念和资本来源。
目标 2 解释边际资本成本的含义。
目标 3 计算长期债务成本，并说明为何税后债务成本是重要的债务成本。
目标 4 计算优先股成本。
目标 5 计算普通股成本，并将其换算为留存收益成本和新发行普通股成本。
目标 6 计算加权平均资本成本，并讨论不同的加权方法。

本章的重要性

对职业生涯的重要性

会计 你需要了解不同的资本来源以及如何计算资本成本，以提供确定公司整体资本成本所需的数据。

信息系统 你需要了解不同的资本来源以及如何计算资本成本，以找到估计这些资本来源的成本以及整体资本成本的方法。

管理 你需要了解资本成本，以在评估长期投资的可接受度和相对重要性以后对长期投资进行选择。

市场营销 你需要了解公司的资本成本，因为计划项目必须获得超过资本成本的收益才能被接受。

经营 你需要了解公司的资本成本，以评估提高公司产能所需的厂房和设备投资的经济可行性。

对个人生活的重要性

了解你的个人资本成本将让你在信息充分的情况下做出关于个人消费、借款和投资的决策。管理个人财富就像管理公司财富一样，你需要了解消费财富与增加财富之间的权衡，以及如何通过投资自己的钱和借款增加财富。了解资本成本的概念让你可以更好地做出长期决策，并最大化个人财富的价值。

9.1 资本成本概览

第一章确定了公司的目标，即最大化股东财富。为此，管理者进行的投资的价值必须高于成本。在本章中，你将了解资本成本，它是财务经理用来评估可能的投资机会以确定哪些投资机会将增加公司价值的收益率。**资本成本**（cost of capital）表示公司的融资成本，是项目为增加公司价值必须获得的最低收益率。具体来说，资本成本是指为新投资机会融资所需要的下一美元融资成本。收益率高于资本成本的投资将增加公司的价值，因为这些投资的价值高于成本。相反，收益率低于资本成本的项目将减少公司的价值。

资本成本是极为重要的财务学概念。它是公司长期投资决策与由公司所有者股票的市值决定的公司所有者的财富之间的主要联系。从道德上，财务经理只能投资于他们预期价值将超过资本成本的项目。

基本概念

公司的资本成本反映了长期内的预期平均未来资金成本，它反映了公司的整体融资活动。例如，公司可以通过借款（债务）、出售普通股（股权）或同时进行上述两项活动筹集建造新生产设施所需的资金。当财务经理估计公司的资本成本时，必须考虑两种资本形式各异的成本。实际上，多数公司都同时通过股权和债务为公司活动融资。在第十二章中，我们将研究对于特定公司来说最优债务股权组合的决定因素。现在，我们只是说多数公司都有最优融资组合，且资本成本必须反映公司使用的每类融资的成本。假设存在最优融资组合，为了反映所有重要的融资成本，我们需要考察整体资本成本，而不是只考虑单一融资来源的成本。

例 9.1

一家公司正在考虑两个投资机会。两位彼此独立工作的财务分析师正在评估这些机会。假设投资 A 和投资 B 的信息如下。

投资 A

成本＝100 000 美元

期限＝20 年

预期收益率＝7%

这笔投资的分析师想起该公司最近发行了收益率为6%的债券。他的分析过程是，公司发行债券的收益率为6%，而这个投资项目的收益率为7%，因此这个投资项目必然值得进行，他建议公司进行这笔投资。

投资B

成本＝100 000美元
期限＝20年
预期收益率＝12%

成本最低的融资来源

股权＝14%

这个项目的分析师知道，该公司有流通的普通股，且持有该公司股票的投资者预期将获得14%的投资收益率。分析师认为，该公司不应进行这笔投资，因为它只能产生12%的收益率，而公司股东预期将获得14%的收益率。

在这个例子中，每位分析师都犯了一个错误，他们只关注一个融资来源，而没有考虑整体融资组合。如果分析师使用合并融资成本，结果会如何？将每种融资来源在公司目标资本结构中的相对比例作为每种融资来源成本的权重，公司可以获得加权平均资本成本。假设该公司的理想融资结构为50%的债务和50%的股权，那么加权平均资本成本将为10%［＝（0.50×债务成本6%）＋（0.50×股权成本14%）］。根据这个平均融资成本，该公司应该拒绝第一个机会（预期收益率7%＜加权平均资本成本10%）并接受第二个机会（预期收益率12%＞加权平均资本成本10%）。

长期资本来源

在本章中，我们只关注公司可以获得的长期资本来源，因为它们是支持公司资本预算活动所必需的融资来源。资本预算是估计和选择长期投资的过程。这个过程的目的是实现最大化股东财富的公司目标。本书第五部分将讨论整个资本预算过程，而此时只需知道资本预算活动是财务经理的主要职责，财务经理不知道适当的资本成本就无法对公司的投资机会进行判断，从而无法履行这项职责。

公司的长期资本有四个基本来源：长期债务、优先股、普通股和留存收益。除了流动负债，所有出现在资产负债表右侧的数据都属于这些来源（见下表）。

<table>
<tr><th colspan="2">资产负债表</th><th></th></tr>
<tr><td rowspan="7">资产</td><td>流动负债</td><td></td></tr>
<tr><td>长期债务</td><td rowspan="6">长期资本来源</td></tr>
<tr><td>股东权益</td></tr>
<tr><td>优先股</td></tr>
<tr><td>普通股权益</td></tr>
<tr><td>普通股</td></tr>
<tr><td>留存收益</td></tr>
</table>

并非每家公司都使用上述全部融资来源，尤其是优先股相对不常见。即使如此，在多数公司的资本结构中仍然包括这些来源中的一部分。尽管公司现有的融资来源组合可能反映其资本结构，但对评估公司的未来投资机会而言，最终重要的是筹集下一美元融资所需的边际资本成本。

复习题

9—1 什么是资本成本？

9—2 资本成本在公司长期投资决策中起什么作用？它与公司最大化股东财富的目标有什么关系？

9—3 公司的资本结构表示什么？

9—4 公司可以获得的典型长期资本来源是什么？

9.2 长期债务成本

长期债务成本（cost of long-term debt）是通过长期借款筹得的新资金的融资成本。通常这些资金是通过出售公司债券筹集的。

净收入

债券或证券的销售**净收入**（net proceeds）是公司从销售债券或其他证券中得到的资金。它的计算方法是用总收入减去**发行成本**（flotation cost），即发行和销售证券的总成本。这些成本适用于所有公开发售的证券，包括债务、优先股和普通股。它有两个组成部分：(1) 承销成本，即投资银行销售证券获得的报酬；(2) 管理成本，即发行人的费用，例如法律成本和会计成本。

例 9.2

公爵夫人公司（Duchess Corporation）是一家大型硬件生产商，它正在考虑出售金额为1 000万美元、息票利率为9%（票面年利率）的20年期债券，每只债券的面值为1 000美元。由于类似风险债券的收益率高于9%，因此该公司必须以980美元的价格出售债券，以补偿较低的息票利率。发行成本为债券面值的2%，即20美元（=0.02×1 000美元）。因此，公司出售每只债券的净收入为960美元（=980美元−20美元）。

税前债务成本

税前债务成本 r_d 是公司必须对净借款支付的收益率。公司债券的税前债务成本可以通过三种方式获得：使用市场报价、计算成本或近似估计成本。

使用市场报价

获得税前债务成本的相对较快的方法是观察公司现有债券或其他公司发行的类似风险债券的到期收益率。现有债券的到期收益率反映了市场的必要收益率。例如，如果市场要求类似风险债券的到期收益率为 9.7%，那么这个值就可以作为新债券的税前债务成本 r_d。《华尔街日报》等许多媒体都会登载债券的收益率。

计算成本

已知公司发行债券时得到的净收入，可以通过计算债券现金流产生的到期收益率得出税前债务成本。从发行人的角度看，这个值是与债务相关的现金流的到期成本。到期收益率可以用财务计算器或电子表格计算出来。它表示以百分比形式表示的年税前债务成本。

例 9.3

在上例中，960 美元是面值为 1 000 美元、息票利率为 9%的 20 年期债券的净收入。计算年成本很简单。与这只债券相关的现金流包括一笔初始现金流入（净收入）和之后的一系列年现金支出（利息支付）。在最后一年债务到期，并产生偿还本金的支出。与公爵夫人公司的债券相关的现金流如下：

年末	现金流
0	960 美元
1～20	−90 美元
20	−1 000 美元

在初始的 960 美元现金流入之后，在债券的 20 年期限中，每年将产生 90 美元（=息票利率 9%×1 000 美元）的年利息流出。在第 20 年，发生 1 000 美元的现金流出（偿还本金）。我们可以通过计算到期收益率（即令债券现金流出的现值等于初始现金流入的贴现率）确定债务成本。

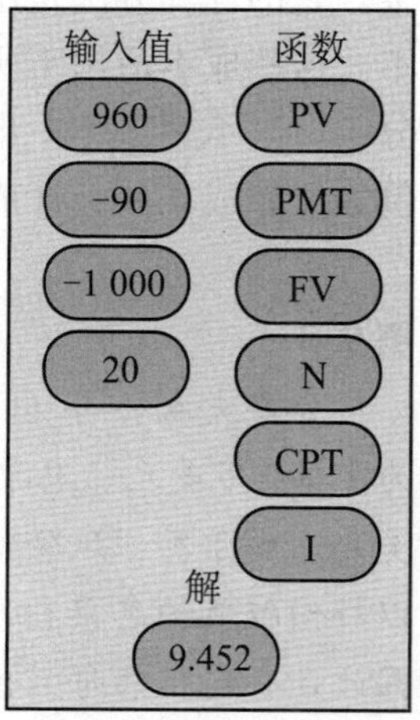

使用计算器 （注：当我们计算到期收益率时，多数计算器都需要将现值（净收入）或终值（年利息支付和偿还的本金）输入为负值。这里使用的就是这种方法。）使用计算器和右侧显示的输入值，你可以计算出税前债务成本（到期收益率）为 9.452%。

使用电子表格 公爵夫人公司的税前债务成本可以用 Excel 电子表格计算出来。下页的 Excel 电子表格显示，通过在 RATE 函数中引用包含债券净收入、息票支付额、距到期的年数和面值的单元格，可以快速计算出公爵夫人公司的债券适用的税前债务成本为 9.452%。

	A	B
1	计算税前债务成本	
2	面值	－1 000 美元
3	息票利率	9.0%
4	年利息支付次数	1
5	利息支付额	－90.00 美元
6	距到期的年数	20
7	债券净收入	960.00 美元
8	税前债务成本	9.452%
单元格 B8 中的输入值＝RATE(B6 * B4，B5，B7，B2，0)。 B2 中的 1 000 美元和 B5 中的 90 美元前面为负号，因为它们是公司的现金流出。		

尽管你可能没有意识到，但计算器和 Excel 函数都是用试错法算出债券到期收益率的，只不过它们算得比你快。

近似估计成本

尽管没有使用计算器精确，但有一种方法可以快速求出税前债务成本的近似值。面值为 1 000 美元的债券的税前债务成本 r_d 近似值的计算方法为：

$$r_d=\frac{I+\frac{1\,000\text{ 美元}-N_d}{n}}{\frac{N_d+1\,000\text{ 美元}}{2}} \tag{9.1}$$

其中，

I＝年利息金额

N_d＝债务（债券）的净收入

n＝债券到期年数

例 9.4

将公爵夫人公司例子中的相应值代入式（9.1）的近似计算公式，得到：

$$r_d=\frac{90\text{ 美元}+\frac{1\,000\text{ 美元}-960\text{ 美元}}{20}}{\frac{960\text{ 美元}+1\,000\text{ 美元}}{2}}$$

$$=\frac{90\text{ 美元}+2\text{ 美元}}{980\text{ 美元}}$$

$$=\frac{92\text{ 美元}}{980\text{ 美元}}$$

$$=0.093\,88\text{ 或 }9.388\%$$

税前债务成本的近似值为 9.388%，但它没有用计算器或电子表格得出的数值准确。

税后债务成本

不同于支付给股权持有者的股利，支付给债券持有者的利息是可以在计税时扣除的，因此债务利息费用减少了公司的应税所得，从而减轻了公司的税务负担。为了计算公司的净债务成本，我们必须考虑债务节省的税额，并解出税后债务成本。税后债务成本 r_i 的计算方法是用税前债务成本 r_d 乘以 1 与税率 T 之差：

$$r_i = r_d \times (1 - T) \tag{9.2}$$

例 9.5

公爵夫人公司的税率为 40%，使用上面计算出的税前债务成本 9.452% 并应用式 (9.2)，我们可以算出税后债务成本为 5.67% [=9.452%×(1−0.40)]。通常，特定公司的长期债务成本小于优先股或普通股的成本，这部分是由于利息可以在计税时扣除。

个人理财案例 9.6

夸艾特·沙利文（Kait Sullivan）和卡西姆·沙利文（Kasim Sullivan）是一对夫妻，他们适用 28% 的联邦所得税税率，并希望借款 60 000 美元购买一辆新豪华车。为了筹钱，他们可以通过汽车经销商以 6.0% 的年利率借入 60 000 美元，或者获得 60 000 美元的房屋二次抵押贷款。他们的二次抵押贷款能获得的最优惠年利率为 7.2%。他们已经获得了申请两种贷款的资格。

如果他们向汽车经销商借款，那么这笔“消费贷款”的利息不能在计算联邦所得税时扣除。然而，二次抵押贷款的利息可以在计税时扣除，因为税法允许个人扣除对住房抵押贷款支付的利息。为了选择成本最低的融资方式，沙利文夫妇计算了两种长期债务的税后债务成本。由于汽车贷款的利息不可在计税时扣除，因此税后成本等于合同规定的成本，即 6.0%。由于二次抵押贷款的利息可以在计税时扣除，因此可以用式（9.2）计算出税后债务成本：

$$\text{税后债务成本} = \text{税前债务成本} \times (1 - \text{税率})$$

$$7.2\% \times (1 - 0.28) = 7.2\% \times 0.72 = \underline{\underline{5.2\%}}$$

由于二次抵押贷款的税后成本 5.2% 小于汽车贷款的成本 6.0%，因此沙利文夫妇可能决定使用二次抵押贷款为购买汽车融资。

复习题

9—5　销售债券的净收入是什么？什么是发行成本？它如何影响债券的净收入？

9—6　计算税前债务成本的方法是什么？

9—7　税前债务成本如何换算为税后债务成本？

9.3 优先股成本

优先股表示公司的一类特殊所有权。它赋予优先股持有者在公司向普通股股东分配利润之前获得规定股利的权利。第七章介绍了优先股的关键特征。不过这里我们需要重温优先股股利的相关内容。

优先股股利

当股利被称为“优先股股利”时，股票通常被称为“x 美元优先股”。因此，“4 美元优先股”预期每年将对持有优先股的股东每股支付 4 美元股利。

有时，优先股股利用年股利率表示。它是年股利占股票面值的百分比。例如，面值为 50 美元、年股利率为 8%的优先股将支付每股 4 美元（=0.08×面值 50 美元）的年股利。在计算优先股成本之前，以百分比表示的任何股利都应该换算为年股利金额。

计算优先股成本

优先股成本（cost of preferred stock）r_p 为优先股股利与公司出售优先股的净收入之比。净收入为销售收入减去发行成本。下式给出了用年股利 D_p 和股票销售净收入 N_p 表示的优先股成本 r_p：

$$r_p = \frac{D_p}{N_p} \tag{9.3}$$

例 9.7

公爵夫人公司正在考虑发行股利率为 10%的优先股，预期售价为每股 87 美元。发行和出售股票的成本为每股 5 美元。计算股票成本的第一步是计算年优先股股利金额，即 8.70 美元（=0.10×87 美元）。出售股票的每股净收入等于售价减去发行成本（87 美元−5 美元=82 美元）。将年股利 D_p=8.70 美元和净收入 N_p=82 美元代入式（9.3），得出优先股成本为 10.6%（=8.70 美元÷82 美元）。

公爵夫人公司的优先股成本（10.6%）远高于长期债务成本（5.67%）。存在这种差异是因为长期债务成本（利息）可以在计税时扣除，而且优先股的风险高于长期债务。

复习题

9—8 你如何计算优先股成本？

9.4 普通股成本

普通股成本是市场上的投资者对股票要求的收益率。普通股融资有两种形式：(1) 留存收益；(2) 新发行普通股。要计算这些成本，我们首先必须估计普通股的成本。

计算普通股的成本

普通股成本（cost of common stock equity）r_s是投资者用来贴现公司的预期普通股股利以确定股票价值的贴现率。有两种方法可以用来衡量普通股成本。一种是使用固定增长估值模型，另一种是使用资本资产定价模型。

使用固定增长估值模型（戈登增长模型）

在第七章中，我们发现股票价值等于所有未来股利的现值，在一个模型中假设这些股利每年以固定速度增长直至永远。该模型即**固定增长估值模型**（constant-growth valuation model，简称固定增长模型），它也被称为**戈登增长模型**（Gordon growth model）。从该模型推导出的最初由式（7.4）表示的重要表达式为：

$$P_0=\frac{D_1}{r_s-g} \tag{9.4}$$

其中，

P_0＝普通股价值

D_1＝第1年年末的预期每股股利

r_s＝普通股的必要收益率

g＝股利固定增长率

解式（9.4）中的r_s，得出下列普通股成本公式：

$$r_s=\frac{D_1}{P_0}+g \tag{9.5}$$

式（9.5）表示，普通股成本的计算方法是用第1年年末的预期股利除以当前市场股价（股利收益率）再加上预期增长率（资本利得收益率）。

例 9.8

公爵夫人公司希望确定该公司的普通股成本r_s。该公司的普通股市场价格P_0为每股50美元。该公司预期将在下一年（2016年）年末支付4美元股利，即D_1。过去6年（2010—2015年）流通股支付的股利如下页表所示：

年份	股利
2015	3.80 美元
2014	3.62 美元
2013	3.47 美元
2012	3.33 美元
2011	3.12 美元
2010	2.97 美元

使用财务计算器或电子表格，结合第五章中介绍的增长率计算方法，我们可以计算出2010—2015 年的年股利增长率 g。结果约为 5%（更准确的数字是 5.05%）。将 $D_1=4$ 美元、$P_0=50$ 美元和 $g=5\%$代入式（9.5），得出普通股成本为：

$$r_s=\frac{4\text{ 美元}}{50\text{ 美元}}+0.05=0.08+0.05=0.130\text{ 或 }\underline{\underline{13.0\%}}$$

13.0%的普通股成本表示现有股东要求的投资收益率。如果实际收益率小于必要收益率，股东就可能卖掉股票。

使用资本资产定价模型

在第八章中，**资本资产定价模型**（capital asset pricing model，CAPM）描述了必要收益率 r_s和公司的不可分散风险（用贝塔系数 β 表示）之间的关系。基本的资本资产定价模型为：

$$r_s=R_F+\beta\times(r_m-R_F) \tag{9.6}$$

其中，

R_F＝无风险利率

r_m＝市场收益率；市场资产组合的收益率

使用资本资产定价模型表明，普通股成本是投资者补偿公司的不可分散风险（用贝塔系数衡量）的必要收益率。

例 9.9

公爵夫人公司现在希望用资本资产定价模型计算普通股成本 r_s。该公司的投资顾问和内部分析师指出，无风险利率 R_F等于 7%，该公司的贝塔系数 β 等于 1.5，市场收益率 r_m等于 11%。将这些值代入式（9.6），该公司估计出普通股成本 r_s等于：

$$r_s=7.0\%+1.5\times(11.0\%-7.0\%)=7.0\%+6.0\%=\underline{\underline{13.0\%}}$$

普通股成本为 13.0%，它表示公爵夫人公司普通股的必要收益率。它与用固定增长估值模型计算出来的结果相同。

比较固定增长估值模型与资本资产定价模型

资本资产定价模型与固定增长估值模型的不同之处在于，它在计算普通股的必要收益率或成本时，直接考虑了贝塔系数所反映的公司风险。固定增长估值模型不考虑风险；它

使用市场价格 P_0 反映市场中投资者的预期风险—收益偏好。固定增长估值模型和资本资产定价模型在计算 r_s 的理论上是相同的，但在实践中这两种方法的估计值并不一定相同。这两种方法之所以会产生不同的估计值，是因为它们需要估计其他量（作为输入值），例如预期股利增长率或公司的贝塔系数。

另一个不同是，当固定增长估值模型用于计算普通股成本时，可以方便地根据发行成本调整，以计算新普通股的成本，而资本资产定价模型无法进行简单的调整。用资本资产定价模型计算的普通股成本调整起来很困难，因为该模型的普通形式不包括市场价格 P_0，它是进行这种调整所需的变量。尽管资本资产定价模型有更强大的理论基础，但是传统固定增长估值模型具有计算方便的优点，因此本书用后者来衡量普通股的融资成本。实际上，分析师可能希望同时使用两种方法估计股权成本，然后取结果的平均值，以得出对股权成本的最终估计。

留存收益成本

如你所知，股利是用公司利润支付的。用现金向普通股股东支付股利减少了公司的留存收益。假设一家公司需要进行一定金额的普通股融资。它可以用两种方法处理留存收益：增发所需金额的普通股并继续用留存收益向股东支付股利；或者用留存收益增加所需金额的普通股权益（不支付现金股利）。从严格的会计意义上说，用留存收益增加普通股权益的方式与增发普通股相同。因此，对公司来说**留存收益成本**（cost of retained earnings）r_r 和增发被全额认购的等额普通股的成本是相同的。股东只有在预期公司用再投资资金至少能获得必要收益率时，才认为留存收益是可接受的。

将留存收益视为被完全认购的增发普通股，我们可以令公司的留存收益成本 r_r 等于式（9.5）和式（9.6）给出的普通股成本。

$$r_r = r_s \tag{9.7}$$

因此，没有必要根据发行成本调整留存收益成本，因为通过留存收益，公司"筹集"到了股本而没有发生这些成本。

例 9.10

实际上，上例中已经计算出了公爵夫人公司的留存收益成本：它等于普通股成本。因此，r_r 等于 13%。正如我们将在下一节中说明的，留存收益成本总低于新发行普通股成本，因为它没有发行成本。

实例分析

留存收益——更好的融资来源

在美国和多数其他国家，公司都更依赖于留存收益而非其他融资来源。例如，2013年对中国公司进行的一项调查显示，64%的受调查公司将留存收益列为它们的主要资金来源。银行贷款是远排在后面的第二选择，只被 44%的公司列为主要资金来源。①

① 《中国企业调查 2013》（*Business in China Survey* 2013），中欧国际工商学院。

新发行普通股成本

我们计算公司整体资本成本的目标是确定融资项目需要的新资金的税后成本。**新发行普通股成本**（cost of a new issue of common stock）r_n的计算方法是用普通股成本减去承销费用和相关发行成本。通常，发行的新股是**抑价**（underpriced）股票，表示它们相对于当前市场价格 P_0以折价出售。抑价是市场价格与发行价格（即第二章讨论的初级市场投资者支付的价格）之差。

首先，我们可以用固定增长估值模型表示现有普通股的成本 r_s。如果我们令 N_n表示出售新普通股的收入减去抑价和发行成本之后的净收入，那么新发行股票成本 r_n可以表示为①：

$$r_n=\frac{D_1}{N_n}+g \tag{9.8}$$

出售普通股的净收入 N_n将低于当前市场价格 P_0。因此，新发行股票成本 r_n总高于现有股票成本 r_s，后者等于留存收益成本 r_r。新普通股的成本通常高于其他长期融资成本。

例 9.11

在固定增长估值模型的例子中，我们用下列数值计算出公爵夫人公司的普通股成本 r_s等于 13%：预期股利 D_1为 4 美元；当前市场价格 P_0为 50 美元；预期股利增长率 g为 5%。

为了计算新普通股的成本 r_n，公爵夫人公司估计新股票的平均售价将为 47 美元。每股 3 美元的抑价是由于市场的竞争性所致。与新股票相关的第二种成本为每股 2.50 美元的发行成本，支付这笔成本是为了发行和销售新股。因此，每股的抑价和发行成本总计为 5.50 美元。

从当前的股价 50 美元中减去每股 5.50 美元的抑价和发行成本，得出预期每股净收入为 44.50 美元（=50.00 美元−5.50 美元）。将 $D_1=4$ 美元、$N_n=44.50$ 美元和$g=5\%$代入式（9.8），得到新普通股的成本 r_n：

$$r_n=\frac{4.00\text{ 美元}}{44.50\text{ 美元}}+0.05=0.09+0.05=0.140 \text{ 或} \underline{\underline{14.0\%}}$$

因此，公爵夫人公司的新发行普通股成本为 14.0%。这就是后面在计算公司的整体资本成本时使用的值。

---

① 该式的另一种计算较复杂的形式为：

$$r_n=\frac{D_1}{P_0\times(1-f)}+g \tag{9.8a}$$

其中，f 表示由抑价和发行成本导致的预期当前市场价格下降的百分比。简单地说，式（9.8）中的 N_n 等于式（9.8a）中的 $P_0\times(1-f)$。为方便起见，用式（9.8）定义新发行普通股成本 r_n。

复习题

9—9 用于衡量普通股成本 r_s 的固定增长估值（戈登增长）模型对股票价值的基本假设是什么？

9—10 固定增长估值模型和资本资产定价模型在计算普通股成本方面有什么差别？

9—11 为什么项目通过留存收益融资的成本低于通过新发行普通股融资的成本？

9.5 加权平均资本成本

如前所示，**加权平均资本成本**（weighted average cost of capital，WACC）r_a 反映了长期内的预期平均未来资本成本。它的计算方法是用每类资本在公司资本结构中所占的比例对每类资本成本加权。

计算加权平均资本成本

计算加权平均资本成本很简单：用每种融资的成本乘以它在公司资本结构中所占的比例，然后加总加权价值。加权平均资本成本 r_a 的公式为：

$$r_a = w_i \times r_i + w_p \times r_p + w_s \times r_{r\text{或}n} \tag{9.9}$$

其中，

w_i＝长期债务在公司资本结构中所占的比例

w_p＝优先股在公司资本结构中所占的比例

w_s＝普通股在公司资本结构中所占的比例

$w_i + w_p + w_s = 1.0$

应该注意，式（9.9）中有三点很重要：

（1）为了计算方便，最好将权数换算为小数形式，而保持成本为百分比形式。

（2）权数不能为负数，且总和等于 1.0。简单而言，加权平均资本成本必须考虑公司资本结构中的所有融资成本。

（3）公司的普通股权重 w_s 应乘以留存收益成本 r_r 或新发行普通股成本 r_n。使用哪种成本取决于公司普通股是用留存收益 r_r 融资还是用新普通股 r_n 融资。

例 9.12

在之前的例子中，我们计算了公爵夫人公司不同类型的资本成本，如下：

债务成本 r_i＝5.6%

优先股成本 r_p＝10.6%

留存收益成本 r_r＝13.0%

新发行普通股成本 $r_n=14.0\%$

该公司使用下列权重计算加权平均资本成本：

资本来源	权重
长期债务	40%
优先股	10%
普通股权益	50%
总计	100%

由于该公司预期将获得大量留存收益（300 000 美元），因此它计划使用留存收益成本 r_r 作为普通股成本。公爵夫人公司的加权平均资本成本计算方法见表 9.1。得出的公爵夫人公司的加权平均资本成本为 9.8%。假设风险水平不变，该公司应该接受所有收益率高于 9.8%的项目。

表 9.1　　公爵夫人公司加权平均资本成本的计算

资本来源	权重	成本	权重化的成本
长期债务	0.40	5.6%	2.2%
优先股	0.10	10.6%	1.1%
普通股权益	0.50	13.0%	6.5%
总计	1.00		WACC=9.8%

实务焦点

不确定时期导致的不确定加权平均资本成本

实务　当美国金融市场经历 2008 年金融危机和 2009 年"大衰退"并逐渐复苏时，许多公司在苦苦保持加权平均资本成本。为了应对金融市场动荡，个体公司的成本迅速变化。波动的金融市场让本来易于进行的资本成本计算变得极为复杂并容易出错，可能严重破坏投资决策。如果公司低估了资本成本，就会冒险进行经济上不合算的投资，如果公司高估了融资成本，就可能错过价值最大化的投资。

尽管当市场变得不稳定时，加权平均资本成本的计算方法不会变化，但组成加权平均资本成本的各要素的不确定性将显著增加。财务危机把信贷成本推至基本无力举借长期债务的程度，而大衰退使国债收益率跌至历史低点，使股权成本预测明显偏低。随着这些要素变得不稳定，即使公司能算出长期资本成本，计算起来也极为困难。

《首席财务官》（*CFO*）称，在不确定时期中，至少有一家公司采用双管齐下法计算资本成本。罗恩·多马尼科（Ron Domanico）是卡劳斯达实业公司（Caraustar Industries, Inc.）的首席财务官，他称该公司在处理资本成本不确定性时放弃了传统的一刀切方法。多马尼科说："过去，我们将一种资本成本用于对所有投资的决策……现在，情况变了。我们将一种短期资本成本用于短期机会，将长期资本成本用于长期机会……事实是，长期成本如此高，迫使我们只关注能立即产生收益率的项目。"[a]

卡劳斯达实业公司采用这种双管齐下法的部分动机是考虑金融市场危机中短期债务利率和长期债务利率之间的极大利差。多马尼科称，在危机中，卡劳斯达实业公司可以按最低贷款利率加4%或LIBOR加5%中的较低者借入短期资金，用这两种利率做出短期投资决策都是合理的。长期投资决策则需要计算卡劳斯达实业公司的长期资本成本，它是造成该公司借款利率超过12%的原因。

● 为什么公司通常不同时使用短期加权平均资本成本和长期加权平均资本成本？

a. Randy Myers, "A Losing Formula" (May 2009), www.cfo.com/article.cfm/13522582/c_13526469.

加权方法

公司可以根据账面价值或市场价值，使用历史比例或目标比例计算权重。

账面价值与市场价值

账面价值权重（book value weights）使用会计价值衡量公司财务结构中每类资本所占的比例。**市场价值权重**（market value weights）使用市场价值衡量公司财务结构中每类资本所占的比例。市场价值权重有吸引力，是因为证券的市场价值与出售证券得到的实际收入近似。而且，由于公司使用现行市场价格计算不同类型资本的成本，因此使用市场价值权重看起来是合理的。此外，用于计算资本成本的长期投资现金流是根据当前市场价值和未来市场价值估计出来的。市场价值权重显然优于账面价值权重。

历史权重与目标权重

历史权重（historical weights）可能是基于实际资本结构比例的账面价值权重或市场价值权重。例如，过往账面价值比例或当前账面价值比例将构成一种历史权重，历史市场价值比例或当前市场价值比例也可以构成一种历史权重。因此，这种权重计算方法的基础是实际——而非理想——比例。

目标权重（target weights）可以基于账面价值或市场价值，它反映了公司的理想资本结构比例。公司根据它们希望实现的“最优”资本结构，使用目标权重确定这些比例。（第十二章将详细讨论如何得到这些比例和最优结构。）

考虑到加权平均资本成本计算的近似性，权重的选择可能并不重要。然而，从严格的理论角度看，更优的加权方法使用的是基于市场价值的目标权重，我们在本章中将使用这种方法。

个人理财案例9.13

查克·索利斯（Chuck Solis）现在有三笔未清偿贷款，所有贷款都将在6年后到期，并可以在到期前任何时间偿还而不必缴纳罚款。这些贷款的未清偿余额和年利率如下：

贷款	未清偿余额	年利率
1	26 000美元	9.6%
2	9 000美元	10.6%
3	45 000美元	7.4%

在进行全面研究后，查克发现在用贷款收入完全偿还三笔未清偿贷款的情况下，一位

贷款人可以按9.2%的年利率贷给他80 000美元，为期6年，这三笔未清偿贷款的余额总共为80 000美元（=26 000美元+9 000美元+45 000美元）。

查克希望选择以下两种方式中成本最低的一种：（1）什么也不做；（2）借入80 000美元，并偿还全部三笔贷款。他用每笔债务的年利息成本乘以每笔债务占80 000美元的比例，计算出当前债务的加权平均资本成本，然后将三个加权价值加总，如下：

$$
\begin{aligned}
\text{当前债务的加权平均资本成本} &= (26\,000\text{美元} \div 80\,000\text{美元}) \times 9.6\% \\
&\quad + (9\,000\text{美元} \div 80\,000\text{美元}) \times 10.6\% \\
&\quad + (45\,000\text{美元} \div 80\,000\text{美元}) \times 7.4\% \\
&= 0.325\,0 \times 9.6\% + 0.112\,5 \times 10.6\% + 0.562\,5 \times 7.4\% \\
&= 3.12\% + 1.19\% + 4.16\% = 8.47\% \approx \underline{\underline{8.5\%}}
\end{aligned}
$$

当前债务的加权平均资本成本（8.5%）低于新的80 000美元贷款的成本（9.2%），查克应该什么都不做，只是按原来的计划继续偿还三笔贷款。

复习题

9—12　什么是加权平均资本成本？如何计算加权平均资本成本？

9—13　公司的目标资本结构和加权平均资本成本是什么关系？

9—14　描述使用目标权重计算加权平均资本成本的基本逻辑，并对比这种方法与使用历史权重计算加权平均资本成本的方法。哪种加权方法更好？

总　结

价值焦点

资本成本是极为重要的收益率，尤其是在资本预算决策中。它是公司长期内的预期平均未来资金成本。由于资本成本是投资决策过程中使用的关键收益率，因此其准确性将显著影响投资决策的质量。

低估资本成本可能让差项目看起来有吸引力；高估资本成本可能让好项目看上去没有吸引力。通过应用本章中介绍的方法估计公司的资本成本，财务经理将提高公司长期决策与公司最大化股价（所有者财富）整体目标一致的可能性。

学习目标复习

目标1　了解与资本成本相关的基本概念和资本来源。资本成本是公司为了提高公司价值必须获得的最低投资收益率。加权平均资本成本被用于计算长期内的预期平均未来资金成本。各种基本资本来源（长期债务、优先股、留存收益和普通股）的成本可以分别计算。

目标2　解释边际资本成本的含义。公司的相关资本成本是筹集下一美元资金，为公司未来投资机会融资所需的边际资本成本。公司未来投资机会的预期收益率需要超过公司的资本成本。

目标3　计算长期债务成本，并说明为何税后债务成本是重要的债务成本。税前长期债务成本可以通过成本报价、计算（利用计算器或电子表格）或求近似值得到。税后债务成本是用税前债务成本乘以1与税率之差计算出来的。税后债务成本是重要的债务成本，由于利息费用在计税时可以扣除，因此它是公司可以获得的最低债务成本。

目标 4　计算优先股成本。优先股成本是优先股股利与公司出售优先股的净收入之比。

目标 5　计算普通股成本，并将其换算为留存收益成本和新发行普通股成本。普通股成本的计算方法是使用固定增长估值（戈登增长）模型或资本资产定价模型。留存收益成本等于普通股成本。在计算新发行普通股成本时，必须对普通股成本进行调整以反映抑价和发行成本。

目标 6　计算加权平均资本成本，并讨论不同的加权方法。公司的加权平均资本成本反映了长期内的预期平均未来资金成本。它将各类资本成本按比例加权后加总。理论上的最优方法使用的是基于市场价值的目标权重。

自测题（答案见附录）

自测 9—1　各种成本与加权平均资本成本　亨布尔制造（Humble Manufacturing）希望衡量该公司的整体资本成本。该公司适用 40%的税率。当前的调查已搜集到以下数据：

债务　该公司可以通过出售面值为 1 000 美元、息票利率为 10%、每年付息一次的 10 年期债券举债。为了卖出债券，每只债券平均必须提供 30 美元的折扣。该公司还必须支付每只债券 20 美元的发行成本。

优先股　该公司可以按每股 100 美元的面值卖出年股利率为 11%的优先股。发行和销售优先股的成本预期为每股 4 美元。

普通股　该公司的普通股目前售价为每股 80 美元。该公司预期将在下一年支付每股 6 美元的现金股利。该公司的股利年增长率为 6%，预期未来将保持该增长率。每股股价将必须抑价 4 美元，发行成本预期为每股 4 美元。

留存收益　该公司预期在下一年获得 225 000 美元留存收益。一旦这些留存收益耗尽，该公司将使用新普通股进行普通股融资。

a. 请计算各种融资来源的成本（精确到千分位）。

b. 请用下表中显示的权重计算该公司的加权平均资本成本（精确到千分位），这些权重基于该公司的目标资本结构比例。

资本来源	权重
长期债务	40%
优先股	15%
普通股	45%
总计	100%

c. 你建议该公司投资于下表中的哪些机会？请说明你的答案。需要多少新融资？

投资机会	预期收益率	初始投资
A	11.2%	100 000 美元
B	9.7%	500 000 美元
C	12.9%	150 000 美元
D	16.5%	200 000 美元
E	11.8%	450 000 美元
F	10.1%	600 000 美元
G	10.5%	300 000 美元

热身练习

练习 9—1 一家公司通过出售价值为 20 000 美元的债务筹集资本，发行成本等于债务面值的 2%。如果该债务在 10 年后到期，息票利率为 8%，那么该债券的到期收益率是多少？

练习 9—2 你的公司——人民咨询集团（People's Consulting Group）受邀对勇敢新世界（Brave New World）拟发行的优先股提供咨询服务。这只股利率为 15%的优先股将以每股 35 美元的面值出售。发行成本总计为每股 3 美元。请计算这笔优先股的成本。

练习 9—3 公爵能源（Duke Energy）稳定支付了 20 年股利。在这段时期内，股利以 7%的年复利利率增长。如果公爵能源当前的股价为 78 美元，且该公司计划明年支付 6.50 美元的股利，那么公爵能源的普通股成本是多少？

练习 9—4 在周末勇士公司（Weekend Warriors，Inc.）的资本结构中 35%为债务、65%为股权。该公司的估计税后债务成本为 8%，估计股权成本为 13%。请计算该公司的加权平均资本成本。

练习 9—5 欧治公司（Oxy Corporation）使用债务、优先股和普通股筹集资本。该公司的目标资本结构如下：债务为 55%，优先股为 10%，普通股为 35%。如果债务成本为 6.7%，优先股成本为 9.2%，普通股成本为 10.6%，那么欧治公司的加权平均资本成本是多少？

习　题

习题 9—1　资本成本的概念　梅斯制造（Mace Manufacturing）正在分析投资决策程序。该公司最近评估的两个项目需要在北方和南方两个不同地区建设新厂房。下表总结了分析每个项目需要的基本变量和所导致的决策行为。

基本变量	北方	南方
成本	600 万美元	500 万美元
寿命	15 年	15 年
预期收益率	8%	15%
最小成本融资		
来源	债务	股权
成本（税后）	7%	16%
决策		
行为	投资	不投资
原因	8%>7%（成本）	15%<16%（成本）

a. 一位评估北方厂房的分析师预期，该项目将用债务融资，成本为 7%。你认为该分析师会对这个投资机会提出什么建议？

b. 另一位研究南方厂房的分析师认为，该项目将使用公司的留存收益融资，成本为 16%。你预期这位分析师会对投资机会提出什么建议？

c. 请说明为何第 a 问和第 b 问的决策可能不符合公司投资者的最大利益。

d. 如果该公司保持资本结构为 40%的债务和 60%的股权，请用表中的数据计算加权平均资本成本。

e. 如果两位分析师都使用第 d 问计算出的加权平均成本，那么他们将对北方厂房和南方厂房提出什么建议?

f. 请比较并对比分析师的初始建议与你第 e 问的答案。哪种决策方法看起来更合适？请说明原因。

习题 9—2　使用两种方法计算债务成本　现在，沃伦实业（Warren Industries）可以按 12%的息票利率出售面值为 1 000 美元、每年付息一次的 15 年期债券。由于当前的利率，每只债券可以按 1 010 美元的价格出售；在这个过程中将产生每只债券 30 美元的发行成本。该公司适用的税率为 40%。

a. 请计算出售债券的净收入 N_d。

b. 请从公司角度给出债券存续期的现金流。

c. 请计算税前债务成本和税后债务成本。

d. 请使用近似公式估计税前债务成本和税后债务成本。

e. 请比较第 c 问和第 d 问计算出的债务成本。你更喜欢哪种方法？为什么？

个人理财习题 9—3　税前债务成本与税后债务成本　戴维·阿博特（David Abbot）对购买索尼公司（Sony）发行的债券感兴趣。他已经获得了该债券的下列信息。

索尼公司的债券					
面值	1 000 美元	息票利率	6%	公司税税率	20%
成本	930 美元	距到期的年数	10		

a. 请计算索尼公司债券的税前成本。

b. 请计算在给定公司税税率的情况下索尼公司的税后成本。

习题 9—4　使用近似公式计算债务成本　对于下列面值为 1 000 美元的债券，假设每年付息一次，税率为 40%，请使用近似公式计算税后到期成本。

债券	期限（年）	承销费	折价（－）或溢价（＋）	息票利率
A	20	25 美元	－20 美元	9%
B	16	40 美元	＋10 美元	10%
C	15	30 美元	－15 美元	12%
D	25	15 美元	面值	9%
E	22	20 美元	－60 美元	11%

习题 9—5　债务成本　格隆塞思·德里沃尔系统公司（Gronseth Drywall Systems，Inc.）正在与投资银行讨论发行新债券的事宜。投资银行告知该公司，期限不同的债券有不同的息票利率和不同的售价。该公司必须在几种债券中做出选择。在每种情况下，债券面值均为 1 000 美元，且发行成本均为每只债券 30 美元。该公司的税率为 40%。请计算下列情况下的税后融资成本。

债券	息票利率	距到期的时间（年）	溢价或折价
A	9%	16	250 美元
B	7%	5	50 美元
C	6%	7	面值
D	5%	10	－75 美元

个人理财习题 9—6　税后债务成本　贝拉·旺斯（Bella Wans）想买一辆新摩托车。她决定借钱支付摩托车的价款 25 000 美元。她适用的联邦所得税税率为 25%。她可以以 5%的利率向摩托车经销商借款，也可以用房屋抵押借入二次抵押贷款。抵押贷款的利率为 6%。对贝拉来说，抵押贷款的利息可以在计税时扣除，但摩托车经销商的贷款利息不能在计算贝拉的联邦所得税时扣除。

a. 请计算向摩托车经销商借款的税后成本。

b. 请计算用贝拉的房子做抵押借入二次抵押贷款的税后成本。

c. 对贝拉来说，哪种借款的成本较低？

d. 当贝拉决定借入哪笔贷款购买摩托车时，是否还应考虑其他因素？

习题 9—7　优先股成本　请计算下列每只优先股的成本。

优先股	面值	售价	发行成本	年股利
A	100 美元	101 美元	9.00 美元	11%
B	40 美元	38 美元	3.50 美元	8%
C	35 美元	37 美元	4.00 美元	5.00 美元
D	30 美元	26 美元	面值的 5%	3.00 美元
E	20 美元	20 美元	2.50 美元	9%

习题 9—8　普通股成本：资本资产定价模型　J&M 公司的普通股贝塔系数 β 为 1.2。无风险利率为 6%，市场收益率为 11%。

a. 请计算 J&M 公司普通股的风险溢价。

b. 请计算 J&M 公司普通股应该提供的必要收益率。

c. 请用资本资产定价模型计算 J&M 公司普通股的成本。

习题 9—9　普通股成本　罗斯纺织品（Ross Textiles）希望衡量普通股成本。该公司股票现在的售价为 57.50 美元。该公司预期将在年末（2016 年）支付 3.40 美元股利。下表给出了过去 5 年的股利。

年份	股利
2015	3.10 美元
2014	2.92 美元
2013	2.60 美元
2012	2.30 美元
2011	2.12 美元

在考虑抑价和发行成本后，该公司预期发行新股的净价格为每股 52 美元。

a. 请计算 2011—2015 年的股利增长率。

b. 请计算该公司实际得到的净收入 N_n。

c. 请使用固定增长估值模型计算留存收益成本 r_r。

d. 请使用固定增长估值模型计算新发行普通股成本 r_n。

习题 9—10　留存收益与新发行普通股　请根据下表中每家公司的数据，使用固定增长估值模型计算留存收益成本和新发行普通股成本。

公司	当前每股的市场价格	股利增长率	下一年的预期每股股利	每股抑价	每股发行成本
A	50.00 美元	8%	2.25 美元	2.00 美元	1.00 美元
B	20.00 美元	4%	1.00 美元	0.50 美元	1.50 美元
C	42.50 美元	6%	2.00 美元	1.00 美元	2.00 美元
D	19.00 美元	2%	2.10 美元	1.30 美元	1.70 美元

习题 9—11　税率对加权平均资本成本的影响　K. 贝尔珠宝（K. Bell Jewelers）希望研究公司汇率对该公司资本成本的影响。该公司希望保持 40%为债务、10%为优先股、50%为普通股的资本结构。留存收益的融资成本为 10%，优先股的融资成本为 8%，税前债务的融资成本为 8%。请计算在第 a 问至第 c 问的税率假设下加权平均资本成本是多少。

a. 税率＝40%。

b. 税率=35%。

c. 税率=25%。

d. 请描述税率变化与加权平均资本成本之间的关系。

习题 9—12　加权平均资本成本：账面权重与市场权重　韦伯斯特公司（Webster Company）搜集的信息如下表所示：

资本来源	账面价值	市场价值	税后成本
长期债务	4 000 000 美元	3 840 000 美元	6.0%
优先股	40 000 美元	60 000 美元	13.0%
普通股	1 060 000 美元	3 000 000 美元	17.0%
总计	5 100 000 美元	6 900 000 美元	

a. 请用账面价值权重计算加权平均资本成本。

b. 请用市场价值权重计算加权平均资本成本。

c. 请比较第 a 问和第 b 问的答案，并说明它们的差别。

习题 9—13　加权平均资本成本和目标权重　在经过认真分析后，德克斯特兄弟公司（Dexter Brothers）确定了该公司的最优资本结构，它的资本来源以及市场价值的目标权重如下表所示。

资本来源	基于市场价值的目标权重
长期债务	30%
优先股	15%
普通股	55%
总计	100%

债务成本估计为 7.2%，优先股成本估计为 13.5%，留存收益成本估计为 16.0%，新发行普通股成本估计为 18.0%。所有成本均为税后成本。在该公司的总资本中，根据市场价值，债务占 25%，优先股占 10%，普通股占 65%。该公司预期将有大量留存收益，且预期不会出售新发行普通股。

a. 请根据历史市场价值权重计算加权平均资本成本。

b. 请根据目标市场价值权重计算加权平均资本成本。

c. 请比较第 a 问和第 b 问的答案，并说明它们为何不同。

习题 9—14　资本成本　埃德娜录音室（Edna Recording Studios，Inc.）去年报告的普通股股东可得收益为 4 200 000 美元。该公司用这些收益对 1 000 000 股流通普通股支付每股 1.26 美元的股利。在该公司的资本结构中，40%为债务，10%为优先股，50%为普通股。它的税率为 40%。

a. 如果普通股的市场价格为 40 美元，在可预见的未来，股利预期将以每年 6%的速度增加，该公司的留存收益的融资成本是多少？

b. 如果新发行普通股的抑价和发行成本总计为每股 7.00 美元，该公司的新发行普通股的融资成本是多少？

c. 该公司可以按每股 25.00 美元的市场价格发行股利为 2.00 美元的优先股。发行成本为每股 3.00 美元。优先股的融资成本是多少？

d. 该公司可以发行面值为 1 000 美元、息票利率为 10%、售价为 1 200 美元的 5 年期债券。发行成本为每只债券 25.00 美元。请使用估计公式算出债务融资的近似成本。

e. 加权平均资本成本是多少？

习题 9—15　计算各类资本成本和加权平均资本成本　狄龙实验室（Dillon Labs）请该公司的财务经理衡量每类资本的成本以及加权平均资本成本。加权平均资本成本是使用下列权重计算出来的：长期债务为 40%，优先股为 10%，普通股为 50%（留存收益、新发行普通股或两者皆有）。该公司的税率为 40%。

债务 该公司可以按 980 美元的价格出售息票利率为 10%、面值为 1 000 美元、每年付息一次的 10 年期债券。除了每只债券 20 美元的折扣，还要支付占面值 3%的发行成本。

优先股 年股利率为 8%、面值为 100 美元的优先股售价为 65 美元。必须向承销商支付每股 2 美元的额外费用。

普通股 该公司的普通股现在售价为每股 50 美元。预期将在第二年（2016 年）年末支付每股 4 美元的股利。下表显示了该公司过去 5 年支付的股利，它约为每股利润的 60%。

年份	股利
2015	3.75 美元
2014	3.50 美元
2013	3.30 美元
2012	3.15 美元
2011	2.85 美元

该公司预期，为了吸引买家，新发行普通股的每股价格必须抑价 5 美元，该公司还必须支付每股 3 美元的发行成本。预期股利仍将为利润的 60%（假设 $r_r = r_s$）。

a. 请计算税后债务成本。

b. 请计算优先股成本。

c. 请计算普通股成本。

d. 请计算狄龙实验室的加权平均资本成本。

个人理财习题 9—16 加权平均资本成本 约翰·道（John Dough）刚刚获得了商学学位。他现在有三笔未清偿的教育贷款。它们都将在 5 年后到期，并可以提前偿还而不用缴纳罚款。下表给出了每笔贷款的金额和年利率。

贷款	余额	年利率
1	20 000 美元	6%
2	12 000 美元	9%
3	32 000 美元	5%

约翰还可以加总三笔债务（即 64 000 美元），创造出一笔合并贷款。银行将在 5 年中向他收取 7.2% 的年利率。

约翰应该什么都不做（保留三笔贷款不变），还是创造一笔合并贷款（上述金额为 64 000 美元的贷款）?

习题 9—17 计算各类资本成本和加权平均资本成本 兰公司（Lang Enterprises）希望衡量整体资本成本。当前的调查已经搜集了如下数据。该公司适用 40%的税率。

债务 该公司可以举债，出售面值为 1 000 美元、息票利率为 8%、每年付息一次的 20 年期债券。为了卖出债券，每只债券平均必须提供 30 美元的折扣。该公司还必须支付每只债券 30 美元的发行成本。

优先股 该公司可以按每股 95 美元的面值卖出股利为 8%的优先股。优先股的发行成本和销售成本预期为每股 5 美元。优先股可以按这些条件出售。

普通股 该公司的普通股现在售价为每股 90 美元。该公司预期下一年将支付每股 7 美元的现金股利。该公司的股利以每年 6%的速度增加，这种增长速度预期将在未来继续。股票价格必须每股抑价 7 美元，发行成本预期为每股 5 美元。该公司可以在这些条件下卖出新普通股。

留存收益 当衡量留存收益成本时，该公司不关心自身适用的税率或所有者的经纪人佣金。该公司预期在下一年可以获得 100 000 美元留存收益；一旦这些留存收益耗尽，该公司将使用新发行普通股进行普通股融资。

a. 请计算税后债务成本。

b. 请计算优先股成本。

c. 请计算普通股成本。

d. 请用下表显示的资本结构权重计算该公司的加权平均资本成本（精确到千分位）。

资本来源	权重
长期债务	30%
优先股	20%
普通股	50%
总计	100%

习题 9—18　道德习题　20 世纪 90 年代，通用电气连续很久符合或超过华尔街股票分析师的利润预期。一些人怀疑通用电气为了符合华尔街的预期而“操纵”利润，也就是说，通用电气用会计花招隐瞒真实的业务波动性。你怎么看通用电气长期符合或超过利润预期对其资本成本的影响？如果投资者发现通用电气的业绩主要是通过会计花招取得的，你认为他们会做出什么反应？

电子表格练习

诺瓦公司（Nova Corporation）希望衡量各类资本成本和加权平均资本成本。历史上，该公司曾经以下列方式筹集资本：

资本来源	权重
长期债务	35%
优先股	12%
普通股	53%

该公司现在的税率为 40%。所需的财务信息和数据如下：

债务　诺瓦公司可以举债，即出售面值为 1 000 美元、息票利率为 6.5%、每年付息一次的 10 年期债券。为了出售债券，每只债券平均必须提供 20 美元的折扣。发行成本为面值的 2%。

优先股　优先股可以按下列条件出售：证券面值为每股 100 美元，年股利为面值的 6%，发行成本预期为每股 4 美元。在考虑成本前，优先股预期可以按 102 美元的价格出售。

普通股　诺瓦公司的普通股的当前价格为每股 35 美元。下一年的现金股利预期为每股 3.25 美元，该公司的股利将以每年 5%的速度增加，且预期将在可预见的未来以这个速度继续增加。发行成本预期约为每股 2 美元。诺瓦公司可以在这些条件下出售新发行普通股。

留存收益　该公司预期将在下一年有 100 000 美元留存收益。一旦留存收益耗尽，该公司将使用新普通股进行普通股融资。（注：当衡量该成本时，该公司不关心自身的税率或所有者的经纪人佣金。）

任务

请编制一张电子表格，回答下列问题：

a. 请计算税后债务成本。

b. 请计算优先股成本。
c. 请计算留存收益成本。
d. 请计算新发行普通股成本。
e. 请用留存收益和上一张表中显示的资本结构权重计算该公司的加权平均资本成本。
f. 请用新发行普通股和上一张表中显示的资本结构权重计算该公司的加权平均资本成本。

第五部分

长期投资决策

或许，在财务经理的工作中，没有什么比做出正确的投资决策对公司的长期成功更重要。“资本预算”这个词描述了评估和选择投资项目的过程。通常，资本支出可能非常高，例如建设新厂房或推出新产品。这些工作可能为股东创造巨大的价值，但是也可能让公司破产。在本部分中，你将学习财务经理如何决定采用哪种投资机会。

第十章介绍了财务经理和分析师用于评估投资价值的资本预算工具。在这些方法中，部分方法非常直观而且容易使用，例如回收期分析。还有一些方法稍为复杂，例如净现值法和内部收益率法。通常，复杂方法能提供更全面的评估，但简单方法往往也会导致相同的价值最大化决策。

第十一章说明了如何计算第十章介绍的方法所需要的资本预算现金流。学习本章后，你将了解建立相关现金流所需的信息，以确定特定投资会为股东创造价值还是破坏价值。

第十章 资本预算方法

学习目标

目标 1 了解资本预算过程的关键要素。
目标 2 计算、解释和评估回收期。
目标 3 计算、解释和评估净现值与经济附加值。
目标 4 计算、解释和评估内部收益率。
目标 5 使用净现值特征线比较净现值法和内部收益率法。
目标 6 讨论净现值法和内部收益率法的排序冲突以及每种方法的理论优势与实践优势。

本章的重要性

对职业生涯的重要性

会计 你需要了解资本预算方法，以帮助你确定与资本支出计划相关的现金流。

信息系统 你需要了解资本预算方法，以设计决策模块，帮助降低分析资本支出建议所需的工作量。

管理 你需要了解资本预算方法，以正确分析项目建议的相关现金流，并决定是否接受该建议。

市场营销 你需要了解资本预算方法，以了解公司决策者将如何评价新市场营销建议、新产品建议和现有产品扩张建议。

经营 你需要了解资本预算方法，以了解公司决策者将如何评估收购新设备和厂房的建议。

对个人生活的重要性

你可以使用财务经理所使用的资本预算方法衡量买入资产的价值或其复利收益率。内部收益率法在个人理财中广泛用于衡量投资性证券、房地产、信用卡债务、消费贷款和租赁的实际收益率和预测收益率。

10.1 资本预算概览

长期投资表示公司采取某种行动导致的大量资金支出。因此，公司需要按程序分析和选择长期投资。**资本预算**（capital budgeting）是评估并选择与公司最大化所有者财富目标一致的长期投资的过程。公司通常会进行各种长期投资，但最常见的是固定资产投资，固定资产包括不动产（土地）、厂房和设备。这些资产通常被称为收益性资产，它们通常提供了公司盈利能力和价值的基础。

由于公司分别对待资本预算（投资）决策和融资决策，因此第十章和第十一章的重点是固定资产购置，而不涉及使用的具体融资方法。我们将从讨论资本性支出的动机开始。

资本性支出的动机

资本性支出（capital expenditure）是指公司预期在长于1年的时期内产生收益的资金支出。**营业性支出**（operating expenditure）是指公司预期在1年内产生收益的资金支出。固定资产支出是资本性支出，但并非所有资本性支出都属于固定资产支出。使用期限为15年的60 000美元新机器支出为资本性支出，它可能在公司资产负债表上体现为固定资产。预期将在长期内产生收益的60 000美元广告支出也是资本性支出，但它很少体现为固定资产。

公司进行资本性支出的原因有很多。资本性支出最主要的动机是扩大经营、更换或更新固定资产以及在长期内获得其他较为无形的收益。

资本预算步骤

资本预算步骤（capital budgeting process）包括不同但彼此相关的五步：

（1）提出建议。公司内部各个层级都会提出新的投资项目建议，并由财务人员进行审核。大额支出的项目比支出较少的项目需要更认真的审核。

（2）审核与分析。财务经理进行正式审核和分析，以评估投资建议的价值。

（3）决策。公司往往根据资金限制做出资本支出决策。通常特定金额以上的支出必须得到董事会的批准。通常生产经理有权做出保持生产所需的决策。

（4）执行。在得到批准之后，公司就会支出资金并执行项目。大项目的支出通常分阶段进行。

（5）后续措施。项目结果将受到监督，公司将对实际成本和收益与预期成本和收益进行比较。如果实际结果不符合预期，公司就可能需要采取行动。

这个过程中的每一步都很重要。然而，审核与分析以及决策（第 2 步和第 3 步）要消耗大量时间和精力。后续措施（第 5 步）很重要，但常常是被忽略的一步，它旨在让公司连续提高现金流估计的准确性。由于它们在根本上很重要，因此本章和下面的章节将主要考察审核与分析以及决策。

基本术语

在我们介绍与资本预算过程相关的概念、方法和实务之前，我们需要解释一些基本术语。此外，我们还将提出一些用于简化本章和第十一章中的讨论的重要假设。

独立项目和互斥项目

多数投资都可以归为以下两类中的一类：（1）独立项目；（2）互斥项目。**独立项目**（independent projects）是现金流彼此无关（或独立）的项目；接受一个项目不会排除另一个项目。**互斥项目**（mutually exclusive projects）是具有相同功能，因此彼此竞争的项目；接受一个项目，就会排除其他所有功能类似的项目。例如，一家需要提高产能的公司可以通过以下方法实现这个目标：（1）扩张厂房；（2）收购另一家公司；（3）与另一家公司签订生产合同。显然，接受任何一个选择都会消除对其他选择的直接需求。

无限资金与资本配给

资本性支出的资金可获得性影响公司的决策。如果一家公司的投资有**无限资金**（unlimited funds）用来投资（或者可以通过借款或发行股票筹集到所需资金），做出资本预算决策就很简单：所有能提供可接受收益率的独立项目都可以接受。然而，公司通常在**资本配给**（capital rationing）条件下经营，这意味着它们用于资本支出的预算是固定的，许多项目将竞争有限的资金。第十一章将介绍处理资本配给的程序。这里的和第十一章中的讨论假设有无限资金。

接受—拒绝法与排序法

资本预算决策有两种标准方法。**接受—拒绝法**（accept-reject approach）是指评估资本支出建议，以确定它们是否符合公司的最低接受标准。这种方法可以作为评估互斥项目的预备步骤，在公司拥有无限资金或者在资本必须配给的情况下使用。在这些情况下，只应该考虑可接受的项目。

第二种方法是**排序法**（ranking approach），它是指根据某些预先确定的指标（例如收益率）对项目进行排序。收益率最高的项目排在第一，收益率最低的项目排在最后。只对可接受的项目进行排序。当从一群互斥项目中选择“最优”项目或者从资本配给角度评估项目时，排序法很有用。

资本预算方法

大公司每年都要评估数十个甚至上百个不同的新投资项目。为了确保所选择的投资项目最能提高公司的价值，财务经理需要工具帮助他们评估各项目的价值并对竞争性投资进行排序。有多种方法可以进行这种分析。较好的方法综合考虑了时间价值、风险和收益以及估值概念，以选择与公司最大化所有者财富目标一致的资本支出。本章的重点是这些方法在确定环境中的应用。

贝内特公司的相关现金流

我们将使用一个基本问题说明本章中介绍的所有方法。这个问题涉及贝内特公司(Bennett Company)，一家中等规模的金属加工厂，该公司现在正在考虑两个有传统现金流模式的项目①：项目A需要42 000美元的初始投资，项目B需要45 000美元的初始投资。表10.1提供了两个项目的预测相关现金流，并在图10.1的时间线上画出了这些现金流。这两个项目都有一笔初始现金支出且之后每年均有现金流入，这是相当典型的新投资模式。我们首先来看三种最常用的资本预算方法：回收期法、净现值法和内部收益率法。

表 10.1　　贝内特公司的资本支出数据

	项目A	项目B
初始投资	42 000美元	45 000美元
年份	营业现金流入	
1	14 000美元	28 000美元
2	14 000美元	12 000美元
3	14 000美元	10 000美元
4	14 000美元	10 000美元
5	14 000美元	10 000美元

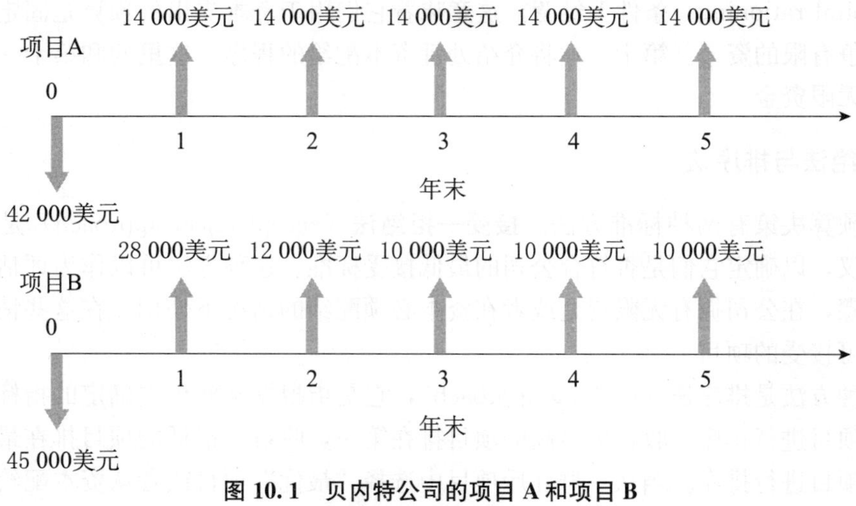

图 10.1　贝内特公司的项目A和项目B

项目A和项目B的传统现金流时间线

① 传统现金流模式是预付现金流为负，所有后续现金流为正。如果预付现金流为正，所有后续现金流为负（例如当公司出售延保并在稍后提供保修服务时）或现金流在正负之间震荡（当公司必须投资于某个项目以延长其寿命时），就会出现非传统现金流模式。

复习题

10—1 财务经理为公司选择投资项目的目标是什么？请定义资本预算过程，并解释它如何帮助财务经理实现目标。

10.2 回收期

中小型公司经常使用回收期法评估投资项目。**回收期**（payback period）是公司收回项目初始投资的时间，它是根据现金流入计算的。在年金的例子（例如贝内特公司的项目A）中，回收期的计算方法是用初始投资除以年现金流入。在固定现金流入的例子（例如项目B）中，必须累积年现金流入，直到收回初始投资。尽管回收期法很常用，但它通常被视为简单的资本预算方法，因为它没有明确考虑货币的时间价值。

决策标准

用回收期法进行接受—拒绝决策时，可以使用下列决策标准：

- 如果回收期短于最大可接受回收期，就接受项目。
- 如果回收期长于最大可接受回收期，就拒绝项目。

最大可接受回收期的长度是由管理层决定的。这个值是根据一些因素主观规定的，包括项目类型（扩张型、替代型或更新型）、产品生命周期、项目风险以及回收期与股票价值之间的关系。平均而言，管理层的价值感受将决定创造价值的投资决策。

例 10.1

我们可以用表 10.1 的数据计算贝内特公司的项目 A 和项目 B 的回收期。项目 A 为年金，回收期为 3 年（=42 000 美元初始投资÷14 000 美元年现金流入）。由于项目 B 产生了混合现金流入，因此它的回收期计算没有那么简单明了。在第 1 年，该公司将回收 45 000 美元初始投资中的 28 000 美元。在第 2 年年末将回收 40 000 美元（=第 1 年回收的 28 000 美元+第 2 年回收的 12 000 美元）。在第 3 年年末将回收 50 000 美元。在第 3 年的 10 000 美元现金流入中，只需要 50%即可完全回收 45 000 美元初始投资。因此，项目 B 的回收期为 2.5 年（=2 年+第 3 年的 50%）。

如果贝内特公司的最大可接受回收期为 2.75 年，项目 A 将被拒绝，项目 B 将被接受。如果最大可接受回收期为 2.25 年，那么两个项目都将被拒绝。如果对项目进行排序，项目 B 将优于项目 A，因为它的回收期较短。

实例分析

欧洲公司对回收期法的偏好

2011 年对 10 个中东欧国家的公司进行的调查发现，在这些国家的公司中，三分之二的公司在进行重大投资决策时总是采用回收期法。对比在美国观察到的情况，东欧的大公司比小公司更可能采用回收期法。尽管回收期法存在很多缺陷，但仍在全世界被广泛使用。

回收期法的优点和缺点

大公司有时用回收期法评估小项目，而小公司用回收期法评估多数项目。它之所以受欢迎，是因为它计算简单，有直观吸引力。通过衡量公司回收初始投资的速度，回收期法还隐含考虑了现金流的时间，因此考虑了货币的时间价值。由于它可以被视为风险敞口的衡量指标，因此许多公司都使用回收期法作为决策指标或其他决策方法的补充。公司回收投资必须等待的时间越长，发生意外的概率就越大。因此，回收期越短，公司的风险敞口就越小。

回收期法的主要缺点是适当的回收期只是一个主观确定的数字。它不能根据最大化股东财富的目标而具体规定，因为它不是基于贴现现金流来确定它们能否增加公司的价值。适当的回收期只是管理层认为项目现金流达到盈亏平衡（即恰好等于初始投资）所需的最大可接受时期。

个人理财案例 10.2

西玛·迈赫迪（Seema Mehdi）正在考虑投资 20 000 美元于房地产，以获得 5%的租金。她的好朋友兼房地产经纪人阿克巴尔·艾哈迈德（Akbar Ahmed）促成了这笔交易，他的保守估计是，西玛每年将从房地产 5%的租金中获得 4 000～6 000 美元。这笔交易的结构迫使所有投资者对房地产保持至少 10 年的投资。西玛的所得税税率预期将保持为 25%。为了让这笔投资可接受，西玛需要用税后现金流在 7 年内回收投资。

西玛在计算这笔交易的回收期时，首先计算了年税后现金流的范围：

税后现金流＝(1－税率)×税前现金流
　　　　　＝(1－0.25)×4 000 美元＝3 000 美元
税后现金流＝(1－0.25)×6 000 美元＝4 500 美元

税后现金流的范围为 3 000～4 500 美元。用 20 000 美元初始投资除以估计税后现金流，得到回收期：

回收期＝初始投资÷税后现金流
　　　＝20 000 美元÷3 000 美元＝6.67 年
回收期＝20 000 美元÷4 500 美元＝4.44 年

由于西玛的出租房投资将在 4.44～6.67 年内回收，这个范围低于最高的 7 年回收期，因此这笔投资是可接受的。

回收期法的第二个缺点是，这种方法没有充分考虑货币的时间价值因素。[①] 这个缺点

① 为了在应用回收期法时明确考虑时间的差异，有时可以使用贴现回收期法。它的计算方法是首先用适当的贴现率算出现金流入的现值，然后用现金流入的现值算出回收期。

可以用一个例子说明。

例 10.3

德亚尔曼公司（DeYarman Enterprises）是一家小型医疗器械生产商，它正在考虑两个互斥项目——金项目和银项目。该公司只使用回收期法选择项目。表 10.2 给出了每个项目的营业现金流入和回收期。两个项目的回收期均为 3 年，这表明它们同等令人满意。但是比较前 3 年的现金流入模式可以看到，银项目的 50 000 美元初始投资比金项目的 50 000 美元初始投资回收得快。例如，第 1 年银项目回收了 50 000 美元投资中的 40 000 美元，而金项目只回收了 50 000 美元投资中的 5 000 美元。给定货币的时间价值，银项目显然比金项目更好，尽管两个项目的回收期同样都是 3 年。回收期法没有充分考虑货币的时间价值，如果考虑到这一点，会导致银项目优于金项目。

表 10.2　　德亚尔曼公司的项目现金流与回收期

	金项目	银项目
初始投资	50 000 美元	50 000 美元
年份	营业现金流入	
1	5 000 美元	40 000 美元
2	5 000 美元	2 000 美元
3	40 000 美元	8 000 美元
4	10 000 美元	10 000 美元
5	10 000 美元	10 000 美元
回收期	3 年	3 年

回收期法的第三个缺点是没有考虑回收期之后产生的现金流。

例 10.4

拉希德公司（Rashid Company）是一家软件开发商，它有两个投资机会——项目 X 和项目 Y。表 10.3 给出了项目 X 和项目 Y 的数据。项目 X 的回收期为 2 年；项目 Y 的回收期为 3 年。严格遵循回收期法可以得出结论：项目 X 优于项目 Y。然而，如果我们将眼光放得更远些，将发现项目 X 的额外收益只有 1 200 美元（=第 3 年的 1 000 美元+第 4 年的 100 美元+第 5 年的 100 美元），而项目 Y 的额外收益为 7 000 美元（=第 4 年的 4 000 美元+第 5 年的 3 000 美元）。根据该信息，项目 Y 优于项目 X。回收期法忽略了回收期后产生的现金流入。

表 10.3　　计算拉希德公司的两个投资项目的回收期

	项目 X	项目 Y
初始投资	10 000 美元	10 000 美元
年份	营业现金流入	
1	5 000 美元	3 000 美元
2	5 000 美元	4 000 美元
3	1 000 美元	3 000 美元
4	100 美元	4 000 美元
5	100 美元	3 000 美元
回收期	2 年	3 年

复习题

10—2　什么是回收期？如何计算回收期？

10—3　使用回收期法评估投资项目通常有什么缺点？

10.3　净现值

多数大公司用来评估投资项目的方法被称为**净现值**（net present value，NPV）法。净现值法背后的直观含义很简单。当公司进行投资时，它们将支出自己以某种形式从投资者那里获得的资金。投资者预期他们对公司的投资将获得一定的收益率，因此公司只有在投资产生的现金流的现值高于投资成本时才应进行投资。由于净现值法考虑了投资者货币的时间价值，因此它是比回收期法更复杂的资本预算方法。净现值法用公司的资本成本贴现公司的现金流。这个贴现率——正如第九章所讨论的——表示公司的融资成本，是项目满足公司投资者所必须获得的最低收益率。收益率更低的项目无法满足投资者的预期，因此会减少公司的价值，收益率更高的项目会增加公司的价值。

净现值的计算方法是将公司的资本成本（r）作为贴现率计算出项目现金流入（CF_t）的现值，然后减去项目的初始投资（CF_0）：

$$NPV = \text{现金流入的现值} - \text{初始投资}$$

$$NPV = \sum_{t=1}^{n} \frac{CF_t}{(1+r)^t} - CF_0 \tag{10.1}$$

当使用净现值法时，是用现值衡量现金流入和现金流出。对于现金流出超过初始投资的项目，项目的净现值可以用现金流入的现值减去现金流出的现值计算出来。

决策标准

当用净现值法做出接受—拒绝决策时，决策标准如下：

- 如果净现值大于 0 美元，则接受项目。
- 如果净现值小于 0 美元，则拒绝项目。

如果净现值大于 0 美元，公司获得的收益率将高于资本成本。这种行为将增加公司的市场价值，因而增加股东财富，增加的财富等于净现值。

例 10.5

我们可以用表 10.1 提供的贝内特公司的数据说明净现值法。如果该公司的资本成本为 10%，可以按图 10.2 的时间线显示的方法计算项目 A（年金）和项目 B（混合现金流）的净现值。计算结果为，项目 A 和项目 B 的净现值分别为 11 071 美元和 10 924 美元。两个项目均可接受，因为每个项目的净现值均大于 0。然而，如果对项目排序，则项目 A 优于项目 B，因为项目 A 的净现值高于项目 B（11 071 美元与 10 924 美元）。

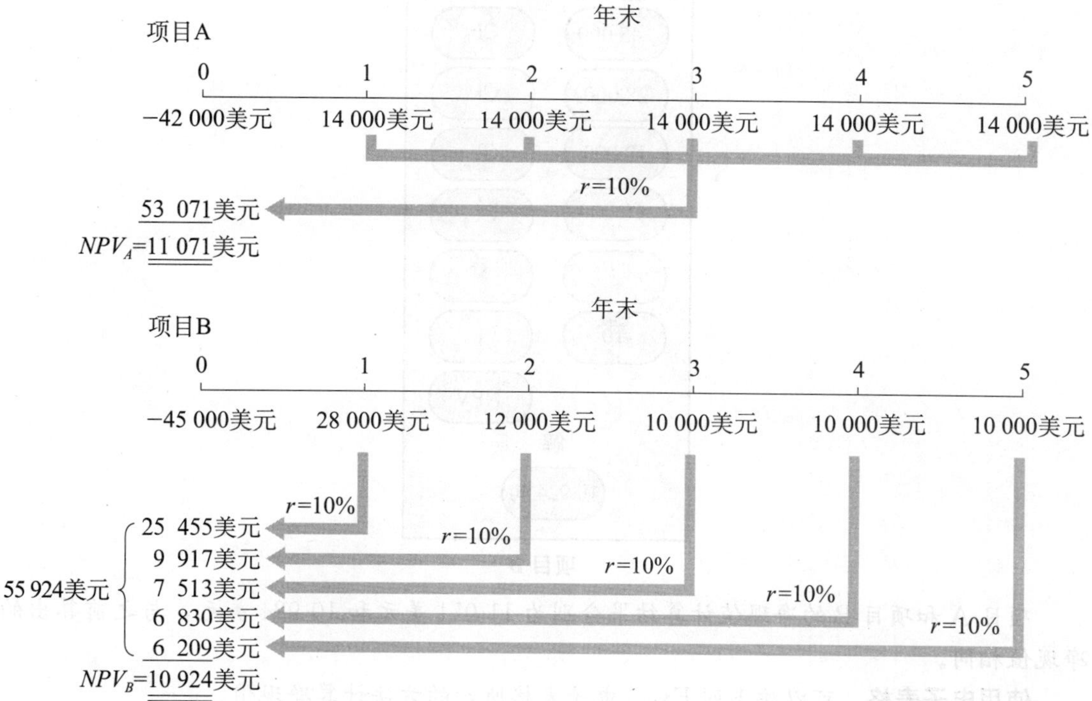

图 10.2　计算贝内特公司的资本支出选择的净现值

项目 A 和项目 B 的现金流和净现值计算过程时间线

使用计算器　可以用计算器中事先编好程序的 *NPV* 函数简化净现值计算。项目 A（年金）需要输入的键通常如下图所示。注意，由于项目 A 是年金，因此只输入了第一笔现金流入，$CF_1=14\ 000$，之后输入的是它的频率，$N=5$。

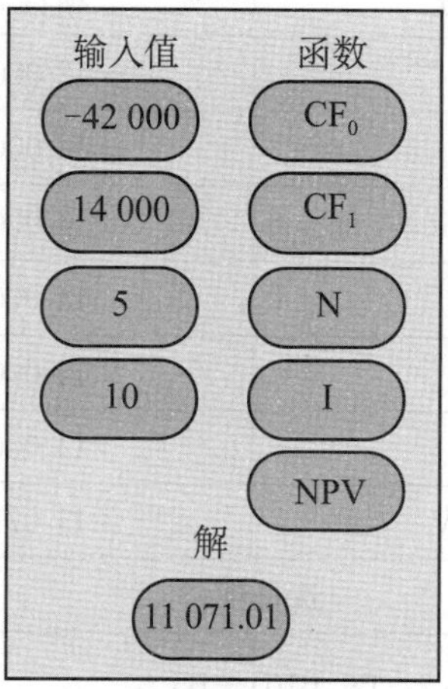

项目 A

项目 B（混合现金流）需要输入的键如下页图所示。由于项目 B 的最后三笔现金流入相同（$CF_3=CF_4=CF_5=10\ 000$），因此在输入第一笔现金流入 CF_3 后，我们只需输入其频率，$N=3$。

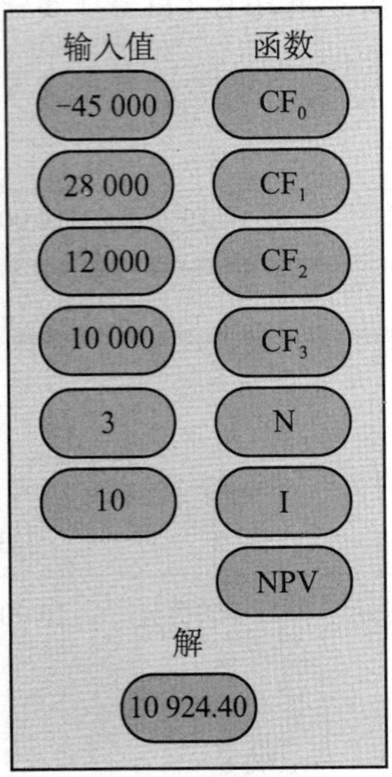

项目 B

项目 A 和项目 B 的净现值计算结果分别为 11 071 美元和 10 924 美元，与之前算出的净现值相同。

使用电子表格 可以按下列 Excel 电子表格所示的方法计算净现值。

	A	B	C
1	确定净现值		
2	公司的资本成本		10%
3		年末现金流	
4	年份	项目 A	项目 B
5	0	−42 000 美元	−45 000 美元
6	1	14 000 美元	28 000 美元
7	2	14 000 美元	12 000 美元
8	3	14 000 美元	10 000 美元
9	4	14 000 美元	10 000 美元
10	5	14 000 美元	10 000 美元
11	NPV	11 071 美元	10 924 美元
12	选择项目		项目 A

单元格 B11 中的输入值＝NPV(C2，B6:B10)＋B5。
将单元格 B11 中的输入值复制到单元格 C11。
单元格 C12 中的输入值＝IF(B11>C11，B4，C4)。

净现值与概率指数

净现值规则的一个变体被称为盈利能力指数（PI）。对于初始现金流出之后就是现金流入的项目，盈利能力指数等于现金流入的现值除以初始现金流出①：

$$PI=\frac{\sum_{t=1}^{n}\frac{CF_t}{(1+r)^t}}{CF_0} \tag{10.2}$$

当公司用盈利能力指数评估投资机会时，它们遵循的决策规则是当盈利能力指数大于1.0时对项目进行投资。大于1.0的盈利能力指数表示现金流入的现值大于初始现金流出(的绝对值)，因此盈利能力指数大于1.0意味着净现值大于0。换言之，净现值法和盈利能力指数法对于是否值得进行特定投资总能得出相同的结论。

例 10.6

我们可以参考图10.2，该图显示了项目A和项目B的现金流入的现值。计算贝内特公司每个投资选择的盈利能力指数：

PI_A＝53 071 美元÷42 000 美元＝1.26

PI_B＝55 924 美元÷45 000 美元＝1.24

根据盈利能力指数，两个项目都是可接受的（因为两个项目的盈利能力指数均大于1.0），这并不令人意外，因为我们已经知道两个项目都有正净现值。此外，在这个例子中，净现值法和盈利能力指数法都表示项目A优于项目B。净现值法和盈利能力指数法对项目的排序并非总是相同。当不同项目要求的初始支出差距很大时，可能出现不同的排序。

净现值与经济附加值

经济附加值（economic value added，EVA）是思腾思特咨询公司（Stern Stewart & Co.）的“注册商标”，它是净现值法的另一个“近亲”。净现值法计算的是投资在整个寿命期内的价值，而经济附加值法通常被用于逐年衡量投资的业绩。但经济附加值法一开始的步骤与净现值法相同：计算项目的净现金流。然而，经济附加值法要从这些现金流中减去一笔费用，目的是体现公司投资者对项目要求的收益率。也就是说，经济附加值法计算的是项目产生的正现金流是否高于投资者的要求。如果是这样，这个项目就值得投资。

经济附加值法确定了项目是否能获得纯经济利润。当会计师称某家公司盈利时，他们指的是收入大于费用。但**纯经济利润**（pure economic profit）指的是高于特定业务的预期竞争收益率的利润。在利润表上显示出正利润的公司可能获得纯经济利润，也可能没有获

① 更准确地说，式（10.2）的分母应该是正数，因此我们取初始现金流出的绝对值。

得纯经济利润，这取决于利润相对于对公司的投资有多高。例如，在截至 2013 年 3 月 30 日的四个季度中，铝生产巨头美国铝业公司（Alcoa Inc.）报告该公司获得了 2.64 亿美元净利润。这看起来是很高的利润吗？当你考虑到美国铝业公司的资产负债表中总资产高于 400 亿美元时，这可能就不是很高的利润。换言之，美国铝业公司的利润表示该公司的资产收益率只有 0.6%。这个收益率并不比 2013 年的无风险政府证券的收益率高多少，因此显然低于美国铝业公司投资者的预期（他们预期的收益率更高，以补偿他们承担的风险）。因此，该公司在这四个季度中出现了纯经济亏损。换言之，美国铝业公司在这期间的经济附加值为负数。

例 10.7

假设某个项目的前期成本为 1 000 000 美元，但之后它将每年产生 120 000 美元净现金流入（直至永远）。为了计算该项目的净现值，我们将贴现现金流，并将它们加总。如果公司的资本成本为 10%，那么该项目的净现值为①：

$$NPV = -1\ 000\ 000\text{ 美元} + 120\ 000\text{ 美元} \div 0.10 = 200\ 000\text{ 美元}$$

为了计算投资在特定年份的经济附加值，我们首先从 120 000 美元的年现金流开始。接下来，我们将确定一笔费用，它表示投资者对公司投资项目要求的收益率。在这个例子中，公司投资了 1 000 000 美元，投资者的预期收益率为 10%。这意味着该项目的年资本费用为 100 000 美元（=1 000 000 美元×10%），年经济附加值为 20 000 美元：

$$\begin{aligned}\text{经济附加值} &= \text{项目现金流} - \text{资本成本} \times \text{投资资本}\\ &= 120\ 000\text{ 美元} - 100\ 000\text{ 美元} = 20\ 000\text{ 美元}\end{aligned}$$

换言之，该项目每年的收益高于成本，因此该项目值得投资。为了计算该项目在整个寿命期内的经济附加值，我们将用该公司的资本成本贴现年经济附加值。在这个例子中，该项目将每年创造 20 000 美元经济附加值，直至永远。用 10%贴现，得出项目的经济附加值为 200 000 美元（=20 000 美元÷0.10），和净现值相同。在这个例子中，净现值法和经济附加值法得到相同的结论，即项目为股东创造了 200 000 美元价值。如果我们例子中的现金流随着时间波动，而非固定为每年 120 000 美元，分析师可以计算这笔投资每年的经济附加值，然后用公司的资本成本将它们贴现为现值。如果结果为正数，项目就将产生正经济附加值，值得投资。

复习题

10—4 如何计算有传统现金流模式的项目的净现值？

10—5 净现值法的接受标准是什么？它与公司的市场价值有何关系？

10—6 请说明净现值、盈利能力指数和经济附加值的相似性与区别。

---

① 我们用式（5.7）计算 120 000 美元永续现金流的现值。

10.4 内部收益率

内部收益率（internal rate of return，IRR）是令投资机会的净现值等于 0 的贴现率（因为现金流入的现值等于初始投资）。它是公司投资于项目并获得给定现金流入时公司将获得的收益率。从数学上说，内部收益率是式（10.1）中导致净现值等于 0 的值，即：

$$0\text{ 美元}=\sum_{t=1}^{n}\frac{CF_t}{(1+IRR)^t}-CF_0 \tag{10.3}$$

$$\sum_{t=1}^{n}\frac{CF_t}{(1+IRR)^t}=CF_0 \tag{10.3a}$$

决策标准

当使用内部收益率进行接受—拒绝决策时，决策标准如下：

- 如果内部收益率高于资本成本，则接受项目。
- 如果内部收益率低于资本成本，则拒绝项目。

这些标准保证公司将至少获得必要收益率。这种结果将提高公司的市场价值，因而增加所有者的财富。

计算内部收益率

当使用计算器时，你只需输入所有现金流，就像计算净现值时那样，然后按下 IRR 键，算出内部收益率。电脑软件，包括电子表格，都可以用来简化计算过程。本章和之后章节介绍的净现值和内部收益率都是通过使用财务计算器上的这些函数计算出来的。

例 10.8

我们可以使用表 10.1 提供的贝内特公司的数据说明内部收益率法。图 10.3 使用时间线说明了计算贝内特公司的项目 A 和项目 B 的内部收益率的方法。我们可以从该图中看到，内部收益率是导致净现值等于 0 美元的未知贴现率。

使用计算器 当用财务计算器中的事先编制好程序的函数计算内部收益率时，除了最后两个净现值输入键（按 I 然后按 NPV）被按一下 IRR 键取代，每个项目的输入键和之前计算净现值时的输入键都相同。

比较图 10.3 给出的项目 A 和项目 B 的内部收益率与贝内特公司的资本成本 10%，我们可以看到这两个项目都可以接受，因为

$IRR_A=19.9\%>10.0\%$（资本成本）

$IRR_B=21.7\%>10.0\%$（资本成本）

比较两个项目的内部收益率，我们更偏好项目 B，因为项目 B 的内部收益率较高

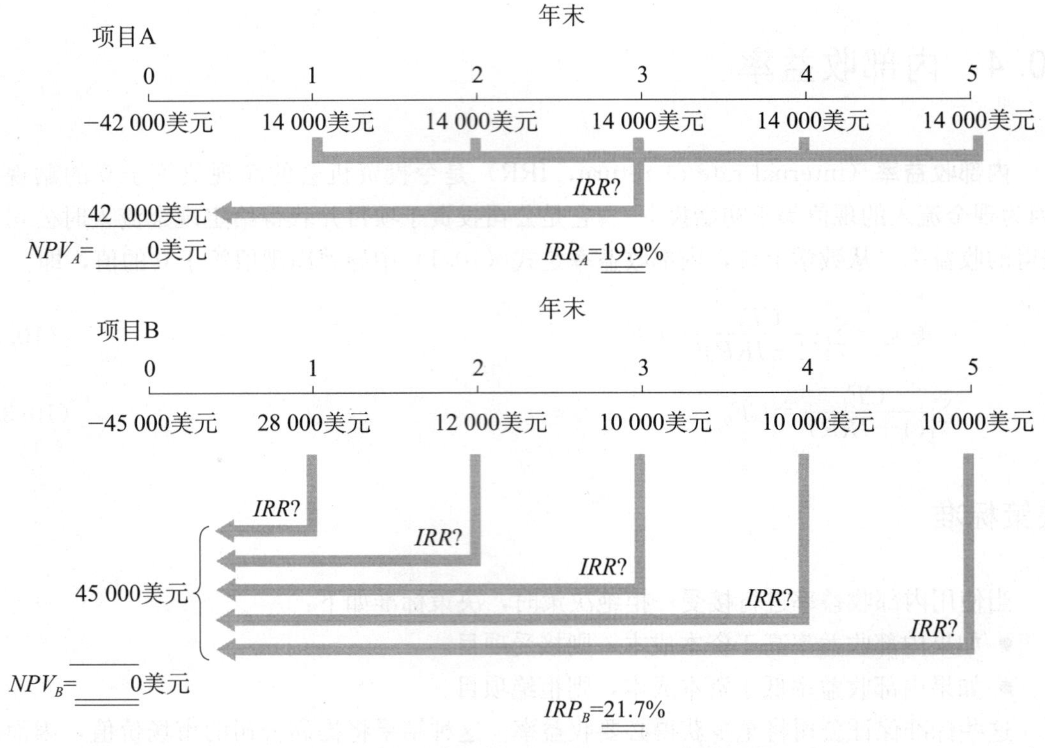

图 10.3　贝内特公司不同项目资本支出的内部收益率计算

项目 A 和项目 B 的现金流与内部收益率计算过程时间线

($IRR_B=21.7\%>IRR_A=19.9\%$)。如果这些项目互斥，就意味着我们可以选择其中一个项目，但不能同时选择两个项目。内部收益率决策法建议选择项目 B。

使用电子表格　内部收益率也可以按下列 Excel 电子表格计算。

	A	B	C
1	确定内部收益率		
2		年末现金流	
3	年份	项目 A	项目 B
4	0	−42 000 美元	−45 000 美元
5	1	14 000 美元	28 000 美元
6	2	14 000 美元	12 000 美元
7	3	14 000 美元	10 000 美元
8	4	14 000 美元	10 000 美元
9	5	14 000 美元	10 000 美元
10	IRR	19.9%	21.7%
11	选择项目		项目 B

单元格 B10 中的输入值＝IRR(B4:B9)。

将单元格 B10 中的输入值复制到单元格 C10。

单元格 C11 中的输入值＝IF(B10>C10，B3，C3)。

注意，在前例中，内部收益率法表明，内部收益率为 21.7%的项目 B 优于内部收益率为 19.9%的项目 A。这种建议与之前例子中用净现值排序得出的结论冲突。这种冲突并不罕见。净现值法和内部收益率法对项目的排序并不一定相同。然而，对于独立的单个项目是否可接受，两种方法通常会得出相同的结论。

个人理财案例 10.9

托尼·迪洛伦佐（Tony DiLorenzo）正在评估一个投资机会。他对投资的风险水平很满意。根据竞争性投资机会，他认为这笔投资至少必须获得 9%的税后复利年收益率才是可接受的。托尼的初始投资为 7 500 美元，他预期在前 4 年中每年获得 500 美元的税后现金流，从第 5 年到第 8 年年末每年获得 700 美元的税后现金流。他计划在第 8 年年末出售投资，获得 9 000 美元的税后净收入。

为了计算投资的内部收益率（复利年收益率），托尼首先总结了税后现金流的情况，如下表所示：

年份	现金流（一或＋）
0	−7 500 美元（初始投资）
1	500 美元
2	500 美元
3	500 美元
4	500 美元
5	700 美元
6	700 美元
7	700 美元
8	9 700 美元（＝700 美元＋9 000 美元）

将第 0—8 年的税后现金流代入财务计算器或电子表格，他算出这笔投资的内部收益率为 9.54%。由于预期内部收益率 9.54%高于托尼的最小必要内部收益率 9%，因此这笔投资是可接受的。

复习题

10—7 什么是投资的内部收益率？如何计算内部收益率？

10—8 内部收益率的接受标准是什么？它与公司市场价值的关系是什么？

10—9 根据净现值法和内部收益率法是否总能得出相同的接受—拒绝决策？它们对项目的排序是否总相同？请说明。

10.5 比较净现值法与内部收益率法

为了了解净现值法和内部收益率法的差异以及决策者的使用偏好，我们需要考察净现值特征线、相互冲突的排序以及哪种方法更好。

净现值特征线

通过绘制**净现值特征线**（net present value profile）描述项目在不同贴现率下的净现值，我们可以用图形对项目进行比较。净现值特征线在评估和比较项目时很有用，尤其是当项目排序相互冲突时。通过一个例子可以很好地进行说明。

例 10.10

为了绘制贝内特公司的两个项目——项目A和项目B——的净现值特征线，第一步是画出一组“贴现率—净现值”坐标。对于每个项目，我们都能轻松获得三组坐标，它们是贴现率为0、贴现率为10%（资本成本r）和贴现率为内部收益率时的净现值。贴现率为0时的净现值是通过加总所有现金流入并减去初始投资得到的。使用表10.1和图10.1中的数据，我们得到：

项目A：

（14 000美元＋14 000美元＋14 000美元＋14 000美元＋14 000美元）
－42 000美元＝28 000美元

项目B：

（28 000美元＋12 000美元＋10 000美元＋10 000美元＋10 000美元）
－45 000美元＝25 000美元

当资本成本为10%时，项目A和项目B的净现值分别为11 071美元和10 924美元（见图10.2）。由于内部收益率是净现值等于0美元时的贴现率，因此项目A的内部收益率19.9%（见图10.3）和项目B的内部收益率21.7%将使净现值为0美元。表10.4总结了每个项目的三组坐标。

表 10.4　项目A和项目B的贴现率—净现值坐标

贴现率	净现值	
	项目A	项目B
0	28 000美元	25 000美元
10%	11 071美元	10 924美元
19.9%	0美元	—
21.7%	—	0美元

画出表10.4的数据，得到图10.4中项目A和项目B的净现值特征线。这张图揭示了三个重要事实：

1. 项目B的内部收益率高于项目A的内部收益率，因此如果两个项目均可接受，使用内部收益率法对项目排序的财务经理将永远选择项目B而不是项目A。

2. 项目A的净现值有时高于项目B的净现值，有时低于项目B的净现值；因此，净现值法不会一直将项目A排在项目B前面，反之亦然。净现值排序取决于公司的资本成本。

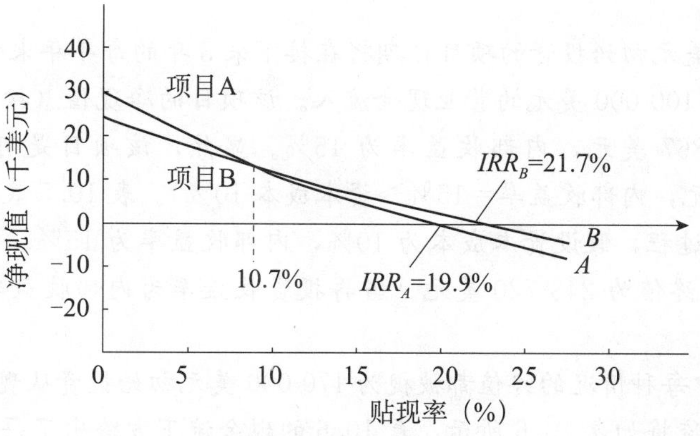

图 10.4　净现值特征线

贝内特公司的项目 A 和项目 B 的净现值特征线

3. 当资本成本近似等于 10.7%时，项目 A 和项目 B 的净现值相同。

贝内特公司的资本成本为 10%；在该资本成本上，项目 A 的净现值高于项目 B（在图 10.4 中，当贴现率为 10%时，项目 A 位于项目 B 上方）。因此，净现值法和内部收益率法对两个项目的排序不同。如果贝内特公司的资本成本稍高，例如为 12%，那么净现值法将把项目 B 排在项目 A 前面，此时净现值法和内部收益率法的排序不冲突。

相互冲突的排序

对不同投资机会排序是项目互斥时或必须进行资本配给时的重要考虑。当项目互斥时，排序让公司能够确定从财务角度看哪个项目最好。当必须进行资本配给时，对项目排序将是确定哪些项目可以接受的逻辑出发点。正如我们将要看到的，使用净现值法和内部收益率法产生的**排序冲突**（conflicting ranking）来自再投资收益率假设、每个项目现金流的产生时间和初始投资规模的差异。

再投资假设

排序冲突的一个基本原因是关于**期间现金流入**（intermediate cash inflow）（项目结束前得到的现金流入）再投资的隐含假设不同。净现值法假设期间现金流入以资本成本再投资，而内部收益率法假设期间现金流入以项目内部收益率再投资。[①] 这些假设差异可以用一个例子说明。

---

① 为了消除内部收益率的再投资收益率假设，一些财务经理会计算修正内部收益率（MIRR）。修正内部收益率的计算方法是将每笔营业现金流入转换为项目寿命结束时的终值，然后加总所有现金流入的终值，算出项目的期终价值。每笔终值是用资本成本算出来的，因此消除了对传统内部收益率法在再投资收益率方面的批评。修正内部收益率表示使期终价值正好等于初始投资的贴现率。由于修正内部收益率将资本成本作为再投资收益率，因此它通常被视为比内部收益率更好的项目真实盈利能力指标。尽管这种方法常用于商业房地产估值，而且是部分财务计算器的预设函数，但它不能解决排序冲突问题，同时在理论上逊于净现值法，因此导致修正内部收益率法在财务文献中得到的关注和接受度有限。

例 10.11

需要 170 000 美元初始投资的项目预期将在接下来 3 年的每年年末分别提供 52 000 美元、78 000 美元和 100 000 美元的营业现金流入。该项目的净现值（按该公司的资本成本 10%贴现）为 16 867 美元，内部收益率为 15%。显然，该项目是可接受的（*NPV*＝16 867 美元＞0 美元，内部收益率＝15%＞资本成本 10%）。表 10.5 表示该项目在 3 年期结束时的终值计算过程，假设资本成本为 10%，内部收益率为 15%。当再投资收益率为资本成本 10%时，终值为 248 720 美元。当再投资收益率为内部收益率 15%时，终值为 258 470 美元。

如果表 10.5 中每种情况的终值都被视为 170 000 美元初始投资从现在起 3 年后将得到的收益，那么现金流将如表 10.6 所示。表 10.6 的现金流下方给出了每种情况的净现值和内部收益率。你会看到，当再投资收益率为 10%时，净现值仍为 16 867 美元；当再投资收益率等于内部收益率 15%时，净现值为 24 192 美元。

根据这个结果，显然，净现值法假设再投资收益率为资本成本（在本例中为 10%）。（注意，当再投资收益率为 10%时，内部收益率将为 13.5%）。另外，内部收益率法假设该公司可以按内部收益率对期间现金流入进行再投资。如果再投资收益率不是内部收益率，内部收益率将不是 15%。低于内部收益率的再投资收益率将导致内部收益率低于计算结果（例如，如果再投资收益率仅为 10%，内部收益率将为 13.5%）。高于内部收益率的再投资收益率将导致内部收益率高于计算结果。

表 10.5　　项目的再投资收益率比较

年份	营业现金流入	获得利息的年数（t）	再投资收益率	
			10%	15%
			终值	终值
1	52 000 美元	2	62 920 美元	68 770 美元
2	78 000 美元	1	85 800 美元	89 700 美元
3	100 000 美元	0	100 000 美元	100 000 美元
		第 3 年年末的终值	248 720 美元	258 470 美元
NPV@10%＝16 867 美元				
IRR＝15%				

注：该项目的初始投资为 170 000 美元。

表 10.6　　再投资后的项目现金流

	再投资收益率	
	10%	15%
初始投资	170 000 美元	
年份	营业现金流入	
1	0 美元	0 美元
2	0 美元	0 美元
3	248 720 美元	258 470 美元
NPV@10%	16 867 美元	24 192 美元
IRR	13.5%	15.0%

现金流的产生时间

内部收益率法和净现值法对投资选择的排序不同的另一个原因与现金流产生时间的差异有关。回过头来看图 10.1 中项目 A 和项目 B 的时间线。每个项目需要的前期投资类似，但在此之后，每个项目的现金流产生时间差异很大。项目 B 几乎立即产生大笔现金流入（第 1 年），而项目 A 产生的现金流则平均分摊于项目寿命期内。由于项目 B 的大部分现金流都在寿命期内的早期出现（尤其是与项目 A 的现金流产生时间相比），因此项目 B 的净现值对贴现率变化并不特别敏感。另外，项目 A 的净现值将随着贴现率的变化而呈现出较大的波动。本质上，项目 B 类似于短期债券，其价格并不会随着利率的变化而变化太大，而项目 A 更类似于长期债券，其价格随着利率的变化而大幅波动。

如果你观察图 10.4 中项目 A 和项目 B 的净现值特征线，就能发现这种模式。表示项目 A 的线显著比表示项目 B 的线陡峭。当贴现率很低时，项目 A 的净现值更高，但随着贴现率提高，项目 A 的净现值将迅速下降。当贴现率足够高时，项目 B 的净现值将超过项目 A。

我们可以将这种讨论总结如下。由于项目 A 的现金流产生时间比项目 B 的现金流产生时间晚，因此当公司的资本成本相对较低时（比如低于 10.7%），净现值法将把项目 A 排在项目 B 前面。当资本成本较高时，项目 B 提前产生现金流的优势就变得更明显，因此净现值法将把项目 B 排在项目 A 前面。两个项目的现金流产生时间的差异不会影响内部收益率法的排序，它总是将项目 B 排在项目 A 前面。表 10.7 举例说明了净现值法和内部收益率法的排序冲突取决于公司的资本成本。

表 10.7　　使用内部收益率法和净现值法对项目 A 和项目 B 排序

方法	项目 A	项目 B
内部收益率法		√
净现值法		
如果 $r<10.7\%$	√	
如果 $r>10.7\%$		√

初始投资规模

假设某人向你提供了下列两个投资选择。你可以现在投资 2 美元，明天得到 3 美元，也可以现在投资 1 000 美元，明天得到 1 100 美元。第一个投资在短短 1 天内提供了 50% 的收益率（内部收益率），这个收益率当然超过了任何合理的必要收益率。但在进行这个投资后，你只多得了 1 美元。第二个选择在 1 天内提供了 10% 的收益率。这远远低于第一个投资机会，但在 1 天内获得 10% 的收益率仍然很高。此外，如果你接受这个机会，你明天将比今天多 100 美元。

多数人选择以上第二个投资，即使这个选择的收益率（10%）远远低于第一个选择（50%）。他们的理由是（这种理由是正确的），有时接受低收益率的大额投资优于接受高收益率的小额投资。换言之，多数人知道进行在 1 天内产生 100 美元利润的投资好于在 1

天内只产生 1 美元利润的投资。①

上例说明了规模问题。规模问题是指两个项目的必要投资额差距很大。在这种情况下，内部收益率法和净现值法的排序可能有差异。内部收益率法（以及盈利能力指数法）偏好高收益率的小额项目（比如收益为 3 美元的 2 美元项目），而净现值法偏好让投资者赚最多钱的项目（比如在 1 天内获得 1 100 美元收益的 1 000 美元投资）。在贝内特公司项目的例子中，规模问题不太可能成为项目排序冲突产生的原因，因为每个项目需要的初始投资金额非常类似。

总结起来，财务经理时刻关注净现值法和内部收益率法的项目排序冲突很重要，但是现金流入的规模和时间差异不一定会造成排序冲突。通常，现金流入的规模和时间差异越大，产生排序冲突的可能性就越大。用电脑可以解决基于净现值法和内部收益率法的排序冲突；为此，人们提出增量计划并对其进行分析，它反映了两个互斥项目的现金流差异。

哪种方法更好?

许多公司同时使用净现值法和内部收益率法，因为当前的技术使计算变得更容易。但是很难说哪种方法更好，因为这些方法的理论优势和实践优势不同。显然，同时从理论和实践角度评估净现值法和内部收益率法是明智的。

理论角度

从纯理论基础上看，净现值法是更优的资本预算方法，原因有几点。最重要的是，净现值法衡量了一个项目为股东创造的财富（当净现值为负时，它衡量了项目对股东财富的损害）。假定财务经理的目标为最大化股东财富，净现值法与这个目标的联系最清晰，因此是评估投资机会的“黄金标准”。

此外，某些数学性质可能导致有非传统现金流模式的项目产生**多重内部收益率**（multiple IRRs），即一个以上的内部收益率。从数学上看，等式的最大实数根等于其符号的变化次数。以 $x^2-5x+6=0$ 这个等式为例，它的系数符号变化了两次——从正（$+x^2$）变为负（$-5x$），再从负（$-5x$）变为正（$+6$）。如果我们分解因式（还记得高中数学中的因式分解吗），将得到 $(x-2)\times(x-3)$，它表示 x 可能等于 2 或 3；x 值有两个正确答案。将它们代回公式，你会看到两个值都对。

当你计算有非传统现金流的项目的内部收益率时，会产生相同的结果，因为它的现金流符号变化超过一次。显然，当有非传统现金流的项目出现多重内部收益率时，分析师需要耗费大量时间解释它们的含义以评估该项目。使用净现值法就不用面对这种挑战，因此净现值法具有理论优势。

实践角度

有证据表明，尽管净现值法具有理论优势，但是财务经理使用内部收益率法的频率和

① 注意，在本例中，盈利能力指数也可能提供错误的排序。第一个选择的盈利能力指数为 1.5（=3 美元÷2 美元），第二个选择的盈利能力指数等于 1.1（=1 100 美元÷1 000 美元）。正如内部收益率一样，盈利能力指数表明，第一个选择更好，但我们知道第二个选择能赚更多的钱。

使用净现值法的频率相当。内部收益率法之所以具有吸引力，是因为商人一般是按收益率而非实际收益金额考虑问题的。由于利率、盈利能力指数等指标通常被表示为年收益率，因此使用内部收益率对财务决策者来说是有意义的。他们往往发现净现值直观性较差，因为它没有衡量收益与投资金额之比。由于有不同方法可以避免内部收益率法的缺点，因此内部收益率法的广泛使用并不意味着财务决策者缺乏精明的头脑。显然，在决策者采用内部收益率法作为决策方法之前，公司的财务分析师有责任找出并解决它的问题。

实例分析

公司实际使用哪些方法?

研究人员对首席财务官（CFO）使用什么方法评估投资项目进行了调查。一个有趣的结果是，许多公司都使用一种以上本章所介绍的方法。最常用的方法是内部收益率法和净现值法，在接受调查的首席财务官中，分别有76%和75%的人使用这两种方法。大公司广泛使用这两种方法，而小公司更常使用回收期法。①

此外，决策者应该记住，非财务因素在项目选择中可能是非常重要的因素，正如"道德焦点"专栏所示。

道德焦点

项目选择中的非财务因素

实务 公司道德准则通常被误认为是"装点门面"的东西，对实际行为影响很小或没有影响。财务道德专家约翰·多布森（John Dobson）称，工作场所的日常行为对员工有"教化"作用，教会他们这些是在这种环境下理性和可接受的行为。好消息是，职业道德准则（例如为注册金融分析师、公司财务主管和注册金融规划师制定的职业道德准则）实际上提供了稳健的行为指引。多布森指出，这些准则基于诚信和信誉等经济理性概念，它们引导决策者增加股东财富。财务主管坚持认为，个人道德和商业道德不应该被割裂开来。"商场如丛林""生意就是生意"不应是不道德行为的借口。

如何用道德准则选择项目和进行资本预算？多数公司关心的道德问题主要是降低项目的潜在风险。例如，捷威电脑（Gateway Computers）在公司道德准则中明确概述了不断增加的监管与采购法规，向政府销售商品或服务的员工必须熟悉这些法规。该公司指出，故意向政府机构提交错误声明可能导致捷威电脑及其员工缴纳巨额民事损害赔款、罚金，甚至受到刑事制裁。

将非财务因素纳入资本项目评估的另一种方式是考虑决策对非股东相关方或利益相关者——员工、客户、当地社区和供应商——的可能影响。奇波多墨西哥连锁餐厅（Chipotle Mexican Grill）的"放心食品"行动就是一个例子。奇波多的理念是，该公司永远可以提供更优质的食品。当我们说更优质时，我们指的是在所有方面都更出色——更

① John R. Graham and Campbell R. Harvey, "The Theory and Practice of Corporate Finance: Evidence from the Field," *Journal of Financial Economics* 60 (2001), pp. 187—243.

优质的调味料带来的更好口感、对环境更好、对动物更好、对养殖动物和生产农产品的农夫更好。[a]

为了实现这个目标，奇波多将采购的肉源锁定为人道养殖、吃素食以及不打抗生素或激素的动物。该公司偏爱本地出产的农产品和有机生长的豆类，以及用自然放牧、不打生长激素的奶牛的乳汁生产的奶制品。奇波多的努力获得了回报。2007—2009 年该公司的销售收入增加了近 50%，2009—2012 年该公司的销售收入增加了近 80%。投资者也获利了，因为该公司 2006 年首次公开募股时的股价为 44 美元，到 2013 年年中，该公司的股价已超过 400 美元。

● 公司员工的不道德行为有什么潜在风险？它对公众和利益相关者而言有什么潜在风险？

a. www. chipotle. com/html/fwi. aspx.

复习题

10—10　**如何用净现值特征线比较项目？导致净现值法和内部收益率法对项目的排序冲突的原因是什么？**

10—11　**期间现金流入的再投资假设有利于净现值法还是内部收益率法？在实践中人们更偏好哪种方法？为什么？**

总　结

价值焦点

财务经理必须用适当的决策方法评估投资项目是否创造价值。净现值法和内部收益率法是广受喜爱的资本预算方法。这两种方法都将资本成本作为必要收益率。净现值法和内部收益率法的吸引力来自它们都能说明某个投资项目为股东创造价值还是破坏价值。

净现值法明确说明了某个项目预期将创造的财富金额，而内部收益率法只提供了和净现值法相同的接受—拒绝决策。由于某些基本差异，净现值法和内部收益率法对项目的排序不一定相同。净现值法在理论上更有优势。然而，在实践中，内部收益率法被广泛应用，因为它具有直观吸引力。不论如何，使用净现值法和内部收益率法得出相关现金流的准确估计都让财务经理得以推荐与公司最大化股东财富目标一致的项目。

学习目标复习

目标 1　了解资本预算过程的关键要素。资本预算方法是用来评估项目的可接受度和对项目进行排序的预算方法。用它们分析每个项目的相关现金流，可以显示出哪些资本支出与公司最大化所有者财富的目标一致。

目标 2　计算、解释和评估回收期。回收期是公司收回初始投资所需的时间，用现金流入计算。回收期越短越好。回收期相对容易计算，有简单的直观吸引力，考虑了现金流，并衡量了风险敞口。它的缺点包括缺乏与最大化股东财富目标的联系，没有明确考虑时间价值，并忽略了回收期以后产生的现金流。

目标 3　计算、解释和评估净现值与经济附加值。由于净现值法明确考虑了货币的时间价值，因此被视为一种复杂的资本预算方法。净现值衡量的是特定项目产生的价值；只有净现值为正的项目才可接受。当计算净现值时用来贴现现金流的利率被称为贴现率、必要收益率、资本成本或机会成本。不管名称如何，这个利率都表示为了让公司的市场价值不变，项目必须获得的最低收益率。经济附加值法一开始的步骤与净现值法相同：计算项目的净现金流。不过，经济附加值法从这些现金流中减去一笔费用，目的是反映公司投资者对项目要求的收益率。也就是说，在计算经济附加值时要回答项目能否产生超过投资者要求的正现金流。如果能，项目就值得进行。

目标 4　计算、解释和评估内部收益率。和净现值法一样，内部收益率法是一种复杂的资本预算方法。内部收益率是公司投资于某个项目并获得给定现金流入时将获得的复利年收益率。通过只接受内部收益率超过公司成本的项目，公司可以提高市场价值以及所有者财富。净现值法和内部收益率法能得到相同的接受—拒绝决策，但它们对项目的排序经常出现冲突。

目标 5　使用净现值特征线比较净现值法和内部收益率法。净现值特征线是描绘项目在不同贴现率下的净现值的图形。净现值特征线的绘制方法是建立一系列“贴现率—净现值”坐标（即每个项目的贴现率为 0、资本成本和内部收益率时的净现值）并将它们画在同一张“贴现率—净现值”坐标图中。

目标 6　讨论净现值法和内部收益率法的排序冲突以及每种方法的理论优势与实践优势。净现值法和内部收益率法对项目的排序冲突通常产生于再投资收益率假设的差异以及现金流大小和时间的差异。净现值法假设期间现金流入以较保守的资本成本进行再投资；内部收益率法假设期间现金流入以项目的内部收益率进行再投资。从纯理论角度看，净现值法优于内部收益率法，因为净现值法假设的再投资收益率较为保守，且不会出现用内部收益率计算非传统现金流时经常出现多个内部收益率这种数学问题。在实际中，内部收益率法更常用，因为它与商业专家对收益率的一般偏好一致，而且公司财务分析师可以在决策者使用内部收益率之前找出并解决内部收益率的问题。

自测题（答案见附录）

自测 10—1　使用净现值特征线的所有方法：互斥项目　菲奇实业（Fitch Industries）正在从两个风险相同、资本支出互斥的项目 M 和 N 中选择较优者。每个项目的相关现金流见下表。该公司的资本成本为 14%。

初始投资（CF_0）	项目 M	项目 N
	28 500 美元	27 000 美元
年份（t）	现金流入（CF_t）	
1	10 000 美元	11 000 美元
2	10 000 美元	10 000 美元
3	10 000 美元	9 000 美元
4	10 000 美元	8 000 美元

a. 请计算每个项目的回收期。

b. 请计算每个项目的净现值。

c. 请计算每个项目的内部收益率。

d. 请总结你计算的每个指标显示的偏好，并指出你会推荐哪个项目。请说明原因。

e. 请在相同的坐标图上画出这些项目的净现值特征线，并说明在什么情况下可能存在排序冲突。

热身练习

练习 10—1 乐土公司（Elysian Fields，Inc.）使用最高为 6 年的回收期，该公司现在必须在两个互斥项目之间进行选择。项目氢（Hydrogen）需要 25 000 美元的初始支出；项目氦（Helium）需要 35 000 美元的初始支出。请使用下表中给出的各项目预期现金流入，计算每个项目的回收期。哪个项目符合乐土公司的标准？

年份	预期现金流入	
	氢	氦
1	6 000 美元	7 000 美元
2	6 000 美元	7 000 美元
3	8 000 美元	8 000 美元
4	4 000 美元	5 000 美元
5	3 500 美元	5 000 美元
6	2 000 美元	4 000 美元

练习 10—2 赫奇食品公司（Herky Foods）正在考虑购买一台新的打包机。初始投资估计为 125 万美元，该机器的寿命为 5 年，没有残值。请使用 6%的贴现率，根据下表显示的预期营业现金流入计算这台机器的净现值。根据该项目的净现值，赫奇食品公司是否应该进行这笔投资？

年份	现金流入
1	400 000 美元
2	375 000 美元
3	300 000 美元
4	350 000 美元
5	200 000 美元

练习 10—3 比尔拉邦科技公司（Billabong Tech）使用内部收益率法选择项目。请根据这个方法计算下列每个项目的内部收益率并推荐最优项目。T 恤项目需要 15 000 美元初始投资，并能在 4 年中创造每年 8 000 美元的现金流入。沙滩裤项目需要 25 000 美元初始投资，并能在 5 年中创造每年 12 000 美元的现金流入。

练习 10—4 库珀电子（Cooper Electronics）使用净现值特征线直观评估彼此竞争的两个项目。两个项目的关键数据见下表。请使用这些数据，在同一张坐标图中画出贴现率分别为 0、8%和内部收益率时每个项目的净现值特征线。

	特拉（Terra）	菲尔玛（Firma）
初始投资	30 000 美元	25 000 美元
年份	营业现金流入	
1	7 000 美元	6 000 美元
2	10 000 美元	9 000 美元
3	12 000 美元	9 000 美元
4	10 000 美元	8 000 美元

习 题

习题 10—1 回收期 乔丹公司（Jordan Enterprises）正在考虑一项资本支出，它需要 42 000 美元初始投资，并在 10 年中每年产生 7 000 美元税后现金流入。该公司可接受的最长回收期为 8 年。

a. 请确定该项目的回收期。

b. 该公司是否应该接受该项目？为什么？

习题 10—2 在回收期可接受的两个项目之间进行选择 谢尔野营装备公司（Shell Camping Gear, Inc.）正在考虑两个互斥项目。每个项目都需要 100 000 美元的初始投资。该公司的总裁约翰·谢尔（John Shell）规定回收期最长为 4 年。下表显示了每个项目的税后现金流入。

年份	现金流入（CF_t）	
	项目 A	项目 B
1	10 000 美元	40 000 美元
2	20 000 美元	30 000 美元
3	30 000 美元	20 000 美元
4	40 000 美元	10 000 美元
5	20 000 美元	20 000 美元

a. 请确定每个项目的回收期。

b. 由于这两个项目互斥，因此谢尔野营装备公司必须选择其一。该公司应该投资于哪个项目？

c. 请说明为何一个项目优于另一个项目。

个人理财习题 10—3 长期投资决策，回收期法 比尔·威廉斯（Bill Williams）现在有机会投资于成本为9 000 美元的项目 A，并承诺在接下来 5 年中每年年末支付 2 200 美元、2 500 美元、2 500 美元、2 000 美元和 1 800 美元。或者，比尔可以对项目 B 投资 9 000 美元，项目 B 承诺在接下来 5 年中每年年末支付1 500 美元、1 500 美元、1 500 美元、3 500 美元和 4 000 美元。

a. 比尔需要多久才能收回对项目 A 的初始投资？

b. 比尔需要多久才能收回对项目 B 的初始投资？

c. 当使用回收期法时，比尔应该选择哪个项目？

d. 你认为他的选择有问题吗？

习题 10—4 净现值 请计算下列 15 年期项目的净现值。请评价每个项目的可接受性。假设该公司的资本成本为 9%。

a. 初始投资为 1 000 000 美元；现金流入为每年 150 000 美元。

b. 初始投资为 2 500 000 美元；现金流入为每年 320 000 美元。

c. 初始投资为 3 000 000 美元；现金流入为每年 365 000 美元。

习题 10—5 不同资本成本下的净现值 戴恩化妆品公司（Dane Cosmetics）正在评估一台新香水混合机。这台机器需要 24 000 美元初始投资，并将在接下来 8 年中每年产生 5 000 美元税后现金流入。请在下列各种资本成本下，(1) 计算净现值，(2) 指出是否应购买这台机器，(3) 解释你的决定。

a. 资本成本为 10%。

b. 资本成本为 12%。

c. 资本成本为 14%。

习题 10—6 净现值：独立项目 请使用 14%的资本成本计算下表中每个独立项目的净现值，并指出每个项目是否可接受。

初始投资	项目 A	项目 B	项目 C	项目 D	项目 E
(CF_0)	26 000 美元	500 000 美元	170 000 美元	950 000 美元	80 000 美元
年份 (t)			现金流入 (CF_t)		
1	4 000 美元	100 000 美元	20 000 美元	230 000 美元	0 美元
2	4 000 美元	120 000 美元	19 000 美元	230 000 美元	0 美元
3	4 000 美元	140 000 美元	18 000 美元	230 000 美元	0 美元
4	4 000 美元	160 000 美元	17 000 美元	230 000 美元	20 000 美元
5	4 000 美元	180 000 美元	16 000 美元	230 000 美元	30 000 美元
6	4 000 美元	200 000 美元	15 000 美元	230 000 美元	0 美元
7	4 000 美元		14 000 美元	230 000 美元	50 000 美元
8	4 000 美元		13 000 美元	230 000 美元	60 000 美元
9	4 000 美元		12 000 美元		70 000 美元
10	4 000 美元		11 000 美元		

习题 10—7　净现值　西梅斯创新公司（Simes Innovations，Inc.）正在商洽购买生产和销售太阳能玩具车的专有权。汽车发明者向西梅斯创新公司提供了两种选择，一种是现在一次性支付 1 500 000 美元，另一种是连续 5 年每年年末支付 385 000 美元。

a. 如果西梅斯创新公司的资本成本为 9%，它应该选择哪种支付形式？

b. 当资本成本为 9%时，每年支付多少金额才能让两种选择的价值相同？

c. 如果在每年年初时支付，本题第 a 问的答案是否不同？如果是，请说明时间变化会让现值计算产生什么差异。

d. 在 15 年中，购买这项专有权将产生每年 250 000 美元税后现金流入。这个因素是否会改变该公司关于是否进行初始投资的决定？

习题 10—8　净现值与最大收益率　一家公司可以用 150 000 美元初始投资购买一台新设备。这台设备将在 4 年中每年产生 44 400 美元税后现金流入。

a. 假设该公司的资本成本为 10%，请确定这台设备的净现值。应该接受这个项目吗？

b. 如果该公司的资本成本低于 10%，设备投资将变得更可取还是更不可取？公司能够允许并仍然认为值得购买这台设备的最高资本成本（最接近的整数百分比）是多少？请根据你第 a 问的答案讨论该结果。

习题 10—9　净现值：互斥项目　胡克实业（Hook Industries）正在考虑更换一台旧钻床。该公司正在考虑三种可供替换的钻床。下表显示了与每种钻床相关的现金流。该公司的资本成本为 15%。

	钻床 A	钻床 B	钻床 C
初始投资 (CF_0)	85 000 美元	60 000 美元	130 000 美元
年份 (t)		现金流入 (CF_t)	
1	18 000 美元	12 000 美元	50 000 美元
2	18 000 美元	14 000 美元	30 000 美元
3	18 000 美元	16 000 美元	20 000 美元
4	18 000 美元	18 000 美元	20 000 美元
5	18 000 美元	20 000 美元	20 000 美元
6	18 000 美元	25 000 美元	30 000 美元
7	18 000 美元	—	40 000 美元
8	18 000 美元	—	50 000 美元

a. 请计算每台钻床的净现值。

b. 请使用净现值计算每台钻床是否可接受。

c. 请根据净现值对钻床按最好到最差排序。

d. 请计算每台钻床的盈利能力指数。

e. 请根据盈利能力指数对钻床按最好到最差排序。

个人理财习题 10—10　长期投资决策，净现值法　珍妮·詹克斯（Jenny Jenks）研究了攻读她所在的州立大学的1年期MBA课程的财务优点与财务缺点。MBA课程的学费和书本费将产生50 000美元前期成本。如果珍妮攻读MBA课程，她必须辞去现有工作，现在她的税后年薪为50 000美元（为简化起见，将她损失的收入作为前期成本的一部分处理）。平均而言，有MBA学位的人在40年的工作生涯中年收入将提高20 000美元（税后）。珍妮认为，她的资本的机会成本为6%。给定她的估计，请计算攻读该MBA学位的净现值。继续教育的收益是否超过相关成本？

习题 10—11　回收期与净现值　尼尔公司（Neil Corporation）正在考虑三个项目。下表显示了每个项目的现金流。该公司的资本成本为16%。

	项目A	项目B	项目C
初始投资（CF_0）	40 000美元	40 000美元	40 000美元
年份（t）	现金流入（CF_t）		
1	13 000美元	7 000美元	19 000美元
2	13 000美元	10 000美元	16 000美元
3	13 000美元	13 000美元	13 000美元
4	13 000美元	16 000美元	10 000美元
5	13 000美元	19 000美元	7 000美元

a. 请计算每个项目的回收期。根据这种方法，哪个项目更好？

b. 请计算每个项目的净现值。根据这种方法，哪个项目更好？

c. 请评价你对第a问和第b问的答案，并推荐最好的项目。请说明你为什么推荐这个项目。

习题 10—12　净现值与经济附加值　某个项目的前期成本为2 500 000美元，并将每年产生240 000美元的现金流，形成一笔永续年金。该公司的资本成本为9%。

a. 请计算该项目的净现值。

b. 请计算典型年份的年经济附加值。

c. 请计算整个项目的经济附加值，并与你第a问的答案进行比较。

习题 10—13　内部收益率　请计算下表中每个项目的内部收益率。然后，请指出在该内部收益率可接受的情况下公司对每个项目允许的最大资本成本。

	项目A	项目B	项目C	项目D
初始投资（CF_0）	90 000美元	490 000美元	20 000美元	240 000美元
年份（t）	现金流入（CF_t）			
1	20 000美元	150 000美元	7 500美元	120 000美元
2	25 000美元	150 000美元	7 500美元	100 000美元
3	30 000美元	150 000美元	7 500美元	80 000美元
4	35 000美元	150 000美元	7 500美元	60 000美元
5	40 000美元	—	7 500美元	—

习题 10—14　内部收益率：互斥项目　贝尔制造（Bell Manufacturing）希望在两个扩展公司仓库库容的互斥项目之间选择较优者。下表显示了项目的相关现金流。该公司的资本成本为15%。

	项目X	项目Y
初始投资（CF_0）	500 000美元	325 000美元
年份（t）	现金流入（CF_t）	
1	100 000美元	140 000美元
2	120 000美元	120 000美元
3	150 000美元	95 000美元
4	190 000美元	70 000美元
5	250 000美元	50 000美元

a. 请计算每个项目的内部收益率，精确到百分位。

b. 请根据第a问算出的内部收益率评估每个项目是否可接受。

c. 在此基础上，你认为哪个项目更好？

个人理财习题 10—15　长期投资决策，内部收益率法　比利·琼斯（Billy Jones）和曼迪·琼斯（Mandy Jones）有25 000美元可以投资。一般而言，他们不进行年收益率低于7.5%的投资。他们已经接触到一个投资机会，该机会需要25 000美元前期成本，并在接下来5年的每年年末产生6 000美元收益。请根据内部收益率法和他们的要求，确定比利和曼迪是否应该进行投资。

习题 10—16　内部收益率、投资期和现金流入　橡树公司（Oak Enterprises）接受收益率超过该公司的资本成本（15%）的项目。橡树公司正在考虑一个10年期项目，它的年现金流入为10 000美元，需要61 450美元初始投资。（注：所有金额均为税后金额。）

a. 请确定该项目的内部收益率。它是否可接受？

b. 假设现金流入仍为每年10 000美元，这笔现金流还需要持续多少年才能让该项目可接受（即内部收益率为15%）？

c. 在给定投资期、初始投资和资本成本的情况下，该公司可接受的最低年现金流入是多少？

习题 10—17　净现值与内部收益率　本森设计（Benson Designs）已对一个长期项目进行了下列估计。初始投资为18 250美元，项目预期将在7年中每年产生4 000美元税后现金流入。该公司的资本成本为10%。

a. 请确定该项目的净现值。

b. 请计算该项目的内部收益率。

c. 你建议该公司接受还是拒绝该项目？请解释你的答案。

习题 10—18　净现值排序　博特尼湾公司（Botany Bay, Inc.）是一家休闲服生产商，该公司正在考虑四个项目。由于过去的财务困难，这家公司的资本成本高达15%。

	项目A	项目B	项目C	项目D
初始投资（CF_0）	50 000美元	100 000美元	80 000美元	180 000美元
年份（t）	现金流入（CF_t）			
1	20 000美元	35 000美元	20 000美元	100 000美元
2	20 000美元	50 000美元	40 000美元	80 000美元
3	20 000美元	50 000美元	60 000美元	60 000美元

a. 假设资本成本为15%，请计算每个项目的净现值。

b. 请根据净现值对可接受的项目进行排序。

c. 请计算每个项目的内部收益率，并用它确定当所有项目都可接受时的最高资本成本。

习题 10—19　所有方法，排序冲突　尼科尔森屋面材料公司（Nicholson Roofing Materials, Inc.）正在考虑两个互斥项目，每个项目的初始投资均为150 000美元。该公司的董事会规定回收期最长为4

年，并将资本成本定为9%。下表显示了两个项目的现金流入。

年份	现金流入（CF_t）	
	项目A	项目B
1	45 000美元	75 000美元
2	45 000美元	60 000美元
3	45 000美元	30 000美元
4	45 000美元	30 000美元
5	45 000美元	30 000美元
6	45 000美元	30 000美元

a. 请计算每个项目的回收期。

b. 请计算资本成本为0时每个项目的净现值。

c. 请计算资本成本为9%时每个项目的净现值。

d. 请推导出每个项目的内部收益率。

e. 请使用每种方法对项目排序，然后推荐你认为应该进行的项目并说明理由。

f. 使用12%的资本成本重新计算每个项目的净现值。对两个项目的排序与第e问的答案相比有变化吗？为什么？

习题10—20　回收期、净现值和内部收益率　里格尔国际（Rieger International）正在评估对一台寿命为5年的设备投资95 000美元的可行性。该公司已估计出这笔投资的现金流入，如下表所示。该公司的资本成本为12%。

年份（t）	现金流入（CF_t）
1	20 000美元
2	25 000美元
3	30 000美元
4	35 000美元
5	40 000美元

a. 请计算这笔投资的回收期。

b. 请计算这笔投资的净现值。

c. 请计算这笔投资的内部收益率，精确至百分位。

d. 请使用净现值法和内部收益率法评估这笔投资是否可以接受。你是否建议执行该项目？为什么？

习题10—21　净现值、内部收益率和净现值特征线　托马斯公司（Thomas Company）正在考虑两个互斥项目。该公司的资本成本为12%，估计现金流如下表所示。

	项目A	项目B
初始投资（CF_0）	130 000美元	85 000美元
年份（t）	现金流入（CF_t）	
1	25 000美元	40 000美元
2	35 000美元	35 000美元
3	45 000美元	30 000美元
4	50 000美元	10 000美元
5	55 000美元	5 000美元

a. 请计算每个项目的净现值，并评估它是否可接受。

b. 请计算每个项目的内部收益率，并评估它是否可接受。

c. 请在同一张坐标图中画出两个项目的净现值特征线。

d. 请根据你对第 a 问、第 b 问和第 c 问的答案评估与讨论两个项目的排序。

e. 请根据每个项目的现金流入模式解释你第 d 问的答案。

习题 10—22　使用净现值特征线的所有方法：互斥项目　罗莎公司（Rosa Company）可以选择风险相同的项目 A 或项目 B 来扩展产能。该公司的资本成本为 13%。每个项目的现金流如下表所示。

	项目 A	项目 B
初始投资（CF_0）	80 000 美元	50 000 美元
年份（t）	现金流入（CF_t）	
1	15 000 美元	15 000 美元
2	20 000 美元	15 000 美元
3	25 000 美元	15 000 美元
4	30 000 美元	15 000 美元
5	35 000 美元	15 000 美元

a. 请计算每个项目的回收期。

b. 请计算每个项目的净现值。

c. 请计算每个项目的内部收益率。

d. 请在同一张坐标图中画出两个项目的净现值特征线，并讨论净现值法和内部收益率法可能产生的排序冲突。

e. 请总结每种指标体现出的偏好，并指出你建议进行哪个项目。请说明理由。

习题 10—23　综合：多个内部收益率　弗鲁格公司（Froogle Enterprises）正在评估一个不寻常的投资项目。它的不寻常之处是下表所示的现金流入和现金流出。

年份	现金流
0	200 000 美元
1	−920 000 美元
2	1 582 000 美元
3	−1 205 200 美元
4	343 200 美元

a. 为什么很难计算这个项目的回收期？

b. 请计算下列贴现率下的投资净现值：0、5%、10%、15%、20%、25%、30%、35%。

c. 第 b 问的答案提供了哪些关于该项目内部收益率的信息？

d. 如果弗鲁格公司的资本成本为 5%，该公司是否应该投资于这个项目？如果资本成本为 15%呢？

e. 通常，当面对类似项目时，公司如何决定是否投资于项目？

习题 10—24　综合：排序冲突　前途似锦公司（High-Flying Growth Company，HFGC）近年来发展得十分迅速，股东在这个过程中大赚特赚。在过去几年，这家公司的股票平均年收益率为 20%，前途似锦公司的经理认为，该公司的合理资本成本为 20%。为了保持高增长率，前途似锦公司的首席执行官认为，该公司必须继续投资于提供最高可能收益率的项目。现在该公司正在考虑两个项目。第一个项目是扩展该公司的生产能力，第二个项目是将该公司的现有产品推向新市场。每个项目的现金流如下页表所示。

a. 请计算两个项目的净现值、内部收益率和盈利能力指数。

b. 请根据两个项目的净现值、内部收益率和盈利能力指数对它们进行排序。

c. 第 b 问的排序相同还是不同？如果不同，为什么？

d. 该公司的资金只够进行其中一种投资，首席执行官偏好推出产品的项目，因为它的收益率高于扩张厂房项目的收益率（也就是说，内部收益率较高）。你认为这家公司应该怎么做？为什么？

年份	扩张厂房	推出产品
0	−3 500 000 美元	−500 000 美元
1	1 500 000 美元	250 000 美元
2	2 000 000 美元	350 000 美元
3	2 500 000 美元	375 000 美元
4	2 750 000 美元	425 000 美元

习题 10—25　道德习题　黛安娜·丹尼森（Diane Dennison）是一位金融分析师，就职于一家大型折扣零售连锁店。她的公司正在考察将所有分店现在用的荧光灯换成 LED 灯的可能性。这样做的主要优点是，LED 灯更加节能，因此将降低经营成本。此外，LED 灯的寿命长得多，10 年后才需要更换，而现有的灯具必须在 5 年后更换。当然，更换灯具需要进行高额投资购买新的 LED 灯并支付安装成千上万个灯泡的劳动力工资。黛安娜计划在分析中将这个项目的期限定为 10 年，并指出照明科技的变革最终将使这笔投资报废。

黛安娜的朋友兼同事戴维（David）分析了另一个节能投资机会，这个机会是用太阳能灯具替换部分分店的户外照明灯具。戴维在分析中也将项目的期限定为 10 年。每个项目的现金流预测如下所示。该公司使用 10%的贴现率分析资本预算项目。

年份	LED 灯项目	太阳能灯具项目
0	−4 200 000 美元	−500 000 美元
1	700 000 美元	60 000 美元
2	700 000 美元	60 000 美元
3	700 000 美元	60 000 美元
4	700 000 美元	60 000 美元
5	1 000 000 美元	60 000 美元
6	700 000 美元	60 000 美元
7	700 000 美元	60 000 美元
8	700 000 美元	60 000 美元
9	700 000 美元	60 000 美元
10	700 000 美元	60 000 美元

a. 每笔投资的净现值是多少？如果应该投资的话，该公司应该进行哪笔投资？

b. 戴维请黛安娜帮他的忙。戴维说，太阳能灯具项目是他的上司喜欢的一个项目，戴维其实希望让这个项目获得通过，好讨上司的欢心。他建议黛安娜将两个项目合并为一个项目。这个合并项目的现金流等于两个独立项目的现金流之和。请计算合并项目的净现值。是否值得这样做？你是否建议投资于这个合并项目？

c. 黛安娜面临的道德问题是什么？如果她答应帮戴维这个忙，是否会造成损害？

电子表格练习

迪拉哥公司（Drillago Company）正在寻找打油井的位置。该公司目前的项目需要 1 500 万美元的初始支出，估计寿命为10年。该项目的预期未来现金流入如下表所示。

年份	现金流入
1	600 000美元
2	1 000 000美元
3	1 000 000美元
4	2 000 000美元
5	3 000 000美元
6	3 500 000美元
7	4 000 000美元
8	6 000 000美元
9	8 000 000美元
10	12 000 000美元

该公司当前的资本成本为13%。

任务

请编制一张电子表格，回答下列问题。

a. 请计算该项目的净现值。根据净现值法，该项目是否可接受？请说明原因。

b. 请计算该项目的内部收益率。根据内部收益率法，该项目是否可接受？请说明原因。

c. 在这种情况下，两种方法是否会得出相同的结果？通常，是否存在对净现值法或内部收益率法的偏好？请说明原因。

d. 请计算该项目的回收期。如果该公司通常接受回收期为1～7年的项目，那么这个项目是否可接受？

第十一章 资本预算现金流与风险细化

学习目标

目标1 讨论相关现金流和现金流的三个主要部分。

目标2 讨论扩张决策与置换决策、沉没成本和机会成本。

目标3 计算与计划资本支出相关的初始投资、营业现金流和期终现金流。

目标4 了解在资本预算项目分析中确认风险的重要性，并讨论风险与现金流、情景分析和模拟等处理风险的行为学方法。

目标5 描述风险调整贴现率的确定和用途、投资组合效应和风险调整贴现率的实际作用。

目标6 用年化净现值法从一组寿命不同的互斥项目中选择最优项目，说明实物期权的作用以及在资本配给下选择项目的目标和程序。

本章的重要性

对职业生涯的重要性

会计 你需要了解资本预算现金流，以提供收入、成本、折旧和税收数据用于编制和监督项目现金流，你还需要了解现金流波动性导致的风险。

信息系统 你需要了解资本预算现金流以维护和方便项目现金流数据的检索，并了解如何将风险纳入资本预算方法，以设计用于分析资本项目的决策模块。

管理 你需要了解资本预算现金流和处理风险的行为学方法，以了解当对购置更多生产设施、推出新市场营销项目、新产品和扩张现有产品的建议做出决策时，哪些现金流很重要。

市场营销 你需要了解资本预算现金流，以及如何在资本预算中衡量计划项目的风险，以对新市场营销项目、新产品和扩张现有产品的建议进行收入与成本估计。

经营 你需要了解资本预算，以对购置新设备和生产设施的建议进行收入与成本估计。你需要了解购置新设备和厂房的资本预算现金流将由公司的决策者评估，尤其是高风险、寿命不同的项目可能需要被放弃或放缓，或者只投入有限资本。

对个人生活的重要性

你不必非得提供用公认会计原则编制的财务报表，因此你自然会关注现金流。当考虑大额资金流出（例如购买房产、筹措大学学费）时，你会预测相关现金流，并用这些估计值评估资产以及相关未来支出的价值和负担能力。你还应该考虑决策过程中的风险。如果你在财务决策过程中没有考虑风险，则可能导致错误决策，并减少个人财富。

11.1 相关现金流

第十章介绍了资本预算过程和财务经理评估与选择长期投资时使用的方法。为了评估投资机会，财务经理必须确定项目的**相关现金流**（relevant cash flows）：增量现金流出（投资）和增量现金流入（收益）。**增量现金流**（incremental cash flows）表示建议资本支出预期将产生的额外现金流——流出或流入。正如第四章所指出的，我们的重点是现金流而非会计数字，因为现金流直接影响公司支付账单和购买资产的能力。“道德焦点”专栏讨论了现金流估计的准确性，并提出即使是精心估计的交易，实际情况也可能与计划不同的一个原因。

本章的其余部分介绍了衡量计划资本支出的相关现金流的程序。

道德焦点

准确性问题

实务 多年来，基于预测现金流的资本预算过程一直是投资决策过程的一部分。当可以准确估计现金流时，这种投资机会评估程序用起来没有问题，但是在真实的公司实务中，许多投资决策都具有高度不确定性。当考虑的项目是收购另一家公司或另一家公司的一部分时，决策将变得更复杂。

由于估计某个投资项目产生的现金流需要对未来做出假设，因此估计结果可能有巨大误差。随着考虑的时期变得越来越长，以及当项目独一无二，没有历史先例可以用来形成现金流预测时，这个问题将变得更加复杂。其他复杂性可能来自对额外（异常）现金流的考虑，例如诉讼成本、遵守更严格的环境标准，或在完成项目时处置或回收资产。

对于公司管理者而言，进行一笔新的重大投资可能是振奋人心的。然而，当算出交易的最终成本时，最初的香槟庆祝会常常会销声匿迹。大量研究表明，平均而言，兼并和收购不会为收购方公司创造很大价值，实际上，在更多情况下，这些交易可能会伤害收购方股东。尽管越来越容易获得对贴现现金流进行估计所需的财务数据，但人们更关注的是数据的准确性。一方面受到政府审查日益严格的激励，另一方面受到股东诉讼的威胁，董事们鼓励公司经理加强对计划项目的审查。派杰公司（Piper Jaffray & Co.）的董事总经理兼中间市场并购联合总监格伦·古特切夫（Glenn Gurtcheff）说："他们不仅考察公司经审计财务报表和未经审计财务报表的账面价值，而且真正将这些数字研究透彻，他们不只试图理解数字的准确性，还要理解它们所显示的趋势。"

如果估值方法已经有这么大的进步，为什么分析表明收购方公司的股东往往不能从并购中受益呢？答案可能在于首席执行官。当估值过程退化为编造数字以迎合首席执行官的交易愿望时，估值方法的进步就是无效的，不管价格如何。这种"编造项目合理性"的资本预算形式可能导致建立受首席执行官控制的帝国，而以牺牲公司股东的利益为代价。

●如果你面对一位专断的首席执行官，他希望你"编造项目合理性"，你的选择是什么？请进行集体自由讨论，考虑多种选择。

现金流的主要组成部分

任何项目的现金流都包括三个基本组成部分：（1）初始投资；（2）营业现金流（可能是现金流入或现金流出）；（3）期终现金流。所有项目——不管是扩张项目、置换项目、更新项目还是其他项目——都有前两个组成部分。然而，一些项目的现金流缺少最后一个部分，即期终现金流。

图 11.1 描绘了某个项目的现金流时间线。计划项目的**初始投资**（initial investment）为 50 000 美元，即时点 0 时的相关现金流出。**营业现金流**（operating cash flow）是执行项目在项目存续期内产生的净税后增量现金流入和净税后增量现金流出，它从第 1 年的 4 000美元逐渐增至第 10 年，即最后一年为 10 000 美元。图 11.1 描绘的项目净营业现金流全部为正，但并不一定每个投资机会都是如此。**期终现金流**（terminal cash flow）是项目最后一年产生的税后非营业现金流。它通常是变现项目的收入。在这个例子中，期终现金流为 25 000 美元，获得时间为项目的 10 年期限结束时。注意，期终现金流不包括第 10 年的 10 000 美元营业现金流入。

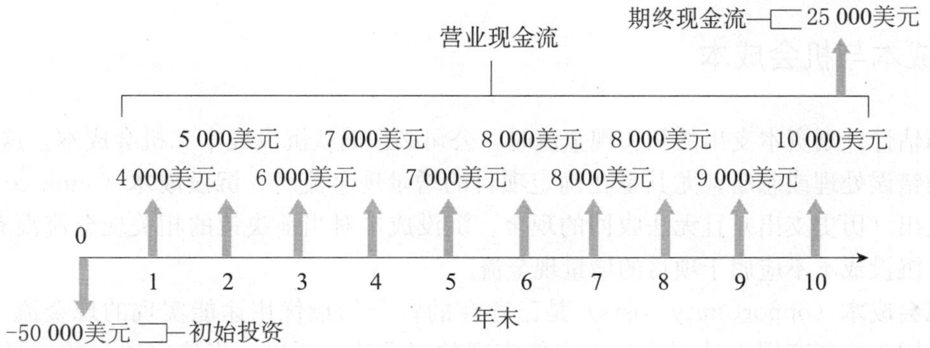

图 11.1　现金流的组成部分

现金流主要组成部分的时间线

扩张决策与置换决策

在扩张决策中，进行相关现金流估计是最简单直接的。在这种情况下，初始投资、营业现金流和期终现金流只是与计划资本支出相关的税后现金流出和税后现金流入。

在置换决策中，找出相关现金流则更加复杂，因为公司必须找出所建议的置换项目产生的增量现金流出和增量现金流入。置换项目中的初始投资为购买新资产所需的初始投资和变现旧资产预期产生的税后现金流入或税后现金流出之差。营业现金流是新资产和旧资产产生的营业现金流之差。期终现金流是新资产和旧资产在项目结束时预期产生的税后现金流之差。这些关系如图 11.2 所示。

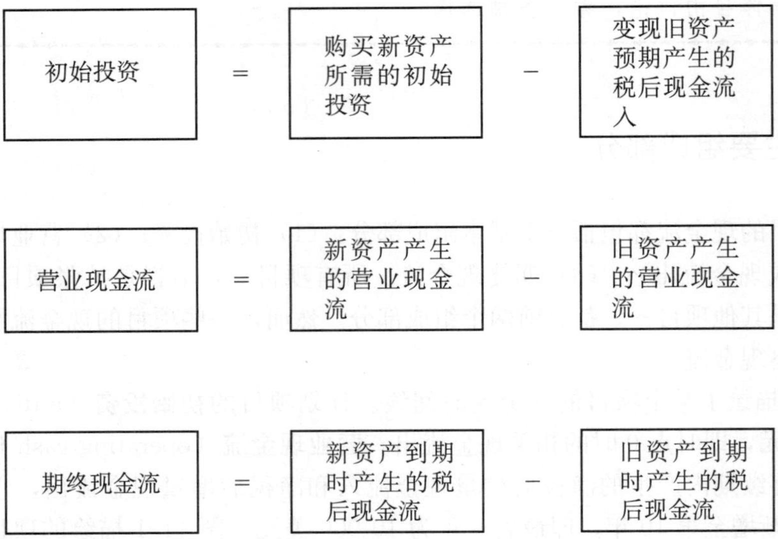

图 11.2　置换决策的相关现金流

计算置换决策相关现金流的三个组成部分

实际上，所有资本预算决策都可以被视为置换决策。扩张决策其实就是旧资产产生的所有现金流为零的置换决策。根据这一事实，本章将主要关注置换决策。

沉没成本与机会成本

当估计计划资本支出的相关现金流时，公司必须确认沉没成本和机会成本。这些成本容易被错误处理或忽略，尤其是在确定项目的增量现金流时。**沉没成本**（sunk costs）是已经支出（历史支出）且无法收回的现金。沉没成本对当前决策的相关现金流没有影响。因此，沉没成本不应属于项目的增量现金流。

机会成本（opportunity costs）是已存在的资产的最优用途能实现的现金流。所以，它表示因为将资产用于计划项目而未能实现的现金流。所以，当确定项目的增量现金流时，应该将机会成本归为现金流出。

例 11.1

詹考设备公司（Jankow Equipment）正在考虑更新钻床 X12，这台钻床是该公司 3 年前花 237 000 美元买的，更新方法是从该公司拥有的一台报废设备上拆下程控系统，改装在钻床上。报废设备现在可以卖 42 000 美元，但没有程控系统它就一文不值。詹考设备公司正在估计改装钻床 X12 的人工成本和材料成本，以及改装钻床的预期收益。钻床的 237 000 美元成本是沉没成本，因为它表示之前的现金支出。当计算与改造决策相关的现金流时，它将被归为现金流出。另外，如果詹考设备公司使用报废机器的程控系统，将产生 42 000 美元的机会成本，这是詹考设备公司出售现有状况的报废设备能获得的现金收入。通过改装钻床，詹考设备公司放弃了卖掉旧设备获得 42 000 美元的机会。该机会成本将被归为与使用程控系统相关的现金流出。

实例分析

谁得到了最多的外国直接投资？

根据美国商业部经济分析局（BEA）的数据，外国直接投资（FDI）在美国经济中起着重要作用。经济分析局将外国直接投资分为两类：（1）绿地投资；（2）兼并与收购。绿地投资是指创办新企业、建设或扩张生产设施。兼并与收购是指购买现有企业。

2012 年，美国是全球最大的外国直接投资接受国，获得了 1 747 亿美元外国直接投资。然而，这个数字低于 2011 年创纪录的 2 340 亿美元外国直接投资。中国紧追美国，这或许并不令人惊奇。实际上，2012 年上半年，流入中国的外国直接投资比任何一个国家都多。

复习题

11—1　为什么根据增量现金流对资本预算项目进行评估很重要？

11—2　给定项目的现金流可能包括哪三个组成部分？扩张决策为何可以被视为置换决策？请说明原因。

11—3　沉没成本和机会成本对项目的增量现金流有什么影响？

11—4　当人们进行外国直接投资时，如何最小化货币风险和政治风险？

11.2　计算初始投资

在这里，初始投资是指评估计划资本支出时考虑的相关现金流出。我们的资本预算讨论的重点为时点 0 也就是进行支出时产生的初始投资。初始投资的计算方法是用时点 0 上产生的所有现金流出减去时点 0 上产生的所有现金流入。

表 11.1 给出了计算初始投资的基本格式。计算与资本支出相关的初始投资时必须考虑的现金流是新资产的安装后成本、出售旧资产的税后收入（如果有的话）和净营运资本

变化（如果有的话）。注意，如果没有安装成本且公司没有置换现有资产，那么新资产的成本（购买价格）在调整净营运资本变化后，将等于初始投资。

表 11.1　　计算初始投资的基本格式

(1) **新资产的安装后成本**＝新资产的成本＋安装成本
(2) **出售旧资产的税后收入**＝出售旧资产的收入±出售旧资产的应纳税款
(3) **净营运资本变化**
初始投资现金流＝（1）－（2）＋/－（3）

新资产的安装后成本

如表 11.1 所示，新资产的安装后成本是新资产的成本加上安装成本。**新资产的成本**（cost of new asset）是购买新资产所需的净现金流出。通常，我们关心的是购买固定资产时支付的确定买价。**安装成本**（installation costs）是让资产正常运行所需追加的成本。美国国税局要求公司将安装成本与资产买价相加，以确定将在一定时期内提取的应计折旧。**新资产的安装后成本**（installed cost of new asset）的计算方法是用新资产的成本加上安装成本，它等于新资产的应计折旧。

出售旧资产的税后收入

表 11.1 表明，**出售旧资产的税后收入**（after-tax proceeds from sale of old asset）将减少公司对新资产的初始投资。这些收入是旧资产的销售收入与出售该资产的应纳税款或退还税款之差。**出售旧资产的收入**（proceeds from sale of old asset）是旧资产提供的净现金流入。该金额是减去清理资产过程产生的成本之后的净值。拆除成本包括清理成本，例如清除和处置化学废料与核废料的成本。这些成本可能并非无足轻重，而且在某些情况下，它们可能超过出售旧资产的收入。换言之，出售或处置旧资产的净收入可能为正，也可能为负。

出售旧资产的收入通常要缴纳某类税款。① **出售旧资产的应纳税款**（tax on sale of old asset）取决于售价与账面价值的关系以及政府的现有税收规定。

账面价值

资产的**账面价值**（book value）是严格的资产会计价值。它可以用下列公式计算：

账面价值＝资产的安装成本－累计折旧　　(11.1)

例 11.2

赫德森实业（Hudson Industries）是一家小型电子公司，该公司 2 年前购买了一台机器，安装成本为 100 000 美元。这项资产根据修正加速成本回收法折旧，回收期为 5 年。

① 第二章简要讨论了普通所得与资本利得的税务处理。由于公司的资本利得和普通所得的税率相同，因此为方便起见，在下面的讨论中我们对它们不做区分。

表 4.2 显示，根据回收期为 5 年的修正加速成本回收法，第 1 年和第 2 年的安装成本折旧百分比分别为 20%和 32%。换言之，在第 2 年年末，累计折旧将为 100 000 美元成本的 52%（=20%+32%），即 52 000 美元（=0.52×100 000 美元）。将其代入式（11.1），得到：

账面价值=100 000 美元−52 000 美元=48 000 美元

因此，在第 2 年年末，赫德森实业的资产账面价值为 48 000 美元。

基本税收规定

当公司出售资产时，可能出现三种税务状况。这些状况取决于资产售价与账面价值的关系。表 11.2 定义和总结了两种主要的应税所得及其相关税务处理。最后一列给出了本书使用的税率假设。有三种可能的税务状况：资产的售价（1）高于账面价值，（2）等于账面价值，（3）低于账面价值。下面用一个例子进行说明。

表 11.2　　出售资产的税务处理

应税所得的形式	定义	税务处理	税率假设
资产出售利得	售价高于账面价值的部分	所有高于账面价值的利得均按普通所得纳税	40%
资产出售亏损	售价低于账面价值的部分	如果资产应计折旧并在生产中使用过，亏损金额可以从普通所得中扣除	亏损的 40%为节税额
		如果资产不可折旧或者没有在生产中使用过，亏损就只能从资本利得中扣除	亏损的 40%为节税额

例 11.3

2 年前赫德森实业花 100 000 美元购买的旧资产的当期账面价值为 48 000 美元。如果该公司现在决定出售并置换这项资产，将发生什么情况？它对应纳税款的影响取决于售价。图 11.3 描绘了根据资产初始买价 100 000 美元和当前账面价值 48 000 美元计算的四种可能售价下的应税所得。下文说明了每种售价对应纳税款的影响。

以高于账面价值的价格出售资产　如果赫德森实业以 110 000 美元的价格出售旧资产，将实现 62 000 美元（=110 000 美元−48 000 美元）的收益。从技术上讲，该收益由两部分组成：资本利得和折旧回抵，它是售价高于账面价值、低于初始买价的部分。赫德森实业的资本利得为 10 000 美元（=售价 110 000 美元−初始买价 100 000 美元）；折旧回抵为 52 000 美元（=初始买价 100 000 美元−账面价值 48 000 美元）。

10 000 美元资本利得和 52 000 美元折旧回抵都显示在图 11.3 的 110 000 美元售价下方。高于 62 000 美元账面价值的总利得视同普通所得适用 40%的税率，应纳税款为

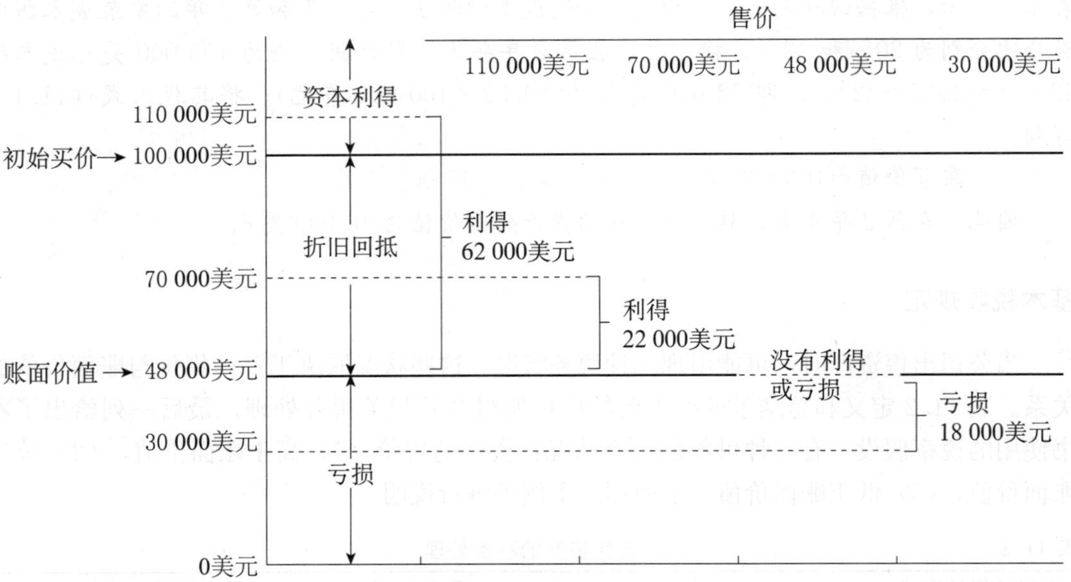

图 11.3　出售资产的应税所得

赫德森实业以不同售价出售资产的应税所得

24 800美元（=0.40×62 000 美元）。这些税款将用于计算对新资产的初始投资，格式见表 11.1。实际上，应纳税款减少了出售旧资产的收入，因而提高了公司对新资产的初始投资。

如果赫德森实业以 70 000 美元的价格出售旧资产，它将得到高于账面价值的利得（以折旧回抵的形式）22 000 美元（=70 000 美元−48 000 美元），如图 11.3 中的 70 000 美元售价下方所示。该利得按照普通所得纳税。由于该公司适用的税率为 40%，因此 22 000美元利得的应纳税款为 8 800 美元（=0.40×22 000 美元）。该应纳税款将用于计算对新资产的初始投资。

按账面价值出售资产　如果资产售价为账面价值 48 000 美元，该公司将达到盈亏平衡。没有利得或亏损，如图 11.3 的售价 48 000 美元处所示。因为按账面价值出售资产对应纳税款没有影响，因此对新资产的初始投资没有税务影响。

以低于账面价值的价格出售资产　如果赫德森实业以 30 000 美元的价格出售资产，就会出现 18 000 美元（=48 000 美元−30 000 美元）的亏损，如图 11.3 的售价 30 000 美元上方所示。如果该资产是在经营中使用过的可折旧资产，该公司就可以用这笔亏损抵销普通营业收入。如果该资产不可折旧或者没有在经营中使用过，该公司就只能用这笔亏损抵销资本利得。不管在哪种情况下，这笔亏损都可以为公司节省 7 200 美元（=0.40×18 000美元）税款。如果当前营业利润或资本利得不足以抵销亏损，该公司可以用这些亏损抵销过往年份或未来年份的税款。

净营运资本的变化

净营运资本（net working capital）是公司的流动资产与流动负债之差。第十四章将深入分析这个问题；此时，重要的是指出净营运资本的变化通常伴随着资本支出决策。如果公司购买新机器以扩张经营水平，现金、应收账款、存货、应付账款、应计项目就会增加。这种增加来自支持扩张经营所需的现金增加、支持销售增加所需的应收账款和存货增加，以及支持产品需求扩张所支出的应付账款和应计费用增加。正如第四章所指出的，现金、应收账款和存货的增加是现金流出，而应收账款和应计费用的增加是现金流入。

实例分析

欧洲致力于降低营运资本

从公司的角度看，因为营运资本增加是现金流出，因此全球公司都致力于合理节省营运资本需求。普华永道（PWC）对欧洲公司进行的一项研究发现，营运资本在2011年达到了历史低点。① 根据这项研究，营运资本利用效率最高的公司非常关注流程优化并努力向员工灌输基于现金的文化。此外，这些公司往往是新技术的早期采用者，这些技术有利于降低营运资本需求。

流动资产变化与流动负债变化之差为**净营运资本变化**（change in net working capital）。通常，当公司进行重大新投资时，流动资产的增加将大于流动负债的增加，导致对净营运资本的投资增加。对营运资本的投资增加被视为初始现金流出。② 如果净营运资本变化为负，就会显示为初始现金流入。净营运资本变化——不管是增加还是减少——不是应税所得，因为它只涉及当期账户的净增加或净减少。

例 11.4

丹森公司（Danson Company）是一家金属产品生产商，它正在考虑扩张经营。财务分析师预期将会产生表 11.3 中总结的当期账户变化，并将在扩张时期中保持不变。流动资产预期将增加 22 000 美元，流动负债预期将增加 9 000 美元，导致净营运资本增加 13 000美元。在这个例子中，变化为对净营运资本的投资增加，它将在计算初始投资时被作为现金流出处理。

表 11.3　计算丹森公司的净营运资本变化

当期账户	余额变化	
现金	+4 000 美元	
应收账款	+10 000 美元	
存货	+8 000 美元	
（1）流动资产		+22 000 美元
应付账款	+7 000 美元	
应计项目	+2 000 美元	
（2）流动负债		+9 000 美元
净营运资本变化［（1）－（2）］		+13 000 美元

① *PWC European Working Capital Annual Review*，2012.

② 用净营运资本变化计算与计划资本支出相关的初始投资时，为了方便起见，假设它们是即时发生的，即发生于时点 0。实际上，净营运资本变化通常出现在产生资本支出的数月之中。

计算初始投资

当计算初始投资时要考虑税款和其他因素。下例说明了如何根据表 11.1 的格式计算初始投资。①

例 11.5

鲍威尔公司（Powell Corporation）是一家大型多元化飞机零部件生产商，该公司希望确定用一台更高级的新机器置换旧机器所需的初始投资。计划购买的机器价格为 380 000美元，安装这台机器需要 20 000 美元。这笔成本将在 5 年回收期内用修正加速成本回收法折旧。现在的（旧）机器是 3 年前花 240 000 美元购买的，在 5 年回收期内用修正加速成本回收法折旧。该公司找到了一位愿意花 280 000 美元购买现有机器，并出资拆除该机器的买家。该公司预期在置换机器时流动资产将增加 35 000 美元，流动负债将增加 18 000 美元；这些变化将导致净营运资本增加 17 000 美元（=35 000 美元−18 000 美元）。该公司适用的税率为 40%。

在计算初始投资时，唯一难以获得的数据是税款。现有机器的账面价值可以用表 4.2 中第 1 年、第 2 年和第 3 年的折旧百分比 20%、32%和 19%计算出来。得到的账面价值为 240 000 美元−(0.20+0.32+0.19)×240 000 美元，即 69 600 美元。出售机器实现了 210 400 美元（=280 000 美元−69 600 美元）利得。利得应缴纳的总税款为 84 160 美元（=0.40×210 400 美元）。必须从现有机器售价 280 000 美元中减去这些税款，才能算出出售现有机器的税后收入。

将相关金额代入表 11.1 中的公式，得到初始投资为 221 160 美元，它表示在时点 0 上需要的净现金流出。

计划购买的机器的安装后成本		
计划购买的机器的成本	380 000 美元	
+安装成本	20 000 美元	
总安装后成本——计划购买的机器（应计折旧）		400 000 美元
−出售现有机器的税后收入		
出售现有机器的收入	280 000 美元	
−出售现有机器的税款	84 160 美元	
税后总收入		195 840 美元
+净营运资本变化		17 000 美元
初始投资		221 160 美元

① 在讨论资本预算时，始终假设所有候选置换资产均为直接用于经营的可折旧资产，因此出售这些资产的亏损可以从普通营业所得中扣除。在设计决策时，也确保了旧资产的剩余使用寿命恰好等于新资产的寿命；这个假设让我们可以在这个阶段避免寿命不同的问题。

复习题

11—5 请说明如何用下列各数据计算初始投资：(a) 新资产的成本；(b) 安装成本；(c) 出售旧资产的收入；(d) 出售旧资产的税款；(e) 净营运资本变化。

11—6 如何计算资产的账面价值？两种主要的应税所得是什么？

11—7 出售被置换的资产可能导致的三种税务状况是什么？

11—8 请参考计算初始投资的基本格式，说明公司如何确定新资产的应计折旧。

11.3 计算营业现金流

正如其名，营业现金流是进行新投资后产生的税后增量现金流。在本节中，我们将使用利润表说明税后增量现金流的含义。

解释税后的含义

资本支出产生的收益必须用税后金额衡量，因为公司只有在向政府缴纳税款后才能利用这些收益。这些税款取决于公司的应税所得，因此为了在评估资本支出项目时保持一致性，有必要在比较投资建议之前扣除税款。

解释现金流的含义

计划项目预期产生的所有成本和收益必须用现金流衡量。现金流出表示公司产生的成本，现金流入表示公司可以花费的金额。现金流通常不等于会计利润。会计利润不等于现金流的一个主要原因是，会计核算不允许公司在购买固定资产时完全扣除买价或将其计为费用，而是在固定资产使用期限内通过提取折旧将一部分固定资产成本作为费用扣除。因此，当公司支付现金购买固定资产时，公司利润不会完全反映购买年份的资产成本。在接下来的年份中，公司将通过提取折旧费用减少利润，尽管并没有与这些折旧费用相关的现金支出。

将税后净利润转换为营业现金流有一种简单方法。在计算时需要将折旧和其他在公司利润表中作为费用扣除的非现金费用（摊销和损耗）加回税后净利润。你应该认识到，折旧费用本身实际上不是现金流入。将折旧加回利润只是因为当计算利润时要求公司扣除不与具体现金支出挂钩的费用。在某种意义上，将折旧加回利润“纠正”了这个问题，并提供了能更好地匹配实际现金流入与实际现金流出的数据。

例 11.6

表 11.4 给出了鲍威尔公司（Powell Corporation）对该公司在有和没有例 11.5 中计划购买的新机器时的收入与费用估计（不包括折旧和利息）。注意，计划购买的机器的预期使用寿命和现有机器的剩余使用寿命均为 5 年。计划购买的机器的折旧计算方法是加总买价 380 000 美元和安装成本 20 000 美元。计划购买的机器将在 5 年回收期内用修正加速成本回收法折旧。① 该机器在 6 年中每年的折旧和现有机器在剩下 3 年（第 4 年、第 5 年、第 6 年）中每年的折旧计算结果见表 11.5。②

表 11.4　鲍威尔公司计划购买的机器和现有机器的收入与费用（不包括折旧和利息）

计划购买的机器			现有机器		
年份	收入(1)	费用（不包括折旧和利息）(2)	年份	收入(1)	费用（不包括折旧和利息）(2)
1	2 520 000 美元	2 300 000 美元	1	2 200 000 美元	1 990 000 美元
2	2 520 000 美元	2 300 000 美元	2	2 300 000 美元	2 110 000 美元
3	2 520 000 美元	2 300 000 美元	3	2 400 000 美元	2 230 000 美元
4	2 520 000 美元	2 300 000 美元	4	2 400 000 美元	2 250 000 美元
5	2 520 000 美元	2 300 000 美元	5	2 250 000 美元	2 120 000 美元

表 11.5　鲍威尔公司计划购买的机器和现有机器的折旧费用

年份	成本(1)	适用的修正加速成本回收法折旧百分比（摘自表 4.2）(2)	折旧 [(1) × (2)] (3)
计划购买的机器			
1	400 000 美元	20%	80 000 美元
2	400 000 美元	32%	128 000 美元
3	400 000 美元	19%	76 000 美元
4	400 000 美元	12%	48 000 美元
5	400 000 美元	12%	48 000 美元
6	400 000 美元	5%	20 000 美元
总计		100%	400 000 美元
现有机器			
1	240 000 美元	12%（第 4 年的折旧）	28 800 美元
2	240 000 美元	12%（第 5 年的折旧）	28 800 美元
3	240 000 美元	5%（第 6 年的折旧）	12 000 美元
4	由于当进行分析时，现有机器是在成本回收期的第 3 年年末，因此只剩最后 3 年可以提取折旧（如上所示）		0 美元
5			0 美元
6			0 美元
总计			69 600 美元[a]

a. 总计 69 600 美元表示现有机器在第 3 年年末的账面价值，如例 11.5 的计算结果所示。

① 如第四章所示，根据现有税法，对 n 年类资产折旧需要 $n+1$ 年。因此，书中给出了 6 年中每年的修正加速成本回收法比例，用于计算回收期为 5 年的资产的折旧。

② 重要的是要认识到，尽管两台机器的使用寿命均为 5 年，但是计划购买的新机器将提取 6 年折旧，而现有机器（如上例所示）已经提取了 3 年折旧，因此只剩最后 3 年（第 4 年、第 5 年和第 6 年）提取折旧（根据修正加速成本回收法，提取折旧的比例分别为 12%、12%和 5%）。

每年的营业现金流的计算方法是使用表 11.6 中所示的利润表。注意，这里没有考虑利息，因为我们的重点只是“投资决策”。利息与“融资决策”相关，后者将独立考虑。由于我们没有考虑利息费用，因此“息税前利润”（EBIT）等于“税前净利润”，表 11.6 中“营业现金流”的计算方法等同于我们在第四章中的定义（见式（4.3）的定义）。简单而言，通过利润表可以计算出营业现金流。

表 11.6　用利润表格式计算营业现金流

收入
一费用（不包括折旧和利息）
息税折旧前利润（EBDIT）
一折旧
息税前利润（EBIT）
一税款（税率＝T）
税后净营业利润（NOPAT）＝$EBIT\times(1-T)$
＋折旧
营业现金流（与式（4.3）的营业现金流相同）

将表 11.4 和表 11.5 中的数据代入该公式，并假设税率为 40%，我们可以得到表 11.7，它表示计划购买的机器和现有机器每年的营业现金流的计算过程。由于计划购买的机器的折旧期限为 6 年，因此所分析的期间长度必须为 6 年，以充分反映 6 年期折旧的税收影响。表 11.7 的最后一行显示了每台机器的营业现金流。计划购买的机器在第 6 年的营业现金流入 8 000 美元完全来自第 6 年在计税前扣除折旧的节税收益。①

表 11.7　计算鲍威尔公司计划购买的机器和现有机器的营业现金流　单位：美元

	第 1 年	第 2 年	第 3 年	第 4 年	第 5 年	第 6 年
计划购买的机器						
收入[a]	2 520 000	2 520 000	2 520 000	2 520 000	2 520 000	0
一费用（不包括折旧和利息）[b]	2 300 000	2 300 000	2 300 000	2 300 000	2 300 000	0
息税折旧前利润	220 000	220 000	220 000	220 000	220 000	0
一折旧[c]	80 000	128 000	76 000	48 000	48 000	20 000
息税前利润	140 000	92 000	144 000	172 000	172 000	−20 000
一税款（税率 T＝40%）	56 000	36 800	57 600	68 800	68 800	−8 000
税后净营业利润	84 000	55 200	86 400	103 200	103 200	−12 000
＋折旧[c]	80 000	128 000	76 000	48 000	48 000	20 000
营业现金流	164 000	183 200	162 400	151 200	151 200	8 000
现有机器						
收入[a]	2 200 000	2 300 000	2 400 000	2 400 000	2 250 000	0
一费用（不包括折旧和利息）[b]	1 990 000	2 110 000	2 230 000	2 250 000	2 120 000	0
息税折旧前利润	210 000	190 000	170 000	150 000	130 000	0

① 尽管这里我们计算出了计划购买的机器第 6 年的营业现金流，但由于我们假设在第 5 年年末将卖出这台机器，因此这笔现金流以后将会被剔除。

续前表

	第1年	第2年	第3年	第4年	第5年	第6年
—折旧[c]	28 800	28 800	12 000	0	0	0
息税前利润	181 200	161 200	158 000	150 000	130 000	0
—税款（税率 $T=40\%$）	72 480	64 480	63 200	60 000	52 000	0
税后净营业利润	108 720	96 720	94 800	90 000	78 000	0
＋折旧[c]	28 800	28 800	12 000	0	0	0
营业现金流	137 520	125 520	106 800	90 000	78 000	0

a. 摘自表 11.4 第（1）列。

b. 摘自表 11.4 第（2）列。

c. 摘自表 11.5 第（3）列。

解释增量的含义

估计置换项目营业现金流的最后一步是计算增量（相关）现金流。需要增量营业现金流是因为我们只关心项目导致的营业现金流变化。显然，如果它是扩张项目，项目的现金流就是增量现金流。

例 11.7

表 11.8 显示了鲍威尔公司每年增量（相关）营业现金流的计算过程。表 11.7 给出了营业现金流估计。表 11.8 第（2）列的值表示鲍威尔公司不置换现有机器时将得到的营业现金流金额。如果该公司用计划购买的机器置换现有机器，该公司每年的营业现金流将如表 11.8 第（1）列所示。从计划购买的机器的营业现金流中减去现有机器的营业现金流，我们将得到每年的增量营业现金流，如表 11.8 第（3）列所示。这些现金流表示由于置换机器每年增加的现金流金额。例如，在第 1 年中，如果采纳计划项目，鲍威尔公司的现金流将增加 26 480 美元。显然，在评估用资本支出购买机器的收益时，它们是需要考虑的相关现金流入。①

① 我们可以用下列公式更直接地计算第 t 年的增量现金流 ICI_t：

$$ICI_t = \Delta EBDIT_t \times (1-T) + \Delta D_t \times T$$

其中，

$\Delta EBDIT_t$ ＝第 t 年的息税折旧前利润的变化［收入－费用（不包括折旧和利息）］

T ＝公司的边际税率

ΔD_t ＝第 t 年的折旧费用变化

将该公式用于表 11.4 和表 11.5 给出的第 3 年鲍威尔公司的数据，我们可以得到下列变量的值：

$\Delta EBDIT_3$ ＝（2 520 000 美元－2 300 000 美元）－(2 400 000 美元－2 230 000 美元)

＝220 000 美元－170 000 美元＝50 000 美元

ΔD_3 ＝76 000 美元－12 000 美元＝64 000 美元

T ＝0.40

将其代入公式，得到：

ICI_3 ＝50 000 美元×(1－0.40)＋64 000 美元×0.40

＝30 000 美元＋25 600 美元＝55 600 美元

第 3 年的增量现金流 55 600 美元与表 11.8 第（3）列中计算出的第 3 年的增量现金流相同。

表 11.8　鲍威尔公司的增量（相关）营业现金流　单位：美元

年份	营业现金流		
	计划购买的机器[a] (1)	现有机器[a] (2)	增量（相关） ［(1) － (2)］ (3)
1	164 000	137 520	26 480
2	183 200	125 520	57 680
3	162 400	106 800	55 600
4	151 200	90 000	61 200
5	151 200	78 000	73 200
6	8 000	0	8 000

a. 摘自表 11.7 数据的最后一行。

复习题

11—9　折旧如何影响营业现金流的计算？表 11.6 中的利润表与计算营业现金流的式(4.3) 有什么关系？

11—10　增量（相关）营业现金流与用置换决策计算的营业现金流有什么关系？

11.4　计算期终现金流

期终现金流是在项目经济寿命结束时终结并变现项目得到的现金流。它表示项目最后一年产生的税后现金流，不包括营业现金流。当存在期终现金流时，它会显著影响资本支出决策。置换项目的期终现金流可以用表 11.9 提供的基本格式计算。

表 11.9　计算期终现金流的基本格式

出售新资产的税后收入＝
出售新资产的收入
∓出售新资产的税款
－出售旧资产的税后收入＝
出售旧资产的收入
∓出售旧资产的税款
±净营运资本变化
期终现金流

出售资产的收入

出售新资产和旧资产的收入通常被称为“残值”，它表示项目结束时减去拆除成本或清理成本后预期将得到的金额。对于置换项目，必须既考虑新资产的收入，又考虑旧资产的收入。对于扩张类和更新类资本支出，旧资产的收入为零。当然，当项目结束时资产价值为零的情况并不罕见。

出售资产的税款

当分析的投资涉及用新资产置换旧资产时，期终现金流的计算过程中有两个关键要素。当项目寿命结束时，公司将处置新资产，可能是将其出售，因此出售新资产的税后收入表示现金流入。然而要记住，如果公司没有置换旧资产，就会在项目结束时得到出售旧资产的收入（而不是提前将这些收入算作初始投资的一部分）。因此，我们必须将公司处置旧资产本应得到的税后收入算作现金流出。只要资产售价不同于账面价值，就会产生税款。如果出售资产的净收入预期将超过账面价值，缴纳的税款就会显示为现金流出（从销售收入中扣除）。当出售资产的净收入小于账面价值时，就会导致节税收益，显示为现金流入（增加销售收入）。如果资产售价恰好等于账面价值，则不产生税款。

净营运资本变化

当我们计算初始投资时，将考虑新资产造成的净营运资本变化。现在，当我们计算期终现金流时，净营运资本变化表示初始净营运资本投资的回流。通常，它表现为净营运资本减少导致的现金流入；随着项目终结，假设不再有增加净营运资本投资的需求。[①] 由于净营运资本投资不会被消耗，因此项目终结时回收的金额等于计算初始投资时显示的金额。这里没有考虑税收因素。

计算期终现金流的程序与计算初始投资的程序相同。在下例中，将计算置换决策的期终现金流。

例 11.8

继续鲍威尔公司的例子，假设该公司预期能在新机器的 5 年使用期结束时将其变现，且支付拆除成本和清理成本后的净收入为 50 000 美元。如果没有用新机器置换旧机器，旧机器将在第 5 年年末被变现，净收入为 10 000 美元。在项目终结时，该公司预期将收回 17 000 美元的净营运资本投资。该公司的税率为 40%。

根据之前对营业现金流的分析我们可以看到，计划购买的（新）机器在 5 年后的账面价值为 20 000 美元（等于第 6 年的折旧）。5 年后，现有（旧）机器将完全折旧，因此账面价值为 0 美元。因为计划购买的（新）机器的售价为 50 000 美元，低于初始安装成本 400 000美元，但高于账面价值 20 000 美元，因此只有折旧回抵 30 000 美元（＝销售收入 50 000美元－账面价值 20 000 美元）需要纳税。假设这 30 000 美元适用的普通所得税税率为 40%，则出售计划购买的机器的应纳税款为 12 000 美元（＝0.40×30 000 美元）。因此，它的税后销售收入等于 38 000 美元（＝销售收入 50 000 美元－应纳税款 12 000 美元）。由于旧机器在项目终结时的售价为 10 000 美元，低于初始买价 240 000 美元，高于账面价值 0 美元，因此它的应税利得为 10 000 美元（＝售价 10 000 美元－账面价值 0 美元）。假设10 000美元利得适用 40%的税率，则该公司在第 5 年年末出售旧机器的应纳税款为4 000美元（＝0.40×10 000 美元）。旧机器的税后销售收入等于 6 000 美元(＝10 000 美元售价－4 000美元税款)。将相应的值代入表 11.9，得到期终现金流入为 49 000 美元。

---

① 如前所示，为了方便起见，假设净营运资本变化是即时发生的，在本例中，是在项目终结时发生的。

出售计划购买的机器的税后收入		
出售计划购买的机器的收入	50 000 美元	
一出售计划购买的机器的税款	12 000 美元	
税后总收入：计划购买的机器		38 000 美元
一出售现有机器的税后收入		
出售现有机器的收入	10 000 美元	
一出售现有机器的税款	4 000 美元	
税后总收入：现有机器		6 000 美元
十净营运资本变化		17 000 美元
期终现金流		49 000 美元

复习题

11—11　请说明如何计算置换项目的期终现金流。

11.5　资本预算的风险（行为学方法）

在我们迄今为止对资本预算的讨论中，假设公司的投资项目风险全部相同，这表明接受任何项目都不会改变公司的整体风险。实际上，这些假设通常不成立：项目的风险并不相同，而接受某个项目会提高或降低公司的整体风险。从本章开始，我们放松了这些假设，并重点关注管理者如何评估不同项目的风险。自然，我们将使用第八章介绍的许多风险概念。

我们沿用第十章的贝内特公司的例子。贝内特公司的两个互斥项目——A 和 B——的相关现金流和净现值如表 11.10 所示。

表 11.10　　**贝内特公司项目的相关现金流和净现值**　　单位：美元

	项目 A	项目 B
A. 相关现金流		
初始投资	−42 000	−45 000
年份	营业现金流入	
1	14 000	28 000
2	14 000	12 000
3	14 000	10 000
4	14 000	10 000
5	14 000	10 000
B. 决策方法		
净现值（资本成本为 10%[a]）	11 071	10 924

a. 摘自图 10.2；使用财务计算器计算。

管理者使用行为学方法处理风险，以获得对项目风险的“感受”，而其他方法试图量化和衡量这种风险。一些广泛使用的处理资本预算风险的行为学方法包括盈亏平衡分析、情景分析和模拟。

盈亏平衡分析

资本预算中的风险（risk in capital budgeting）是指项目产生的现金流的不确定性。更正式地讲，资本预算的风险是现金流的波动程度。现金流可能范围很宽的项目比现金流可能范围很窄的项目风险更高。

在许多项目中，风险几乎全部来自项目将在未来几年中创造的现金流，因为初始投资通常相对确定。当然，从一些与收入、支出和税款相关的变量可以推导出后续现金流。例如销售收入水平、原材料成本、劳动力工资、水电费和税率。我们将重点关注现金流风险，但要记住，这种风险实际上来自这些基础变量的相互影响。因此，为了评估计划资本支出的风险，分析师需要评估现金流足以产生正净现值的概率。

例 11.9

特雷德韦尔轮胎公司（Treadwell Tire Company）是一家轮胎零售商，资本成本为10%。该公司正在考虑投资于两个互斥项目——A和B——之一。每个项目都需要10 000美元初始投资，两个项目预期都将在15年寿命期内提供固定年现金流入。为了让两个项目可接受，其净现值均必须大于0美元。换言之，年金现值（即项目的现金流入）必须高于初始现金流出。如果我们令CF等于年现金流入，CF_0等于初始投资，则项目（例如A和B）的年现金流入必须符合下列条件才能被接受：

$$NPV=\frac{CF}{r}\times\left[1-\frac{1}{(1+r)^n}\right]-CF_0>0\text{ 美元} \qquad (11.2)$$

代入$r=10\%$，$n=15$年，$CF_0=10\ 000$美元，我们可以得出**盈亏平衡现金流入**（breakeven cash inflow），即接受特雷德韦尔轮胎公司的项目所必须满足的最低现金流入水平。[①]

使用计算器 认识到初始投资（CF_0）是现值（PV）后，我们可以用下面显示的计算器输入值计算盈亏平衡现金流入（CF），它是普通年金（PMT）。

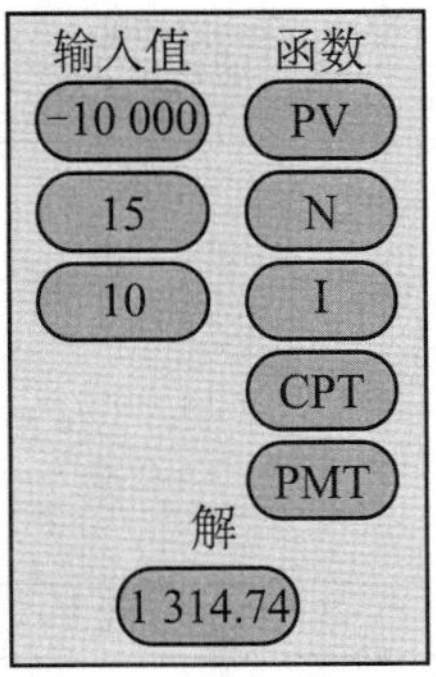

① 该式利用了年金现值的代数简算式。

使用电子表格 还可以按照下列 Excel 电子表格所示计算盈亏平衡现金流入。

	A	B
1	盈亏平衡现金流入	
2	资本成本	10%
3	年数	15
4	初始投资	-10 000 美元
5	盈亏平衡现金流入	1 314.74 美元
单元格 B5 中的输入值=PMT(B2, B3, B4, 0, 0)。		
B4 中的初始投资前面为负号，因为它是现金流出。		

计算器和电子表格中的数值表示，为了让项目可接受，项目的年现金流入必须至少为 1 315 美元。给定这个现金流入盈亏平衡水平，可以通过确定项目现金流入等于或超过这个盈亏平衡水平的概率评估每个项目的风险。在高阶课程中将介绍确定这种概率的不同统计方法。[①] 现在我们只是假设这种统计分析将产生下列结果：

CF_A>1 315 美元的概率→100%

CF_B>1 315 美元的概率→65%

由于项目 A 的净现值肯定为正（概率为 100%），而项目 B 的净现值为正的概率只有 65%，因此项目 A 的风险低于项目 B。当然，在选择最优项目之前，必须从公司风险偏好的角度评估与每个项目相关的预期年现金流入和净现值水平。

这个例子明确指出了风险与项目可接受的概率相关，但它没有解决现金流波动性问题。尽管项目 B 的亏损概率大于项目 A，但它可能产生更高的净现值。前面曾经提到，风险和收益共同决定了价值。类似地，必须同时从风险和收益的角度考察资本支出的收益及其对公司价值的影响。因此，分析师必须考虑现金流入和净现值的波动性，以充分评估项目的风险和收益。

情景分析

情景分析可以用来处理项目风险，以体现现金流入和净现值的波动性。情景分析是一种使用多种可能结果（情景）获得对收益率（在这里用净现值衡量）波动性的感受的行为学方法。这种方法通常有助于感受收益率波动性对重要结果变化的反应。在资本预算中，最常用的情景方法之一就是估计悲观结果（最差结果）、最可能的结果（预期结果）和乐观结果（最好结果）下的现金流入净现值。这个范围可以用乐观结果下的净现值减去悲观结果下的净现值确定。

例 11.10

继续来看特雷德韦尔轮胎公司的例子，假设财务经理为每个项目设定了三个情景：悲

① 正态分布常用于说明成功概率的概念，也就是说，项目有正净现值的概率。对深入了解这种方法感兴趣的读者应该阅读高级管理财务学教材或 MBA 管理财务学教材。

观结果、最可能的结果、乐观结果。表 11.11 总结了每种结果下的现金流入和产生的净现值。比较现金流入的范围（项目 A 为 1 000 美元，项目 B 为 4 000 美元），尤其是净现值的范围（项目 A 为 7 606 美元，项目 B 为 30 424 美元），可以清楚地看到，项目 A 的风险低于项目 B。假设两个项目最可能产生的净现值均为 5 212 美元，风险厌恶型决策者将采纳项目 A，因为它的风险较低（净现值范围较小），且没有亏损可能（所有净现值均大于 0）。

表 11.11　特雷德韦尔轮胎公司的项目 A 和项目 B 的情景分析　单位：美元

	项目 A	项目 B
初始投资	−10 000	−10 000
	年现金流入	
结果		
悲观结果	1 500	0
最可能的结果	2 000	2 000
乐观结果	2 500	4 000
范围	1 000	4 000
	净现值[a]	
结果		
悲观结果	1 409	10 000
最可能的结果	5 212	5 212
乐观结果	9 015	20 424
范围	7 606	30 424

a. 这些数值可以用相应的年现金流入计算。假设年现金流入的资本成本为 10%，期限为 15 年。

电脑和电子表格的普及大大促进了情景分析的应用，因为技术让分析师可以快速建立大量不同的情景。

模拟

模拟（simulation）是一种使用预先确定的概率分布估计风险结果的行为学统计方法。将不同的现金流组成要素综合到一个数学模型中，然后随机从这些组成要素的可能值范围中取样，财务经理就可以建立项目收益率的概率分布。

图 11.4 显示了一个项目的净现值模拟流程图。使用概率分布随机产生可能的现金流入与现金流出，财务经理就能算出一种可能的项目净现值。通过重复这个过程 1 000 次，财务经理就能算出 1 000 个不同的净现值（每个净现值都与不同的现金流入和现金流出组合相关）。然后，分析师可以画出这些净现值的分布，借此不仅能了解可能结果的范围，还能了解特定结果的产生概率。

模拟不仅让分析师可以详细说明项目整体现金流入与现金流出的概率分布，还让分析师可以详细说明造成这些现金流的基本因素（例如销量、原材料成本和工资）的概率分布。技术让财务经理可以建立高度复杂的模拟，并非常迅速地获得这些模拟的结果。模拟结果提供了绝佳的决策基础，因为它让决策者可以根据连续风险收益权衡而非某个点上的估计考虑问题。

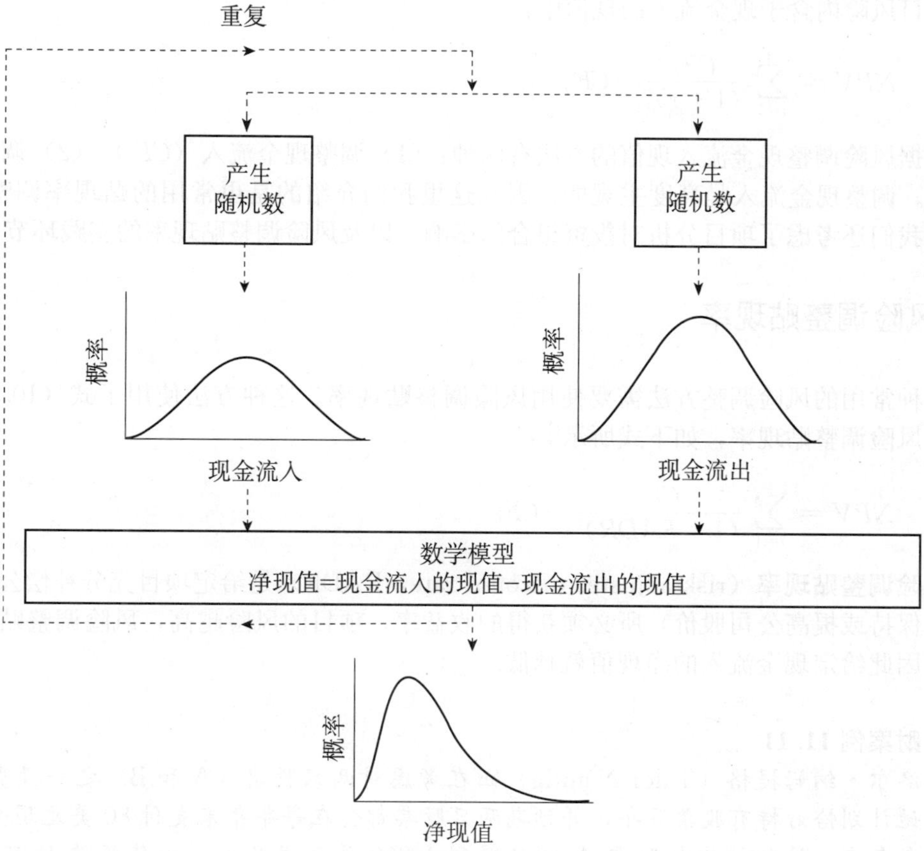

图 11.4　净现值模拟

净现值模拟的流程图

复习题

11—12　多数互斥资本预算项目的风险是否相同？如果你考虑将某家公司加入由许多不同类型投资组成的投资组合，接受这个项目将如何改变公司的整体风险？

11—13　请定义资本预算项目产生的现金流的风险。如何通过确定盈亏平衡现金流入衡量项目风险？

11—14　请描述如何用以下两种行为学方法处理项目风险：(a) 情景分析；(b) 模拟。

11.6　风险调整贴现率

之前介绍的风险处理方法可以让财务经理获得对项目风险的“感受”。遗憾的是，它们没有明确指出项目的风险。现在，我们将举例说明最常用的风险调整方法，这种方法利用了净现值决策法。只接受净现值大于 0 美元的项目的净现值决策规则将继续成立。仔细研究净现值基本公式，即式（10.1），可以清楚地看到，由于初始投资（CF_0）确定已知，因此项目风险内含于现金流入的现值中：

$$NPV=\sum_{t=1}^{n}\frac{CF_t}{(1+r)^t}-CF_0$$

根据风险调整现金流入现值的方法有两种：(1) 调整现金流入 (CF_t)；(2) 调整贴现率 (r)。调整现金流入是高度主观的，因此这里我们介绍的是更常用的贴现率调整过程。此外，我们还考虑了项目分析对投资组合的影响，以及风险调整贴现率的实践环节。

确定风险调整贴现率

一种常用的风险调整方法需要使用风险调整贴现率。这种方法使用了式 (10.1)，但用的是风险调整贴现率，如下式所示①：

$$NPV=\sum_{t=1}^{n}\frac{CF_t}{(1+RADR)^t}-CF_0 \tag{11.3}$$

风险调整贴现率 (risk-adjusted discount rate，RADR) 是给定项目充分补偿公司所有者（即保持或提高公司股价）所必须获得的收益率。项目的风险越高，风险调整贴现率就越高，因此给定现金流入的净现值就越低。

个人理财案例 11.11

塔洛尔·纳姆提格 (Talor Namtig) 正在考虑对两只股票（A 和 B）之一投资 1 000 美元。她计划恰好持有股票 5 年，并预期两只股票都会在每年年末支付 80 美元现金股利。在第 5 年年末，她估计出售股票 A 可以得到 1 200 美元净收入，出售股票 B 可以得到 1 500美元净收入。塔洛尔认真研究了这两只股票，认为股票 A 的风险一般，但股票 B 的风险高得多。她的研究表明，她的一般风险股票能获得 11%的年收益率。由于股票 B 的风险高得多，因此她将要求 14%的收益率。塔洛尔进行了下列计算，以得出两只股票的风险调整净现值：

$$\begin{aligned}NPV_A=&\frac{80\text{ 美元}}{(1+0.11)^1}+\frac{80\text{ 美元}}{(1+0.11)^2}+\frac{80\text{ 美元}}{(1+0.11)^3}+\frac{80\text{ 美元}}{(1+0.11)^4}\\&+\frac{80\text{ 美元}}{(1+0.11)^5}+\frac{1\,200\text{ 美元}}{(1+0.11)^5}-1\,000\text{ 美元}=7.81\text{ 美元}\\NPV_B=&\frac{80\text{ 美元}}{(1+0.14)^1}+\frac{80\text{ 美元}}{(1+0.14)^2}+\frac{80\text{ 美元}}{(1+0.14)^3}+\frac{80\text{ 美元}}{(1+0.14)^4}\\&+\frac{80\text{ 美元}}{(1+0.14)^5}+\frac{1\,500\text{ 美元}}{(1+0.14)^5}-1\,000\text{ 美元}=53.70\text{ 美元}\end{aligned}$$

尽管塔洛尔的计算结果表明，根据风险调整净现值，对两只股票进行投资都是可接受的（净现值>0 美元），但她应该投资于股票 B，因为它的净现值较高。

由于使用风险调整贴现率的基本原理与第八章介绍的资本资产定价模型密切相关，因此这里我们将复习该模型并讨论它在计算风险调整贴现率中的应用。

① 风险调整贴现率法可以使用内部收益率，也可以使用净现值。当使用内部收益率时，风险调整贴现率成为可接受项目内部收益率必须超过的最低利率。当使用净现值时，预期现金流入只需按照风险调整贴现率贴现。

复习资本资产定价模型

在第八章中，我们使用资本资产定价模型将有效市场中交易的所有资产的相关风险和收益联系起来。在建立资本资产定价模型时，一项资产的总风险被定义为：

$$总风险=不可分散风险+可分散风险 \tag{11.4}$$

对于在有效市场中交易的资产，不可控制事件或随机事件产生的可分散风险可以通过分散化消除。因此，真正值得关注的风险为不可分散风险，资产所有者因为承担这种风险而获得回报。证券的不可分散风险通常可以用贝塔系数衡量，它是资产收益率对市场收益率变化的反应程度指标。

使用贝塔系数 β_j 衡量资产 j 的相关风险，资本资产定价模型可以写为：

$$r_j = R_F + \beta_j \times (r_m - R_F) \tag{11.5}$$

其中，

r_j =资产 j 的必要收益率

R_F=无风险利率

β_j =资产 j 的贝塔系数

r_m=资产的市场组合收益率

在第八章中我们证明了任何资产的必要收益率都可以通过将 R_F、β_j 和 r_m 的值代入资本资产定价公式（式（11.5））计算出来。任何预期收益率高于必要收益率的证券都是可接受的，而预期收益率低于必要收益率的证券应该被拒绝。

使用资本资产定价模型计算风险调整贴现率

如果我们暂时假设电脑、机器工具和特殊用途机器等公司实物资产在有效市场上交易，那么资本资产定价模型可以重新定义为：

$$r_{项目j} = R_F + \beta_{项目j} \times (r_m - R_F) \tag{11.6}$$

图 11.5 中的证券市场线（SML）——资本资产定价模型的图形——表示式（11.6）。任何内部收益率高于证券市场线的项目都是可接受的，因为它的内部收益率高于必要收益率 $r_{项目}$；任何内部收益率低于 $r_{项目}$ 的项目都应该被拒绝。在净现值方面，证券市场线上方的项目的净现值为正，证券市场线下方的项目的净现值为负。①

例 11.12

图 11.5 显示了两个项目——L 和 R。项目 L 的贝塔系数为 b_L，内部收益率为 IRR_L。风险为 b_L 的项目的必要收益率为 r_L。由于项目 L 产生的内部收益率高于必要收益率（$IRR_L > r_L$），因此该项目可接受。当项目 L 的现金流入按必要收益率 r_L 贴现时，它的净现值将为正。另外，项目 R 的内部收益率低于风险 β_R 上的必要收益率（$IRR_R < r_R$）。当该项目的现金流入按照必要收益率 r_R 贴现时，净现值为负。项目 R 应该被拒绝。

---

① 只要内部收益率高于资本成本或必要收益率（$IRR > r$），净现值就为正，只要内部收益率低于资本成本或必要收益率（$IRR < r$），净现值就为负。由于根据定义，内部收益率是导致净现值等于 0 美元的贴现率，且根据内部收益率和净现值得出的接受—拒绝决策总是一致的，因此图 11.5 指出的关系符合逻辑。

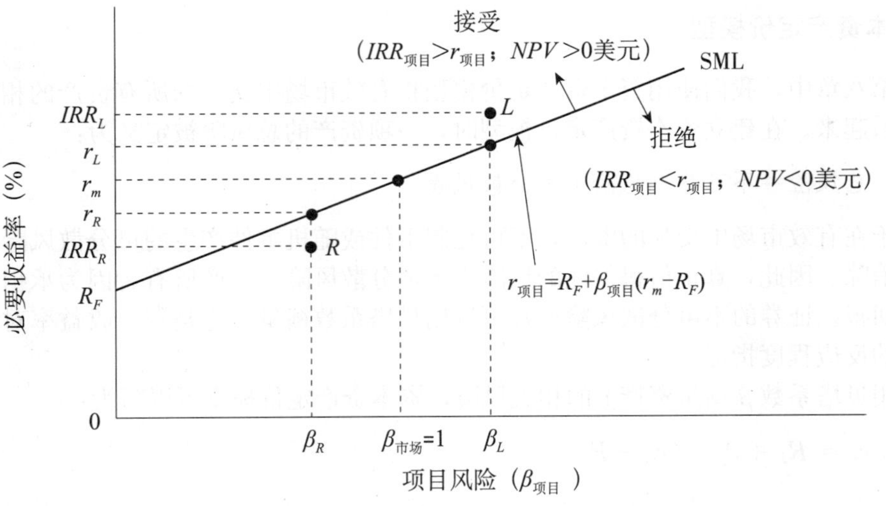

图 11.5 资本资产定价模型与证券市场线

资本预算决策中的资本资产定价模型与证券市场线

应用风险调整贴现率

由于资本资产定价模型基于有效市场假设，而厂房和设备等公司实物（非金融）资产并不总存在这种市场，因此有时财务经理认为，资本资产定价模型不能直接用于计算风险调整贴现率。相反，财务经理有时评估项目的总风险，并用它确定风险调整贴现率，风险调整贴现率可以被用在式（11.3）中来计算净现值。

如果公司没有在决策过程中考虑所有相关风险，就可能以过低的贴现率贴现高风险项目的现金流入并接受项目。当投资者意识到公司本身的风险变得更高时，公司的市场价格就可能下降。相反，如果公司以过高的贴现率贴现项目的现金流入，就会拒绝可接受的项目。最终，公司的市场价格可能下降，因为认为公司过于保守的投资者会卖掉他们的股票，对公司的市场价值形成下降压力。

遗憾的是，没有哪种正规方法可以将项目的总风险与必要收益率水平联系起来。因此，多数公司通过调整现有必要收益率主观确定风险调整贴现率。它们根据计划项目的风险高于还是低于公司的平均风险调高或调低必要收益率。这种资本资产定价模型式方法提供了对项目风险和必要收益率的“粗略估计”，因为项目风险指标和风险与必要收益率之间的联系都是估计值。

例 11.13

贝内特公司希望使用风险调整贴现率法，根据净现值确定执行项目 A 还是项目 B。除了表 11.10 的 A 部分提供的数据，贝内特公司的管理层经过大量主观分析后，将项目 A 的“风险指数”定为 1.6，将项目 B 的“风险指数”定为 1.0。风险指数是用来为项目风险分类的数字指标：风险越高的项目，风险指数的值就越高，反之则反是。公司用来将风险（用风险指数衡量）和必要收益率（风险调整贴现率）联系起来的资本资产定价模型式关系如下页表所示。管理层在分析资本资产定价模型和他们考虑的项目以及在前几年执行的项目的风险收益关系之后建立了这种关系。

	风险指数	必要收益率
	0.0	6%（无风险利率 R_F）
	0.2	7%
	0.4	8%
	0.6	9%
	0.8	10%
项目 B→	1.0	11%
	1.2	12%
	1.4	13%
项目 A→	1.6	14%
	1.8	16%
	2.0	18%

由于项目 A 的风险高于项目 B，因此其风险调整贴现率 14%高于项目 B 的风险调整贴现率 11%。图 11.6 的时间线显示了用风险调整贴现率贴现的每个项目的净现值。结果清楚地显示，由于项目 B 的风险调整净现值为 9 798 美元，大于项目 A 的风险调整净现值 6 063 美元，因此项目 B 更优。正如表 11.10 的 B 部分的净现值所反映的，如果没有根据风险调整贴现率，项目 A 将优于项目 B。

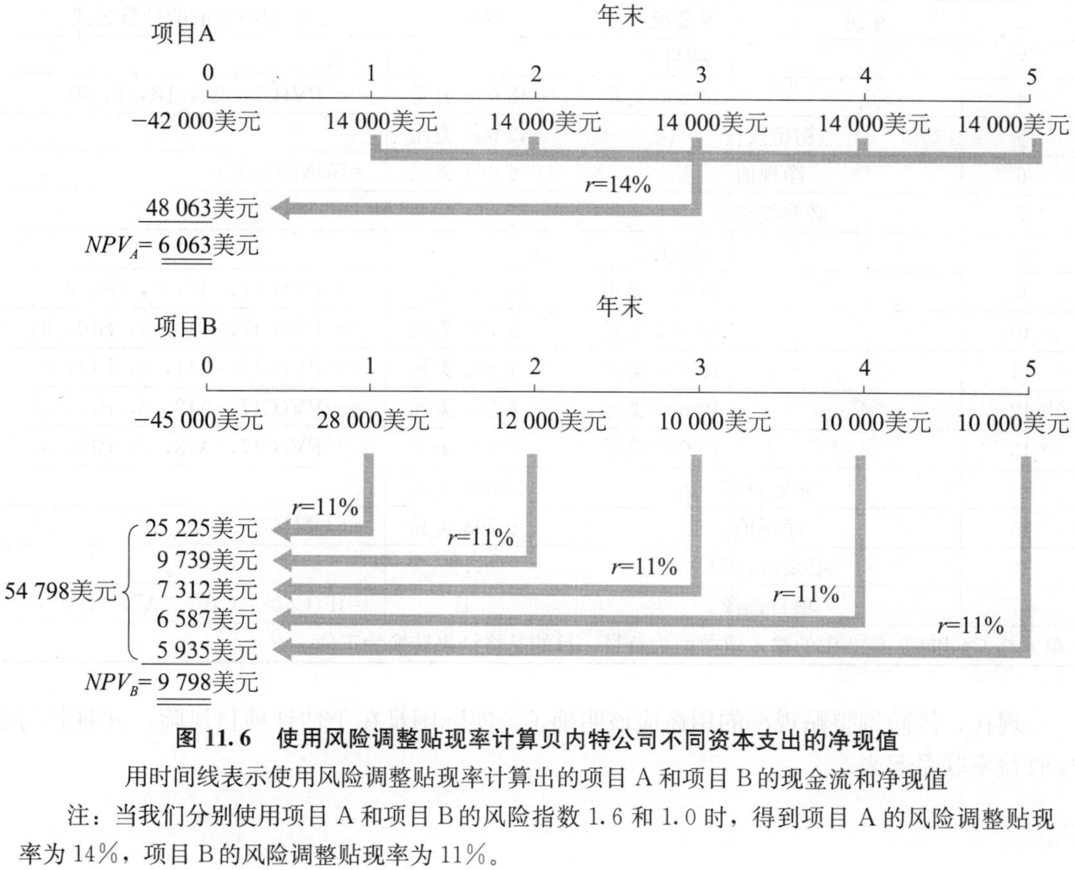

图 11.6　使用风险调整贴现率计算贝内特公司不同资本支出的净现值

用时间线表示使用风险调整贴现率计算出的项目 A 和项目 B 的现金流和净现值

注：当我们分别使用项目 A 和项目 B 的风险指数 1.6 和 1.0 时，得到项目 A 的风险调整贴现率为 14%，项目 B 的风险调整贴现率为 11%。

使用计算器 我们可以再次使用计算器上预设的 NPV 函数简化净现值的计算。项目 A——年金——的输入值通常如下图左边所示。项目 B——混合现金流——的输入值如下图右边所示。项目 A 和项目 B 的净现值计算结果分别为 6 063 美元和 9 798 美元，与图 11.6中显示的数值一致。

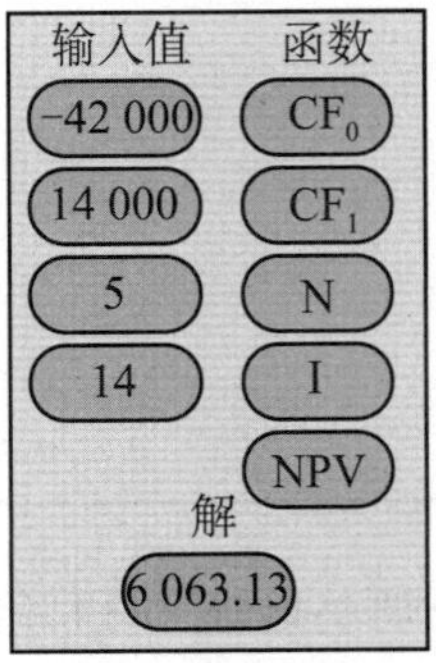

项目 A

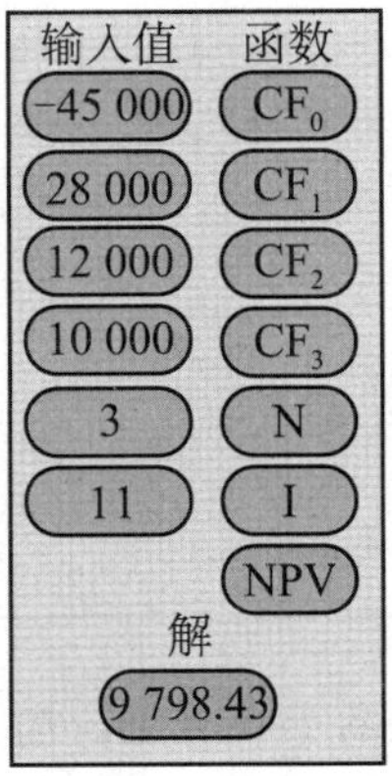

项目 B

使用电子表格 用风险调整贴现率分析项目的过程如下列 Excel 电子表格所示。

	A	B	C	D
1	用风险调整贴现率进行项目分析			
2	年份	现金流入	现值	C 列中数值的计算公式
3	项目 A			
4	5	14 000 美元	48 063 美元	=−PV(C7，A4，B4，0，0)
5	初始投资		−42 000 美元	
6	净现值		6 063 美元	=SUM(C4:C5)
7	必要收益率		14%	
8	项目 B			
9	1	28 000 美元	25 225 美元	=−PV(C17，A9，0，B9，0)
10	2	12 000 美元	9 739 美元	=−PV(C17，A10，0，B10，0)
11	3	10 000 美元	7 312 美元	=−PV(C17，A11，0，B11，0)
12	4	10 000 美元	6 587 美元	=−PV(C17，A12，0，B12，0)
13	5	10 000 美元	5 935 美元	=−PV(C17，A13，0，B13，0)
14	初始投资		45 000 美元	
15	净现值		9 798 美元	=SUM(C9:C14)
16	必要收益率		11%	
17	项目选择		B	=IF(C6>=C16，"A"，"B")
单元格 C4 和 C9:C13 中的输入值前面为负号，目的是将结果转换为正值。				

现在，风险调整贴现率的用途应该明确了。实际困难在于估计项目风险，并将其与必要收益率联系起来。

投资组合效应

如第八章所示，由于投资者不会因为承担可分散风险获得回报，因此他们应该持有分散化证券组合以消除这种风险。由于商业公司可以被视为一个资产组合，公司保持分散化资产组合是否同等重要？

公司通过持有分散化投资组合降低现金流波动性看来是合乎逻辑的。通过合并两个现金流入负相关的项目，公司可以降低合并现金流入的波动性，因此降低风险。

公司以这种方式分散风险是否获得了回报？如果是，那么通过多元经营其他业务就可以提高公司的价值。令人惊讶的是，在有效市场上公开交易的公司股票的价值通常不受多元经营的影响。换言之，分散化通常不会获得回报，因此通常也不是必要的。

为什么公司不会因为分散化而获得回报？这是因为投资者自己可以通过持有不同公司的证券进行分散化；他们不需要公司为他们进行分散化。投资者还可以更稳定地进行分散化。由于信息和交易机制的可得性提高，他们可以更方便、成本更低地进行交易。

当然，如果一家公司收购了新业务，它的现金流对经济条件变化（也就是不可分散风险增加）的反应往往会增加，因此预期收益率将提高。如果该公司由于承担额外风险而获得的收益率超过必要收益率（$IRR>r$），那么公司的价值也将提高。同样，分散化也会带来其他收益，例如现金增加、借款能力提高和获得原材料保障，这些都能证明分散化的合理性，不管它对现金流有什么即时影响。

尽管严格的理论观点支持使用依赖资本资产定价模型框架的方法，但市场不完美导致真实的公司资产市场至少在某些时间是无效的。这个市场的相对无效性加上衡量不可分散项目风险及其与收益率的关系的困难，往往让人们偏向于使用总风险评估资本预算项目。因此，使用总风险作为相关风险的近似指标有广泛的实践吸引力。

实践中的风险调整贴现率

尽管总风险有吸引力，但实践中经常使用风险调整贴现率。它的受欢迎来自两个事实：(1) 它与财务决策者对收益率的一般倾向一致；(2) 它容易估计和应用。第一个原因显然是个人偏好问题，但第二个原因基于风险调整贴现率的计算方便性和完善的使用程序。

在实践中，公司通常会规定一些风险类别，每种类别都对应一个风险调整贴现率。和之前介绍的资本资产定价模型式风险收益关系一样，管理层根据资本资产定价模型和过往项目的风险收益行为规定风险类别和风险调整贴现率。然后，根据主观判断将每个新项目归为适当的风险类别，并用相应的风险调整贴现率评估这些项目。这种评估方法有时是按部门进行的，其中每个部门都有自己的一套风险类别和相关的风险调整贴现率，类似于表 11.12 中贝内特公司的情况。使用部门资本成本和相关风险类别让多部门大公司可以将不同水平的部门风险纳入资本预算过程，同时仍然承认单个项目风险水平的差异。

表 11.12　　贝内特公司的风险类别和风险调整贴现率

风险类别	描述	风险调整贴现率
Ⅰ	低于平均水平的风险：低风险项目。通常包括不更新现有资产的常规置换项目	8%
Ⅱ	平均风险：类似于当前所执行项目的项目。通常包括置换项目或更新现有资产	10%[a]
Ⅲ	高于平均水平的风险：风险高于普通水平但不过高的项目。通常包括扩张现有业务或类似活动	14%
Ⅳ	最高风险：风险非常高的项目。通常包括开展新业务或不熟悉的业务	20%

a. 该风险调整贴现率实际上是公司的资本成本，资本成本曾在第九章中详细讨论过。它表示公司现有项目组合的必要收益率，假设接受"平均风险水平"的项目不会导致该必要收益率发生变化。

例 11.14

假设贝内特公司的管理层决定用风险类别分析项目，因此根据每个项目的风险将其归为四个风险类别之一。风险最低的项目为Ⅰ类，风险最高的项目为Ⅳ类。每个类别对应一个风险调整贴现率，它适用于风险水平属于该类的项目，如表 11.12 所示。贝内特公司被归类为低风险类别的项目包括常规置换项目或更新项目；被归类为高风险类别的项目包括扩张项目，通常是开展新业务或不熟悉的业务。

贝内特公司的财务经理将项目 A 归为Ⅲ类，将项目 B 归为Ⅱ类。项目 A 的现金流使用 14%的风险调整贴现率评估，项目 B 的现金流使用 10%的风险调整贴现率评估。① 在图 11.6 中，项目 A 以 14%的风险调整贴现率计算的净现值为 6 063 美元，在表 11.10 中，项目 B 以 10%的风险调整贴现率计算的净现值为 10 924 美元。显然，根据风险类别对应的风险调整贴现率，项目 B 优于项目 A。如前所述，该结果与表 11.10 所示的优先顺序相反，后者没有考虑项目 A 与项目 B 的不同风险。

复习题

11—16　请描述使用风险调整贴现率的基本程序。这种方法与资本资产定价模型有什么关系？

11—17　请说明为何股票在证券市场上活跃交易的公司无须担心自身是否多元化。除了这个原因，最常用的资本预算项目风险衡量方法是什么？为什么？

11—18　为什么人们经常用风险类别确定风险调整贴现率？

11.7　资本预算细化

在分析资本预算项目时，必须经常对资本预算进行细化以适应特殊环境。这些调整允许放松之前提出的某些简化假设。经常需要特殊分析的三个领域是：(1) 寿命不同的互斥项目的比较；(2) 实物期权的确认；(3) 由预算约束导致的资本配给。

---

① 注意，项目 B 使用的表 11.12 中风险类别对应的风险调整贴现率 10%不同于前例中项目 B 使用的风险调整贴现率 11%。这种差异是由当使用风险类别时精确性较差造成的。

比较寿命不同的互斥项目

财务经理必须经常在寿命不同的项目中选择最优的项目。如果项目彼此独立，项目的寿命长短就不重要。但当寿命不同的项目互斥时，就必须考虑不同寿命的影响，因为项目无法在可比时期内提供服务。当需要计划项目继续提供服务时，这一步尤为重要。以下讨论假设所比较的寿命不同的互斥项目是持续项目。如果它们不是持续项目，就应该选择净现值最高的项目。

问题

一个简单的例子将说明由在不同使用寿命的互斥项目中选择最优项目导致的一般问题：项目不可比。

例 11.15

AT公司（AT Company）是一家地区有线电视公司，它正在评估两个项目——X和Y。下表给出了每个项目的相关现金流。当评估这些风险相同的项目时使用的资本成本为10%。

	项目 X	项目 Y
初始投资	-70 000美元	-85 000美元
年份	年现金流入	
1	28 000美元	35 000美元
2	33 000美元	30 000美元
3	38 000美元	25 000美元
4	—	20 000美元
5	—	15 000美元
6	—	10 000美元

使用计算器 使用财务计算器上预设的NPV函数，用下面显示的项目X（见下图）和项目Y（见下页图）的输入值，可以得出它们各自的净现值分别为11 277.24美元和19 013.27美元。

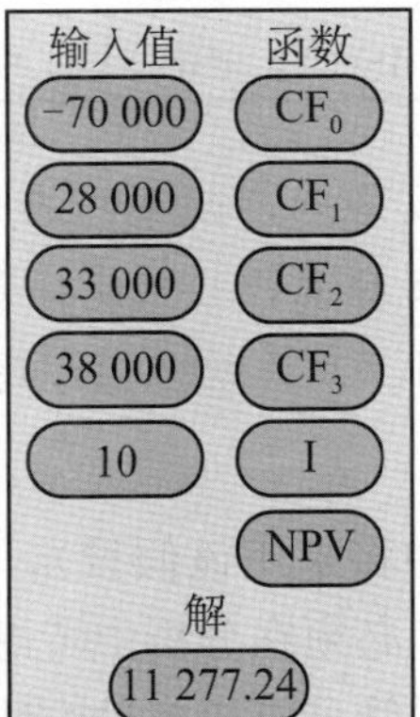

项目 X

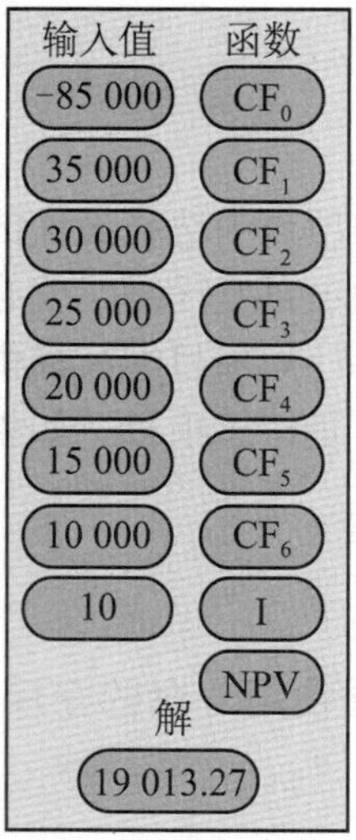

项目 Y

使用电子表格 也可以按下列 Excel 电子表格所示比较寿命不同的两个项目的净现值。

	A	B	C
1	比较寿命不同的两个项目的净现值		
2		资本成本	10%
3		年末现金流	
4	年份	项目 X	项目 Y
5	0	−70 000 美元	−85 000 美元
6	1	28 000 美元	35 000 美元
7	2	33 000 美元	30 000 美元
8	3	38 000 美元	25 000 美元
9	4		20 000 美元
10	5		15 000 美元
11	6		10 000 美元
12	NPV	11 277.24 美元	19 013.27 美元
13	项目选择		项目 Y

单元格 B12 中的输入值＝NPV(＄C＄2，B6:B11)＋B5。

将单元格 B12 中的值拷贝至单元格 C12。

单元格 C13 中的值＝IF(B12＞C12，B4，IF(C12＞B12，C4，“无差异”))。

忽略项目寿命的差异，我们可以看到，两个项目都是可接受的（净现值均大于零），且项目 Y 优于项目 X。如果两个项目独立，且只能接受一个项目，那么项目 Y——净现值较大的项目——更优。如果两个项目互斥，就必须考虑它们的不同寿命。项目 Y 比项目 X 多提供 3 年服务。

如果项目互斥（在剩下的讨论中将采用该假设），上例中的分析就是不完整的。为了正确比较寿命不同的互斥项目，我们必须在分析中考虑寿命差异；不正确的决策可能是只使用净现值选择较优项目导致的。尽管可以用多种方法处理寿命不同的问题，但这里我们介绍最有效的方法：年化净现值法。

年化净现值法

年化净现值（ANPV）法（annualized net present value（ANPV）approach）[①] 将寿命不同的互斥项目的净现值转化为等同的年化金额（用净现值表示），用它们来选择最优项目。[②] 这种基于净现值的方法可以按下列步骤用于寿命不同的互斥项目：

第 1 步　用相应的资本成本 r 计算每个项目 j 在寿命 n_j 内的净现值 NPV_j。

第 2 步　将 NPV_j 转化为寿命为 n_j 的年金。也就是说，找到寿命和净现值与该项目相同的年金。

第 3 步　选择年化净现值最高的项目。

例 11.16

利用之前提供的 AT 公司的项目 X 和项目 Y 的数据，我们可以应用三步年化净现值法，如下所示：

第 1 步　以 10%的贴现率计算出项目 X 和项目 Y 的净现值——计算方法与上例中单独购买每种资产的情况相同：

$NPV_X = 11\ 277.24$ 美元

$NPV_Y = 19\ 013.27$ 美元

第 2 步　在这一步中，我们希望将第 1 步的净现值转换为年金。对于项目 X，我们希望找到以下问题的答案：哪种 3 年期（等于项目 X 的寿命）年金的现值为 11 277.24 美元（项目 X 的净现值）？类似地，对于项目 Y，我们希望知道哪种 6 年期年金的现值为 19 013.27美元。一旦我们得到这些值，就能确定项目 X 还是项目 Y 的年现金流现值更高。

使用计算器　用财务计算器计算年化净现值所需要的键与第五章计算分期贷款年偿付额所需要的键相同。下图显示了计算项目 X 和项目 Y 的年化净现值所需要的键。项目 X 和项目 Y 的年化净现值分别为 4 534.74 美元和 4 365.59 美元。（注意，计算器的解显示为负值，因为现值输入为正值。）

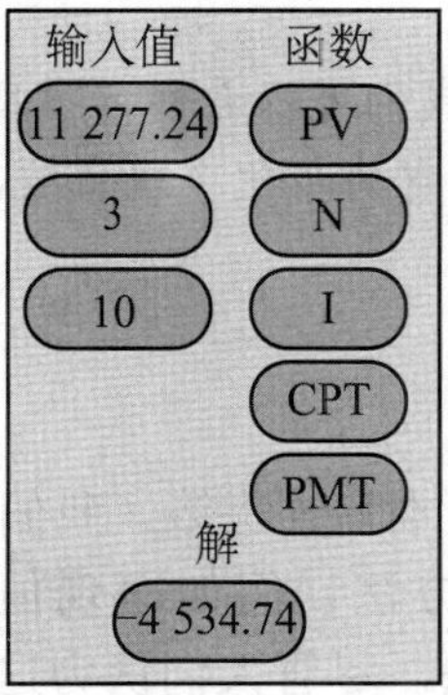

项目 X

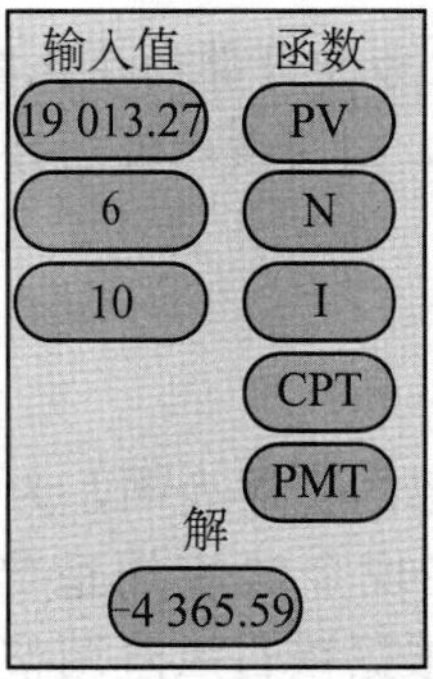

项目 Y

---

① 这种方法也被称为“等价年金（EAA）法”或“等价年成本法”。这里使用年化净现值法这个词是因为它描述清晰。

② 这种方法和比较寿命不同的项目的其他方法背后的理论假设，每个项目在未来都可以被相同的初始投资替代，且每个项目都能提供相同的预期未来现金流入。尽管技术和通货膨胀率的变化会影响初始投资和预期现金流入，但不特别关注它们也不会损害这种方法的有用性。

使用电子表格 寿命不同的两个项目的年化净现值还可以按照下列 Excel 电子表格显示的方法进行比较。

	A	B	C
1	比较寿命不同的两个项目的年化净现值		
2		资本成本	10%
3		年末现金流	
4	年份	项目 X	项目 Y
5	0	−70 000 美元	−85 000 美元
6	1	28 000 美元	35 000 美元
7	2	33 000 美元	30 000 美元
8	3	38 000 美元	25 000 美元
9	4		20 000 美元
10	5		15 000 美元
11	6		10 000 美元
12	NPV	11 277.24 美元	19 013.27 美元
13	ANPV	4 534.74 美元	4 365.59 美元
14	项目选择		项目 X

单元格 B12 中的输入值＝NPV(＄C＄2，B6:B11)＋B5。

将单元格 B12 中的值拷贝至单元格 C12。

单元格 B13 中的输入值＝－PMT(C2，A8，B12，0，0)。

单元格 C13 中的输入值＝－PMT(C2，A11，C12，0，0)。

单元格 C14 中的输入值＝IF(B13>C13，B4，IF(C13>B13，C4，“无差异”))。

第 3 步 回顾第 2 步中计算的年化净现值，我们可以看到，项目 X 优于项目 Y。假设项目 X 和项目 Y 互斥，则应该推荐项目 X，因为它的年化净现值较高。

确认实物期权

第十章和本章介绍的程序表明，为了进行资本预算决策，我们必须：(1) 估计相关现金流；(2) 对这些现金流应用适当的决策方法，例如净现值法或内部收益率法；(3) 确认项目风险并根据项目风险调整决策方法。尽管人们认为这种传统程序可以得出优秀决策，但近年来出现了更具战略性的决策方法。这种更现代的观点考虑了**实物期权**(real option)，即内含于资本项目中（“实物”投资，而非金融投资和资产投资），让财务经理可以改变现金流和风险，以影响项目可接受性（净现值）的机会。由于这些机会更可能存在于大型“战略性”资本预算项目中，而且对这些项目更重要，因此它们有时被称为战略期权。

表 11.13 简要介绍了某些更常见的实物期权类型——放弃期权、弹性期权、成长期权

和时机期权。从每类期权的描述中可以清楚地看到，它们都内含于资本预算决策中，因此明确确认这些期权可能改变项目的现金流和风险，并改变它的净现值。

表 11.13　　　　实物期权的主要类型

期权类型	描述
放弃期权	在项目的计划寿命结束前放弃或终止项目的期权。这种期权让管理层可以避免或尽量降低项目状况变差时的损失。评估项目时明确确认放弃期权通常会增加项目的净现值
弹性期权	将弹性纳入公司经营尤其是生产的期权。它通常包括设计生产流程以接受多种投入、使用弹性生产技术改造原有厂房和设备以创造各种产出，以及在产出需求变化剧烈且从设计到建立新产能需要很长准备时间的资本密集型产业中购买和保留多余产能。确认在资本支出中包含这种期权将提高项目的净现值
成长期权	涉及推出后续项目、扩大市场、扩张或改装厂房等机会的期权，如果不执行待评估的项目，就不可能实现这些机会。如果待评估的项目成功，就有可能开启新机会，且这种可能性是可以衡量的，那么在初始决策过程中就应该确认这种机会产生的现金流。项目中包含的成长机会通常会增加包含这些机会的项目的净现值
时机期权	确定何时采取与给定项目有关的各种行为的期权。这种期权确认了公司延迟一期或更久接受项目、由于新信息而加速或放缓项目执行进程、由于产品市场条件或竞争的变化而暂停项目的机会。和其他类型期权的例子一样，明确确认时机期权可以提高没有在投资决策中确认该期权的项目的净现值

通过在做出资本预算决策时明确确认这些期权，财务经理可以做出更完善、更具战略性的决策，提前考虑某些或有行为对项目现金流和风险的经济影响。明确确认资本预算项目中内含的实物期权将导致项目的战略净现值不同于传统净现值，如式(11.7)所示：

$$NPV_{战略}=NPV_{传统}+实物期权的价值 \tag{11.7}$$

下例说明了这种关系的应用。

例 11.17

假设对贝内特公司的项目A和项目B的战略分析（见表11.10中的现金流和净现值）发现项目A中没有实物期权、项目B中包含两种实物期权。项目B中的两种实物期权如下：(1) 项目在前两年中的部分时段会停工，因而产生未使用的生产能力，这些生产能力可以用于为另一家公司进行签约生产；(2) 项目的程控系统经过某些改装后可以控制另外两台机器，因而可以降低劳动力成本而不影响新项目的运行。

贝内特公司的管理层估计，在执行项目B之后的两年中，签约生产的净现值为1 500美元，改装程控系统用于其他机器产生的净现值为2 000美元。管理层认为，执行签约生产的概率为60%，改装程控系统用于其他机器的概率只有30%。这两个实物期权的合并价值将是它们各自的价值之和：

$$项目B的实物期权价值=0.60\times 1\,500美元+0.30\times 2\,000美元$$
$$=900美元+600美元=1\,500美元$$

将实物期权价值 1 500 美元和项目 B 的传统净现值 10 924 美元（根据表 11.10）代入式（11.7），我们将得到项目 B 的战略净现值：

$$NPV_{战略}=10\,924美元+1\,500美元=12\,424美元$$

因此，贝内特公司的项目 B 的战略净现值为 12 424 美元，它高于传统净现值，现在还超过了项目 A 的净现值 11 071 美元。显然，确认项目 B 的实物期权提高了它的净现值（从 10 924 美元提高到 12 424 美元），并导致它优于项目 A（项目 B 的净现值 12 424 美元>项目 A 的净现值 11 071 美元），后者不包括实物期权。

重要的是，当意识到计算净现值时，确认有吸引力的实物期权可能导致本来不可接受的项目（$NPV_{传统}<0$ 美元）变为可接受的项目（$NPV_{战略}>0$ 美元）。因此，没有确认实物期权的价值将导致管理层拒绝可接受的项目。尽管这样做需要更多战略思考和分析，但财务经理识别出实物期权并将其纳入净现值计算过程是很重要的。高效的实物期权识别与分析程序正在发展，未来使用包含实物期权的战略净现值将变得更为普遍。

资本配给

公司通常在资本配给下经营，此时它们的可接受独立项目多于它们能提供资金的项目。理论上不应该存在资本配给。公司应该接受所有净现值为正的项目（或内部收益率大于资本成本的项目）。然而，在实践中，多数公司是在资本配给下经营的。通常，公司希望找到并选出在管理层制定的资本支出预算下最优的可接受项目。研究发现，管理层会在内部施加资本支出约束，以避免新融资——尤其是债务水平——“过高”。尽管在理论上无法为所有可接受的独立项目融资与最大化所有者财富的目标不一致，但这里我们将讨论资本配给过程，因为它在实践中被广泛应用。

资本配给的目标是选择能提高最高整体净现值且所需资金不超过预算的项目。作为资本配给的前提条件，必须选出互斥项目中的最优项目，并将其加入独立项目组合。下面将讨论在资本配给下选择项目的两种基本方法。

内部收益率法

内部收益率法（internal rate of return approach）需要参照总投资额按降序画出项目的内部收益率。这种图形被称为**投资机会曲线**（investment opportunities schedule，IOS）。通过画出资本成本线然后施加预算约束，财务经理就能确定可接受项目的范围。这种方法的问题在于它不能确保公司的最高收益金额。它只是提供了直观上有吸引力的资本配给问题的解决方案。

例 11.18

泰特公司（Tate Company）是一家快速成长的塑料制品公司，它现在有六个项目竞争 250 000 美元的固定预算。每个项目的初始投资和内部收益率如下页表所示：

项目	初始投资	内部收益率
A	−80 000 美元	12%
B	−70 000 美元	20%
C	−100 000 美元	16%
D	−40 000 美元	8%
E	−60 000 美元	15%
F	−110 000 美元	11%

该公司的资本成本为10%。图11.7提供了对六个项目按内部收益率降序排列的投资机会曲线。根据该曲线，只有项目B、项目C和项目E应该被接受。它们一共将使用250 000美元预算中的230 000美元。项目A和项目F是可接受的，但由于预算约束而无法选择。项目D不值得考虑；它的内部收益率低于公司10%的资本成本。

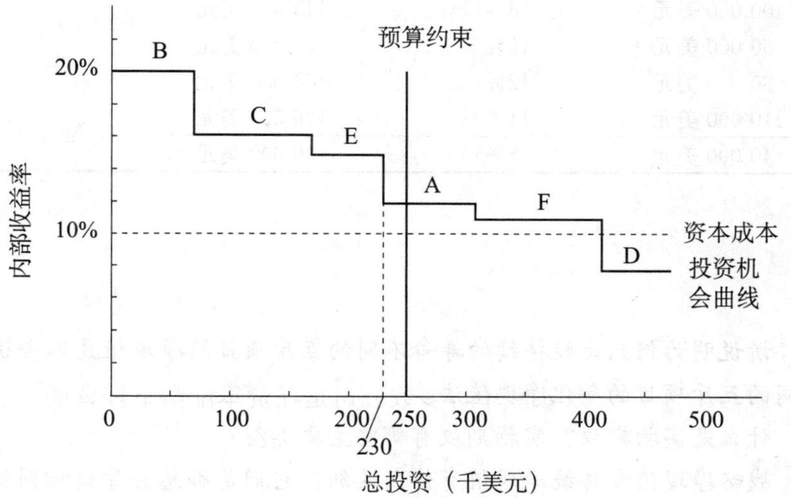

图11.7 投资机会曲线

泰特公司项目的投资机会曲线

这种方法的缺点是不能确保接受项目B、项目C和项目E将最大化总收益从而最大化所有者财富。

净现值法

净现值法（net present value approach）使用现值确定能最大化所有者财富的项目范围。它的使用方法是根据内部收益率对项目排序，然后评估每个项目的收益现值，以确定整体现值最高的项目组合。这种方法与最大化净现值的方法相同，因为整体预算被视为总初始投资。没有使用的公司预算不会增加公司的价值。至多，没有使用的资金可以投资于适销证券或以现金股利的形式返还给所有者。不论在哪种情况下，所有者财富都不可能增加。

例11.19

表11.14根据内部收益率对上例介绍的项目进行了排序。表中还包括与项目相关的现

金流入的现值。项目B、项目C和项目E一共需要230 000美元，现值为336 000美元。然而，如果执行项目B、项目C和项目A，将使用250 000美元的总预算，现金流入的现值将为357 000美元，它高于根据最高的内部收益率选择项目预期将获得的收益。执行项目B、项目C和项目A是最好的选择，因为它们在给定预算下使现值最大化。公司的目标是使用预算创造最高的现金流入现值。假设没有使用的预算不会获得收益或承受亏损，项目B、项目C和项目E的净现值总额为106 000美元（＝336 000美元－230 000美元），而项目B、项目C和项目A的净现值总额为107 000美元（＝357 000美元－250 000美元）。因此，选择项目B、项目C和项目A会最大化净现值。

表 11.14　对泰特公司的项目排序

项目	初始投资	内部收益率	按10%贴现的现金流入的现值	
B	－70 000美元	20%	112 000美元	
C	－100 000美元	16%	145 000美元	
E	－60 000美元	15%	79 000美元	
A	－80 000美元	12%	100 000美元	
F	－110 000美元	11%	126 500美元	最低值（*IRR*＜10%）
D	－40 000美元	8%	36 000美元	

复习题

11—19　请说明为何只比较持续的寿命不同的互斥项目的净现值是不合适的。请描述比较寿命不同的互斥项目的年化净现值法。

11—20　什么是实物期权？实物期权有哪些主要类型？

11—21　战略净现值和传统净现值有什么区别？它们是否总会导致相同的接受—拒绝决策？

11—22　什么是资本配给？在理论上是否应该存在资本配给？为什么实际上经常出现资本配给？

11—23　请比较资本配给的内部收益率法和净现值法。哪种方法更好？为什么？

总　结

价值焦点

财务经理的主要职责之一就是审核并分析建议投资决策，以确保公司只进行对公司价值有正面贡献的项目。财务经理使用不同工具和方法估计建议投资将产生的现金流，然后用决策方法评估投资对公司价值的影响。资本预算过程最困难和最重要的环节是准确估计相关现金流和恰当细化风险考量过程。

相关现金流是建议投资产生的税后增量现金流。这些估计表示进行投资可能给公司带来的现金流收益。当评估投资现金流时，重要的是记住并非所有资本预算项目的风险都和公司现有项目的风险相同。财务经理在评估项目可接受性时必须根据项目的风险差异进行调整。如果不进行这些调整，管理层就可能错误地接受有损于股东价值的项目，或拒绝能为股东创造价值的项目。

风险调整贴现率提供了调整贴现率以使其与市场参与者的风险收益偏好一致的机制。比较寿命不同项目的程序、明确确认资本项目中内含的实物期权的程序和根据资本配给选择项目的程序让财务经理可以进一步细化资本预算过程。这些程序和风险调整方法能让财务经理进行与公司最大化股价目标一致的资本预算决策。

学习目标复习

目标 1　讨论相关现金流和现金流的三个主要部分。资本预算决策的相关现金流是增量现金流出（投资）和与计划资本支出相关的后续现金流入。项目的三个主要现金流组成部分包括：（1）初始投资；（2）营业现金流；（3）期终现金流。初始投资发生在时点 0 处，营业现金流发生在项目寿命期内，期终现金流发生在项目结束时。

目标 2　讨论扩张决策与置换决策、沉没成本和机会成本。置换决策的相关现金流是新资产与旧资产的现金流之差。扩张决策被视为旧资产产生的所有现金流为零的置换决策。当估计相关现金流时，应忽略沉没成本，并将机会成本计入现金流出。

目标 3　计算与计划资本支出相关的初始投资、营业现金流和期终现金流。初始投资是必要的初始现金流出，它考虑了新资产的安装成本、出售旧资产的税后收入和净营运资本变化。营业现金流是项目预期产生的税后增量现金流。置换项目的相关（增量）现金流是计划项目和现有项目的营业现金流之差。期终现金流表示变现项目预期将产生的税后现金流（不包括营业现金流）。置换项目的期终现金流计算方法是得出项目结束时出售新资产和出售旧资产的税后收入之差，然后用净营运资本变化调整该差值。

目标 4　了解在资本预算项目分析中确认风险的重要性，并讨论风险与现金流、情景分析和模拟等处理风险的行为学方法。与资本预算项目相关的现金流的风险水平通常不同，接受项目通常会影响公司的整体风险。资本预算的风险是现金流波动程度，传统资本预算项目的现金流几乎全部来自净现金流。计算盈亏平衡现金流入并估计实现该现金流入的概率是评估资本预算风险的行为学方法之一。情景分析是另一种反映现金流入和净现值波动性的行为学方法。模拟是一种基于统计学的方法，它得出的是项目收益率的概率分布。

目标 5　描述风险调整贴现率的确定和用途、投资组合效应和风险调整贴现率的实际作用。初始投资确定已知的项目的风险内含于使用净现值法计算出的现金流入的现值中。调整现金流入的现值的方法有两种：（1）调整现金流入；（2）调整贴现率。由于调整现金流入是高度主观的，因此调整贴现率更常用。风险调整贴现率使用基于市场的贴现率调整方法计算净现值。风险调整贴现率与资本资产定价模型密切相关，但由于公司的实物资产通常不在有效市场上交易，因此资本资产定价模型不能直接用于资本预算。实际上，公司将建立某种资本资产定价模型式关系，将项目的风险与必要收益率联系起来，后者被用作贴现率。通常，为了方便起见，公司在估计项目的必要收益率时，将依赖总风险作为相关风险的近似指标。风险调整贴现率在实际中很常用，因为决策者发现收益率很容易估计和应用。

目标 6　用年化净现值法从一组寿命不同的互斥项目中选择最优项目，说明实物期权的作用以及在资本配给下选择项目的目标和程序。对于使用寿命不同的持续互斥项目，年化净现值法是最有效的比较方法。它将每个寿命不同项目的净现值转化为等价年化金额，即年化净现值。实物期权是内含于资本项目中的机会，它允许管理者改变现金流和风险以影响项目可接受性（净现值）。通过明确确认实物期权，财务经理可以计算出项目的战略净现值。当公司的可接受独立项目多于它们能提供资金的项目时，就存在资本配给。实践中经常出现资本配给。它的目标是从所有可接受的项目中选出整体净现值最高且所需投资不超过预算的项目。根据资本配给选择项目的两种基本方法是内部收益率法和净现值法。

自测题（答案见附录）

自测 11—1　确定相关现金流　现在使用的一台机器是 2 年前花 40 000 美元购买的。这台机器根据修正加速成本回收法折旧，回收期为 5 年；它的使用寿命还剩 3 年。现在，这台机器在扣除拆除成本和清理成本后还能卖得 42 000 美元的净值。使用 3 年期修正加速成本回收法的新机器的价格为 140 000 美元。它需要 10 000 美元的安装成本，使用寿命为 3 年。如果购买新机器，应收账款投资预期将增加 10 000美元，存货投资将增加 25 000 美元，应付账款将增加 15 000 美元。在接下来 3 年中，每年旧机器的息税折旧前利润将为 70 000 美元，新机器的息税折旧前利润在第 1 年为 120 000 美元，在第 2 年和第 3 年为 130 000 美元。在第 3 年年末，旧机器的市场价值将等于 0 美元，但新机器可以获得 35 000 美元的净税前销售收入。该公司适用 40%的税率。（表 4.2 中有适用的修正加速成本回收法折旧百分比。）

a. 请确定与所建议的置换决策相关的初始投资。

b. 请计算第 1—4 年与所建议的置换决策相关的增量营业现金流入。（注：第 4 年必须考虑的只有折旧现金流。）

c. 请计算与所建议的置换决策相关的期终现金流。（注：在第 3 年年末做出该决策。）

d. 请画出第 a 问、第 b 问和第 c 问中算出的所建议的置换决策的相关现金流的时间线，假设项目在第 3 年年末结束。

自测 11—2　风险调整贴现率　CBA 公司（CBA Company）正在考虑两个互斥项目 A 和 B。下表显示了适用于 CBA 公司的风险指数与必要收益率（风险调整贴现率）之间的资本资产定价模型式关系。

风险指数	必要收益率（风险调整贴现率）
0.0	7.0%（无风险利率 R_F）
0.2	8.0%
0.4	9.0%
0.6	10.0%
0.8	11.0%
1.0	12.0%
1.2	13.0%
1.4	14.0%
1.6	15.0%
1.8	16.0%
2.0	17.0%

预测数据如下：

	项目 A	项目 B
初始投资（CF_0）	−15 000 美元	−20 000 美元
项目寿命	3 年	3 年
年现金流入（CF）	7 000 美元	10 000 美元
风险指数	0.4	1.8

a. 忽略风险差异，并假设该公司的资本成本为 10%，请计算每个项目的净现值。

b. 请使用净现值评估项目，用风险调整贴现率衡量风险。

c. 请比较、对比和解释你对第 a 问和第 b 问的答案。

热身练习

练习 11—1 铱公司（Iridium Corp.）在过去 10 年中花了 35 亿美元开发星载电信系统。现在，该公司希望确定是否对该项目追加 3.5 亿美元支出。该公司预期这笔支出将结束该项目，并在接下来 5 年中每年产生 1 500 万美元现金流。一家竞争对手为已经在轨的人造卫星出价 4.5 亿美元。该公司的支出属于沉没成本还是机会成本？请说明相关现金流有哪些。

练习 11—2 油画复制公司（Canvas Reproductions，Inc.）花了 4 500 美元研究一个新项目。该项目需要价值 20 000 美元的新机器，这台机器的安装成本为 3 000 美元。该公司出售旧机器将得到 4 500 美元税后收入。如果油画复制公司的营运资本不受该项目的影响，那么该项目的初始投资是多少？

练习 11—3 勃肯鞋业（Birkenstock）正在考虑投资于一台尼龙编织机。这台机器需要 25 000 美元初始投资，寿命为 5 年，且在第 5 年年末没有残值。该公司的资本成本为 12%。5 年中每年的实际税后现金流入可预测但较不确定。该公司估计了三种结果下的预期现金流入：悲观结果、最可能的结果和乐观结果。下表列出了这些预期现金流入。请计算每种情况下的净现值范围。

年份	预期现金流入（美元）		
	悲观结果	最可能的结果	乐观结果
1	5 500	8 000	10 500
2	6 000	9 000	12 000
3	7 500	10 500	14 500
4	6 500	9 500	11 500
5	4 500	6 500	7 500

练习 11—4 和多数该行业的公司一样，耶斯泰姆面包店（Yeastime Bakeries）使用自己设计的主观风险评估工具。该工具是一个简单的风险指数，将项目的风险水平按照从 0 到 10 排序。下表给出了这些风险水平。

风险指数	必要收益率
0	4.0%（当前的无风险利率）
1	4.5%
2	5.0%
3	5.5%
4	6.0%
5	6.5%（当前的内部收益率）
6	7.0%
7	7.5%
8	8.0%
9	8.5%
10	9.0%

该公司根据年化贴现率分析了两个项目。酵母项目需要 12 500 美元初始投资，风险指数为 6。希腊沙拉项目需要 7 500 美元初始投资，风险指数为 8。两个项目的寿命均为 7 年。酵母项目预计每年产生 5 500美元现金流入。希腊沙拉项目预计每年产生 4 000 美元现金流入。请使用项目的年化贴现率选择最优项目。

练习 11—5 流浪者公司（Outcast，Inc.）聘你为顾问，帮助该公司根据资本预算选择两个寿命不同的互斥项目 M 和 N 中的较优者。每个项目的现金流如下表所示。请使用该公司的资本成本 8%计算每个项目的年化净现值。你推荐哪个项目？

	项目 M	项目 N
初始投资	−35 000 美元	−55 000 美元
年份	现金流入	
1	12 000 美元	18 000 美元
2	25 000 美元	15 000 美元
3	30 000 美元	25 000 美元
4	—	10 000 美元
5	—	8 000 美元
6	—	5 000 美元
7	—	5 000 美元

习　题

习题 11—1　相关现金流与绘制时间线　请计算下列每个项目的相关现金流，并在时间线上画出这些现金流。

a. 一个项目需要 120 000 美元初始投资，并将在接下来 18 年中每年创造 25 000 美元营业现金流入。每年，项目的维护需要 5 000 美元现金流出。

b. 一台新机器的安装成本为 85 000 美元。出售旧机器将获得 30 000 美元税后收入。置换决策产生的营业现金流入将比旧机器在 6 年中每年产生的营业现金流入多 20 000 美元。在第 6 年年末，变现新机器将获得 20 000 美元税后收入，该收入比保留旧机器并将其在第 6 年年末变现预期获得的税后收入多 10 000美元。

c. 一项资产需要 200 万美元初始投资，在接下来 10 年中每年将产生 300 000 美元营业现金流入。除了第 6 年暂停生产需要额外现金支出 500 000 美元以外，每年将产生 20 000 美元营业现金支出。该资产在第 10 年年末的变现价值预期为 0 美元。

习题 11—2　扩张项目的现金流与置换项目的现金流　爱迪生系统（Edison Systems）估计了两个项目 A 和 B 在 5 年寿命期中的现金流。下表总结了这些现金流。

	项目 A	项目 B
初始投资	40 000 美元	12 000 美元[a]
年份	营业现金流入	
1	10 000 美元	6 000 美元
2	12 000 美元	6 000 美元
3	14 000 美元	6 000 美元
4	16 000 美元	6 000 美元
5	10 000 美元	6 000 美元

a. 变现项目预期将获得的税后现金流入。

a. 如果项目 A 实际上是用来置换项目 B 的，且项目 B 的 12 000 美元初始投资是变现该项目预期将获得的税后现金流入，那么该置换决策的相关现金流是多少？

b. 项目A这种扩张决策能否被视为置换决策的特殊形式？请说明。

习题11—3　沉没成本与机会成本　科沃实业（Covol Industries）正在计算用技术更先进的新机床置换现有机床的相关现金流。假设与计划项目相关的成本如下，请说明当计算建议置换决策的相关现金流时，下列每种成本应该被视为沉没成本还是机会成本。

a. 科沃实业可以在新机床上使用与旧机床相同的工具作业，工具账面价值为40 000美元。

b. 科沃实业能使用现有的电脑系统设计新机床的操作程序。旧机床不需要这些程序。该公司的电脑有多余的计算能力，这种计算能力可以租给另一家公司，年租金为17 000美元。

c. 科沃实业必须获得更大的厂房空间以容纳更大的新机床。现在，该空间被租给另一家公司，年租金为10 000美元。

d. 科沃实业将使用一间小仓库储存新机床所增加的产出。这间仓库是科沃实业3年前花120 000美元建造的。由于该仓库独特的结构和位置，现在它对科沃实业或其他公司都没有用。

e. 科沃实业将保留现有的高架起重机，而不是以180 000美元的市场价值卖掉它。尽管旧机床不需要高架起重机，但可以用它把原材料装到新机床上。

个人理财习题11—4　账面价值　请使用修正加速成本回收法计算下表所示的每种资产的账面价值。适用的折旧百分比见表4.2。

资产	安装成本（美元）	回收期（年）	已购买时间（年）
A	950 000	5	3
B	40 000	3	1
C	96 000	5	4
D	350 000	5	1
E	1 500 000	7	5

习题11—5　计算净营运资本变化　塞缪尔斯制造（Samuels Manufacturing）正在考虑购买新机器替换该公司认为已经过时的机器。该公司的总流动资产为920 000美元，总流动负债为640 000美元。作为建议置换项目的结果，流动资产账户和流动负债账户预期将发生以下变化。

账户	变化（美元）
应计项目	+40 000
适销证券	0
存货	−10 000
应付账款	90 000
应付票据	0
应收账款	150 000
现金	15 000

习题11—6　不同售价下的初始投资　爱德华兹制造公司（Edwards Manufacturing Company，EMC）正在考虑用一台机器替换另一台机器。旧机器是3年前购买的，安装成本为10 000美元。该公司用修正加速成本回收法对机器进行折旧，回收期为5年。（见表4.2中的适用折旧百分比。）新机器的成本为24 000美元，需要的安装成本为2 000美元。该公司适用40%的税率，请计算下列每种情况的置换决策初始投资。

a. 爱德华兹制造公司以11 000美元的价格出售旧机器。

b. 爱德华兹制造公司以7 000美元的价格出售旧机器。

c. 爱德华兹制造公司以2 900美元的价格出售旧机器。

d. 爱德华兹制造公司以1 500美元的价格出售旧机器。

习题 11—7　计算初始投资　杜普雷咖啡烘焙机公司（Dupree Coffee Roasters，Inc.）希望扩张厂房并进行现代化改造。计划购买的程控自动进料烘焙机的安装成本为 130 000 美元。该公司有机会以35 000 美元的价格出售已使用 4 年的烘焙机。现有烘焙机的初始成本为 60 000 美元，该公司用修正加速成本回收法对其进行折旧，回收期为 7 年。（见表 4.2 中适用的折旧百分比。）杜普雷咖啡烘焙机公司适用 40% 的税率。

a. 现有烘焙机的账面价值是多少？

b. 请计算出售现有烘焙机的税后收入。

c. 请使用下表中给出的数字计算净营运资本变化。

流动资产与流动负债的预期变化	
应计项目	−20 000 美元
存货	＋50 000 美元
应付账款	＋40 000 美元
应收账款	＋70 000 美元
现金	0 美元
应付票据	＋15 000 美元

d. 请计算计划购买的新烘焙机的初始投资。

习题 11—8　增量营业现金流入　一家公司正在考虑更新设备以满足增加的产品需求。设备改装成本为 190 万美元加上 100 000 美元安装成本。该公司将使用修正加速成本回收法对设备改装提取折旧，回收期为 5 年。（见表 4.2 中适用的折旧百分比。）更新设备后增加的销售收入为每年 1 200 000 美元，增加的营业费用和其他成本（不包括折旧和利息）为增加的销售收入的 40%。该公司适用 40% 的税率。（注：对于接下来 6 年中的每一年，请回答下列问题。）

a. 更新设备产生的增量息税折旧前利润是多少？

b. 更新设备产生的税后增量净营业利润是多少？

c. 更新设备产生的增量营业现金流是多少？

个人理财习题 11—9　增量营业现金流　强大工具公司（Strong Tool Company）考虑购买一台新车床代替使用寿命还剩 5 年、已完全折旧的车床。新车床的预期寿命为 5 年，第 1 年的折旧费用各为 2 000 美元，第 2 年的折旧费用为 3 200 美元，第 3 年的折旧费用为 1 900 美元，第 4 年和第 5 年的折旧费用各为 1 200 美元，第 6 年的折旧费用为 500 美元。该公司估计，新车床和旧车床的收入和费用（不包括折旧和利息）如下表所示。该公司适用 40% 的税率。

年份	新车床		旧车床	
	收入	费用（不包括折旧和利息）	收入	费用（不包括折旧和利息）
1	40 000 美元	30 000 美元	35 000 美元	25 000 美元
2	41 000 美元	30 000 美元	35 000 美元	25 000 美元
3	42 000 美元	30 000 美元	35 000 美元	25 000 美元
4	43 000 美元	30 000 美元	35 000 美元	25 000 美元
5	44 000 美元	30 000 美元	35 000 美元	25 000 美元

a. 请计算与每台车床相关的营业现金流。（注：一定要考虑第 6 年的折旧。）

b. 请计算计划购买的车床产生的增量（相关）营业现金流。

c. 请画出第 b 问计算出的增量营业现金流的时间线。

习题 11—10　期终现金流：不同寿命与售价　鲁内实业（Looner Industries）正在分析购买新机器的

计划，这台新机器的成本为 160 000 美元，需要 20 000 美元安装成本。预期购买这台机器将导致净营运资本增加 30 000 美元，以支持扩张的营业水平。该公司计划用修正加速成本回收法对机器折旧，回收期为 5 年（见表 4.2 中的适用折旧百分比），并希望在机器使用期结束时卖掉机器，获得 10 000 美元的税前净利润。该公司适用 40%的税率。

a. 请计算下列使用寿命下的期终现金流：(1) 3 年；(2) 5 年；(3) 7 年。

b. 请使用第 a 问的结果讨论使用寿命对期终现金流的影响。

c. 假设使用寿命为 5 年，请计算这台机器在第 5 年年末的（税前）净销售收入如下时的期终现金流：(1) 9 000 美元；(2) 170 000 美元。

d. 请使用第 c 问的答案讨论售价对期终现金流的影响。

习题 11—11　期终现金流：置换决策　拉塞尔实业（Russell Industries）正在考虑用一台更新、更先进的机器置换一台剩余使用寿命为 10 年、已完全折旧的机器。新机器的成本为 200 000 美元，需要 30 000美元安装成本。该公司将使用修正加速成本回收法对它进行折旧，回收期为 5 年（见表 4.2 的适用折旧百分比）。为了保障新机器的正常使用，净营运资本需要增加 25 000 美元。该公司的管理者计划评估 4 年期的置换计划。他们估计，旧机器可以在第 4 年年末出售，获得 15 000 美元税前净收入。在第 4 年年末，新机器的税前价值将为 75 000 美元。请计算第 4 年年末与计划购买新机器相关的期终现金流。该公司适用 40%的税率。

习题 11—12　相关现金流：无期终价值　中央洗衣清洁公司（Central Laundry and Cleaners）正在考虑用更先进的机器代替现有机器。旧机器是在 3 年前花 50 000 美元购买的，该公司使用加速成本回收法对它进行折旧，回收期为 5 年。考虑购买的新机器成本为 76 000 美元，需要 4 000 美元安装成本。该公司将用修正加速成本回收法对它进行折旧，回收期为 5 年。该公司现在可以按 55 000 美元的价格出售旧机器而不产生任何拆除成本或清理成本。该公司适用 40%的税率。接下来 5 年与新机器和旧机器相关的收入和费用（不包括折旧和利息）如下表所示。（见表 4.2 中的相应折旧百分比。）

年份	新机器		旧机器	
	收入	费用（不包括折旧和利息）	收入	费用（不包括折旧和利息）
1	750 000 美元	720 000 美元	674 000 美元	660 000 美元
2	750 000 美元	720 000 美元	676 000 美元	660 000 美元
3	750 000 美元	720 000 美元	680 000 美元	660 000 美元
4	750 000 美元	720 000 美元	678 000 美元	660 000 美元
5	750 000 美元	720 000 美元	674 000 美元	660 000 美元

a. 请计算与用新机器置换旧机器相关的初始投资。

b. 请计算与置换计划相关的增量营业现金流（注：一定要考虑第 6 年的折旧）。

c. 请在时间线上画出第 a 问和第 b 问算出的置换决策相关现金流。

习题 11—13　综合：确定相关现金流　隆巴德公司（Lombard Company）正在考虑购买一台高速部件磨床。现有的磨床是 2 年前购买的，安装成本为 60 000 美元；该公司使用修正加速成本回收法对它进行折旧，回收期为 5 年。现有磨床的使用寿命还有 5 年。新磨床的成本为 105 000 美元，需要 5 000 美元安装成本；它的使用寿命为 5 年，该公司使用修正加速成本回收法对它进行折旧，回收期为 5 年。隆巴德公司现在可以按 70 000 美元的价格卖掉现有磨床而不产生任何拆除成本或清理成本。为了支持购买新磨床所增加的业务，应收账款将增加 40 000 美元，存货将增加 30 000 美元，应付账款将增加 58 000 美元。在第 5 年年末，现有磨床的市场价值将为 0 美元；新磨床在扣除拆除成本和清理成本后的税后净销售收入为 29 000 美元。该公司适用 40%的税率。新磨床和现有磨床在 5 年期内的估计息税折旧前利润如下页表所示。（见表 4.2 中的适用折旧百分比。）

年份	息税折旧前利润	
	新磨床	现有磨床
1	43 000 美元	26 000 美元
2	43 000 美元	24 000 美元
3	43 000 美元	22 000 美元
4	43 000 美元	20 000 美元
5	43 000 美元	18 000 美元

a. 请计算与用新磨床置换现有磨床相关的初始投资。

b. 请计算与置换磨床决策相关的增量营业现金流。

c. 请计算置换磨床计划预期在第 5 年年末产生的期终现金流。

d. 请在时间线上画出置换磨床决策的相关现金流。

习题 11—14　盈亏平衡现金流入和风险　布莱尔气体和化学公司（Blair Gasses and Chemicals）是半导体生产商的高纯度气体供应商。一家大型芯片生产商请布莱尔公司在现有半导体厂房附近建造一座新的气体生产厂房。一旦建好新厂房，布莱尔公司就是该半导体加工厂今后 5 年的独家供应商。布莱尔公司正在考虑两种厂房设计。第一种是布莱尔公司的标准厂房，建造成本为 3 000 万美元。第二种是定制厂房，建造成本为 4 000 万美元。定制厂房让布莱尔公司可以生产新兴半导体生产工艺所需的特殊气体。布莱尔公司估计，如果建造标准厂房，客户每年会下 1 000 万美元产品订单，但是如果建造定制厂房，客户每年会下 1 500 万美元产品订单。布莱尔公司有足够资金建造任何一种厂房，而且在没有风险差异的情况下，将接受净现值最高的项目。资本成本为 12%。

a. 请计算每个项目的净现值。这些项目是否可接受？

b. 请计算每个项目的盈亏平衡现金流入。

c. 该公司估计，两个项目实现不同范围现金流入的概率如下表所示。每个项目至少实现第 b 问计算出的盈亏平衡现金流入的概率是多少？

现金流入范围	实现给定范围现金流入的概率	
	标准厂房	定制厂房
0～5 美元	0%	5%
5～8 美元	10%	10%
8～11 美元	60%	15%
11～14 美元	25%	25%
14～17 美元	5%	20%
17～20 美元	0%	15%
20 美元以上	0%	10%

d. 哪个项目的风险最高？哪个项目的潜在净现值最高？请讨论两个项目的风险收益权衡。

e. 如果该公司希望最小化亏损（即净现值<0 美元），你推荐哪个项目？如果目标是实现更高的净现值，你推荐哪个项目？

习题 11—15　情景分析　自动食品配送公司（Automated Food Distribution Corp.，AFDC）生产自动售货机并将它们放在公共建筑物中。该公司已获得许可在一家当地图书馆放置一台自动售货机。该公司生产两类自动售货机。一种出售软饮料，另一种出售零食。自动食品配送公司预期两台机器都将在 10 年期内提供收益，每台机器的必要投资均为 3 000 美元。该公司的资本成本为 10%。管理层编制了在悲观结果、最可能的结果和乐观结果下的年现金流入估计表，如下页表所示。

	软饮料	零食
初始投资	−3 000 美元	−3 000 美元
结果	年现金流入	
悲观结果	500 美元	400 美元
最可能的结果	750 美元	750 美元
乐观结果	1 000 美元	1 200 美元

a. 请确定每种自动售货机的年现金流入范围。

b. 请编制一张类似于上面这张表的表格，列出两台机器在每种情况下的净现值。

c. 请计算净现值的范围，并对这些机器的风险进行主观比较。

个人理财习题 11—16　通货膨胀对投资的影响　你对一个初始投资为 40 000 美元的投资项目感兴趣。投资期为 5 年，承诺未来年末现金流入分别为 12 000 美元、12 500 美元、11 500 美元、9 000 美元和 8 500 美元。你目前的年机会成本为 6.5%。然而，美联储发表声明称，在接下来 5 年中通货膨胀率可能上升或下跌 1.5%。

假设通货膨胀对现行利率有直接正影响（费雪效应），请回答下列问题。（假设通货膨胀对机会成本有影响，但根据合同现金流是固定的，不受通货膨胀影响。）

a. 在当前的必要收益率下，投资的净现值是多少？

b. 在通货膨胀率上升期，投资的净现值是多少？

c. 在通货膨胀率下降期，投资的净现值是多少？

d. 根据你对第 a 问、第 b 问和第 c 问的答案，你认为通货膨胀率的变化和资产价值之间存在什么关系？

习题 11—17　模拟　奥格登公司（Ogden Corporation）搜集了关于一项资本支出计划的下列信息：

（1）预计现金流入呈正态分布，均值为 36 000 美元，标准差为 9 000 美元。

（2）预计现金流出呈正态分布，均值为 30 000 美元，标准差为 6 000 美元。

（3）该公司的资本成本为 11%。

（4）在项目的 10 年期寿命中，现金流入和现金流出的概率分布预期不会发生变化。

a. 请描述如何用之前的数据建立模拟模型，以计算项目的净现值。

b. 请讨论使用模拟评估计划项目的优点。

习题 11—18　风险调整贴现率：表格　在认真评估各种投资机会后，大师学习用品公司（Masters School Supplies）建立了一种资本资产定价模型式关系，将风险指数与必要收益率（风险调整贴现率）联系起来，如下表所示。

风险指数	必要收益率（风险调整贴现率）
0.0	7.0%（无风险利率 R_F）
0.2	8.0%
0.4	9.0%
0.6	10.0%
0.8	11.0%
1.0	12.0%
1.2	13.0%
1.4	14.0%
1.6	15.0%
1.8	16.0%
2.0	17.0%

该公司正在考虑两个互斥项目A和B。下表给出了该公司搜集的项目数据。

	项目A	项目B
初始投资	−20 000美元	30 000美元
项目寿命	5年	5年
年现金流入	7 000美元	10 000美元
风险指数	0.2	1.4

该公司的所有现金流入已经过税收调整。

a. 请使用风险调整贴现率评估项目。

b. 请讨论你对第a问的答案，并推荐较优的项目。

个人理财习题11—19　互斥投资与风险　拉拉·弗雷德里克斯（Lara Fredericks）对两笔互斥投资感兴趣。两笔投资的投资期均为6年。第一笔投资的成本为10 000美元，拉拉预期该项目每年年末将产生3 000美元。第二笔投资每年年末将产生3 800美元，并需要12 000美元初始投资。第一笔投资的当前必要收益率为8.5%，第二笔投资的必要收益率为10.5%。

a. 第一笔投资的净现值为多少？

b. 第二笔投资的净现值为多少？

c. 拉拉应该选择两笔互斥投资中的哪一笔？请说明原因。

d. 哪笔投资的相对风险更高？请说明原因。

习题11—20　使用资本资产定价模型计算风险调整贴现率　百年餐饮公司（Centennial Catering, Inc.）正在考虑两笔互斥投资。该公司希望在分析中使用资本资产定价模型式风险调整贴现率。百年餐饮公司的管理者认为，适当的市场收益率为12%，他们观察到目前的无风险利率为7%。下表显示了与两个项目相关的现金流。

	项目X	项目Y
初始投资（CF_0）	−70 000美元	−78 000美元
年份（t）	现金流入（CF_t）	
1	30 000美元	22 000美元
2	30 000美元	32 000美元
3	30 000美元	38 000美元
4	30 000美元	46 000美元

a. 请使用风险调整贴现率法计算每个项目的净现值，假设项目X的风险调整贴现率系数为1.20，项目Y的风险调整贴现率系数为1.40。风险调整贴现率系数类似于项目的贝塔系数。（请使用式（11.5）计算每个项目的必要收益率。）

b. 请讨论你对第a问的答案，并推荐较优的项目。

习题11—21　风险类别与风险调整贴现率　摩西制造（Moses Manufacturing）希望在互斥项目X、Y和Z中选择最优者。尽管所有项目的寿命均为5年，但它们的风险程度不同。项目X属于风险最高的Ⅴ类，项目Y属于低于平均风险的Ⅱ类；项目Z属于平均风险所属的Ⅲ类。每个项目的基本现金流数据、公司使用的风险类别和风险调整贴现率如下页表所示。

	项目 X	项目 Y	项目 Z
初始投资（CF_0）	−180 000 美元	−235 000 美元	−310 000 美元
年份（t）		现金流入（CF_t）	
1	80 000 美元	50 000 美元	90 000 美元
2	70 000 美元	60 000 美元	90 000 美元
3	60 000 美元	70 000 美元	90 000 美元
4	60 000 美元	80 000 美元	90 000 美元
5	60 000 美元	90 000 美元	90 000 美元

风险类别与风险调整贴现率

风险类别	描述	风险调整贴现率
Ⅰ	风险最低	10%
Ⅱ	低于平均风险	13%
Ⅲ	平均风险	15%
Ⅳ	高于平均风险	19%
Ⅴ	风险最高	22%

a. 请计算每个项目的风险调整净现值。

b. 你推荐该公司采纳哪个项目？

习题 11—22　不同寿命：年化净现值法　JBL 公司（JBL Co.）设计了一种新传送带。管理层必须在三种行为中进行选择：（1）公司可以直接将设计卖给另一家公司，收款期为 2 年；（2）公司将该设计授权给另一家生产商使用，期限即预期产品寿命为 5 年；（3）公司自己生产和销售这种传送带，并在 6 年中产生现金流入。该公司的资本成本为 12%。与每种选择相关的现金流如下表所示。

选择	出售	授权	生产
初始投资（CF_0）	−200 000 美元	−200 000 美元	−450 000 美元
年份（t）		现金流入（CF_t）	
1	200 000 美元	250 000 美元	200 000 美元
2	250 000 美元	100 000 美元	250 000 美元
3	—	80 000 美元	200 000 美元
4	—	60 000 美元	200 000 美元
5	—	40 000 美元	200 000 美元
6	—	—	200 000 美元

a. 请计算每种选择的净现值，并根据净现值对其排序。

b. 请计算每种选择的年化净现值，并据此对它们排序。

c. 当对寿命不同的项目排序时，为什么年化净现值法优于净现值法？

个人理财习题 11—23　净现值与年化净现值决策　理查德·巴特勒（Richard Butler）和琳达·巴特勒（Linda Butler）决定，是时候购买一台高清电视了，因为在过去 3 年中技术进步了，而价格下降了。根据研究，他们将选择范围缩窄到两款电视——分辨率为 1 080p 的三星 64 寸等离子电视和分辨率为 1 080p 的索尼 64 寸等离子电视。三星电视的价格为 2 350 美元，索尼电视的价格为 2 700 美元。他们预期用三星电视 3 年；如果他们买了更贵的索尼电视，就会用 4 年。他们预期三星电视 3 年后可以卖 400

美元，索尼电视 4 年后可以卖 350 美元。理查德和琳达估计，三星电视的年末娱乐收益（即不去看电影或参加活动，而是在家看电视）为 900 美元，索尼的年末娱乐收益为 1 000 美元。两台电视都可以被视为高质量电视，并且风险相同。他们估计他们的机会成本为 9%。

巴特勒夫妇希望从纯财务学角度选择更好的电视。为了进行这项分析，他们希望做下列工作：

a. 计算三星高清等离子电视的净现值。

b. 计算三星高清等离子电视的年化净现值。

c. 计算索尼高清等离子电视的净现值。

d. 计算索尼高清等离子电视的年化净现值。

e. 巴特勒夫妇应该选择哪台电视？为什么？

习题 11—24　实物期权与战略净现值　珍妮·勒内（Jenny Rene）是阿索产品公司（Asor Product, Inc.）的首席财务官，她刚刚对一项提高该公司生产能力的设备资本支出计划进行了评估。根据传统的净现值法，她发现该项目是不可接受的，因为

$$NPV_{传统}=-1\ 700\text{ 美元}<0\text{ 美元}$$

在建议拒绝该项目前，她决定评估该公司的现金流中是否包括实物期权。她发现了三项期权：

期权 1：放弃期权。该项目可以在 3 年后放弃，产生额外的净现值 1 200 美元。

期权 2：成长期权。如果该项目产生预期结果，在第 4 年年末将有机会进一步提高公司的生产能力。执行这一期权估计将使项目的净现值增加 3 000 美元。

期权 3：时机期权。如果市场和竞争条件导致该公司的预测收入增长慢于计划，项目的某些阶段可能被推迟。推迟执行项目的净现值为 10 000 美元。

珍妮估计，执行放弃期权的概率为 25%，执行成长期权的概率为 30%，执行时机期权的概率只有 10%。

a. 请使用提供的信息计算阿索产品公司的设备支出计划的战略净现值 $NPV_{战略}$。

b. 根据你对第 a 问的答案判断，珍妮应该建议管理层如何对待设备支出计划？

c. 概括地讲，这个问题说明做出资本预算决策时考虑实物期权有多重要？

习题 11—25　资本配给：内部收益率法与净现值法　山谷公司（Valley Corporation）希望在竞争该公司 450 万美元固定资本预算的独立项目中选择最优项目。该公司认识到，这笔预算未使用部分的收益率低于资本成本——15%，因此导致现金流入的现值低于初始投资。该公司在下表中总结了选择最优项目时使用的关键数据。

项目	初始投资	内部收益率	按 15%贴现的现金流入的现值
A	5 000 000 美元	12%	5 400 000 美元
B	−800 000 美元	18%	1 100 000 美元
C	−2 000 000 美元	19%	2 300 000 美元
D	−1 500 000 美元	16%	1 600 000 美元
E	−800 000 美元	22%	900 000 美元
F	−2 500 000 美元	23%	3 000 000 美元
G	−1 200 000 美元	20%	1 300 000 美元

a. 请使用内部收益率法选择最优项目。

b. 请使用净现值法选择最优项目。

c. 请比较、对比和讨论你对第 a 问、第 b 问和第 c 问的答案。

d. 该公司应该执行哪些项目？为什么？

习题 11—26　资本配给：净现值法　资本成本为 13%的一家公司必须从下表所显示的项目中择优执行，假设其资本预算为 100 万美元。

项目	初始投资	资本成本为 13%时的净现值
A	−300 000 美元	−84 000 美元
B	−200 000 美元	−10 000 美元
C	−100 000 美元	−25 000 美元
D	−900 000 美元	−90 000 美元
E	−500 000 美元	−70 000 美元
F	−100 000 美元	−50 000 美元
G	−800 000 美元	−160 000 美元

a. 请计算与每个项目相关的现金流入的现值。

b. 请选择最优的项目，记住未使用的资本的成本很高。

习题 11—27　道德习题　美国环境保护署（Environmental Protection Agency）有时会对污染环境的公司罚款（见"道德焦点"专栏）。但你知道存在合法的污染市场吗？一种限制过量空气污染的机制是使用碳指标。碳指标是一种可交易的排放机制，它允许无法实现温室气体排放限额的公司向排放低于限额的公司购买碳指标。在允许买卖这些指标后，很难降低排放或者降低排放代价昂贵的公司可以向另一家公司付款以利用它所减少的碳排放。你是否同意这种安排？作为投资者，你对使用碳指标合法排放超过污染限额的公司作何感想？

电子表格练习

西斯公司（Sith Corporation）有两个不错的项目。然而，由于资本约束，这两个项目——阿尔法和贝塔——必须被视为互斥项目。两个项目的风险相同，该公司计划使用 10%的资本成本评估每个项目。项目阿尔法的估计寿命为 12 年，项目贝塔的估计寿命为 9 年。现金流数据如下表所示。

	现金流（美元）	
	项目阿尔法	项目贝塔
CF_0	5 500 000	6 500 000
CF_1	300 000	400 000
CF_2	500 000	600 000
CF_3	500 000	800 000
CF_4	550 000	1 100 000
CF_5	700 000	1 400 000
CF_6	800 000	2 000 000
CF_7	950 000	2 500 000
CF_8	1 000 000	2 000 000
CF_9	1 250 000	1 000 000
CF_{10}	1 500 000	
CF_{11}	2 000 000	
CF_{12}	2 500 000	

任务

请编制一张电子表格，回答下列问题。

a. 请计算每个项目寿命期内的净现值，并根据净现值对项目降序排列。你将选择哪个项目？

b. 请使用年化净现值法评估项目，并根据年化净现值对其进行降序排列。你将选择哪个项目？

c. 请比较并对比你对第 a 问和第 b 问的答案，你推荐该公司选择哪个项目？请说明原因。

第六部分

长期财务决策

第十章和第十一章的重点是公司应该如何投资，但这些章节没有谈到公司首先从哪里筹资。我们将在第十二章和第十三章中研究公司的长期财务决策。总的来说，这些章节的重点是对不同投资来源的取舍。

第十二章考察了公司最基本的长期财务决策：通过出售股票（股权）筹资还是通过借款（债务）筹资。公司的债务融资与股权融资组合被称为资本结构。一些公司选择完全不包括债务的资本结构，而另一些公司对债务融资的依赖大于对股权融资的依赖。资本结构选择极为重要，因为公司举借多少债务影响公司能向投资者提供的收益以及与这些收益相关的风险。通常，债务越多意味着收益越多，但风险也越高。第十二章说明了公司如何平衡这种取舍。

第十三章的重点是分配政策。分配政策是指公司关于是否通过股利和回购股票向股东分配现金以及如何分配现金的决策。我们可以像观察资本结构一样观察分配政策。一些公司选择完全不分配现金，它们更愿意用现金对公司进行再投资或者建立更大的现金储备以用于收购等战略投资。还有些公司每年都支付数十亿美元股利或进行大量股票回购。第十三章说明了公司制定分配政策时考虑的因素。

第十二章　杠杆与资本结构

学习目标

目标 1　讨论杠杆、资本结构、盈亏平衡分析、营业盈亏平衡点和成本变化对盈亏平衡点的影响。

目标 2　了解营业杠杆、财务杠杆和总杠杆，以及它们之间的关系。

目标 3　描述资本类型、对资本结构的外部评估、外国公司的资本结构和资本结构理论。

目标 4　用公司资本成本函数和零增长模型的图形说明最优资本结构。

目标 5　讨论资本结构的息税前利润—每股收益方法。

目标 6　回顾不同资本结构的收益和风险、它们与市场价值的关系以及其他与资本结构相关的重要考虑因素。

本章的重要性

对职业生涯的重要性

会计　你需要了解如何计算和分析营业杠杆与财务杠杆，并熟悉不同资本结构对税收和利润的影响。

信息系统　你需要了解资本类型以及什么是资本结构，因为当管理层决定公司的最优资本结构时，你需要提供所需的大量信息。

管理　你需要了解杠杆，以便为公司所有者控制风险和放大收益，并了解资本结构理论，以便做出关于公司最优资本结构的决策。

市场营销 你需要了解盈亏平衡分析，并用它做出定价决策和产品可行性决策。

经营 你需要了解固定营业成本和可变营业成本对公司盈亏平衡点和营业杠杆的影响，因为这些成本对公司的风险和收益有重大影响。

对个人生活的重要性

和公司一样，你在日常生活中也会举借债务，比如用信用卡解决短期现金需求和借入长期贷款。当你借入长期贷款时，就面临着杠杆的收益和风险。同样，你的未清偿债务与净值之比在概念上等同于公司资本结构。它反映了你的金融风险，并影响你的借款能力和借款成本。

12.1 杠杆

杠杆（leverage）是指固定成本对股东收益率的影响。“固定成本”指的是不会随公司销售收入变化而上升或下降的成本。不管商业环境是好还是坏，公司都必须支付这些固定成本。这些固定成本可能是营业成本，例如购买和经营厂房与设备产生的成本，也可能是财务成本，例如偿还债务的固定成本。我们说，固定成本较高的公司的杠杆也较高。通常，杠杆会放大收益和风险。杠杆较高的公司的平均收益率高于杠杆较低的公司的平均收益率，但杠杆较高的公司的收益率波动性也较大。

许多商业风险都不受管理者控制，但与杠杆有关的风险并非如此。管理者可以采取更依赖于固定成本或可变成本的策略，以提高或降低杠杆。例如，许多公司面临的一个选择是自己生产产品还是将生产外包给其他公司。自己生产的公司可能要投资数十亿美元在全世界建工厂。这些工厂不论是否运转，都要产生成本，因此自己生产的公司往往杠杆较高。相反，将生产外包的公司可以在需求较低时不下单，从而快速降低成本。因此，这种公司的杠杆相对于自己生产产品的公司的杠杆而言较低。

管理者还可以通过选择具体的**资本结构**（capital structure）影响杠杆，资本结构是公司保持的长期债务与股权组合。公司发行的债务越多，偿债成本就越高，不管公司的产品销售情况如何，都必须支付这些成本。因为杠杆可能对公司有很大影响，因此财务经理必须了解如何衡量和评估杠杆，尤其是在进行资本结构决策时。

表 12.1 使用利润表强调了不同的杠杆来源。

● 营业杠杆与公司的销售收入和息税前利润或营业利润之间的关系有关。当营业成本（例如销货成本和营业费用）基本固定时，小幅收入变化将导致息税前利润发生相比之下大得多的变化。

● 财务杠杆与公司的息税前利润和普通股每股收益的关系有关。在利润表上你可以看到，要得到每股收益，需要将息税前利润扣除利息、税款和优先股股利。税款显然是可变的，它随着公司利润而上升或下降，但利息和优先股股利通常是固定的。当这些固定科目很高时（即公司的财务杠杆很高时），息税前利润的小幅变化会导致每股收益发生相比之下大得多的变化。

● 总杠杆是营业杠杆和财务杠杆的合并影响。它与公司的销售收入和每股收益之间的关系有关。

表 12.1　一般利润表的格式与杠杆类型

营业杠杆	销售收入	总杠杆
	减：销货成本	
	总利润	
	减：营业费用	
财务杠杆	息税前利润	
	减：利息	
	税前净利润	
	减：税款	
	税后净利润	
	减：优先股股利	
	普通股股东可得收益	
	每股收益	

我们将详细研究这三类杠杆。不过，首先我们将考察盈亏平衡分析，它说明了固定成本对公司经营的影响，是杠杆概念的基础。

盈亏平衡分析

公司使用**盈亏平衡分析**（breakeven analysis），通常也称为本量利分析，（1）确定弥补所有成本所需的营业水平，（2）评估与不同销售收入水平相关的盈利能力。公司的**营业盈亏平衡点**（operating breakeven point）是弥补所有营业成本所需的销售收入水平。在该点上，息税前利润等于 0 美元。[①]

得到营业盈亏平衡点的第一步是将销货成本和营业费用分为固定营业成本和可变营业成本。固定成本是公司在给定时期内必须支付的成本，不管这段时期内的销量是多少。这些成本通常由合同规定，比如租金就是固定成本。由于固定成本不随销量变化，因此我们通常根据时间衡量固定成本。例如，我们通常按月计算租金。可变成本直接随销量变化，例如，运输成本就是可变成本。[②] 当衡量可变成本时，通常以售出单位商品的可变成本为基准。

代数方法

使用下列变量，我们可以将表 12.1 中的利润表的营业部分改写为表 12.2 所示的代数公式，其中：

P=单位售价

Q=销量

① 通常，盈亏平衡点表示所有成本——营业成本和财务成本——均被弥补的那一点。现在我们将重点关注营业盈亏平衡点，以作为介绍营业杠杆概念的方式。稍后我们再讨论财务杠杆。

② 某些成本通常被称为半固定成本或半可变成本，是部分固定而部分可变的。一个例子就是销售佣金，它在某个销量以下是固定的，然后随着销量的提高而增至较高水平。为了方便和清晰起见，我们假设所有成本均可归为固定成本或可变成本。

FC=每期固定营业成本

VC=单位可变营业成本

表 12.2　　营业杠杆、成本和盈亏平衡分析

	科目	代数公式
营业杠杆	销售收入	$P\times Q$
	减：固定营业成本	$-\quad FC$
	减：可变营业成本	$-VC\times Q$
	息税前利润	$EBIT$

将表12.2中的代数公式改写为息税前利润公式，得到式（12.1）：

$$EBIT = P\times Q - FC - VC\times Q \tag{12.1}$$

简化式（12.1），得到：

$$EBIT = Q\times(P-VC) - FC \tag{12.2}$$

如上所述，营业盈亏平衡点是收回所有固定营业成本和可变营业成本的销量水平，即息税前利润等于0美元的水平。将息税前利润设为0美元，解式（12.2），得出Q:

$$Q=\frac{FC}{P-VC} \tag{12.3}$$

其中，Q是公司的营业盈亏平衡点。①

例 12.1

假设小型海报零售商谢里尔海报（Cheryl's Posters）的固定营业成本为2 500美元。售价为每张海报10美元，可变营业成本为每张海报5美元。将这些数据代入式（12.3），得到：

$$Q=\frac{2\,500\text{美元}}{10\text{美元}-5\text{美元}}=\frac{2\,500\text{美元}}{5\text{美元}}=500\text{单位}$$

当销量为500单位时，该公司的息税前利润正好等于0美元。当该公司的销量大于500单位时，息税前利润为正；当销量小于500单位时，息税前利润为负，即亏损。我们可以将当销量大于和小于500单位时的值和其他给定值代入式（12.1），验证这个结论。

图形方法

图12.1用图形对上例中的数据进行了盈亏平衡分析。该公司的营业盈亏平衡点是总

① 由于假设该公司只生产一种产品，因此可以根据销量Q计算营业盈亏平衡点。对于生产多种产品的公司，通常可以根据销售收入S计算营业盈亏平衡点。我们可以将边际贡献率（即100%减去可变营业成本总额占销售收入总额的比例$VC\%$）代入式（12.3）的分母，计算出S。结果即为式（12.3a）：

$$S=\frac{FC}{1-VC\%} \tag{12.3a}$$

多产品公司的盈亏平衡点公式假设公司的产品组合在所有销售收入水平上都相同。

营业成本——固定营业成本与可变营业成本之和——等于销售收入的点。在这一点上，息税前利润等于0美元。该图显示，当销量小于500单位时，总营业成本大于销售收入，息税前利润小于0美元（亏损）。当销量大于500单位（盈亏平衡点）时，销售收入大于总营业成本，息税前利润大于0美元。

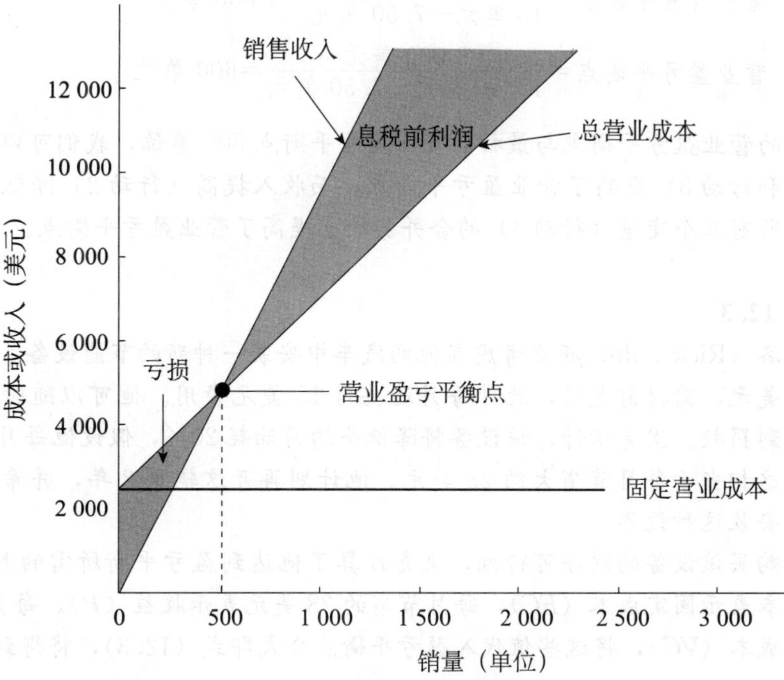

图 12.1　盈亏平衡分析

营业盈亏平衡分析图

成本变化和营业盈亏平衡点

公司的营业盈亏平衡点对许多变量都很敏感，包括固定营业成本、单位售价和单位可变营业成本。请参考式（12.3），了解这些变量的提高和下降如何影响盈亏平衡点。表12.3总结了盈亏平衡销量对每种变量提高的敏感性。和预期相同，成本（*FC*或*VC*）的提高往往会提高营业盈亏平衡点，而单位售价的提高将降低营业盈亏平衡点。

表 12.3　营业盈亏平衡点对关键盈亏平衡变量提高的敏感性

变量提高	对营业盈亏平衡点的效应
固定营业成本	提高
单位售价	降低
单位可变营业成本	提高

注：表中所列的每一个变量的下降对营业盈亏平衡点都有相反的效应。

例 12.2

假设谢里尔海报希望评估几个选项的影响：（1）固定营业成本增至3 000美元；（2）单位售价增至12.50美元；（3）单位可变营业成本增至7.50美元；（4）同时执行上述三种变化。将相应数据代入式（12.3），得到：

$$(1)\ \text{营业盈亏平衡点}=\frac{3\,000\ \text{美元}}{10\ \text{美元}-5\ \text{美元}}=600\ \text{单位}$$

$$(2)\ \text{营业盈亏平衡点}=\frac{2\,500\ \text{美元}}{12.50\ \text{美元}-5\ \text{美元}}=333\frac{1}{3}\text{单位}$$

$$(3)\ \text{营业盈亏平衡点}=\frac{2\,500\ \text{美元}}{10\ \text{美元}-7.50\ \text{美元}}=1\,000\ \text{单位}$$

$$(4)\ \text{营业盈亏平衡点}=\frac{3\,000\ \text{美元}}{12.50\ \text{美元}-7.50\ \text{美元}}=600\ \text{单位}$$

比较得到的营业盈亏平衡点与最初的营业盈亏平衡点 500 单位，我们可以看到，成本提高（行动 1 和行动 3）提高了营业盈亏平衡点，而收入提高（行动 2）降低了营业盈亏平衡点。提高所有三个变量（行动 4）的合并影响也提高了营业盈亏平衡点。

个人理财案例 12.3

里克·波洛（Rick Polo）正在考虑在他的汽车中安装一种新的节能设备。该设备的安装成本为 240 美元，需提前支付，此外每月还要付 15 美元费用。他可以随时停止使用该设备而不会受到罚款。里克估计，该设备将降低平均月油耗 20%，假设他每月的行驶里程数没有变化，这相当于每月节省大约 28 美元。他计划再开这辆车 2 年，并希望确定他是否应该在车里安装这种设备。

为了评估购买该设备的财务可行性，里克计算了他达到盈亏平衡所需的月数。令 240 美元的安装成本表示固定成本（FC），每月节省的 28 美元表示收益（P），每月 15 美元的费用表示可变成本（VC），将这些值代入盈亏平衡点公式即式（12.3），将得到：

$$\begin{aligned}\text{盈亏平衡点(月)} &= 240\ \text{美元} \div (28\ \text{美元} - 15\ \text{美元}) = 240\ \text{美元} \div 13\ \text{美元}\\ &= \underline{\underline{18.5\ \text{个月}}}\end{aligned}$$

由于节能设备的回收期为 18.5 个月，它短于里克计划继续开这辆车的时间——24 个月，因此他应该在汽车里安装这种节能设备。

营业杠杆

营业杠杆来自公司必须支付以维持经营的固定成本。使用表 12.2 中给出的结构，我们可以将**营业杠杆**（operating leverage）定义为使用固定营业成本放大销量变化对公司息税前利润的影响。

例 12.4

使用谢里尔海报的数据（单位售价 P=10 美元，单位可变营业成本 VC=5 美元，固定营业成本 FC=2 500 美元），图 12.2 给出了最初由图 12.1 表示的营业盈亏平衡分析图。图中增加的标注表明，随着该公司的销量从 1 000 单位增至 1 500 单位（从 Q_1 增至 Q_2），其息税前利润从 2 500 美元增至 5 000 美元（从 $EBIT_1$ 增至 $EBIT_2$）。换言之，销量增加 50%（从 1 000 单位增至 1 500 单位）导致息税前利润增加 100%（从 2 500 美元增至5 000 美元）。表 12.4 包括图 12.2 的数据和在 500 单位销量水平上的相关数据。我们可以用

1 000单位销量水平作为参考点说明两种情况：

情况 1 销量增加 50%（从 1 000 单位增至 1 500 单位）导致息税前利润增加 100%（从 2 500 美元增至 5 000 美元）。

情况 2 销量减少 50%（从 1 000 单位降至 500 单位）导致息税前利润减少 100%（从 2 500 美元降至 0 美元）。

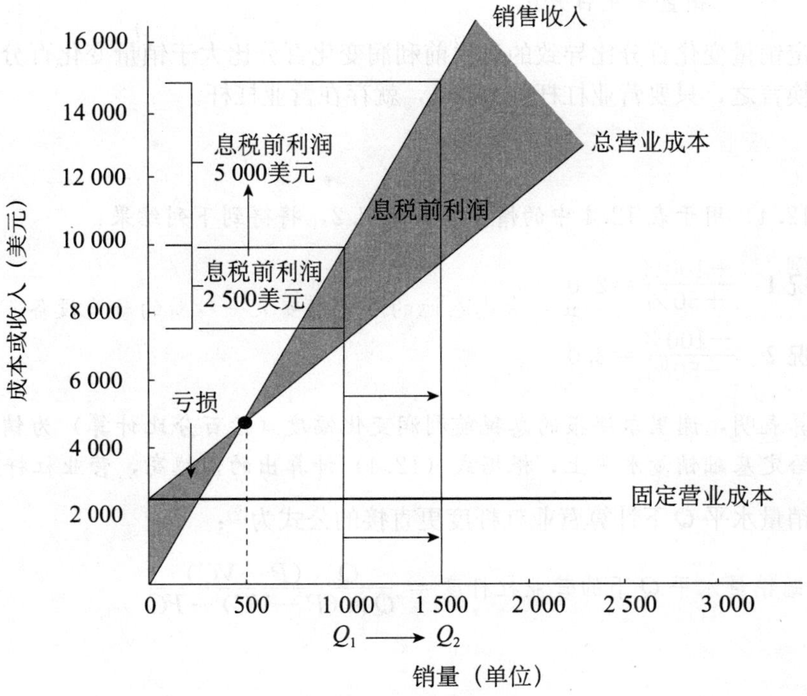

图 12.2 营业杠杆

盈亏平衡分析与营业杠杆

表 12.4 **不同销量水平的息税前利润**

	情况 2		情况 1
	−50%		+50%
销量（单位）	500	1 000	1 500
销售收入（美元）[a]	5 000	10 000	15 000
减：可变营业成本（美元）[b]	2 500	5 000	7 500
减：固定营业成本（美元）	2 500	2 500	2 500
息税前利润（美元）	0	2 500	5 000
	−100%		+100%

a. 销售收入=10 美元/单位×销量。

b. 可变营业成本=5 美元/单位×销量。

从上例中，我们看到了营业杠杆在两个方向的作用。当公司有固定营业成本时，就存在营业杠杆。

销量增加导致息税前利润以更大幅度增加；销量减少导致息税前利润以更大幅度减少。

衡量营业杠杆度

营业杠杆度（degree of operating leverage，DOL）是公司营业杠杆的数字指标。它可以通过下式得出①：

$$DOL=\frac{\text{息税前利润变化百分比}}{\text{销量变化百分比}} \tag{12.4}$$

只要给定销量变化百分比导致的息税前利润变化百分比大于销量变化百分比，就存在营业杠杆。换言之，只要营业杠杆度大于1，就存在营业杠杆。

例12.5

将式（12.4）用于表12.4中的情况1和情况2，将得到下列结果：

情况1 $\frac{+100\%}{+50\%}=2.0$

情况2 $\frac{-100\%}{-50\%}=2.0$

这些计算表明，谢里尔海报的息税前利润变化幅度（按百分比计算）为销量变化幅度的两倍。在给定基础销量水平上，根据式（12.4）计算出的值越高，营业杠杆度就越高。

在基础销量水平 Q 下计算营业杠杆度更直接的公式为②：

$$\text{基础销量水平}Q\text{下的营业杠杆度}=\frac{Q\times(P-VC)}{Q\times(P-VC)-FC} \tag{12.5}$$

例12.6

将 $Q=1\,000$、$P=10$ 美元、$VC=5$ 美元和 $FC=2\,500$ 美元代入式（12.5），得出：

$$\text{销量为 1 000 单位时的营业杠杆度}=\frac{1\,000\times(10\text{ 美元}-5\text{ 美元})}{1\,000\times(10\text{ 美元}-5\text{ 美元})-2\,500\text{ 美元}}$$

$$=\frac{5\,000\text{ 美元}}{2\,500\text{ 美元}}=2.0$$

和之前一样，营业杠杆度为2.0意味着谢里尔海报的息税前利润变化幅度是销量变化幅度的两倍。③

见“实务焦点”专栏对软件生产商Adobe的营业杠杆的讨论。

---

① 营业杠杆度还取决于作为参考点的基础销量水平。使用的基础销量水平与营业盈亏平衡点越接近，营业杠杆就越大。只有在两家公司的基础销量水平相同时，比较两家公司的营业杠杆度才有意义。

② 从技术上讲，式（12.5）给出的营业杠杆度公式应该包括绝对值符号，因为当基础销售水平上的息税前利润为负时，营业杠杆度可能为负。由于我们假设基础销售水平上的息税前利润为正，因此我们没有使用绝对值符号。

③ 当可以获得总销售收入——而不是销量——时，可以使用下列公式，其中 TR=基础销量水平上的总销售收入，TVC=总可变营业成本：

$$\text{基础销售收入}TR\text{上的营业杠杆度}=\frac{TR-TVC}{TR-TVC-FC}$$

这个公式对计算多产品公司的营业杠杆度尤为有用。显然，由于对于单产品公司而言，$TR=Q\times P$，$TVC=Q\times VC$，因此将这些值代入式（12.5），将得到此处给出的公式。

实务焦点

Adobe 的杠杆

实务 Adobe Systems 是美国最大的电脑软件公司之一，是图形设计、绘图、动态媒体和授权工具软件市场的领头羊。网站设计师喜欢它的 Photoshop 和 Illustrator 应用软件，Adobe 的 Acrobat 软件已成为在线文件分享的标准。

Adobe 管理酌情开支的能力使其能保持高利润。Adobe 还有一项优势：营业杠杆，即使用固定营业成本放大销量变化对息税前利润的影响。Adobe 及其软件业同行的大部分成本发生在产品生命周期早期，即研发阶段和初始营销阶段。前期开发成本是固定成本，后续生产成本实际上为 0 美元。规模经济非常大：一旦一家公司卖出足够多的份数收回固定成本，增加的销售收入就主要是利润。

正如下表所示，营业杠杆放大了 Adobe 2007 年、2010 年和 2012 年的息税前利润增加额，也放大了 2009 年的息税前利润减少额。2007 年，销售收入增加了 22.6%，导致息税前利润增加了 39.7%，但 2009 年，当经济严重衰退时，Adobe 的收入骤跌 17.7%。营业杠杆的影响使息税前利润下降得更快，降幅为 35.3%。

项目	2007 年	2008 年	2009 年	2010 年	2011 年	2012 年
销售收入（百万美元）	3 158	3 580	2 946	3 800	4 216	4 404
息税前利润（百万美元）	947	1 089	705	1 000	1 102	1 186
(1) 销售收入变化比例	22.6%	13.4%	−17.7%	29.0%	11.0%	4.4%
(2) 息税前利润变化比例	39.7%	15.0%	−35.3%	41.9%	10.2%	7.6%
营业杠杆度 [(2)÷(1)]	1.8	1.1	2.0	1.4	0.9	1.7

- 请总结营业杠杆的优点和缺点。

资料来源：Adobe Systems Inc.，"2009 and 2012 Annual Reports，" http：//www.adobe.com/investor-relations/financial-documents.html.

固定成本与营业杠杆

固定成本的变化会显著影响营业杠杆。公司有时会在经营中改变固定成本和可变成本的组合。例如，公司可能支付固定金额的租金而非支付等于销售收入一定比例的租金，或者向销售代表支付固定工资和奖金，而不是完全根据销售收入提成。固定成本变化对营业杠杆的影响可以沿用我们的例子进行说明。

例 12.7

假设谢里尔海报取消了销售提成并提高了工资。这种变化导致单位可变成本从 5 美元降低到 4.50 美元，固定成本从 2 500 美元增至 3 000 美元。表 12.5 给出了类似于表 12.4 的分析，但使用了新成本。尽管 1 000 单位销量水平上的息税前利润 2 500 美元与成本结构变化前相同，但表 12.5 显示，该公司通过增加固定成本和降低可变成本提高了营业杠杆。

表 12.5　　营业杠杆与提高的固定成本

	情况 2		情况 1
	−50%		+50%
销量（单位）	500	1 000	1 500
销售收入（美元）[a]	5 000	10 000	15 000
减：可变营业成本（美元）[b]	2 250	4 500	6 750
减：固定营业成本（美元）	3 000	3 000	3 000
息税前利润（美元）	−250	2 500	5 250
	−110%		+110%

a. 表 12.4 中计算的销售收入。

b. 可变营业成本＝4.50 美元/单位×销量。

将相应的值代入式（12.5），1 000 单位基础销量水平上的营业杠杆度变为：

$$1\ 000\text{ 单位上的营业杠杆度}=\frac{1\ 000\times(10\text{ 美元}-4.50\text{ 美元})}{1\ 000\times(10\text{ 美元}-4.50\text{ 美元})-3\ 000\text{ 美元}}=\frac{5\ 500\text{ 美元}}{2\ 500\text{ 美元}}=2.2$$

比较该值与提高固定成本前的营业杠杆度 2.0，可以清楚地看到，公司的固定营业成本与可变营业成本之比越高，营业杠杆度就越高。在新的成本结构下，销量变化 50%将导致息税前利润变化 110%（＝50%×2.2）。

财务杠杆

财务杠杆来自公司必须支付的固定财务成本。使用表 12.1 的框架，我们可以将**财务杠杆**（financial leverage）定义为使用固定财务成本放大息税前利润变化对公司每股收益的影响。最普通的两类固定财务成本是：（1）债务利息；（2）优先股股利。不管可以用于支付的息税前利润是多少，这些成本都是必须支付的。①

例 12.8

陈氏食品（Chen Foods）是一家小型亚洲食品公司，该公司预期今年的息税前利润为 10 000 美元。该公司有一只 20 000 美元的债券，（年）息票利率为 10%，并发行了 600 股

① 尽管公司的董事会可以选择停止支付优先股股利，但公司通常不能在优先股股东获得他们应得的所有股利前对普通股股东支付股利。尽管不支付优先股股利不能迫使公司破产，但它提高了普通股股东的风险，因为他们在优先股股东获得股利前不能获得股利。

（每股年股利为）4 美元的优先股。该公司还有 1 000 股流通普通股。债券年利息为 2 000 美元（=0.10×20 000 美元）。优先股的年股利为 2 400 美元（=4.00 美元/股×600 股）。表 12.6 给出了息税前利润分别为 6 000 美元、10 000 美元和 14 000 美元时的每股收益，假设该公司适用 40%的税率。该表说明了以下两种情况：

情况 1 息税前利润增加 40%（从 10 000 美元增至 14 000 美元）导致每股收益增加 100%（从 2.40 美元增至 4.80 美元）。

情况 2 息税前利润减少 40%（从 10 000 美元降至 6 000 美元）导致每股收益减少 100%（从 2.40 美元降至 0 美元）。

表 12.6 **不同息税前利润水平上的每股收益**[a]

		情况 2		情况 1
		−40% ←		→ +40%
息税前利润	6 000 美元		10 000 美元	14 000 美元
减：利息（I）	2 000 美元		2 000 美元	2 000 美元
税前净利润	4 000 美元		8 000 美元	12 000 美元
减：税款（T=0.40）	1 600 美元		3 200 美元	4 800 美元
税后净利润	2 400 美元		4 800 美元	7 200 美元
减：优先股股利	2 400 美元		2 400 美元	2 400 美元
普通股股东可得收益	0 美元		2 400 美元	4 800 美元
每股收益	$\frac{0\text{ 美元}}{1\ 000}=0$ 美元		$\frac{2\ 400\text{ 美元}}{1\ 000}=2.40$ 美元	$\frac{4\ 800\text{ 美元}}{1\ 000}=4.80$ 美元
		−100%		+100%

a. 如第二章所示，在会计意义和税收意义上，利息是可以在税前扣除的费用，而股利必须从税后现金流中支付。

财务杠杆的影响是，公司的息税前利润增加导致公司的每股收益以更大比例增加，而公司的息税前利润减少导致公司的每股收益以更大比例减少。

衡量财务杠杆度

财务杠杆度（degree of financial leverage，DFL）是公司财务杠杆的数字指标。财务杠杆度的计算方法非常类似于营业杠杆度的计算方法。计算财务杠杆度的一种方法是①：

$$\text{财务杠杆度}=\frac{\text{每股收益变化百分比}}{\text{息税前利润变化百分比}}$$

不管给定息税前利润变化百分比导致的每股收益变化百分比是否大于息税前利润变化百分比，都存在财务杠杆。换言之，不管财务杠杆度是否大于 1，都存在财务杠杆。

例 12.9

将式（12.6）用于表 12.6 中的情况 1 和情况 2，得到下列两种情况：

① 这种方法只有在使用相同的基础息税前利润水平计算和比较这些值时才有效。换言之，基础息税前利润水平必须保持不变，才能比较不同固定财务成本水平上的财务杠杆。

情况 1 $\frac{+100\%}{+40}=2.5$

情况 2 $\frac{-100\%}{-40\%}=2.5$

这些计算表明，当陈氏食品的息税前利润变化时，由于财务杠杆的作用，每股收益的变化幅度是息税前利润变化幅度的 2.5 倍。该值越高，财务杠杆就越高。

个人理财案例 12.10

尚塔·尚德拉（Shanta Shandra）和拉维·尚德拉（Ravi Shandra）希望评估增加长期借款对他们的财务杠杆度的影响。尚德拉夫妇现在支付全部月生活（营业）开销后和支付贷款月供前有 4 200 美元可以使用。他们现在每月需要还 1 700 美元贷款，并正在考虑买一辆新车，这将使他们的总贷款月供增加 500 美元（增至 2 200 美元）。由于拉维的大部分月收入都是佣金收入，因此尚德拉夫妇认为，现在每月可用于支付贷款月供的 4 200 美元可能上下浮动 20%。

为了评估增加借款对财务杠杆的潜在影响，尚德拉夫妇以当前可用于偿还贷款的 4 200 美元为基础，在浮动 20%的假设下计算了当前贷款月供（1 700 美元）和计划贷款月供（2 200 美元）的财务杠杆度，如下文所示。

根据计算结果，尚德拉夫妇可用于偿还贷款的资金每变化 1%，偿还当前贷款后的可得资金将变化 1.68%。

	当前财务杠杆度			计划财务杠杆度		
可用于偿还贷款的资金	4 200 美元	（+20%）	5 040 美元	4 200 美元	（+20%）	5 040 美元
减：贷款月供	1 700 美元		1 700 美元	2 200 美元		2 200 美元
偿还贷款后的可得资金	2 500 美元	（+33.6%）	3 340 美元	2 000 美元	（+42%）	2 840 美元
		$DFL=\frac{+33.6\%}{+20\%}=\underline{\underline{1.68}}$			$DFL=\frac{+42\%}{+20\%}=\underline{\underline{2.10}}$	

这种变化幅度显著低于计划每月增加 500 美元月供时偿还贷款后的可得资金的变化幅度，因此风险也更低。其中可用于偿还贷款的资金每变化 1%，偿还贷款后的可得资金的变化幅度将为 2.10%。尽管尚德拉夫妇看上去能负担增加的贷款，但他们必须决定，在拉维收入的波动范围内，他们是否愿意接受增加的财务杠杆和风险。

式（12.7）给出了计算息税前利润基础水平上的财务杠杆度的更直接的公式，其中使用了表 12.6 中的符号。① 注意，分母中的 $1/(1-T)$ 将税后优先股股利转换为税前优先股股利，以便和式中其他项一致。

$$\text{息税前利润基础水平上的财务杠杆度}=\frac{EBIT}{EBIT-I-PD\times\frac{1}{1-T}} \tag{12.7}$$

① 根据式（12.7）中的财务杠杆度公式，如果息税前利润基础水平上的每股收益为负，得到的财务杠杆度可能为负值。我们没有在公式中使用绝对值符号，而是假设基础水平上的每股收益为正。

例 12.11

将表 12.6 中的 $EBIT$=10 000 美元、I=2 000 美元、PD=2 400 美元和税率（T=0.40）代入式（12.7），得到：

$$\begin{aligned}&\text{息税前利润为 10 000 美元时的财务杠杆度}\\&=\frac{10\ 000\text{ 美元}}{10\ 000\text{ 美元}-2\ 000\text{ 美元}-2\ 400\text{ 美元}\times\dfrac{1}{1-0.40}}\\&=\frac{10\ 000\text{ 美元}}{4\ 000\text{ 美元}}=2.5\end{aligned}$$

注意，式（12.7）给出的公式提供了比表 12.6 和式（12.6）中使用的方法更直接的财务杠杆度计算方法。

总杠杆

我们还可以用类似于杠杆概念的框架评估营业杠杆和财务杠杆对公司风险的合并影响。这种合并影响，即**总杠杆**（total leverage），可以定义为使用固定成本——固定营业成本和固定财务成本——放大销量变化对公司每股收益的影响。因此，总杠杆可以被视为固定成本对公司营业结构和财务结构的总影响。

例 12.12

电缆公司（Cables，Inc.）是一家电脑光缆生产商，该公司预期将在下一年销售 20 000 单位产品，单位售价为 5 美元，该公司必须满足以下支出：每单位 2 美元的可变营业成本，10 000 美元的固定营业成本，20 000 美元的利息，以及 12 000 美元的优先股股利。该公司适用的税率为 40%，并有 5 000 股流通普通股。表 12.7 给出了预期销量为 20 000单位和 30 000 单位时的每股收益水平。

表 12.7 说明，由于销量增加了 50%（从 20 000 单位增至 30 000 单位），该公司的每股收益将增加 300%（从 1.20 美元增至 4.80 美元）。尽管表中没有显示，但销量下降 50%将产生相反的影响，即每股收益减少 300%。由于杠杆关系是线性的，因此销量反向变化相同比例将导致每股收益也反向变化相同比例。此时可以清楚地看出，只要公司的财务结构中有固定成本——固定营业成本或固定财务成本，就存在总杠杆。

衡量总杠杆度

总杠杆度（degree of total leverage，DTL）是公司总杠杆的数字指标。它的计算方法非常类似于营业杠杆和财务杠杆的计算方法。计算总杠杆度的一种方法是[1]：

$$\text{总杠杆度}=\frac{\text{每股收益变化百分比}}{\text{销量变化百分比}}\tag{12.8}$$

[1] 只有当计算和比较这些值的基础销量水平相同时，这种方法才有意义。换言之，如果我们要比较不同固定成本水平上的总杠杆，基础销量水平必须保持不变。

表 12.7　　　　　　　　　　　　　　　总杠杆的影响

	（+50%）			
销量（单位）	20 000	30 000	$DOL=\frac{+60\%}{+50\%}=1.2$	$DTL=\frac{+300\%}{+50\%}=6.0$
销售收入[a]	100 000 美元	150 000 美元		
减：可变营业成本[b]	40 000 美元	60 000 美元		
减：固定营业成本	10 000 美元	10 000 美元		
息税前利润	50 000 美元	80 000 美元		
	（+60%）			
减：利息	20 000 美元	20 000 美元	$DFL=\frac{+300\%}{+60\%}=5.0$	
税前净利润	30 000 美元	60 000 美元		
减：税款（$T=0.40$）	12 000 美元	24 000 美元		
税后净利润	18 000 美元	36 000 美元		
减：优先股股利	12 000 美元	12 000 美元		
普通股股东可得收益	6 000 美元	24 000 美元		
每股收益	$\frac{6\,000\text{ 美元}}{5\,000}=1.20$ 美元	$\frac{24\,000\text{ 美元}}{5\,000}=4.80$ 美元		
	（+300%）			

a. 销售收入＝5 美元/单位×销量。

b. 可变营业成本＝2 美元/单位×销量。

只要给定销量变化百分比导致的每股收益变化百分比大于销量变化百分比，就存在总杠杆。换言之，只要总杠杆度大于 1，就存在总杠杆。

例 12.13

将表 12.7 中的数据代入式（12.8），得到：

$$DTL=\frac{+300\%}{+50\%}=6.0$$

由于该结果大于 1，因此存在总杠杆。该值越高，总杠杆度就越高。

给定基础销量水平 Q 上的总杠杆度的更直接的计算公式如下①，它使用的符号与前面相同：

$$\text{给定基础销量水平 }Q\text{ 上的总杠杆度}=\frac{Q\times(P-VC)}{Q\times(P-VC)-FC-I-PD\times\frac{1}{1-T}} \tag{12.9}$$

例 12.14

将 $Q=20\,000$、$P=5$ 美元、$VC=2$ 美元、$FC=10\,000$ 美元、$I=20\,000$ 美元、$PD=12\,000$ 美元、税率（$T=0.40$）代入式（12.9），得到：

① 如果基础销量水平上的每股收益为负，那么通过使用式（12.9）中的总杠杆度公式，得到的总杠杆度可能为负值。我们没有在公式中使用绝对值符号，而是假设基础水平上的每股收益为正。

20 000 单位上的总杠杆度

$$= \frac{20\,000 \times (5\text{ 美元} - 2\text{ 美元})}{20\,000 \times (5\text{ 美元} - 2\text{ 美元}) - 10\,000\text{ 美元} - 20\,000\text{ 美元} - 12\,000\text{ 美元} \times \frac{1}{1-0.40}}$$

$$= \frac{60\,000\text{ 美元}}{10\,000\text{ 美元}} = 6.0$$

显然，式（12.9）提供了比使用表 12.7 和式（12.8）更直接的总杠杆度计算方法。

营业杠杆、财务杠杆和总杠杆的关系

总杠杆反映了营业杠杆和财务杠杆对公司的合并影响。高营业杠杆和高财务杠杆将导致高总杠杆。反之则反是。营业杠杆和财务杠杆是乘数关系而非加数关系。总杠杆度、营业杠杆度和财务杠杆度之间的关系为：

$$DTL = DOL \times DFL \qquad (12.10)$$

例 12.15

将表 12.7 右侧显示的营业杠杆度和财务杠杆度代入式（12.10），得到：

$$DTL = 1.2 \times 5.0 = 6.0$$

得到的总杠杆度与我们在上例中直接算出的值相同。

复习题

12—1　杠杆这个词是什么意思？营业杠杆、财务杠杆和总杠杆与利润表的关系是什么？

12—2　什么是营业盈亏平衡点？固定营业成本、单位售价和单位可变营业成本如何影响营业盈亏平衡点？

12—3　什么是营业杠杆？导致营业杠杆产生的因素是什么？如何衡量营业杠杆度？

12—4　什么是财务杠杆？导致财务杠杆产生的因素是什么？如何衡量财务杠杆度？

12—5　公司的营业杠杆、财务杠杆和总杠杆的一般关系是什么？这些类型的杠杆是彼此互补的吗？为什么？

12.2　公司的资本结构

资本结构是财务决策最复杂的领域之一，因为它与其他财务决策变量彼此相关。糟糕的资本结构决策可能提高资本成本，因而降低项目净现值，使更多项目不可接受。有效的资本结构决策可以降低资本成本，因而降低项目净现值，使更多项目可接受，因而增加公司的价值。

资本类型

公司资产负债表右侧的所有科目（不包括流动负债）为资本来源。下列简化资产负债表举例说明了总资本的两个基本组成部分：债务资本和股权资本。

资产负债表			
资产	流动负债		
	长期债务	债务资本	总资本
	股东权益	股权资本	
	优先股		
	普通股权益		
	普通股		
	留存收益		

债务成本低于其他融资形式的成本。贷款人要求的收益率相对较低，因为他们承担的风险在长期资本提供者中是最低的。贷款人对可用于偿还贷款的利润或资产有更高的优先索偿权，他们还可以对借款公司施加比优先股股东或普通股股东更大的法律压力。利息可在税前扣除的性质也显著降低了公司的债务成本。

和公司最终必须偿还的债务资本不同，投资于公司的股权资本是无限期的；它没有到期日。股权资本的两个主要来源是：(1) 优先股；(2) 普通股权益，包括普通股和留存收益。普通股通常是最昂贵的股权形式，然后是留存收益和优先股。这里我们关心的是债务资本和股权资本的关系。通常，公司使用的债务越多，公司的财务杠杆就越大。这种杠杆让普通股股东的索偿权风险更高。此外，当贷款人开始担心公司的偿债能力时，显著提高杠杆的公司的债务成本将升高。不管公司的借款是多是少，普通股股东的索偿权风险总高于贷款人，因此股权成本总高于债务成本。

资本结构的外部评估

之前我们曾看到，财务杠杆来自为放大收益和风险而使用的固定成本融资，例如债务和优先股。公司资本结构的杠杆化程度可以影响收益和风险，从而影响公司的价值。公司外部人可以使用公司财务报表中的数据对资本结构进行大致评估。第三章介绍了部分重要的负债比率。例如，衡量负债程度的一个直接指标是负债比率（＝总负债÷总资产）。该比率越高，债务在公司资本结构中的相对金额（即财务杠杆）就越高。公司的偿债能力指标包括利息保障倍数（＝息税前利润÷利息）和固定费用偿付比率。这些比率提供了关于财务杠杆的间接信息。通常，这些比率越低，公司的财务杠杆就越高，按期偿还债务的能力就越低。

某个行业可接受的债务水平（财务杠杆）可能对于另一个行业是高风险的，因为不同行业的经营特点不同。表 12.8 提供了部分行业的负债比率中值和利息保障倍数。从这些数据中可以看到明显的行业差异。行业内部也可能存在债务水平差异。

表 12.8　　部分行业的负债比率中值和利息保障倍数（2011 财年）

按北美行业分类体系分类的行业	负债比率中值（%）	利息保障倍数
农业、林业、渔业和狩猎业	41.0	2.6
采矿、采石及石油和天然气开采业	44.8	1.8
公用事业	69.2	3.1
建筑业	57.7	1.2
制造业	47.8	3.8
批发业	58.7	5.5
零售业	56.4	5.2
运输和仓储业	61.2	2.8
信息业	52.6	2.3
金融保险业	88.3	3.9
房地产、出租与租赁业	56.4	1.3
专业、科学及技术服务业	46.9	3.9
行政支持、废物管理及修复服务业	54.9	3.7
教育服务业	38.8	21.5
医疗及社会救助业	62.0	3.1
艺术、娱乐及休闲业	54.7	2.2
食宿服务业	59.3	2.8
其他服务（不包括公共管理）	76.2	3.0

资料来源：作者搜集的数据。行业按 2012 年北美行业分类体系（NAICS）进行分类。

个人理财案例 12.16

个人贷款提供者，就像公司贷款提供者一样，通常使用财务比率来评估贷款申请人偿还债务的能力。贷款人从贷款申请表和其他来源获得信息后，将计算财务比率并将其与事先确定的标准相比较。通常，如果申请人的财务比率处于可接受范围内，贷款人就会发放贷款。

以申请房地产抵押贷款为例，可以很好地说明这个过程。抵押贷款贷款人通常会提出下列两个要求：

1. 月抵押贷款还款额小于月（税前）总收入的 25%～30%。

2. 月分期还款总额（包括抵押贷款还款额）小于月（税前）总收入的 33%～38%。

假设洛（Loo）家正在申请抵押贷款。这个家庭的月（税前）总收入为 5 380 美元，他们现在的月分期还款总额为 560 美元。他们申请的 200 000 美元抵押贷款的月还款额为 1 400 美元。贷款人要求：(1) 月抵押贷款还款额低于月总收入的 28%；(2) 月分期还款总额（包括抵押贷款还款额）低于月总收入的 37%。贷款人计算并评估了洛家的这些财务比率，如下所示。

1. 月抵押贷款还款额÷总收入＝1 400 美元÷5 380 美元

＝26%＜最大值 28%，因此没有问题

2. 月分期还款总额÷总收入＝(560 美元＋1 400 美元)÷5 380 美元

=1 960 美元÷5 380 美元

=36.4%<最大值 37%，因此没有问题

洛家的比率符合贷款人的标准。因此，假设他们有足够资金支付分期付款并满足其他贷款人要求，洛家就会得到贷款。

非美国公司的资本结构

通常，非美国公司的负债程度比美国公司的负债程度高得多。主要原因是，与其他国家相比，美国的资本市场更发达，并在公司融资中发挥更重要的作用。与美国相比，在多数欧洲国家，尤其是日本和其他泛太平洋国家，大型商业银行更积极地参与公司活动融资。此外，许多国家允许银行对非金融公司进行大额股权投资，而这在美国是被禁止的。最后，在欧洲和亚洲，股票所有权往往被创始人家族、机构投资者甚至公共投资者牢牢控制，而多数美国大公司股票所有权的受控制程度没有这么高。牢固的所有权让所有者可以更好地了解公司的财务状况，导致他们愿意容忍更高的负债程度。

实例分析

世界各地的杠杆

一项对 42 个国家的长期债务使用情况的研究发现，阿根廷公司使用的长期债务比其他任何国家都多。阿根廷公司的长期债务与资产之比比美国公司高 40%。印度公司也大量使用长期债务。另外，意大利、希腊和波兰公司极少使用长期债务。这些国家的公司使用的长期债务只有美国公司的 40%。

另外，美国公司和外国公司也存在相似性。第一，全世界的资本结构都有相同的行业模式。例如，在几乎所有国家，制药业和高增长行业公司的负债比率往往都低于钢铁公司、航空公司和电力公司。部分原因在于这些公司持有的资产的性质。高增长公司的主要资产是无形资产（例如专利和知识产权），它们的借款往往低于将有形资产作为贷款担保品的公司。第二，大型美国跨国公司（它们可以利用全世界的资本市场）的资本结构与其他国家跨国公司的资本结构的相似度通常高于与小型美国公司的资本结构的相似度。换言之，在多数国家，大公司的借款通常都高于小公司。第三，风险越高、收入波动性越高的公司借款往往较少，正如高盈利公司一样。第四，全球趋势是减少对银行的融资依赖，而更依赖于发行证券。逐渐地，美国公司与外国公司的资本结构差异可能会缩小。

资本结构理论

研究表明，存在着最优资本结构范围。我们尚不能向财务经理提供准确确定公司最优资本结构的方法。然而，财务理论的确有助于理解公司资本结构如何影响公司的价值。

1958 年，佛朗哥·莫迪利亚尼（Franco Modigliani）和默顿·H. 米勒（Merton H.

Miller)①（通常被合称为 MM）用数学方法证明，假设存在完美市场②，公司选择的资本结构不会影响其价值。许多研究者，包括 MM，都研究了资本结构实际上是否影响真实世界中不完美市场上的公司价值。结果是，理论上存在基于债务融资收益与成本平衡的最优资本结构。债务融资的主要收益是税盾，它允许在计算应税所得时扣除支付的利息。债务融资成本来自：（1）债务导致的破产概率增大；（2）贷款人约束公司行为的代理成本；（3）与管理者比投资者更了解公司前景相关的成本。

税收收益

允许公司计算应税所得时扣除债务利息支付减少了公司的应税利润，因而让债券持有者和股东可以获得更多利润。利息可在税前扣除的性质意味着公司的债务成本 r_i 获得了政府补贴。令 r_d 等于税前债务成本，并令 T 等于税率，根据第九章（式（9.2）），我们得到 $r_i=r_d\times(1-T)$。

破产概率

公司由于无法按期偿还债务而破产的概率主要取决于商业风险和金融风险的水平。

商业风险 我们将商业风险定义为公司无法收回营业成本的风险。通常，公司的营业杠杆——利用固定营业成本的程度——越高，商业风险就越高。尽管营业杠杆是影响商业风险的重要因素，但另两个因素——收入稳定性和成本稳定性——也会影响商业风险。收入稳定性反映了公司销售收入的相对波动性。产品需求和价格水平稳定的公司往往收入也很稳定，从而商业风险水平也较低。产品需求和价格高度波动的公司收入也不稳定，造成商业风险水平较高。成本稳定性反映了劳动力和材料等投入品价格的相对可预测性。投入品价格的可预测性和稳定性越高，商业风险就越低；投入品价格的可预测性和稳定性越低，商业风险就越高。

不管公司从事什么业务，不同公司的商业风险都不同，也不受资本结构决策的影响。商业风险水平必须被视为“给定”。公司的商业风险越高，公司确定资本结构时就越需要谨慎。因此，高商业风险的公司往往采用杠杆较低的资本结构，低商业风险的公司往往采用杠杆较高的资本结构。在下面的讨论中，我们将保持商业风险不变。

例 12.17

库克公司（Cooke Company）是一家软饮料生产商，它准备进行资本结构决策。该公司的预测团队已经估计出了销售收入和相关息税前利润水平。销售收入总额达到 400 000 美元的概率为 25%，达到 600 000 美元的概率为 50%，达到 800 000 美元的概率为 25%。固定营业成本总额为 200 000 美元，可变营业成本总额为销售收入的 50%。表 12.9 总结了这些数据并计算出了息税前利润。

表 12.9 显示，息税前利润为 0 美元的概率为 25%，息税前利润为 100 000 美元的概

---

① Franco Modigliani and Merton H. Miller, “The Cost of Capital, Corporation Finance, and the Theory of Investment,” *American Economic Review* (June 1958), pp. 261-297.

② 完美市场假设包括：（1）没有税收；（2）没有证券经纪费或发行成本；（3）信息对称（即投资者和管理者拥有相同的公司投资前景信息）；（4）投资者可以按与公司相同的利率借款。

率为50%，息税前利润为200 000美元的概率为25%。当确定公司的资本结构时，财务经理必须接受这些给定的息税前利润及其相关概率。这些息税前利润数据实际上反映了特定商业风险水平，而商业风险反映了公司的营业杠杆、销售收入波动性和成本可预测性。

表 12.9　　库克公司的销售收入与相关息税前利润的计算

销售收入的实现概率	0.25	0.5	0.25
销售收入	400 000 美元	600 000 美元	800 000 美元
减：固定营业成本	200 000 美元	200 000 美元	200 000 美元
减：可变营业成本（销售收入的 50%）	200 000 美元	300 000 美元	400 000 美元
息税前利润	0 美元	100 000 美元	200 000 美元

无法偿还债务的惩罚就是破产。公司资本结构中的固定成本融资——债务（包括金融租赁）和优先股——越多，财务杠杆和财务风险就越高。财务风险取决于管理层所做的资本结构决策，这种决策受公司面临的商业风险的影响。

总风险　公司的总风险——商业风险和财务风险之和——决定了它的破产概率。财务风险、财务风险与商业风险的关系以及它们的共同影响可以继续用库克公司的例子说明。

例 12.18

库克公司当前的资本结构如下：

长期债务	0 美元
普通股权益（股价为 20 美元，股数为 25 000 股）	500 000 美元
总资本（资产）	500 000 美元

让我们假设该公司正在考虑七种不同的资本结构。如果我们用负债比率衡量这些结构，它们分别为0%、10%、20%、30%、40%、50%和60%。假设：(1) 公司没有流动负债；(2) 目前的资本结构包括如表所示的所有股权；(3) 总资本金额保持不变①，为500 000美元，与七种负债比率相关的债务与股权组合如表12.10所示。该表还显示了每种情况下的流通普通股股数。

与表12.10第（3）列的每种债务水平相关的是预期将随着财务杠杆提高而提高的利率。表12.11总结了与每种资本结构相关的债务水平、相关利率（假设适用于所有债务）和年利息。由于债务水平和利率都随着财务杠杆（负债比率）的提高而提高，因此年利息也会提高。

表12.12使用息税前利润水平和表12.9计算的相关概率、表12.10第（5）列的普通股股数和表12.11第（3）列计算的年利息，计算出负债比率为0%、30%和60%时的每股收益。假设税率为40%。表12.12还显示了每种负债比率下的预期每股收益、每股收益的标准差和每股收益的变异系数。②

---

① 该假设的必要性在于，它让我们在评估不同资本结构时无须考虑追加筹资的投资收益率。这里只关注资本结构，而非资本投资。

② 为了说明方便，本章用每股收益的变异系数衡量总风险（不可分散风险和可分散风险）并将其作为衡量相关不可分散风险的贝塔系数的替代指标。

表 12.10　　库克公司每种负债比率下的资本结构

负债比率（%）(1)	资本结构（千美元）总资产[a] (2)	债务 [(1)×(2)] (3)	股权 [(2)−(3)] (4)	普通股股数（千股）[(4)÷20 美元][b] (5)
0	500	0	500	25.00
10	500	50	450	22.50
20	500	100	400	20.00
30	500	150	350	17.50
40	500	200	300	15.00
50	500	250	250	12.50
60	500	300	200	10.00

a. 为了方便起见，假设该公司没有流动负债，因此其总资产等于总资本 500 000 美元。

b. 20 美元表示之前提到的每股普通股的账面价值。

表 12.11　　库克公司不同资本结构下的债务水平、利率和年利息

资本结构 负债比率（%）	债务（千美元）(1)	所有债务的利率（%）(2)	年利息（千美元）[(1)×(2)] (3)
0	0	0.0	0.00
10	50	9.0	4.50
20	100	9.5	9.50
30	150	10.0	15.00
40	200	11.0	22.00
50	250	13.5	33.75
60	300	16.5	49.50

表 12.13 总结了与七种资本结构相关的数据。表 12.12 显示了负债比率为 0%、30% 和 60%时的值；表中没有显示其他负债比率（10%、20%、40%和 50%）下的类似值计算过程。由于变异系数衡量了相对于预期每股收益的风险，因此它是比较资本结构的较优风险指标。随着公司财务杠杆的提高，每股收益的变异系数会增大。正如预期，风险水平上升与财务杠杆水平提高有关。

表 12.12 评估的两种极端资本结构（负债比率＝0 和负债比率＝60%）下的相对风险可以用每种资本结构下的每股收益概率分布说明。图 12.3 显示了这两种分布。预期每股收益随着财务杠杆的提高而增加，正如概率分布的离差差异所反映的，风险也随之增加。显然，当财务杠杆程度较高时，预期每股收益的不确定性和出现负每股收益的概率也较高。

此外，通过绘制相对于负债比率的预期每股收益与变异系数图形，可以清楚地看出七种资本结构下的风险收益权衡的性质。根据表 12.13 的数据可以绘制出图 12.4。该图显示，随着债务替代股权（负债比率增大），每股收益水平先上升后下降（图 12.4 (a)）。该图表示，每股收益的峰值出现在负债比率等于 50%时。在超过该比率后，每股收益就开始下降，这是因为利息的显著增加没有完全被流通股股数的减少抵消。

表 12.12　　计算库克公司部分负债比率下的每股收益

息税前利润的发生概率		0.25	0.50	0.25
负债比率=0				
息税前利润（见表 12.9）		0 美元	100 000 美元	200 000 美元
减：利息（见表 12.11）		0 美元	0 美元	0 美元
税前净利润		0 美元	100 000 美元	200 000 美元
减：税款（T=0.40）		0 美元	40 000 美元	80 000 美元
税后净利润		0 美元	60 000 美元	120 000 美元
每股收益（25 000 股，见表 12.10）		0 美元	2.40 美元	4.80 美元
预期每股收益[a]	2.40 美元			
每股收益的标准差[a]	1.70 美元			
每股收益的变异系数[a]	0.71			
负债比率=30%				
息税前利润（见表 12.9）		0 美元	100 000 美元	200 000 美元
减：利息（见表 12.11）		15 000 美元	15 000 美元	15 000 美元
税前净利润		(15 000 美元)	85 000 美元	185 000 美元
减：税款（T=0.40）		(6 000 美元)[b]	34 000 美元	74 000 美元
税后净利润		(9 000 美元)	51 000 美元	111 000 美元
每股收益（17 500 股，见表 12.10）		(0.51 美元)	2.91 美元	6.34 美元
预期每股收益[a]	2.91 美元			
每股收益的标准差[a]	2.42 美元			
每股收益的变异系数[a]	0.83			
负债比率=60%				
息税前利润（见表 12.9）		0 美元	100 000 美元	200 000 美元
减：利息（见表 12.11）		49 500 美元	49 500 美元	49 500 美元
税前净利润		(49 500 美元)	50 500 美元	150 500 美元
减：税款（T=0.40）		(19 800 美元)[b]	20 200 美元	60 200 美元
税后净利润		(29 700 美元)	30 300 美元	90 300 美元
每股收益（25 000 股，见表 12.10）		(2.97 美元)	3.03 美元	9.03 美元
预期每股收益[a]	3.03 美元			
每股收益的标准差[a]	4.24 美元			
每股收益的变异系数[a]	1.40			

a. 第八章介绍了计算预期值、标准差和变异系数的程序。

b. 该公司应用了税法中规定但本书没有讨论的税收亏损向前结转，因而从当期亏损中获得了税收利益。

表 12.13　　库克公司在不同资本结构下的预期每股收益、标准差和变异系数

资本结构 负债比率（%）	预期每股收益（美元） (1)	每股收益的标准差（美元） (2)	每股收益的变异系数 [(2)÷(1)] (3)
0	2.40	1.70	0.71
10	2.55	1.88	0.74
20	2.72	2.13	0.78

续前表

资本结构 负债比率（%）	预期每股收益（美元） (1)	每股收益的标准差（美元） (2)	每股收益的变异系数 [(2)÷(1)] (3)
30	2.91	2.42	0.83
40	3.12	2.83	0.91
50	3.18	3.39	1.07
60	3.03	4.24	1.40

如果我们考察用变异系数衡量的风险行为（图 12.4（b）），可以看到风险随着杠杆的提高而提高。一部分风险是商业风险，但随着财务杠杆提高而变化的部分是财务风险。

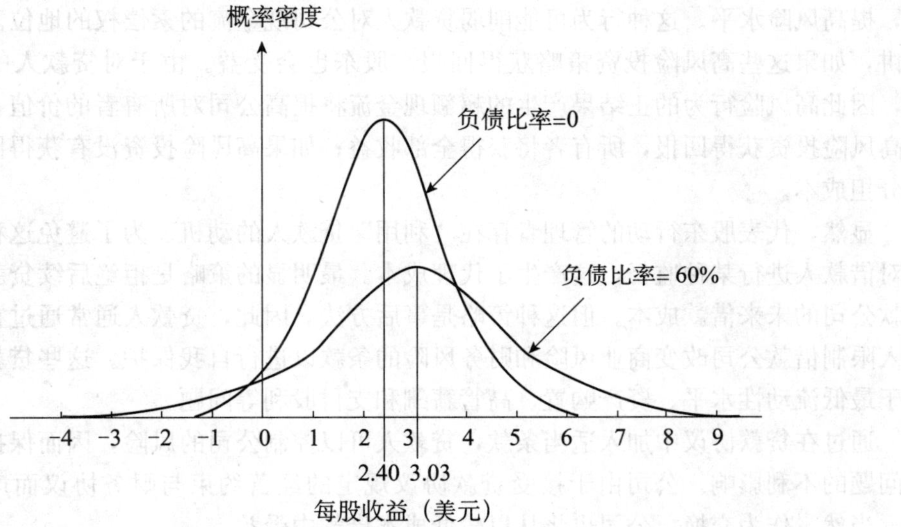

图 12.3　概率分布

库克公司负债比率为 0 和 60%时的每股收益概率分布

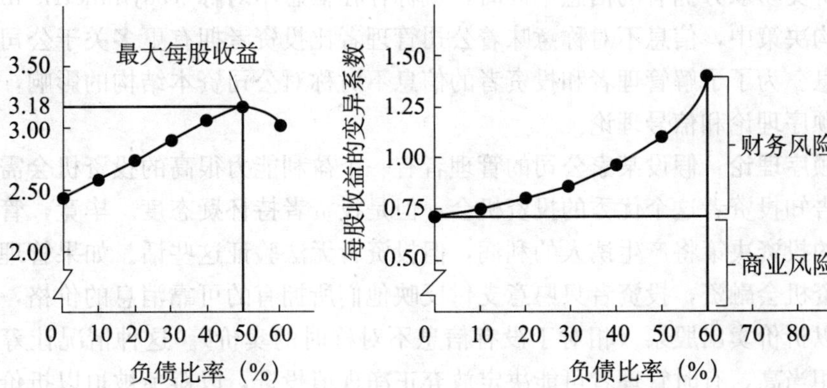

图 12.4　预期每股收益与每股收益的变异系数

库克公司在不同资本结构下的预期每股收益与每股收益变异系数

显然，使用财务杠杆时存在风险收益权衡。在本章后面，我们将分析如何将这些风险收益因素整合进估值框架。这里应该认识到的重要一点是，随着公司在资本结构中加入更多杠杆，公司的预期收益水平和相关风险都会提高。

贷款人施加的代理成本

正如第一章所指出的，公司管理者通常作为所有者（股东）的代理人行动。所有者赋予管理者为所有者的利益而管理公司的职权。这种关系产生的代理问题不仅出现在所有者与管理者的关系中，还出现在所有者与贷款人的关系中。

当贷款人向公司提供资金时，收取的利率基于贷款人对公司风险的评估。因此，贷款人与借款人的关系取决于贷款人对公司后续行为的预期。实际上，当进行贷款谈判时，借款利率已被锁定。以特定利率获得贷款后，公司可以投资于高风险项目或者举借更多债务，提高风险水平。这种行为可能削弱贷款人对公司现金流的索偿权的地位。从另一个角度讲，如果这些高风险投资策略获得回报，股东也会受益。由于对贷款人的债务保持不变，因此高风险行为的正结果产生的超额现金流将提高公司对所有者的价值。换言之，如果高风险投资获得回报，所有者将获得全部收益；如果高风险投资没有获得回报，贷款人将分担成本。

显然，代表股东行动的管理者存在“利用”贷款人的动机。为了避免这种情况，贷款人对借款人进行某种监督，这产生了代理成本。最明显的策略是拒绝后续贷款要求或增加借款公司的未来借款成本。但这种策略是事后方法。因此，贷款人通常通过在贷款协议中加入限制借款公司改变商业风险和财务风险的条款以进行自我保护。这些贷款条款往往集中于最低流动性水平、资产购置、高管薪酬和支付股利等问题。

通过在贷款协议中加入适当条款，贷款人可以控制公司的风险，因而保护自身免受代理问题的不利影响。公司由于接受贷款协议规定的经营约束与财务协议而产生了代理成本，当然，作为交换，公司也将从以较低成本借款中受益。

信息不对称

当经济交易双方拥有的信息不同时，就称存在**信息不对称**（asymmetric information）。在资本结构决策中，信息不对称意味着公司管理者比投资者拥有更多关于公司经营和未来前景的信息。为了了解管理者和投资者的信息不对称对公司资本结构的影响，下面将举例说明啄食顺序理论和信号理论。

啄食顺序理论　假设某家公司的管理者有一个盈利能力很高的投资机会需要融资。管理者希望告知投资者这个优秀的投资机会，但是投资者持怀疑态度。毕竟，管理者总有动机称他们的投资决策将产生诱人的利润，但投资者无法验证这些话。如果管理者试图出售股票为投资机会融资，投资者只愿意支付反映他们所拥有的可靠消息的价格，这意味着管理者必须以折价卖出股票（相对于没有信息不对称时的卖价）。这种情况让筹集新股权的成本变得相当高，有时管理者可能决定放弃正净现值投资，以避免被迫以折价向投资者出售股票的情况。

管理者解决这个问题的一种方法是保持资金充裕，因而可以使用留存收益提供的现金储备为新投资机会融资。当公司没有足够充裕的资金为有盈利能力的投资机会融资时，管理者更愿意通过发行债务而非股票进行外部融资。债务融资提供者将得到固定收益，因此当新投资开始为公司创造高收益时，这些现金流将主要流向公司的现有股东。

结果是，存在财务**啄食顺序**（pecking order），这意味着融资层级从留存收益开始，然后是债务，最后是新股票。当管理者希望为新项目融资时，他们首先将使用留存收益。如果内部产生的现金不足以为新投资机会融资，管理者就将通过债务市场进行外部融资。发行新股票是最后的手段。

这种啄食顺序理论与关于公司融资决策的几个事实有关。第一，绝大部分新投资是通过留存收益融资的，公司偶尔才会进行外部融资。第二，正如啄食顺序理论的预测，公司的举债频率高于发行股票的频率。第三，正如我们所指出的，通常高盈利能力公司（资金充裕的公司）的借款少于低盈利能力公司。

信号理论　有句老话说："真金白银胜过雄辩。"这句话的意思是，人人都可以夸耀自己的投资策略有多么出色，但是只有愿意用真金白银的投资来证明其策略的人才值得信任。这句格言和资本结构决策有什么关系？例如，假设管理者拥有的信息是公司的未来前景非常好。管理者可以召开新闻发布会，试图让投资者相信公司的未来是光明的，但投资者想要看得见摸得着的证据。此外，提供证据对公司而言成本很高；否则，其他前景不那么光明的公司就能模仿真正前景光明的公司的行为。管理者可能采取的一种行为是，通过举债借入大量资金。这样，他们就向市场证明，他们有信心公司将在未来创造足够的现金流以偿还债务。前景不那么光明的公司不愿发行大量债务，因为它们将很难偿还债务，甚至可能破产。换言之，发行债务是管理者认为公司未来业绩将十分优秀的强烈**信号**（signal）。债务融资是一种正面信号，它预示着管理者认为股票"价格被低估"，因此价格对买方有利。

同样，当公司决定发行股票时，投资者担心这种行动是一个负面信号，预示着管理者认为公司的未来盈利能力较差，股价现在被高估。因此，投资者通常将宣布发行股票理解为坏消息，股价将下降。

多数研究对信号作为公司资本结构选择的主要决定因素的重要性表示怀疑。例如，我们已经看到，最赚钱的公司往往借款较少，而信号理论称，最赚钱的公司应该借款较多，以说服投资者公司的未来利润将很高。此外，在一项要求管理者描述他们如何对债务融资和股权融资做出选择的调查中，管理者很少选择将举债作为向投资者传递信息的方式。但是，信号理论仍然预测当公司发行债务时股价将上升，当公司发行股票时股价将下降，而这正是现实生活中多数时候发生的情况。

最优资本结构

那么，最优资本结构是什么，即使它（迄今为止）只存在于理论中？为了回答这个问题，我们将分析一些基本的财务关系。由于公司价值等于其未来现金流的现值，因此当资本成本最小化时，公司价值最大化。换言之，未来现金流的现值在贴现率（资本成本）最低时最高。通过修正简单的零增长模型（见第七章的式（7.2）），我们可以将公司价值V定义为：

$$V=\frac{EBIT\times(1-T)}{r_a}=\frac{NOPAT}{r_a} \tag{12.11}$$

其中，

$EBIT$ = 息税前利润

T = 税率

$NOPAT$ = 税后净营业利润，即债权人和股东可以获得的税后营业利润

$EBIT \times (1-T)$

r_a = 加权平均资本成本

显然，如果我们假设税后净营业利润固定（因而息税前利润也固定），那么通过最小化加权平均资本成本 r_a，就能最大化公司价值 V。

成本函数

图 12.5（a）将三个成本函数——债务成本、股权成本和加权平均资本成本——画成用负债比率（债务与总资产之比）衡量的财务杠杆函数。由于税盾的存在，债务成本 r_i 始终很低，但它随着财务杠杆的提高而缓慢上升，以补偿贷款人承担的更多风险。股权成本 r_s 高于债务成本。它随着财务杠杆的提高而上升，但它的上升速度通常快于债务成本。由于当杠杆提高时，股东要求更高的收益率以补偿更高的财务风险，因此股权成本也会上升。

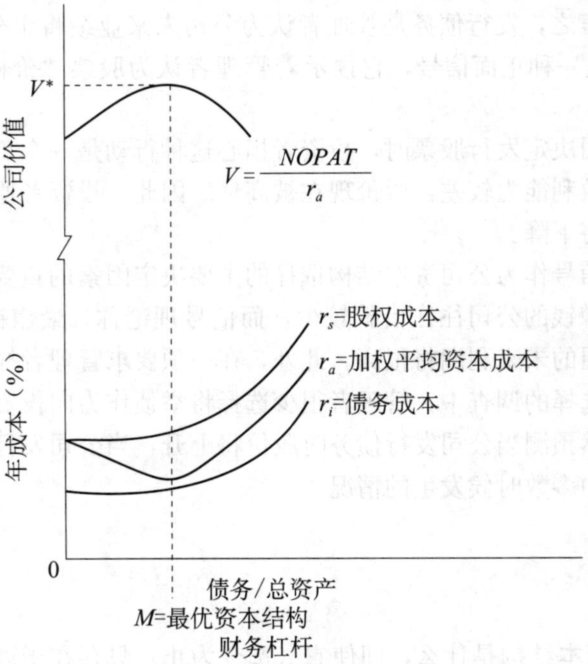

图 12.5　成本函数与公司价值

资本成本与最优资本结构

加权平均资本成本 r_a 来自加权平均公司债务成本和股权成本。当负债比率为 0 时，公司为 100％股权融资。随着债务替代股权和负债比率上升，加权平均资本成本将下降，因为税后债务成本低于股权成本（$r_i < r_s$）。在这个范围内，增加债务的税收利益高于增加的借款成本。然而，随着负债比率继续上升，增加的债务成本和股权成本最终将导致加权平

均资本成本上升，如图 12.5（a）的 M 点之后所示。换言之，破产成本、代理成本和其他与债务水平提高有关的成本最终将超过公司增加借款所能产生的额外税收利益。这种行为导致了 U 形或碟形加权平均资本成本函数 r_a。

最优资本结构的图形观点

由于整体资本成本 r_a 最小时将实现价值 V 最大化（见式（12.11）），因此**最优资本结构**（optimal capital structure）是加权平均资本成本 r_a 最小化时的资本结构。在图 12.5（a）中，M 点对应最小加权平均资本成本，它是最优财务杠杆点，因此也表示公司的最优资本结构。图 12.5（b）是公司价值图形，它是将图 12.5（a）中不同财务杠杆水平上的 r_a 代入式（12.11）中的零增长模型得到的。如图 12.5（b）所示，在最优资本结构 M 点上，公司价值达到最大，即 V^*。

简单地说，最小化加权平均资本成本让管理者可以采纳大量盈利项目，从而进一步增加公司价值。然而，在实际中，无法计算图 12.5 中的最优资本结构。由于不可能了解或保持精确的最优资本结构，因此公司通常尽量在接近它们认为是最优资本结构的范围内经营。换言之，公司通常会设法达到目标资本结构。

复习题

12—6　公司的资本结构是什么？哪些比率可以评估公司资本结构的财务杠杆程度？

12—7　美国公司和非美国公司的资本结构有何不同？它们的相似之处是什么？

12—8　债务融资的主要好处是什么？它如何影响公司的债务成本？

12—9　什么是商业风险和财务风险？它们分别如何影响公司的资本结构决策？

12—10　请简要描述所有者和贷款人之间存在的代理问题。贷款人如何使公司产生代理成本以解决这个问题？

12—11　信息不对称如何影响公司的资本结构决策？公司的融资行为如何向投资者发出信号，反映管理层对股票价值的看法？

12—12　随着公司的财务杠杆从零逐渐提高，债务成本、股权成本和加权平均资本成本将如何变化？最优资本结构出现在何处？最优资本结构与该点上的公司价值有什么关系？

12.3　资本结构的息税前利润—每股收益方法

从之前的章节中可以清楚地看到，财务经理的目标是最大化所有者财富，也就是公司股价。影响公司股价的诸多变量之一是利润，它表示代表所有者赚得的收益。尽管以利润为重点忽略了风险（另一个影响公司股价的重要变量），但每股收益可以被方便地用于分析不同的资本结构。资本结构的**息税前利润—每股收益方法**（EBIT-EPS approach）需要在预期息税前利润范围内选择最大化每股收益的资本结构。

用图形表示融资计划

为了分析公司资本结构对所有者收益的影响，我们将考察息税前利润和每股收益的关系。换言之，我们希望了解在不同的资本结构下，息税前利润的变化导致每股收益如何变化。在我们的所有例子中，我们都假设商业风险保持不变。也就是说，公司的基本经营风险保持不变，只有财务风险随着资本结构的变化而变化。每股收益被用于衡量所有者收益，按照预期，所有者收益与股价密切相关。[①]

所需数据

为了用图形说明息税前利润的变化如何导致每股收益的变化，我们只需找到两组坐标，并在它们之间画出一条直线。在我们的图形中，我们将息税前利润作为横轴，将每股收益作为纵轴。下例说明了作图方法。

例 12.19

我们可以假设息税前利润的值并计算与之相关的每股收益，在息税前利润—每股收益坐标图中画出坐标点。[②] 表 12.12 中提供了在库克公司的三种资本结构——负债比率为 0%、30%和 60%——下的计算方法。图 12.6 中的表总结了当息税前利润为 100 000 美元和 200 000 美元时计算出的相关每股收益。

画出数据

图 12.6 的息税前利润—每股收益坐标图中画出了库克公司的数据。该图显示了每个息税前利润水平上的预期每股收益水平。当息税前利润水平低于 x 轴的截距时，将产生亏损（负每股收益）。x 轴上的每个截距都是财务盈亏平衡点，即恰好收回所有固定财务成本所需的息税前利润水平（每股收益=0 美元）。

比较不同的资本结构

我们可以通过画出融资计划比较不同的资本结构，如图 12.6 所示。

例 12.20

库克公司的不同资本结构如图 12.6 的息税前利润—每股收益坐标图所示。该图显示，按照最大化每股收益衡量，每种资本结构都存在一个特定的息税前利润范围，在此范围内

---

① 每股收益和所有者财富的预期关系不是原因和影响之一。正如第一章所示，利润最大化不必然确保所有者财富也最大化。然而，它预期每股收益的变化将对所有者财富产生某些影响，因为每股收益数据属于投资者获得的信息之一，投资者经常根据每股收益水平推高或压低公司股价。

② 找到一组息税前利润—每股收益坐标点的便捷方法是计算财务盈亏平衡点，即公司的每股收益恰好等于 0 美元时的息税前利润水平。它是恰好收回所有固定财务成本——年利息（I）和优先股股利（PD）——所需的息税前利润水平。财务盈亏平衡点的公式为：

$$财务盈亏平衡点 = I + \frac{PD}{1-T}$$

其中，T 为税率。可以看到，当 PD=0 美元时，财务盈亏平衡点等于 I，即年利息支付额。

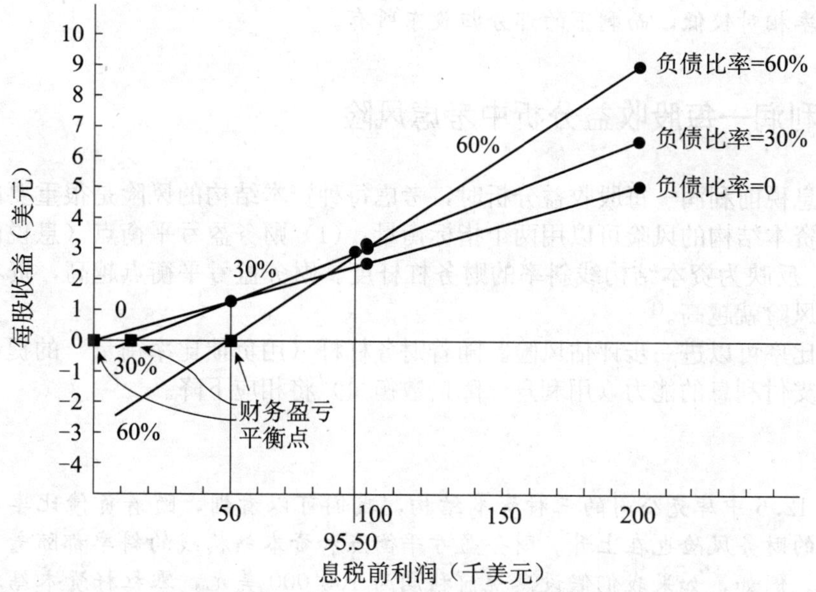

资本结构 负债比率	息税前利润	
	100 000美元	200 000美元
	每股收益（美元）	
0	2.40	4.80
30%	2.91	6.34
60%	3.03	9.03

图 12.6　息税前利润—每股收益方法

库克公司的部分资本结构比较（数据来自表 12.12）

这种资本结构优于其他资本结构。当息税前利润为 0～50 000 美元时，完全没有债务（负债比率＝0）是最优的。这种结论是正确的，因为当营业状况相对低迷时，如果库克公司有债务，将很难偿还债务。当息税前利润为 50 000～95 500 美元时，负债比率为 30%的资本结构将提供比其他两种资本结构更高的每股收益。当息税前利润超过 95 500 美元时，负债比率为 60%的资本结构将提供最高的每股收益。① 这个结论背后的直观原因同样是十分简单的。当公司欣欣向荣时，对股东而言最好的消息就是公司大量举债。公司向贷款人

---

① 我们可以用代数方法得出不同资本结构下的无差异点。这种方法需要将每种资本结构表示为含有每股收益的公式，令两种资本结构下的公式相等，并解出导致公式相等的息税前利润水平。当我们使用上个脚注的符号，并令 n 等于普通股股数时，融资计划的每股收益一般公式为：

$$EPS=\frac{(1-T)\times(EBIT-I)-PD}{n}$$

比较库克公司负债比率为 0 与 30%时的资本结构，我们得到：

$$\frac{(1-0.40)\times(EBIT-0\text{ 美元})-0\text{ 美元}}{25\,000}=\frac{(1-0.40)\times(EBIT-15\,000\text{ 美元})-0\text{ 美元}}{17\,500}$$

$$\frac{0.60\times EBIT}{25\,000}=\frac{0.60\times EBIT-9\,000\text{ 美元}}{17\,500}$$

$$10\,500\times EBIT=15\,000\times EBIT-225\,000\,000\text{ 美元}$$

$$225\,000\,000\text{ 美元}=4\,500\times EBIT$$

$$EBIT=50\,000\text{ 美元}$$

因此，负债比率为 0 与 30%的资本结构之间的无差异点为 50 000 美元，如图 12.6 所示。

支付的收益率相对较低，而剩下的部分归股东所有。

在息税前利润—每股收益分析中考虑风险

在解释息税前利润—每股收益分析时，考虑每种资本结构的风险是很重要的。从图形上看，每种资本结构的风险可以用两个指标衡量：(1) 财务盈亏平衡点（息税前利润轴的截距）；(2) 反映为资本结构线斜率的财务杠杆度。财务盈亏平衡点越高，资本结构线越陡峭，财务风险就越高。①

用财务比率可以进一步评估风险。随着财务杠杆（用负债比率衡量）的提高，我们预期公司按期支付利息的能力（用利息保障倍数衡量）将相应下降。

例 12.21

回顾图 12.6 中库克公司的三种资本结构，我们可以看到，随着负债比率的提高，每种资本结构的财务风险也在上升。财务盈亏平衡点和资本结构线的斜率都随着负债比率的提高而增大。例如，如果我们假设息税前利润为 100 000 美元，零杠杆资本结构下的利息保障倍数（＝息税前利润÷利息）将为无穷（＝100 000 美元÷0 美元）；当负债比率为 30%时，利息保障倍数为 6.67（＝100 000 美元÷15 000 美元）；当负债比率为 60%时，利息保障倍数为 2.02（＝100 000 美元÷49 500 美元）。由于利息保障倍数越低，反映的风险就越高，因此这些比率支持资本结构风险随着财务杠杆的提高而提高这个结论。负债比率为 60%时的资本结构比负债比率为 30%时的资本结构风险更高，而负债比率为 30%时的资本结构又比负债比率为 0%时的资本结构风险更高。

息税前利润—每股收益分析的基本缺点

使用息税前利润—每股收益分析时需要认识到的最重要的一点是，这种方法的重点往往是最大化利润而非最大化公司股价所反映的所有者财富。使用每股收益最大化方法通常会忽略风险。如果当公司在资本结构中提高债务的比例时投资者没有要求风险溢价（额外收益率），最大化每股收益的策略也会最大化股价。但是由于风险溢价随着财务杠杆的提高而增加，因此最大化每股收益不能确保所有者财富最大化。为了选择最优资本结构，公司必须将收益（每股收益）和风险（通过必要收益率 r_s）整合进与之前介绍的资本结构理论一致的估值框架。

复习题

12—13 请解释资本结构的息税前利润—每股收益方法。请在解释时，用一张图标明财务盈亏平衡点，并标出坐标轴。这种方法是否与最大化所有者财富的目标一致？

---

① 财务杠杆度反映为息税前利润—每股收益函数的斜率。斜率越大，财务杠杆度就越高，因为息税前利润（x 轴）的给定变化导致的每股收益（y 轴）变化随着斜率的增大而增大，随着斜率的减小而减小。

12.4 选择最优资本结构

本节介绍了将市场价值与不同资本结构的收益和风险联系起来的程序。

联系

为了确定不同资本结构下的公司价值，公司必须得出补偿所有者承担的风险所必须获得的收益率水平。这种方法与第六章和第七章介绍并用于第十章和第十一章的资本预算决策的整体估值框架一致。

估计给定财务风险水平下的必要收益率的方法有多种。理论上，最优方法首先应该估计每种资本结构下的贝塔系数，然后用式（8.8）提出的资本资产定价模型框架计算必要收益率 r_s。更具操作性的方法是将每种资本结构的财务风险与必要收益率直接联系起来。这种方法类似于第十一章介绍的将项目风险与必要收益率（风险调整贴现率）联系起来的资本资产定价模型式方法。这里，它需要估计与每种财务风险水平（用每股收益的变异系数这类统计指标衡量）相关的必要收益率。不管使用什么方法，必要收益率预期都将随着财务风险的增加而提高。

例 12.22

库克公司使用七种资本结构下的变异系数作为风险指标，估计出相关的必要收益率，如表 12.14 所示。正如预期所示，所有者的估计必要收益率 r_s 随着风险（用每股收益的变异系数衡量）的增加而提高。

表 12.14　　库克公司不同资本结构下的必要收益率

资本结构 负债比率（%）	每股收益的变异系数 （摘自表 12.13 第（3）列） (1)	估计必要收益率 r_s（%） (2)
0	0.71	11.5
10	0.74	11.7
20	0.78	12.1
30	0.83	12.5
40	0.91	14.0
50	1.07	16.5
60	1.40	19.0

估计价值

每种资本结构下的公司价值都可以用一种标准估值模型估计。如果为简化起见，我们假设所有利润都被作为股利分配，就可以使用第七章介绍的标准零增长模型。该模型最初见于式（7.2），这里用每股收益代替股利（因为每年的股利都等于每股收益），将其改写为：

$$P_0 = \frac{EPS}{r_s} \tag{12.12}$$

将预期每股收益水平和相关的必要收益率 r_s 代入式（12.12），我们可以估计出公司的每股价值 P_0。

例 12.23

现在，我们可以估计库克公司在每种资本结构下的股票价值。将每种资本结构的预期每股收益（表 12.13 第（1）列）和必要收益率 r_s（表 12.14 第（2）列）代入式(12.12)，可以得到股票价值，如表 12.15 第（3）列所示。图 12.7 画出了得到的股票价值与相关的负债比率，它清楚地说明，在负债比率为 30%的资本结构下，股票价值最大。

表 12.15　计算库克公司在不同资本结构下的股价

资本结构 负债比率（%）	预期每股收益（美元） （摘自表 12.13 第(1)列） (1)	估计必要收益率 r_s （摘自表 12.14 第(2)列） (2)	估计股票价值（美元） [(1)÷(2)] (3)
0	2.40	0.115	20.87
10	2.55	0.117	21.79
20	2.72	0.121	22.48
30	2.91	0.125	23.28
40	3.12	0.140	22.29
50	3.18	0.165	19.27
60	3.03	0.190	15.95

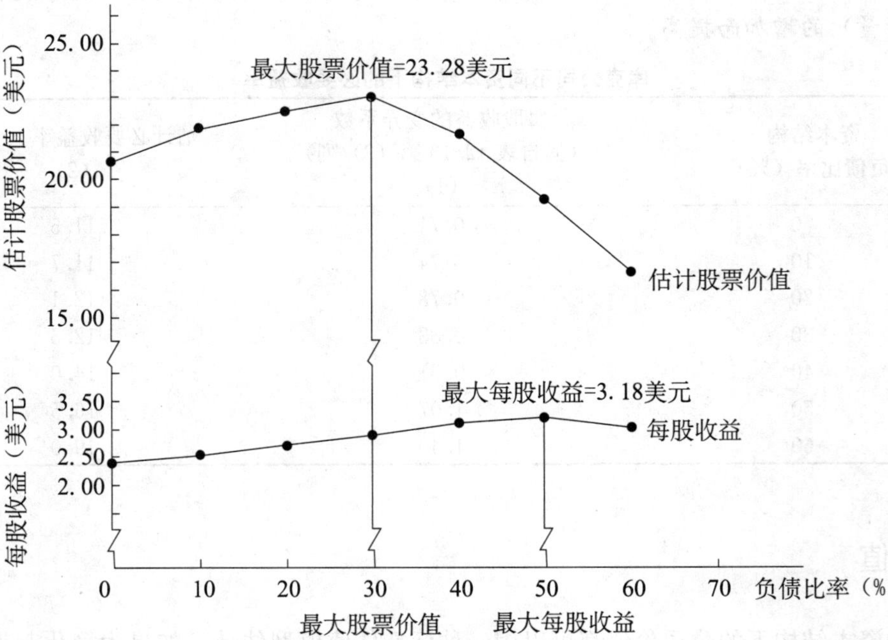

图 12.7　估计价值

库克公司在不同资本结构下的估计股票价值和每股收益

最大化价值与最大化每股收益

在本书中，我们规定财务经理的目标是最大化所有者财富而非最大化利润。尽管预期利润和价值存在一定的关系，但是没有理由认为利润最大化策略一定会导致财富最大化。因此，估计股票价值反映的所有者财富应该作为选择最优资本结构的标准。库克公司的最后一个例子将重点说明这个问题。

例 12.24

对图 12.7 的深入分析清楚表明，尽管当负债比率为 50%时，公司利润（每股收益）达到最大化，但是当负债比率为 30%时，股票价值才达到最大化。因此，负债比率为 30%时的资本结构为最优资本结构。两种方法的结论不同，因为每股收益最大化没有考虑风险。

其他重要因素

由于没有哪种实用方法可以计算最优资本结构，因此任何资本结构量化分析都必须考虑其他重要因素。表 12.16 总结了资本结构决策中的重要考虑因素。

表 12.16　　资本结构决策中的重要考虑因素

担心	因素	描述
商业风险	收入稳定性	销售收入稳定且可预测的公司可以比销售收入不稳定的公司更安全地采用高杠杆资本结构。销售收入增长的公司往往会从增加债务中受益，它们可以获得财务杠杆的正收益，杠杆将放大增加债务的影响
	现金流	当考虑新的资本结构时，公司必须关注创造偿还债务所需现金流的能力。反映偿债能力（和优先股股利支付能力）的现金预测必须支持资本结构的变化
代理成本	合同义务	公司的筹资类型可能受到合同约束。例如，公司可能被禁止出售更多债务，除非新债权人的索偿权次于现债权人。合同中还可能对出售更多股票和分配股利的能力进行约束
	管理层偏好	偶尔，公司可能对债务使用进行内部约束，将风险限制在管理层能接受的水平上。换言之，由于风险厌恶，公司管理层可能将公司的资本结构限制在可能最优也可能并非真正最优的水平上
	控制	担心控制权的管理层可能更喜欢发行债务而非（有投票权的）普通股。在有利市场条件下，希望出售股权的公司可以发行有优先认购权的股票或发行无投票权股票，让每位股东都保持所有权比例不变。通常，只有在受收购威胁的封闭持股公司中，控制权才会成为资本结构决策中的主要考虑因素
信息不对称	外部风险评估	公司以优惠利率快速筹资的能力取决于贷款人和债券评级机构的外部风险评估。公司必须考虑资本结构决策对股票价值和公开财务报表的影响，因为贷款人和评级机构将据此评估公司风险
	时间	当利率很低时，债务融资可能更具吸引力；当利率很高时，出售股票可能更具吸引力。有时，条件合理的债务资本和股权资本都难以获得。因此，一般经济状况——尤其是资本市场状况——可以显著影响资本结构决策

复习题

12—14　为什么最大化每股收益和最大化价值关于最优资本结构的结论不一定相同？

12—15　除了量化因素，公司做出资本结构决策时还应该考虑什么重要因素？

总　结

价值焦点

公司使用的杠杆金额（固定成本资产或资金）直接影响其风险、收益和股票价值。通常，杠杆升高会提高风险和收益，杠杆降低会降低风险和收益。营业杠杆与固定营业成本水平有关；财务杠杆与固定财务成本尤其是债务利息和优先股股利有关。公司的资本结构决定了财务杠杆。由于公司支付的利息是固定的，因此公司使用的债务相对于股权越多，其财务杠杆就越高。

公司的价值显然受营业杠杆度和资本结构的影响。因此，财务经理必须认真考虑公司的营业成本和财务成本类型，认识到固定成本越高，风险就越高。因此，关于营业成本结构和资本结构的重大决策必须重点关注它们对公司价值的影响。公司应该只执行与最大化股价目标一致的杠杆和资本结构决策。

学习目标复习

目标 1　讨论杠杆、资本结构、盈亏平衡分析、营业盈亏平衡点和成本变化对盈亏平衡点的影响。使用固定成本放大公司所有者的收益形成了杠杆。资本结构是公司长期债务与股权的组合，它影响杠杆，因而也影响公司的价值。盈亏平衡分析衡量了收回总营业成本所需的销量水平。营业盈亏平衡点可以通过代数方法计算，方法是用固定营业成本除以单位售价与单位可变营业成本之差，或者用图形方法确定。营业盈亏平衡点随着固定营业成本和可变营业成本的提高而提高，随着单位售价的提高而降低，反之则反是。

目标 2　了解营业杠杆、财务杠杆和总杠杆，以及它们之间的关系。营业杠杆是指公司使用固定营业成本放大销量变化对息税前利润的影响。固定营业成本越高，营业杠杆就越高。财务杠杆是指公司使用固定财务成本放大息税前利润变化对每股收益的影响。固定财务成本越高，财务杠杆就越高。公司的总杠杆是指使用固定成本——固定营业成本和固定财务成本——放大销量变化对每股收益的影响。

目标 3　描述资本类型、对资本结构的外部评估、外国公司的资本结构和资本结构理论。债务资本和股权资本构成了公司的资本结构。可以使用财务比率对资本结构进行外部评估，这些财务比率包括负债比率、利息保障倍数和固定费用偿付比率。非美国公司的负债程度往往比美国公司高得多，这主要是因为美国的资本市场更发达。

研究表明，存在平衡公司债务融资收益与成本的最优资本结构。债务融资的主要收益是税盾。债务融资的成本包括破产概率、贷款人施加的代理成本和信息不对称，后者通常会导致公司按照啄食顺序融资，以向市场释放正面信号，提高股东财富。

目标 4　用公司资本成本函数和零增长模型的图形说明最优资本结构。零增长模型将公司的价值定义为税后净营业利润（或税后息税前利润）除以加权平均资本成本。假设税后净营业利润固定，那么通过最小化加权平均资本成本将能最大化公司的价值。最优资本结构使加权平均资本成本最小化。从图形上看，公司的加权平均资本成本呈现出 U 形曲线，其最小值定义了最大化所有者财富的最优资本结构。

目标 5　讨论资本结构的息税前利润—每股收益方法。息税前利润—每股收益方法根据资本结构为公司所有者提供的收益和财务风险程度评估资本结构。根据息税前利润—每股收益方法，最优资本结构是预期将在公司预期息税前利润范围内提供最大每股收益的资本结构。从图形上看，这种方法反映了财务盈亏平衡点上的风险和资本结构线的斜率。息税前利润—每股收益分析的主要缺点是，它着重于最大化利润（收益）而非所有者财富，后者在考虑收益的同时也考虑了风险。

目标 6　回顾不同资本结构的收益和风险、它们与市场价值的关系以及其他与资本结构相关的重要考虑因素。通过使用估值模型将收益因素和风险因素联系起来，可以选出最优资本结构。最优资本结构是产生最高估计股票价值而非最高每股收益的资本结构。当进行资本结构决策时，还必须考虑其他重要的非量化因素。

自测题（答案见附录）

自测 12—1　盈亏平衡点与所有杠杆形式　托尔公司（TOR）最近以每件产品 7.50 美元的价格卖出了 100 000 件产品；该公司的可变营业成本为每件 3.00 美元，固定营业成本为 250 000 美元。年利息费用总计为 80 000 美元，该公司有 8 000 股流通优先股，每股年股利为 5 美元。现在，该公司有 20 000 股流通普通股。假设该公司适用 40%的税率。

a. 该公司在什么销量水平上达到营业盈亏平衡点（即息税前利润=0 美元）？

b. 请用表格形式计算该公司在以下销量水平上的每股收益：（1）当前销量水平；（2）销量水平为 120 000 件。

c. 请以当前的 750 000 美元销售收入水平为基础，计算该公司的营业杠杆度。

d. 请以与 750 000 美元销售收入水平相关的息税前利润为基础，计算该公司的财务杠杆度。

e. 请使用总杠杆度的概念确定托尔公司的销售收入从 750 000 美元的基础水平提高 50%对每股收益的影响（百分比）。

自测 12—2　息税前利润—每股收益分析　纽林电子（Newlin Electronics）正在考虑增加 10 000 美元融资。现在，该公司有 50 000 美元年利率为 12%的债券和 10 000 股流通普通股。该公司可以通过发行年利率为 12%的债券或发行 1 000 股普通股融资。该公司适用的税率为 40%。

a. 请选择任意两个息税前利润的值，计算每种计划的两组息税前利润—每股收益坐标，并得出相关的每股收益。

b. 请在一张息税前利润—每股收益坐标图上画出两个融资计划。

c. 根据第 b 问的坐标图，当息税前利润达到多少时，债券计划开始优于股票计划？

自测 12—3　最优资本结构　夏威夷果公司（Hawaiian Nut Company）在下表中搜集了关于该公司资本结构、预期每股收益和必要收益率的数据。

资本结构 负债比率（%）	预期每股收益（美元）	必要收益率 r_s（%）
0	3.12	13
10	3.90	15
20	4.80	16
30	5.44	17
40	5.51	19
50	5.00	20
60	4.40	22

a. 请使用本章中介绍的简化方法（见式（12.12））计算每种资本结构下的估计股票价值。

b. 请根据以下信息确定最优资本结构：(1) 预期每股收益最大化；(2) 股票价值最大化。

c. 你推荐哪种资本结构？为什么？

热身练习

练习 12—1 油画复制公司（Canvas Reproductions）的固定营业成本为 12 500 美元，可变营业成本为每幅 10 美元，每幅画作的售价为 25 美元。当销量为多少时，该公司的息税前利润达到盈亏平衡？

练习 12—2 大鱼墨西哥卷饼公司（The Great Fish Taco Corporation）现在的固定营业成本为 15 000 美元，每盒半成品墨西哥卷饼的售价为 6 美元，可变营业成本为每盒 2.50 美元。如果该公司的一笔潜在投资将使固定成本提高到 16 500 美元，同时由于墨西哥卷饼的制作更精良，每盒售价将达到 6.50 美元，它对营业盈亏平衡点的影响是什么？

练习 12—3 奇科公司（Chico）的销量为 15 000 单位，单位售价为 20 美元。该公司的固定营业成本为 30 000 美元，可变营业成本为每单位 12 美元。当基础销量水平为 15 000 单位时，奇科公司的营业杠杆度是多少？

练习 12—4 帕克投资（Parker Investments）的息税前利润为 20 000 美元，利息费用为 3 000 美元，优先股股利为 4 000 美元。如果它的税率为 38%，那么当息税前利润基础水平为 20 000 美元时，帕克投资的财务杠杆度是多少？

练习 12—5 科巴尔特实业（Cobalt Industries）的销量为 150 000 单位，单位售价为 10 美元。该公司的固定营业成本为 250 000 美元，可变营业成本为每单位 5 美元。该公司适用 38% 的税率，加权平均资本成本为 8.5%。请计算科巴尔特实业的税后净营业利润，并用它估计该公司的价值。

习　题

习题 12—1　盈亏平衡点：代数方法与图形方法 精美皮革公司（Fine Leather Enterprises）以每单位 129.00 美元的价格出售唯一一种产品。该公司的年固定营业成本为 473 000 美元，可变营业成本为每单位 86.00 美元。

a. 请找到该公司的营业盈亏平衡点。

b. 将"销量（单位）"作为 x 轴，将"成本或收入（美元）"作为 y 轴，然后在坐标图中画出该公司的销售收入、总营业成本和固定营业成本函数。此外，请标出营业盈亏平衡点和亏损区域与盈利（息税前利润）区域。

习题 12—2　盈亏平衡分析 巴里·卡特（Barry Carter）正在考虑开一家音像店。他希望估计达到盈亏平衡必须卖出的 DVD 数量。每张 DVD 的售价为 13.98 美元，可变营业成本为每张 10.48 美元，年固定营业成本为 73 500 美元。

a. 请计算达到营业盈亏平衡点时的 DVD 销量。

b. 请计算第 a 问中算出的盈亏平衡销量上的总营业成本。

c. 如果巴里估计他每月最少可卖出 2 000 张 DVD，那么他是否应该进入音像业？

d. 如果如第 c 问所示，巴里每月最少可以卖出 2 000 张 DVD，他将实现多少息税前利润？

个人理财习题 12—3　盈亏平衡点：变化的成本/收入 JWG 公司（JWG Company）出版了《创意填字游戏》（*Creative Crosswords*）一书。去年，这本填字游戏书的售价为每本 10 美元，可变营业成本为每本8美元，固定营业成本为40 000美元。

a. 如果所有数字与去年相同，今年JWG公司必须卖出多少本书，才能在上述营业成本下达到盈亏平衡点？

b. 如果固定营业成本增至44 000美元，其他所有数字都保持不变，今年JWG公司必须卖出多少本书，才能在上述营业成本下达到盈亏平衡点？

c. 如果售价增至10.50美元，其他所有成本都与去年相同，今年JWG公司必须卖出多少本书，才能在上述营业成本下达到盈亏平衡点？

d. 如果每本书的可变营业成本增至8.50美元，其他所有数字都保持不变，今年JWG公司必须卖出多少本书，才能在上述营业成本下达到盈亏平衡点？

e. 根据这些答案，关于营业盈亏平衡点，你可以得出什么结论？

习题12—4　盈亏平衡分析　莫莉·贾斯珀（Molly Jasper）和她的妹妹凯特琳·彼得斯（Caitlin Peters）偶然地做起了纪念品这门生意。莫莉是一位有天分的雕刻家，她经常做一些小物件送给朋友当礼品。在一次偶然的机会下，她和凯特琳在手工品市场上摆了一个小摊，出售一些小工艺品和凯特琳做的珠宝首饰。逐渐地，对她们小工艺品（现在的牌子叫莫莉凯茨（Mollycaits））的需求增加，这对姐妹开始用树脂翻模复制一些最受欢迎的商品。一天，一家大型百货商店买家向她们开出了一份合同订单，要求她们生产1 500件设计各种各样的工艺品，价值为10 000美元。莫莉和凯特琳意识到，是时候正式开始这门生意了。为了让会计核算更简单，莫莉将每件工艺品都定价为8.00美元。平均可变营业成本为每件6.00美元。为了生产订单，莫莉和凯特琳必须租赁厂房1个月，租金为4 000美元。

a. 请计算莫莉凯茨的营业盈亏平衡点。

b. 请计算莫莉凯茨的百货商店订单的息税前利润。

c. 如果莫莉对合同重新进行谈判，将价格定为每件工艺品10.00美元，那么息税前利润将是多少？

d. 如果百货商店拒绝支付高于每件8.00美元的价格，但是愿意就数量进行协商，那么生产多少件工艺品，才能让息税前利润为4 000美元？

e. 此时，莫莉凯茨有15种不同的商品。尽管单位平均可变成本为6.00美元，但不同产品的实际成本不同。你建议莫莉和凯特琳如何定价？如何确定出售的商品数量与种类？

习题12—5　息税前利润的敏感性　斯图尔特实业（Stewart Industries）以每单位9美元的价格出售产成品。该公司的固定营业成本为20 000美元，单位可变营业成本为5美元。

a. 请计算销量为10 000单位时该公司的息税前利润。

b. 请计算销量分别为8 000单位和12 000单位时该公司的息税前利润。

c. 请计算销量如第b问所示时的销量变化百分比（从10 000单位的基础水平开始变化）和相关的息税前利润变化百分比。

d. 请根据第c问的答案，评论息税前利润变化对销量变化的敏感度。

习题12—6　营业杠杆度　格雷产品（Grey Products）的固定营业成本为380 000美元，可变营业成本为每单位16美元，售价为每单位63.50美元。

a. 请计算单位营业盈亏平衡点。

b. 请计算销量分别为9 000单位、10 000单位和11 000单位时该公司的息税前利润。

c. 假设基础销量为10 000单位，当销量从基础水平变为第b问中的其他销量水平时，销量变化百分比和息税前利润变化百分比是多少？

d. 请使用第c问计算的百分比确定营业杠杆度。

e. 请使用营业杠杆度公式确定销量为10 000单位时的营业杠杆度。

习题12—7　计算每股收益　南国实业（Southland Industries）有60 000美元年利率为16%的未清偿债务、1 500股年股利为每股5美元的优先股、4 000股流通普通股。假设该公司的税率为40%，请计算下列息税前利润水平上的每股收益：

a. 24 600 美元。

b. 30 600 美元。

c. 35 000 美元。

习题 12—8　财务杠杆度　西北储贷（Northwestern Savings and Loan）目前的资本结构包括 250 000 美元年利率为 16%的债务和 2 000 股普通股。该公司的税率为 40%。

a. 请计算息税前利润为 80 000 美元和 120 000 美元时的每股收益。

b. 请以 80 000 美元的息税前利润为基础计算财务杠杆度。

c. 假设该公司有 100 000 美元年利率为 16%的债务和 3 000 股普通股，请重新计算第 a 问和第 b 问。

个人理财习题 12—9　财务杠杆　马克斯·斯莫尔（Max Small）有一笔未清偿学生贷款，月偿付额为 1 000 美元。为了工作他需要买一辆新车，这估计将使他每月的债务增加 350 美元。马克斯在支付所有月生活费（营业费用）后，还有 3 000 美元可以支配。该金额可能上下波动 10%。

a. 为了评估增加借款对他的财务杠杆的潜在影响，请以马克斯的 3 000 美元可支配资金为基础并假设波动率为 10%，用表格形式计算当前每月贷款偿付额和计划每月贷款偿付额下的财务杠杆度。

b. 马克斯能否负担增加的贷款偿付额?

c. 马克斯是否应该承担增加的贷款偿付额?

习题 12—10　财务杠杆度和融资计划的图形　韦尔斯联合公司（Wells and Associates）的息税前利润为 67 500 美元，利息成本为 22 500 美元，该公司的流通普通股为 15 000 股。假设税率为 40%。

a. 请使用财务杠杆度公式计算该公司的财务杠杆度。

b. 请使用息税前利润—每股收益坐标图画出韦尔斯联合公司的融资计划。

c. 如果该公司还有 1 000 股每股年股利为 6.00 美元的优先股，那么财务杠杆度是多少?

d. 请在第 b 问所使用的坐标图上画出包括 1 000 股每股年股利为 6.00 美元的优先股的融资计划。

e. 请简要讨论两种融资计划的图形。

习题 12—11　综合：多种杠杆指标　乐多玩具公司（Play-More Toys）生产充气沙滩球，每年售出 400 000 个。每个沙滩球的可变营业成本为 0.84 美元，售价为 1.00 美元。固定营业成本为 28 000 美元。该公司的年利息费用为 6 000 美元，优先股股利为 2 000 美元，税率为 40%。

a. 请找到营业盈亏平衡点。

b. 请使用营业杠杆度公式计算营业杠杆度。

c. 请使用财务杠杆度公式计算财务杠杆度。

d. 请使用总杠杆度公式计算总杠杆度。请比较该答案与第 b 问和第 c 问计算出的营业杠杆度和财务杠杆度的乘积。

习题 12—12　综合：杠杆与风险　R 公司的销量为 100 000 单位，售价为每单位 2.00 美元，可变营业成本为每单位 1.70 美元，固定营业成本为 6 000 美元。年利息为 10 000 美元。W 公司的销量为 100 000 单位，售价为每单位 2.50 美元，可变营业成本为每单位 1.00 美元，固定营业成本为 62 500 美元。年利息为 17 500 美元。假设两家公司的税率均为 40%。

a. 请计算 R 公司的营业杠杆度、财务杠杆度和总杠杆度。

b. 请计算 W 公司的营业杠杆度、财务杠杆度和总杠杆度。

c. 请比较两家公司的相对风险。

d. 请讨论你的答案说明的杠杆原理。

习题 12—13　综合：多种杠杆指标与预测　卡罗莱娜锁业公司（Carolina Fastener，Inc.）生产一种专利潜水艇舱壁锁，批发价为 6.00 美元。每把锁的可变营业成本为 3.50 美元。固定营业成本为每年 50 000 美元。该公司每年支付 13 000 美元利息和 7 000 美元优先股股利。此时，该公司每年卖出 30 000 把锁，税率为 40%。

a. 请计算卡罗莱娜锁业公司的营业盈亏平衡点。

b. 请根据该公司的当前销量（每年 30 000 把）以及该公司的利息成本和优先股股利成本计算一般情况下的息税前利润和普通股股东可得收益。

c. 请计算该公司的营业杠杆度。

d. 请计算该公司的财务杠杆度。

e. 请计算该公司的总杠杆度。

f. 卡罗莱娜锁业公司签订了一份合同，按照合同，该公司将在下一年多生产并销售 15 000 把锁。请使用营业杠杆度、财务杠杆度和总杠杆度预测并计算一般情况下的息税前利润变化和普通股股东可得收益的变化。请用上面给出的基本信息简单计算卡罗莱娜锁业公司的息税前利润和普通股股东可得收益，并检查你的结论。

个人理财习题 12—14　资本结构　由于抵押贷款利率很低，柯尔斯滕·尼尔（Kirsten Neal）有兴趣购买一栋新房。她的银行具体规定了申请人必须满足的偿债能力。柯尔斯滕必须提交她的收入、支出和现有分期还贷额等个人财务数据。然后，这家银行将计算并比较某些比率，以提前确定如果银行提供贷款，可以提供多少贷款。要求如下：

（1）月抵押贷款还款额小于月（税前）总收入的 28%。

（2）月分期还款总额（包括抵押贷款还款额）小于月（税前）总收入的 37%。

柯尔斯滕提交了以下个人财务数据：

月（税前）总收入	4 500 美元
月分期还款额	375 美元
申请的抵押贷款金额	150 000 美元
月抵押贷款还款额	1 100 美元

a. 请计算满足第 1 条要求的财务比率。

b. 请计算满足第 2 条要求的财务比率。

c. 假设柯尔斯滕有充足的资金支付分期还款并满足贷款人的其他要求，柯尔斯滕能否得到贷款？

习题 12—15　不同的资本结构　查特公司（Charter Enterprises）现在有 100 万美元总资产，而且完全是股权融资。该公司正在考虑改变资本结构。请计算该公司的负债比率如下时的未清偿债务金额和股权金额：10%、20%、30%、40%、50%、60%和 90%。（注：总资产金额不变。）负债比率的值是否有限制？

习题 12—16　债务与金融风险　托尔室内设计（Tower Interiors）已经进行了销售预测，如下表所示。该表还给出了每种销售收入水平的概率。

销售收入（美元）	概率
200 000	0.20
300 000	0.60
400 000	0.20

该公司的固定营业成本为 75 000 美元，可变营业成本等于销售收入的 70%。该公司每期支付 12 000 美元利息。税率为 40%。

a. 请计算每种销售收入水平上的息税前利润。

b. 假设流通普通股股数为 10 000 股，请计算每种销售收入水平上的每股收益、预期每股收益、每股收益的标准差和每股收益的变异系数。

c. 托尔室内设计有机会将杠杆降至 0 且不支付利息。这种变化要求流通普通股股数增至 15 000 股。

请根据这个假设再次计算第 b 问。

d. 请比较你对第 b 问和第 c 问的答案，并评价债务降至 0 美元对该公司财务风险的影响。

习题 12—17　每股收益和最优负债比率　威廉斯玻璃器皿公司（Williams Glassware）估计，在不同负债比率上的预期每股收益和每股收益的标准差如下表所示。

负债比率（%）	每股收益（美元）	每股收益的标准差（美元）
0	2.30	1.15
20	3.00	1.80
40	3.50	2.80
60	3.95	3.95
80	3.80	5.53

a. 请根据每股收益和负债比率之间的关系估计最优负债比率。你可能会发现，画出这种关系的图形很有帮助。

b. 请画出变异系数和负债比率之间的关系图形。标出与商业风险和金融风险相关的区域。

习题 12—18　息税前利润—每股收益和资本结构　数据检查公司（Data-Check）正在考虑两种资本结构。关键信息如下表所示。假设税率为 40%。

资本来源	结构 A	结构 B
长期债务	息票利率为 16%，金额为 100 000 美元	息票利率为 17%，金额为 200 000 美元
普通股	4 000 股	2 000 股

a. 请在每种资本结构下选择任意两个息税前利润数值并计算相关的每股收益，从而得出每种资本结构下的两组息税前利润—每股收益坐标。

b. 请在息税前利润—每股收益坐标图上画出两种资本结构。

c. 请指出两种资本结构分别在哪个息税前利润范围内更优。

d. 请讨论每种资本结构的杠杆和风险。

e. 如果该公司相当肯定其息税前利润将超过 75 000 美元，那么你建议采用哪种资本结构？为什么？

习题 12—19　综合：最优资本结构　勋章制冷系统公司（Medallion Cooling Systems，Inc.）的总资产为 10 000 000 美元，息税前利润为 2 000 000 美元，优先股股利为 200 000 美元，税率为 40%。为了确定最优资本结构，该公司搜集了关于债务成本、不同负债水平下的普通股股数和整体必要投资收益率的数据：

资本结构 负债比率（%）	债务成本 r_d（%）	普通股股数	必要收益率 r_s（%）
0	0	200 000	12
15	8	170 000	13
30	9	140 000	14
45	12	110 000	16
60	15	80 000	20

a. 请计算每种负债水平下的每股收益。

b. 请使用式（12.12）和第 a 问计算的每股收益计算每种负债水平下的每股价格。

c. 请选择最优资本结构并说明你选择这种资本结构的理由。

习题 12—20　综合：最优资本结构　乡村纺织公司（Country Textiles）的固定营业成本为 300 000 美元，可变营业成本为销售收入的 40%，该公司做出了以下三种销售收入及其概率估计。

销售收入（美元）	概率
600 000	0.30
900 000	0.40
1 200 000	0.30

该公司希望分析五种可能的资本结构：负债比率为 0%、15%、30%、45%和 60%。该公司的总资产为 100 万美元，假设该金额固定。该公司普通股的账面价值为每股 25 美元，该公司适用的税率为 40%。为了分析五种资本结构，该公司还搜集了以下数据：

资本结构 负债比率（%）	税前债务成本 r_d（%）	必要收益率 r_s（%）
0	0.0	10.0
15	8.0	10.5
30	10.0	11.6
45	13.0	14.0
60	17.0	20.0

a. 请分别计算三种销售收入水平上的息税前利润水平。

b. 请分别计算五种资本结构下的债务金额、股权金额和流通普通股股数。

c. 请分别计算五种资本结构下的债务年利息。（注：税前债务成本 r_d 是相应负债比率下所有债务适用的利率。）

d. 请分别计算五种资本结构下第 a 问计算出的三种息税前利润水平上的每股收益。

e. 请使用第 d 问的结果，分别计算五种资本结构下的：(1) 预期每股收益；(2) 每股收益的标准差；(3) 每股收益的变异系数。

f. 请在独立的坐标轴上画出每种资本结构（x 轴）下的预期每股收益和每股收益的变异系数，并评论每种资本结构下的收益和风险。

g. 请使用第 d 问中计算出的息税前利润—每股收益数据，在同一张息税前利润—每股收益坐标图上画出负债比率为 0%、30%和 60%的资本结构，并讨论各种资本结构在什么范围内最优。使用这种方法的主要问题是什么？

h. 请使用式（12.12）的估值模型和第 e 问的结果，估计每种资本结构下的股价。

i. 请比较和对比你对第 f 问和第 h 问的答案。如果目标是最大化每股收益，哪种结构更优？如果目标是最大化股票价值，哪种结构更优？你推荐采用哪种资本结构？请说明原因。

习题 12—21　道德习题　"当公司发起管理层收购或用债务换股权时，信息不对称是管理者、股东和债券持有者面临的道德困境的核心。"请评论这种说法。董事会应该采取什么步骤，以确保公司行为对所有相关方都是道德的？

电子表格练习

追星族公司（Starstruck Company）希望确定最优资本结构。几位经理认为，最好的方法是依赖公司的估计每股收益，因为他们认为利润与股价密切相关。财务经理建议采用另一种方法，即用估计必要收益率估计公司股票价值。可以获得的财务数据如下。

资本结构 负债比率（%）	估计每股收益（美元）	估计必要收益率（%）
0	1.75	11.40
10	1.90	11.80
20	2.25	12.50
30	2.55	13.25
40	3.18	18.00
50	3.06	19.00
60	3.10	25.00

任务

a. 请根据给定的财务数据，编制一张电子表格，分别计算七种资本结构下的估计股价。请参考表 12.15。

b. 请使用 Excel 画出该公司的资本结构和估计每股收益之间的关系。最优负债比率是什么？请参考图 12.7。

c. 请使用 Excel 画出该公司的资本结构和估计股票价值之间的关系。最优负债比率是什么？请参考图 12.7。

d. 这两种方法是否会导致相同的最优资本结构？你更喜欢哪种方法？请说明原因。

e. 每股收益法和股票价值法的主要差异是什么？

第十三章 分配政策

学习目标

目标 1 了解现金分配程序、税务处理和股利再投资计划的作用。
目标 2 描述剩余股利理论和与股利无关性和股利相关性有关的主要观点。
目标 3 讨论制定股利政策时涉及的主要因素。
目标 4 总结和评价三种基本股利政策。
目标 5 从会计、股东和公司的角度评价股票股利。
目标 6 说明股票分拆和公司进行股票分拆的动机。

本章的重要性

对职业生涯的重要性

会计 你需要了解股利类型和股利支付程序，因为你需要记录和报告宣布分派股利和支付股利的情况；你还需要提供管理层做出股利决策必需的财务数据。

信息系统 你需要了解股利类型、股利支付程序与公司做出和执行股利决策必需的财务数据。

管理 为了替公司做出适当的股利决策，你需要了解股利类型、股利的重要性、影响分配政策的因素和分配政策的类型。

市场营销 你需要了解影响分配政策的因素，因为你可能需要说明为何公司将资金存起来用于新市场营销计划或新产品要优于支付股利。

经营 你需要了解影响分配政策的因素，因为你可能发现公司的分配政策限制了计划扩张项目、置换项目或更新项目。

对个人生活的重要性

许多个人投资者购买普通股是为了获得预期现金股利。从个人理财角度看，你应该了解公司为何支付股利、如何支付股利以及获得股利的信息含义和财务含义。这种知识将帮你选择股利支付模式与你的长期财务目标一致的普通股。

13.1 分配政策的基础

分配政策（payout policy）是指公司做出的关于是否向股东分配现金、分配多少现金、如何分配现金的决策。尽管这些决策可能不如第十章和第十一章介绍的投资决策以及第十二章讨论的融资选择重要，但它们无疑是管理者和董事会面临的日常决策。投资者认真监督公司的分配政策，这些政策的意外变化对公司股价有重大影响。惠而浦公司（Whirlpool Corporation）的经历说明了分配政策的许多重要方面。

分配政策的要素

股利不是公司向股东分配现金的唯一方式。公司也可以回购股票，此时它们通常在公开市场上回购部分流通普通股。和其他许多公司一样，惠而浦公司同时使用两种方法向股东分配现金。除了提高股利，惠而浦公司还在 2013 年继续执行曾于经济衰退期间中断的股票回购计划。当继续股票回购计划时，该公司的自由现金流在 6 亿美元和 6.5 亿美元之间，预期将增至 6.5 亿美元和 7 亿美元之间。惠而浦公司的首席执行官杰夫·费廷（Jeff Fetting）说，随着该公司继续提高利润率和执行“长期增长计划”，“全球每个地区的销售收入都增加了……（这将）继续推动进一步为……股东……创造价值的行为”。

我们可以将分配政策经验归纳为以下几点：

1. 快速成长的公司通常不向股东分配现金。

2. 增长放缓、创造正现金流和有利的税收条件可能促使公司向投资者分配现金。公司的所有权基础也可能是影响现金分配决策的重要因素。

3. 现金分配形式可以是支付股利或股票回购。许多公司同时使用两种方法。在部分年份，更多地通过支付股利分配现金，但有时股票回购多于支付股利。

4. 当经营状况疲弱时，公司更愿意减少股票回购而非减少股利。

利润与股利的趋势

图 13.1 说明了标准普尔 500 股票综合指数中美国大公司的利润和股利的长期趋势与周期变化。该图画出了 1950 年至 2013 年第一季度的月利润和月股利。上面的线表示标准普尔 500 股票综合指数的每股收益，下面的线表示每股股利。柱形图标出了美国经济衰退的十个时期。从图中可以得到几条重要经验。第一，通过观察发现，利润线和股利线在长期趋向于联动。图 13.1 使用了对数单位，因此每条线的斜率表示利润或股利的增长率。在图中显示的 60 多年间，这两条线的斜率趋于相同，这意味着从长期看，利润和股利的

增长速度相同。这是非常有道理的：公司用利润支付股利，因此如果股利在长期增长，利润也必然增长。

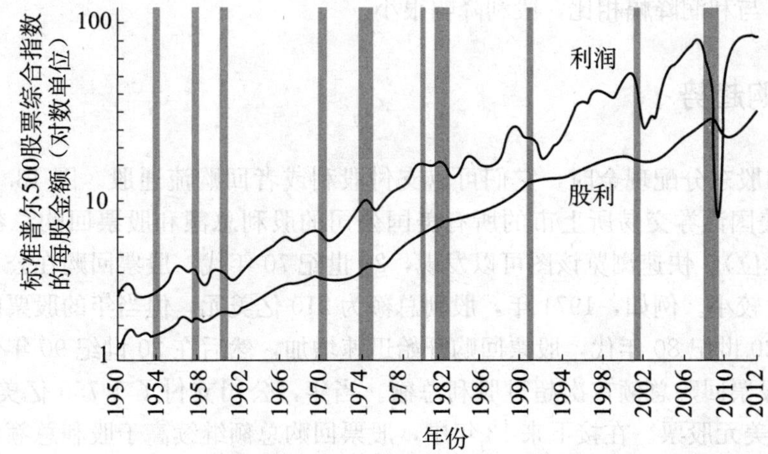

图 13.1　标准普尔 500 股票综合指数的每股收益和每股股利

1950 年至 2013 年第一季度标准普尔 500 股票综合指数的月每股收益与月每股股利金额(图中纵轴为对数单位)

第二，利润线比股利线的波动性大得多。也就是说，利润线非常崎岖不平，但股利线平滑得多，表明公司不会在每次利润上升或下降时都调整股利。相反，公司倾向于平滑股利，当利润快速增加时缓慢增加股利，当利润下降时保持股利而非降低股利。

为了更清楚地了解第二点，请仔细观察图 13.1 的柱形图。显然，在衰退时期公司利润通常会下降，但股利要么完全不下降，要么和利润下降得不一样快。在最近十次衰退的六次中，衰退结束时的股利实际上高于衰退开始前，尽管最后两次衰退显然是不属于这种模式的例外情况。还要注意，在衰退刚刚结束后，利润通常会非常迅速地增加。股利也会增加，但增加得没有那么快。

实例分析

宝洁公司的股利历史

很少有公司能匹敌消费品巨头宝洁公司（P&G）的股利成就。宝洁公司在超过一个世纪的时间内每年支付股利，而且在 1956—2012 年，股利逐年增加。

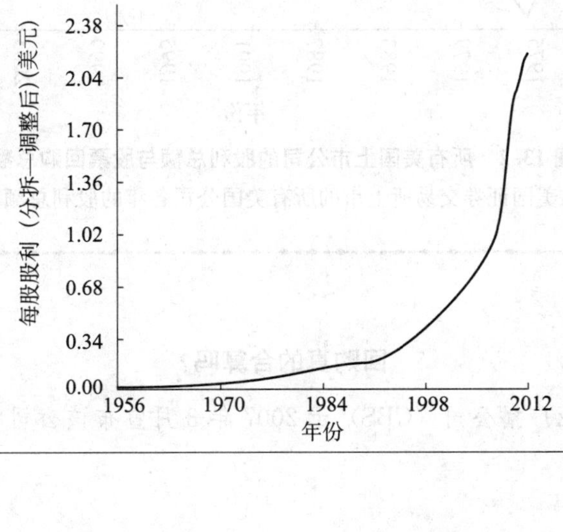

从图 13.1 得出的第三条经验是，按照历史标准，最近的衰退对公司利润和股利的影响都很大。2007—2009 年，利润大幅下跌。这次利润下跌迫使公司的股利削减幅度显著大于往年；然而，与利润降幅相比，股利降幅很小。

股利与股票回购趋势

当公司希望向股东分配现金时，它们可以支付股利或者回购流通股。图 13.2 画出了 1971—2011 年在美国证券交易所上市的所有美国公司的股利总额和股票回购总额（图中再次使用了对数单位）。快速浏览该图可以发现，20 世纪 70 年代，股票回购在公司实际分配中起的作用相对较小。例如，1971 年，股利总额为 210 亿美元，但当年的股票回购总额仅有 11 亿美元。20 世纪 80 年代，股票回购开始迅速增加，然后在 20 世纪 90 年代初再次放缓。1998 年，股票回购总额首次超过股利总额。当年，公司支付了 1 750 亿美元股利，但回购了 1 850 亿美元股票。在接下来 13 年中，股票回购总额继续高于股利总额，只有三年例外，最高值为 2007 年的 6 770 亿美元。

然而，股利总额在稳步上升，图 13.2 显示，股票回购总额的波动性大得多。回购行为在 1974—1975 年、1981 年、1986 年、1989—1991 年、2000—2002 年和 2008—2010 年大幅下降。这些股票回购下降的时期恰好是美国经济陷入衰退或者刚刚从衰退中恢复的时期。在大部分时期中，股利仍然温和增长。只有最近这次严重衰退才导致股票回购与股利同时下降。

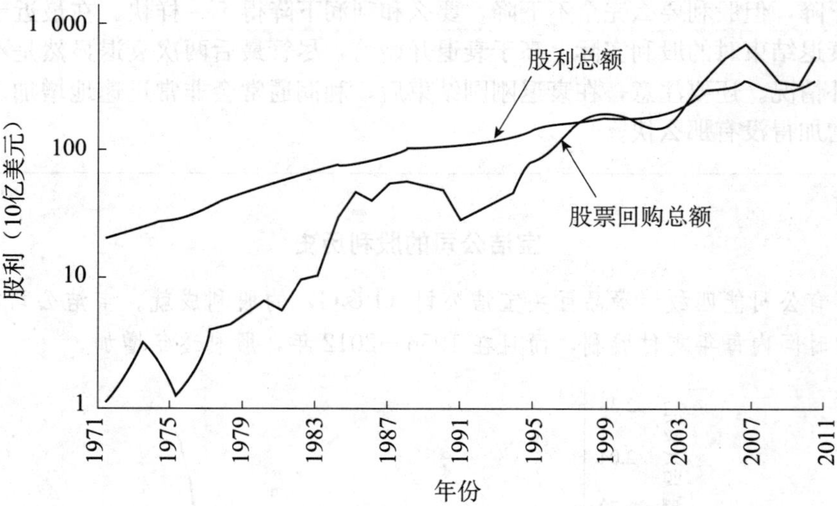

图 13.2　所有美国上市公司的股利总额与股票回购总额

1971—2011 年在美国证券交易所上市的所有美国公司各年的股利总额和股票回购总额

道德焦点

回购真的合算吗?

实务　当哥伦比亚广播公司（CBS）于 2007 年 3 月宣布该公司将回购价值 14 亿美元

的股票时，该公司股价产生了这家媒体巨头自2005年与维亚康姆（Viacom）分道扬镳后的最大涨幅。4.5%的股价涨幅可能预示着前景光明——至少，它表明有多少股东喜欢回购。

在资本廉价、资产负债表臃肿的情况下，公司回购股票的速度比任何时候都快。自2003年以来，回购市场日渐繁荣，回购价格几乎等于资本支出。然而，有人质疑大型回购的行动和动机。

除了向股东返还现金，许多公司还因为它们认为股票价值被低估而回购股票。然而，新研究表明，公司经常使用创造性财务报告在回购前压低利润，使股票看起来价值被低估，并导致股价在回购后回弹。这取悦了投资者，使投资者进一步推高股价从而放大这种影响。

“机会主义管理者可以相机利用财务报告，通过暂时压低利润降低回购价格。”宾夕法尼亚州立大学斯米尔商学院（Smeal College of Business）的官国瑾、亨诺克·路易斯（Henock Louis）和埃米·孙（Amy Sun）说。他们观察了1 720家公司的数据，称公司可以通过加速或放慢确认费用、改变存货核算方法或修订坏账估计轻松让利润暴跌，所有这些方法都是让财务数字恶化而不实际违反会计准则的经典方法。

被查出在回购前故意操纵利润的惩罚很重。随着21世纪初爆出各种会计丑闻，高管们无疑会提防只是为了通过回购让股价上升而压低利润的做法。但是，路易斯认为仍有人这么做。“我不认为他们的做法非法，”他说，“但是它误导了投资者。”

● 你是否认同公司管理者会在回购前操纵股价？还是认为公司更可能为了提高股东价值而发起回购？

结合图13.1和图13.2，我们可以得出关于公司分配政策的三条广泛结论。第一，公司表现出与长期利润增长大致保持一致的温和且稳定的股利增长的强烈愿望。第二，股票回购占现金分配总额的比例越来越高。第三，当利润波动时，公司主要通过调整股票回购（而非股利）、在衰退期间削减回购和在经济扩张期间迅速增加回购调整短期现金分配。

实例分析

股票回购在全世界越来越受欢迎

股票回购在公司分配政策中越来越重要的现象并不仅限于美国。在全球多数大型经济体中，近年来股票回购都有所增加，至少在部分时间，比利时、丹麦、芬兰、匈牙利、爱尔兰、日本、荷兰、韩国和瑞士等诸多国家的股票回购超过了股利支付。一项对25个不同国家的分配政策的研究发现，1999—2008年，股票回购的年增长率为19%。

复习题

13—1　公司向股东分配现金的两种方式是什么？

13—2　为什么快速成长的公司通常不支付股利？

13—3　股利分配比率等于支付的股利除以利润。你认为这一比率在经济衰退期如何变化？在经济繁荣期如何变化？

13.2　分配政策的机制

在季度会议或半年会议上，公司董事会将决定是否支付现金股利以及现金股利的金额。如果公司已经有支付股利的先例，那么董事会面临的决策通常是保持股利还是增加股利，决策基础主要是公司最近的业绩及其在未来创造现金流的能力。董事会很少削减股利，除非它们认为公司创造现金的能力严重受损。图 13.3 画出了 1999—2011 年各年中增加、减少或维持股利的美国上市工业公司的数量。显然，在多数年份中，增加股利的公司数量远远大于减少股利的公司数量。当经济势头强劲时，比如 2003—2006 年，增加股利的工业公司与减少股利的工业公司之比可能为 10 比 1 甚至更高。然而，2009 年，该比率仅为 1.5 比 1，这个信号表明了最近这次经济衰退的严重性。当年，401 家美国上市工业公司增加了股利，而 266 家公司减少了股利。

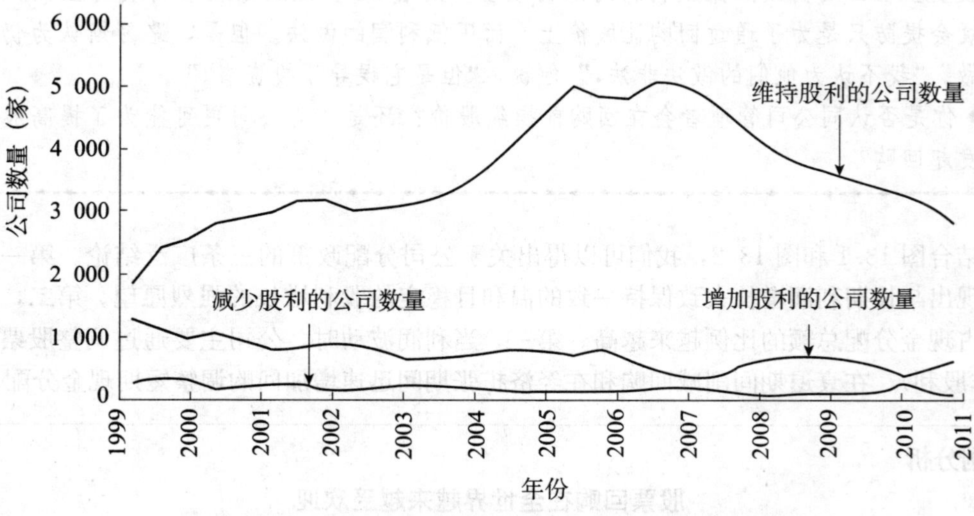

图 13.3　增加、减少或维持股利的美国上市工业公司

1999—2011 年各年中增加、减少或维持股利的美国上市工业公司数量

图 13.3 清楚地显示出，公司偏好增加股利而非减少股利，但最明显的是，公司偏好维持既有的股利水平。在一般年份中，79%的美国工业公司选择维持前一年的股利，96%的公司避免减少股利。尽管一些公司选择增加股利，但几乎所有公司的目标都是尽量避免减少股利。

现金股利支付程序

公司董事会宣布分配股利时将发表声明，公示股利金额并规定三个重要日期：登记日、除息日和支付日。所有在**登记日**（date of record）登记为股东的人都将收到股利。这些股东通常被称为登记股东。

由于股票交易时记账需要时间，因此股票从登记日之前 2 个交易日开始以除息价出售。以**除息**（ex dividend）价出售的股票的买方不会收到当期股利。一种确定股票开始以除息价出售的日期的简单方法是用登记日减去 2 个交易日。

支付日（payment date）是公司将股利分发给登记股东的实际日期。它通常是在登记日之后几周。一个例子将说明不同的日期和会计影响。

例 13.1

2013 年 8 月 21 日，百思买公司（Best Buy）的董事会宣布，该公司下一季度的现金股利将为每股 0.17 美元，于 2013 年 10 月 1 日向在 2013 年 9 月 10 日（周二）登记的股东支付。百思买的股票将从前一个周五（9 月 6 日）开始以除息价交易。当发布公告时，百思买的流通普通股为 340 967 179 股，因此总股利支付额为 57 964 420 美元。图 13.4 中的时间线显示了与百思买股利相关的重要日期。在宣布发放股利前，该公司的主要会计账户如下所示[①]：

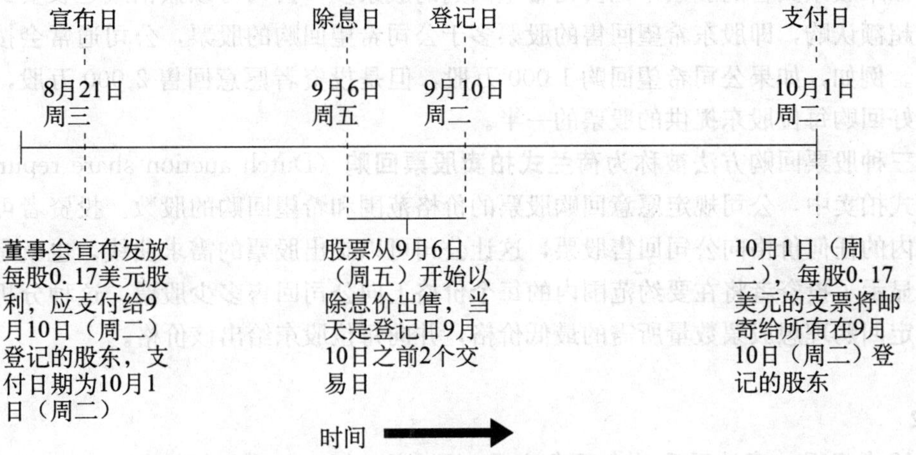

图 13.4 股利支付时间线

百思买宣布和支付现金股利的时间线

现金	680 000 000 美元	应付股利	0 美元
		留存收益	3 395 000 000 美元

当董事会宣布发放股利时，将近 5 800 万美元（=每股 0.17 美元×3.41 亿股）的留存收益被转到应付股利账户。因此，主要账户变为：

现金	680 000 000 美元	应付股利	57 964 000 美元
		留存收益	3 337 036 000 美元

当百思买于 10 月 1 日实际支付股利时，该公司主要账户的余额如下：

现金	622 036 000 美元	应付股利	0 美元
		留存收益	3 337 036 000 美元

① 这里介绍的会计交易只反映了股利的影响。在此期间，百思买的实际财务报表显然反映了其他许多交易。

宣布和支付股利的净影响是使公司的总资产（和股东权益）减少近5 800万美元。

股票回购程序

每家上市公司的每笔现金股利的支付机制都大致相同。当回购股票时，公司至少可以使用两种不同的方法向股东发放现金。最常用的股票回购方法被称为公开市场股票回购。在**公开市场股票回购**（open-market share repurchase）中，如其名所示，公司只是在公开市场上回购部分流通股。公司有很大回旋余地考虑何时进行公开市场回购以及如何进行公开市场回购。一些公司定期定额回购股票，而另一些公司则相机进行回购，当它们认为股价相对较低时，就会回购更多股票，当它们认为股价相对较高时，就会回购较少股票。

与之相比，公司有时通过要约回购股票。在**要约股票回购**（tender offer share repurchase）中，公司宣布愿意支付的股票回购价格和希望回购的股票数量。要约回购价格通常显著高于当前市场价格。希望参与的股东告知公司他们愿意以规定价格回售给公司多少股票。如果股东回售的股票不如公司希望回购的股票多，公司可以撤销或延长要约。如果要约被超额认购，即股东希望回售的股票多于公司希望回购的股票，公司通常会按比例回购股票。例如，如果公司希望回购1 000万股，但是投资者愿意回售2 000万股，那么公司将恰好回购每位股东提供的股票的一半。

第三种股票回购方法被称为**荷兰式拍卖股票回购**（Dutch auction share repurchase）。在荷兰式拍卖中，公司规定愿意回购股票的价格范围和希望回购的股数。投资者可以按规定范围内的任何价格向公司回售股票，这让公司可以画出股票的需求曲线。也就是说，需求曲线显示了投资者将在要约范围内的每个价格上向公司回售多少股票。这种分析让公司可以确定回购理想股票数量所需的最低价格，并向每位股东给出该价格。

例 13.2

2013年7月，富达国民信息服务公司（Fidelity National Information Services）宣布对8 600万股普通股进行荷兰式拍卖回购，价格范围为每股29～31.50美元。富达国民信息服务公司的股东需要联系公司说明他们愿意在该范围内的不同价格上出售多少股票。假设向投资者搜集这些信息后，富达国民信息服务公司确定了下列需求曲线：

要约价格（美元）	提供股数（股）	累计总数（股）
29	5 000 000	5 000 000
29.25	10 000 000	15 000 000
29.50	15 000 000	30 000 000
29.75	18 000 000	48 000 000
30	18 500 000	66 500 000
31.25	19 500 000	86 000 000
31.50	20 000 000	106 000 000

当价格为31.25美元时，股东总共愿意回售8 600万股，恰好是富达国民信息服务公司希望回购的数量。愿意以不高于31.25美元的价格回售股票的每位股东将得到每股

31.25 美元的出价，富达国民信息服务公司将以大约 27 亿美元的成本回购全部 8 600 万股股票。

股利与回购的税务处理

许多年来，股利和股票回购的税务影响有很大差异。投资者得到的股利通常是按普通所得税税率征税的。因此，如果某家公司支付 1 000 万美元股利，将使该公司股东承担巨额税负（至少股东要缴纳个人所得税）。另外，当公司回购股票时，产生的应纳税款通常要低得多。造成这种差异的原因有几种。只有将股票回售给公司的股东才会立即产生应纳税款。没有参与的股东不用纳税。此外，如果股东是免税机构或者以亏损价格回售股票，那么这些参与回购计划的股东得到的价款可能不用纳税。最后，即使是参与回购计划并且通过回售股票获利的股东，也只用缴纳资本利得税（通常税率较低，假设至少持股一年），即使是资本利得税，也只对资本利得而非全部回购股票征收。因此，当公司通过股票回购而非现金股利进行分配时，投资者缴纳的税款通常较少。这种税务处理差异部分说明了 20 世纪 80 年代和 20 世纪 90 年代股票回购日益受欢迎的原因。

个人理财案例 13.3

当年 10 月 4 日，埃斯皮诺萨实业（Espinoza Industries）的董事会宣布将在 11 月 19 日（支付日）向在 10 月 30 日（周五）登记的所有股东发放每股 0.46 美元的季度股利。罗布·赫克曼（Rob Heckman）和凯特·赫克曼（Kate Heckman）在 10 月 15 日（周四）购买了 500 股埃斯皮诺萨实业的普通股，他们希望确定自己是否将得到最近宣布发放的股利，如果他们能得到这笔股利，他们将何时得到这笔股利？假设股利适用 15%的联邦所得税税率，他们将得到的税后净股利是多少？

假设登记日为 10 月 30 日（周五），股票从两个交易日前即 10 月 28 日（周三）开始以除息价出售。在 10 月 27 日（周二）或之前购买股票的人将有权获得股利。由于赫克曼夫妇购买股票的日期是 10 月 15 日，因此他们有权获得每股 0.46 美元的股利。因此，赫克曼夫妇将获得 230 美元（=每股 0.46 美元×500 股）股利，这笔钱将在支付日即 11 月 19 日被邮寄给他们。由于他们的股利适用 15%的联邦所得税税率，因此赫克曼夫妇持有的埃斯皮诺萨实业股票的税后净股利为 195.50 美元［=（1−0.15）×230 美元］。

股利再投资计划

现在，许多公司都提供**股利再投资计划**（dividend reinvestment plans，DRIPs），这种计划让股东可以用持有公司股票得到的股利以很低的交易成本或零交易成本购买更多股票——甚至是零股。一些公司甚至允许投资者直接从公司初次购买公司股票，而无须经过经纪商。股利再投资计划的参与者通常可以按大约低于现行市场价 5%的价格购买股票。从公司的角度看，公司可以更经济地向参与者发行新股，避免定价过低和公开出售新股的发行成本。显然，股利再投资计划的存在可以提高公司股票的市场吸引力。

股价对公司分配的反应

当公司支付股利或回购股票时，股价将发生什么变化？理论上，这个问题的答案很简单。以股利支付为例。假设一家公司有10亿美元资产，完全通过发行1 000万股普通股融资。每只股票的价值应为100美元（=10亿美元÷1 000万股）。现在，假设这家公司支付每股1美元的现金股利，总股利支付额为1 000万美元，该公司的资产将跌至9.9亿美元。由于流通股仍为1 000万股，因此每股价值为99美元。换言之，股价将下跌1美元，正好是股利金额。下跌的股价反映之前由公司持有的现金现在属于投资者。精确地讲，股价下降不是发生在寄出股利支票时，而是发生在股票开始以除息价交易时。

股票回购的直观感觉是“一手交钱，一手交货”。换言之，如果公司以现行市场价格回购股票，减少的现金就将正好被减少的流通股股数抵消，因此股票市场价格保持不变。再次假定一家公司的资产为10亿美元，流通股为1 000万股，每股价值为100美元。假定该公司决定通过回购100 000股股票分配1 000万美元现金。当完成回购时，该公司的资产将减少1 000万美元，变为9.9亿美元，但流通股股数也将减少100 000股，变为9 900 000股。因此，新股价为990 000 000美元÷9 900 000，即100美元，和之前一样。

在实践中，税收和其他各种市场不完全可能导致股利支付或股票回购造成的实际股价变化不同于理论预期。此外，股价对现金分配的反应可能不同于对宣布即将分配现金的反应。例如，当公司宣布将增加股利时，股价通常会由于该消息而上升，尽管当实际支付股利时，股价将下跌。下一节深入讨论分配政策对公司价值的影响。

复习题

13—4　谁是登记股东？股票何时以除息价销售？

13—5　股利再投资计划的参与者可以得到什么好处？公司可以得到什么好处？

13.3　分配政策的相关性

在财务学文献中，有许多关于分配政策的理论和实证发现。尽管这些研究提供了一些关于分配政策的有趣观点，但资本预算决策和资本结构决策通常被认为比分配决策重要得多。换言之，公司不应该为了重要性存疑的分配政策牺牲优秀的投资决策和融资决策。

关于分配政策最重要的问题是：分配政策是否对公司价值有重要影响？一些理论和实证回答了这个问题，但是没有哪条普遍接受的规则能帮助公司找到“最优”分配政策。多数解释分配政策影响的理论将重点放在股利上。从现在起，股利政策和分配政策这两个词将通用，意味着对于解释这些政策是否对公司价值有影响的理论，我们不对股利分配和股票回购进行区分。

剩余股利理论

剩余股利理论（residual theory of dividends）是一种认为公司支付的股利应被视为剩余的思想流派，剩余是指已经执行所有可接受的投资机会后剩下的金额。使用这种方法，公司可以按以下三步处理股利决策：

步骤 1 确定最优资本支出水平，即利用公司全部正净现值项目的资本支出水平。

步骤 2 使用最优资本结构比例（见第十二章），估计满足第一步的支出所需的股权融资总额。

步骤 3 由于留存收益成本 r_r 小于新普通股成本 r_n，因此使用留存收益满足第 2 步确定的股权要求。如果留存收益不足以满足该需求，则出售普通股。如果留存收益高于该需求，则将盈余金额——剩余——作为股利分配。

根据这种方法，只要公司的股权需求超过留存收益的金额，就不支付现金股利。这种方法主张，确保公司拥有高效竞争所需的资金是稳健的管理。这种股利观点还认为，投资者的必要收益率 r_s 不受公司股利政策的影响，这个前提反过来表明股利政策无关，因为它不影响公司价值。

股利无关理论

剩余股利理论表明，如果公司的利润投资不能获得高于资本成本的收益率，就应该将利润作为股利分配给股东。这种方法表明，股利是剩余利润而非影响公司价值的活跃决策变量。这种观点与默顿·H. 米勒和佛朗哥·莫迪利亚尼（MM）提出的**股利无关理论**（dividend irrelevance theory）一致。① 他们认为，公司价值仅由资产（投资）的盈利能力和风险决定，公司如何将利润在股利和内部留存（再投资）资金之间进行分割不影响公司价值。MM 理论认为，在完美世界（确定、无税、无交易成本、无其他市场不完美）中，公司价值不受股利分配影响。

当然，实际市场不满足莫迪利亚尼和米勒最初理论中的“完美市场”假设。一种重要的市场不完美是税收。从历史上看，股利的税率通常高于资本利得的税率。当公司将利润作为股利分配时，投资者的应纳税款高于公司将利润作为留存收益时他们的应纳税款。当公司留存收益时，其股价将升高，投资者将享受资本利得。只要投资者不出售股票，就可以无限递延对资本利得纳税。即使他们出售股票，资本利得的税率也相对较低。相比之下，当公司支付股利时，投资者立即获得现金，并按当前税法规定的税率纳税。

尽管根据这种讨论，从税后角度看，留存收益似乎比支付股利更有利于股东，但莫迪利亚尼和米勒认为，这种假设不符合实际。他们观察到，并非所有投资者都要缴纳所得税。一些机构投资者，例如养老基金，不用对它们获得的股利和资本利得纳税。对于这些

① Merton H. Miller and Franco Modigliani, “Dividend Policy, Growth and the Valuation of Shares,” *Journal of Business* 34 (October 1961), pp. 411-433.

投资者，不同公司的分配政策对投资者的应纳税款没有影响。因此，莫迪利亚尼和米勒认为，可能存在**追随者效应**（clientele effect），即不同类型的投资者可能由于税收效应被采用不同分配政策的公司吸引。免税投资者可能大量投资于支付股利的公司，因为他们不受股利税率通常较高的影响。必须对股利缴纳较高税率的公司可能更愿意投资于留存收益而非支付股利的公司。如果公司改变分配政策，公司价值不会变化；变化的是持有公司股票的投资者类型。根据这种观点，税收追随者效应理论意味着分配政策不影响公司价值，但它们会影响公司的所有权基础。

总之，莫迪利亚尼和米勒以及股利无关理论的其他支持者认为，当其他所有条件都相同时，投资者的必要收益率不受股利政策影响，因而公司价值也不受股利政策影响。换言之，对于特定公司而言，不存在“最优”股利政策。

支持股利相关理论的观点

莫迪利亚尼和米勒认为股利无关理论在最初提出时是一种激进的观点。当时流行的认识是分配政策会提高公司价值，因此是相关的。支持**股利相关理论**（dividend relevance theory）的主要观点是由迈伦·J. 戈登（Myron J. Gordon）和约翰·林特纳（John Lintner）提出的①，他们认为公司的股利政策和市场价值之间实际上存在直接关系。这种假说的基础是**一鸟在手理论**（bird-in-the-hand argument），这种理论是指投资者认为当前股利的风险低于未来股利或资本利得的风险：“双鸟在林不如一鸟在手。”戈登和林特纳认为，当前股利减少了投资者的不确定性，导致投资者以较低的贴现率贴现公司利润，当其他所有条件都相同时，这提高了公司的股票价值。相反，如果股利下降或没有支付股利，投资者不确定性将增加，将提高必要收益率，降低股票价值。

莫迪利亚尼和米勒认为，一鸟在手理论是一种谬论。他们称，希望从不支付股利的公司立即获得现金流的投资者只需出售一部分股票。前面曾经提到，留存收益的公司股价将随着现金在公司内部积累而逐渐上升。莫迪利亚尼和米勒称，通过每季或每年卖出少量股票，投资者可以获得与公司支付股利而非留存收益时一样的现金流。

研究表明，大幅股利变化的确会影响股价。股利增加导致股价上升，股利下降导致股价降低。对这种实证结果的一个解释是，重要的不是每股股利，而是股利中关于未来利润的**信息内容**（informational content）。换言之，投资者将股利变化（上升或下降）视为管理层预期未来利润将发生同向变化的一个信号。投资者将股利增加视为正面信号，他们将竞价抬高股价。投资者视股利下降为负面信号，这将导致投资者出售股票，使股价下降。

支持股利影响公司价值的另一个论据是代理成本理论。前面曾经提到，代理成本是由于公司的所有者和管理者分离而产生的成本。管理者与所有者的利益有时不同。管理者可能希望留存收益以扩大公司资产基础的规模。经营一家大公司能带来更高的声誉，可能还

① Myron J. Gordon, “Optimal Investment and Financing Policy,” *Journal of Finance* 18 (May 1963), pp. 264-272; and John Lintner, “Dividends, Earnings, Leverage, Stock Prices, and the Supply of Capital to Corporations,” *Review of Economics and Statistics* 44 (August 1962), pp. 243-269.

会带来更高的工资。股东知道管理层面对的诱惑，他们担心留存收益没有被明智地投资。代理成本理论认为，承诺支付股利的公司让股东确信管理者不会浪费他们的钱。基于这种保证，投资者将对承诺定期支付股利的公司支付更高的价格。

尽管人们提出了其他许多关于股利相关性的观点，但实证研究没有提供分配政策是否影响公司价值、如何影响公司价值的决定性证据。正如我们所说过的，即使分配政策真的很重要，它肯定也没有财务经理做出的其他决策重要，例如投资于大型新项目的决策或公司使用何种债务与股权组合为经营活动融资的决策。然而，现在多数财务经理尤其是经营大公司的财务经理仍然认为分配政策会影响公司价值。

复习题

13—6 遵循剩余股利理论能否导致稳定的股利？这种方法是否与股利相关性一致？

13—7 请比较米勒和莫迪利亚尼与戈登和林特纳提出的关于股利政策的基本观点。

13.4 影响股利政策的因素

公司的**股利政策**（dividend policy）表示做出股利决策时遵循的行动计划。公司制定与目标一致的政策。在我们回顾某些常见的股利政策类型时，我们将讨论公司制定股利政策时考虑的五个因素。它们是法律约束、合同约束、增长前景、所有者因素和市场因素。

法律约束

美国的多数州都禁止公司用任何一部分“法定资本”支付现金股利，法定资本通常是用普通股面值衡量的。也有些州规定法定资本不仅包括普通股面值，还包括超过面值的实收资本。这些资本减值限制通常是为了提供充足的股权基础以保护债权人的索偿权。下面这个例子可以说明资本的不同定义。

例 13.4

米勒面粉公司（Miller Flour Company）是一家大型谷物加工商，它的股东权益账户如下表所示。

米勒面粉公司的股东权益　　单位：美元

普通股面值	100 000
超过面值的实收资本	200 000
留存收益	140 000
股东权益总额	440 000

在规定公司法定资本为普通股面值的州，公司可以支付 340 000 美元（=200 000 美元+

140 000 美元）现金股利而不会减少资本。在规定公司法定资本包括全部实收资本的州，公司只能支付 140 000 美元现金股利。

公司有时会提出限制股利金额的利润要求。根据这种限制，公司不能支付高于最近留存收益与过往留存收益之和的现金股利。然而，公司可以支付高于当期利润的股利。[①]

例 13.5

假设上例中的米勒面粉公司在刚刚结束的一年有 30 000 美元利润可以用于分配普通股股利。正如例 13.4 的表格所示，该公司有 140 000 美元过往留存收益。因此，在法律允许的范围内，该公司最高可以支付 170 000 美元股利。

合同约束

通常公司支付现金股利的能力受贷款协议限制性条款的约束。通常这些约束禁止公司支付现金股利，直到其实现特定水平的利润，或者限制其只能发放固定金额或占利润特定比例的股利。股利约束有助于保护债权人在公司丧失清偿能力时免受损失。

增长前景

公司的财务要求与公司预期增长幅度和需要购买的资产直接相关。公司必须评估盈利能力与风险，以了解外部筹资能力。此外，公司还必须确定获得融资的成本和速度。通常，大型成熟公司有充足的渠道获得新资本，而快速成长的公司可能没有足够的资金来支持可接受的项目。成长型公司可能不得不严重依赖于通过留存收益获得内部融资，因此很可能只分配非常少一部分利润作为股利。较成熟的公司更有能力分配较高比例的利润，尤其是当它有现成融资来源时。

所有者因素

公司必须制定对多数所有者的财富有利的政策。考虑因素之一就是公司所有者的纳税状况。如果公司有很大比例的高收入富有股东，就可能决定分配较低比例的利润，让所有者可以递延纳税，直到他们卖出股票。当现金股利的税率与资本利得相同时，这种策略通过税收递延而非低税率使所有者受益。然而，需要股利收入的低收入股东更偏好较高的利润分配比例。

第二个考虑因素是所有者的投资机会。如果项目的收益率低于所有者进行同等风险外部投资能获得的收益率，公司就不应该为其留存投资资金。如果所有者有更好的外部投资机会，公司应分配更高比例的利润。如果公司的投资机会至少和具有类似风险的外部投资一样好，较低的分配比例就是合理的。

---

① 当期经营亏损的公司仍然可以支付现金股利，只要有支付股利所需的足够留存收益或者现金。

最后一个考虑因素是潜在所有权稀释。如果公司分配的利润比例较高，就必须用普通股筹集新股本。发行新股票的结果可能是稀释现有所有者的控制权和利润。通过分配较低比例的利润，公司可以最小化这种稀释的可能性。

市场因素

最近一种解释公司分配决策的理论被称为迎合理论。根据**迎合理论**（catering theory），投资者的股利需求会随着时间波动。例如，在股市上涨的经济繁荣期，未来资本利得较高的股票更吸引投资者。当经济衰退、股市下跌时，投资者可能更偏好股利的安全性。迎合理论认为，当投资者对股利表现出强烈的偏好时，公司更可能开始分配股利或提高现有股利。公司迎合投资者的偏好。

复习题

13—8 公司在制定股利政策时考虑哪五个因素？请简要描述每个因素。

13.5 股利政策的类型

公司在制定股利政策时，必须将两个目标牢记心中：提供足够的融资和最大化公司所有者财富。下一节介绍三种不同的股利政策。特定公司的现金股利政策可能结合了这三种政策的要素。

固定分配比率股利政策

一类股利政策是使用固定分配比率。**股利分配比率**（dividend payout ratio）表示公司以现金形式分配给所有者的股利占利润的比例。它的计算方法是用公司的每股现金股利除以每股收益。根据**固定分配比率股利政策**（constant-payout-ratio dividend policy），公司规定在每个股利期支付给所有者占利润特定比例的股利。

这种政策的问题在于，如果公司在给定时期的利润下降或发生亏损，股利可能较低甚至不存在。由于股利通常被视为表示公司未来条件和状况的指标，因此公司股价可能受到负面影响。

例 13.6

桃树实业（Peachtree Industries）是一家钾矿公司，该公司实行的分配政策是分配40%的利润作为现金股利。在发生亏损的时期，该公司不支付现金股利。过去6年桃树实业的利润、股利和平均股价数据如下页表所示。

年份	每股收益（美元）	每股股利（美元）	每股平均股价（美元）
2015	−0.50	0.00	42.00
2014	3.00	1.20	52.00
2013	1.75	0.70	48.00
2012	−1.50	0.00	38.00
2011	2.00	0.80	46.00
2010	4.50	1.80	50.00

股利在 2013 年和 2014 年增加，但在其他年份下降。在股利下降的年份，公司股价下跌；在股利增加的年份，公司股价上涨。桃树实业的不定期股利政策似乎让所有者无法确定预期收益。

固定股利政策

固定股利政策（regular dividend policy）是每期支付固定股利的股利政策。通常，执行这种政策的公司只要利润可持续增加就会提高固定股利。根据这种政策，股利几乎永远不会降低。

例 13.7

广受欢迎的人工甜味剂生产商伍德沃德实验室（Woodward Laboratories）的股利政策是每年支付每股 1.00 美元股利，直到每股收益连续 3 年超过 4.00 美元。届时，年股利将提高到每股 1.50 美元，并建立新的利润平台。该公司预期股利不会降低，除非流动性告急。伍德沃德实验室过去 12 年的每股收益、股利和平均股价数据如下。

年份	每股收益（美元）	每股股利（美元）	每股平均股价（美元）
2015	4.50	1.50	47.50
2014	3.90	1.50	46.50
2013	4.60	1.50	45.00
2012	4.20	1.00	43.00
2011	5.00	1.00	42.00
2010	2.00	1.00	38.50
2009	6.00	1.00	38.00
2008	3.00	1.00	36.00
2007	0.75	1.00	33.00
2006	0.50	1.00	33.00
2005	2.70	1.00	33.50
2004	2.85	1.00	35.00

不管利润水平多高，伍德沃德实验室 2012 年都支付每股 1.00 美元股利。2013 年，股利增至每股 1.50 美元，因为每股收益已经连续 3 年超过 4.00 美元。2013 年，该公司还必须确定新的利润平台作为进一步增加股利的基础。伍德沃德实验室的平均每股价格稳定提高，尽管利润表现出少许波动。

通常，定期股利政策是围绕着**目标股利分配比率**（target dividend-payout ratio）制定的。根据该政策，公司试图分配特定比率的利润而不是让股利波动，公司支付规定股利金额并进行调整，使股利随着稳定的利润增加逐渐达到目标股利分配比率。例如，伍德沃德实验室的目标股利分配比率约为35%。对于2004年的股利政策，分配比率约为35%（=1.00美元÷2.85美元），当2013年股利提高到1.50美元时，分配比率约为33%（=1.50美元÷4.60美元）。

低固定股利与超额股利政策

一些公司制定了**低固定股利与超额股利政策**（low-regular-and-extra dividend policy），即支付低固定股利，当给定时期内的利润高于平常时支付额外股利作为补充。公司将增加的股利称为**超额股利**（extra dividend），从而避免形成股利永远增加的预期。这种政策在利润周期性变化的公司中尤为常见。

通过每期支付低固定股利，公司给予投资者对公司建立信心所需的稳定收入，超额股利让投资者可以分享经营状况极佳时期的利润。一旦利润稳定增加，使用这种政策的公司就必须提高固定股利水平。超额股利不应经常出现，否则它就没有意义了。用目标股利分配比率确定固定股利水平是值得推荐的做法。

复习题

13—9　请形容固定分配比率股利政策、固定股利政策和低固定股利与超额股利政策。这些政策的影响是什么？

13.6　其他股利形式

类似于现金股利的两种常见股利是股票股利和股票分拆。尽管股票股利和股票分拆彼此密切相关，但它们的经济影响与现金股利或股票回购截然不同。

股票股利

股票股利（stock dividend）是向现有股东支付的股票形式的股利。公司经常支付股票股利作为现金股利的替代或补充。在股票股利中，投资者获得的额外股票与他们已经拥有的股票成比例。不分配现金，实际价值也不从公司转移给投资者。相反，由于流通股股数增加，股票价格的下降金额大致与股票股利相同。

会计意义

在会计意义上，支付股票股利是股东权益账户之间的资金转移而非资金外流。当一家公司宣布发放股票股利时，宣布发放股利和分配股利的程序与之前介绍的现金股利相同。

支付股票股利的会计分录根据分配规模而变化。**小额（普通）股票股利**（small（ordinary）stock dividend）是不到宣布发放股利时流通普通股 20%～25%的股票股利。小额股票股利是最常见的。

例 13.8

定制橱柜分销商加里森公司（Garrison Corporation）的资产负债表中的当期股东权益账户如下所示：

优先股	300 000 美元
普通股（100 000 股，每股面值为 4 美元）	400 000 美元
超过面值的实收资本	600 000 美元
留存收益	700 000 美元
股东权益总额	2 000 000 美元

加里森公司的流通普通股为 100 000 股，当股票市价为每股 15 美元时，宣布发放 10%的股票股利。由于以每股 15 美元的现行市场价格发行了 10 000 股新股（100 000 股的 10%），因此 150 000 美元（＝每股 15 美元×10 000 股）从留存收益账户转移到普通股账户和实收资本账户。普通股总共增加了 40 000 美元（＝面值 4 美元×10 000 股），剩下的 110 000美元［＝（15 美元－4 美元）×10 000 股］增加到了超过面值的实收资本上。得到的账户余额如下：

优先股	300 000 美元
普通股（110 000 股，每股面值为 4 美元）	440 000 美元
超过面值的实收资本	710 000 美元
留存收益	550 000 美元
股东权益总额	2 000 000 美元

该公司的股东权益总额没有变化；资金只是在股东权益账户之间转移。

股东角度

获得股票股利的股东通常没有得到任何价值。在获得股利后，股东所持股票的每股价值与股利按比例减少，使其持有的公司股票市场总值保持不变。因此，股票股利通常是不用纳税的。股东在公司中的所有权比例也保持不变，只要公司利润保持不变，股东持有的总利润份额也不变。（然而，如果发放股票股利时公司利润和现金股利增加，股票价值也可能增加。）

例 13.9

X 女士拥有 10 000 股加里森公司的股票。该公司最近的利润为 220 000 美元，预期近期内利润不会变化。在获得股票股利之前，X 女士持有 10%（＝10 000 股÷100 000 股）的该公司股票，售价为每股 15 美元。每股收益为 2.20 美元（＝220 000 美元÷100 000 股）。由于 X 女士持有 10 000 股股票，因此她的收益为 22 000 美元（＝每股 2.20 美元×10 000 股）。在得到 10%的股票股利后，X 女士有 11 000 股股票，仍然是公司所有权的 10%（＝110 00 股÷110 000 股）。股票市场价格将跌至每股 13.64 美元［＝15 美元×

(1.00÷1.10)]，这意味着X女士持有的股票的市场价值为150 000美元（=11 000股×每股13.64美元）。这与她所持股票的初始价值（10 000股×每股15美元）相同。未来每股收益跌至2美元（=220 000美元÷110 000股），因为同样的220 000美元利润现在必须在110 000股之间分配。由于X女士仍然拥有10%的股票，因此她的股票总收益仍为22 000美元（=每股2美元×11 000股）。

总之，如果公司利润保持不变且总现金股利不增加，股票股利就会导致公司股票的每股市场价值降低。

公司角度

股票股利比现金股利的成本高，但它的某些优点可能超过这些成本。公司发现，股票股利可以作为向所有者进行分配而无须使用现金的方式。通常，当公司需要保留现金为快速成长融资时，就会使用股票股利。当股东意识到公司正在进行现金流再投资以最大化未来利润时，公司的市场价值应该至少保持不变。然而，如果支付股票股利是为了保留现金以支付到期未付的账单，公司的市场价值就可能下降。

股票分拆

尽管股票分拆不属于股利，但它可能对公司股价产生的影响类似于股票股利的影响。**股票分拆**（stock split）是通过增加每位股东的持股数量而降低公司股票市场价格的常用方法。比如，一拆二是指用2股新股换1股旧股，每股新股的价值是每股旧股价值的一半。股票分拆对公司的资本结构没有影响，因此通常不用纳税。

公司常常认为其股票定价过高，降低市场价格将提高交易活跃度。股票分拆经常在增发股票之前进行，以提高股票的销量并刺激市场活跃度。股票分拆经常会导致股票市值稍微上升，这一方面是因为它的信息内容，另一方面是因为股票分拆后总股利通常会稍微上升。①

例 13.10

德尔斐公司（Delphi Company）是一家林产品公司，该公司有200 000股普通股，每股面值为2美元，没有流通优先股。由于股票的市场价格较高，因此该公司宣布进行一拆二的股票分拆。分拆前后的股东总权益如下表所示：

分拆前	单位：美元
普通股	
（200 000股，每股面值为2美元）	400 000
超过面值的实收资本	4 000 000
留存收益	2 000 000
股东权益总额	6 400 000

一拆二后	单位：美元
普通股	
（400 000股，每股面值为1美元）	400 000
超过面值的实收资本	4 000 000
留存收益	2 000 000
股东权益总额	6 400 000

① Eugene F. Fama，Lawrence Fisher，Michael C. Jensen，and Richard Roll，"The Adjustment of Stock Prices to New Information，" *International Economic review* 10（February 1969），pp. 1-21。作者发现，股价在宣布分拆前提高，如果每股股利增加，提高的股价就会得以维持，但如果每股股利不增加，股价就会在分拆后下降。

显然，股票分拆对公司账面价值没有多大影响。

股票可以按任何需要的方式分拆。有时也会进行**逆向股票分拆**（reverse stock split）：公司用特定数量的流通股交换一股新股。例如，在三拆一的分拆中，用1股新股交换3股旧股。在逆向股票分拆中，公司股价由于流通股股数减少而上升。当公司股价过低，交易所威胁将股票撤牌时，公司就可以进行逆向分拆。例如，纽约证券交易所要求上市证券在任何连续30天交易期内的平均收盘价不得低于1美元。2010年6月，音像租赁公司百视达（Blockbuster）要求股东批准一项逆向股票分拆决策，以防止纽约证券交易所将百视达的股票撤牌。股东没有批准这项举措，因此在下一个月纽约证券交易所就将百视达的股票撤牌。

个人理财案例 13.11

莎基拉·华盛顿（Shakira Washington）是一位投资者，她适用的联邦所得税税率为25%，持有260股高级科技公司（Advanced Technology Inc.）的普通股。她最初于2年前以初始发行价每股9美元购入这只股票。这家快速成长的科技公司现在的股票交易价为每股60美元，因此她持有的高级科技公司股票的现值为15 600美元（=260股×每股60美元）。由于该公司的董事会认为，股票价格在20～30美元的范围内时股票的交易将会更活跃，因此刚刚宣布进行一拆三的股票分拆。莎基拉希望确定股票分拆对她持有的股票和应纳税款的影响。

由于股票将被一拆三，因此分拆后莎基拉将拥有780股（=3×260股）。她预期股票市场价格将在分拆后立即跌至20美元（=1/3×60美元）；分拆后她持有的股票价值将为15 600美元（=780股×每股20美元）。由于她在分拆后持有的高级科技公司股票价值15 600美元恰好等于分拆前的股票价值15 600美元，因此一拆三后，莎基拉持有的股票既没有收益，也没有亏损。即使股票分拆造成了收益或亏损，莎基拉也不用纳税，除非她实际出售股票并实现了收益或亏损。

复习题

13—10　公司为什么发行股票股利？请评价下列说法："我拥有一只股票，该股票每年承诺支付20%的股票股利，因此它确保我将在5年后达到盈亏平衡。"

13—11　请比较股票分拆与股票股利。

总　结

价值焦点

分配政策涉及公司向普通股股东分配的现金流。普通股赋予所有者获得所有未来股利的权利。在假定无限的公司寿命内所有预期未来股利的现值决定了公司的股票价值。

公司的分配不仅表示流向股东的现金流，还包含关于公司当期业绩和未来业绩的有用信息。这种信息影响了股东对公司风险的认识。公司还可以支付股票股利、发起股票分拆或回购股票。由于它们的现金流和信息内容，所有这些与股利相关的行为都会影响公司的风险、收益和价值。

尽管股利相关理论仍在发展演变，但多数公司和股东的行为表明，股利政策会影响股价。因此，财务经理试图制定和执行与公司最大化股价目标一致的分配政策。

学习目标复习

目标 1　了解现金分配程序、税务处理和股利再投资计划的作用。董事会做出现金分配决策，并规定股利的登记日和支付日。一些公司提供股利再投资计划，它允许股东用股利购买股票以代替现金股利。

目标 2　描述剩余股利理论和与股利无关性和股利相关性有关的主要观点。剩余股利理论认为，股利应该被视为采纳所有可接受投资机会后剩下的利润。米勒和莫迪利亚尼支持股利无关理论，这种理论采用了完美世界的概念，即不存在交易成本和税收等市场不完美的世界。戈登和林特纳支持股利相关理论，他们观点的基础为股利可以减少不确定性，并用一鸟在手理论作为佐证。实证研究没有对股利相关性提供明确支持。即使如此，财务经理和股东的行为仍倾向于支持股利政策影响股价的观点。

目标 3　讨论制定股利政策时涉及的主要因素。公司的股利政策应该提供足够的融资，并最大化股东财富。股利政策受法律约束、合同约束、增长前景、所有者因素和市场因素的影响。法律约束禁止公司分配任何比例的“法定资本”作为现金股利，有到期未偿负债或法律上陷入清算或破产的公司也不能支付现金股利。合同约束来自公司贷款协议中的限制性条款。增长前景影响将收益留存下来而非作为股利分配的相对重要性。所有者的纳税状况、所有者的投资机会和潜在所有权稀释都是重要的所有者因素。最后，市场因素与股东对持续支付固定股利或增加股利的偏好有关。

目标 4　总结和评价三种基本股利政策。采用固定分配比率股利政策的公司每期向所有者支付固定比例的利润；股利随着利润上升或下降，当发生亏损时不支付股利。在固定股利政策下，公司每期支付固定金额的股利，只有在利润稳定增加时才提高股利金额。低固定股利与超额股利政策类似于固定股利政策，除了它在公司利润高于平常时支付额外股利。

目标 5　从会计、股东和公司的角度评价股票股利。公司可以支付股票股利作为现金股利的替代或补充。支付股票股利是资金在资本账户之间的转移而非资金流出。股票股利不改变股东所持股票的市场价值、所有权比例或总利润份额。因此，股票股利通常是不用纳税的。然而，股票股利可以满足所有者并让公司维持市场价值而不必使用现金。

目标 6　说明股票分拆和公司进行股票分拆的动机。股票分拆的用途是通过降低或提高股票的市场价格提高公司股票的交易活跃度。股票分拆只涉及会计调整；它对公司的现金或资本结构没有影响，通常不用纳税。

为了赎回流通股，公司可以用回购股票代替支付现金股利。减少流通股股数提高了每股收益和每股市场价格。股票回购还可以让股东递延纳税。

自测题（答案见附录）

自测 13—1　股票回购　离岸钢铁公司（Off-Shore Steel Company）的普通股股东可以获得 200 万美元利润，该公司有 500 000 股流通普通股，每股价格为 60 美元。该公司现在正在考虑支付每股 2 美元的现金股利。

a. 请计算该公司的当期每股收益和市盈率。

b. 如果该公司可以按每股 62 美元的价格回购股票，可以回购多少股票以代替支付现金股利？

c. 在按计划进行股票回购后，每股收益将是多少？为什么？

d. 如果股票以原来的市盈率销售，回购股票后的股票市场价格将是多少？

e. 请比较按计划进行股票回购前后的每股收益。

f. 请比较分配股利和进行股票回购时的股东状况。

热身练习

练习 13—1 斯蒂芬妮咖啡馆（Stephanie's Cafes，Inc.）宣布在 5 月 2 日（周二）向登记股东发放每股 1.30 美元的股利。该公司有 200 000 股流通股，并将在 5 月 24 日支付股利。支付股利需要多少现金？股票从何时开始按除息价出售？

练习 13—2 宰相实业（Chancellor Industries）有 120 万美元留存收益可供分配。该公司计划进行两笔投资，分别需要 950 000 美元和 175 万美元。宰相实业的目标资本结构为 60%的债务和 40%的股权。请使用剩余股利理论确定该公司可以分配多少股利（如果分配股利的话）并计算相应的股利分配率。

练习 13—3 阿什克纳济公司（Ashkenazi Companies）的股东权益账户如下：

普通股（350 000 股，每股面值为 3 美元）	1 050 000 美元
超过面值的实收资本	2 500 000 美元
留存收益	750 000 美元
股东权益总额	4 300 000 美元

假设该公司所在的州的法律规定法定资本仅为普通股的面值，那么阿什克纳济公司每股可以支付多少股利？如果法定资本的范围较宽，包括所有实收资本，那么阿什克纳济公司每股可以支付多少股利？

练习 13—4 科皮实业（Kopi Industries）的董事会正在考虑执行一项新股利政策，规定股利为利润的 60%。该公司最近的每股收益和每股股利如下表所示。

年份	每股收益（美元）	每股股利（美元）
2012	1.75	0.95
2013	1.95	1.20
2014	2.05	1.25
2015	2.25	1.30

请根据科皮实业的历史股利分配比率讨论 60%的固定分配比率是否会让股东受益。

练习 13—5 伊洛农场（Hilo Farms）的当期股东权益账户如下：

普通股（50 000 股，每股面值为 3 美元）	150 000 美元
超过面值的实收资本	250 000 美元
留存收益	450 000 美元
股东权益总额	850 000 美元

伊洛农场宣布将增发 5 000 股普通股作为股票股利计划的一部分。伊洛农场普通股的当期市场价格为每股 20 美元。请说明计划分配的股票股利对股东权益账户有什么影响。

习 题

习题 13—1 股利支付程序 在季度股利会议上，伍德鞋业（Wood Shoes）宣布将向在 7 月 10 日

(周一）登记的股东发放每股1.10美元的现金股利。该公司的流通普通股为300 000股，支付日为7月31日。在宣布发放股利前，该公司的主要账户如下：

现金	500 000美元	应付股利	0美元
		留存收益	2 500 000美元

a. 请列出休会后的账户数字。

b. 除息日是哪天？

c. 支付日（7月31日）后的主要账户价值将是多少？

d. 股利对公司总资产有什么影响？

e. 忽略一般市场波动，股利对除息日的公司股价有什么影响？

个人理财习题13—2　股利支付　凯茜·斯诺（Kathy Snow）希望购买倒计时计算公司（Countdown Computing，Inc.）的股票。该公司的董事会宣布向在5月12日（周三）登记的股东支付每股0.80美元的现金股利。

a. 凯茜购买股票（交易日）并仍能得到股利的最后一天是哪天？

b. 该股票从哪天开始以除息价交易？

c. 当股票开始在除息日交易时，你预期每股价格将如何变化？

d. 如果凯茜持有股票不到一个季度，然后以每股39美元的价格出售，说明以下哪种方式将使她获得更高的投资收益率：(1) 在除息日前以每股35美元的价格购买股票，并获得每股0.80美元的股利；(2) 在除息日以每股34.20美元的价格购买股票，但不获得股利。

习题13—3　剩余分配政策　假设你是大型服装连锁店加州杨氏（Young's of California）的总裁，刚刚收到了大股东的一封信。股东询问公司的股利政策。实际上，股东请你估计下一年可能支付的股利金额。你还没有搜集到关于预期股利的全部信息，但是你知道下列信息：

(1) 公司遵循剩余股利政策。

(2) 下一年的总资本预算可能为以下三者之一，这取决于目前进行的资本预算研究的结果。这三种资本支出金额为200万美元、300万美元和400万美元。

(3) 下一年的预期潜在留存收益为200万美元。

(4) 当负债比率为40%时达到目标资本结构或最优资本结构。

你已经决定给股东回信，介绍你已知的全部信息。

a. 请描述剩余股利政策。

b. 请计算三种资本支出下的股利金额（或所需新普通股金额）和股利分配比率。

c. 请比较、对比和讨论三种资本支出下的股利金额（第b问的计算结果）。

习题13—4　股利约束　豪公司（Howe Company）的股东权益账户如下：

普通股（400 000股，每股面值为4美元）	1 600 000美元
超过面值的实收资本	1 000 000美元
留存收益	1 900 000美元
股东权益总额	4 500 000美元

普通股股东从当期经营中可以获得的利润为100 000美元，这是190万美元留存收益的一部分。

a. 该公司可以支付的最高每股股利是多少？（假设法定资本包括所有实收资本。）

b. 如果该公司有160 000美元现金，那么该公司在不借款的情况下能支付的最高每股股利是多少？

c. 如果该公司支付第a问和第b问显示的股利，请指出账户将发生什么变化（如果有变化的话）。

d. 请指出80 000美元现金股利对股东权益的影响。

习题13—5　低固定股利与超额股利政策　贝内特农具销售公司（Bennett Farm Equipment Sales,

Inc.）是一家具有高度周期性的企业。尽管这家公司的目标股利分配比率为25%，但该公司的董事会意识到严格遵守该比率将导致股利波动并使公司股东产生不确定感。因此，该公司宣布每年分配每股0.50美元的固定股利，并在利润允许的条件下发放超额现金股利。最后几年的每股收益如下表所示。

年份	每股收益（美元）	年份	每股收益（美元）
2015	3.00	2012	2.80
2014	2.40	2011	2.15
2013	2.20	2010	1.97

a. 请根据0.50美元的固定股利和上述每股收益计算每年的分配比率。

b. 请计算0.50美元的固定股利和每年25%的分配比率之间的差异。

c. 贝内特农具销售公司制定的分配政策是，只有在固定股利和25%的分配比率之差等于或高于1.00美元时，才支付每股0.25美元的额外股利。请列出这些年份中支付额外股利时的固定股利和额外股利。没有分配的“额外”利润将如何处理？

d. 该公司预期未来每股收益将继续呈现周期性变化，但将在多数年份中保持为每股2.20美元以上。在修改固定股利金额时，需要考虑什么因素？如果该公司修改固定股利，将支付的新股利是多少？

习题13—6 不同股利政策 过去10年一家公司的每股收益如下表所示。

年份	每股收益（美元）	年份	每股收益（美元）
2015	4.00	2010	2.40
2014	3.80	2009	1.20
2013	3.20	2008	1.80
2012	2.80	2007	−0.50
2011	3.20	2006	0.25

a. 如果该公司的股利政策为：所有利润为正的年份实行40%的固定分配比率，利润为负的年份实行零固定分配比率，每年的年股利将是多少？

b. 如果该公司分配的股利为每股1.00美元，只要股利分配比率连续两年跌至50%以下，每股股利就增加0.10美元，该公司每年将支付的股利是多少？

c. 如果该公司的股利政策为每期支付每股0.50美元股利，除非每股收益超过3.00美元，此时额外股利等于超过3.00美元的利润的80%，那么该公司每年将支付多少股利？

d. 请讨论第a问到第c问介绍的每种股利政策的优点和缺点。

习题13—7 股票股利：公司 哥伦比亚纸业（Columbia Paper）的股东权益账户如下。该公司普通股的当前市场价格为每股30美元。

优先股	100 000美元
普通股（10 000股，每股面值为2美元）	20 000美元
超过面值的实收资本	280 000美元
留存收益	100 000美元
股东权益总额	500 000美元

a. 请说明5%的股票股利对哥伦比亚纸业的影响。

b. 请说明10%和20%的股票股利对哥伦比亚纸业的影响。

c. 根据你对第a问和第b问的答案，请讨论股票股利对股东权益的影响。

习题13—8 现金股利与股票股利 密尔沃基工具（Milwaukee Tool）的股东权益账户如下。该公司的普通股现在售价为每股 4 美元。

优先股	100 000 美元
普通股（400 000 股，每股面值为 1 美元）	400 000 美元
超过面值的实收资本	200 000 美元
留存收益	320 000 美元
股东权益总额	1 020 000 美元

a. 请说明现金股利为每股 0.01 美元、0.05 美元、0.10 美元和 0.20 美元对公司的影响。

b. 请说明股票股利为 1%、5%、10%和 20%对公司的影响。

c. 请比较第 a 问和第 b 问的影响。这两种股利支付方法有什么显著区别？

个人理财习题 13—9　股票股利：投资者　萨拉・沃伦（Sarah Warren）目前持有 400 股营养食品（NutriFoods）的股票。该公司有 40 000 股流通股，最近有 80 000 美元利润可以向普通股股东进行分配，股票售价为每股 22 美元。该公司希望留存收益并支付 10%的股票股利。

a. 该公司目前的每股收益是多少？

b. 萨拉目前对该公司的持股比例为多少？

c. 在分配股票股利后，萨拉对该公司的持股比例为多少？请解释你的答案。

d. 你预期在分配股票股利后该股票的市场价格将是多少？

e. 请讨论支付股票股利对萨拉的所有权比例和营养食品的利润将产生什么影响。

习题 13—10　股票分拆：公司　增长实业（Growth Industries）当前的股东权益账户如下：

优先股	400 000 美元
普通股（600 000 股，每股面值为 3 美元）	1 800 000 美元
超过面值的实收资本	200 000 美元
留存收益	800 000 美元
股东权益总额	3 200 000 美元

a. 请说明该公司宣布进行一拆二的股票分拆时预期将发生什么变化。

b. 请说明该公司宣布进行一又二分之一拆一的逆向股票分拆时预期将发生什么变化。

c. 请说明该公司宣布进行一拆三的股票分拆时预期将发生什么变化。

d. 请说明该公司宣布进行一拆六的股票分拆时预期将发生什么变化。

e. 请说明该公司宣布进行四拆一的逆向股票分拆时预期将发生什么变化。

个人理财习题 13—11　股票分拆　内森・底特律（Nathan Detroit）拥有 400 股通用磨坊（General Mills）这个食品公司的股票，这些股票是他在 2009 年 1 月经济衰退期间以每股 35 美元的价格购买的。通用磨坊被认为是一家相对安全的公司，因为它提供的是消费者在经济繁荣和经济萧条时都需要的基本产品。内森在《华尔街日报》上看到该公司的董事会已投票进行一拆二的股票分拆。2010 年 6 月，在股票分拆刚刚结束之后，通用磨坊的股票交易价为 75.14 美元。

请回答下列问题，说明股票分拆对内森持有的股票和应纳税款的影响。内森适用的联邦所得税税率为 28%。

a. 在股票分拆后，内森将拥有多少通用磨坊的股票？

b. 在股票分拆刚刚结束后，你预期通用磨坊的股票价值是多少？

c. 请比较内森在股票分拆前后所持股票的总价值，假设股票分拆刚刚结束后通用磨坊的股票价格为 37.50 美元。你能得出什么结论？

d. 一拆二的股票分拆将使内森的股票出现收益还是亏损？

e. 在这次股票分拆中产生的内森的应纳税款是多少？

习题 13—12　股票分拆与股票股利：公司　猛犸公司（Mammoth Corporation）正在考虑进行二拆三的股票分拆。现在该公司的股东权益账户如下。当期股票价格为每股 120 美元。留存收益中包括最近一期的普通股股东可得收益。

优先股	1 000 000 美元
普通股（100 000 股，每股面值为 3 美元）	300 000 美元
超过面值的实收资本	1 700 000 美元
留存收益	10 000 000 美元
股东权益总额	13 000 000 美元

a. 股票分拆对猛犸公司的影响是什么？

b. 你预期股票分拆将对股价造成什么影响？

c. 在股票分拆前后，该公司可以对普通股支付的最高每股现金股利是多少？

d. 请对比你第 a 问至第 c 问的答案与分配 50%股票股利时的情况。

e. 请说明股票分拆和股票股利的差异。

习题 13—13　股票回购　哈特纺织（Harte Textiles，Inc.）是一家定制家具面料生产商。该公司正在考虑如何在家装业的周期性衰退中维持股东财富。该公司一直保持每股 2.00 美元的固定股利，以实现 40%的目标股利分配比率。管理层正在准备股票回购建议以提交给公司董事会。下表搜集了 2014 年和 2015 年的数据。

	2014 年	2015 年
普通股股东可得收益	1 260 000 美元	1 200 000 美元
流通股股数	300 000 股	300 000 股
每股收益	4.20 美元	4.00 美元
每股市场价格	23.50 美元	20.00 美元
市盈率	5.6	5.0

a. 如果 2015 年的普通股股东可得收益为 1 200 000 美元，且支付每股 2.00 美元的股利，那么假设理想的分配比率为 40%，该公司 2015 年的流通股股数应为多少？

b. 哈特纺织必须回购多少股票，才能使流通股水平与第 a 问的结果相同？

习题 13—14　道德习题　假设你是一家公司的首席财务官，正在考虑在下一季度进行股票回购。你知道有几种方法可以降低当前的季度利润，这可能导致股价在宣布股票回购前下降。你将建议首席执行官采取什么行动？如果你的首席执行官先找到你并建议降低当前的季度利润，你应该作何反应？

电子表格练习

降低公司股票市场价格的一种方法是股票分拆。罗克欧公司（Rock-O Corporation）发现自身陷入了另一种处境：该公司的股票售价相对较低。为了提高股票的市场价格，该公司选择使用三拆二的逆向股票分拆。

该公司现在有 700 000 股流通普通股，没有优先股。普通股的面值为 1 美元。此时，超过面值的实收资本为 7 000 000 美元，该公司的留存收益为 3 500 000 美元。

任务

请编制一张电子表格，确定下列事项：

a. 逆向股票分拆前资产负债表中的股东权益账户。

b. 逆向股票分拆后资产负债表中的股东权益账户。

第七部分

短期财务决策

短期财务决策的某些财务管理原则与长期财务决策相同，但适用的时间框架为天、周、月而不是年。营运资本管理的重点是短期现金流管理，方法是评估现金流的时间、风险和对公司价值的影响。尽管长期财务决策最终决定了公司最大化股东财富的能力，但如果财务经理无法做出有效的短期财务决策，也就谈不上长期财务决策。

第十四章讨论了管理营运资本和流动资产的方法和策略。该章介绍了净营运资本的基础和现金转换周期的重要性。第十五章讨论了控制应付账款费用和管理其他流动负债的重要性。你将了解到一些公司如何使用流动负债——包括应付账款、应计项目、信用额度、商业票据和短期贷款——为流动资产融资。成功遵守营运资本管理的基础原则有助于确保公司偿还营运负债和最大化长期投资。

第十四章 劳动资本与流动资产管理

学习目标

目标1 了解营运资本管理、净营运资本和相关的盈利性和风险的权衡。

目标2 描述现金转换周期、现金转换周期的融资需求和管理现金转换周期的主要策略。

目标3 讨论存货管理：不同观点、常用方法和国际存货管理应注意的事项。

目标4 说明信用选择过程和评估信用标准变化的量化程序。

目标5 评估量化考察现金折扣变化、赊销条件其他环节和信用监督的程序。

目标6 了解收支管理，包括在途款项、加速收款、减缓付款、现金集中、零余额账户和适销证券投资。

本章的重要性

对职业生涯的重要性

会计 你需要了解现金转换周期和存货管理、应收账款管理与现金收支管理。

信息系统 你需要了解现金转换周期、存货、应收账款和现金收支以设计信息系统，促进有效的营运资本管理。

管理 你需要了解营运资本管理，使你能有效管理流动资产并决定为公司资本需求采取积极型融资还是保守型融资。

市场营销 你需要了解信用选择与监督，因为销售将受授信可得性的影响；销售还将受存货管理的影响。

经营 你需要了解现金转换周期，因为你将负责通过有效管理生产、存货和成本缩短现金转换周期。

对个人生活的重要性

你经常面临短期购买决策，它的重点往往是消费品。许多短期购买决策需要在数量和价格之间进行权衡：你应该为了支付较低的单位价格而购买大量商品，持有这些商品并慢慢使用吗？还是应该经常购买少量商品，并支付稍高的单位价格？分析诸如此类的短期购买决策将帮助你最大限度地利用资金。

14.1 净营运资本基础

资产负债表一方面提供了关于公司投资结构的信息，另一方面提供了关于公司融资来源结构的信息。公司选择的结构应使所有者对公司的投资的价值最大化。

营运资本管理

由于公司的生存能力取决于财务经理有效管理应收账款、存货和应付账款的能力，因此有效的营运资本管理有无可争议的重要性。**营运资本（或短期财务）管理**（working capital (or short-term financial) management）的目标是管理每家公司的流动资产（存货、应收账款、适销证券和现金）和流动负债（应付票据、应计项目和应付账款），以实现对公司价值有正面贡献的盈利性与风险的平衡。

公司能通过最小化营运资本占用的资金减少融资成本或增加用于扩张的资金。因此，当你知道营运资本管理是财务经理最重要、最耗时间的活动之一时，也就不会感到意外了。《首席财务官》(*CFO*) 杂志和杜克大学 (Duke University) 进行的调查发现，公司的首席财务官每月都要花近 30 小时进行营运资本管理和现金管理，这多于他们花在其他任何一项活动上的时间。类似调查发现，首席财务官认为他们通过有效管理营运资本为公司增加的价值和他们从事的其他活动为公司增加的价值一样多。

实例分析

首席财务官重视营运资本管理

对全球公司首席财务官进行的一项调查认为，营运资本管理是最重要的财务活动。在 19 项不同的财务活动中，首席财务官认为营运资本管理与资本结构、债务发行与管理、银行关系和税务管理同等重要。然而，他们对营运资本管理表现的满意度却完全相反。首席财务官认为营运资本管理的表现仅好于养老基金管理的表现。和营运资本管理是高价值但低满意度的活动的观点一致，这项调查发现，营运资本管理对额外资源的需求在财务活动中排在第二。①

① Henri Servaes and Peter Tufano, "CFO Views on the Importance and Execution of the Finance Function," *CFO Views* (January 2006), pp. 1 - 104.

接下来，我们将使用净营运资本考察流动资产与流动负债的关系，然后用现金转换周期考察流动资产管理的重要方面。在第十五章中，我们将考察流动负债管理。

净营运资本

流动资产通常被称为**营运资本**（working capital），它表示在普通经营活动中从一种形式转化为另一种形式的那部分投资。这种观点包括从现金到存货，再到应收账款，然后回到现金的不断转化。作为现金的替代品，适销证券也是营运资本的一部分。

流动负债表示公司的短期融资，因为它们包括在1年或更短时间内到期的公司的所有债务。这些债务通常包括应偿还给供应商（应付账款）、员工与政府（应计项目）和银行（应付票据）的款项。（你可以参考第三章对资产负债表科目的完整讨论。）

正如第十一章所示，**净营运资本**（net working capital）被定义为公司的流动资产与流动负债之差。当流动资产超过流动负债时，公司的净营运资本为正。当流动资产小于流动负债时，公司的净营运资本为负。

流动资产从存货向应收账款乃至现金的转换提供了用于偿还流动负债的现金。用于偿还流动负债的现金支出是相对可预测的。当产生负债时，公司通常知道应在何时还债。困难的是预测现金流入：流动资产向流动性更强的形式的转换。现金流入的可预测性越高，公司需要的净营运资本就越少。由于多数公司都不能确定地使现金流入与现金流出相匹配，因此它们通常需要比用于偿还流动负债的现金流出更多的流动资产。通常，公司流动资产超过流动负债的金额越大，按期偿还负债的能力就越强。

盈利性和风险的权衡

公司的盈利性和风险之间存在权衡。在这个情景下，**盈利性**（profitability）是使用公司资产——流动资产和固定资产——在生产活动中创造的收入和成本的关系。公司可以通过两种方式增加利润：（1）增加收入；（2）减少成本。在营运资本管理中，**（丧失清偿能力的）风险**（risk（of insolvency））是公司无法按期偿还债务的可能性。公司在到期时不能偿还债务被称为**丧失清偿能力**（insolvent）。通常，假设公司的净营运资本越多，风险就越低。换言之，净营运资本越多，公司的流动性就越高，因此丧失清偿能力的风险就越低。使用盈利性和风险的定义，我们可以分别考虑流动资产和流动负债的变化，从而说明它们之间的权衡。

流动资产的变化

使用流动资产与总资产之比，我们可以说明公司流动资产水平的变化如何影响盈利性和风险的权衡。该比率显示了总资产中流动资产所占的比例。为了说明方便，我们假设总资产水平保持不变。表14.1总结了该比率的提高或降低对盈利性和风险的影响。当该比率提高时——也就是说，当流动资产增加时——盈利性将降低。为什么？答案是流动资产的盈利性低于固定资产。固定资产的盈利性更高，因为它们为产品增加的价值高于流动资产为产品增加的价值。

表 14.1　　比率变化对盈利性和风险的影响

比率	比率变化	对盈利性的影响	对风险的影响
$\frac{流动资产}{总资产}$	降低	提高	增加
	提高	降低	减少
$\frac{流动负债}{总资产}$	提高	提高	增加
	降低	降低	减少

风险将随着流动资产与总资产之比的提高而减少。流动资产的增加将增加净营运资本，进而降低丧失清偿能力的风险。此外，在资产负债表的资产一侧越往下看，与资产相关的风险就越高：对现金和适销证券投资的风险低于对应收账款、存货和固定资产投资的风险。对应收账款投资的风险低于对存货和固定资产投资的风险。对存货投资的风险低于对固定资产投资的风险。资产越接近现金，风险就越低。流动资产与总资产之比的降低对盈利性和风险的影响与提高时相反。

为了管理风险，公司会逐渐远离风险较高的流动资产，例如存货。图 14.1 显示，在所有美国上市制造业公司中，流动资产与总资产之比一直保持在 60%左右，但存货水平急剧下降。当存货投资萎缩时，流动资产与总资产之比保持稳定，表明美国制造业公司用风险较低的流动资产代替了风险最高的流动资产——存货。实际上，图 14.1 表明现金相对于总资产在增加。

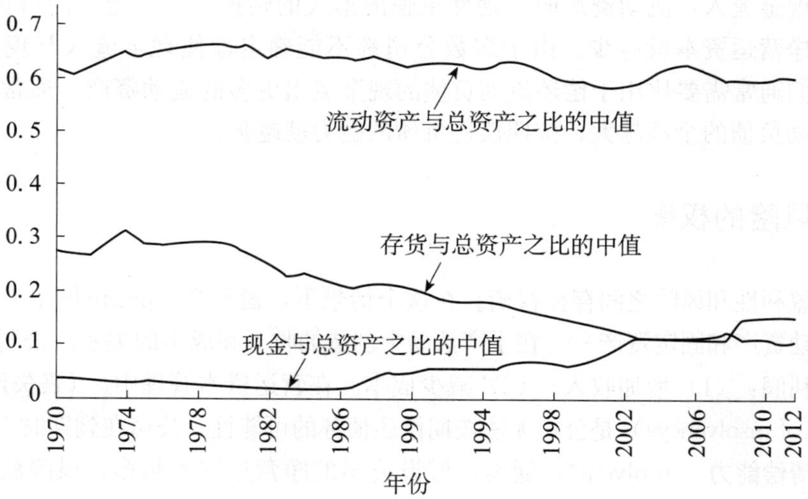

图 14.1　所有美国上市制造业公司的年度中值

流动负债的变化

我们也可以用流动负债与总资产之比说明公司流动负债的变化如何影响其盈利性和风险的权衡。该比率表示总资产中用流动负债融资的比例。再次假设总资产保持不变，表 14.1 总结了该比率提高或降低对盈利性和风险的影响。当该比率提高时，盈利性将提高。为什么？这是因为公司使用了更多便宜的流动负债融资，使用了更少的长期融资。流动负债的成本较低，因为只有应付票据——约占典型制造商流动负债的 20%——有成本。其他流动负债基本上是公司不支付费用或利息的债务。然而，当流动负债与总资产之比提高时，丧失清偿能力的风险也会增加，因为流动负债的增加反过来减少了净营运资本。流动负债与总资产之比的降低使盈利性相应降低、风险相应减少。

复习题

14—1　为什么营运资本管理是财务经理最重要、最耗时的活动之一？什么是净营运资本？

14—2　公司的现金流入可预测性和必要净营运资本水平之间的关系是什么？净营运资本、流动性和丧失清偿能力的风险之间的关系是什么？

14—3　为什么流动资产与总资产之比的提高会降低用净营运资本衡量的盈利性和风险？流动负债与总资产之比的变化如何影响盈利性和风险？

14.2　现金转换周期

营运资本管理的核心是理解公司的现金转换周期。**现金转换周期**（cash conversion cycle，CCC）衡量了公司将投资于经营活动的现金转换为经营活动获得的现金所需的时间长度。这种周期界定了本章中的公司流动资产管理和第十五章中的流动负债管理的讨论范围。这里，我们首先将说明现金转换周期的计算和应用。

计算现金转换周期

公司的**营业周期**（operating cycle，OC）是从生产过程开始到售出产成品并收回现金所经历的时间。营业周期涉及两类主要的短期资产——存货和应收账款。它是通过加总平均存货天数（AAI）和平均收款期（ACP），用经历的时间来衡量的：

$$OC = AAI + ACP \tag{14.1}$$

实例分析

加速营业周期降低了营运资本

如果一家公司能加速营业周期，就能降低营运资本。例如，如果一家公司接受了银行信贷（如维萨卡），就将在出售产品以后很快获得现金而不必等到顾客支付应收账款时。

然而，生产和销售产品的过程还包括购买生产投入品（原材料），这产生了应付账款。应付账款减少了公司资源被营业周期占用的天数。偿还应付账款所需的时间（用天数衡量）是平均付款期（APP）。营业周期减平均付款期将得到现金转换周期。现金转换周期的公式为：

$$CCC = OC - APP \tag{14.2}$$

将式（14.1）中的关系式代入式（14.2），我们可以看到，现金转换周期有三个主要组成部分：（1）平均存货天数；（2）平均收款期；（3）平均付款期。因此有：

$$CCC = AAI + ACP - APP \tag{14.3}$$

显然，一家公司改变任何一个时期，就将改变公司日常经营所占用的资源金额。

例 14.1

在 2012 年的年报中，惠而浦公司称该公司有 181 亿美元收入、152 亿美元销货成本、20 亿美元应收账款和 24 亿美元存货。从该信息看（为简化起见，假设销货成本等于买价），我们可以确定该公司的平均存货天数为 58 天、平均收款期为 40 天、平均付款期为 89 天。因此，惠而浦公司的现金转换周期只有 9（=58+40−89）天。图 14.2 用一条时间线显示了惠而浦公司的现金转换周期。

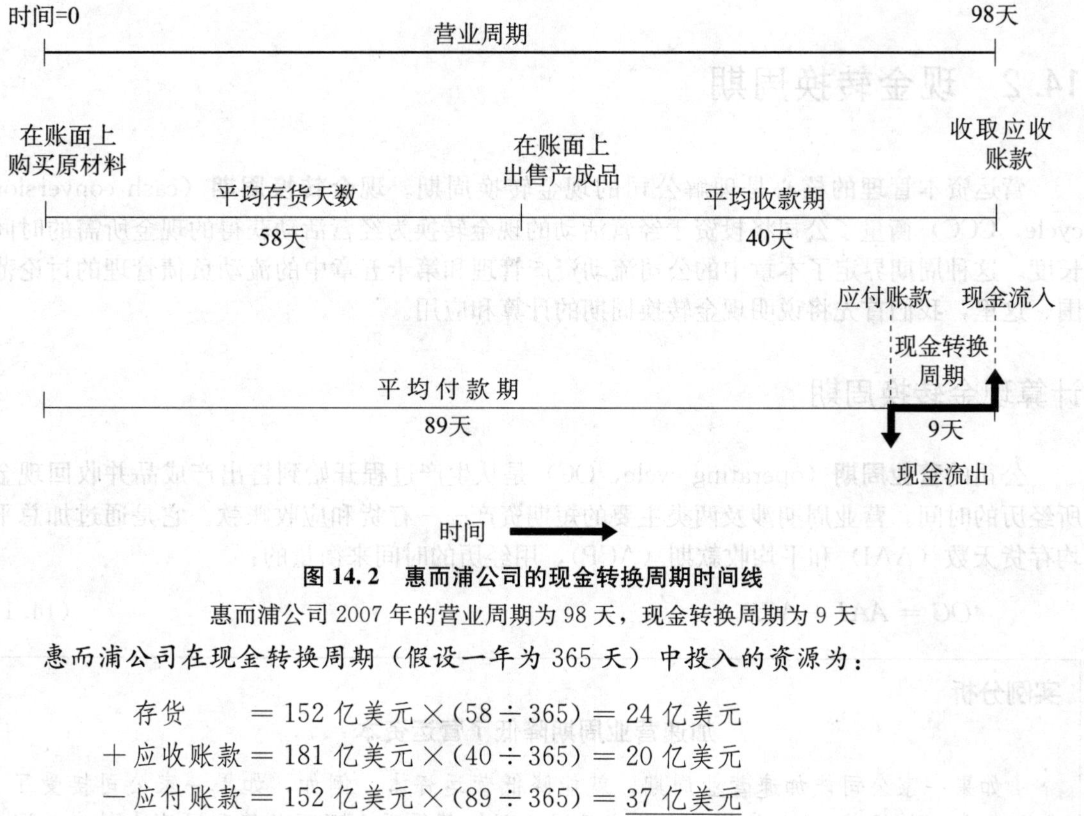

图 14.2　惠而浦公司的现金转换周期时间线

惠而浦公司 2007 年的营业周期为 98 天，现金转换周期为 9 天

惠而浦公司在现金转换周期（假设一年为 365 天）中投入的资源为：

存货	= 152 亿美元 × (58 ÷ 365)	=	24 亿美元
+ 应收账款	= 181 亿美元 × (40 ÷ 365)	=	20 亿美元
− 应付账款	= 152 亿美元 × (89 ÷ 365)	=	37 亿美元
	= 投入的资源	=	7 亿美元

营运资本约为 7 亿美元，惠而浦公司当然有动力进行改良。任何周期组成要素的变化都会改变惠而浦公司的经营占用的资源。例如，如果惠而浦公司能够将收款期从 40 天减为 30 天，保持其他所有因素不变，其营运资本要求就将下降超过 5 亿美元。显然，这就是公司应该密切关注营运资本管理的原因。

现金转换周期的融资要求

我们可以将现金转换周期作为讨论公司如何为营运资产的必要投资融资的基础。我们首先将区别永久性融资需求与季节性融资需求，然后介绍积极季节性融资策略和保守季节性融资策略。

永久性融资需求与季节性融资需求

如果公司的销售收入固定，那么它对营业资产的投资也应该是固定的，公司只有**永久性融资需求**（permanent funding requirement）。如果公司的销售收入是周期性的，那么它对营业资产的投资就将随着销售周期而变化，公司除了对最低营业资产投资的永久性融资需求以外，还有**季节性融资需求**（seasonal funding requirement）。

例 14.2

尼科尔森公司（Nicholson Company）平均持有 50 000 美元现金和适销证券、1 250 000 美元存货以及 750 000 美元应收账款。尼科尔森公司的业务非常稳定，因此其营业资产可以被视为永久性资产。此外，尼科尔森公司的 425 000 美元应付账款也是稳定的。因此，尼科尔森公司有 1 625 000 美元（=50 000 美元+1 250 000 美元+750 000 美元−425 000 美元）永久性营业资产投资。该金额也等于永久性融资需求。

相比之下，生产自行车气泵的森珀气泵公司（Semper Pump Company）有季节性融资需求。森珀气泵公司的销售呈现季节性特点，其销售高峰受夏季自行车气泵旺销的推动。森珀气泵公司最少持有 25 000 美元现金和适销证券、100 000 美元存货以及 60 000 美元应收账款。在高峰时，森珀气泵公司的存货增至 750 000 美元，应收账款增至 400 000 美元。为了保持生产效率，森珀气泵公司在全年以固定速度生产气泵。因此，全年的应收账款保持为 50 000 美元。据此，森珀气泵公司的最低营业资产的永久性融资需求为 135 000 美元（=25 000 美元+100 000 美元+60 000 美元−50 000 美元），季节性融资需求（超过永久性融资需求的部分）为 990 000 美元[=（25 000 美元+750 000 美元+400 000 美元−50 000 美元）−135 000 美元]。森珀气泵公司的营业资产总融资需求从最低的 135 000 美元（永久性融资需求）到季节性峰值 1 125 000 美元（=135 000 美元+990 000 美元）不等。图 14.3 描绘了这些需求的变化。

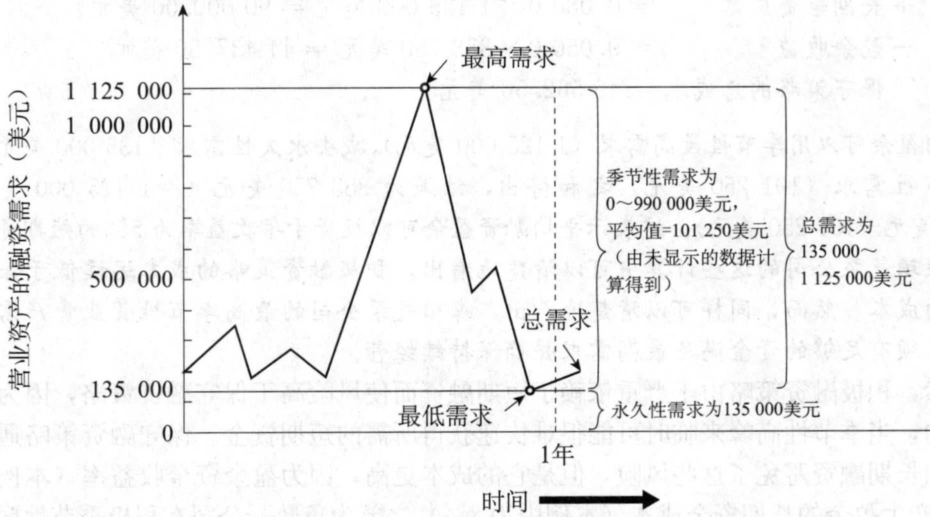

图 14.3　森珀气泵公司的总融资需求

森珀气泵公司的最高融资需求为 1 125 000 美元，最低融资需求为 135 000 美元。

积极季节性融资策略和保守季节性融资策略

短期资金的成本通常低于长期资金的成本。也就是说，短期贷款的利率通常低于长期贷款的利率，因为收益率曲线通常是向上倾斜的。然而，长期资金允许公司在一段时期内锁定资金成本，因而避免短期利率提高的风险。而且，长期资金确保公司在需要时可以获得所需资金。短期资金使公司面临可能无法获得满足季节性高峰所需资金的风险。在**积极融资策略**（aggressive funding strategy）下，公司用短期债务满足季节性资金需求，用长期债务满足永久性资金需求。在**保守融资策略**（conservative funding strategy）下，公司用长期债务满足季节性资金需求和永久性资金需求。

例 14.3

森珀气泵公司的营业资产的永久性融资需求为 135 000 美元，季节性融资需求在 0 美元和 990 000 美元之间变化，平均值为 101 250 美元（由未显示的数据计算得到）。如果森珀气泵公司可以按 6.25%的利率借入短期资金，按 8%的利率借入长期资金，且盈余资金能获得 5%的投资收益率，那么积极季节性融资策略的年成本将为：

短期融资成本　＝0.062 5×101 250 美元＝6 328.13 美元
＋长期融资成本　＝0.080 0×135 000 美元＝10 800.00 美元
－盈余收益　＝0.050 0×0 美元＝0 美元
积极策略的总成本＝17 128.13 美元

由于在这种策略下，融资金额恰好等于估计资金需求，因此不存在盈余。

或者，森珀气泵公司可以选择保守融资策略，将盈余现金全部用于投资。（在图 14.3 中，盈余为 1 125 000 美元的最高需求和总需求之差，后者在 135 000 美元和 1 125 000 美元之间变化。）保守融资策略的成本将为：

短期融资成本　＝0.062 5×0 美元＝0 美元
＋长期融资成本　＝0.080 0×1 125 000 美元＝90 000.00 美元
－盈余收益　＝0.050 0×888 750 美元＝44 437.50 美元
保守策略的总成本＝45 562.50 美元

平均盈余可以用季节性最高需求（1 125 000 美元）减去永久性需求（135 000 美元）与平均季节性需求（101 250 美元）之和得出，结果为 888 750 美元（＝1 125 000 美元－135 000 美元－101 250 美元）。这表示平均融资盈余可以投资于年收益率为 5%的短期资产。

从森珀气泵公司的这些计算中可以清楚地看出，积极融资策略的成本远远低于保守融资策略的成本。然而，同样可以清楚地看出，森珀气泵公司的最高季节性营业资产需求非常高，必须有足够的资金满足最高需求并确保持续经营。

显然，积极融资策略由于严重依赖于短期融资而使风险高于保守融资策略，因为利率是波动的，当季节性高峰来临时可能很难快速获得所需的短期资金。保守融资策略通过锁定利率和长期融资避免了这些风险，但是它的成本更高，因为盈余资金收益率（本例中为 5%）和产生盈余的长期资金成本（本例中为 8%）之差为负数。公司在积极季节性融资策略和保守季节性融资策略这两个极端之间的何种水平上经营取决于管理层对风险的态度和与银行的关系强度。

现金转换周期管理策略

一些公司制定了目标现金转换周期，然后监督并管理实际现金转换周期，使之向目标值靠拢。积极的现金转换周期，如 2012 年惠而浦公司的例子所示，意味着公司必须使用协议负债（例如银行贷款）支持营业资产。协议负债有明显的成本，因此尽量少用协议负债支持营业资产可以令公司受益。简单地说，目标是最小化现金转换周期的长度，这将最小化协议负债。该目标可以通过使用下列策略实现：

1. 尽可能快地周转存货，避免缺货导致销售收入损失。
2. 尽可能快地收取应收账款，同时不由于使用高压收款方法而产生销售收入损失。
3. 管理邮寄时间、处理时间和清算时间，在向客户收款时减少这些时间，在向供应商付款时增加这些时间。
4. 尽可能慢地支付应付账款，而不破坏公司的信用评级或者与供应商的关系。

执行这四种策略的方法是本章其余部分和下一章的重点。

复习题

14—4 公司的营业周期和现金转换周期的区别是什么？

14—5 为什么在制定融资策略时将季节性业务的融资需求分为永久性融资需求和季节性融资需求是很有帮助的？

14—6 积极融资策略与保守融资策略的收益、成本和风险是什么？在哪种策略下，借款常常超过实际需求？

14—7 为什么公司最小化现金转换周期的长度很重要？

14.3 存货管理

现金转换周期的第一个要素是平均存货天数。管理存货的目标，如前所述，是尽可能快地周转存货，不因为缺货而损失销售收入。财务经理在存货问题上往往扮演顾问或“监督者”的角色。财务经理不直接控制存货，但对存货管理过程提出建议。

关于存货水平的不同观点

公司的财务经理、市场营销经理、生产经理和采购经理通常对适当存货水平持不同的观点。每种关于存货水平的观点都取决于他（她）本身的目标。财务经理对存货水平的一般态度是保持低存货水平，以确保公司资金没有不明智地投资于多余资源。市场营销经理希望公司保有大量产成品存货，这将确保所有订单都能快速得到满足，消除由于缺货而产生的退单需求。

生产经理的主要职责是执行生产计划，使得公司能以低成本及时提供质量可接受的理想产成品数量。为了履行这一职责，生产经理将保持较高的原材料存货以避免延误生产。

生产经理还喜欢进行大量生产，因为这样可以降低单位生产成本，这将导致大量产成品存货。

采购经理只关心原材料存货。他必须在生产需要原材料时，以有利价格获得合适数量的原材料。如果控制不当，为了获得数量折扣或由于预期价格升高或某些原材料短缺，采购经理就可能购买大量当时并不真正需要的资源。

常用存货管理方法

有许多方法可以用来有效管理公司的存货。这里，我们简要考虑四种常用方法。

ABC 法

公司使用**ABC 存货管理法**（ABC inventory system，简称 ABC 法）将存货分为三类：A 类、B 类和 C 类。A 类包括投资金额最大的物品。通常，这类存货占公司存货的 20%，却占存货投资金额的 80%。B 类为投资金额位列第二的存货。C 类包括大量投资金额相对较小的存货。

每种物品的存货类别决定了这种物品的管理水平。A 类物品将得到最严密的监控，因为它们的投资金额很高。通常，公司对 A 类物品进行持续的存货跟踪，每天查验每种物品的存货水平。公司对 B 类物品通过定期（可能是每周）存货水平检查实行经常性监控。公司对 C 类物品用简单方法（例如双箱法）进行监控。**双箱法**（two-bin method）是指物品被储存在两个箱子里。当需要一种商品时，就从第一个箱子里取出存货。当这个箱子空了时，就下单填满第一个箱子，从第二个箱子中取出存货。使用第二个箱子中的存货直到它变空，以此类推。

A 类物品和 B 类物品的大额投资表明，需要比 ABC 法更好的存货管理方法。接下来讨论的经济订购量模型是管理 A 类物品和 B 类物品的适当模型。

经济订购量模型

确定存货物品最优订单规模的最常用方法之一就是**经济订购量（EOQ）模型**（economic order quantity（EOQ）model）。经济订购量模型考察不同的存货成本，然后确定最小化总存货成本的订单规模。

经济订购量模型假设，相关存货成本可以分为订单成本和持有成本。（该模型没有考虑存货物品的实际成本。）每种成本都有特定的主要组成部分和特征。**订单成本**（order cost）包括下单和接单的固定办公成本：开出购买订单的成本、处理文书工作的成本、接受订单并核对发票的成本。订单成本按每份订单计。**持有成本**（carrying cost）是指在特定时期内持有某种存货的单位可变成本。持有成本包括储存成本、保险成本、损耗成本和报废成本，以及投资于存货的机会成本或财务成本。这些成本按每期单位成本计。

当订单规模扩大时，订单成本将减少。然而，持有成本将随着订单规模的扩大而增加。经济订购量模型分析了订单成本和持有成本之间的权衡，以确定最小化总存货成本的订单量。

经济订购量模型的数学发展 一个公式可以确定公司对给定存货物品的经济订购量，其中，

S＝每期使用量

O＝每单订单成本

C＝每期单位持有成本

Q=订购量

第一步是推导订单成本和持有成本的成本函数。订单成本可以表示为每单订单成本和订单数之积。由于订单数等于每期使用量除以订购量（S/Q），因此订单成本可以表示为：

$$\text{订单成本} = O\times(S\div Q) \tag{14.4}$$

持有成本可以被定义为每期单位持有成本乘以公司的平均存货。平均存货是订购量除以2（$Q/2$），因为假设存货以固定速度损耗。因此，持有成本可以表示为：

$$\text{持有成本} = C\times(Q\div 2) \tag{14.5}$$

公司的**总存货成本**（total cost of inventory）的计算方法是加总订单成本和持有成本。因此，总存货成本函数为：

$$\text{总存货成本} = O\times(S\div Q)+C\times(Q\div 2) \tag{14.6}$$

由于经济订购量的定义是最小化总成本函数的订购量，因此我们必须解出经济订购量的总成本函数。[①] 得到的公式为：

$$EOQ=\sqrt{\frac{2\times S\times O}{C}} \tag{14.7}$$

虽然经济订购量模型有缺点，但它肯定优于主观决策。尽管使用经济订购量模型超出了财务经理的控制范围，但财务经理必须知道它的效用且必须提供特定信息，尤其是存货持有成本的信息。

个人理财案例 14.4

个人有时面临需要进行成本权衡的个人理财决策，这类似于公司面临的存货的固定订单成本和可变持有成本的权衡。以冯·达梅夫妇（von Dammes）为例，他们希望确定传统汽车（使用汽油）还是混合动力汽车（使用汽油和电池）的成本更有效。

不管选择哪种汽车，冯·达梅夫妇都计划开三年，预期每年行驶 12 000 英里。对于每种车，他们都将进行相同金额的融资，按照相同条款还款，并预期两种汽车在3年持有期内维修成本相同。他们还假设在第3年年末两种汽车的折抵价值相同。两种汽车都使用普通无铅汽油，估计3年中的平均成本为每加仑 3.20 美元。每种汽车的主要数据如下：

	传统汽车	混合动力汽车
总成本（美元）	24 500	27 300
每加仑平均行驶英里数	27	42

我们首先可以计算在3年持有期内每种汽车的总燃油成本：

传统汽车：

(3 年×每年 12 000 英里)÷每加仑 27 英里×每加仑 3.20 美元

=1 333.33 加仑×每加仑 3.20 美元=4 267 美元

① 在这个简单的例子中，经济订购量出现在订单成本［$O\times(S\div Q)$］正好等于持有成本［$C\times(Q\div 2)$］的时候。为了说明，我们令两种成本相等从而解出 Q：$O\times(S\div Q)=C\times(Q\div 2)$，通过交叉相乘，得到 $2\times O\times S=C\times Q^2$，两侧同时除以 C，得到 $Q^2=(2\times O\times S)\div C$，因此 $Q=\sqrt{2\times O\times S\div C}$。

混合动力汽车：

(3 年×每年 12 000 英里)÷每加仑 42 英里×每加仑 3.20 美元

=857.14 加仑×每加仑 3.20 美元=2 743 美元

为了购买混合动力汽车，冯·达梅夫妇必须比传统汽车多支付 2 800 美元（=27 300 美元−24 500 美元），但他们在 3 年持有期内将节省大约 1 524 美元（=4 267 美元−2 743 美元）燃油成本。忽略时间差异，从严格经济学角度考虑，他们应购买传统汽车，因为混合动力汽车付出了 2 800 美元边际成本，但只节省了 1 524 美元边际燃油成本。显然，环境因素和假设的合理性等其他因素可能影响他们的决策。

再订购点 一旦公司确定了经济订购量，就必须确定何时下单。**再订购点**（reorder point）反映了公司下单和接单需要提前的天数，以及公司存货物品的日使用量。假设存货按固定速度使用，则再订购点的公式为：

$$再订购点=提前天数\times 日使用量 \tag{14.8}$$

例如，如果一家公司知道它需要 3 天下单和接单，且每天使用 15 单位存货物品，那么再订购点就是 45 单位（=3 天×15 单位/天）存货。因此，只要物品的存货水平跌至再订购点（在本例中为 45 单位）以下，就应该以该物品的经济订购量下单。如果估计的提前天数和日使用量正确，那么订单就应该恰好在存货水平达到零时出现。然而，提前时间和使用速度并不精确，因此多数公司持有**安全存货**（safety stock）（额外存货）以防止重要物品缺货。

例 14.5

马克斯公司（MAX Company）是一家餐具生产商，该公司有一种对生产过程至关重要的 A 类存货物品。该物品的成本为 1 500 美元，马克斯公司每年使用 1 100 单位该物品。马克斯公司希望确定该物品的最优订购策略。为了计算经济订购量，我们需要下列信息：

每单订单成本=150 美元

每年单位持有成本=200 美元

代入式（14.7），我们得到：

$$EOQ=\sqrt{\frac{2\times 1\ 100\times 150\ 美元}{200\ 美元}}\approx 41\ 单位$$

马克斯公司的再订购点取决于马克斯公司每年的营业天数。假设马克斯公司每年营业 250 天，并使用 1 100 单位该物品，则日使用量为 4.4（=1 100÷250）单位。如果提前天数为 2 天，且马克斯公司希望保持 4 单位的安全库存，则该物品的再订购点为［(2×4.4)+4］，即 12.8 单位。然而，订单只能是整数单位，因此该公司应在存货跌至 13 单位时下单。

公司的存货目标是尽可能快地周转同时又不出现缺货。存货周转率的最佳计算方法是用销货成本除以平均库存。经济订购量模型确定了最优订购规模，并假设使用速度固定，从而间接确定了平均库存。因此，当公司的具体存货成本已知时，经济订购量模型确定了公司的最优存货周转率。

零库存法

零库存（JIT）法（just-in-time（JIT）system）用于最小化存货投资。其原理是材料应该恰好在生产需要时到达。按照理想情况，公司只应有在产品存货。由于公司的目标是最小化存货投资，因此零库存法不使用安全库存（或只使用很少的安全库存）。公司员工、供应商和运输公司必须进行广泛协调，以确保材料及时到达。材料不能及时到达将导致停产，直到材料到达时才能继续。类似地，零库存法需要供应商提供高质量零部件。当产生质量问题时，公司必须停产，直到解决问题。

零库存法的目标是生产有效率。它将存货作为实现效率的工具，强调所使用材料的质量和及时交付。当零库存法运转正常时，它会暴露出生产过程中的低效环节。

当然，了解存货水平是任何存货管理制度的重要部分。正如"实务焦点"专栏所描述的，射频识别技术可能是改善存货和供应链管理的"新技术"。

实务焦点

射频识别技术：未来浪潮？

实务 全球最大的零售商沃尔玛公司在27个国家以55个不同的名称开设了近11 000家零售店，员工超过200万人。此外，沃尔玛还是《财富》杂志2013年最受推崇公司调查百货类第三名。沃尔玛2013财年的销售收入为4 690亿美元，因此能够对供应商施加巨大压力。当沃尔玛于2004年4月宣布该公司将开始试点测试射频识别（RFID）技术以提高存货和供应链管理效率时，这引起了供应商和竞争对手的注意。

作为20世纪80年代初最早引入条形码的公司之一，沃尔玛要求其最大的100家供应商在2005年1月前在运货箱和装箱架上贴上射频识别标签，要求接下来200家供应商在2006年1月前使用该技术。沃尔玛的高管认为，射频识别标签将让该公司消除存货和供应链运营中的低效现象，因而降低费用和营运资本投资。截至2007年2月，沃尔玛高管称，该公司的600家供应商已经使用了射频识别标签。然而，沃尔玛的最终目标——让全部100 000多家供应商使用射频识别技术所支持的电子产品代码（EPC）——进展得并不顺利。该公司的存货没有出现显著减少（实际上，在使用射频识别技术后，存货没有下降，反而上升了），一些供应商拒绝采取这项变化。

射频识别标签的主要问题是每张芯片的成本。2004年，当沃尔玛宣布有意使用射频识别标签时，每张标签的售价为30～50美分。沃尔玛要求每张标签的价格为5美分，预期增加的需求和规模经济将使价格下降，使其与廉价的条形码相比更具竞争力。需求增加已使当前一代射频识别标签的价格降至大约每张15美分，但条形码的成本只有不到1美分。条形码有助于跟踪存货并使产品与价格匹配，但缺乏电子标签存储更多详细信息——例如产品序列号、生产工厂地址、生产时间和销售时间——的能力。

沃尔玛预期射频识别技术将改善存货管理，并承诺推进射频识别技术的使用。在2010年美国零售联合会大展上，沃尔玛的首席信息官（CIO）罗林·福特（Rollin Ford）称："我们仍对射频识别技术充满信心。"他还表示，沃尔玛去年进行了一些服装业试点，结果不错，零售商计划"采用我们的建议"。沃尔玛生产一些服装并控制自己的供应链。福特称，沃尔玛计划在自营服装供应链中使用射频识别技术。然后，沃尔玛将与供货商分享收益和最佳实务，后者可能希望从该技术中获得同样的收益。

- 在零售业中全面推广射频识别技术可能产生什么问题？具体而言，请考虑可能需要搜集的数据量。

资料来源："2010 Most Admired Companies," *Fortune* (March 22, 2010); Wal-Mart, *Wal-Mart 2010 Financial Report*, http://cdn.walmartstores.com/site/AnnualReport/2010/PDF/01_WMT%202010_Financials.pdf; Mark Roberti, "Wal-Mart CIO Still 'Bullish' on RFID," *RFID Journal* retail blog, http://www.rfidjournal.com/artical/view/7315.

资源电脑控制法

现在，一些方法可以控制存货和其他资源。一种最基本的方法是**材料需求计划（MRP）法**（materials requirement planning (MRP) system）。它被用来确定订购什么材料以及何时下订单。材料需求计划法使用经济订购量概念确定订购量。材料需求计划法使用电脑模拟每种产品的材料清单、存货状态和生产过程。材料清单是生产产成品所需的所有零件和材料的清单。电脑通过比较生产需求与现有存货模拟给定生产计划的材料需求。根据在产品经过不同生产阶段所需的时间以及获得材料的提前时间，材料需求计划法确定了应在何时订购材料清单上的不同物品。这种方法的目标是降低公司的存货投资，而不损害生产。如果公司的相同风险投资的税前机会成本为20%，那么存货释放的每美元投资将使税前利润增加0.20美元。

材料需求计划法的一种常见扩展是**制造资源计划Ⅱ**（manufacturing resource planning Ⅱ，MRP Ⅱ）法，它使用复杂的电脑系统综合了财务、会计、市场营销、工程和生产等许多领域的数据。这种方法可以生成生产计划和大量财务报告与管理报告。本质上，它是对公司的流程建模，使人们可以评估和监督一个经营领域的变化对其他领域的影响。例如，制造资源计划Ⅱ法让公司可以评估劳动力成本增加对销售和利润的影响。

材料需求计划法和制造资源计划Ⅱ法的重点都是内部经营，而**企业资源计划**（enterprise resource planning，ERP）法将重点扩展到外部环境上，它包括关于供应商和客户的信息。企业资源计划法汇总了公司所有部门的电子信息，因此，举例来说，生产部门可以调取销售信息并立即知道必须生产多少商品才能满足客户的订单。由于所有可得资源——人力资源和材料——都是已知的，因此这种方法可以消除生产延迟并控制成本。企业资源计划法可以自动提示变化，例如供应商无法及时交货，这样就可以进行必要的调整。

国际存货管理

一般出口商尤其是跨国公司的国际存货管理通常比纯国内公司复杂得多。如果必须针对当地市场定制产品（实际情况经常如此），或者在全球各地的工厂中进行实际生产，那么就可能很难准确预期在全球销售产品的生产规模经济与制造规模经济。当必须长途运输——尤其是海运——原材料、在产品或产成品时，延迟、混淆、损坏和失窃的情况将比只在一个国家经营时更多。因此，国际存货经理非常看重灵活性。他或她通常不太关注存货的最优经济订购量，而是更关注确保及时向需要存货的地点发出足够数量可按计划使用的存货。

复习题

14—8 财务经理、市场营销经理、生产经理和采购经理关于不同类型存货水平的观点可能是什么？为什么存货是一种投资？

14—9　请简要介绍下列存货管理方法：(1) ABC法，经济订购量模型；(2) 零库存法；(3) 三种资源电脑控制法，即材料需求计划法、制造资源计划Ⅱ法和企业资源计划法。

14—10　哪些因素让出口商和跨国公司的存货管理更困难？

14.4 应收账款管理

现金转换周期的第二个部分是平均收款期。这段时期是从赊销到付款变成公司可用资金的平均时长。平均收款期有两个部分。第一部分是从销售到顾客汇款的时间。第二部分是从汇款到公司的银行账户收到款项的时间。平均收款期的第一部分涉及管理公司顾客可获得的授信，第二部分涉及收取与处理款项。本章的这部分讨论了公司的应收账款信用管理。

信用选择与信用标准

信用选择是指应用方法确定哪些顾客应得到授信。这个过程需要评估客户的信用并将其与公司的**信用标准**（credit standards）即向客户授信的最低要求进行比较。

5C信用分析法

一种常用的信用选择方法是**5C信用分析法**（five C's of credit），它提供了深入的信用分析框架。由于这种信用选择方法需要时间和费用，因此被用于大额信贷要求。5C包括：

1. 特征（character）：申请人偿还过往负债的记录。

2. 能力（capacity）：申请人偿还所申请信贷的能力，判断依据为财务报表分析，核心是可用于偿还债务的现金流。

3. 资本（capital）：申请人的债务与权益之比。

4. 担保品（collateral）：申请人可用于提供信贷担保的资产金额。可用资产金额越大，公司在申请人违约时收回资金的可能性就越大。

5. 条件（conditions）：当前的一般经济条件和行业经济条件以及与特定交易有关的独特条件。

运用5C信用分析法进行的分析不能得出具体的接受或拒绝结论，因此当运用这种方法时需要有审核和批准信贷申请经验的分析师。使用这种方法往往能确保公司的赊销客户按照规定赊销条件付款而不受到压力。

信用评分

信用评分是一种信用选择方法，公司常用这种方法处理大量小额信贷要求。**信用评分**（credit scoring）用统计上得出的权重对信贷申请人的主要财务特征和信用特征评分，以预测其能否及时偿还所申请的信贷。简单地说，这个程序将产生一个分数，它衡量了申请人的整体信用实力，这个分数被用于做出是否向该申请人授信的决定。有大宗信用卡业务的机构最常使用信用评分，例如银行、石油公司和百货商店。信用评分的目的是在单次糟糕评分决策成本很低时，快速且低成本地做出信息相对充分的信贷决策。然而，如果评分决策产生的坏账增加，就必须重新评估评分体系。

改变赊销标准

公司有时要考虑改变赊销标准以提高收益，为所有者创造更大价值。为了说明，请考虑放松赊销标准预期将导致的下列变化和对利润的影响。

变量	放松赊销标准的影响	
	对利润的影响	变化方向
销量	增加	正
应收账款投资	增加	负
坏账费用	增加	负

如果赊销标准收紧，预期将产生相反的影响。

例 14.6

多德工具（Dodd Tool）是一家车床工具生产商，该公司正在出售单位售价为 10 美元的一种产品。去年的销量（全部为赊销）为 60 000 件。单位可变成本为 6 美元。该公司的总固定成本为 120 000 美元。

该公司正在考虑放松赊销标准，这将导致下列变化：销量增加 5%，增至 63 000 件；平均收款期从 30 天（当前水平）变为 45 天；坏账费用从销售收入的 1%（当前水平）变为 2%。该公司确定，应收账款占用的税前资金成本为 15%。

为了确定是否放松赊销标准，多德工具必须计算放松赊销标准对销售对利润的额外贡献、应收账款边际投资成本和边际坏账成本的影响。

销售对利润的额外贡献　固定成本是"沉没成本"，因此不受销量水平变化的影响，而唯一与销量变化相关的成本就是可变成本。销量预期将增加 5%，即 3 000 件。单位利润贡献等于单位售价（10 美元）与单位可变成本（6 美元）之差。因此，单位利润贡献为 4 美元。销售产生的总额外利润贡献为 12 000 美元（=3 000 件×4 美元/件）。

应收账款边际投资成本　为了确定应收账款边际投资成本，多德工具必须算出两种赊销标准下持有应收账款的成本差异。由于该公司只关心现金支出成本，因此相关成本是可变成本。应收账款平均投资可以用下列公式计算：

$$\text{应收账款平均投资} = \frac{\text{年销售收入可变成本总额}}{\text{应收账款周转率}} \tag{14.9}$$

其中，

$$\text{应收账款周转率} = \frac{365}{\text{平均收款期}}$$

假设单位可变成本为 6 美元，当前的年销售收入可变成本总额和计划年销售收入可变成本总额可以按如下方法计算：

年销售收入可变成本总额

现计划下：6 美元 / 件 × 60 000 件 = 360 000 美元

新计划下：6 美元 / 件 × 63 000 件 = 378 000 美元

应收账款周转率是每年公司应收账款实际转化为现金的次数。它的计算方法是用 365（假定一年的天数）除以平均收款期。

应收账款周转率

现计划下：$\frac{365}{30}=12.2$

新计划下：$\frac{365}{45}=8.1$

将每个例子中刚计算出的成本与周转率数据代入式（14.9），我们将得到以下应收账款平均投资：

应收账款平均投资

现计划下：$\frac{360\ 000\text{ 美元}}{12.2}=29\ 508\text{ 美元}$

新计划下：$\frac{378\ 000\text{ 美元}}{8.1}=46\ 667\text{ 美元}$

我们按照以下方法计算应收账款边际投资及其成本：

应收账款边际投资成本

新计划下的平均投资	46 667 美元
－现计划下的平均投资	29 508 美元
应收账款边际投资	17 159 美元
×应收账款占用的资金成本	0.15
应收账款边际投资成本	2 574 美元

得到的 2 574 美元被视为成本，因为它表示将 17 159 美元投资于税前收益率为 15% 的同等风险投资可以获得的最大税前收益。

边际坏账成本 我们根据放松赊销标准前后的坏账水平差异计算出边际坏账成本。

边际坏账成本

新计划下：(0.02 × 10 美元 / 件 × 63 000 件) = 12 600 美元

－现计划下：(0.01 × 10 美元 / 件 × 60 000 件) = 6 000 美元

边际坏账成本 = 6 600 美元

注意，计算坏账成本时使用的是单位售价（10 美元），这意味着不仅要扣除客户未能付款时的实际可变成本损失（6 美元），还要扣除包括在"销售对利润的额外贡献"中的单位利润贡献（在本例中为 4 美元）。因此，得到的边际坏账成本为 6 600 美元。

做出赊销标准决策 为了决定是否放松赊销标准，公司必须比较销售对利润的额外贡献与应收账款边际投资成本和边际坏账成本。如果销售对利润的额外贡献大于边际成本，就应该放松赊销标准。

例 14.7

表 14.2 总结了与多德工具是否放松赊销标准有关的结果和主要计算过程。这种行为导致的总利润净增加额为每年 2 826 美元。因此，该公司应该按计划放松赊销标准。

表 14.2　　　多德公司放松赊销标准的影响

销售对利润的额外贡献 [3 000 件×(10 美元/件−6 美元/件)]	12 000 美元
应收账款边际投资成本[a] 新计划下的平均投资： $\frac{6\text{ 美元 / 件}\times 63\ 000\text{ 件}}{8.1}=\frac{378\ 000\text{ 美元}}{8.1}$	46 667 美元
一现计划下的平均投资： $\frac{6\text{ 美元 / 件}\times 60\ 000\text{ 件}}{12.2}=\frac{360\ 000\text{ 美元}}{12.2}$	29 508 美元
应收账款边际投资	17 159 美元
应收账款边际投资成本（0.15×17 159 美元）	(2 574 美元)
边际坏账成本	
新计划下的坏账（0.02×10 美元/件×63 000 件）	12 600 美元
一现计划下的坏账（0.01×10 美元/件×60 000 件）	6 000 美元
边际坏账成本	(6 600 美元)
执行新计划的净利润	2 826 美元

a. 新计划和现计划下的应收账款平均投资计算公式中的分母 8.1 和 12.2 分别是这两种计划下的应收账款周转率（365÷45=8.1 和 365÷30=12.2）。

这里介绍的评估赊销标准变化的程序也常用于评估应收账款管理的其他变化。例如，如果多德工具考虑收紧赊销标准，成本将是销售对利润的额外贡献减少，收益将来自应收账款边际投资成本和边际坏账成本的减少。本章后面说明了这种程序的另一种应用。

管理国际赊销

赊销管理对于纯国内公司的财务经理来说已经够困难了，而对于跨国经营的公司来说，赊销管理还要更复杂。这部分是因为（正如我们之前所见）国际业务常使公司暴露于汇率风险之下。还有部分原因是长距离运输商品和跨越国界引起的危险与延迟。

产成品出口商通常用进口商当地市场的货币标价。举例来说，在日本出售产品的美国公司必须用日元标价，并用当地货币（日元）向日元批发商赊销。如果在美国出口商收到应收账款前日元兑美元贬值，美国公司就将出现汇率亏损；日元收款对应的美元价值将小于销售时的预期。当然，日元也可能兑美元升值，使美国出口商获得汇率收益。与收益带来的喜悦相比，多数公司更担心亏损。

对于日元这类主要货币，出口商可以使用货币期货、远期或期权市场对冲风险，但是这样做的成本很高，尤其是对相对小额的交易而言。如果出口商向发展中国家的客户销售产品，可能没有预防汇率风险的有效工具。这种风险可能被进一步放大，因为发展中国家的赊销标准可能比美国低得多（可接受的收款方法也有很大差异）。尽管“不出口”看来是一个有诱惑力的选择，但美国公司不想将外国市场让给国际竞争者。如果得到认真监督并（如果可能的话）有效对冲汇率风险，这些出口交易的利润通常很高。

赊销条件

赊销条件（credit term）是向得到公司授信的客户开出的销售条件。30 天内付款意味着客户应在赊销期开始（通常为月末或开票日）30 天内按发票金额全额付款。一些公司提供**现金折扣**（cash discount），即在规定时间内付款可以获得的买价折扣。例如，“2/10，30 天内付款”的赊销条件表示，如果客户在赊销期开始 10 天内付款即可获得发票金额 2%的折扣，否则应在 30 天内按全额付款。

公司业务对常规赊销条件的影响很大。例如，出售易腐商品的公司的赊销期将非常短，因为这种商品的长期担保价值非常低；有季节性业务的公司可以调整赊销期以适应行业周期。公司希望常规赊销条件符合行业标准。如果赊销条件比竞争者严格，公司业务就会流失；如果赊销条件比竞争者宽松，公司就会吸引到可能无法在标准行业赊销期内付款的客户。基本原则是，公司应该在产品和服务的质量与价格上竞争，而不是在赊销条件上竞争。因此，公司的常规赊销条件应该与行业标准匹配，但具体客户的赊销条件应该反映该客户的风险程度。

现金折扣

在赊销条件中包含现金折扣是加速收款而不对客户形成压力的一种常用方法。现金折扣为客户提供了尽快付款的激励。通过加速收款，折扣降低了公司的应收账款投资，但也降低了单位利润。此外，提供现金折扣也会减少坏账，因为客户将更快付款。现金折扣还会增加销量，因为获得折扣的客户需要为产品支付的价格降低了。因此，考虑提供现金折扣的公司必须进行成本—收益分析，以确定提供现金折扣是否有利可图。

例 14.8

马克斯公司的年销售收入为 1 000 万美元，平均收款期为 40 天（周转率＝365÷40＝9.1）。根据公司的赊销条件“30 天内付款”，这段时期可以分为两段：第一段为 32 天，是等待客户汇款的时间（并非每人都在 30 天内付款）；一旦款项汇出，还要花 8 天等待款项到账、处理和收取。马克斯公司正在考虑提供现金折扣，方法是将赊销条件从“30 天内付款”变为“2/10，30 天内付款”。该公司预期，这种变化将减少等待汇款的时间，导致平均收款期变为 25 天（周转率＝365÷25＝14.6）。

正如之前的例 14.5 所示，马克斯公司现在的原材料年使用量为 1 100 单位。每种产成品都需要 1 单位这种原材料，可变成本为每单位 1 500 美元，生产过程还会再产生 800 美元可变成本，售价为 3 000 美元，赊销条件为 30 天内付全款。因此，可变成本总额为 2 300 美元（＝1 500 美元＋800 美元）。马克斯公司估计，80%的客户将接受 2%的折扣，提供折扣每年将提高产成品销量50单位（从1 100单位到1 150单位），但不会改变坏账比例。马克斯公司的应收账款投资的机会成本为14%。马克斯公司是否应提供现金折扣？表14.3给出了相关分析，它类似于之前的信用标准决策分析。该表显示，现金折扣的净损失为6 640美元。因此，马克斯公司不应提供该现金折扣。然而，其他折扣可能是有利的。

表14.3　　马克斯公司的现金折扣分析

销售对利润的额外贡献 [50×(3 000美元－2 300美元)]	35 000美元
应收账款边际投资成本[a]	
现在的平均投资（无折扣）：$\frac{2\,300\text{美元}\times 1\,100}{9.1}=\frac{2\,530\,000}{9.1}$	278 022美元
－有现金折扣时的平均投资[b]：$\frac{2\,300\text{美元}\times 1\,150}{14.6}=\frac{2\,645\,000\text{美元}}{14.6}$	181 164美元
应收账款投资减少	96 858美元
减少应收账款投资节约的成本（0.14×96 858美元）[c]	13 560美元
现金折扣成本（0.02×0.80×1 150×3 000美元）	(55 200美元)
提供现金折扣产生的净利润	6 640美元

a. 当分析应收账款投资时，我们使用可变销货成本（1 500美元原材料成本＋800美元生产成本＝单位可变成本2 300美元）而不是售价，因为可变成本是更好的公司投资指标。

b. 当提供现金折扣时，估计平均将占用25天应收账款平均投资，而不是初始条件下的40天。

c. 马克斯公司的资金的机会成本为14%。

现金折扣期

财务经理可以改变**现金折扣期**（cash discount period），即从赊销期开始之后可以获得现金折扣的天数。由于牵涉多方面因素，在这一期间内变化的净影响很难分析。例如，如果一家公司要增加10天现金折扣期（例如将赊销条件从“2/10，30天内付款”变为“2/20，30天内付款”），预期将发生下列变化：（1）销量将增加，对利润产生正面影响；（2）坏账费用将减少，对利润产生正面影响；（3）因为更多人将采用折扣，单位利润将下降，对利润产生负面影响。

财务经理面对的难题是，评估现金折扣期增加将对公司的应收账款投资产生什么影响。由于原来没有取得折扣的买家现在将提前付款，因此应收账款投资将减少。然而，由于以下两种原因，应收账款投资将增加：（1）取得折扣的买家虽然得到折扣，但延迟付款；（2）新政策吸引的新客户将产生新的应收账款。如果公司减少现金折扣期，影响将与之相反。

赊销期

赊销期（credit period）即从赊销期开始到完全付清账款为止的天数，它的变化也会影响公司的盈利能力。例如，公司的赊销期从“30天内付款”增至“45天内付款”将提高销量，对利润产生正面影响。但应收账款投资和坏账费用也会增加，对利润产生负面影响。应收账款投资增加是由于一般赊销期越长、销量越大，支付速度就越慢。坏账费用增加是因为赊销期越长，公司在这段时间内倒闭，以至无法支付应付账款的风险就越高。赊销期减少的影响可能相反。注意，赊销期增加对变量的影响与放松信用标准的影响相同，如之前表 14.2 所示。

信用监控

公司在应收账款管理中应该考虑的最后一件事是**信用监控**（credit monitoring)。信用监控是对公司应收账款的持续审核，以确定客户是否根据规定的赊销条件付款。如果客户没有及时付款，信用监控将提示公司注意这个问题。付款速度变慢对公司来说成本很高，因为它延长了平均收款期，因此增加了公司的应收账款投资。两种常用的信用监控方法是平均收款期和应收账款账龄分析。此外，公司还使用一些常用的收款方法。

平均收款期

平均收款期是现金转换周期的第二个组成部分。如第三章所示，它是现有赊销的平均天数。平均收款期有两个组成部分：(1) 从销售到客户汇款的时间；(2) 客户汇款后，到账、处理和收取款项的时间。计算平均收款期的公式为：

$$\text{平均收款期} = \frac{\text{收款}}{\text{日均销售收入}} \tag{14.10}$$

假设到账、处理和收取款项的时间是固定的，则平均收款期表示客户支付应付账款的平均时间。

了解平均收款期让公司可以确定应收账款是否普遍存在问题。例如，赊销条件为“30 天内付款”的公司预期平均收款期（减去到账、处理和收取款项的时间）大约等于 30 天。如果实际收款期显著长于 30 天，则公司有理由重新审视赊销政策。如果公司的平均收款期逐渐增加，则公司有理由担心应收账款管理存在问题。分析应收账款问题的第一步是确定应收账款的“账龄”。通过这个过程，公司可以确定应收账款是普遍存在问题，还是只有一些特定账户有问题。

应收账款账龄分析

账龄分析表（aging schedule）根据应收账款的产生时间对应收账款进行细分。通常按月进行细分，回溯 3～4 个月。得出的账龄分析表显示了特定时期内存在的应收账款占应收账款总额的百分比。账龄分析表的目的是让公司可以找出问题。下面这个简单的例子可以说明账龄分析表的形式和评估方法。

例 14.9

2015 年 12 月 31 日多德工具账簿上的应收账款余额为 200 000 美元。该公司向客户提供的赊销条件为“30 天内付款”。为了考察该公司相对较长的平均收款期——51.3 天，多德工具编制了下页所列的账龄分析表。

账龄	现有应收账款余额（美元）	占应收账款总额的百分比（%）
0～30天	80 000	40
31～60天	36 000	18
61～90天	52 000	26
91～120天	26 000	13
120天以上	6 000	3
2015年12月31日的总额	200 000	100

由于多德工具向客户提供的赊销条件为"30天内付款"，因此客户的付款期限为销售当月结束后30天内。因此，40%的应收账款（账龄为0～30天的应收账款）为当期应收账款。账龄为31～60天、61～90天、91～120天和120天以上的应收账款为逾期应收账款。

考察账龄分析表，我们看到，40%的应收账款为当期应收账款（账龄＜30天），剩下的60%为逾期应收账款（账龄＞30天）。18%的应收账款逾期1～30天，26%的应收账款逾期31～60天，13%的应收账款逾期61～90天，3%的应收账款逾期超过90天。尽管收款速度看似普遍较慢，但在这些数据中有个值得注意的不寻常之处，就是逾期31～60天（账龄为61～90天）的应收账款占比格外高。显然，61～90天之前肯定发生了某个问题。调查发现，导致这个问题的原因可能是雇用了一名新信贷经理，接受了一笔大额赊购但尚未付款的新应收账款，或者收款政策效率低下。当在账龄分析表中发现这类异常时，分析师应该确定、评估其原因并进行补救。

常用收款方法

公司会使用从催款函到法律诉讼的多种收款方法。当某个账户的逾期时间越来越长时，收款行为就会变得更个人化、更激烈。表14.4列出了常用收款方法并按照收款过程的通常顺序进行了简要说明。

表14.4　常用收款方法

方法[a]	简要描述
催款函	账款到期一定天数后，公司将发出一封措辞礼貌的催款函，提醒客户账款已逾期。如果在发出催款函一定时期后客户仍未付款，将发出第二封措辞更严厉的催款函
电话催款	如果催款函方法不成功，公司可以给客户打电话要求立即付款。如果客户有合理理由，可以重新安排延长付款期。可以请卖方律师打电话催款
登门催款	这种方法在消费信贷中更为常用，但产业供应商使用这种方法也能收到很好的效果。公司派一位当地销售代表或收款员登门拜访客户可能非常有效。客户可能当时就会付款
讨债机构	公司可以将坏账交给讨债机构或律师负责收款。这种服务的费用通常很高；通过这种方法，公司通常只能得到收回款项中的不到50%
法律诉讼	法律诉讼是最严厉的步骤，它是收款的一种替代选项。法律诉讼不仅直接费用非常高，而且可能迫使债务人破产，也不能保证最终收到逾期应收账款

a. 方法的排列顺序为收款过程通常采用的顺序。

复习题

14—11 信贷选择活动中的5C信用分析法的作用是什么？

14—12 请解释为何信用评分法通常用于消费信贷决策而非商业信贷决策。

14—13 收紧信用标准需要权衡的基本因素是什么？

14—14 为什么管理国际赊销涉及的风险比管理纯国内赊销涉及的风险更复杂？

14—15 为什么公司的常规赊销条件通常与其所在行业的赊销条件一致？

14—16 为什么公司应该积极监控赊销客户的应收账款？如何用平均收款期和账龄分析表进行信用监控？

14.5 收支管理

现金转换周期的第三个部分为平均付款期，它也由两部分组成：(1) 从赊购商品到公司汇款的时间；(2) 公司的供应商收到、处理和提取款项的时间。不管对客户还是供应商来说，公司收到、处理和提取款项的时间都是收支管理的重点。

在途款项

在途款项 (float) 是指付款人已经汇出，但收款人尚无法使用的资金。在途款项在现金转换周期中很重要，因为它的存在既延长了公司的平均收款期，又延长了公司的平均付款期。然而，公司的目标应该是缩短平均收款期，延长平均付款期。管理在途款项可以同时实现这两个目标。

在途期有三个组成部分：

1. **邮寄在途期** (mail float) 是从汇出款项到收到款项之间的时间。

2. **处理在途期** (processing float) 是从收到款项到存入公司账户之间的时间。

3. **清算在途期** (clearing float) 是从存入款项到公司可以使用这笔款项之间的时间。这部分在途款项是由在银行体系内清算支票所需的时间造成的。

这里介绍了一些管理各部分在途期的常用方法，它们的目的是加速收款和减缓付款。

加速收款

加速收款减少了客户收款在途期，因此减少了公司的平均收款期，从而减少了公司在现金转换周期中必须进行的投资。在我们之前的例子中，马克斯公司的年销售收入为1 000万美元，总收款在途期为8天（收到、处理和提取款项的时间）。如果马克斯公司可以减少3天在途期，现金转换周期投资就将减少82 192美元［＝10 000 000美元×(3÷365)］。

加速收款的一种常用方法是存款箱法。**存款箱法** (lockbox system) 的原理如下：客户不是将款项寄往公司，而是寄往一个邮政信箱。公司的银行定期清空邮政信箱，处理每笔付款，并将收到的款项存在公司账户中。存款单和随函所附款项被银行寄往公司（或通过电子转账转给公司），这样公司就能恰当地贷记客户账户。存款箱在地理上的分布很广，以保证每个公司客户附近都有存款箱。存款箱法影响在途期的所有三个部分。存款箱法减少了邮寄时间，而且由于离公司客户很近，通常减少了清算时间。存款箱法将处理时间减少到几乎为零，因为银行在公司处理款项之前就将其存入了账户。显然，存款箱法减少了收款在途期，但并非没有成本；因此，公司必须进行经济分析，以确定是否采用存款箱法。

实例分析

美国邮政署的问题为银行创造了机会

几十年来，美国邮政署一直处于财务困境中。2012 年，美国邮政署宣布，将大幅降低旗下的邮件处理机构数量，以削减成本。对于公司而言，这种变化意味着邮件在途期增加。对于五三银行（Fifth Third Bank）来说，这是一个机会。这家银行宣布了一项新的偏远存款箱取款计划，使公司对公司的付款在全国各地的当地邮局都能收取。接下来，五三银行将拍摄这些付款单据的电子照片，照片将由该银行的辛辛那提处理中心处理。五三银行向客户承诺，这将减少邮寄在途期并加速客户的收款过程。

使用存款箱法的通常是客户位置分散的大公司。然而，不一定非得是大公司才能从存款箱法中受益。小公司也可以从存款箱法中受益。小公司的收益通常主要来自将款项处理交给银行带来的方便。

减缓付款

在途期也是公司平均付款期的一部分。在这种情况下，在途期对公司有利。公司可以通过增加付款在途期的所有三个部分而受益。增加付款在途期的一种常用方法是**支付控制**（controlled disbursing），它需要有策略地使用邮政点和银行账户分别延长邮寄在途期和清算在途期。不过，公司必须谨慎使用这种方法，因为延长付款期可能会令与供应商的关系变得紧张。

总之，合理的在途款项管理整体政策是：（1）尽可能快地收款，因为一旦款项寄出，这笔钱就属于公司了；（2）尽可能慢地向供应商付款，因为一旦款项寄出，这笔钱就属于供应商了。

现金集中

现金集中（cash concentration）是公司将存款箱中的款项和其他存款集中到一家银行的过程，这家银行通常被称为归集行。现金集中有三个主要优点。第一，它创造了一个大资金池，可以用来进行短期现金投资。由于与这种投资相关的交易成本中有固定成本，因此只投资于一个资金池减少了公司的交易成本。如果投资池较大，公司还可以从许多短期投资中进行选择。第二，将公司现金集中到一个账户中增强了对公司现金的跟踪和内部控制。第三，归集行让公司可以执行减少闲置现金的付款策略。

有多种机制可以将现金从银行存款箱和其他代收行转移到归集行。第一种机制是**存款转账支票**（depository transfer check，DTC），它是从公司的一个银行账户提取存款并存在另一个账户中的无签名支票。对于现金集中而言，存款转账支票是从每个存款箱或其他代收行账户中提取存款，并存在归集行账户中的支票。一旦被提取存款转账支票的银行将其结算完毕（这可能需要几天），资金转账就完成了。现在多数公司都通过电话向归集行提供存款信息，然后归集行做好准备，将款项存入账户，以供存款转账支票从存款箱或其他代收行账户中提取款项。

第二种机制是**ACH（自动清算所）转账**（ACH（automated clearinghouse）transfer），这是一种预先授权以电子方式从付款人账户中提取资金的机制。电脑清算设施（被称为自动清算所或 ACH）在付款人和代收行之间进行无纸化转账。自动清算所负责结算参与行之间的账户。单个账户通过分别调整银行余额来结算。自动清算所在 1 天内完成转账。当进行现金集中时，自动清算所转账是从每家存款箱银行或其他代收行向归集行转账。自动清算所转账可以被视为电子存款转账支票，但由于自动清算所是在 1 天内清算的，因此它比存款转账支票有优势；不过，自动清算所转账中的两家银行都必须是清算所会员。

第三种现金集中机制是**电汇**（wire transfer）。电汇是一种电子通信方式，它通过登记账簿将资金从付款人的银行提取出来，然后存入收款人的银行。电汇可以消除邮寄在途期和清算在途期，还可以减少处理在途期。当进行现金集中时，公司可以使用电汇从每个存款箱或其他代收账户将资金转移到集中账户。电汇是存款转账支票和自动清算所转账的替代，但它的成本更高。

显然，公司必须平衡集中现金的成本和收益，以确定从存款箱和其他代收账户转移到集中账户的类型和时间。选择的转账机制必须是利润最高的机制。（任何转账机制的每期利润都等于提高资金可得性的收益减去转账方法的成本。）

零余额账户

零余额账户（zero-balance accounts，ZBAs）是每天结束时账户余额恒为零的支付账户。它的目的是消除公司支票账户中的无收益现金余额。零余额账户作为付款账户十分适合现金集中制。

零余额账户的运行原理如下：一旦某天的支票被提交给公司的零余额账户用于付款，银行就会告知公司支票总金额，然后公司将相当于当日支票总金额的资金转入该账户。这笔转账使当天结束时该账户的余额为零（0 美元）。零余额账户让公司可以将所有营业现金保留在付息账户中，因而消除了闲置现金。因此，结合现金集中制使用零余额账户的公司将需要两个账户。公司将存款箱和其他代收行的现金集中到一个付息账户中，然后在零余额账户名下开具支票。公司将使从付息账户转入的资金金额恰好等于在零余额账户名下开具的支票金额，从而使当天结束时零余额账户的余额为零。

零余额账户是一种支付管理工具。正如我们之前所讨论的，公司更愿意最大化付款在途期。然而，一些现金经理认为，积极增加付款在途期是不道德的。零余额账户能让公司最大化利用每张支票的在途期而不改变对供应商的付款在途期。将公司的所有现金留在付息账户中让公司可以最大化现金余额收益，因为它充分利用了公司开具的每笔支票的在途期。

个人理财案例 14.10

梅甘·劳里（Megan Laurie）是一位25岁的护士，她在一家医院工作，医院每两周将工资直接打到她的支票账户，该账户没有利息，也没有最低余额要求。她每两周取走约1 800美元，即每个月取走约3 600美元。她在支票账户中保留约1 500美元余额。只要超过这个金额，她就会将超出部分转入她的储蓄账户，现在该账户的年利率为1.5%。她现在的储蓄账户余额为17 000美元，估计她每月从支票账户中将大约600美元转入储蓄账户。

梅甘在收到账单时立即付款。她每月的平均账单金额约为1 900美元，她每月用于购买食品和汽油的现金支出总额约为900美元。对梅甘的账单支付情况的分析表明，她平均提前8天支付账单。多数适销证券现在的年收益率约为4.2%。梅甘想知道她应该如何更好地管理现金余额。

1. 用当前余额进行投资。梅甘可以将当前的储蓄账户余额转入高流动性适销证券，将收益率从1.5%提高至约4.2%。这样，她当前的17 000美元余额的年利息收益将立即提高约460美元［＝（0.042－0.015）×17 000美元］。

2. 用每月盈余进行投资。梅甘可以每月将600美元从支票账户转入高流动性适销证券，使每笔转账的年收益增加约16美元［＝（0.042－0.015）×600美元］，12笔转账增加的年收益约为192美元（＝12个月×16美元）。

3. 减缓付款。梅甘可以不在收到账单时立即付款，而是在快到期时付款。这样，她可以每月获得8天的付款在途期，每年获得96天（＝每月8天×12个月）的付款在途期，平均账单金额为1 900美元。假设她的1 900美元可以获得4.2%的年利率，那么减缓付款每年可以节省大约21美元［＝（96÷365）×0.042×1 900美元］。

根据这三种建议，梅甘的年收益总共将增加大约673美元（＝460美元＋192美元＋21美元）。显然，梅甘可以通过更好地管理现金余额提高收益。

适销证券投资

适销证券是可以方便地转换为现金的短期付息货币市场工具。适销证券属于公司的流动资产。公司投资于适销证券以使暂时闲置资金获得收益。适销证券必须具备以下条件：（1）有现成市场，以尽量缩短转换为现金所需的时间；（2）保证本金安全，这意味着适销证券几乎不会随着时间的推移而产生价值损失。

公司的适销证券投资组合中最常持有的证券可以分为两类：（1）政府证券，由于风险相对较低，它们的收益率也相对较低；（2）非政府证券，它们的收益率稍高于具有类似期限的政府证券，因为它们的风险稍高。表14.5总结了常见适销证券的主要特征。

复习题

14—17 什么是在途期？它的三个组成部分是什么？

14—18 公司管理收款在途期和付款在途期的目标是什么？

表 14.5　　　　　　　　常见适销证券的主要特征

证券	发行人	描述	初始期限	风险与收益
政府证券				
国库券	美国财政部	每周以拍卖方式发行；折价出售；有强大的二级市场	4周、13周和26周	最低，基本上无风险
中期国债	美国财政部	规定利率；每半年付息一次；有强大的二级市场	1～10年	较低，但是高于美国国库券
长期国债	美国财政部	规定利率；每半年付息一次；有强大的二级市场	11～30年	低于公司债券，但高于美国国库券和中期国债
美国联邦政府机构发行的证券	美国联邦政府机构	不属于美国财政部的债务；有强大的二级市场	9个月至30年	稍高于美国国债
非政府证券				
大额可转让存单	商业银行	在商业银行的特定现金存款；金额和期限根据投资者需求量身而定；面值大；有良好的二级市场	1个月至3年	高于美国国债，类似于商业票据
商业票据	高信用级别的公司	发行人的无担保票据；面值大	3～270天	高于美国国债，类似于大额可转让存单
银行承兑票据	银行	源于银行担保的商业交易；按到期价值的折扣出售	30～180天	与大额可转让存单和商业票据大致相同，但高于美国国债
欧洲美元存款	外国银行	存款货币与银行所在国货币不同的存款；面值大；有活跃的二级市场	1天至3年	较高，因为对存款银行的监管较少且存在一定的外汇风险
货币市场共同基金	专业投资组合管理公司	专业管理的适销证券组合；提供即时流动性	无——取决于投资者的意愿	各不相同，但通常高于美国国债并类似于大额可转让存单和商业票据
回购协议	银行或证券交易商	银行或证券交易商向公司出售特定证券并同意以规定价格和时间回购这些证券	根据买方需求定制	通常稍低于直接购买证券的风险

14—19　现金集中的三个主要优点是什么？

14—20　现金集中的三种机制是什么？在现金集中制下使用零余额账户的目标是什么？

14—21　适销证券的两个特征是什么？为什么非政府适销证券的收益率通常高于具有类似期限的政府证券的收益率？

总　结

价值焦点

对公司而言，保持合理的净营运资本水平很重要。为此，必须平衡低水平流动资产和高水平流动负债下的高利润和高风险与高水平流动资产和低水平流动负债下的低利润和低风险。在利润和风险之间取得合理平衡的策略能对公司价值产生积极贡献。

类似地，公司应该通过快速周转存货来管理现金转换周期，管理邮寄时间、处理时间和清算时间，减缓支付应付账款。这些策略让公司能够有效管理流动账户并尽量减少投入营运资产的资源。

财务经理可以管理存货、应收账款和现金收入以尽量减少公司的营业周期投资，因而减少支持业务所需的资源金额。通过使用这些策略管理应付账款和现金支出以缩短现金转换周期，公司将能把满足公司资源要求所需举借的负债降到最低。积极管理公司的净营运资本和流动资产将对公司的最大化股价目标有积极贡献。

学习目标复习

目标1　了解营运资本管理、净营运资本和相关的盈利性和风险的权衡。营运资本管理（即短期财务管理）的重点是管理每家公司的流动资产（存货、应收账款、现金和适销证券）和流动负债（应付账款、应计项目和应付票据）以对公司价值产生积极贡献。净营运资本是流动资产和流动负债之差。在短期财务决策中，风险是公司无法在账单到期时付款的可能性。假设总资产水平固定，公司的流动资产与总资产之比越高，公司的盈利性就越差，风险就越低，反之则反是。假设总资产水平固定，公司的流动负债与总资产之比越高，公司的盈利性和风险就越高。反之则反是。

目标2　描述现金转换周期、现金转换周期的融资需求和管理现金转换周期的主要策略。现金转换周期有三个组成部分：（1）平均存货天数；（2）平均收款期；（3）平均付款期。现金转换周期的长度决定了公司日常经营占用资源的时间。公司对短期资产的投资通常既包括永久性融资需求，也包括季节性融资需求。季节性融资需求可以用积极（低成本、高风险）融资策略融资，也可以用保守（高成本、低风险）融资策略融资。公司的现金转换周期融资决策最终取决于管理层对风险的态度和公司与银行关系的强度。为了最小化对协议负债的依赖，财务经理希望：（1）尽可能快地周转存货；（2）尽可能快地收取应收账款；（3）管理邮寄时间、处理时间和清算时间；（4）尽可能慢地支付应付账款。使用这些策略能尽量缩短现金转换周期。

目标3　讨论存货管理：不同观点、常用方法和国际存货管理应注意的事项。市场营销经理、生产经理和采购经理对适当存货水平的观点往往导致存货高于财务经理认为的适当水平。有效管理存货以保持低存货水平的四种常用方法是：（1）ABC法；（2）经济订购量模型；（3）零库存法；（4）资源电脑控制法：材料需求计划法、制造资源计划Ⅱ法和企业资源计划法。国际存货经理更强调确保在需要时提供足够数量、条件合适的存货，而非按照最优经济订购量订购。

目标4　说明信用选择过程和评估信用标准变化的量化程序。信用选择方法确定了哪些客户的信用度符合公司的信用标准。两种常用的信用选择方法是5C信用分析法和信用评分。信用标准的变化可以通过评估销售对利润的额外贡献、应收账款边际投资成本和边际坏账成本进行数学评估。

目标5　评估量化考察现金折扣变化、赊销条件其他环节和信用监督的程序。赊销条件——现金折扣、现金折扣期和赊销期——的变化可以按类似于信用标准变化的方法进行量化分析。信用监督是一种持续考察应收账款的方法，它经常需要使用平均收款期和账龄分析表。公司使用多种常见的收款方法。

目标6　了解收支管理，包括在途款项、加速收款、减缓付款、现金集中、零余额账户和适销证券投资。在途款项是指付款人已经发出，但收款人尚不能使用的资金。在途期由邮寄在途期、处理在途期和清算在途期组成。平均收款期和平均付款期中都有在途期。加速收款的一种方法是存款箱法。一种常见的减缓付款的方法是支付控制。

管理营业现金的目标是平衡非盈利现金余额的机会成本与临时投资的交易成本。公司通常使用存款转账支票、自动清算所转账和电汇将存款箱中收到的款项快速转到归集行。零余额账户可用于消除公司支票账户中的非盈利现金余额。适销证券是短期付息货币市场工具，公司利用这些工具使临时闲置资金获得收益。适销证券可能是政府证券，也可能是非政府证券。

自测题（答案见附录）

自测 14—1　现金转换周期　赫金制造公司（Hurkin Manufacturing Company）在购买商品后第10天支付应付账款。该公司的平均收款期为30天，平均存货天数为40天。该公司现在的年销售收入约为1 800万美元，年购买支出约为1 400万美元。该公司正在考虑一项将应付账款付款期延长至20天的计划。如果该公司的投资的年机会成本为12%，那么这项计划将使其每年节约多少钱？假设一年有360天。

自测 14—2　经济订购量分析　汤普森绘画公司（Thompson Paint Company）每年使用60 000加仑颜料。颜料订购成本为每单200美元，颜料存货的持有成本为每年每加仑1美元。该公司全年的颜料日使用率保持不变。

a. 请计算经济订购量。

b. 假设下单后该公司需要20天收到订单，请确定再订购点，用颜料加仑数表示。（注：假设一年为365天。）

自测 14—3　放松信用标准　雷根希地毯修复公司（Regency Rug Repair Company）希望决定该公司是否应该放松信用标准。该公司每年修复72 000块地毯，每块地毯的平均价格为32美元。坏账费用为销售收入的1%，平均收款期为40天，单位可变成本为28美元。雷根希地毯修复公司预期，如果放松信用标准，平均收款期将增加到48天，坏账费用将增至销售收入的1.5%。年销量将增加4 000块地毯。如果该公司同等风险投资的必要收益率为14%，那么你对该公司有什么建议？请通过分析证明你的答案。（注：假设一年为365天。）

热身练习

练习 14—1　艾佛丁公司（Everdeen, Inc.）的营业周期为100天。如果该公司的平均存货天数为35天，那么它的平均收款期为多长？如果该公司的平均付款期为30天，那么它的现金转换周期为多长？请在类似于图14.2的时间线上画出所有信息。

练习 14—2　冰雪盛宴公司（Icy Treats, Inc.）是一家销售冷冻甜点的季节性公司。在夏季销售高峰期，该公司的现金为 35 000 美元，存货为 125 000 美元，应收账款为70 000 美元，应付账款为 65 000 美元。在冬季销售低谷期，该公司的现金为 10 000 美元，存货为 55 000 美元，应收账款为 40 000 美元，应付账款为 35 000 美元。请计算冰雪盛宴公司的最低融资要求和最高融资要求。

练习 14—3 莱昂内妈妈冻比萨（Mama Leone's Frozen Pizzas）每年使用 50 000 磅奶酪。每磅奶酪的成本为 2.50 美元。奶酪的订单成本为每单 250 美元，年持有成本为每磅 0.50 美元。请计算该公司的奶酪经济订购量。莱昂内妈妈冻比萨每年营业 250 天，并保持够用 2 天的奶酪最低存货水平作为安全存货。假设收到奶酪订单的提前天数为 3 天，请计算再订购点。

练习 14—4 福里斯特时装（Forrester Fashions）的年赊销量为 250 000 件，平均收款期为 70 天。该公司的单位可变成本为 20 美元，单位售价为 30 美元。当前的坏账费用为销售收入的 5%。该公司估计，放松信用标准不会影响 70 天的平均收款期，但会使坏账费用增至销售收入的 7.5%，而年销量将增至 300 000 件。福里斯特时装要求的投资收益率为 12%。请写出所有必要的计算过程，以评估福里斯特时装放松信用标准的计划。

练习 14—5 克莱因工具（Klein's Tool）正在考虑提供现金折扣，以加速收取应收账款。现在，该公司的平均收款期为 65 天，年销量为 35 000 单位，单位价格为 40 美元，单位可变成本为 29 美元。该公司正在考虑提供 2% 的现金折扣。克莱因工具估计 80% 的顾客将采用 2% 的现金折扣。如果预期年销量升至 37 000 单位，该公司的必要收益率为 15%，那么批准现金折扣计划所需的最短平均收款期为多久？

习　题

习题 14—1　现金转换周期　美国产品公司（American Products）正在考虑如何有效管理现金。该公司的平均存货天数为 90 天，应收账款收款期为 60 天。该公司在产生应收账款后约 30 天付款。该公司的年销售收入约为 3 000 万美元。销货成本为 2 000 万美元，购买支出为 1 500 万美元。

a. 请计算该公司的营业周期。

b. 请计算该公司的现金转换周期。

c. 请计算支持该公司的现金转换周期所需的资源金额。

d. 请讨论管理层可以如何缩短现金转换周期。

习题 14—2　改变现金转换周期　坎普制造（Camp Manufacturing）的存货周转率为每年 5 次，平均付款期为 35 天，平均收款期为 60 天。该公司的年销售收入为 350 万美元，销货成本为 240 万美元。

a. 请计算该公司的营业周期和现金转换周期。

b. 该公司持有的存货价值是多少？

c. 如果该公司可以将平均存款天数从 73 天减至 63 天，那么该公司的营运资本投资将下降多少？

习题 14—3　现金转换周期的多次变化　加勒特实业（Garrett Industries）的存货周转率为每年 6 次；该公司的平均收款期为 45 天，平均付款期为 30 天。该公司的年销售收入为 300 万美元。假设每年为 365 天，且该公司每美元销售收入中对存货、应收账款和应付账款的投资没有差异。

a. 请计算该公司的现金转换周期、日现金营业支出和支持现金转换周期所需的资源金额。

b. 请计算该公司同时做出下列变化时的现金转换周期和资源投资要求。

（1）平均存款天数缩短 5 天。

（2）应收账款平均收款加速 10 天。

（3）平均付款期延长 10 天。

c. 如果该公司的资源投资的机会成本为 13%，那么第 b 问的变化是否会导致年度利润增加？如果增加，将增加多少？

d. 如果获得第 c 问中利润的年成本为 35 000 美元，那么你建议该公司采取何种行动？为什么？

习题 14—4　积极季节性融资策略与保守季节性融资策略　戴纳贝斯工具（Dynabase Tool）预测该公司下一年的总资金需求如下表所示。

月份	金额（美元）	月份	金额（美元）
1 月	2 000 000	7 月	12 000 000
2 月	2 000 000	8 月	14 000 000
3 月	2 000 000	9 月	9 000 000
4 月	4 000 000	10 月	5 000 000
5 月	6 000 000	11 月	4 000 000
6 月	9 000 000	12 月	3 000 000

a. 请分别列出该公司月资金需求中的（1）永久性需求和（2）季节性需求，并计算出每种需求的月平均额。

b. 请描述在下列情况下满足总资金需求的长期融资金额与短期融资金额：（1）积极融资策略；（2）保守融资策略。假设在积极融资策略下，用长期资金为永久性需求融资，用短期资金为季节性需求融资。

c. 假设短期资金的年成本为 5%，长期资金的年成本为 10%，请使用第 a 问计算出的平均金额计算第 b 问中每种策略的总成本。假设该公司的超额现金收益率为 3%。

d. 请讨论积极策略和保守策略的盈利性与风险的权衡。

习题 14—5　经济订购量分析　老虎公司（Tiger Corporation）每年购买 1 200 000 个某种零件。每单的固定成本为 25 美元。这种零件的单价为 2 美元，年持有成本单价的 27%。

a. 请确定下列情况下的经济订购量：（1）保持上述条件；（2）订单成本为 0 美元而非 25 美元；（3）订单成本为 25 美元，但持有成本为 0.01 美元。

b. 如何用你的答案解释经济订购量模型？请说明。

习题 14—6　经济订购量、再订购点和安全存货　亚历克西斯公司（Alexis Company）每年都使用 800 单位的某种产品。该产品的固定成本为每单 50 美元，年持有成本为每单位 2 美元。该公司下单后需要 5 天才能收到商品，且希望在存货中持有 10 天使用量作为安全存货。

a. 请计算经济订购量。

b. 请确定平均存货水平。（注：当按天计算日使用量时假设一年为 365 天。）

c. 请确定再订购点。

d. 请指出当公司没有持有安全存货时下列哪些变量会发生变化：（1）订单成本；（2）持有成本；（3）总存货成本；（4）再订购点；（5）经济订购量。请说明原因。

个人理财习题 14—7　边际成本　吉米·约翰逊（Jimmy Johnson）有意购买一辆新吉普运动型多功能车。有两种车型可供选择——V6 和 V8。他不管选择哪种车型，都计划开 5 年然后将其卖掉。假设在 5 年持有期结束时两种车的折抵价值相同。

两种车型有明显差异，吉米需要进行财务比较。V6 和 V8 的生产商建议零售价分别为 30 260 美元和 44 320 美元。吉米认为，14 060 美元的差异为两种车型的边际成本差异。不过，可以获得的数据还有很多，你提醒吉米他的分析可能过于简单并可能导致糟糕的财务决策。假设两种车型的现行年贴现率均为 5.5%。购车的其他相关信息如下表所示。

	V6	V8
生产商建议零售价	30 260 美元	44 320 美元
引擎	3.7 升	5.7 升
汽缸	6 个	8 个

续前表

	V6	V8
5 年期间的折旧	17 337 美元	25 531 美元
整个 5 年期间的财务费用[a]	5 171 美元	7 573 美元
5 年期间的保险费	7 546 美元	8 081 美元
5 年期间的税款和费用	2 179 美元	2 937 美元
5 年期间的维修费	5 600 美元	5 600 美元
每加仑汽油的平均行驶英里数	19	14
持有年数	5 年	5 年
5 年期间每年的行驶英里数	15 000	15 000
5 年期间的每加仑汽油成本	3.15 美元	3.15 美元

a. 财务费用是整个 5 年期间的总本金和总利息之差减去运动型多功能车的实际成本。假设这 5 年的年贴现率为 5.5%，V6 和 V8 的现值分别为 30 260 美元和 44 320 美元，年支付金额分别为 7 086.20 美元和 10 379.70 美元。[V6：(5×7 086.20 美元)－30 260 美元＝5 171 美元，V8：(5×10 379.70 美元)－44 320 美元＝7 573 美元。]

a. 请计算 5 年持有期内每种车型的总“真实”成本。

b. 请计算 5 年持有期内每种车型的总燃油成本。

c. 购买较大的 V8 运动型多功能车的边际燃油成本是多少？

d. 购买较大、较贵的 V8 运动型多功能车的边际购买成本是多少？

e. 购买 V8 运动型多功能车的总边际成本是多少？该数字与吉米计算的 14 060 美元相比如何？

习题 14—8　没有坏账时的应收账款变化　塔拉纺织（Tara's Textiles）现在每年的赊销收入为 3.6 亿美元，平均收款期为 60 天。假设塔拉纺织的单位产品价格为 60 美元，单位可变成本为 55 美元。该公司正在考虑改变应收账款，这将导致销售收入增加 20%、平均收款期增加 20%。预期坏账不会发生变化。该公司同等风险应收账款投资的机会成本为 14%。（注：假设一年为 365 天。）

a. 请计算公司改变应收账款时将实现的销售收入所增加的利润。

b. 这种改变导致的应收账款边际投资是多少？

c. 请计算应收账款边际投资成本。

d. 该公司是否应该进行这种改变？还有什么信息有助于你的分析？

习题 14—9　有坏账时的应收账款变化　公司正在评估一项应收账款变化，它将使坏账从销售收入的 2%升至 4%。销量现在为 50 000 单位，单位售价为 20 美元，单位可变成本为 15 美元。改变应收账款预期将使销售收入增加 60 000 单位。

a. 现在的坏账金额和应收账款变化后的坏账金额为多少？

b. 请计算该公司的边际坏账成本。

c. 忽略销售收入增加对利润增加的贡献，如果改变应收账款能节省 3 500 美元，且不会导致应收账款平均投资发生变化，你是否建议这样做？请说明原因。

d. 考虑所有成本和收益变化，你是否建议改变应收账款？请说明原因。

e. 请比较和讨论你对第 c 问和第 d 问的答案。

习题 14—10　放松信用标准　刘易斯公司（Lewis Enterprises）正在考虑放松信用标准以增加当前低迷的销售收入。放松信用标准后，销售收入预期将增加 10%，在下一年从 10 000 单位增至 11 000 单位，坏账预期将从销售收入的 1%增至 3%。单位售价为 40 美元，单位可变成本为 31 美元。该公司相同风险投资的必要收益率为 25%。请评估放松信用标准的后果，并对该公司提出建议。（注：假设一年为 365 天。）

习题 14—11　提供现金折扣　加德纳公司（Gardner Company）现在的所有销售均为赊销，且不提供现金折扣。该公司正在考虑为 15 天内付款的客户提供 2%的现金折扣。该公司当前的平均收款期为 60

天，销量为40 000单位，单位售价为45美元，单位可变成本为36美元。该公司预期，赊销条件变化将导致销量增至42 000单位，70%的销售将采用折扣，平均收款期将降至30天。如果该公司同等风险投资的必要收益率为25%，那么是否应提供这一折扣？（注：假设一年为365天。）

习题14—12　缩短赊销期　一家公司正在考虑将赊销期从40天缩短到30天，并认为由于这种变化，平均收款期将从45天缩短到36天。预期坏账费用将从销售收入的1.5%减至1%。该公司现在的销量为12 000单位，但是该公司认为实行这种变化将使销量跌至10 000单位。单位售价为56美元，单位可变成本为45美元。该公司同等风险投资的必要收益率为25%。请评估该决策，并对该公司提出建议。（注：假设一年为365天。）

习题14—13　延长赊销期　帕克工具（Parker Tool）正在考虑将赊销期从30天延长至60天。所有客户仍将在赊销期结束之日付款。该公司现在的销售收入为450 000美元，可变成本为345 000美元。赊销条件的变化预计将使销售收入增至510 000美元。坏账费用将从销售收入的1%增至1.5%。该公司同等风险投资的必要收益率为20%。（注：假设一年为365天。）

a. 这种变化实现的销售收入将增加多少利润？

b. 应收账款边际投资成本是多少？

c. 边际坏账成本是多少？

d. 你是否建议对赊销条件做出这种改变？为什么？

习题14—14　在途款项　西蒙公司（Simon Corporation）每天的现金收入为65 000美元。最近的一项收款分析表明，客户付款的平均邮寄期为2.0天。一旦收到款项，处理时间将为2.0天。将款项存入银行后，平均要花2.5天在银行体系中清算。

a. 该公司现在的收款在途期是多久？

b. 如果该公司的机会成本为9%，那么从经济角度考虑，是否应该建议该公司支付16 500美元的年费，将收款在途期减少3天？请说明原因。

习题14—15　零余额账户　联合公司（Union Company）正在考虑建立一个零余额账户。现在该公司的支付账户中平均保留420 000美元余额。该公司必须支付1 000美元每月费用，作为银行维护零余额账户的报酬，并在该银行保留300 000美元的无息存款。该公司现在在该银行没有其他存款。请评估零余额账户计划，并对该公司提出建议，假设该公司的机会成本为12%。

个人理财习题14—16　现金余额管理　亚历克西丝·莫里斯（Alexis Morris）是当地一家百货商店的助理经理，该商店每两周将她的工资直接打入她的支票账户。该账户不支付利息，并且没有最小余额要求。她的月收入为4 200美元。亚历克西丝的“目标”现金余额约为1 200美元，只要现金余额超过该金额，她就将超出部分转存到储蓄账户中，后者的年利率为2.0%。她现在的存款余额为15 000美元，亚历克西丝估计，她每月将从支票账户转入储蓄账户约500美元。亚历克西丝从来不会拖延付账，她的月平均账单金额约为2 000美元。她每月花在食品、汽油和其他杂物上的支出总共约为850美元。她以往的付款习惯表明她平均提前9天支付账单。现在，多数适销证券的年收益率约为4.75%。

请说明亚历克西丝可以如何更好地管理她的现金余额。

a. 亚历克西丝可以如何处理当前的现金余额？

b. 你建议亚历克西丝如何处理她的月盈余？

c. 你建议亚历克西丝采取何种付账方式？

d. 亚历克西丝是否能通过更好地管理现金余额提高收益？请给出你的分析过程。

习题14—17　道德习题　一群愤怒的股东在一家公司的年度股东大会上将一份公司决议书摆到全体股东面前。这份决议书要求该公司减缓支付应付账款，因为这些股东认为该公司的所有竞争者都这样做，而这家公司所属的行业竞争非常激烈。管理层如何在年度股东大会上为及时向供应商付款的做法辩解？

电子表格练习

电子男孩公司（Eboy Corporation）当前的应收账款余额为 443 000 美元，年（365 天）赊销收入为 3 544 000美元。该公司向客户提供的赊销条件为 30 天内付款。然而，为了提高现金流，效仿竞争对手的做法，该公司正在考虑将赊销条件从“30 天内付款”变为“2/10，30 天内付款”。该公司的目标是加速收取应收账款，从而提高该公司的现金流。电子男孩公司希望将应收账款周转率提高至 12.0。

该公司目前的年原材料使用量为 1 450 单位。每件产成品需要 1 单位原材料，单位可变成本为 2 600 美元，30 天内付款时的售价为4 200美元。该公司估计 70%的客户将采用 2%的现金折扣，在该折扣下，产成品的年销量将增加 50 单位。该公司应收账款投资的机会成本为 12.5%。

当分析应收账款投资时，请使用可变销货成本而非售价，因为可变成本是更好的公司投资指标。

任务

请编制一张类似于表 14.3 的电子表格，分析该公司是否应提供上述现金折扣。你的建议是什么？在提出建议前请计算下列项目：

a. 销售对利润的额外贡献。

b. 现在的平均应收账款投资（无现金折扣）。

c. 采用现金折扣后的平均应收账款投资。

d. 应收账款投资的减少额。

e. 应收账款投资减少所节省的成本。

f. 现金折扣的成本。

g. 提供现金折扣的净利润（亏损）。

第十五章 流动负债管理

学习目标

目标 1　考察应付账款、赊销条件的主要组成部分以及分析赊销条件的程序。
目标 2　了解减缓支付应付账款对应付账款成本的影响和应计项目的用途。
目标 3　描述利率和基本类型的无担保银行短期贷款。
目标 4　讨论商业票据的基础特征和国际短期贷款的主要内容。
目标 5　说明担保短期贷款的特征和应收账款作为短期贷款担保品的用途。
目标 6　描述将存货作为短期贷款担保品的不同方式。

本章的重要性

对职业生涯的重要性

会计　你需要了解如何分析供应商的赊销条件以决定公司应该采用还是放弃现金折扣；你还需要了解不同类型的短期贷款，其中既包括无担保贷款也包括担保贷款，因为你需要记录和报告这些短期贷款。

信息系统　你需要了解公司处理应付账款、跟踪应计项目、及时偿还银行贷款和其他短期债务所需的数据。

管理　你需要了解短期贷款的来源，从而在需要短期融资时了解它的可得性和成本。

市场营销　你需要了解如何用应收账款和存货为贷款担保；公司用这些担保品为短期贷款提供担保的程序可能影响客户关系。

经营　你需要了解应付账款作为短期融资的作用和放慢支付应付账款对供应商的影

响；你还需要了解公司将存货作为担保品的过程。

对个人生活的重要性

流动负债管理是财务策略的重要部分。你需要严防将现金购买和赊购同等看待。你需要有目的地借款，而不是为了方便而借款。你需要及时支付赊购款项。过量使用短期信贷，尤其是信用卡，可能产生个人流动性问题，在极端情况下还可能导致个人破产。

15.1 自发性负债

自发性负债（spontaneous liabilities）产生于正常的商业过程。例如，当零售商订购存货商品时，这些商品的生产商通常并不要求立即付款，而是向零售商发放短期贷款，这些短期贷款出现在零售商资产负债表的应付账款项下。零售商订购的商品越多，应付账款余额就越大。同样，随着销售收入的增加，公司的应计项目也会随着工资和税款的上升而增加，因为劳动力需求上升了，公司增加的利润的应纳税款也增加了。这些流动负债通常没有显性成本，尽管它们的确有某些隐性成本。此外，这两种流动负债都是**无担保短期融资**（unsecured short-term financing），即不用抵押特定资产作为担保品的短期融资。只要有可能，公司就应该利用这些“无息”无担保短期融资。

应付账款管理

应付账款是商业公司无担保短期融资的主要来源。它源于购买商品但不签署正式票据显示买方对卖方的负债的交易。买方实际上同意根据供应商发票上通常载明的赊销条件向供应商支付所要求的金额。这里是从买方角度讨论应付账款的。

现金转换周期的作用

平均付款期是第十四章介绍的现金转换周期的最后一部分。平均付款期有两部分：(1) 从购买原材料到公司汇出货款的时间；(2) 付款在途期（从公司汇出货款到供应商从公司账户中提取可支出资金的时间）。在第十四章中，我们讨论了与付款在途期有关的问题。这里，我们将讨论公司如何管理从购买原材料到向供应商汇出货款之间的时间。这种活动被称为**应付账款管理**（accounts payable management）。

当商品卖方不收取利息，也不对提前付款的买方提供折扣时，买方的目标是尽可能慢地付款而不损害其信用评级。换言之，在供应商规定的赊销条件下，买方应该尽可能在最后一天支付应付账款。例如，如果赊销条件为“30 天内付款”，买方就应该在赊销期开始后第 30 天支付账款，而赊销期通常从开票日或购买商品当月月底（EOM）开始。这个时间让买方可以最大限度地利用供应商提供的无利率贷款，而不会损害公司的信用评级（因为在规定赊销期内支付了账款）。此外，一些公司提供显性或隐性的“宽限期”，它比规定的支付日延长了几天；利用这段宽限期不会损害买卖双方的关系，买方通常会利用宽限期。

例 15.1

2013 年，百富门集团（Brown-Forman Corporation，BF）——杰克·丹尼（Jack Daniels）等酒精饮料品牌的生产商——的年收入为 38 亿美元，收入成本为 18 亿美元，应付账款为 4.68 亿美元。百富门集团的平均存款天数为 168 天，平均收款期为 55 天，平均付款期为 136 天（百富门集团的购买支出为 130 亿美元）。因此，百富门集团的现金转换周期为 87（=168+55−136）天。

百富门集团对该现金转换周期投入的资源（假设一年为 365 天）为：

存货　　　= 18 亿美元×(168÷365) = 8.3 亿美元
+应收账款　= 38 亿美元×(55÷365) = 5.7 亿美元
−应付账款 = 13 亿美元×(136÷365) = 4.8 亿美元
= 投入的资源 = 9.2 亿美元

根据百富门集团的平均付款期和平均应付账款，百富门集团产生的日应付账款约为 350 万美元（=4.8 亿美元÷136）。如果百富门集团增加平均付款期 5 天，其应付账款将增加大约 1 750 万美元（=5×350 万美元）。因此，百富门集团的现金转换周期将减少 5 天，营业投资将减少 1 750 万美元。显然，如果这种行为没有损害百富门集团的信用评级，它将符合该公司的最大利益。

分析赊销条件

供应商向公司提供的赊销条件让公司可以推迟付款。由于商品售出后供应商资金被商品占用的成本可能反映在买价中，因此买方已经间接为这种好处付款了。有时，供应商会为提前付款提供现金折扣。在这种情况下，买方应仔细分析赊销条件以确定向供应商付款的最佳时间。买方必须权衡尽可能晚向供应商付款的好处和放弃提前付款折扣的成本。

采用现金折扣　如果公司有意采用现金折扣，就应该在折扣期的最后一天付款。在这一天之前付款没有更多好处。

例 15.2

劳伦斯实业（Lawrence Industries）是一家小型影音连锁店的经营者，该公司在 2 月 27 日从供应商那里购买了价值 1 000 美元的商品，这家供应商提供“2/10，30 天内（从当月月底开始）付款”的赊销条件。如果该公司采用现金折扣，就必须在 3 月 10 日前支付 980 美元 [=1 000 美元−(0.02×1 000 美元)]，因而节省 20 美元。

放弃现金折扣　如果公司选择放弃现金折扣，就应该在赊销期最后一天付款。放弃现金折扣存在隐性成本。**放弃现金折扣的成本**（cost of giving up a cash discount）是因为放弃现金折扣而额外延迟支付应付账款时期内的隐含利率。换言之，当公司放弃折扣时，它将支付更高的商品购买成本。公司多支付的成本类似于贷款利息，这种贷款的时间长度是买方可以额外延迟向卖方付款的天数。这笔成本可以用一个简单的例子说明。这个例子假设在可能的最后一天付款（现金折扣期的最后一天或赊销期的最后一天）。

例 15.3

在例 15.2 中，我们看到劳伦斯实业在 2 月 27 日购买的商品可以采用现金折扣，即在 3 月 10 日支付 980 美元。如果劳伦斯实业放弃现金折扣，就可以在 3 月 30 日付款。为了多保留现金 20 天，该公司必须多支付 20 美元，即支付 1 000 美元而非 980 美元。换言之，如果该公司在 3 月 30 日付款，它将支付 980 美元（该公司在 3 月 10 日付款时所需支付的款项）加上 20 美元。多支付的 20 美元类似于贷款利息。在这种情况下，980 美元类似于贷款本金。劳伦斯实业应在 3 月 10 日向供应商支付 980 美元，但供应商愿意接受在 3 月 30 日支付的 980 美元加上 20 美元利息。图 15.1 显示了该公司可以选择的付款方式。

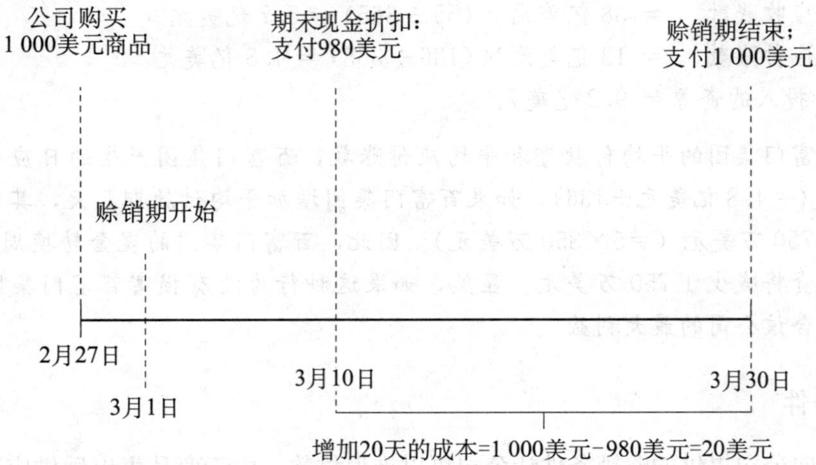

图 15.1 支付选择

为了计算放弃现金折扣的隐含利率，我们只需将 980 美元当作贷款本金，将 20 美元当作利息，将 20 天（从 3 月 10 日到 3 月 30 日的时间）当作贷款期限。劳伦斯实业面临的权衡仍然是在 3 月 10 日支付 980 美元还是在 20 天后（即 3 月 30 日）支付 980 美元加上 20 美元。因此，劳伦斯实业放弃折扣所支付的利率为 2.04%（=20 美元÷980 美元）。记住，2.04%是 20 天期贷款的利率。为了计算年利率，需要用这笔交易的利率乘以一年中的 20 天的个数。放弃现金折扣的成本的年百分比的一般计算公式为①：

$$\text{放弃现金折扣的成本} = \frac{CD}{100\% - CD} \times \frac{365}{N} \qquad (15.1)$$

其中，

CD=规定现金折扣百分比

N=放弃现金折扣可以延迟支付的天数

将 CD（2%）和 N（20 天）的值代入式（15.1），得到放弃现金折扣的年成本为 37.24% [=（2%÷98%）×(365÷20)]。

近似计算放弃现金折扣的成本的一种简单方法是用规定现金折扣百分比 CD 代替式

---

① 式（15.1）和相关讨论是基于只提供一种折扣的假设。在提供多种折扣的情况下，必须计算在每种选择下放弃现金折扣的成本。

(15.1) 的第一项：

$$\text{放弃现金折扣的近似成本} = CD \times \frac{365}{N} \tag{15.2}$$

现金折扣越小，近似值就越接近放弃现金折扣的实际成本。使用这种近似计算方法，得出劳伦斯实业放弃现金折扣的成本为 36.5% [=2%×(365÷20)]。

利用在决策中放弃现金折扣的成本 财务经理必须决定是否应该建议采用现金折扣。影响这种决策的主要考虑因素是其他短期融资来源的成本。当公司可以从银行或其他机构以低于供应商提供的隐性利率的成本获得融资时，公司最好从银行借款并采用供应商提供的折扣。

例 15.4

梅森产品 (Mason Products) 是一家大型建筑供应商，该公司有四家供应商可以选择，每家供应商提供的赊销条件不同。不过，它们的产品和服务都相同。表 15.1 为供应商 A、B、C、D 提供的赊销条件和放弃每笔交易的现金折扣的成本。使用近似方法计算放弃现金折扣的成本 (见式 (15.2))。放弃供应商 A 提供的现金折扣的近似成本为 36.5%，放弃供应商 B 提供的现金折扣的近似成本为 4.9%，放弃供应商 C 提供的现金折扣的近似成本为 21.9%，放弃供应商 D 提供的现金折扣的近似成本为 29.2%。

表 15.1 梅森产品的现金折扣与相关成本

供应商	赊销条件 (从当月月底开始)	放弃现金折扣的近似成本
A	2/10，30 天内付款	36.5%
B	1/10，85 天内付款	4.9%
C	3/20，70 天内付款	21.9%
D	4/10，60 天内付款	29.2%

如果该公司需要短期资金，可以从银行以 6% 的利率借款。独立看待每个供应商，那么该公司将放弃哪些供应商的现金折扣 (如果应该放弃的话)？当与供应商 A 交易时，该公司采用了现金折扣，因为放弃该现金折扣的成本高达 36.5%，而从银行借入所需资金的利率为 6%。该公司最好放弃供应商 B 的现金折扣，因为这样做的成本低于从银行借款的成本 (前者的成本为 4.9%，后者的成本为 6%)。对于供应商 C 或供应商 D，该公司可以采用现金折扣，因为在这两种情况下，放弃现金折扣的成本都高于从银行借款的成本 6%。

这个例子表明，当人们根据特定银行借款成本评估某个供应商的赊销条件时，放弃现金折扣的成本是重要的相关因素。然而，可能还需要考虑其他与付款政策相关的因素。例如，一些公司，尤其是小公司和管理不善的公司，通常会放弃所有折扣，因为它们要么缺乏其他无担保融资来源，要么无法确认其行为的隐性成本。

延长应付账款付款期的影响

公司常用的一种策略是**延长应付账款付款期** (stretching accounts payable)，即尽可能晚地支付账款，而不损害其信用评级。这种策略可能降低放弃现金折扣的成本。

例 15.5

劳伦斯实业提供“2/10，30 天内（从当月月底开始）付款”的赊销条件。假设在赊销期最后一天付款，则放弃现金折扣的成本约为 36.5% [=2%×(365÷20)]。如果该公司可以将应付账款付款期延长至 70 天而不损害其信用评级，则放弃现金折扣的成本仅为 12.2% [=2%×(365÷60)]。延长应付账款付款期减少了放弃现金折扣的隐性成本。

尽管延长应付账款付款期可能有财务吸引力，但它提出了一个重要的道德问题：它可能导致公司在购买商品时违反与供应商签订的协议。显然，供应商不会给经常故意延迟付款的客户好脸色。

个人理财案例 15.6

杰克·诺贝尔（Jack Nobel）和玛丽·诺贝尔（Mary Nobel）是一对年轻夫妻，他们正在考虑购买一台价格为 1 900 美元的 50 英寸高清电视。电器经销商现在有一项特别融资计划，允许他们：(1) 首付 200 美元并以 3%的年利率借入剩下的 1 700 美元，在 24 个月中分期还款，每月偿还 73 美元；(2) 立即获得 150 美元折扣，只支付 1 750 美元现金。诺贝尔夫妇已经攒了足够的现金购买电视，他们现在的存款可以获得 5%的年利率。他们希望决定是借款还是付现金购买电视。

融资选择的前期支出为 200 美元首付，而现金购买选择的前期支出为 1 750 美元。因此，现金购买选择的初始支出比融资选择多 1 550 美元（=1 750 美元−200 美元）。假设他们的存款可以获得 5%的单利利率，现金购买将导致诺贝尔夫妇放弃在 2 年中获得 155 美元（=2 年×0.05×1 550 美元）的机会成本。

如果他们选择融资，那么在第 2 年年末，1 550 美元将变为 1 705 美元（=1 550 美元+155 美元）。但如果他们选择融资，诺贝尔夫妇将在 2 年贷款期内总共支出 1 752 美元（=24 个月×每月 73 美元）。融资选择的成本为 1 752 美元，现金购买选择的成本（包括放弃的利息）为 1 705 美元。由于后者的成本较低，因此诺贝尔夫妇应支付现金购买电视。现金购买选择的成本较低主要是因为有 150 美元的折扣。

应计项目

短期商业融资的第二种自发性来源是应计项目。**应计项目**（accruals）是获得服务而尚未付款所产生的负债。公司最常见的应付项目是工资和税款。由于税款是向政府缴纳的，因此公司不能操纵这笔应计项目。然而，公司对工资应计项目可以进行某种程度的操纵，方法是延迟支付工资，从完成工作后一段时间才获得工资的员工那里获得无息贷款。按小时计酬的员工的工资支付期通常受工会规定或者州法律或联邦法律的管辖。然而，在其他情况下，工资发放频率由公司的管理层自由决定。

道德焦点

应计项目管理

实务 2010 年 6 月 2 日，迪堡公司（Diebold，Inc.）同意支付 2 500 万美元罚款以解决美国证券交易委员会提起的会计欺诈指控。据美国证券交易委员会称，这家生产自动柜员机（ATM）、银行安全系统和电子投票机的俄亥俄州公司的管理层定期收到比较该公司的利润与分析师的预测的报告。当利润低于预测时，管理层就会发现机会采取行动，其中一些为弥补差距而采取的行动形成了会计欺诈。

“迪堡公司的财务高管利用许多不同的欺诈性会计手段，虚假夸大该公司的利润，”美国证券交易委员会执法部主任罗伯特·库赞尼（Robert Khuzami）在一份声明中称，“当高管无视对投资者的职业责任时，他们和他们的公司都将面临严重的法律后果。”[a]

美国证券交易委员会的一些指控集中在过早确认收入上。例如，迪堡公司被控不当使用“持货开票”交易。根据公认会计原则，公司通常在运出商品后确认收入。然而，在某些情况下，对于某些持货开票交易，卖方可以在发货前确认收入。美国证券交易委员会称，迪堡公司不当使用持货开票会计核算而过早记录了收入。

美国证券交易委员会还称，迪堡公司操纵了多种会计应计项目。迪堡公司被控低估了长期激励计划、支付给销售人员的佣金和支付给服务人员的激励等负债。迪堡公司暂时减少了用于支付对客户的返现的负债账户。该公司还被控高估存货的价值和不当调高存货的账面价值。

迪堡公司允许的上述每项活动都会虚增该公司的财务业绩。根据美国证券交易委员会的指控，2002—2007 年，迪堡公司的欺诈活动至少错报了税前利润 1.27 亿美元。在结案 2 年前，迪堡公司重新申报了这段时期内的利润。

《2002 年萨班斯-奥克斯利反欺诈法》（2002 Sarbanes-Oxley Antifraud Law）的追回条款要求高管退回他们在公司误导股东期间得到的薪酬。迪堡公司的前首席执行官沃尔登·奥德尔（Walden O'Dell）同意返还470 000 美元现金加上股票和期权。美国证券交易委员会现在正在对另两位迪堡公司前高管所负的罪行提起诉讼。

● 为什么在法律可以判处退回薪酬处罚时，财务经理仍然试图操纵利润？

a. U. S. Securities and Exchange Commission, "SEC Charges Diebold and Former Executives with Accounting Fraud," press release, June 2, 2010, www. sec. gov/news/press/2010/2010 - 93. htm.

例 15.7

坦尼公司（Tenney Company）是一家大型清洁服务公司，该公司现在在每个工作周结束时向员工支付工资。周工资总计为 400 000 美元。如果该公司延长支付工资的时期，全年都延后 1 周支付工资，则员工实际上向公司发放了 400 000 美元的一年期贷款。如果该公司的投资年收益率为 10%，则这种策略的年价值为 40 000 美元（=0.10×400 000 美元）。

复习题

15—1 公司自发性短期融资的两个主要来源是什么？它们的余额相对于公司的销售收入如何变化？

15—2 采用现金折扣是否有成本？放弃现金折扣是否有成本？短期借款成本如何影响现金折扣决策？

15—3　什么是延长应付账款付款时间？这种行为对放弃现金折扣的成本有什么影响？

15.2　无担保短期贷款来源

公司可以通过两个主要来源获得无担保短期贷款——银行贷款和商业票据。与自发性无担保短期融资来源不同，银行贷款和商业票据是协议融资，而且来自公司财务经理采取的行动。银行贷款更为常见，因为任何规模的公司都可以获得银行贷款；而只有大公司才能发行商业票据。此外，公司还可以用国际贷款为国际交易融资。

银行贷款

银行贷款是公司无担保短期贷款的主要来源。银行对国内公司发放的主要贷款类型是**短期自动清偿贷款**（short-term，self-liquidating loan）。这些贷款的目的只是满足公司的季节性融资需求高峰，这些融资需求高峰主要是由存货和应收账款上升造成的。随着公司的存货和应收账款转化为现金，将创造出偿还这些贷款所需的资金。换言之，这种借款的用途提供了偿还贷款的机制，因此被称为自动清偿贷款。

银行通过三种基本方式贷出无担保短期资金：一次性支付票据、信用额度、周转信贷协议。在我们考察这些贷款类型之前，将首先考察贷款利率。

贷款利率

银行贷款利率可能是固定利率或浮动利率，利率通常是根据基本利率制定的。基本利率是主要银行对最重要的商业借款人发放的商业贷款的最低利率。**基本利率**（prime rate of interest 或 prime rate）随着短期资金供求关系的变化而波动。银行通常在基本利率上加上溢价以根据借款人的“风险”进行调整，以此确定向不同借款人收取的利率。溢价可能是4%或更高，但许多无担保短期贷款的溢价都低于2%。

固定利率贷款和浮动利率贷款　贷款利率可能为固定利率或浮动利率。**固定利率贷款**（fixed-rate loan）的利率被定为高于贷款日基本利率一定百分点，并在到期前保持不变。**浮动利率贷款**（floating-rate loan）的利率最初被定为高于基本利率一定百分点，但到期前该利率将随着基本利率的变化在高于基本利率的水平上“浮动”或变化。通常，浮动利率贷款的利率高于基本利率的百分点低于同等风险固定利率贷款的利率高于基本利率的百分点，因为浮动利率贷款的贷款人承受的风险较低。多数短期商业贷款都是浮动利率贷款。

利率计算方法　一旦确定了名义（或票面）年利率，计算利率的方法也就确定了。利息可以在贷款到期时支付或提前支付。如果在到期时支付利息，1年期贷款的实际（或真实）年利率——实际支付的利率——等于：

$$\frac{\text{利息}}{\text{借款金额}} \tag{15.3}$$

多数向公司发放的银行贷款都要求在到期时支付利息。

当提前支付利息时，利息将从贷款中扣除，因此借款人得到的金额实际上少于要求的金额（也少于他们必须偿还的金额）。提前支付利息的贷款被称为**贴现贷款**（discount loan）。一年期贴现贷款的实际年利率计算公式为：

$$\frac{利息}{借款金额-利息} \tag{15.4}$$

提前支付利息使实际年利率高于票面年利率。

例 15.8

伍斯特公司（Wooster Company）是一家运动服生产商，该公司希望以10%的票面年利率借入10 000美元的1年期贷款。如果在到期时支付贷款利息，该公司将支付1 000美元（=0.10×10 000美元）作为在当年使用10 000美元的报酬。在当年年末，伍斯特公司将向贷款人签发一张11 000美元的支票，它包括1 000美元利息和10 000美元本金。将其代入式（15.3），得出实际利率为：

$$\frac{1\,000\text{ 美元}}{10\,000\text{ 美元}}=10.0\%$$

如果以相同的票面年利率借入1年期贷款，但提前支付利息，该公司仍将支付1 000美元利息，但只得到9 000美元（=10 000美元−1 000美元）。在这种情况下，实际年利率为：

$$\frac{1\,000\text{ 美元}}{10\,000\text{ 美元}-1\,000\text{ 美元}}=\frac{1\,000\text{ 美元}}{9\,000\text{ 美元}}=11.1\%$$

在这种情况下，伍斯特公司在年末向贷款人签发一张10 000美元的支票，该公司已经提前"支付"了1 000美元利息，借款仅为9 000美元。因此，提前支付利息让实际年利率（11.1%）高于票面年利率（10.0%）。

一次性支付票据

有信誉的商业借款人可以从商业银行获得**一次性支付票据**（single-payment note）。这类贷款通常是对在短期内需要特定用途资金的借款人发放的一次性贷款。这种工具是借款人签发的票据，它规定了贷款条件，包括贷款时间长度和利率。这类短期票据的期限通常为30天至9个月甚至更长。利率通常以某种形式与基本利率挂钩。

例 15.9

戈登制造（Gordon Manufacturing）是一家旋转式割草机刀片生产商，该公司最近从银行A和银行B分别借入了100 000美元。贷款日期相同，基本利率为6%。每笔贷款都是在90天后付息的90天票据。银行A将固定利率票据的利率规定为基本利率之上1.5%。在90天内，不管基本利率如何变化，该票据的利率都保持为7.5%（=6%的基本利率+1.5%的溢价）不变。这笔贷款的总利息成本为1 849美元[=100 000美元×(7.5%×90÷365)]，这意味着这笔贷款的90天利率为1.85%（=1 849美元÷100 000美元）。

假设银行A的贷款全年每90天展期一次，条件和环境不变，于是我们可以用式（5.10）计算出它的实际年利率，即*EAR*。由于90天的贷款成本为1.85%，因此应该在当年用4.06（=365÷90）期的1.018 5（=1+0.018 5）的复利利率减去1：

$$EAR=(1+0.018\ 5)^{4.06}-1=1.077\ 3-1=0.077\ 3=\underline{\underline{7.73\%}}$$

固定利率90天票据的实际年利率为7.73%。

银行B将浮动利率票据的利率规定为基本利率之上1%。90天票据的利率直接随着基本利率的变化而变化。最初，该利率为7%（=6%+1%），但当基本利率变化时，票据利率也将变化。例如，如果30天后基本利率升至6.5%，再过30天，基本利率降至6.25%，则该公司将在第一个30天支付0.575%（=7%×30÷365）的利率，在接下来30天支付0.616%（=7.5%×30÷365）的利率，最后30天支付0.596%（=7.25%×30÷365）的利率。总利息成本将为1 787美元［=100 000美元×(0.575%+0.616%+0.596%)］，因此90天利率为1.79%（=1 787美元÷100 000美元）。

再次假设贷款全年每90天展期一次，条件和环境相同，实际年利率为7.46%，则有：

$$EAR=(1+0.017\ 87)^{4.06}-1=1.074\ 6-1=0.074\ 6=\underline{\underline{7.46\%}}$$

显然，在这种情况下，浮动利率贷款的成本低于固定利率贷款，因为它的实际年利率通常较低。

个人理财案例15.10

克林顿国民银行（Clinton National Bank）已经批准向梅甘·施瓦茨（Megan Schwartz）发放30 000美元的180天贷款，这让她得以支付新公寓的贷款首付。她需要这些钱作为周转资金，直到她卖掉她现在的这栋公寓，她预计现在的这栋公寓售价将为42 000美元。

克林顿国民银行向梅甘提供了30 000美元贷款的下列两种融资选择：(1)利率高于基本利率2%的固定利率贷款；(2)利率高于基本利率1%的可变利率贷款。现在，基本利率为8%，一群抵押贷款经济学家对接下来180天的基本利率变化做出了以下的一致预测：

从今天起60天后基本利率将上升1%。

从今天起90天后基本利率将再上升0.5%。

从今天起150天后基本利率将下跌1%。

梅甘希望根据预测基本利率变化确定接下来6个月利息成本最低的贷款。

固定利率贷款：

$$\begin{aligned}180\text{天的总利息成本}&=30\ 000\text{美元}\times(0.08+0.02)\times(180\div365)\\&=30\ 000\text{美元}\times0.049\ 32\approx1\ 480\text{美元}\end{aligned}$$

可变利率贷款：初始利率为9%（8%+1%），保持60天不变。然后，利率将在接下来30天升至10%（=9%+1%），再在接下来60天升至10.50%（=10%+0.50%）。最后，利率将在最后30天降至9.50%（=10.50%−1%）。

$$\begin{aligned}180\text{天的总利息成本}&=30\ 000\text{美元}\times(0.09\times60\div365+0.10\times30\div365\\&\quad+0.105\times60\div365+0.095\times30\div365)\\&=30\ 000\text{美元}\times(0.014\ 79+0.008\ 22+0.017\ 26+0.007\ 81)\\&=30\ 000\text{美元}\times0.048\ 08\approx1\ 442\text{美元}\end{aligned}$$

由于可变利率贷款的估计总利息成本为 1 442 美元，低于固定利率贷款的总利息成本 1 480 美元，因此梅甘应该接受可变利率贷款。这样，她在 180 天中将节省大约 38 美元（=1 480 美元−1 442 美元）的利息成本。

信用额度

信用额度（line of credit）是商业银行和公司之间的协议，它规定了银行将在给定时期内向公司提供的无担保短期贷款金额。它类似于银行信用卡（例如万事达卡、维萨卡和发现卡）发行人向信用卡持有者提供的预先批准的信贷协议。信用额度协议的期限通常为 1 年，并且通常对借款人的行为有某些约束。它不是有担保贷款，而是表明如果银行有足够的可用资金，允许借款人最多向银行借入一定金额。信用额度的金额就是允许公司在任一时点对银行的最大欠款金额。

当申请信用额度时，借款人可能需要提交现金预算表、试算利润表、试算资产负债表和近期财务报表等文件。如果银行发现客户符合资格，就会提供信用额度。从银行的角度看，信用额度的主要吸引力在于当客户在年内多次借款时，银行不用每次都对客户进行信用分析。

利率 信用额度的利率通常被规定为浮动利率：基本利率加上溢价。如果基本利率发生变化，对新贷款和未清偿贷款收取的利率也将自动变化。对借款人收取的高于基本利率的利率取决于其信用。借款人信用越高，高于基本利率的溢价（增加的利率）就越低，反之则反是。

经营变化限制 在信用额度协议中，银行可以施加**经营变化限制**（operating-change restrictions），它赋予银行在公司财务状况或经营发生重大变化时撤销信用额度的权利。公司通常需要提交最新、最好是经过审计的财务报表以供定期审核。此外，在主要管理人员或公司经营发生变化前通常需要通知银行。这种变化可能影响公司在未来取得成功和偿还债务的能力，因此可能改变其信用状况。如果银行不同意这些变化而公司执意要做出这些变化，银行就有权撤销信用额度。

补偿余额 为了确保借款人是“优秀客户”，许多短期无担保贷款——一次性支付票据和信用额度——都要求借款人在支票账户中保留相当于借款金额一定百分比的**补偿余额**（compensating balance）。银行的补偿余额要求通常为 10%～20%。补偿余额不仅迫使借款人成为银行的优秀客户，还可能提高借款人的利息成本。

例 15.11

埃斯特拉达图形（Estrada Graphics）是一家图形设计公司，该公司根据信用额度协议借入了 1 000 000 美元。该公司必须支付 10%的规定利率，并在支票账户中保留相当于借款金额 20%的补偿余额，即 200 000 美元。因此，该公司实际上只能使用 800 000 美元。为了使用该金额一年，该公司需要支付 100 000 美元（=0.10×1 000 000 美元）利息。因此，资金的实际年利率为 12.5%（=100 000 美元÷800 000 美元），这比规定利率 10%高 2.5%。

如果该公司通常在支票账户中保留不少于 200 000 美元的余额，那么实际年利率将等于规定年利率 10%，因为不需要用借入的 1 000 000 美元满足补偿余额要求。如果该公司通常在支票账户中保留 100 000 美元余额，那么只需要再多占用 100 000 美元，而公司有 900 000 美元可以使用。在这种情况下，实际年利率为 11.1%（=100 000 美元÷900 000

美元)。因此，只有在补偿余额大于公司正常现金余额时，补偿余额才会提高借款成本。

年清 为了确保根据信用额度协议贷出的资金真正用于为季节性需求融资，许多银行都要求**年清**（annual cleanup）。在这些情况下，借款人在当年一定天数内的贷款余额必须为0美元——也就是说，不欠银行任何钱。坚持要求借款人在特定时期内保持零贷款余额能确保短期贷款不变为长期贷款。

信用额度协议的所有特征在某种程度上都是可以协商的。现在，银行对著名大公司的竞争很激烈，纷纷开出有吸引力的条件。有前途的借款人应该尽量通过协商获得利率最优惠、金额最优厚、限制最少的信用额度协议。现在，借款人通常向贷款人支付费用而非保留存款余额作为贷款和其他服务的报酬。贷款人希望在保证最大安全性的情况下获得高收益。通过协商，将产生既适合借款人又适合贷款人的信用额度协议。

周转信贷协议

周转信贷协议（revolving credit agreement）就是担保信用额度。根据这种信贷协议，不管资金多稀缺，商业银行都确保借款人可以得到规定金额的资金，从这个角度上它是有保证的。利率和其他要求类似于信用额度协议。周转信贷协议的期限常常长于1年。[1] 由于银行保证了资金可得性，因此周转信贷协议通常要收取**承诺费**（commitment fee）。这笔费用通常是对借款人信用额度的平均未使用余额收取的。它通常约为信用额度平均未使用部分的0.5%。

例 15.12

REH公司（REH Company）是一家大型房地产开发商，该公司与银行签订了200万美元的周转信贷协议。根据该协议，去年该公司的平均借款为150万美元。银行对平均未使用余额收取0.5%的承诺费。由于承诺资金的平均未使用部分为500 000美元（=200万美元−150万美元），因此当年的承诺费为2 500美元（=0.005×500 000美元）。当然，根据协议，REH公司必须对实际借入的150万美元支付利息。假设对借入的150万美元支付了112 500美元利息，则该协议的实际成本为7.67%［=（112 500美元+2 500美元）÷1 500 000美元］。尽管比信用额度协议成本高，但从借款人的角度看，周转信贷协议的风险较低，因为资金可得性有保证。

商业票据

商业票据（commercial paper）是一种融资形式，它是指具有高信用水平的公司发行的短期无担保本票。通常，只有财务稳健性没有问题的大公司才有能力发行商业票据。多数商业票据的期限为3～270天。尽管没有规定面值，但商业票据的发行金额通常为100 000美元或100 000美元的倍数。现在，大部分商业票据都是由金融公司发行的；还

---

① 许多作者将周转信贷协议定义为中期融资，所谓中期融资是指期限为1～7年的融资，但是我们没有采用中期融资的分类，只做了短期融资和长期融资的分类。许多周转信贷协议的期限都长于1年，因此它们可以被归类为长期融资；然而，在这里讨论它们，是因为它们类似于信用额度协议。

有一小部分是由制造业公司发行的。公司经常购买商业票据，它们将其当作适销证券持有，以提供付息流动性储备。

商业票据的利息

商业票据以面值的折价出售。折价的大小和距到期日的长度决定了商业票据发行人支付的利息。买方实际获得的利息可以通过某些计算确定，下面用一个例子说明。

例 15.13

伯特伦公司（Bertram Corporation）是一家大型造船厂，该公司刚发行了价值 1 000 000万美元、售价为 990 000 美元、期限为 90 天的商业票据。90 天后，商业票据买方的 990 000 美元投资将得到 1 000 000 美元。因此，这笔本金为 990 000 美元的商业票据支付的利息为10 000 美元。该票据的 90 天实际利率为 1.01%（=10 000 美元÷990 000 美元）。假设该商业票据全年每 90 天展期一次（也就是说，365÷90=每年 4.06 次），根据式（5.10）计算出的伯特伦公司的商业票据实际年利率为 4.16% [$=(1+0.010\,1)^{4.06}-1$]。

商业票据的一个有趣特征是，利息成本通常比基本利率低 2%～4%。换言之，公司出售商业票据的融资成本低于从商业银行借款的融资成本。原因在于，许多短期资金供给方无法像银行一样选择以基本利率提供低风险商业贷款。它们只能安全投资于国库券和商业票据这样的适销证券。

尽管通过出售商业票据借款的票面利息成本通常低于基本利率，但商业票据的整体成本可能并不低于银行贷款。额外成本包括各种费用和发行成本。而且，即使从商业银行借款的成本稍高，有时也应该向银行借款，以建立良好的合作关系。这种策略确保当资金紧张时，可以立即以合理利率获得资金。

实例分析

贷款限额

美国法律禁止商业银行向任何一个借款人贷款的金额超过银行未动用资本和盈余的 15%（如果贷款由可以随时出售的担保品担保，则可以提高 10%）。这条限制旨在保护存款人，迫使商业银行在多个借款人之间分担风险。此外，小型商业银行不太有机会向大型高质量商业借款人贷款。

国际贷款

从某些方面讲，国际贸易的短期融资与纯国内贸易的短期融资没有什么不同。在两种情况下，生产商都必须为生产和存货融资，然后在收到现金销售收入之前继续为应收账款融资。然而，从另一些方面讲，国际贸易短期融资在本质上不同于严格的国内贸易短期融资。

国际贸易

国际贸易和国内贸易的重要区别在于，付款和收款通常是用外币进行的。美国公司不仅必须支付在外汇市场上的交易成本，而且面临着汇率风险。有外币应收账款的美国出口商面临着美元兑外币升值的风险。有外币应付账款的美国进口商面临着美元兑外币贬值的风险。尽管汇率风险通常可以用货币远期、期货或期权市场对冲，但这样做的成本很高，而且并非所有外币都有这些市场。

典型的国际贸易通常规模很大、期限很长。因此，从事国际贸易的公司通常比只在国内经营的公司的融资金额更大、期限更长。此外，由于外国公司在美国很少为人熟知，因此一些金融机构不愿贷款给美国出口商或进口商，尤其是小公司。

国际贸易融资

国际贸易融资有几种专门的方法。其中最重要的融资方法或许就是**信用证**（letter of credit），这是公司的银行向公司的外国供应商开出的函件，说明在满足所有基础协议的条件下，银行保证公司将按发票金额付款。信用证本质上是用银行的声誉和信用代替商业客户的声誉和信用。如果某笔交易附有买方母国著名银行签发的信用证为交易提供担保，美国出口商就更愿意向外国买家出售商品。

持续在外国经营的公司经常在当地市场上为业务进行融资。例如，在墨西哥开设了流水线工厂的公司可能选择从墨西哥银行借入比索贷款以购买墨西哥的商品和服务。这种做法不仅最小化了汇率风险，还增进了公司与东道国社会的关系。然而，跨国公司有时也从国际银行获得美元贷款，为国际贸易融资。欧洲货币贷款市场也允许信誉高的借款人以有吸引力的条件获得融资。

子公司之间的交易

许多国际贸易都涉及子公司之间的交易。例如，某家美国公司可能有一部分生产在亚洲工厂进行，另一部分生产在美国进行，在巴西组装商品，在欧洲出售商品。商品在子公司之间的来回运输产生了应收账款和应付账款，但母公司对于如何支付货款和何时支付货款有很大的自由裁量权。尤其是母公司可以对子公司之间的欠款“轧差”，子公司只需支付净欠款金额，而不是子公司彼此支付欠款总额，从而最小化外汇费用和其他交易成本。

复习题

15—4　基本利率与短期银行借款成本有何关系？什么是浮动利率贷款？

15—5　要求到期支付利息的贷款和要求提前支付利息的类似贷款的实际年利率有何区别？

15—6　一次性支付票据的基本条件和特征是什么？如何计算这种票据的实际年利率？

15—7　什么是信用额度？请描述信用额度协议通常包括的下列特征：(a) 经营变化限制；(b) 补偿余额；(c) 年清。

15—8　什么是周转信贷协议？这种安排和信用额度协议有什么区别？什么是承诺费？

15—9　公司如何使用商业票据筹集短期资金？商业票据的发行方是谁？购买方是谁？

15—10　国际贸易和国内贸易的重要区别是什么？如何在国际贸易融资中使用信用证？如何在子公司交易中使用“轧差”？

15.3 担保短期贷款来源

当一家公司耗尽无担保短期融资来源时，它或许还能获得担保短期贷款。**担保短期融资**（secured short-term financing）有特定资产作为担保品。担保品通常为资产形式，例如应收账款或存货。**担保协议**（security agreement）规定了贷款担保品，贷款人通过执行与借款人签订的担保协议获得担保品的担保物权。此外，担保贷款的条件形成了担保协议的一部分。担保协议的副本需要在美国州公共机构（通常是县法院或州法院）备案。备案向后来的贷款人说明了借款人不能将哪些资产作为担保品。备案要求合法确定贷款人的担保物权，从而保护了贷款人的利益。

担保短期贷款的特征

尽管许多人都认为持有担保品作为保证降低了贷款违约风险，但贷款人通常不这么看待贷款。贷款人承认，持有担保品可以降低借款人违约时的损失，但担保品的存在并不影响违约风险。贷款人要求提供担保品是为了确保在贷款违约时收回部分贷款。然而，贷款人最希望的是借款人按期还款。通常，贷款人更愿意以较低利率发放风险较低的贷款，而不是必须变现担保品。

担保品与期限

担保短期贷款的贷款人更偏好与贷款期限基本匹配的担保品。流动资产是最受欢迎的短期贷款担保品，因为它转换为现金的速度通常比固定资产快得多。因此，担保短期贷款的贷款人通常只接受流动资产作为担保品。

通常，贷款人根据担保品决定理想**贷款百分比**（percentage advance）。用贷款百分比可以算出担保贷款的本金，它通常为担保品账面价值的30%～100%。类型和流动性不同的担保品，贷款百分比也不同。

担保短期贷款的利率通常高于无担保短期贷款的利率。贷款人通常不认为担保贷款的风险低于无担保贷款。此外，对于贷款人而言，协商和管理担保贷款比协商和管理无担保贷款更麻烦。因此，贷款人通常要求获得服务费或（和）更高的利率作为补偿。

提供担保短期贷款的机构

公司担保短期贷款的主要来源是商业银行和商业金融公司。这两种机构主要通过应收账款和存货提供担保短期贷款。我们已经介绍了商业银行的经营。**商业金融公司**（commercial finance companies）是只向公司发放担保贷款——既包括短期贷款又包括长期贷款——的贷款机构。和银行不同，金融公司不得持有存款。

只有无法再从商业银行借入无担保短期贷款和担保短期贷款时，借款人才会向商业金融公司借入担保贷款。因为金融公司的客户通常是风险较高的借款人，因此它们对担保短期贷款收取的利息通常高于商业银行。主要的美国商业金融公司包括CIT集团（CIT

Group）和通用电气金融财务有限公司（General Electric Corporate Financial Services）。

将应收账款作为担保品

用应收账款获得短期融资的两种常用方法是应收账款质押和应收账款保理。实际上，只有应收账款质押会产生担保短期贷款；保理实际上是以折价出售应收账款。尽管保理实际上不是一种担保短期贷款形式，但它需要使用应收账款以获得所需的短期资金。

应收账款质押

应收账款质押（pledge of accounts receivable）通常被用来担保短期贷款。由于应收账款的流动性通常很高，因此它是非常有吸引力的短期贷款担保形式。

质押过程 当一家公司将应收账款作为质押申请贷款时，贷款人首先要评估该公司的应收账款以确定其是否适合作为担保品。贷款人将列出应收账款及其开票日期与金额。如果借款公司申请固定金额的贷款，贷款人需要选择足够的应收账款作为所申请贷款的担保。如果借款人希望获得尽可能多的贷款，贷款人将评估所有应收账款，选择金额最大的可接受担保品。

选择好可接受应收账款后，贷款人通常会根据预期退货和其他折让调整这些应收账款的价值。如果某客户的应收账款被质押后，该客户被退货或者提供某类折让（例如提前付款现金折扣），担保品金额就会自动减少。为了在发生这种情况时提供保护，贷款人通常会将可接受担保品的价值调低一定比例。

接下来，必须确定根据担保品发放贷款的百分比。贷款人将评估可接受应收账款的质量和变现这些应收账款的预期成本。通过该百分比可以算出贷款本金，它通常占可接受应收账款面值的50%～90%。为了保护自己对担保品的权益，贷款人将申请**留置权**（lien），它是公开披露的对担保品的合法索偿权。

通知 应收账款质押通常建立在**非通知基础**（nonnotification basis）上，这意味着应收账户被质押的客户不会收到通知。在非通知安排下，借款人仍将收取质押应收账款，贷款人信任借款人在收到款项时会还款。如果质押应收账款建立在**通知基础**（notification basis）上，客户会接到通知，要求他们直接向贷款人汇款。

> **实例分析**
>
> **应收账款交易**
>
> 2007年成立的应收账款交易所（Receivables Exchange）是一个网络市场，对冲基金和商业银行等寻找短期投资的机构可以在这里对各行各业小型、中型或大型的公司质押的应收账款投标。需要现金的公司在应收账款交易所拍卖应收账款，投资者竞拍这些应收账款。应收账款交易所向出售应收账款的公司提供了超过10亿美元融资。应收账款交易所引起了纽约泛欧证券交易所的注意，2011年，纽约泛欧证券交易所购买了应收账款交易所的少数股份。

质押成本 应收账款质押的票面成本通常比基本利率高2%～5%。除了票面利率，贷款人还可能收取最高 3%的服务费以收回管理成本。显然，应收账款质押是高成本的短期融资来源。

应收账款保理

应收账款保理（factoring accounts receivable）是指直接以折价向金融机构出售应收账款。**保理商**（factor）是专门向公司购买应收账款的金融机构。尽管应收账款保理与短期贷款不同，但它们都使用应收账款作为贷款担保品。

保理协议 保理协议通常说明了购买应收账款的确切条件和程序。和应收账款质押的贷款人类似，保理商购买应收账款时会进行选择，只选择信用风险看上去可接受的应收账款。当持续进行保理时，保理商实际上做出的是公司信贷决策，因为这需要确保应收账款是可接受的。保理通常是在通知基础上进行的，客户直接向保理商支付应收账款。此外，多数出售给保理商的应收账款都是**无追索权基础**（nonrecourse basis）的，这意味着保理商同意接受所有信用风险。因此，如果购买的应收账款无法收回，保理商必须承受该亏损。

通常，保理商不必向公司付款，直到收到应收账款或者信用期最后一天（以最先到来的日期为准）。保理商为每位客户建立一个类似于银行存款账户的账户。当收到应收账款或信用期到期时，保理商将钱存入卖方的账户，当卖方需要资金时可以自由取款。

在许多情况下，如果公司在账户中有钱，就会存在盈余，保理商将对其支付利息。在另一些情况下，保理商可能根据尚未到期的未收账款为公司垫款。这些垫款表示公司账户中的负余额，这些余额需要支付利息。

保理成本 保理成本包括手续费、对垫款收取的利息和盈余获得的利息。保理商在公司账户中存入的金额为保理商购买的已收应收账款或到期应收账款的账面价值减去手续费。手续费通常被规定为保理应收账款账面价值的 1%～3%。对垫款收取的利率通常比基本利率高 2%～4%。它是根据实际垫款金额收取的。对盈余支付的利率通常为每月 0.2%～0.5%。

尽管保理的成本看上去可能很高，但它也有某些优点，因此对许多公司有吸引力。其中一个优点是它让公司可以将应收账款立即转换为现金，而不用担心还款问题。另一个优点是它的现金流模式是已知的。此外，如果持续进行保理，公司就可以取消信用部门和收款部门。

将存货作为担保品

存货通常是受欢迎程度仅次于应收账款的短期贷款担保品。存货的市场价值通常高于账面价值，而账面价值被用来确定其作为担保品的价值。如果借款人对债务违约，以存货作为担保品的贷款的贷款人至少能以账面价值出售存货。

当评估作为贷款担保品的存货时，最重要的特征是适销性。易腐商品，例如新鲜的桃子，可能是很容易出售的，但如果储存和出售桃子的成本很高，它们就可能不是理想的担保品。特殊商品（例如月球漫步车）也不是理想的担保品，因为很难找到它们的买家。当评估存货是否可能作为担保品时，贷款人可以考虑市场价格非常稳定、已经有现成市场、没有不合意物理特征的商品。

流动存货留置权

贷款人可能愿意提供有**流动存货留置权**（floating inventory lien）的贷款，流动存货留置权是对存货的一般索偿权。当公司有由各类相对便宜的商品组成的稳定存货时，这种安排最具吸引力。汽车轮胎、螺丝和螺栓、鞋等存货商品都可以作为有流动存货留置权的贷款的担保品。由于贷款人很难证实存货是否存在，因此贷款人通常提供的贷款不到平均存货账面价值的50%。对流动存货留置权收取的利率比基本利率高3%～5%。商业银行通常需要流动存货留置权作为原本无担保的贷款的额外担保。公司也可以从商业金融公司获得流动存货留置权贷款。

信托收据存货贷款

信托收据存货贷款（trust receipt inventory loan）通常是以相对较昂贵的汽车、耐用消费品和可以按序列号识别的工业商品为担保品发放的贷款。根据这种贷款协议，借款人保留存货，贷款人发放的贷款为存货成本的80%～100%。贷款人对所有用作贷款担保品的商品拥有留置权。借款人可以自由出售商品，但应该在出售商品后立即向贷款人偿还贷款并支付利息。然后，贷款人将释放对商品的留置权。贷款人定期检查借款人的存货，确保借款人持有必要的担保品。对借款人收取的利息通常比基本利率高2%以上。

信托收据存货贷款通常是由制造商全资持有的融资子公司——被称为附属融资公司——向客户发放的。附属融资公司在生产耐用消费品的行业中尤为常见，因为它们为制造商提供了有用的销售工具。例如，通用汽车的融资子公司，通用汽车金融服务公司（General Motors Acceptance Corporation）就向通用汽车经销商提供这种类型的贷款。商业银行和商业金融公司也提供信托收据存货贷款。

仓单质押贷款

仓单质押贷款（warehouse receipt loan）是贷款人（可能是商业银行或商业金融公司）获得被质押存货担保品控制权的贷款，这些担保品由指定代理人代表贷款人储存。选好可接受的担保品后，贷款人将雇用仓储公司作为代理人并持有存货。

仓库安排可以分为两类。终端仓库是用来储存不同客户的商品的中央仓库。当存货容易运输且运往仓库的成本相对较低时，贷款人通常会使用这种仓库。在现场仓库安排下，贷款人雇用现场仓储公司，根据借款人的生产经营地点建立仓库或者租用借款人的部分仓库储存担保品。不管仓库类型是什么，仓储公司都要派人看守存货。只有得到贷款人的书面批准，仓储公司才能放行作为担保品的存货。

实际贷款协议具体规定了放行存货的要求。和其他担保贷款一样，贷款人只接受它认为随时可以出售的担保品，且贷款金额仅为担保品价值的一部分——通常为75%～90%。仓单质押贷款的具体成本通常高于其他担保贷款的成本，因为需要雇用仓储公司看守和监管担保品。仓单质押贷款的基础利率高于无担保贷款的基础利率，通常比基本利率高3%～5%。除了利息，借款人还必须支付仓储费，因此承担了仓储成本，它通常为贷款金额的1%～3%。借款人通常还需要为仓储商品缴纳保险费。

复习题

15—11 担保短期贷款被认为比无担保短期贷款的风险更高还是更低？为什么？

15—12 通常对担保短期贷款收取的利率和费用有多高？为什么这些利率通常高于无担保短期贷款的利率？

15—13 请描述和比较下列用应收账款获得短期融资的方法的基本特征：(a) 应收账款质押；(b) 应收账款保理。请指出提供以上每种融资的机构。

15—14 对于下列将存货作为短期贷款担保品的方法，请描述每种方法的基本特征并比较它们的用途：(a) 流动存货留置权；(b) 信托收据存货贷款；(c) 仓单质押贷款。

总　结

价值焦点

流动负债表示重要且通常成本较低的公司融资来源。公司的短期（流动负债）融资水平影响其盈利性和风险。应付账款和应计项目是应该认真管理的自发性负债，因为它们是免费融资。应付账款为协议短期融资，应该尽可能在最优惠条件下以最低成本获得这种融资。著名大公司可以通过出售商业票据获得无担保短期融资。在有担保的基础上，公司可以将应收账款或存货作为担保品从银行或商业金融公司获得贷款。

财务经理必须获得合适数量和形式的流动负债融资，以最低风险提供成本最低的资金。这种策略应有助于公司实现最大化股价的目标。

学习目标复习

目标1　考察应付账款、赊销条件的主要组成部分以及分析赊销条件的程序。主要的自发性短期融资来源是应付账款。它是短期资金的主要来源。赊销条件在赊销期、现金折扣、现金折扣期和赊销期的开始时间上有差异。只有当需要短期资金的公司必须支付的利率高于放弃现金折扣的成本时，才应该放弃现金折扣。

目标2　了解减缓支付应付账款对应付账款成本的影响和应计项目的用途。减缓支付应付账款可能降低放弃现金折扣的成本。主要来自工资和税款的应计项目基本是免税的。

目标3　描述利率和基本类型的无担保银行短期贷款。银行是主要的公司无担保短期贷款来源。这些贷款的利率与基本利率挂钩，附有可能固定也可能浮动的风险溢价。应该用实际年利率对这些贷款进行评估。在贷款到期时支付利息还是提前支付利息会影响利率。银行贷款的形式可能为一次性支付票据、信用额度和周转信贷协议。

目标4　讨论商业票据的基础特征和国际短期贷款的主要内容。商业票据是具有高信用水平的公司发行的无担保债务。国际贸易使公司面临汇率风险。国际贸易比国内贸易规模更大、期限更长，它们可以用信用证、在当地市场上借款或从国际银行借入美元贷款的方式融资。在子公司之间的交易中，可以用“轧差”最小化外汇费用和其他交易成本。

目标 5　说明担保短期贷款的特征和应收账款作为短期贷款担保品的用途。担保短期贷款是贷款人要求提供担保品的贷款，这些担保品通常是应收账款或存货等流动资产。贷款人提供的贷款金额仅为可接受担保品账面价值的一部分。这种贷款的成本高于无担保贷款。商业银行和商业金融公司发放担保短期贷款。质押和保理都需要使用应收账款获得所需的短期资金。

目标 6　描述将存货作为短期贷款担保品的不同方式。存货可以在流动存货留置权、信托收据存货贷款或仓单质押贷款中作为短期贷款的担保品。

自测题（答案见附录）

自测 15—1　现金折扣决策　一家公司的三家供应商的赊销条件如下表所示。（注：假设一年为 365 天。）

供应商	赊销条件（从当月月底开始）
X	1/10，55 天内付款
Y	2/10，30 天内付款
Z	2/20，60 天内付款

a. 请确定放弃每家供应商的现金折扣的近似成本。

b. 假设该公司需要短期融资，请指出该公司应该放弃现金折扣还是接受折扣并以 15%的年利率从银行借款。请用你第 a 问的答案分别对每家供应商的情况进行评估。

c. 现在假设该公司可以将应付供应商 Z 的应付账款支付期（仅指无现金折扣期）延长 20 天，那么这对你第 b 问中关于这家供应商的答案有何影响？

热身练习

练习 15—1　莱曼育种公司（Lyman Nurseries）在 1 月 12 日购买了价格为 25 000 美元的种子，赊销条件为“3/15，30 天内付款”。如果该公司采用现金折扣，应该支付多少钱？根据简化公式，放弃现金折扣的近似成本是多少？

练习 15—2　清洁工公司（Cleaner's，Inc.）即将变为每两周发一次工资而非每周发一次工资，因此工资支付间隔长了一周。该公司有 25 名员工，每周工作 60 小时，平均工资为每小时 12.50 美元。当利率为 10%时，这种变化每年能为公司节省多少钱？

练习 15—3　茉莉花香公司（Jasmine Scents，Inc.）可以从两种互斥的短期融资中进行选择。两种选择都是借入 15 000 美元，为期 1 年。第一种选择是利率为 8%的贴现贷款，第二种选择是票面利率为 9%、到期时付息的贷款。请计算每笔贷款的实际年利率，并指出哪种贷款的条件更优厚。

练习 15—4　杰克逊实业（Jackson Industries）用信用额度协议借入了 125 000 美元。尽管该公司通常在贷款银行的支票账户中保留 15 000 美元余额，但这笔信用额度要求 20%的补偿余额。借入资金的规定利率为 10%。该信用额度协议的实际年利率是多少？

练习 15—5　地平线电信（Horizon Telecom）以 298 000 美元的价格卖出了价值 300 000 美元的 120 天商业票据。对商业票据支付的利息是多少？该商业票据的 120 天实际利率是多少？

习 题

习题 15—1 付款日期 请确定在下列赊销条件下，公司必须在何时支付 11 月 25 日购买并开票的商品货款：

a. 从开票日起 30 天内付款。

b. 从月底起 30 天内付款。

c. 从开票日起 45 天内付款。

d. 从月底起 60 天内付款。

习题 15—2 放弃现金折扣的成本 请确定在下列赊销条件下放弃现金折扣的成本。（注：假设一年为 365 天。）

a. 2/10，30 天内付款。

b. 1/10，30 天内付款。

c. 1/10，45 天内付款。

d. 3/10，90 天内付款。

e. 1/10，60 天内付款。

f. 3/10，30 天内付款。

g. 4/10，180 天内付款。

习题 15—3 赊销条件 假设客户在赊销期结束时全额支付赊购商品的货款。许多公司都对在赊销期第一段时间内付款的客户提供折扣。原始发票使用一种简化符号说明适用的赊销条件。（注：假设一年为 365 天。）

a. 请用简化符号写出下列每种情况的赊销条件：

现金折扣	现金折扣期	赊销期	赊销期开始时间
1%	15 天	45 天	开票日
2%	10 天	30 天	月底
2%	7 天	28 天	开票日
1%	10 天	60 天	月底

b. 请计算在第 a 问的每组赊销条件下从开票日（3 月 12 日）到付完全款的天数。

c. 请计算在每组赊销条件下放弃现金折扣的成本。

d. 如果该公司的短期融资成本为 8%，你建议在每种情况下采用现金折扣还是放弃现金折扣？

习题 15—4 现金折扣与贷款 乔安妮·格尔马诺（Joanne Germano）在一家大型零售商店的应付账款部门工作。她希望说服上司采用多数供应商提供的赊销条件：65 天内付款，提前 15 天付款可获得 1% 的折扣。但她的上司认为，放弃 1% 的折扣的成本小于借入利率为 7% 的贷款的成本。请证明谁对谁错。（注：假设一年为 365 天。）

个人理财习题 15—5 借款购买资产或支付现金购买资产 鲍勃·吉布斯（Bob Gibbs）和卡萝尔·吉布斯（Carol Gibbs）即将搬入他们的第一套公寓。他们来到家具反斗城（Furniture R'Us）选购餐桌和碗橱。餐桌通常是较昂贵的家具，这家商店向客户提供融资。鲍勃和卡萝尔可以用现金为家具付款，但这将显著减少他们的存款，因此他们希望考虑所有选择。

餐桌的价格为 3 000 美元，家具反斗城提供了一项融资计划，让他们可以：(1) 首付 10%，然后以 4% 的年利率贷入其余资金，为期 24 个月；或 (2) 立即获得 200 美元现金返还，因此只需支付 2 800 美元现金即可购买家具。

鲍勃和卡萝尔现在的存款年利率为 5.2%。

a. 请计算贷款的现金首付。

b. 请计算贷款的月分期还款金额。(提示:将当前的贷款作为年金处理,并算出月分期还款金额。)

c. 请计算在现金购买选择下的初始现金支出。

d. 假设鲍勃和卡萝尔的存款能获得 5.2%的单利利率,如果他们支付现金,将在 2 年中放弃多少(机会成本)?

e. 2 年后现金选择的成本是多少?

f. 鲍勃和卡萝尔应该选择融资还是用现金付款?

习题 15—6 现金折扣决定 大草原制造(Prairie Manufacturing)有四家潜在供应商,它们提供了不同的赊销条件。除了赊销条件的差异,它们的商品和服务基本上相同。这些供应商提供的赊销条件如下表所示。(注;假设一年为 365 天。)

供应商	赊销条件
J	1/5,30 天内付款
K	2/20,80 天内付款
L	1/15,60 天内付款
M	3/10,90 天内付款

a. 请计算放弃每家供应商的现金折扣的近似成本。

b. 如果该公司需要短期资金,现在它可以从商业银行以 9%的利率贷款,如果分别看待每家供应商,该公司应该放弃哪家供应商的现金折扣?请说明原因。

c. 现在假设该公司可以拖延 30 天(仅指无现金折扣期)向供应商 M 支付应付账款。这种举措对你第 b 问关于这家供应商的答案有何影响?

习题 15—7 改变付款周期 在接受缪斯公司(Muse, Inc.)首席执行官兼董事会主席的职位后,多米尼克·霍华德(Dominic Howard)将该公司每周的发薪日从周一下午改为下个周五下午。该公司每周要支付 1 亿美元工资,短期资金成本为 5%。如果这种变化的影响是延迟支票结算 1 周,那么每年将节省多少钱?

习题 15—8 自发性资金来源,应计项目 托曼男服店(Tallman Haberdashery, Inc.)与迈耶斯男装店(Meyers Men's Suits, Inc.)合并后,托曼男服店的员工从每周领薪变为每两周领薪。托曼男服店的周工资总额为 750 000 美元。合并后公司的资金成本为 11%。改变发薪周期每年能节省多少钱?

习题 15—9 银行贷款成本 数据备份系统公司(Data Back-Up Systems, Inc.)获得了 100 000 美元年利率为 15%、到期时一次性偿还的 90 天银行贷款。(注:假设一年为 365 天。)

a. 该公司对这笔 90 天贷款应支付多少利息?

b. 请计算 90 天贷款的利率。

c. 请将第 b 问的结果换算为年利率,计算这笔贷款的实际年利率,假设在相同条件和环境下,贷款全年每 90 天周转一次。

个人理财习题 15—10 无担保短期贷款来源 约翰·萨维奇(John Savage)从第一卡罗来纳银行(First Carolina Bank)获得了一笔短期贷款。这笔贷款在 180 天后到期,金额为 45 000 美元。约翰需要这笔钱支付创办新企业的成本。他希望在 6 个月后获得其他投资者的充足资金支持。第一卡罗来纳银行向约翰提供了获得 45 000 美元贷款的两种选择:利率比基本利率高 2.5%的固定利率贷款和利率比基本利率高 1.5%的可变利率贷款。

现在的基本利率为 6.5%,一群经济学家对利率的一致预测如下:从今天起 60 天后,基本利率将提高 0.5%，从今天起 90 天后，基本利率将再升高 1%；从今天起 180 天后，基本利率将下降 0.5%。

请使用预测的基本利率变化回答下列问题：

a. 请计算固定利率贷款在 180 天内的总利息成本。

b. 请计算可变利率贷款在 180 天内的总利息成本。

c. 哪种贷款在接下来 180 天内的利息成本较低？

习题 15—11　实际年利率　一家金融机构发放了 400 万美元的 1 年期贴现贷款，利率为 6%，并要求补偿余额等于贷款面值的 5%。请确定这笔贷款的实际年利率。（注：假设该公司目前在这家金融机构的存款保持为 0 美元。）

习题 15—12　补偿余额与实际年利率　林肯实业（Lincoln Industries）获得了第二银行（Bank Two）的信用额度，它要求对借款支付 11%的利率，并保持相当于借款金额 15%的补偿余额。该公司当年根据信用额度协议借入了 800 000 美元。

a. 如果该公司在第二银行通常没有存款，请计算该公司借款的实际年利率。

b. 如果该公司通常在第二银行保持 70 000 美元存款余额，请计算该公司借款的实际年利率。

c. 如果该公司通常在第二银行保持 150 000 美元存款余额，请计算该公司借款的实际年利率。

d. 请比较、对比与讨论你对第 a 问、第 b 问和第 c 问的答案。

习题 15—13　补偿余额与贴现贷款　韦瑟斯餐饮供应公司（Weathers Catering Supply，Inc.）需要借入 150 000 美元，为期 6 个月。州立银行（State Bank）提出以 9%的年利率提供贷款，补偿余额要求为 10%。（注：韦瑟斯餐饮供应公司目前在州立银行中的存款保持为 0 美元。）弗罗斯特金融公司（Frost Finance Co.）提出以 9%的年利率提供贴现贷款。两笔贷款的本金都在到期时一次性偿还。

a. 请计算每笔贷款的实际年利率。

b. 为了降低州立银行贷款的实际年利率，韦瑟斯餐饮供应公司可以怎样做？

习题 15—14　综合：比较贷款条件　坎伯兰家具（Cumberland Furniture）希望与一家当地商业银行提前签订贷款协议。该银行的信用额度贷款利率比基本利率高 3.30%，每年必须在 30 天内将借款减少至 0 美元。同等周转信贷协议的利率比基本利率高 2.80%，平均未动用余额的承诺费为 0.50%。这两笔贷款的必要补偿余额均等于借款金额的 20%。（注：坎伯兰家具目前在该银行的存款保持为 0 美元。）基本利率现在为 8%。两笔贷款的借款限额均为 400 万美元。该公司预期，不管接受哪笔贷款，当年的平均借款金额均为 200 万美元。

a. 信用额度贷款的实际年利率是多少？

b. 周转信贷协议的实际年利率是多少？（提示：请计算该公司将支付的利息和承诺费与该公司实际使用的资金之比。）

c. 如果该公司预期平均借入金额为贷款限额的一半，你推荐借款人借入哪种贷款？请说明原因。

习题 15—15　商业票据的成本　商业票据通常以折价出售。法恩公司（Fan Corporation）刚刚出售了一笔面值为 100 万美元的 90 天商业票据。该公司的初始票据销售收入为 978 000 美元。（注：假设一年为 365 天。）

a. 假设商业票据全年每 90 天周转一次，该公司用商业票据融资所需支付的实际年利率是多少？

b. 如果从出售商业票据的初始收入中向投资银行支付 9 612 美元经纪费，该公司支付的实际年利率是多少？假设商业票据全年每 90 天周转一次。

习题 15—16　将应收账款作为担保品　堪萨斯城餐饮公司（Kansas City Castings）希望将应收账款作为担保品获得尽可能多的贷款。该公司提供的赊销条件为 30 天内付款。12 家赊销客户对堪萨斯城餐饮公司的应付账款、每笔应付账款的平均账龄和客户平均付款期如下页表所示。

客户	应收账款	平均账龄	客户平均付款期
A	37 000 美元	40 天	30 天
B	42 000 美元	25 天	50 天
C	15 000 美元	40 天	60 天
D	8 000 美元	30 天	35 天
E	50 000 美元	31 天	40 天
F	12 000 美元	28 天	30 天
G	24 000 美元	30 天	70 天
H	46 000 美元	29 天	40 天
I	3 000 美元	30 天	65 天
J	22 000 美元	25 天	35 天
K	62 000 美元	35 天	40 天
L	80 000 美元	60 天	70 天

a. 如果只要客户以往都在 45 天内付款，银行就接受所有收款期在 45 天内的应收账款，那么哪些账款是可以接受的？应收账款担保品的总金额是多少？（注：不包括平均账龄长于客户平均付款期的应收账款。）

b. 除了第 a 问中的条件，银行确认 5%的赊销收入将由于退货和折让而损失。而且在根据退货和折让进行调整后，银行贷款金额仅为可接受担保品的 80%。通过这种贷款可以获得多少资金？

习题 15—17　将应收账款作为担保品，借款成本　马克西姆银行（Maximum Bank）分析了科学软件公司（Scientific Software，Inc.）的应收账款。该银行选择了八笔总额为 134 000 美元、可以接受作为担保品的应收账款。该银行的贷款利率为基本利率加 3%的利率和 2%的手续费。现在的基本利率为 8.5%。

a. 该银行根据退货和折让对应收账款的价值调整了 10%。然后，该银行的最大贷款金额为调整后可接受担保品价值的 85%。银行对科学软件公司的最大贷款金额是多少？

b. 如果科学软件公司借款 100 000 美元，为期 12 个月，该公司的实际年利率是多少？如果借款 6 个月呢？如果借款 3 个月呢？（注：假设一年为 365 天，基本利率在贷款期限内保持为 8.5%。）

习题 15—18　保理　布莱尔金融公司（Blair Finance）对霍尔德公司（Holder Company）的应收账款进行保理。全部八笔保理应收账款的保理金额、到期日和 5 月 30 日的状态如下表所示。表中给出了布莱尔金融公司应在 5 月 30 日支付给霍尔德公司的款项和付款日期。假设在计算付款金额时已经扣除了 2%的保理费。

应收账款	保理金额（美元）	到期日	5 月 30 日的状态
A	200 000	5 月 30 日	5 月 15 日收款
B	90 000	5 月 30 日	未收款
C	110 000	5 月 30 日	未收款
D	85 000	6 月 15 日	5 月 30 日收款
E	120 000	5 月 30 日	5 月 27 日收款
F	180 000	6 月 15 日	5 月 30 日收款
G	90 000	5 月 15 日	未收款
H	30 000	6 月 30 日	5 月 30 日收款

习题 15—19　存货融资　雷蒙德制造（Raymond Manufacturing）面临着一场流动性危机：该公司需要 1 个月期的 100 000 美元贷款。该公司没有额外无担保贷款来源，因此必须找到短期担保贷款的贷款人。该公司的应收账款非常少，但是存货被认为流动性很高因而是很理想的担保品。存货的账面价值为 300 000 美元，其中 120 000 美元为产成品。（注：假设一年为 365 天。）

（1）同城银行（City-Wide Bank）将发放 100 000 美元以产成品存货为担保的信托收据贷款。这笔贷款的年利率为未清偿贷款余额的12%加上对100 000美元初始贷款征收的0.25%的管理费。由于这笔贷款将在存货出售时变现，因此当月平均债务金额预期为75 000美元。

(2) 太阳州银行（Sun State Bank）将发放年利率为13%、以存货账面价值为担保的1个月期100 000美元流动留置权贷款。

(3) 市民信托银行（Citizens' Bank and Trust）将发放以产成品存货为担保的100 000美元仓单质押贷款，未清偿贷款余额的年利率为15%，并对平均借款额收取0.5%的仓储费。由于这笔贷款将在出售存货时变现，因此平均贷款余额预期将为60 000美元。

a. 请计算每个旨在获得100 000美元初始贷款的计划的成本。

b. 你推荐采用哪个计划？为什么？

c. 如果该公司购买了100 000美元商品，赊销条件为30天内付款，提前10天付款可获得2%的折扣，那么放弃折扣且不借入第b问推荐的贷款是否会提高该公司的盈利能力？为什么？

习题15—20　道德习题　颜蔻公司（Rancco，Inc.）去年报告的总销售收入为7 300万美元，包括1 300万美元免缴销售税的收入（工资、免税商品销售收入）。该公司适用的销售税税率为5%。在考察该公司的贷款申请信息时，你注意到同期内颜蔻公司缴纳的销售税总额为200万美元。你对于这份财务报表得出了什么结论？你将如何进行核对以发现是否存在矛盾？

电子表格练习

你的公司正在考虑为一款流行新智能手机生产保护壳。管理层决定从第一美国银行（First American）和第一公民银行（First Citizen）这两家银行各借款200 000美元。在你造访两家银行的那天，基本利率牌价为7%。两笔贷款是类似的，它们都是60天票据，在60天后支付利息。

第一美国银行的固定利率票据的利率比基本利率高2%。在60天内，不管基本利率如何波动，该票据的利率始终比基本利率高2%。

第一公民银行规定浮动利率票据的利率比基本利率高1.5%。该票据的60天利率直接根据基本利率的变化而变化。

任务

请编制一张电子表格，计算并分析第一美国银行的下列贷款信息：

a. 请计算贷款的总利息成本。假设一年为365天。

b. 请计算贷款的60天利率。

c. 假设贷款在全年每60天周转一次，条件和条款相同。请计算第一美国银行60天固定利率票据的实际年利率。

接下来，请编制一张电子表格，计算第一公民银行的下列贷款信息：

d. 请计算初始利率。

e. 假设基本利率立即升至7.5%，并在30天后跌至7.25%，请计算前30天和接下来30天的贷款利率。

f. 请计算总利息成本。

g. 请计算60天利率。

h. 假设贷款在全年每60天周转一次，条件和条款相同。请计算实际年利率。

i. 你将选择哪种贷款？为什么？

附　录　自测题答案

第一章

自测 1—1

会计角度（权责发生制）		财务角度（现金收付制）	
环球地毯截至 12 月 31 日的年度利润表（美元）		环球地毯截至 12 月 31 日的年度现金流量表（美元）	
销售收入	3 000 000	现金流入	2 550 000
减：成本	2 500 000	减：现金流出	2 500 000
净利润	500 000	净现金流	50 000

a. 3 000 000 美元－2 500 000 美元＝500 000 美元

b. 是的，从会计角度看，环球地毯是盈利的。它的投资创造了 20%的利润（500 000 美元/2 500 000 美元＝0.20）。

c. 2 550 000 美元－2 500 000 美元＝50 000 美元

d. 它产生了正现金流，但它的投资收益率只有 2%（50 000 美元/2 500 000 美元＝0.02），这可能不足以收回营业成本。

e. 给定进口风险和环球地毯收取应收账款的能力，2%的投资收益率看起来不太可能使其在长期获得成功。如果没有足够现金流入以偿还债务，不管其利润水平有多高，该公司都将无法生存。

第二章

自测 2—1

a. 资本利得＝售价 180 000 美元－初始买价 150 000 美元＝30 000 美元

b. 总应税所得＝营业利润 280 000 美元＋资本利得 30 000 美元＝310 000 美元

c. 公司的应纳税款：

使用表 2.1：

总应纳税款＝22 250 美元＋[0.39×(310 000 美元－100 000 美元)]

＝22 250 美元＋(0.39×210 000 美元)＝22 250 美元＋81 900 美元

＝104 150 美元

d. 平均税率$=\dfrac{104\ 150\text{ 美元}}{310\ 000\text{ 美元}}=\underline{\underline{33.6\%}}$

边际税率$=\underline{\underline{39\%}}$

第三章

自测 3—1

比率	过高	过低
流动比率＝流动资产/流动负债	可能说明公司持有过多现金、应收账款或存货	可能说明偿还短期债务的能力较差
存货周转率＝销货成本/存货	可能说明存货水平较低，这可能导致缺货和销售收入流失	可能说明存货管理糟糕、存货过多或存货陈旧
利息保障倍数＝息税前利润/利息		可能说明按合同支付利息的能力很差
总利润率＝总利润/销售收入	说明销货成本与售价之比较低；可能说明定价不具竞争力和销售收入流失	说明销货成本与售价之比较高；可能说明售价较低或销货成本较高
总资产收益率＝普通股股东可得收益/总资产		说明用可得资产创造利润的管理效率低下
市盈率＝每股普通股的市场价格/每股收益	投资者可能对公司未来业绩的信心过高并低估了风险	投资者对公司未来业绩缺乏信心，认为公司的风险水平过高

自测 3—2

奥基夫实业 2015 年 12 月 31 日的资产负债表　　单位：美元

资产		负债与股东权益	
现金	32 720	应付账款	120 000
适销证券	25 000	应付票据	160 000[iv]
应收账款	197 280[i]	应计费用	20 000
存货	225 000[ii]	流动负债总计	300 000[v]
流动资产总计	480 000	长期债务	600 000[vi]
净固定资产	1 020 000[iii]	股东权益	600 000
资产总计	1 500 000	负债与股东权益总计	1 500 000

ⅰ. 平均收款期＝40 天
　平均收款期＝应收账款/日均销售额
　40＝应收账款/(1 800 000 美元/365)
　40＝应收账款/4 932 美元
　197 280 美元＝应收账款

ⅱ. 存货周转率＝6.0
　存货周转率＝销货成本/存货
　6.0＝[销售收入×(1－总利润率)]/存货
　6.0＝[1 800 000 美元×(1－0.25)]/存货
　225 000 美元＝存货

ⅲ. 总资产周转率＝1.20
　总资产周转率＝销售收入/总资产
　1.20＝1 800 000 美元/总资产
　1 500 000 美元＝总资产
　总资产＝流动资产＋净固定资产
　1 500 000 美元＝480 000 美元＋净固定资产
　1 020 000 美元＝净固定资产

ⅳ. 流动比率＝1.60
　流动比率＝流动资产/流动负债
　1.60＝480 000 美元/流动负债
　300 000 美元＝流动负债

ⅳ. 应付票据＝总流动负债－应付账款－应计项目
　＝300 000 美元－120 000 美元－20 000 美元
　＝160 000 美元

ⅵ. 负债比率＝0.60
　负债比率＝总负债/总资产
　0.60＝总负债/1 500 000 美元
　900 000 美元＝总负债
　总负债＝流动负债＋长期债务
　900 000 美元＝300 000 美元＋长期债务
　600 000 美元＝长期债务

第四章

自测 4—1

a. 折旧时间表：

年份	成本[i] (1)	折旧百分比 (摘自表 4.2) (2)	折旧 [(1) × (2)] (3)
1	150 000 美元	20%	30 000 美元
2	150 000 美元	32%	48 000 美元
3	150 000 美元	19%	28 500 美元
4	150 000 美元	12%	18 000 美元
5	150 000 美元	12%	18 000 美元
6	150 000 美元	5%	7 500 美元
	总计	100%	150 000 美元

i. 成本等于资产成本 140 000 美元加安装成本 10 000 美元。

b. 营业现金流：

年份	息税前利润 (1)	税后净营业利润 [(1)×(1－0.40)] (2)	折旧 (3)	营业现金流 [(2)+(3)] (4)
1	160 000 美元	96 000 美元	30 000 美元	126 000 美元
2	160 000 美元	96 000 美元	48 000 美元	144 000 美元
3	160 000 美元	96 000 美元	28 500 美元	124 500 美元
4	160 000 美元	96 000 美元	18 000 美元	114 000 美元
5	160 000 美元	96 000 美元	18 000 美元	114 000 美元
6	160 000 美元	96 000 美元	7 500 美元	103 500 美元

c. 第 6 年的净固定资产变化＝0 美元－7 500 美元＝－7 500 美元

第 6 年的净固定资产投资＝－7 500 美元＋7 500 美元＝0 美元

第 6 年的流动资产变化＝110 000 美元－90 000 美元＝20 000 美元

第 6 年的应付账款加应计项目之和的变化＝(45 000 美元＋7 000 美元)－(40 000 美元＋8 000 美元)

＝52 000 美元－48 000 美元＝4 000 美元

第 6 年的净流动资产投资＝20 000 美元－4 000 美元＝16 000 美元

第 6 年的自由现金流＝营业现金流－净固定资产投资－净流动资产投资

＝103 500 美元*－0 美元－16 000 美元＝87 500 美元

* 从第 b 问的第 (4) 列得到第 6 年的值。

d. 从第 b 问中我们可以看到，在 6 年中的每年，营业现金流均为正，这意味着该公司正在创造现金流，它可以用这些现金投资于固定资产或营运资本，或者将部分现金流通过支付利息或股利的形式分配给投资者。第 c 问计算的第 6 年的自由现金流表示投资者——债务和股权提供者——在满足所有经营需求、进行当年的净固定资产投资和净流动资产投资后可以获得的现金流。

自测 4—2

a.

卡罗尔公司4—6月的现金预算表						6月结束后的应收账款	
	2月	3月	4月	5月	6月	7月	8月
销售预测	500美元	600美元	400美元	200美元	200美元		
现金销售收入（0.3）	150美元	180美元	120美元	60美元	60美元		
应收账款收款期							
滞后1个月［(0.7×0.7)=0.49］		245美元	294美元	196美元	98美元	98美元	
滞后2个月［(0.3×0.7)=0.21］			105美元	126美元	84美元	42美元	42美元
					140美元+42美元=182美元		
现金收入总计			519美元	382美元	242美元		
减：现金支出总计			600美元	500美元	200美元		
净现金流			(81美元)	(118美元)	42美元		
加：期初现金			115美元	34美元	84美元		
期末现金			34美元	84美元	42美元		
减：最小现金余额			25美元	25美元	25美元		
必要融资总额（应付票据）			—	109美元	67美元		
超额现金余额（适销证券）			9美元	—	—		

b. 卡罗尔公司在3个月内最多需要融资109美元。

c.

账户	金额	来源
现金	25美元	最低现金余额——6月
应付票据	67美元	必要融资总额——6月
适销证券	0美元	超额现金余额——6月
应收账款	182美元	现金预算表右侧的计算结果

自测 4—3

a.

欧罗设计公司截至2016年12月31日的年度预计利润表

销售收入（给定）	3 900 000美元
减：销货成本（0.55）[i]	2 145 000美元
总利润	1 755 000美元
减：营业费用（0.12）[ii]	468 000美元
营业利润	1 287 000美元
减：利息费用（给定）	325 000美元
税前净利润	962 000美元
减：税款（0.40×962 000美元）	384 800美元
税后净利润	577 200美元
减：现金股利（给定）	320 000美元
留存收益	257 200美元

ⅰ. 根据2012年的数据计算：销货成本/销售收入=1 925 000美元/3 500 000美元=0.55。

ⅱ. 根据2012年的数据计算：营业费用/销售收入=420 000美元/3 500 000美元=0.12。

b. 销售百分比法可能低估了 2016 年的预计收入，因为它假设所有成本都是可变成本。如果公司有固定成本，即成本不随着销售收入的增加而增加的成本，那么 2016 年的预计收入可能被低估。

第五章

自测 5—1

a. 银行 A：

$$FV_3 = 10\,000 \text{ 美元} \times (1+0.04)^3 = 10\,000 \text{ 美元} \times 1.125 = 11\,250 \text{ 美元}$$

（计算器的计算结果＝11 248.64 美元）

银行 B：

$$FV_3 = 10\,000 \text{ 美元} \times (1+0.04/2)^6 = 10\,000 \times 1.126 \text{ 美元} = 11\,260 \text{ 美元}$$

（计算器的计算结果＝11 261.62 美元）

银行 C：

$$FV_3 = 10\,000 \text{ 美元} \times (1+0.04/4)^{12} = 10\,000 \text{ 美元} \times 1.127 = 11\,270 \text{ 美元}$$

（计算器的计算结果＝11 268.25 美元）

b. 银行 A：

$$\text{实际年利率} = (1+0.04/1)^1 - 1 = (1+0.04)^1 - 1 = 1.04 - 1 = 0.04 = 4\%$$

银行 B：

$$\text{实际年利率} = (1+0.04/2)^2 - 1 = (1+0.02)^2 - 1$$
$$=1.0404-1=0.0404=4.04\%$$

银行 C：

$$\text{实际年利率} = (1+0.04/4)^4 - 1 = (1+0.01)^4 - 1 = 1.040\,6 - 1$$
$$= 0.040\,6 = 4.06\%$$

c. 马丁女士应该与银行 C 交易：在给定利率 4%下，季度复利将产生最高的终值，因为此时相应的实际年利率最高。

d. 银行 *D*：

$$FV_3 = 10\,000 \text{ 美元} \times e^{0.04\times 3} = 10\,000 \text{ 美元} \times e^{0.12}$$
$$= 10\,000 \text{ 美元} \times 1.127497 = 11\,274.97 \text{ 美元}$$

这种选择优于银行 C；由于使用了连续复利，它产生的终值更高，在任何复利期内，这都会使相同现金流产生最高的终值。

自测 5—2

a. 表面上，年金 Y 似乎比年金 X 更有吸引力，因为它每年都比年金 X 多提供 1 000 美元。当然，X 是期初年金意味着将在每年年初得到 9 000 美元，与每年年末得到 10 000 美元不同，这让年金 X 比同等条件的普通年金更有吸引力。

b. 年金 X：

$$FV_6 = 9\,000 \text{ 美元} \times \{[(1+0.15)^6 - 1]/0.15\} \times (1+0.15)$$
$$= 9\,000 \text{ 美元} \times 8.754 \times 1.15 = 90\,603.90 \text{ 美元}$$

（计算器的计算结果＝90 601.19 美元）

年金 Y：

$$FV_6 = 10\,000 \text{ 美元} \times \{[(1+0.15)^6 - 1]/0.15\}$$
$$= 10\,000 \text{ 美元} \times 8.754 = 87\,540.00 \text{ 美元}$$

（计算器的计算结果＝87 537.38 美元）

c. 年金 X 更有吸引力，因为它在第 6 年年末的终值 FV_6 为 90 603.90 美元，大于年金 Y 在第 6 年年末的终值 FV_6 87 540.00 美元。第 a 问的主观评估是不正确的。虽然年金 Y 的年现金流入比年金 X 高 1 000美元（年金 Y 的年现金流入为 10 000 美元，年金 X 的年现金流入为 9 000 美元），但年金 X 是在每年年初获得现金流入，后者的优点更为明显。

自测 5—3

选择 A：

现金流：

$$FV_5 = 700\text{ 美元}/0.09\times[1-1/(1+0.09)^5]$$
$$= 700\text{ 美元}/0.09\times 0.350 = 2\,723\text{ 美元}$$

（计算器的计算结果=2 722.76 美元）

单笔金额：2 825 美元

选择 B：

现金流：

年份（n）	现值计算	现值
1	1 100 美元/(1+0.09)=	1 009.17 美元
2	900 美元/$(1+0.09)^2$=	757.51 美元
3	700 美元/$(1+0.09)^3$=	540.53 美元
4	500 美元/$(1+0.09)^4$=	354.21 美元
5	300 美元/$(1+0.09)^5$=	194.98 美元
		现值 2 856.40 美元

（计算器的计算结果=2 856.41 美元）

单笔金额：2 800 美元

结论：选择现金流形式 B 更好，因为其现值为 2 856.40 美元，高于另外三个值。

第六章

自测 6—1

a. $B_0 = I/r_d\times[1-1/(1+r_d)^n]+M\times 1/(1+r_d)^n$

$I = 0.08\times 1\,000\text{ 美元} = 80\text{ 美元}$

$M = 1\,000\text{ 美元}$

$n = 12\text{ 年}$

1. $r_d = 7\%$

$$B_0 = 80\text{ 美元}/0.07\times[1-1/(1+0.07)^{12}]+1\,000\text{ 美元}\times 1/(1+0.07)^{12}$$
$$= 1\,142.86\text{ 美元}\times 0.556+1\,000\text{ 美元}\times 0.444$$
$$= 635.43\text{ 美元}+444.00\text{ 美元} = 1\,079.43\text{ 美元}$$

（计算器的计算结果=1 079.43 美元）

2. $r_d = 8\%$

$$B_0 = 80\text{ 美元}/0.08\times[1-1/(1+0.08)^{12}]+1\,000\text{ 美元}\times 1/(1+0.08)^{12}$$
$$= 1\,000\text{ 美元}\times 0.603+1\,000\text{ 美元}\times 0.397$$
$$= 603.00\text{ 美元}+397.00\text{ 美元} = 1\,000.00\text{ 美元}$$

（计算器的计算结果=1 000.00 美元）

3. $r_d = 10\%$

$$B_0 = 80\text{ 美元}/0.10\times[1-1/(1+0.10)^{12}]+1\,000\text{ 美元}\times 1/(1+0.10)^{12}$$
$$= 800\text{ 美元}\times 0.681+1\,000\text{ 美元}\times 0.319$$
$$= 544.80\text{ 美元}+319.00\text{ 美元} = 863.80\text{ 美元}$$

（计算器的计算结果=863.73 美元）

b. 1. $r_d = 7\%$，$B_0 = 1\,079.43$ 美元，以溢价出售。

2. $r_d = 8\%$，$B_0 = 1\ 000.00$ 美元，以平价出售。

3. $r_d = 10\%$，$B_0 = 863.80$ 美元，以折价出售。

c. $B_0 = (I/2)/r_d \times [1 - 1/(1 + r_d/2)^{2n}] + M \times 1/(1 + r_d/2)^{2n}$

$= (80\text{ 美元}/2)/(0.10/2) \times [1 - 1/(1 + 0.10/2)^{24}] + 1\ 000\text{ 美元} \times 1/(1 + 0.10/2)^{24}$

$= 800\text{ 美元} \times 0.690 + 1\ 000\text{ 美元} \times 0.310$

$= 552.00\text{ 美元} + 310.00\text{ 美元} = 862.00\text{ 美元}$

（计算器的计算结果＝862.01 美元）

自测 6—2

a. $B_0 = 1\ 150$ 美元

$I = 0.11 \times 1\ 000\text{ 美元} = 110\text{ 美元}$　　当期收益率 $= \dfrac{\text{年利息}}{\text{当期价格}} = \dfrac{110\text{ 美元}}{1\ 150\text{ 美元}} = 9.57\%$

$M = 1\ 000$ 美元

$n = 18$ 年

b. $1\ 150\text{ 美元} = 110\text{ 美元}/r_d \times [1 - 1/(1 + r_d)^{18}] + 1\ 000\text{ 美元} \times 1/(1 + r_d)^{18}$

因为当 r_d＝11%时，B_0＝1 000 美元＝M，所以尝试 r_d＝10%。

$B_0 = 110\text{ 美元}/0.10 \times [1 - 1/(1 + 0.10)^{18}] + 1\ 000\text{ 美元} \times 1/(1 + 0.10)^{18}$

$= 1\ 100\text{ 美元} \times 0.820 + 1\ 000\text{ 美元} \times 0.180$

$= 902.00\text{ 美元} + 180.00\text{ 美元} = 1\ 082.00\text{ 美元}$

因为 1 082.00 美元＜1 150 美元，所以尝试 r_d＝9%。

$B_0 = 110\text{ 美元}/0.09 \times [1 - 1/(1 + 0.09)^{18}] + 1\ 000\text{ 美元} \times 1/(1 + 0.09)^{18}$

$= 1\ 222.22\text{ 美元} \times 0.788 + 1\ 000\text{ 美元} \times 0.212$

$= 963.11\text{ 美元} + 212.00\text{ 美元} = 1\ 175.11\text{ 美元}$

因为利率为 9%时的值 1 175.11 美元高于 1 150 美元，而利率为 10%时的值 1 082.00 美元低于 1 150美元，因此该债券的到期收益率必然在 9%～10%之间。由于 1 175.11 美元的值接近 1 150 美元，通过四舍五入至整数百分比，得出到期收益率为 9%。（通过使用插值法，得出更精确的到期收益率为 9.27%。）

（计算器的计算结果＝9.26%）

c. 到期收益率 9.27%低于债券的息票利率 11%和第 a 问算出的当期收益率 9.57%，因为债券的市场价值 1 150 美元比面值 1 000 美元高。只要债券的市场价值高于面值（以溢价出售），到期收益率和当期收益率就低于息票利率；当债券以平价出售时，到期收益率和当期收益率等于息票利率；当债券以低于面值的价格（折价）出售时，到期收益率和当期收益率高于息票利率。还要注意到，当期收益率衡量了债券的息票金额与当期价格之比。当债券以溢价出售时，到期收益率低于当期收益率，因为到期收益率还考虑了债券持有者到期时将只能收回 1 000 美元，这表示相对于债券当前的市场价格发生了亏损。换言之，到期收益率既衡量了投资者获得的息票价值（就和当期收益率一样），又衡量了债券持有者在债券到期时承担的“亏损”。

第七章

自测 7—1

$D_0 = 1.80$ 美元／股

$r_s = 12\%$

a. 零增长率：

$$P_0 = \frac{D_1}{r_s} = \frac{D_1 = D_0 = 1.80\text{ 美元}}{0.12} = \underline{15}\text{ 美元／股}$$

b. 固定增长率，$g=5\%$：

$$D_1=D_0\times(1+g)=1.80\text{ 美元}\times(1+0.05)=1.89\text{ 美元 / 股}$$

$$P_0=\frac{D_1}{r_s-g}=\frac{1.89\text{ 美元}}{0.12-0.05}=\frac{1.89\text{ 美元}}{0.07}=27\text{ 美元 / 股}$$

c. 可变增长率，$N=3$，第一年到第三年的 $g_1=5\%$，第四年到永远的 $g_2=4\%$：

$$D_1=D_0\times(1+g_1)^1=1.80\text{ 美元}\times(1+0.05)^1=1.89\text{ 美元 / 股}$$

$$D_2=D_0\times(1+g_1)^2=1.80\text{ 美元}\times(1+0.05)^2=1.98\text{ 美元 / 股}$$

$$D_3=D_0\times(1+g_1)^3=1.80\text{ 美元}\times(1+0.05)^3=2.08\text{ 美元 / 股}$$

$$D_4=D_3\times(1+g_2)=2.08\text{ 美元}\times(1+0.04)=2.16\text{ 美元 / 股}$$

$$P_0=\sum_{t=1}^{N}\frac{D_0\times(1+g_1)^t}{(1+r_s)^t}+\frac{1}{(1+r_s)^N}\times\frac{D_{N+1}}{r_s-g_2}$$

$$\sum_{t=1}^{N}\frac{D_0\times(1+g_1)^t}{(1+r_s)^t}=\frac{1.89}{(1+0.12)^1}+\frac{1.98}{(1+0.12)^2}+\frac{2.08}{(1+0.12)^3}$$

$$=1.69\text{ 美元}+1.58\text{ 美元}+1.48\text{ 美元}=4.75\text{ 美元}$$

$$\frac{1}{(1+r_s)^N}\times\frac{D_{N+1}}{r_s-g_2}=\frac{1}{(1+0.12)^3}\times\frac{2.16\text{ 美元}}{0.12-0.04}$$

$$=0.712\times27.00\text{ 美元}=19.22\text{ 美元}$$

$$P_0=\sum_{t=1}^{N}\frac{D_0\times(1+g_1)^t}{(1+r_s)^t}+\frac{1}{(1+r_s)^N}\times\frac{D_{N+1}}{r_s-g_2}=4.75\text{ 美元}+19.22\text{ 美元}$$

$$=\underline{\underline{23.97}}\text{ 美元 / 股}$$

自测 7—2

a. 第一步：计算从 2020 年年末到永远的自由现金流在 2019 年年末的现值：

$$FCF_{2020}=1\ 500\ 000\text{ 美元}\times(1+0.04)=1\ 560\ 000\text{ 美元}$$

$$FCF_{2020\to\infty}=\frac{1\ 560\ 000\text{ 美元}}{0.10-0.04}=\frac{1\ 560\ 000\text{ 美元}}{0.06}=\underline{\underline{26\ 000\ 000}}\text{ 美元}$$

第二步：将第一步中算出的值与 2019 年的自由现金流相加：

$$FCF_{2019}\text{ 的总额}=1\ 500\ 000\text{ 美元}+26\ 000\ 000\text{ 美元}=\underline{\underline{27\ 500\ 000}}\text{ 美元}$$

第三步：计算 2016—2019 年的自由现金流现值之和，以确定公司的价值：

年份 (t)	现值计算过程	FCF_t 的现值
2016	800 000 美元/(1+0.10) =	727 272.73 美元
2017	1 200 000 美元/$(1+0.10)^2$ =	991 735.54 美元
2018	1 400 000 美元/$(1+0.10)^3$ =	1 051 840.72 美元
2019	27 500 000 美元/$(1+0.10)^4$ =	18 782 870.02 美元
		公司的整体价值 V_C=21 553 719.01 美元

（计算器的计算结果=21 553 719.01 美元）

b. 普通股价值 $V_S=V_C-V_D-V_P$

V_C=21 553 719.01 美元（第 a 问的计算结果）

V_D=12 500 000 美元（给定）

V_P=0 美元（给定）

V_S=21 553 719.01 美元−12 500 000 美元−0 美元=$\underline{\underline{9\ 053\ 719.01}}$ 美元

（计算器的计算结果=9 053 719.01 美元）

c. 每股价格 $=\dfrac{9\ 053\ 719.01\text{ 美元}}{500\ 000\text{ 股}}=\underline{\underline{18.11}}$ 美元 / 股

(计算器的计算结果=18.11 美元/股)

第八章

自测 8—1

a. 预期收益率 $\bar{r}=\frac{\sum 收益率}{3}$

$$\bar{r}_A=\frac{12\%+14\%+16\%}{3}=\frac{42\%}{3}=\underline{\underline{14\%}}$$

$$\bar{r}_B=\frac{16\%+14\%+12\%}{3}=\frac{42\%}{3}=\underline{\underline{14\%}}$$

$$\bar{r}_C=\frac{12\%+14\%+16\%}{3}=\frac{42\%}{3}=\underline{\underline{14\%}}$$

b. 标准差 $\sigma_r=\sqrt{\frac{\sum_{j=1}^{n}(r_i-\bar{r})^2}{n-1}}$

$$\sigma_{r_A}=\sqrt{\frac{(12\%-14\%)^2+(14\%-14\%)^2+(16\%-14\%)^2}{3-1}}$$

$$=\sqrt{\frac{4\%+0\%+4\%}{2}}=\sqrt{\frac{8\%}{2}}=\underline{\underline{2\%}}$$

$$\sigma_{r_B}=\sqrt{\frac{(16\%-14\%)^2+(14\%-14\%)^2+(12\%-14\%)^2}{3-1}}$$

$$=\sqrt{\frac{4\%+0\%+4\%}{2}}=\sqrt{\frac{8\%}{2}}=\underline{\underline{2\%}}$$

$$\sigma_{r_C}=\sqrt{\frac{(12\%-14\%)^2+(14\%-14\%)^2+(16\%-14\%)^2}{3-1}}$$

$$=\sqrt{\frac{4\%+0\%+4\%}{2}}=\sqrt{\frac{8\%}{2}}=\underline{\underline{2\%}}$$

c.

	年预期收益率	
年份	投资组合 AC	投资组合 AB
2016	0.50×12%+0.50×16%=14%	0.50×12%+0.50×12%=12%
2017	0.50×14%+0.50×14%=14%	0.50×14%+0.50×14%=14%
2018	0.50×16%+0.50×12%=14%	0.50×16%+0.50×16%=16%

3 年期间:

$$\bar{r}_{AB}=\frac{14\%+14\%+14\%}{3}=\frac{42\%}{3}=\underline{\underline{14\%}}$$

$$\bar{r}_{AC}=\frac{12\%+14\%+16\%}{3}=\frac{42\%}{3}=\underline{\underline{14\%}}$$

d. AB 完全负相关。

AC 完全正相关。

e. 投资组合的标准差:

$$\sigma_{r_{AB}}=\sqrt{\frac{(14\%-14\%)^2+(14\%-14\%)^2+(14\%-14\%)^2}{3-1}}$$

$$=\sqrt{\frac{0\%+0\%+0\%}{2}}=\sqrt{\frac{0\%}{2}}=\underline{\underline{0}}$$

$$\sigma_{r_{AC}} = \sqrt{\frac{(12\% - 14\%)^2 + (14\% - 14\%)^2 + (16\% - 14\%)^2}{3-1}}$$

$$= \sqrt{\frac{4\% + 0\% + 4\%}{2}} = \sqrt{\frac{8\%}{2}} = \underline{\underline{2\%}}$$

f. 投资组合 AB 更优，因为它提供了与 AC 相同的收益率（14%），但是风险较低［$(\sigma_{r_{AB}} = 0\%) < (\sigma_{r_{AC}} = 2\%)$］。

自测 8—2

a. 当市场收益率上升 10%时，投资收益率预期将提高 15%（＝1.50×10%）。当市场收益率下降 10%时，投资收益率预期将减少 15%［＝1.50×(－10%)］。

b. $r_j = R_F + [\beta_j \times (r_m - R_F)]$

$= 7\% + [1.50 \times (10\% - 7\%)]$

$= 7\% + 4.5\% = \underline{\underline{11.5\%}}$

c. 不，这笔投资应被拒绝，因为它的预期收益率 11%低于投资的必要收益率 11.5%。

d. $r_j = 7\% + [1.50 \times (9\% - 7\%)]$

$= 7\% + 3\% = \underline{\underline{10\%}}$

现在这笔投资是可接受的，因为预期收益率 11%现在高于必要收益率，后者由于市场上投资者的风险厌恶程度降低而降到 10%。

第九章

自测 9—1

a. 债务成本 r_i（使用近似公式）：

$$r_d = \frac{I + \frac{1\,000\text{美元} - N_d}{n}}{\frac{N_d + 1\,000\text{美元}}{2}}$$

$I = 0.10 \times 1\,000$ 美元＝100 美元

N_d＝1 000 美元－ 30 美元折扣－ 20 美元发行成本＝950 美元

n＝10 年

$$r_d = \frac{100\text{美元} + \frac{1\,000\text{美元} - 950\text{美元}}{10}}{\frac{950\text{美元} + 1\,000\text{美元}}{2}} = \frac{100\text{美元} + 5\text{美元}}{975\text{美元}} = 10.8\%$$

（计算器的计算结果＝10.8%）

$r_i = r_d \times (1 - T)$

$T = 0.40$

$r_i = 10.8\% \times (1 - 0.40) = \underline{\underline{6.5\%}}$

优先股成本 r_p：

$$r_p = \frac{D_p}{N_p}$$

$D_p = 0.11 \times 100$ 美元 ＝ 11 美元

N_p ＝ 100 美元－4 美元发行成本 ＝ 96 美元

$$r_p = \frac{11\text{美元}}{96\text{美元}} = \underline{\underline{11.5\%}}$$

留存收益成本 r_r：

$$r_r = r_s = \frac{D_1}{P_0} + g$$

$$=\frac{6\text{ 美元}}{80\text{ 美元}}+6.0\%=7.5\%+6.0\%=\underline{\underline{13.5\%}}$$

新普通股成本 r_n：

$$r_n=\frac{D_1}{N_n}+g$$

$D_1=6$ 美元

$N_n=80$ 美元 -4 美元抑价 -4 美元发行成本 $=72$ 美元

$g=6.0\%$

$$r_n=\frac{6\text{ 美元}}{72\text{ 美元}}+6.0\%=8.3\%+6.0\%=\underline{\underline{14.3\%}}$$

b. 新融资总额的加权平均资本成本小于 500 000 美元。这种新融资水平可以通过使用留存收益获得，因此普通股成本等于留存收益成本。

资本来源	权重 (1)	成本 (2)	加权成本 [(1)×(2)] (3)
长期债务	0.40	6.5%	2.6%
优先股	0.15	11.5%	1.7%
普通股	0.45	13.5%	6.1%
总计	1.00		10.4%
	加权平均资本成本=10.4%		

新融资总额的加权平均资本成本大于 500 000 美元。这种新融资水平需要使用新普通股，因此普通股成本等于新普通股成本。

资本来源	权重 (1)	成本 (2)	加权成本 [(1)×(2)] (3)
长期债务	0.40	6.5%	2.6%
优先股	0.15	11.5%	1.7%
普通股	0.45	14.3%	6.4%
总计	1.00		10.7%
	加权平均资本成本=10.7%		

c.

投资机会	内部收益率	初始投资	累计投资
D	16.5%	200 000 美元	200 000 美元
C	12.9%	150 000 美元	350 000 美元
E	11.8%	450 000 美元	800 000 美元
A	11.2%	100 000 美元	900 000 美元
G	10.5%	300 000 美元	1 200 000 美元
F	10.1%	600 000 美元	1 800 000 美元
B	9.7%	500 000 美元	2 300 000 美元

项目 D、项目 C、项目 E 和项目 A 应该被接受，因为它们各自的内部收益率都高于加权平均资本成本。它们总共需要 900 000 美元新融资。

第十章

自测 10—1

a. 回收期：

项目 M：$\frac{28\ 500\text{ 美元}}{10\ 000\text{ 美元}}=\underline{\underline{2.85}}$ 年

项目 N：

年份（t）	现金流入（CF_t）	累计现金流入
1	11 000 美元	11 000 美元
2	10 000 美元	21 000 美元←
3	9 000 美元	30 000 美元
4	8 000 美元	38 000 美元

$$2\text{ 年}+\frac{27\ 000\text{ 美元}-21\ 000\text{ 美元}}{9\ 000\text{ 美元}}\text{ 年}=2\text{ 年}+\frac{6\ 000\text{ 美元}}{9\ 000\text{ 美元}}\text{ 年}=\underline{\underline{2.67}}\text{ 年}$$

b. 净现值：

项目 M：NPV＝10 000 美元/0.14×[1－1/(1＋0.14)^4]－28 500 美元

＝71 428.57 美元×0.408－28 500 美元

＝29 142.86 美元－28 500 美元＝$\underline{\underline{642.86}}$ 美元

（计算器的计算结果＝637.12 美元）

项目 N：

年份（t）	现值	现值
1	11 000 美元/(1＋0.14)＝	9 649.12 美元
2	10 000 美元/(1＋0.14)^2＝	7 694.68 美元
3	9 000 美元/(1＋0.14)^3＝	6 074.74 美元
4	8 000 美元/(1＋0.14)^4＝	4 736.64 美元
	现金流入的现值	28 155.18 美元
	－初始投资	27 000.00 美元
	净现值	1 155.18 美元

（计算器的计算结果＝1 155.18 美元）

c. 内部收益率：

项目 M：NPV ＝ 0 美元 ＝ 10 000 美元 /IRR ×［1－1/(1＋IRR)^4］－28 500 美元

由于用 14%的贴现率得出正净现值为 637.12 美元，因此内部收益率必然大于 14%，但不会大很多。尝试 15%。

项目 M：NPV ＝ 10 000 美元 /0.15 ×［1－1(1＋0.15)^4］－28 500 美元

＝(66 666.67 美元 × 0.428)－28 500 美元

＝ 28 533.34 美元－28 500 美元 ＝ $\underline{\underline{33.34}}$ 美元

$IRR \approx \underline{\underline{15}}\%$

（计算器的计算结果＝15.09%）

项目 N：NPV＝0 美元

＝11 000 美元/(1＋IRR) ＋10 000 美元/(1＋IRR)^2

＋9 000 美元/(1＋IRR)^3＋8 000 美元/(1＋IRR)^4－27 000 美元

由于用 14%的贴现率得出正净现值为 1 155.18 美元，因此内部收益率必然大于 14%。尝试 15%。

项目 N：NPV ＝ 11 000 美元 /(1＋0.15)＋10 000 美元 /(1＋0.15)^2

＋9 000 美元 /(1＋0.15)^3 ＋8 000 美元/(1＋0.15)^4－27 000 美元

＝9 565.22 美元＋7 561.44 美元＋5 917.65 美元＋4 574.03 美元－27 000 美元

＝618.34 美元

由于用 15%的贴现率得出正净现值为 618.34 美元，因此内部收益率必然大于 15%。尝试 16%。

项目 N：NPV＝11 000 美元/(1＋0.16) ＋10 000 美元/(1＋0.16)^2

＋9 000 美元/(1＋0.16)^3＋8 000 美元/(1＋0.16)^4－27 000 美元

＝9 482.76 美元＋7 431.63 美元＋5 765.92 美元＋4 418.33 美元－27 000 美元

＝98.64 美元

IRR≈16%

(计算器的计算结果＝16.19%)

d.

	项目	
	M	N
回收期	2.85 年	2.67 年[i]
净现值	642.86 美元	1 155.18[i]
内部收益率	15%	16%[i]

ⅰ. 较优的项目。

应该推荐项目 N，因为它的回收期较短，净现值较高（大于 0），内部收益率较高（高于 14%的资本成本）。

e. 净现值特征线：

	净现值	
贴现率	项目 M	项目 N
0	11 500 美元[i]	11 000 美元[ii]
14%	642.86 美元	1 155.18 美元
15%	0 美元	—
16%	—	0 美元

ⅰ. (10 000 美元＋10 000 美元＋10 000 美元＋10 000 美元)－28 500 美元

＝40 000 美元－28 500 美元

＝11 500 美元

ⅱ. (11 000 美元＋10 000 美元＋9 000 美元＋8 000 美元)－27 000 美元

＝38 000 美元－27 000 美元

＝11 000 美元

从下列净现值特征线可以看出，如果该公司的资本成本低于 6%左右（确切值为 5.75%），用净现值法和内部收益率法对项目进行排序就会产生冲突。由于该公司的资本成本为 14%，因此可以从第 d 问中看出不存在冲突。

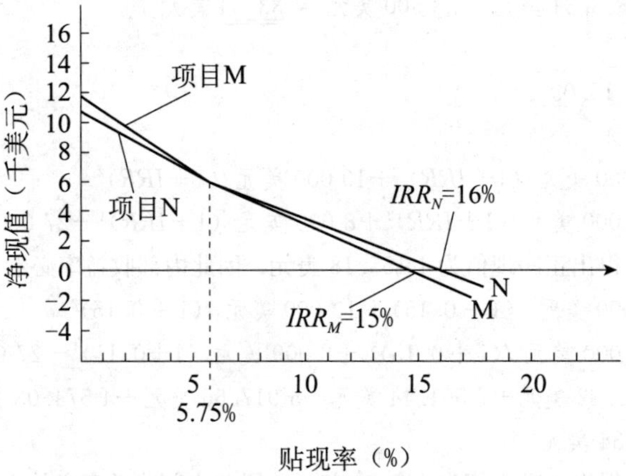

第十一章

自测 11—1

a. 初始投资：

新机器的安装后成本	
新机器的成本	140 000 美元
＋安装成本	10 000 美元
总安装后成本——新机器（折旧价值）	150 000 美元
－出售旧机器的税后收入	
出售旧机器的收入	42 000 美元
－出售旧机器的税款①	9 120 美元
税后净收入——旧机器	32 880 美元
＋净营运资本变化②	20 000 美元
初始投资	137 120 美元

b. 增量营业现金流入：

计算折旧费用

年份	成本 (1)	适用的修正加速成本回收法折旧百分比（摘自表 4.2）(2)	折旧 [(1)×(2)] (3)
新机器			
1	150 000 美元	33%	49 500 美元
2	150 000 美元	45%	67 500 美元
3	150 000 美元	15%	22 500 美元
4	150 000 美元	7%	10 500 美元
		总计 100%	150 000 美元
旧机器			
1	40 000 美元	19%（3 年折旧）	7 600 美元
2	40 000 美元	12%（4 年折旧）	4 800 美元
3	40 000 美元	12%（5 年折旧）	4 800 美元
4	40 000 美元	5%（6 年折旧）	2 000 美元
			总计 19 200 美元 i

i. 总额 19 200 美元表示旧机器在第 2 年年末的账面价值，如第 a 问的计算结果所示。

---

① 旧机器的账面价值＝40 000 美元－(0.20＋0.32)×40 000 美元
＝40 000 美元－0.52×40 000 美元
＝40 000 美元－20 800 美元＝19 200 美元

销售收益＝42 000 美元－19 200 美元＝22 800 美元

税款＝0.40×22 800 美元＝9 120 美元

② 净营运资本变化＝10 000 美元＋25 000 美元－15 000 美元
＝35 000 美元－15 000 美元＝20 000 美元

计算营业现金流入				
	年份			
	1	2	3	4
新机器				
息税折旧前利润[i]	120 000 美元	130 000 美元	130 000 美元	0 美元
－折旧[ii]	49 500 美元	67 500 美元	22 500 美元	10 500 美元
息税前利润	70 500 美元	62 500 美元	107 500 美元	(10 500 美元)
－税款（税率 T=40%）	28 200 美元	25 000 美元	43 000 美元	(4 200 美元)
税后净营业利润	42 300 美元	37 500 美元	64 500 美元	(6 300 美元)
＋折旧[ii]	49 500 美元	67 500 美元	22 500 美元	10 500 美元
营业现金流入	91 800 美元	105 000 美元	87 000 美元	4 200 美元
旧机器				
息税折旧前利润[i]	70 000 美元	70 000 美元	70 000 美元	0 美元
－折旧[iii]	7 600 美元	4 800 美元	4 800 美元	2 000 美元
息税前利润	62 400 美元	65 200 美元	65 200 美元	(2 000 美元)
－税款（税率 T=40%）	24 960 美元	26 080 美元	26 080 美元	(800 美元)
税后净营业利润	37 440 美元	39 120 美元	39 120 美元	1 200 美元
＋折旧[iii]	7 600 美元	4 800 美元	4 800 美元	2 000 美元
营业现金流入	45 040 美元	43 920 美元	43 920 美元	800 美元

ⅰ. 题中已给出。

ⅱ. 摘自上表上半部分第（3）列。

ⅲ. 摘自上表下半部分第（3）列。

计算增量营业现金流入			
	营业现金流入		
年份	新机器[i] （1）	旧机器[i] （2）	增量现金流（相关现金流） ［（1）－（2）］ （3）
1	91 800 美元	45 040 美元	46 760 美元
2	105 000 美元	43 920 美元	61 080 美元
3	87 000 美元	43 920 美元	43 080 美元
4	4 200 美元	800 美元	3 400 美元

ⅰ. 摘自上表各台机器数据的最后一行。

c. 期终现金流（第 3 年年末）：

出售新机器的税后收入

出售新机器的收入	35 000 美元
出售新机器的税款①	9 800 美元

---

① 第 3 年年末新机器的账面价值

=150 000 美元－(0.33＋0.45＋0.15)×150 000 美元=150 000 美元－(0.93×150 000 美元)

=150 000 美元－139 500 美元=10 500 美元

税款=0.40×(35 000 美元售价－10 500 美元账面价值)

=0.40×24 500 美元=9 800 美元

税后收入总计——新机器	25 200 美元
一出售旧机器的税后收入	
出售旧机器的收入	0 美元
一出售旧机器的税款①	-800 美元
税后收入总计——旧机器	800 美元
＋净营运资本变化	20 000 美元
期终现金流	44 400 美元

d.

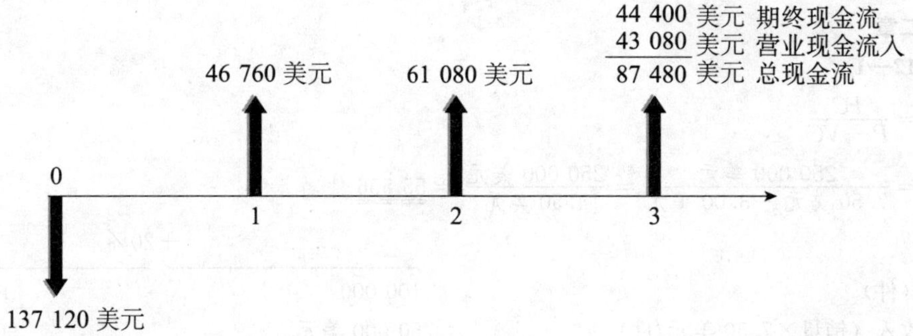

注：没有直接计入第 4 年的增量营业现金流入 3 400 美元；它反映在用来计算第 3 年年末出售机器的税款的账面价值上，因此是期终现金流的一部分。

自测 11—2

a. 资本成本为 10%时的净现值：

项目 A：

NPV ＝7 000 美元/0.10×[1－1/(1＋0.10)^3]－15 000 美元

＝70 000.00 美元×0.249－15 000 美元

＝17 430.00－15 000 美元＝2 430 美元

(计算器的计算结果＝2 407.96 美元)

项目 B：

NPV ＝10 000 美元/0.10×[1－1/(1＋0.10)^3] －20 000 美元

＝100 000.00 美元×0.249－20 000 美元

＝24 900.00 美元－20 000＝4 900 美元②

(计算器的计算结果＝4 868.52 美元)

b. 使用项目 A 的风险调整贴现率 9%和项目 B 的风险调整贴现率 16%计算出的净现值：

项目 A：

NPV ＝ 7 000 美元 /0.09×[1－1/(1＋0.09)^3]－15 000 美元

＝ 77 777.78 美元×0.228－15 000 美元

---

① 第 3 年年末旧机器的账面价值

＝40 000 美元－(0.20＋0.32＋0.19＋0.12＋0.12)×40 000 美元＝40 000 美元－(0.95×40 000 美元)

＝40 000 美元－38 000 美元＝2 000 美元

税款＝0.40×(0 美元售价－2 000 美元账面价值)

＝0.40×(－2 000 美元)＝－800 美元 (即节省了 800 美元税款)

② 更优的项目，因为它的净现值较高。

$= 17\,733.33$ 美元 $- 15\,000$ 美元 $=$ 2 733.33 美元①

(计算器的计算结果=2 719.06 美元)

项目 B:

$NPV = 10\,000$ 美元$/0.16 \times [1 - 1/(1 + 0.16)^3] - 20\,000$ 美元

$= 62\,500.00$ 美元 $\times 0.359 - 20\,000$ 美元

$= 22\,437.50 - 20\,000$ 美元 $=$ 2 437.50 美元

(计算器的计算结果=2 458.90 美元)

c. 当第 a 问忽略风险差异时，项目 B 优于项目 A，但在分析中当考虑项目 B 的较高风险即使用第 b 问的风险调整贴现率时，项目 A 优于项目 B。显然，应该执行项目 A。

第十二章

自测 12—1

a. $Q = \dfrac{FC}{P - VC}$

$= \dfrac{250\,000\text{ 美元}}{7.50\text{ 美元} - 3.00\text{ 美元}} = \dfrac{250\,000\text{ 美元}}{4.50\text{ 美元}} = 55\,556$ 件

b.

		+20%
销量（件）	100 000	120 000
销售收入（销量×7.50 美元/件）	750 000 美元	900 000 美元
减：可变营业成本（销量×3.00 美元/件）	300 000 美元	360 000 美元
减：固定营业成本	250 000 美元	250 000 美元
息税前利润	200 000 美元	290 000美元
	+45%	
减：利息	80 000 美元	80 000 美元
税前净利润	120 000 美元	210 000 美元
减：税款（T=0.40）	48 000 美元	84 000 美元
税后净利润	72 000 美元	126 000 美元
减：优先股股利（8 000 股×5.00 美元/股）	40 000 美元	40 000 美元
普通股股东可得收益	132 000 美元	86 000 美元
每股收益	32 000 美元/20 000=1.60 美元/股	86 000 美元/20 000=4.30 美元/股
	+169%	

c. 营业杠杆度 $= \dfrac{\text{息税前利润变化百分比}}{\text{销售收入变化百分比}} = \dfrac{+45\%}{+20\%} = 2.25$

d. 财务杠杆度 $= \dfrac{\text{每股收益变化百分比}}{\text{息税前利润变化百分比}} = \dfrac{+169\%}{+45\%} = 3.76$

e. $DTL = DOL \times DFL$

$= 2.25 \times 3.76 = 8.46$

使用其他总杠杆度公式：

$$\text{总杠杆度} = \frac{\text{每股收益变化百分比}}{\text{销量变化百分比}}$$

$$8.46 = \frac{\text{每股收益变化比}}{50\%}$$

① 更优的项目，因为它的净现值较高。

每股收益变化百分比＝8.46×0.50＝4.23＝+423%

自测 12—2

不同计划的数据总结

资本来源	计划 A（债券）	计划 B（股票）
长期债务	60 000 美元，年利率为 12%	50 000 美元，年利率为 12%
年利息	0.12×60 000 美元＝7 200 美元	0.12×50 000 美元＝6 000 美元
普通股	10 000 股	11 000 股

a.

	计划 A（债券）		计划 B（股票）	
息税前利润ⁱ	30 000 美元	40 000 美元	30 000 美元	40 000 美元
减：利息	7 200 美元	7 200 美元	6 000 美元	6 000 美元
税前净利润	22 800 美元	32 800 美元	24 000 美元	34 000 美元
减：税款（T＝0.40）	9 120 美元	13 120 美元	9 600 美元	13 600 美元
税后净利润	13 680 美元	19 680 美元	14 400 美元	20 400 美元
每股收益（10 000 股）	1.37 美元	1.97 美元		
（11 000 股）			1.31 美元	1.85 美元

ⅰ. 数值是主观选择的；也可以使用其他数值。

坐标点

融资计划	息税前利润 30 000 美元	息税前利润 40 000 美元
	每股收益	
A（债券）	1.37 美元	1.97 美元
B（股票）	1.31 美元	1.85 美元

b.

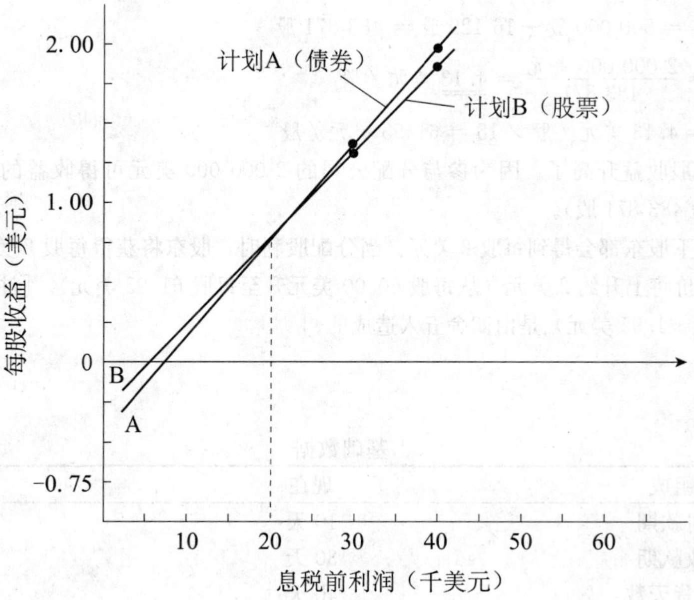

c. 息税前利润大约为 20 000 美元时，债券计划（计划 A）优于股票计划（计划 B），如第 b 问的图中的垂直虚线所示。（注：实际点为 19 200 美元，它是用代数方法计算出来的。）

自测 12—3

a.

资本结构 负债比率（%）	预期每股收益（美元） (1)	必要收益率 r_s (2)	估计股票价值（美元） [(1) ÷ (2)] (3)
0	3.12	0.13	24.00
10	3.90	0.15	26.00
20	4.80	0.16	30.00
30	5.44	0.17	32.00
40	5.51	0.19	29.00
50	5.00	0.20	25.00
60	4.40	0.22	20.00

b. 使用第 a 问中的表格：

1. 最大化每股收益：负债比率为 40%，每股收益＝5.51 美元/股（见第（1）列）。

2. 最大化股票价值：负债比率为 30%，股票价值＝32.00 美元（见第（3）列）。

c. 推荐负债比率为 30%，因为它导致的股票价值最大，因此与公司最大化所有者财富的目标一致。

第十三章

自测 13—1

a. 每股收益$=\frac{\text{可得利润 2 000 000 美元}}{\text{500 000 股流通普通股}}$

$=\underline{\underline{4.00}}$ 美元/股

市盈率$=\frac{\text{每股价格 60 美元}}{\text{每股收益 4.00 美元}}=\underline{\underline{15}}$

b. 计划发放的股利 ＝ 500 000 股 × 每股 2 美元 ＝ 1 000 000 美元

可以回购的股数 $=\frac{\text{1 000 000 美元}}{\text{62 美元}}=\underline{\underline{16\ 129}}$ 股

c. 按计划回购后：

流通股股数 ＝ 500 000 股 － 16 129 股 ＝ 483 871 股

每股收益 $=\frac{\text{2 000 000 美元}}{483\ 871}=\underline{\underline{4.13}}$ 美元 / 股

d. 市场价格 ＝ 4.13 美元 / 股 × 15 ＝ 61.95 美元 / 股

e. 回购后，每股收益升高了，因为参与分配公司的 2 000 000 美元可得收益的流通股股数减少了（从 500 000 股变为 483 871 股）。

f. 在两种情况下股东都会得到每股 2 美元：当分配股利时，股东将获得每股 2 美元现金股利，当回购股票时，每股股价将上升约 2 美元（从每股 60.00 美元升至每股 61.95 美元）。[注：每股相差的 0.05 美元（＝2.00 美元－1.95 美元）是由四舍五入造成的。]

第十四章

自测 14—1

基础数据

时间组成	现在	计划
平均付款期	10 天	30 天
平均收款期	30 天	30 天
平均存货天数	40 天	40 天

现金转换周期＝平均存货天数＋平均收款期－平均付款期

现金转换周期$_{现在}$＝40 天＋30 天－10 天＝60 天

现金转换周期$_{计划}$＝40 天＋30 天－30 天＝40 天

现金转换周期减少 20 天。

旧应付账款＝10 天×(14 000 000 美元÷360 天)＝388 889 美元

新应付账款＝30 天×(14 000 000 美元÷360 天)＝1 166 667 美元

应付账款变化＝1 166 667 美元－388 889 美元＝777 778 美元

因为应付账款增加了，因此该金额表示净营运资本的减少。

投资减少额＝777 778 美元

年利润增加额＝0.12×777 778 美元＝93 333 美元

自测 14—2

a. 数据：

S = 60 000 加仑

O = 200 美元 / 单

C = 每年 1 美元 / 加仑

计算过程：

$$经济订购量=\sqrt{\frac{2\times S\times O}{C}}$$

$$=\sqrt{\frac{2\times 60\ 000\times 200\ 美元}{1\ 美元}}$$

$$=\sqrt{24\ 000\ 000}$$

$$=4\ 899\ 加仑$$

b. 数据：

提前时间＝20 天

日使用量＝60 000 加仑/365 天

＝164.38 加仑/天

计算：

再订购点＝提前天数×日使用量

＝20 天×164.38 加仑/天

＝3 287.6 加仑

自测 14—3

用表格计算放松信用标准对雷根希地毯修复公司的影响：

销售收入产生的额外利润贡献		
[4 000 块地毯×(平均售价 32 美元－可变成本 28 美元)]		16 000 美元
应收账款边际投资成本		
新计划下的平均投资：		
$\frac{28\ 美元\times 76\ 000\ 块地毯}{365/48}=\frac{2\ 128\ 000\ 美元}{7.6}$	280 000 美元	
现计划下的平均投资：		
$\frac{28\ 美元\times 72\ 000\ 地毯}{365/40}=\frac{2\ 016\ 000\ 美元}{9.1}$	221 538 美元	
应收账款边际投资	58 462 美元	

应收账款边际投资成本（0.14×58 462 美元）		（8 185 美元）
边际坏账成本		
新计划下的边际坏账：		
0.015×32 美元×76 000 块地毯	36 480 美元	
现计划下的边际坏账：		
0.010×32 美元×72 000 块地毯	23 040 美元	
边际坏账成本		（13 440 美元）
执行新计划产生的净亏损		（5 625 美元）

建议：因为放松信用标准预期将产生 5 625 美元净亏损，因此不应该执行该计划。

第十五章

自测 15—1

a.

供应商	放弃现金折扣的成本
X	1%×[365/(55－10)]＝1%×365/45＝1%×8.1＝8.1%
Y	2%×[365/(30－10)]＝2%×365/20＝2%×18.25＝36.5%
Z	2%×[365/(60－20)]＝2%×365/40＝2%×9.125＝18.25%

b.

供应商	建议
X	放弃现金折扣的成本 8.1%＜银行利息成本 15%； 因此，应该放弃现金折扣
Y	放弃现金折扣的成本 36.5%＞银行利息成本 15%； 因此，应该接受现金折扣并从银行借款
Z	放弃现金折扣的成本 18.25%＞银行利息成本 15%； 因此，应该接受现金折扣并从银行借款

c. 延长对供应商 Z 支付应付账款的时间将使放弃现金折扣的成本变为：

2%×[365/(60＋20)－20]＝2%×365/60＝2%×6.1＝12.2%

在这种情况下，假设银行利息成本为 15%，针对第 b 问推荐的策略将是放弃现金折扣，因为放弃现金折扣的成本 12.2%将小于银行利息成本 15%。

术语表

ABC 存货管理法（ABC inventory system）

根据每种物品的投资金额将存货分为三类——A 类、B 类和 C 类，重要性和监督水平依次递减——的存货管理方法。（第十四章）

偿债能力（ability to service debts）

公司在债务期限内按要求定期偿还债务的能力。（第三章）

接受—拒绝法（accept-reject approach）

评估资本支出建议，以确定它们是否符合公司的最低接受标准的方法。（第十章）

应付账款管理（accounts payable management）

公司对从购买原材料到向供应商汇出货款之间的时间的管理。（第十五章）

权责发生制（accrual basis）

在编制财务报表时，在销售时确认收入，并在发生费用时确认支出。（第一章）

应计项目（accruals）

获得服务而尚未付款所产生的负债。（第十五章）

ACH（自动清算所）转账（ACH（automated clearinghouse）transfer）

一种预先授权以电子方式从付款人账户中提取资金，并通过自动清算所在银行之间的结算将其存入收款人账户的机制。（第十四章）

经营活动比率（activity ratios）

衡量不同账户转化为销售收入或现金（现金流入与现金流出）的速度的比率。（第三章）

出售旧资产的税后收入（after-tax proceeds from sale of old asset）

旧资产的销售收入和与出售该资产相关的应纳税款或退还税款之差。（第十一章）

代理成本（agency cost）

代理问题产生的成本，由股东承担，代表股东财富的损失。（第一章）

代理问题（agency problem）

当管理者将个人目标置于股东目标之上时产生的问题。（第一章）

积极融资策略（aggressive funding strategy）

公司用短期债务满足季节性资金需求、用长期债务满足永久性资金需求的融资策略。（第十四章）

账龄分析表（aging schedule）

一种信用监控方法，它根据应收账款的产生时间对应收账款分类；它显示了特定时期内存在的应收账款占应收账款总额的百分比。（第十四章）

美国存托凭证（American depositary receipts，ADRs）

允许美国投资者持有非美国公司股票并在美国市场上交易的证券，由美国存托股票支持。（第七章）

美国存托股票（American depositary shares，ADSs）

用美元表示的美国金融机构在海外持有的外国公司股票收入。（第七章）

天使投资人（或天使）（angel capitalists（angels））

不实际经营公司，而是愿意投资于有前途的早期阶段公司，以换取一部分公司股权的富人投资者。（第七章）

年清（annual cleanup）

规定信用额度协议的借款人在当年一定天数内的贷款余额必须为零（即不欠银行任何钱）的要求。（第十五章）

年化净现值（ANPV）法（annualized net present value（ANPV）approach）

将寿命不同的互斥项目的净现值转化为等同的年化金额（用净现值表示），以评估不同寿命的项目的方法。（第十一章）

年度百分比利率（annual percentage rate，APR）

名义年利率，计算方法是用期利率乘以1年之中的期数。根据“真实借贷法则”，必须向消费者披露信用卡和贷款的年度百分比利率。（第五章）

年度百分比收益率（annual percentage yield，APY）

根据“真实储蓄法则”，银行必须向消费者披露的存款产品的实际年利率。（第五章）

年金（annuity）

特定时期内的一系列等额期间现金流。这些现金流可能是投资获得的收益流入，也可能是为获得未来收益而投资的资金流出。（第五章）

期初年金（annuity due）

现金流发生在每期期初的年金。（第五章）

合伙企业章程（articles of partnership）

用于正式建立合伙企业的书面合同。（第一章）

卖价（ask price）

卖出某种证券的最低要价。（第二章）

信息不对称（asymmetric information）

公司管理者比投资者拥有更多关于公司经营和未来前景的信息的情况。（第十二章）

额定股（authorized shares）

公司章程允许公司发行的普通股。（第七章）

平均存货天数（average age of inventory）

存货的平均销售天数。（第三章）

平均收款期（average collection period）

收取应收账款所需的平均时间。（第三章）

平均付款期（average payment period）

支付应付账款所需的平均时间。（第三章）

平均税率（average tax rate）

公司的应纳税额除以应税所得。（第二章）

资产负债表（balance sheet）

公司在给定时点的财务状况总结报表。（第三章）

柱形图（bar chart）

最简单的概率分布类型；只显示有限数量的给定事件的结果和相关概率。（第八章）

行为金融学（behavioral finance）

关注投资者行为及其对投资决策和股票价格的影响的新兴研究。这种观点的倡导者被称为“行为金融学家”。（第七章）

基准分析（benchmarking）

一类横截面分析，它对公司的财务比率与其希望效仿的某个重要竞争者或一群竞争者进行比较。（第三章）

贝塔系数（beta coefficient，β）

不可分散风险的相对指标。它是资产收益率对市场收益率变化的反应程度指标。（第八章）

买价（bid price）

买入某种证券的最高出价。（第二章）

一鸟在手理论（bird-in-the-hand argument）

支持股利相关理论的观点，该理论是指投资者认为当前股利的风险低于未来股利或资本利得的风险。（第十三章）

董事会（board of director）

由公司股东选出的群体，通常负责批准战略目标和计划、制定一般政策、领导公司事务和批准重大支出。（第一章）

债券（bond）

企业和政府用来筹集大额资金的长期债务工具，筹资对象通常为广大贷款人。（第二章）

债券契约（bond indenture）

规定债券持有者权利和发行公司责任的法律文件。（第六章）

账面价值（book value）

严格的资产会计价值，它的计算方法是用安装成本减去累计折旧。（第十一章）

每股账面价值（book value per share）

当公司的所有资产均恰好按账面（会计）价值出售，且将偿还所有债务（包括优先股）后的收入分配给普通股股东时，每股普通股将得到的金额。（第七章）

账面价值权重（book value weights）

使用会计价值衡量每类资本在公司财务结构中所占的比例的权重。（第九章）

盈亏平衡分析（breakeven analysis）

用于表示弥补所有成本所需的营业水平，评估与不同销售水平相关的盈利能力；也被称为本量利分析。（第十二章）

盈亏平衡现金流入（breakeven cash inflow）

接受项目所必须满足的最低现金流入水平，即净现值>0 美元。（第十一章）

经纪商市场（broker market）

交易双方（买方和卖方）被撮合到一起交易证券的证券交易所。（第二章）

商业道德（business ethics）

适用于商业活动从事者的行为准则或道德判断标准。（第一章）

（有）赎回特征（的优先股）（callable feature（preferred stock））

可赎回优先股允许发行人在特定时期内以规定价格赎回股票的特征。（第七章）

赎回特征（call feature）

几乎所有公司债券都包括的特征，它赋予发行人在到期前以规定赎回价格回购债券的机会。（第六章）

赎回溢价（call premium）

债券赎回价格超过债券面值的部分。（第六章）

赎回价格（call price）

在到期前通过使用赎回特征回购债券的规定价格。（第六章）

资本资产定价模型（capital asset pricing model，CAPM）

描述了必要收益率 r_s 和公司的不可分散风险（用贝塔系数 β 表示）之间的关系。（第九章）

资本资产定价模型（capital asset pricing model，CAPM）

将所有资产的风险与收益联系起来的基本理论。（第八章）

资本预算（capital budgeting）

评估并选择与公司最大化所有者财富目标一致的长期投资的过程。（第十章）

资本预算步骤（capital budgeting process）

不同但彼此相关的五步：提出建议、审核与分析、决策、执行和后续措施。（第十章）

资本性支出（capital expenditure）

公司预期在长于1年的时期内产生收益的资金支出。（第十章）

资本利得（capital gain）

资产卖价超过资产买价的金额。（第二章）

资本市场（capital market）

长期资金的供求双方进行交易的市场。（第二章）

资本配给（capital rationing）

公司只有固定资金可用于资本支出，大量项目竞争这些资金的财务状况。（第十章）

资本结构（capital structure）

公司保持的长期债务与股权组合。（第十二章）

持有成本（carrying cost）

在特定时期内持有某种存货的单位可变成本。（第十四章）

现金收付制（cash basis）

只根据实际现金流入和现金流出确认收入与费用。（第一章）

奖金（cash bonuses）

由于实现规定业绩目标而支付给管理层的现金。（第一章）

现金预算表（或现金预测表）（cash budget（cash forecast））

表明公司计划现金流入与现金流出的报表，用于估计公司的短期现金需求。（第四章）

现金集中（cash concentration）

公司将存款箱中的款项和其他存款集中到一家银行的过程，这家银行通常被称为归集行。（第十四章）

现金转换周期（cash conversion cycle，CCC）

公司将投资于经营活动的现金转换为经营活动获得的现金所需的时间长度。（第十四章）

现金折扣（cash discount）

买价折扣；在规定时间内支付账款的赊销客户可以获得现金折扣。（第十四章）

现金折扣期（cash discount period）

从赊销期开始后可以获得现金折扣的天数。

融资活动产生的现金流（cash flow from financing activities）

来自债务和股权融资交易的现金流，包括借债与出售股票等产生的现金流入，以及还债、回购股票或支付股利等产生的现金流出。（第四章）

投资活动产生的现金流（cash flow from investment activities）

与购买和销售固定资产及对其他公司的股权投资相关的现金流。（第四章）

营业活动产生的现金流（cash flow from operating activities）

与销售和生产公司产品及服务直接相关的现金流。（第四章）

迎合理论（catering theory）

认为公司迎合投资者偏好，在高股利股票对投资者尤其有吸引力的时期开始分配股利或提高股利的理论。（第十三章）

净营运资本变化（change in net working capital）

流动资产变化与流动负债变化之差。（第十一章）

清算在途期（clearing float）

从存入款项到公司可以使用这笔款项之间的时间。（第十四章）

追随者效应（clientele effect）

认为不同分配政策吸引了不同类型的投资者，但仍然不会改变公司价值的观点。（第十三章）

封闭式持有（的股票）（closely owned（stock））

个人或一小群投资者（例如家庭）持有的公司普通股；这些公司通常是私人所有公司。（第七章）

变异系数（coefficient of variation，CV）

一种相对离散度指标，它在比较具有不同预期收益率的资产风险时很有用。（第八章）

担保信托债券（collateral trust bonds）

见表 6.4。

商业银行（commercial bank）

为存款人提供安全的投资渠道，并向个人和企业借款人提供贷款的金融机构。（第二章）

商业金融公司（commercial finance companies）

只向公司发放担保贷款——既包括短期贷款又包括长期贷款——的贷款机构。（第十五章）

商业票据（commercial paper）

一种融资形式，它是指具有高信用水平的公司发行的短期无担保本票。（第十五章）

承诺费（commitment fee）

通常是对周转信贷协议收取的费用；这笔费用通常是对借款人信用额度的平均未使用余额收取的。（第十五章）

共同比利润表（common-size income statement）

每个科目都表示为销售收入的一定百分比的利润表。（第三章）

普通股（common stock）

最纯粹、最基本的公司所有权形式。（第一章）

补偿余额（compensating balance）

信用额度协议或周转信贷协议中要求借款人在支票账户中保留的相当于借款金额一定百分比的余额。（第十五章）

复利（compound interest）

给定存款获得的已经成为特定时期结束时本金的一部分的利息。（第五章）

排序冲突（conflicting ranking）

使用净现值法和内部收益率法时由于现金流大小和产生时间的不同而导致的项目排序冲突。（第十章）

保守融资策略（conservative funding strategy）

公司用长期债务满足季节性资金需求和永久性资金需求的融资策略。（第十四章）

固定增长模型（constant-growth model）

一种使用广泛的股利估值方法，它假设股利以固定速度增长，但增长速度低于必要收益率。（第七章）

固定增长估值（戈登增长）模型（constant-growth valuation（Gordon growth）model）

假设股票价值等于公司预期将在无限时期内提供的所有未来股利（假设以固定速度增长）的现值的模型。（第九章）

固定分配比率股利政策（constant-payout-ratio dividend policy）

规定在每个股利期支付给所有者占利润特定比例的股利的股利政策。（第十三章）

持续复利（continuous compounding）

实际上随时都在计算复利。相当于每年计算无穷次复利。（第五章）

连续概率分布（continuous probability distribution）

显示了给定事件所有可能结果和相关概率的概率分布。（第八章）

支付控制（controlled disbursing）

有策略地使用邮政点和银行账户分别延长邮寄在途期和清算在途期。（第十四章）

会计主管（controller）

公司的首席会计，通常负责公司的会计业务，例如公司会计、税务管理、财务会计和成本会计。（第一章）

转换特征（conversion feature）

允许债券持有者将每只债券变为特定数量的普通股的可转换债券特征。（第六章）

（有）转换特征（的优先股）（conversion feature（preferred stock））

允许持有者将每只优先股转换为规定数量的普通股的可转换优先股特征。（第七章）

公司债券（corporate bond）

显示公司借入特定金额的资金并承诺在未来根据明确定义的条款偿还这些借款的长期债务工具。（第六章）

公司治理（corporate governance）

经营、控制和管理公司的规则、流程与制度。（第一章）

法人公司（corporation）

依法建立的实体。（第一章）

相关性（correlation）

衡量任意两组数字之间关系的统计指标。（第八章）

相关系数（correlation coefficient）

衡量两组数字相关程度的指标。（第八章）

新发行普通股成本（cost of a new issue of common stock，r_n）

普通股成本减去承销费用和相关销售成本。（第九章）

资本成本（cost of capital）

表示公司的融资成本，是项目为增加公司价值所必须获得的最低收益率。（第九章）

普通股成本（cost of common stock equity，r_s）

投资者用来贴现公司的预期股利以确定股票价值的贴现率。（第九章）

放弃现金折扣的成本（cost of giving up a cash discount）

因为放弃现金折扣而额外延迟支付应付账款时期内的隐含利率。（第十五章）

长期债务成本（cost of long-term debt）

通过长期借款筹得的新资金的融资成本。（第九章）

新资产的成本（cost of new asset）

购买新资产所需的净现金流出。（第九章和第十一章）

优先股成本（cost of preferred stock，r_p）

优先股股利与公司出售优先股的净收入之比。（第九章）

留存收益成本（cost of retained earnings，r_r）

和增发被全额认购的等额普通股的成本相同，等于普通股成本 r_s。（第九章）

息票利率（coupon interest rate）

表示每年支付的利息占债券面值的比率，通常为每半年付息一次，每次支付金额相等。（第六章）

偿付比率（coverage ratios）

衡量公司偿还固定债务能力的比率。（第三章）

信用监控（credit monitoring）

对公司应收账款的持续审核，以确定客户是否根据规定的赊销条件付款。（第十四章）

赊销期（credit period）

赊销期开始后到完全付清账款为止的天数。（第十四章）

信用评分（credit scoring）

常用于处理大量小额信贷要求的一种信用选择方法；它依赖于用统计上得出的权重对信贷申请人的主要财务特征和信用特征确定信用评分。（第十四章）

信用标准（credit standards）

公司向客户授信的最低要求。（第十四章）

赊销条件（credit terms）

向得到公司授信的客户开出的销售条件。（第十四章）

横截面分析（cross-sectional analysis）

比较同一时间、不同公司的财务比率，包括对某家公司的财务比率与同行业内其他公司的财务比率或行业平均水平进行比较。（第三章）

可累积的（优先股）（cumulative（preferred stock））

所有拖欠的漏发（未支付）股利以及当期股利都必须在向普通股股东支付股利前支付的优先股。（第七章）

流动资产（current assets）

预计将在一年或更短时期内转化为现金的短期资产。（第三章）

流动负债（current liabilities）

预计将在一年或更短时期内被偿还的短期负债。（第三章）

流动比率（current ratio）

一种流动性指标，计算方法是用公司流动资产除以流动负债。（第三章）

当期收益率（current yield）

债券当年的现金收益率指标；计算方法为债券的年利息除以当前价格。（第六章）

（股利）登记日（date of record（dividends））

公司董事会规定的日期，在这一天，所有登记为股东的人都将在规定的未来日期收到股利。（第十三章）

交易商市场（dealer market）

买卖双方并不直接接触，而是由对特定证券“做市”的证券交易商执行订单的市场。（第二章）

信用债券（debenture）

见表 6.4。

债务（debt）

公司的所有借款（包括债券），这些借款将根据固定偿付时间表偿还。（第七章）

负债比率（debt ratio）

总资产中由公司债权人融资的比例。（第三章）

负债股权比率（debt-to-equity ratio）

用来为公司资产融资的总负债与普通股权益之比。（第三章）

财务杠杆度（degree of financial leverage，DFL）

公司财务杠杆的数字指标。（第十二章）

负债程度（degree of indebtedness）

债务金额与其他主要资产负债表金额之比。（第三章）

营业杠杆度（degree of operating leverage，DOL）

公司营业杠杆的数字指标。（第十二章）

总杠杆度（degree of total leverage，DTL）

公司总杠杆的数字指标。（第十二章）

存款转账支票（depository transfer check，DTC）

从公司的一个银行账户提取存款并存在另一个账户中的无签名支票。（第十四章）

应计折旧年限（depreciable life）

资产进行折旧的年限。（第四章）

折旧（depreciation）

从年收入中逐渐扣除的一部分固定资产成本。（第四章）

收益稀释（dilution of earnings）

发行新股导致之前每位股东的收益索偿权减少的情况。（第七章）

所有权稀释（dilution of ownership）

增发普通股导致之前每位股东的所有权比例减少的情况。（第七章）

折价（discount）

债券售价低于面值的部分。（第六章）

贴现现金流（discounting cash flows）

计算现值的过程；计算复利的逆向过程。（第五章）

贴现贷款（discount loan）

将利息从借款金额中扣除，从而提前支付利息的贷款。（第十五章）

可分散风险（diversifiable risk）

公司特定随机事件造成的资产风险；它可以通过分散化消除。它也被称为非系统性风险。（第八章）

股利无关理论（dividend irrelevance theory）

莫迪利亚尼和米勒提出的理论，该理论认为，在完美世界中，公司价值仅由资产（投资）的盈利能力和风险决定，公司如何将利润在股利和内部留存（再投资）资金之间进行分割不影响公司价值。（第十三章）

股利分配比率（dividend payout ratio）

表示公司以现金形式分配给所有者的股利占利润的比例。它的计算方法是用公司的每股现金股利除以每股收益。（第十三章）

每股股利（dividend per share，DPS）

特定时期内每股流通普通股分配到的现金。（第三章）

股利政策（dividend policy）

公司做出股利决策时遵循的行动计划。（第三章）

股利再投资计划（dividend reinvestment plans，DRIPs）

让股东可以用持有公司股票得到的股利以很低的交易成本或零交易成本购买更多股票——甚至是零股——的计划。（第十三章）

股利相关理论（dividend relevance theory）

戈登和林特纳提出的理论，该理论认为公司股利政策和市场价值之间存在直接关系。（第十三章）

股利（dividend）

定期向公司股东分配的现金。（第一章）

双重纳税（double taxation）

公司将税后公司利润作为现金股利分配给股东，而股东又必须对股利缴纳个人所得税的情况。（第二章）

杜邦公式（DuPont formula）

用公司的净利润率乘以总资产周转率，计算出公司的总资产收益率。（第三章）

杜邦分析法（DuPont system of analysis）

用来剖析公司的财务报表并评估其财务状况的方法。（第三章）

荷兰式拍卖股票回购（Dutch auction share repurchase）

公司规定希望回购的股数和愿意回购股票的价格范围的回购方法。投资者确定他们愿意在该范围内的每个价格上回售多少股票，然后公司确定回购目标股数所需的最低价格。所有回售股票的投资者都将得到相同的价格。（第十三章）

每股收益（earnings per share，EPS）

某段时期内每股流通普通股的收益金额，计算方法是用公司普通股股东在某个时期内的总收益除以流通普通股股数。（第一章）

息税前利润—每股收益方法（EBIT-EPS approach）

在预期息税前利润范围内选择最大化每股收益的资本结构的方法。（第十二章）

经济订购量（EOQ）模型（economic order quantity（EOQ）model）

确定最小化某种物品的订单成本与持有成本之和的最优订单规模的存货管理方法。（第十四章）

实际（真实）年利率（effective（true）annual rate（EAR））

实际支付或实际获得的年利率。（第五章）

有效市场（efficient market）

为公司出售的证券确定合适的证券价格，并将资金配置给生产率最高的用途的市场。（第二章）

有效市场假说（efficient-market hypothesis，EMH）

描述假定的“完美”市场中的行为的理论，该理论认为：（1）证券处于均衡状态；（2）证券价格充分反映所有可得信息并根据新信息迅速做出反应；（3）由于股票是充分且公允定价的，因此投资者不需浪费时间找出错误定价的证券。（第七章）

有效投资组合（efficient portfolio）

最大化在给定风险水平下的收益率的投资组合。（第八章）

期末现金（ending cash）

公司的期初现金与当期净现金流之和。（第四章）

企业资源计划（enterprise resource planning，ERP）

用电子方式汇总公司供应商和客户的外部信息与公司的部门数据，因此能立即获得关于所有现成资源——人力资源和材料——的信息，消除生产延迟并控制成本的电脑系统。（第十四章）

设备信托凭证（equipment trust certificates）

见表 6.4。

股权（equity）

公司所有者（投资者或股东）提供的资金，根据公司业绩获得回报。（第七章）

欧洲债券市场（Eurobond market）

公司和政府通常发行美元债券，并将它们卖给美国以外的投资者的市场。（第二章）

欧洲货币市场（Eurocurrency market）

国内货币市场对应的国际货币市场。（第二章）

超额现金余额（excess cash balance）

当公司的期末现金大于理想最低现金余额时可以用于投资的（多余）金额；一般投资对象为适销证券。（第四章）

除息（ex dividend）

在从登记日前 2 个交易日开始的时期内，出售的股票没有获得当期股利的权利。（第十三章）

预期理论（expectations theory）

认为收益率曲线反映了投资者关于未来利率的预期的理论；利率上升的预期导致向上倾斜的收益率曲线，利率下降的预期导致向下倾斜的收益率曲线。（第六章）

预期收益率（expected value of a return，$\bar{r}$）

投资预期在一段时间内产生的平均收益率。（第八章）

可展期票据（extendible note）

见表 6.5。

必要外部融资（“找平”数据）（external financing required）（“plug” figure）

在根据判断法编制预计资产负债表时，让报表达到平衡所需的外部融资金额。它可能是正值，也可能是负值。（第四章）

外部预测（external forecast）

基于观察到的公司销售收入与特定关键外部经济指标之间的关系的销售预测。（第四章）

超额股利（extra dividend）

当给定时期内的利润高于平常时公司可能支付的额外股利。（第十三章）

保理商（factor）

专门向公司购买应收账款的金融机构。（第十五章）

应收账款保理（factoring accounts receivable）

直接向保理商或其他金融机构以折价出售应收账款。（第十五章）

联邦存款保险公司（Federal Deposit Insurance Corporation，FDIC）

根据《格拉斯-斯蒂格尔法案》建立的公司，它对银行存款提供保险，并对银行进行监督以确保其安全稳健。（第二章）

财务学（finance）

管理金钱的科学与艺术。（第一章）

财务会计准则委员会（Financial Accounting Standards Board，FASB）

批准公认会计原则的会计业规则制定机构。（第三章）

财务盈亏平衡点（financial breakeven point）

恰好收回所有固定财务成本所需的息税前利润水平；当每股收益为 0 美元时的息税前利润水平。（第十二章）

金融机构（financial institution）

将个人、企业和政府的存款转化为贷款或投资的中介。（第二章）

财务杠杆（financial leverage）

通过固定成本融资（例如债务和优先股）放大风险和收益的作用。（第三章）

财务杠杆（financial leverage）

使用固定财务成本放大息税前利润变化对公司每股收益的影响。（第十二章）

财务杠杆乘数（financial leverage multiplier，FLM）

公司的总资产与普通股权益之比。（第三章）

财务经理（financial manager）

积极管理各类企业的财务，这些企业包括私人企业与上市公司、大企业与小企业、营利企业与非营利企业。（第一章）

金融市场（financial market）

资金供给方和资金需求方直接进行交易的场所。（第二章）

财务规划过程（financial planning process）

始于长期（战略）财务规划，这些规划反过来指导了短期（经营）财务规划与预算。（第四章）

金融服务（financial services）

为个人、企业和政府设计与提供建议和金融产品的金融领域。（第一章）

5C 信用分析法（five C's of credit）

信贷分析师用于进行深入信用分析的五个重要方面：特征、能力、资本、担保品和条件。（第十四章）

固定费用偿付比率（fixed-payment coverage ratio）

衡量公司偿还所有固定费用债务的能力的指标。（第三章）

固定利率贷款（fixed-rate loan）

利率被定为高于基本利率一定百分点并在到期前保持不变的贷款。（第十五章）

平坦的收益率曲线（flat yield curve）

表示利率基本不随期限变化的收益率曲线。（第六章）

在途款项（float）

付款人已经汇出，但收款人尚无法使用的资金。（第十四章）

流动存货留置权（floating inventory lien）

以存货为担保品发放的担保短期贷款，贷款人对借款人的存货有一般索偿权。（第十五章）

浮动利率债券（floating-rate bond）

见表 6.5。

浮动利率贷款（floating-rate loan）

利率最初被定为高于基本利率一定百分点，但到期前该利率将随着基本利率的变化在高于基本利率的水平上浮动或变化的贷款。（第十五章）

发行成本（flotation cost）

发行和销售证券的总成本。（第九章）

外国债券（foreign bond）

外国公司或政府用投资者的母国货币发行，并在投资者母国市场上出售的债券。（第二章和第六章）

外国直接投资（foreign direct investment，FDI）

资本、管理和技术资产转移到外国的过程。（第十一章）

外汇经理（foreign exchange manager）

负责监督和管理公司由于外汇波动而产生亏损的风险的经理。（第一章）

自由现金流（free cash flow，FCF）

公司满足所有营业需求并支付对净固定资产和净流动资产的投资后投资者（债权人和所有者）可以获得的现金流。（第四章）

自由现金流估值模型（free cash flow valuation model）

计算整个公司价值的模型，方法是用加权平均资本成本（资金在长期的预期平均未来成本）贴现公司的预期自由现金流得出公司的现值。（第七章）

终值（future value）
现在存入并以特定利率赚取利息的资金在未来某个日期的价值。它是用特定时期内的复利计算出来的。（第五章）

公认会计原则（generally accepted accounting principles，GAAP）
用于编制和保持财务记录与报告的实务和程序指引；由财务会计准则委员会批准。（第三章）
《格拉斯-斯蒂格尔法案》（Glass-Steagall Act）
美国国会于 1933 年通过的一项法案，它推出了存款保险制度并建立了商业银行与投资银行的分业体制。（第二章）
戈登增长模型（Gordon growth model）
在股利估值中广泛使用的固定增长模型的常用名。（第七章）
总利润率（gross profit margin）
公司支付商品成本后的剩余收入占销售收入的比例。（第三章）

历史权重（historical weights）
基于实际资本结构比例的账面价值权重或市场价值权重。（第九章）

激励计划（incentive plan）
将管理层薪酬与股价挂钩的管理层薪酬计划；一个例子是授予股票期权。（第一章）
收益债券（income bond）
见表 6.4。
利润表（income statement）
对公司在特定时期内经营业绩的财务总结。（第三章）
增量现金流（incremental cash flows）
建议资本支出预期将产生的额外现金流——流出或流入。（第十一章）
独立项目（independent projects）
现金流彼此无关（或独立）的项目；接受一个项目不会排除另一个项目。（第十章）
个人投资者（individual investor）
拥有相对较少的股份，旨在实现个人投资目标的投资者。（第一章）
通货膨胀（inflation）
多数商品和服务的价格呈上升趋势。（第六章）
信息内容（informational content）
公司股利提供的关于未来利润的信息，它导致所有者推高或压低公司股价。（第十三章）
初始投资（initial investment）
计划项目在时点 0 时的相关现金流出。（第十一章）
首次公开募股（initial public offering，IPO）
首次公开出售某家公司的股票。（第七章）
丧失清偿能力（insolvent）
形容公司不能按期偿还债务。（第十四章）
安装成本（installation costs）
让资产正常运行所需追加的成本。（第十一章）
新资产的安装后成本（installed cost of new asset）
新资产的成本加上安装成本，它等于新资产的应计折旧。（第十一章）

机构投资者（institutional investor）

银行、保险公司、共同基金和养老基金等受雇代表他人管理和持有大量证券的投资专家。（第一章）

利率（interest rate）

通常用于银行贷款或债券等债务工具；资金借款人向贷款人支付的价格；从借款人的角度看是借款成本。（第六章）

利率风险（interest rate risk）

由于利率变化而改变必要收益率和债券价值的可能。债券持有者通常最关心利率上升导致的债券价值减少。（第六章）

期间现金流入（intermediate cash inflow）

项目结束前得到的现金流入。（第十章）

内部预测（internal forecast）

基于公司自身销售渠道对销售预测的一致看法。（第四章）

内部收益率法（internal rate of return approach）

参照总投资额按降序画出项目的内部收益率，以确定可接受项目范围的资本配给方法。（第十一章）

内部收益率（internal rate of return，IRR）

令投资机会的净现值等于0美元的贴现率（因为现金流入的现值等于初始投资）。它是公司投资于项目并获得给定现金流入时公司将获得的收益率。（第十章）

国际股票市场（international equity market）

让公司可以同时在多个国家将大量股票出售给投资者的市场。（第二章）

存货周转率（inventory turnover）

衡量公司存货的活动或流动性的比率。（第三章）

倒挂的收益率曲线（inverted yield curve）

向下倾斜的收益率曲线，表示短期利率通常高于长期利率。（第六章）

投资银行（investment banker）

专门出售新证券，并为公司提供重大金融交易咨询的金融中介。（第七章）

投资银行（investment banks）

协助公司筹资，向公司提供关于并购或财务重组等重大交易的建议，并进行交易和做市活动的金融机构。（第二章）

投资机会曲线（investment opportunities schedule，IOS）

参照总投资额按降序画出项目的内部收益率的图形。（第十一章）

发行股（issued shares）

已经进入流通的普通股；流通股与库存股之和。（第七章）

判断法（judgmental approach）

编制预计资产负债表的一种简化方法，根据这种方法，公司估计特定资产负债表账户的价值并使用外部融资作为平衡（即“找平”）数据。（第四章）

垃圾债券（junk bond）

见表6.5。

零库存（JIT）法（just-in-time（JIT）system）

让材料恰好在生产需要时到达，以最小化存货投资的存货管理方法。（第十四章）

信用证（letter of credit）

公司的银行向公司的外国供应商开出的函件，说明在满足所有基础协议的条件下，银行保证公司将

按发票金额付款。(第十五章)

致股东的信(letter to stockholders)

通常是年度股东报告的首个部分,是管理层的主要交流手段。(第三章)

杠杆(leverage)

指固定成本对股东收益率的影响。通常,杠杆越高,收益率就越高,但收益率波动性也越大。(第十二章)

留置权(lien)

公开披露的对贷款担保品的合法索偿权。(第十五章)

有限责任(limited liability)

一种法律条款,根据该条款,股东对公司债务的责任限于最初购买股票时对公司投资的金额。(第一章)

信用额度(line of credit)

商业银行与公司之间的协议,规定了银行将在给定时期内向公司提供的无担保短期贷款金额。

每股清算价值(liquidation value per share)

当所有公司资产以市场价值出售、偿还了负债(包括优先股)并将残值在普通股股东中分配时,每股普通股将得到的实际价值。(第七章)

流动性(liquidity)

公司偿还到期短期债务的能力。(第三章)

流动性偏好(liquidity preference)

投资者偏好短期证券(即流动性更高的证券)的一般趋势。(第六章)

流动性偏好理论(liquidity preference theory)

这种理论认为,长期利率通常高于短期利率(因此,收益率曲线向上倾斜),因为投资者认为短期投资与长期投资相比流动性更高、风险更低。借款人必须对长期债券提供更高的利率,以吸引原来偏好短期债券的投资者。(第六章)

计算贷款分期偿还金额(loan amortization)

确定在一段特定时期内为贷款人提供特定利息收益并偿还贷款本金所必需的等额定期贷款偿付。(第五章)

贷款分期偿还时间表(loan amortization schedule)

记录等额偿付贷款的表格。它显示了每笔贷款支付中利息和本金所占的部分。(第五章)

存款箱法(lockbox system)

客户将款项寄往公司的邮政信箱,公司的银行定期清空这些邮政信箱、处理付款并将其存入公司账户的收款程序。这种方法减少了处理时间、邮寄时间与清算时间,从而缩短了收款时间。(第十四章)

长期债务(long-term debt)

当年未到期的债务。(第三章)

长期(战略)财务规划(long-term(strategic) financial plans)

列出公司在2~10年中计划采取的财务行动和这些行动的预期影响的规划。(第四章)

低固定股利与超额股利政策(low-regular-and-extra dividend policy)

支付低固定股利,并在给定时期内的利润高于平常时支付额外股利作为补充的股利政策。(第十三章)

邮寄在途期(mail float)

从汇出款项到收到款项之间的时间。(第十四章)

财务管理(managerial finance)

与在企业中工作的财务经理的职责有关。(第一章)

制造资源计划Ⅱ(manufacturing resource planning Ⅱ, MRP Ⅱ)

综合了财务、会计、市场营销、工程和生产等许多领域的数据,可以生成生产计划和大量财务报告

与管理报告的复杂电脑系统。(第十四章)

边际成本—收益分析 (marginal cost-benefit analysis)

认为财务决策和行为必须使增加的收益超过增加的成本的经济原则。(第一章)

边际税率 (marginal tax rate)

增加的所得适用的税率。

适销证券 (marketable securities)

政府发行的国库券、企业发行的商业票据和个人发行的大额可转让存单等短期债务工具。(第二章)

市账 (M/B) 率 (market/book (M/B) ratio)

评估投资者如何看待公司业绩的比率。预期收益高于风险的公司的市账率通常较高。(第三章)

做市商 (market maker)

通过以规定价格买卖特定证券"做市"的证券交易商。

市场比率 (market ratio)

将用当前股价衡量的公司市场价值与特定会计价值联系起来的比率。(第三章)

市场收益率 (market return)

所有交易证券组成的市场投资组合的收益率。(第八章)

市场分割理论 (market segmentation theory)

认为贷款市场是根据期限分割的，且每个部门的贷款供求决定了现行利率的理论；收益率曲线的斜率由每个市场部门现行利率的一般关系决定。(第六章)

市场价值权重 (market value weights)

使用市场价值衡量每类资本在公司财务结构中所占的比例的权重。(第九章)

材料需求计划 (MRP) 法 (materials requirement planning (MRP) system)

用经济订购量概念和电脑比较生产需求与现有存货，并确定何时订购产品材料清单上的不同物品的存货管理方法。(第六章)

混合现金流 (mixed stream)

不反映特定模式的不等额定期现金流。(第五章)

修正加速成本回收法 (modified accelerated cost recovery system, MACRS)

计算税款时用于确定资产折旧的方法。(第四章)

修正杜邦公式 (modified DuPont formula)

用财务杠杆乘数将公司的总资产收益率与股权收益率联系起来的公式。(第三章)

货币市场 (money market)

短期资金供求双方建立的金融联系。(第二章)

抵押贷款支持证券 (mortgage-backed security)

代表对抵押贷款池产生的现金流的索偿权的证券。(第二章)

抵押贷款债券 (mortgage bond)

见表 6.4。

多重内部收益率 (multiple IRRs)

拥有非传统现金流模式的项目的资本预算所产生的一个以上的内部收益率；一个项目的内部收益率数量最多等于现金流的符号变换次数。(第十章)

互斥项目 (mutually exclusive projects)

彼此竞争，因此接受一个项目就会排除其他所有功能类似项目的项目。(第十章)

纳斯达克市场 (Nasdaq market)

一个用全电子交易平台执行证券交易的市场。(第二章)

负相关（negatively correlated）

形容反向变化的两组数字。（第八章）

净现金流（net cash flow）

公司每期的现金收入与现金支出之差。（第四章）

税后净营业利润（net operating profits after taxes，NOPAT）

公司支付利息之前和缴纳税款之后的利润，$EBIT\times(1-T)$。（第四章）

净现值法（net present value approach）

基于使用现值确定能最大化所有者财富的项目的资本配给方法。（第十一章）

净现值（net present value，NPV）

一种复杂的资本预算方法；计算方法是用公司资本成本作为贴现率计算出项目现金流入的现值，然后减去项目的初始投资。（第十章）

净现值特征线（net present value profile）

描述项目在不同贴现率下的净现值的图形。（第十章）

净收入（net proceeds）

公司从销售证券中实际得到的资金。（第九章）

净利润率（net profit margin）

扣除包括利息、税款和优先股股利的所有成本与费用后的剩余收入占销售收入的比例。（第三章）

净营运资本（net working capital）

公司的流动资产与流动负债之差。（第十一章和第十四章）

名义利率（nominal rate of interest）

资金供给方收取、资金需求方支付的实际利率。（第六章）

名义（票面）年利率（nominal（stated）annual rate）

贷款人或借款人承诺的合同年利率。（第五章）

非现金费用（noncash charge）

从利润表中扣除，但不涉及当期实际现金支出的费用；包括折旧、摊销和损耗。（第四章）

非累积的（优先股）（noncumulative（preferred stock））

漏发（未支付）的股利不可累积的优先股。（第七章）

不可分散风险（nondiversifiable risk）

影响所有公司的市场因素所造成的资产风险，它不能通过分散化消除，也被称为系统性风险。（第八章）

非通知基础（nonnotification basis）

已经质押应收账款的借款人在此基础上继续收取应收账款，而不通知应收账款客户。（第十五章）

无追索权基础（nonrecourse basis）

保理商接受购买应收账款的所有信用风险，在此基础上向保理商出售应收账款。（第十五章）

无投票权普通股（nonvoting common stock）

没有投票权的普通股；当公司希望通过出售普通股筹资，但是不希望放弃投票控制权时发行的股票。（第七章）

无面值优先股（no-par preferred stock）

没有票面价值，但是规定了每年的股利金额的优先股。（第七章）

正态概率分布（normal probability distribution）

一种形状类似于钟形曲线的对称概率分布。（第八章）

正常的收益率曲线（normal yield curve）

向上倾斜的收益率曲线，表示长期利率通常高于短期利率。（第六章）

财务报表附注（notes to the financial statements）

对财务报表相关账户很重要的解释性附注；它们提供了关于财务报表科目的会计政策、程序、计算和交易的详细信息。（第三章）

通知基础（notification basis）

在此基础上，应收账款被质押（或保理）的客户将收到通知，直接将款项汇给贷款人（或保理商）。（第十五章）

公开市场股票回购（open-market share repurchase）

公司在公开市场上回购部分流通股的股票回购计划。（第十三章）

营业盈亏平衡点（operating breakeven point）

弥补所有营业成本所需的销售收入水平。在该点上，息税前利润等于 0 美元。（第十二章）

营业现金流（operating cash flow，OCF）

公司正常营业活动产生的现金流；计算方法是税后净营业利润加上折旧。（第四章）

营业现金流（operating cash flow）

执行项目在项目存续期内产生的税后增量现金流入。（第十一章）

经营变化限制（operating-change restrictions）

银行可以对公司财务或经营状况施加的属于信用额度协议一部分的合同限制。（第十五章）

营业周期（operating cycle，OC）

从生产过程开始到售出产成品并收回现金所经历的时间。（第十四章）

营业性支出（operating expenditure）

公司预期在 1 年内产生收益的资金支出。（第十章）

营业杠杆（operating leverage）

使用固定营业成本放大销量变化对公司息税前利润的影响。（第十二章）

营业利润率（operating profit margin）

扣除除利息、税款和优先股股利以外的所有成本与费用以后的剩余收入占销售收入的比例；它表示每美元销售收入获得的“纯利润”。（第三章）

机会成本（opportunity costs）

已存在的资产的最优用途能实现的现金流。（第十一章）

最优资本结构（optimal capital structure）

最小化加权平均资本成本，因而最大化公司价值的资本结构。（第十二章）

订单成本（order cost）

包括下单和接单的固定办公成本。（第十四章）

普通年金（ordinary annuity）

现金流发生在每期期末的年金。（第五章）

普通所得（ordinary income）

公司出售商品或服务获得的收入。（第二章）

流通股（outstanding shares）

投资者（包括私人投资者和公众投资者）持有的已发行普通股。（第七章）

场外（OTC）市场（over-the-counter（OTC）market）

交易非上市小额证券的市场。（第二章）

超过面值的实收资本（paid-in capital in excess of par）

超过初始出售普通股面值的收入金额。（第三章）

合伙企业（partnership）

由两个或两个以上以营利为目的的所有者经营的企业。（第一章）

普通股的面值（par-value common stock）

根据公司章程人为确定的法律意义上的价值，可以用于计算流通股总股数，方法是用普通股的账面价值除以面值。（第七章）

有面值优先股（par-value preferred stock）

规定了票面价值，且每年的股利规定为票面价值一定比例的优先股。（第七章）

回收期（payback period）

公司收回项目初始投资的时间，它是根据现金流入计算的。（第十章）

支付日（payment date）

公司董事会规定的日期，在这一天公司将把股利实际分发给登记股东。（第十三章）

分配政策（payout policy）

公司做出的关于是否向股东分配现金、分配多少现金、如何分配现金的决策。（第十三章）

啄食顺序（pecking order）

从留存收益开始，然后是债务，最后是外部股权融资的融资层级。（第十二章）

贷款百分比（percentage advance）

担保贷款本金占担保品账面价值的百分比。（第十五章）

销售百分比法（percent-of-sales method）

编制预计利润表的一种简单方法；它预测了销售收入，然后将不同的利润表科目表示为占预测销售收入的百分比。（第四章）

完全负相关（perfectly negatively correlated）

形容相关系数为−1的两组负相关数字。（第八章）

完全正相关（perfectly positively correlated）

形容相关系数为+1的两组正相关数字。（第八章）

业绩计划（performance plan）

将管理层薪酬与每股收益或每股收益增长率等业绩指标挂钩的计划。根据业绩计划发放的薪酬有业绩股、奖金或二者的结合。（第一章）

业绩股（performance share）

由于实现规定业绩目标而奖给管理层的股票。（第一章）

永久性融资需求（permanent funding requirement）

固定销售收入导致的对营业资产的固定投资。（第十四章）

永续年金（perpetuity）

一种无限期的年金，它提供持续的年现金流。（第五章）

应收账款质押（pledge of accounts receivable）

将公司的应收账款作为抵押品或担保品以获得短期贷款的方式。（第十五章）

政治风险（political risk）

东道国政府采取对外国投资者有害的行动或政治动荡危害投资的可能性所产生的风险。（第八章）

投资组合（portfolio）

一组资产。（第八章）

正相关（positively correlated）

形容同向变化的两组数字。（第八章）

优先认购权（preemptive right）

允许普通股股东在新股发行时保持其在公司中的所有权比例，因而保护其所有权免受稀释的权利。

（第七章）

优先股（preferred stock）

一种特殊形式的所有权，它定期支付固定股利，且支付顺序必须先于普通股股东。（第二章）

溢价（premium）

债券售价高于面值的部分。（第六章）

现值（present value）

一笔未来金额现在的价值，即在给定利率下，要想在特定时期后获得某个终值，现在必须投资的金额。（第五章）

总裁或首席执行官（president or chief executive officer，CEO）

负责管理日常经营并执行董事会制定的政策的公司高管。（第一章）

市盈率倍数法（price/earnings multiple approach）

一种常见的公司股票估值方法；它的计算方法是用公司的预期每股利润乘以该行业的平均市盈率。（第七章）

市盈（P/E）率（price/earnings（P/E）ratio）

投资者愿意为公司的每美元收益支付的价格；市盈率越高，投资者信心就越强。（第三章）

初级市场（primary market）

最初发行证券的金融市场；发行人直接参与交易的唯一市场。（第二章）

基本利率（prime rate of interest（prime rate））

主要银行对最重要的商业贷款人发放的商业贷款的最低利率。（第十五章）

本金（principal）

据以支付利息的货币金额。（第五章）

委托—代理关系（principal-agent relationship）

代理人代表委托人行动的安排。例如，公司股东（委托人）选举管理层（代理人）代表他们采取行动。（第一章）

私人持有（的股票）（privately owned（stock））

私人投资者持有的公司普通股；这种股票不公开交易。（第七章）

私募（private placement）

直接向投资者出售新证券。（第二章）

概率（probability）

给定结果的出现机会。（第八章）

概率分布（probability distribution）

将概率与相关结果联系起来的模型。（第八章）

出售旧资产的收入（proceeds from sale of old asset）

出售现有资产产生的现金流入减去拆除成本或清理成本。（第十一章）

处理在途期（processing float）

从收到款项到存入公司账户之间的时间。（第十四章）

盈利性（profitability）

使用公司的资产——流动资产和固定资产——在生产活动中创造的收入与成本的关系。（第十四章）

预计报表（pro forma statements）

预计利润表和预计资产负债表。（第四章）

招股说明书（prospectus）

登记表的一部分，它介绍了待发行股票、发行人及其管理层和财务状况的主要方面。（第七章）

代理权争夺战（proxy battle）

非管理层群体通过征集足够多的代理投票权控制公司管理层的做法。（第七章）

代理声明（proxy statement）

将股东投票权转让给另一方的声明。（第七章）

公共持有（的股票）（publicly owned（stock））

公众投资者公共持有的公司普通股；这种股票是公开交易的。（第七章）

公募（public offering）

向公众出售债券或股票。（第二章）

纯经济利润（pure economic profit）

高于特定业务的正常竞争收益率的利润。（第十章）

可回售债券（putable bond）

见表6.5。

季度复利（quarterly compounding）

每年按四期计算的复利。（第五章）

速动（酸性测试）比率（quick（acid-test）ratio）

一种流动性指标，计算方法是用公司的流动资产减去存货，再除以流动负债。（第三章）

收益率范围（range）

一种资产风险指标，计算方法是用乐观结果（最好结果）下的收益率减去悲观结果（最差结果）下的收益率。（第八章）

排序法（ranking approach）

根据某些预先确定的指标（例如收益率）对资本支出项目进行排序的方法。（第十章）

比率分析（ratio analysis）

涉及各种计算和解释财务比率以分析和监督公司业绩的方法。（第三章）

实物期权（real options）

内含于资本项目中，让财务经理可以改变现金流和风险以影响项目可接受性（净现值）的机会，也被称为战略期权。（第十一章）

实际利率（real rate of interest）

在一个没有通货膨胀、投资者没有流动性偏好、没有风险的完美世界中，实现了存款供给与资金需求之间的均衡的利率。

折旧回抵（recaptured depreciation）

资产售价高于账面价值、低于初始买价的部分。（第十一章）

回收期（recovery period）

用修正加速成本回收法确定的特定资产的适当应计折旧年限。（第四章）

红鲱鱼（red herring）

在证券交易委员会登记和批准之间的等待期，潜在投资者收到的预招股说明书。（第七章）

固定股利政策（regular dividend policy）

每期支付固定股利的股利政策。（第十三章）

相关现金流（relevant cash flows）

与计划资本支出相关的增量现金流出（投资）与产生的后续现金流入（收益）。（第十一章）

再订购点（reorder point）

再订购点等于提前天数乘以日使用量。（第十四章）

必要收益率（required return）
通常用于普通股等股权工具；通过卖出所有权获得的资金的成本。（第六章）
必要融资总额（required total financing）
当期期末现金小于理想最低现金余额时需要融资的金额；通常用应付票据表示。（第四章）
剩余股利理论（residual theory of dividends）
一种认为公司支付的股利应被视为剩余的思想流派，剩余是指已经执行所有可接受的投资机会后剩下的金额。（第十三章）
限制性条款（restrictive covenants）
对借款人的经营活动和金融活动进行约束的债券契约条款。（第六章）
留存收益（retained earnings）
所有收益的累计总额减去从公司成立起留存并用于再投资的股利。（第三章）
股权收益率（return on equity，ROE）
衡量普通股股东对公司的投资获得的收益率的比率。（第三章）
总资产收益率（return on total assets，ROA）
衡量管理层用可得资产创造利润的整体效率的比率；也被称为投资收益率。（第三章）
逆向股票分拆（reverse stock split）
公司用特定数量的流通股交换一股新股，使公司股票价格提高的方法。（第十三章）
周转信贷协议（revolving credit agreement）
不管资金多稀缺，商业银行都确保借款人可以得到规定金额信用额度的协议。（第十五章）
配股权（rights）
允许股东以低于市场价格的价格按直接持股比例购买更多股票的金融工具。（第七章）
风险（risk）
实际结果不同于预期结果的可能。（第一章）
风险（risk）
关于投资收益率不确定性的指标，更正式地讲，它是与特定资产相关的收益率波动性。（第八章）
风险调整贴现率（risk-adjusted discount rate，RADR）
给定项目充分补偿公司所有者（即保持或提高公司股价）所必须获得的收益率。（第十一章）
风险厌恶（risk averse）
要求为承担风险获得报酬。（第八章）
风险厌恶（risk averse）
风险厌恶型投资者需要更高的收益率来弥补风险的增加的对待风险的态度。
无风险利率（risk-free rate of return，R_F）
无风险资产——通常为 3 个月期美国国库券——的必要收益率。（第八章）
（资本预算中的）风险（risk（in capital budgeting））
项目产生的现金流的不确定性；更正式地讲，是现金流的波动程度。（第十一章）
风险中性（risk neutral）
不管投资风险有多高，投资者都选择预期收益率较高的投资的风险态度。（第八章）
（丧失清偿能力的）风险（risk（of insolvency））
公司无法按期偿还债务的可能性。（第十四章）
风险喜好（risk seeking）
即使投资的预期收益率较低，投资者也偏好高风险投资的风险态度。（第八章）
安全存货（safety stock）
为了防止重要物品缺货而持有的额外存货。（第十四章）

销售预测（sales forecast）

根据外部预测数据和（或）内部预测数据对公司在给定时期内的销售情况进行的预测；它是短期财务规划过程所需的主要信息。（第四章）

情景分析（scenario analysis）

使用多个可能结果（情景）获得对收益率波动性的感受的风险评估方法。（第八章）

季节性融资需求（seasonal funding requirement）

由于周期性销售而随着时间变化的营业资产投资。（第十四章）

二级市场（secondary market）

交易二手证券（非新发行证券）的金融市场。（第二章）

担保短期融资（secured short-term financing）

有特定资产作为担保品的短期融资（贷款）。（第十五章）

《1933 年证券法》（Securities Act of 1933）

规范在初级市场上向公众出售证券的行为的法案。（第二章）

证券交易委员会（Securities and Exchange Commission，SEC）

负责执行美国证券法律的主要政府机构。（第二章）

《1934 年证券交易法》（Securities Exchange Act of 1934）

规范股票和债券等证券的二级市场交易的法案。（第二章）

证券交易所（securities exchange）

为公司提供场所，让公司可以通过出售新证券筹资、买方可以转售证券的机构。（第二章）

证券化（securitization）

集中抵押贷款或其他类型的贷款，然后在二级市场上出售对这些贷款的索偿权或以其为基础的证券的过程。（第二章）

担保协议（security agreement）

借款人和贷款人签订的协议，它规定了贷款担保品。（第十五章）

证券市场线（security market line，SML）

根据资本资产定价模型绘制的反映市场上每个不可分散风险水平（贝塔系数）上的必要收益率的图形。（第八章）

销售集团（selling group）

加入发起投资银行的大量经纪公司；每家公司都承担销售一定比例新证券的责任，并根据其销售的证券收取佣金。（第七章）

半年复利（semiannual compounding）

每年按两期计算的复利。（第五章）

影子银行体系（shadow banking system）

一群从事贷款活动的金融机构，它们很像传统银行，但是这些金融机构不接受存款，因此不用遵守传统银行必须遵守的法规。（第二章）

短期（经营）财务规划（short-term（operating）financial plans）

规定了短期财务行动和这些行动的预期影响的规划。（第四章）

短期自动清偿贷款（short-term，self-liquidating loan）

提供了偿还贷款机制的无担保短期贷款。（第十五章）

信号（signal）

管理者的一种融资行为，它被认为反映了管理者对公司股票价值的观点；通常，债务融资被视为正面信号，表示管理者认为股票“价值被低估”，发行股票被视为负面信号，表示管理者认为股票“价值被高估”。（第十二章）

模拟（simulation）

一种使用预先确定的概率分布和随机数字估计风险结果的行为学统计方法。（第十一章）

一次性支付票据（single-payment note）

对在短期内需要特定用途资金的借款人发放的短期一次性贷款。（第十五章）

偿债基金要求（sinking-fund requirement）

债券契约中常见的限制性条款，它要求在债券到期前系统性地赎回债券。（第六章）

小额（普通）股票股利（small（ordinary）stock dividend）

不到宣布发放股利时流通普通股20%～25%的股票股利。（第十三章）

独资企业（sole proprietorship）

个人为营利而所有和经营的企业。（第一章）

自发性负债（spontaneous liabilities）

产生于正常商业过程的融资；这种负债的两个主要短期来源是应付账款和应计项目。（第十五章）

利益相关者（stakeholder）

员工、客户、供应商、债权人、所有者和其他与公司有直接经济联系的群体。（第一章）

标准债务条款（standard debt provisions）

规定了特定的记账惯例和一般商业惯例的债券契约条款；通常，它不会对财务稳健的公司形成负担。（第六章）

标准差（standard deviation，σ_r）

最常用的资产风险统计指标；它衡量了预期收益率附近的离散度。（第八章）

现金流量表（statement of cash flows）

提供了公司某个期间内的营业现金流、投资现金流和融资现金流以及现金与适销证券的变化的汇总表。（第三章）

留存收益表（statement of retained earnings）

显示给定年份获得的净收入和支付的现金股利以及该年年初与年末的留存收益变化的财务报表，是股东权益表的简化形式。（第三章）

股东权益表（statement of stockholders' equity）

显示给定年份发生的所有权益账户交易的财务报表。（第三章）

股票股利（stock dividend）

向现有股东支付的股票形式的股利。（第十三章）

股东（stockholders）

法人公司的所有者，其所有权，即股权，采取普通股的形式，偶尔也采取优先股的形式。（第一章）

股东报告（stockholders' report）

公众持股公司必须向股东提供的年度报告，它总结并记录了公司过去一年的财务活动。（第三章）

股票期权（stock option）

公司授予的期权，它允许管理层从股价升高中获益。（第一章）

股票分拆（stock split）

通过增加每位股东的持股数量而降低公司股票市场价格的常用方法。（第十三章）

延长应付账款付款期（stretching accounts payable）

尽可能晚地支付账款，而不损害公司的信用评级。（第十五章）

次级信用债券（subordinated debenture）

见表6.4。

次级（subordination）

在债券契约中规定后续债权人同意等到全部偿还高级债务之后再获得偿还的条款。（第六章）

沉没成本（sunk costs）

已经支出（历史支出）因而对当前决策的相关现金流没有影响的现金。（第十一章）

超级投票权股票（supervoting shares）

每股拥有多票投票权而非普通股通常拥有一票投票权的股票。（第七章）

目标股利分配比率（target dividend-payout ratio）

根据该政策，公司试图分配特定比例的利润作为规定股利并进行调整，使股利随着稳定的利润增加逐渐达到目标股利分配比率。（第十三章）

目标权重（target weights）

基于理想资本结构比例的账面价值权重或市场价值权重。（第九章）

出售旧资产的应纳税款（tax on sale of old asset）

取决于旧资产的售价与账面价值的关系以及政府的现有税收规定。（第十一章）

要约股票回购（tender offer repurchase）

公司提出回购固定数量的股票，通常是以市场价格的溢价回购，股东决定是否以该价格回售股票的回购计划。（第十三章）

期终现金流（terminal cash flow）

项目最后一年产生的税后非营业现金流。它通常是变现项目的收入。（第十一章）

利率期限结构（term structure of interest rates）

具有类似风险水平的债券的期限和收益率的关系。（第六章）

时间线（time line）

最左端为时点 0，从左向右标出未来时期的水平线；可以用来描述投资现金流。（第五章）

时间序列分析（time-series analysis）

用财务比率分析评估公司财务业绩随时间变化的方法。（第三章）

利息保障倍数（times interest earned ratio）

衡量了公司按合同支付利息的能力；它有时被称为利息保障比率。（第三章）

总资产周转率（total asset turnover）

表示公司用资产创造销售收入的效率的比率。（第三章）

总现金支出（total cash disbursements）

某家公司在给定财务时期内的所有现金支出。（第四章）

总现金收入（total cash receipts）

某家公司在给定财务时期内的所有现金流入。（第四章）

总存货成本（total cost of inventory）

存货的订单成本和持有成本之和。（第十四章）

总杠杆（total leverage）

使用固定成本——固定营业成本和固定财务成本——放大销量变化对公司每股收益的影响。（第十二章）

总收益率（total rate of return）

给定时期内的总收益或总亏损与投资之比。计算方法为资产在该期的现金分配与资产价值变化之和除以期初投资价值。（第八章）

总风险（total risk）

证券的不可分散风险与可分散风险之和。（第八章）

财务主管（treasurer）

公司的首席财务经理，负责管理企业的现金、监督企业的养老金计划并管理重要风险。（第一章）

库存股（treasury stock）

公司持有的已发行普通股；通常这些股票是被公司回购的。（第一章）

受托人（trustee）

受雇作为债券契约第三方行事并在契约条款被违反时代表债券持有者采取特定行动的个人、公司或商业银行信托部。（第六章）

信托收据存货贷款（trust receipt inventory loan）

以存货为担保品的担保短期贷款，其中贷款人发放金额相当于借款人相对昂贵的存货成本的80%～100%的贷款，以换取借款人在出售每件担保品后立即偿还贷款和支付利息的承诺。（第十五章）

双箱法（two-bin method）

一种简单的存货管理方法，它通常适用于C类物品，方法是在两个箱子之一空了的时候重新订购存货。（第十四章）

不相关（uncorrelated）

形容没有相互影响，因此相关系数接近零的两组数据。（第八章）

抑价（股票）（underpriced）

以低于当前市场价格 P_0 的价格出售的股票。（第九章）

承销（underwriting）

投资银行以协议价格向发行公司购买证券，并承担将其再出售给公众以获得利润的风险的作用。（第七章）

承销辛迪加（underwriting syndicate）

由一家投资银行组建、其他银行参与的分担与承销新证券相关的金融风险的集团。（第七章）

无限资金（unlimited funds）

公司能接受所有提供可接受收益率的独立项目的财务状况。（第十章）

无限责任（unlimited liability）

独资企业（或一般合伙企业）的条件，它赋予债权人要求用企业主的个人资产偿还企业债务的权利。（第一章）

无担保短期融资（unsecured short-term financing）

无须抵押特定资产作为担保品的短期融资。（第十五章）

美国国库券（U.S. Treasury bills，T-bills）

美国财政部发行的短期债券；被视为无风险资产。（第八章）

估值（valuation）

将风险与收益联系起来以确定资产价值的过程。（第六章）

可变增长模型（variable-growth model）

允许股利增长率变化的股利估值方法。（第七章）

风险投资（venture capital）

成长前景诱人的早期阶段公司通过私人筹集的外部股权资本。（第七章）

风险投资人（venture capitalists，VCs）

风险投资提供者；它们通常是对所投资的公司保持严密监督并有明确退出策略的正规公司。（第七章）

仓单质押贷款（warehouse receipt loan）

贷款人获得被质押存货担保品控制权的担保短期贷款，这些担保品由指定仓储公司代表贷款人储存。（第十五章）

加权平均资本成本（weighted average cost of capital，WACC，r_a）

反映了长期内的预期平均未来资本成本；它的计算方法是用每类资本在公司资本结构中所占的比例对每类资本成本加权。（第九章）

广泛持有（的股票）（widely owned（stock））

许多无关个人或机构投资者持有的公司普通股。（第七章）

电汇（wire transfer）

一种电子通信方式，它通过登记账簿将资金从付款人的银行中提取出来，然后存入收款人的银行。（第十四章）

营运资本（ working capital）

流动资产，它表示在普通经营活动中从一种形式转化为另一种形式的那部分投资。（第十四章）

营运资本（或短期财务）管理（working capital（or short-term financial）management）

流动资产和流动负债的管理。（第十四章）

收益率曲线（yield curve）

描述利率期限结构的图形。（第六章）

到期收益率（yield to maturity，YTM）

在给定时间购买并持有至到期的债券获得的年复利利率。（第六章）

零余额账户（zero-balance account，ZBA）

每天结束时账户余额恒为零的支付账户，因为每天只有当收到需要从该账户付款的支票时，公司才存入恰好相当于支票金额的资金。（第十四章）

零增长模型（zero-growth model）

假设存在固定、无增长的股利流的股利估值方法。（第七章）

零息（或低息）债券（zero-（or low-）coupon bond）

见表 6.5。

译后记

财务管理研究的是企业资金的获得与管理，具体而言就是企业对资金的计划、筹集、使用和分配。现代意义上的财务管理是随着 19 世纪末 20 世纪初股份公司的兴起而发展起来的。企业规模的扩大要求企业以更有效的方式筹措到更多资金，这种需要促进了资本市场的繁荣和各种金融工具的发展，同时也使财务管理变得更加复杂。1952 年，美国著名财务学家哈里·马科维茨在《金融杂志》上发表的《资产组合选择》一文奠定了财务理论发展的基石。该文连同其后陆续产生的资本资产定价理论、有效市场假说以及套利定价理论等共同构成了当代财务理论的基本框架。以此为标志，财务管理日益规范化，在公司内部管理中也逐渐占据了重要地位。如今，全球经济一体化、企业集团化与国际化、日新月异的信息技术、新兴市场与新的理财观念、消费信贷的兴起等已使财务管理深入经济生活的方方面面，成为一门兼具理论深度和实际意义的经济学科。

对于有兴趣了解财务管理知识的读者，这本内容全面、层次清晰的入门教科书将是非常合适的选择。它的两位作者都拥有在美国著名大学教授财务学的丰富经验，本书前几版已经经过多所大学的实际教学检验，在本次修订中，本书吸取了诸多优秀审稿人和学者的意见，增加了以 IRF 标示的利率系数案例和附录等内容。实际上，不仅是财务学或会计学专业的学生，信息系统、管理、市场营销和经营等方面的学习者和从业者都可以从本书中受益。这是因为财务管理已经成为企业不可分割的有机部分。为了帮助读者明确学习财务管理的意义，每章开篇都简要介绍了本章内容对于不同领域的重要性。同时，即使对于在工作中较少涉及财务内容的读者而言，了解一些基本财务原则也有助于合理制定财务目标、准确衡量投资的风险与收益、有效管理个人资金并做出正确的财务决策。

和一些财务学教科书不同，本书没有一开始就介绍货币的时间价值和利率等基础概念，而是首先讨论了学习财务管理的意义、财务部门与企业其他部门的关系、企业所处的市场环境、金融危机和金融市场监管对财务管理的要求与财务管理面临的挑战等内容，使读者从宏观上了解财务管理的作用和必要性。同时，本书开宗明义地提出财务决策的目标是最大化公司的整体财富，并围绕该目标，循序渐进地介绍财务工具、证券估值以及投资决策等具体的财务知识，帮助读者在庞杂的财务比率和财务报表分析中理出一条主线，启发读者思考并巩固对基础财务概念与原则的理解。

此外，本书还配有大量案例专栏，包括以实证为主的“实例分析”、作为解题示范的案例、以真实公司和商业环境为背景的“实务焦点”以及将财务决策与道德选择相结合的“道德焦点”等。通过这些专栏，读者将更深刻地体会到财务管理与实际工作和生活的密切关系。最后，每章末尾的自测题、热身练习和习题等可供读者运用本章学习的工具检验对相关知识的理解。书末附录提供了部分自测题的参考答案。

在本书的翻译过程中，我的朋友于海跃和李明星提供了宝贵的参考意见，在此向她们表示衷心的感谢。同时也要感谢中国人民大学出版社编辑们认真细致的工作，他们为本书的质量提供了有力保障。囿于本人能力水平，译稿中的错漏在所难免，希望各位读者不吝赐教。

路蒙佳

经济科学译丛						
序号	书名	作者	Author	单价	出版年份	ISBN
1	经济学精要(第六版)	巴德、帕金	Bade, Parkin	89.00	2018	978-7-300-24749-6
2	空间计量经济学——空间数据的分位数回归	丹尼尔·P. 麦克米伦	Daniel P. McMillen	30.00	2018	978-7-300-23949-1
3	高级宏观经济学基础(第二版)	本·J. 海德拉	Ben J. Heijdra	88.00	2018	978-7-300-25147-9
4	税收经济学(第二版)	伯纳德·萨拉尼耶	Bernard Salanié	42.00	2018	978-7-300-23866-1
5	公司治理(第五版)	罗伯特·A.G. 蒙克斯	Robert A. G. Monks	69.80	2017	978-7-300-24972-8
6	国际经济学(第15版)	罗伯特·J. 凯伯	Robert J. Carbaugh	78.00	2017	978-7-300-24844-8
7	经济理论和方法史(第五版)	小罗伯特·B. 埃克伦德等	Robert B. Ekelund. Jr.	88.00	2017	978-7-300-22497-8
8	经济地理学	威廉·P. 安德森	William P. Anderson	59.80	2017	978-7-300-24544-7
9	博弈与信息:博弈论概论(第四版)	艾里克·拉斯穆森	Eric Rasmusen	79.80	2017	978-7-300-24546-1
10	MBA宏观经济学	莫里斯·A. 戴维斯	Morris A. Davis	38.00	2017	978-7-300-24268-2
11	经济学基础(第十六版)	弗兰克·V. 马斯切纳	Frank V. Mastrianna	42.00	2017	978-7-300-22607-1
12	高级微观经济学:选择与竞争性市场	戴维·M. 克雷普斯	David M. Kreps	79.80	2017	978-7-300-23674-2
13	博弈论与机制设计	Y. 内拉哈里	Y. Narahari	69.80	2017	978-7-300-24209-5
14	宏观经济学精要:理解新闻中的经济学(第三版)	彼得·肯尼迪	Peter Kennedy	45.00	2017	978-7-300-21617-1
15	宏观经济学(第十二版)	鲁迪格·多恩布什等	Rudiger Dornbusch	69.00	2017	978-7-300-23772-5
16	国际金融与开放宏观经济学:理论、历史与政策	亨德里克·范登伯格	Hendrik Van den Berg	68.00	2016	978-7-300-23380-2
17	经济学(微观部分)	达龙·阿西莫格鲁等	Daron Acemoglu	59.00	2016	978-7-300-21786-4
18	经济学(宏观部分)	达龙·阿西莫格鲁等	Daron Acemoglu	45.00	2016	978-7-300-21886-1
19	发展经济学	热若尔·罗兰	Gérard Roland	79.00	2016	978-7-300-23379-6
20	中级微观经济学——直觉思维与数理方法(上下册)	托马斯·J·内契巴	Thomas J. Nechyba	128.00	2016	978-7-300-22363-6
21	环境与自然资源经济学(第十版)	汤姆·蒂坦伯格等	Tom Tietenberg	72.00	2016	978-7-300-22900-3
22	劳动经济学基础(第二版)	托马斯·海克拉克等	Thomas Hyclak	65.00	2016	978-7-300-23146-4
23	货币金融学(第十一版)	弗雷德里克·S·米什金	Frederic S. Mishkin	85.00	2016	978-7-300-23001-6
24	动态优化——经济学和管理学中的变分法和最优控制(第二版)	莫顿·I·凯曼等	Morton I. Kamien	48.00	2016	978-7-300-23167-9
25	用Excel学习中级微观经济学	温贝托·巴雷托	Humberto Barreto	65.00	2016	978-7-300-21628-7
26	宏观经济学(第九版)	N·格里高利·曼昆	N. Gregory Mankiw	72.00	2016	978-7-300-23038-2
27	国际经济学:理论与政策(第十版)	保罗·R·克鲁格曼等	Paul R. Krugman	89.00	2016	978-7-300-22710-8
28	国际金融(第十版)	保罗·R·克鲁格曼等	Paul R. Krugman	55.00	2016	978-7-300-22089-5
29	国际贸易(第十版)	保罗·R·克鲁格曼等	Paul R. Krugman	42.00	2016	978-7-300-22088-8
30	经济学精要(第3版)	斯坦利·L·布鲁伊等	Stanley L. Brue	58.00	2016	978-7-300-22301-8
31	经济分析史(第七版)	英格里德·H·里马	Ingrid H. Rima	72.00	2016	978-7-300-22294-3
32	投资学精要(第九版)	兹维·博迪等	Zvi Bodie	108.00	2016	978-7-300-22236-3
33	环境经济学(第二版)	查尔斯·D·科尔斯塔德	Charles D. Kolstad	68.00	2016	978-7-300-22255-4
34	MWG《微观经济理论》习题解答	原千晶等	Chiaki Hara	75.00	2016	978-7-300-22306-3
35	现代战略分析(第七版)	罗伯特·M·格兰特	Robert M. Grant	68.00	2016	978-7-300-17123-4
36	横截面与面板数据的计量经济分析(第二版)	杰弗里·M·伍德里奇	Jeffrey M. Wooldridge	128.00	2016	978-7-300-21938-7
37	宏观经济学(第十二版)	罗伯特·J·戈登	Robert J. Gordon	75.00	2016	978-7-300-21978-3
38	动态最优化基础	蒋中一	Alpha C. Chiang	42.00	2015	978-7-300-22068-0
39	城市经济学	布伦丹·奥弗莱厄蒂	Brendan O'Flaherty	69.80	2015	978-7-300-22067-3
40	管理经济学:理论、应用与案例(第八版)	布鲁斯·艾伦等	Bruce Allen	79.80	2015	978-7-300-21991-2
41	经济政策:理论与实践	阿格尼丝·贝纳西-奎里等	Agnès Bénassy-Quéré	79.80	2015	978-7-300-21921-9
42	微观经济分析(第三版)	哈尔·R·范里安	Hal R. Varian	68.00	2015	978-7-300-21536-5
43	财政学(第十版)	哈维·S·罗森等	Harvey S. Rosen	68.00	2015	978-7-300-21754-3
44	经济数学(第三版)	迈克尔·霍伊等	Michael Hoy	88.00	2015	978-7-300-21674-4
45	发展经济学(第九版)	A.P. 瑟尔沃	A. P. Thirlwall	69.80	2015	978-7-300-21193-0
46	宏观经济学(第五版)	斯蒂芬·D·威廉森	Stephen D. Williamson	69.00	2015	978-7-300-21169-5
47	资源经济学(第三版)	约翰·C·伯格斯特罗姆等	John C. Bergstrom	58.00	2015	978-7-300-20742-1
48	应用中级宏观经济学	凯文·D·胡佛	Kevin D. Hoover	78.00	2015	978-7-300-21000-1
49	计量经济学导论:现代观点(第五版)	杰弗里·M·伍德里奇	Jeffrey M. Wooldridge	99.00	2015	978-7-300-20815-2
50	现代时间序列分析导论(第二版)	约根·沃特斯等	Jürgen Wolters	39.80	2015	978-7-300-20625-7
51	空间计量经济学——从横截面数据到空间面板	J·保罗·埃尔霍斯特	J. Paul Elhorst	32.00	2015	978-7-300-21024-7
52	国际经济学原理	肯尼思·A·赖纳特	Kenneth A. Reinert	58.00	2015	978-7-300-20830-5
53	经济写作(第二版)	迪尔德丽·N·麦克洛斯基	Deirdre N. McCloskey	39.80	2015	978-7-300-20914-2

经济科学译丛						
序号	书名	作者	Author	单价	出版年份	ISBN
54	计量经济学方法与应用(第五版)	巴蒂·H·巴尔塔基	Badi H. Baltagi	58.00	2015	978-7-300-20584-7
55	战略经济学(第五版)	戴维·贝赞可等	David Besanko	78.00	2015	978-7-300-20679-0
56	博弈论导论	史蒂文·泰迪里斯	Steven Tadelis	58.00	2015	978-7-300-19993-1
57	社会问题经济学(第二十版)	安塞尔·M·夏普等	Ansel M. Sharp	49.00	2015	978-7-300-20279-2
58	博弈论:矛盾冲突分析	罗杰·B·迈尔森	Roger B. Myerson	58.00	2015	978-7-300-20212-9
59	时间序列分析	詹姆斯·D·汉密尔顿	James D. Hamilton	118.00	2015	978-7-300-20213-6
60	经济问题与政策(第五版)	杰奎琳·默里·布鲁克斯	Jacqueline Murray Brux	58.00	2014	978-7-300-17799-1
61	微观经济理论	安德鲁·马斯-克莱尔等	Andreu Mas-Collel	148.00	2014	978-7-300-19986-3
62	产业组织:理论与实践(第四版)	唐·E·瓦尔德曼等	Don E. Waldman	75.00	2014	978-7-300-19722-7
63	公司金融理论	让·梯若尔	Jean Tirole	128.00	2014	978-7-300-20178-8
64	经济学精要(第三版)	R·格伦·哈伯德等	R. Glenn Hubbard	85.00	2014	978-7-300-19362-5
65	公共部门经济学	理查德·W·特里西	Richard W. Tresch	49.00	2014	978-7-300-18442-5
66	计量经济学原理(第六版)	彼得·肯尼迪	Peter Kennedy	69.80	2014	978-7-300-19342-7
67	统计学:在经济中的应用	玛格丽特·刘易斯	Margaret Lewis	45.00	2014	978-7-300-19082-2
68	产业组织:现代理论与实践(第四版)	林恩·佩波尔等	Lynne Pepall	88.00	2014	978-7-300-19166-9
69	计量经济学导论(第三版)	詹姆斯·H·斯托克等	James H. Stock	69.00	2014	978-7-300-18467-8
70	发展经济学导论(第四版)	秋山裕	秋山裕	39.80	2014	978-7-300-19127-0
71	中级微观经济学(第六版)	杰弗里·M·佩罗夫	Jeffrey M. Perloff	89.00	2014	978-7-300-18441-8
72	平狄克《微观经济学》(第八版)学习指导	乔纳森·汉密尔顿等	Jonathan Hamilton	32.00	2014	978-7-300-18970-3
73	微观经济学(第八版)	罗伯特·S·平狄克等	Robert S. Pindyck	79.00	2013	978-7-300-17133-3
74	微观银行经济学(第二版)	哈维尔·弗雷克斯等	Xavier Freixas	48.00	2014	978-7-300-18940-6
75	施米托夫论出口贸易——国际贸易法律与实务(第11版)	克利夫·M·施米托夫等	Clive M. Schmitthoff	168.00	2014	978-7-300-18425-8
76	微观经济学思维	玛莎·L·奥尔尼	Martha L. Olney	29.80	2013	978-7-300-17280-4
77	宏观经济学思维	玛莎·L·奥尔尼	Martha L. Olney	39.80	2013	978-7-300-17279-8
78	计量经济学原理与实践	达摩达尔·N·古扎拉蒂	Damodar N. Gujarati	49.80	2013	978-7-300-18169-1
79	现代战略分析案例集	罗伯特·M·格兰特	Robert M. Grant	48.00	2013	978-7-300-16038-2
80	高级国际贸易:理论与实证	罗伯特·C·芬斯特拉	Robert C. Feenstra	59.00	2013	978-7-300-17157-9
81	经济学简史——处理沉闷科学的巧妙方法(第二版)	E·雷·坎特伯里	E. Ray Canterbery	58.00	2013	978-7-300-17571-3
82	管理经济学(第四版)	方博亮等	Ivan Png	80.00	2013	978-7-300-17000-8
83	微观经济学原理(第五版)	巴德、帕金	Bade, Parkin	65.00	2013	978-7-300-16930-9
84	宏观经济学原理(第五版)	巴德、帕金	Bade, Parkin	63.00	2013	978-7-300-16929-3
85	环境经济学	彼得·伯克等	Peter Berck	55.00	2013	978-7-300-16538-7
86	高级微观经济理论	杰弗里·杰里	Geoffrey A. Jehle	69.00	2012	978-7-300-16613-1
87	多恩布什《宏观经济学(第十版)》学习指导	鲁迪格·多恩布什等	Rudiger Dornbusch	29.00	2012	978-7-300-16030-6
88	高级宏观经济学导论:增长与经济周期(第二版)	彼得·伯奇·索伦森等	Peter Birch Sørensen	95.00	2012	978-7-300-15871-6
89	宏观经济学:政策与实践	弗雷德里克·S·米什金	Frederic S. Mishkin	69.00	2012	978-7-300-16443-4
90	宏观经济学(第二版)	保罗·克鲁格曼	Paul Krugman	45.00	2012	978-7-300-15029-1
91	微观经济学(第二版)	保罗·克鲁格曼	Paul Krugman	69.80	2012	978-7-300-14835-9
92	克鲁格曼《微观经济学(第二版)》学习手册	伊丽莎白·索耶·凯利	Elizabeth Sawyer Kelly	58.00	2013	978-7-300-17002-2
93	克鲁格曼《宏观经济学(第二版)》学习手册	伊丽莎白·索耶·凯利	Elizabeth Sawyer Kelly	36.00	2013	978-7-300-17024-4
94	微观经济学(第十一版)	埃德温·曼斯费尔德	Edwin Mansfield	88.00	2012	978-7-300-15050-5
95	国际宏观经济学	罗伯特·C·芬斯特拉等	Feenstra, Taylor	64.00	2011	978-7-300-14795-6
96	卫生经济学(第六版)	舍曼·富兰德等	Sherman Folland	79.00	2011	978-7-300-14645-4
97	宏观经济学(第七版)	安德鲁·B·亚伯等	Andrew B. Abel	78.00	2011	978-7-300-14223-4
98	现代劳动经济学:理论与公共政策(第十版)	罗纳德·G·伊兰伯格等	Ronald G. Ehrenberg	69.00	2011	978-7-300-14482-5
99	宏观经济学(第七版)	N·格里高利·曼昆	N. Gregory Mankiw	65.00	2011	978-7-300-14018-6
100	宏观经济学:理论与政策(第九版)	理查德·T·弗罗恩	Richard T. Froyen	55.00	2011	978-7-300-14108-4
101	经济学原理(第四版)	威廉·博伊斯等	William Boyes	59.00	2011	978-7-300-13518-2
102	计量经济学基础(第五版)(上下册)	达摩达尔·N·古扎拉蒂	Damodar N. Gujarati	99.00	2011	978-7-300-13693-6
103	《计量经济学基础》(第五版)学生习题解答手册	达摩达尔·N·古扎拉蒂等	Damodar N. Gujarati	23.00	2012	978-7-300-15080-8

经济科学译丛

序号	书名	作者	Author	单价	出版年份	ISBN
104	计量经济分析(第六版)(上下册)	威廉·H·格林	William H. Greene	128.00	2011	978-7-300-12779-8
105	国际贸易	罗伯特·C·芬斯特拉等	Robert C. Feenstra	49.00	2011	978-7-300-13704-9
106	经济增长(第二版)	戴维·N·韦尔	David N. Weil	63.00	2011	978-7-300-12778-1
107	投资科学	戴维·G·卢恩伯格	David G. Luenberger	58.00	2011	978-7-300-14747-5
108	宏观经济学(第十版)	鲁迪格·多恩布什等	Rudiger Dornbusch	60.00	2010	978-7-300-11528-3
109	金融学(第二版)	兹维·博迪等	Zvi Bodie	59.00	2010	978-7-300-11134-6
110	博弈论	朱·弗登博格等	Drew Fudenberg	68.00	2010	978-7-300-11785-0

金融学译丛

序号	书名	作者	Author	单价	出版年份	ISBN
1	财务管理基础(第七版)	劳伦斯·J. 吉特曼等	Lawrence J. Gitman	89.00	2018	978-7-300-25339-8
2	固定收益证券手册(第八版)	弗兰克·J. 法博齐	Frank J. Fabozzi	228.00	2017	978-7-300-24227-9
3	金融市场与金融机构(第8版)	弗雷德里克·S. 米什金等	Frederic S. Mishkin	86.00	2017	978-7-300-24731-1
4	兼并、收购和公司重组(第六版)	帕特里克·A. 高根	Patrick A. Gaughan	79.00	2017	978-7-300-24231-6
5	债券市场:分析与策略(第九版)	弗兰克·J·法博齐	Frank J. Fabozzi	98.00	2016	978-7-300-23495-3
6	财务报表分析(第四版)	马丁·弗里德森	Martin Fridson	46.00	2016	978-7-300-23037-5
7	国际金融学	约瑟夫·P·丹尼尔斯等	Joseph P. Daniels	65.00	2016	978-7-300-23037-1
8	国际金融	阿德里安·巴克利	Adrian Buckley	88.00	2016	978-7-300-22668-2
9	个人理财(第六版)	阿瑟·J·基翁	Arthur J. Keown	85.00	2016	978-7-300-22711-5
10	投资学基础(第三版)	戈登·J·亚历山大等	Gordon J. Alexander	79.00	2015	978-7-300-20274-7
11	金融风险管理(第二版)	彼德·F·克里斯托弗森	Peter F. Christoffersen	46.00	2015	978-7-300-21210-4
12	风险管理与保险管理(第十二版)	乔治·E·瑞达等	George E. Rejda	95.00	2015	978-7-300-21486-3
13	个人理财(第五版)	杰夫·马杜拉	Jeff Madura	69.00	2015	978-7-300-20583-0
14	企业价值评估	罗伯特·A·G·蒙克斯等	Robert A. G. Monks	58.00	2015	978-7-300-20582-3
15	基于Excel的金融学原理(第二版)	西蒙·本尼卡	Simon Benninga	79.00	2014	978-7-300-18899-7
16	金融工程学原理(第二版)	萨利赫·N·内夫特奇	Salih N. Neftci	88.00	2014	978-7-300-19348-9
17	投资学导论(第十版)	赫伯特·B·梅奥	Herbert B. Mayo	69.00	2014	978-7-300-18971-0
18	国际金融市场导论(第六版)	斯蒂芬·瓦尔德斯等	Stephen Valdez	59.80	2014	978-7-300-18896-6
19	金融数学:金融工程引论(第二版)	马雷克·凯宾斯基等	Marek Capinski	42.00	2014	978-7-300-17650-5
20	财务管理(第二版)	雷蒙德·布鲁克斯	Raymond Brooks	69.00	2014	978-7-300-19085-3
21	期货与期权市场导论(第七版)	约翰·C·赫尔	John C. Hull	69.00	2014	978-7-300-18994-2
22	固定收益证券手册(第七版)	弗兰克·J·法博齐	Frank J. Fabozzi	188.00	2014	978-7-300-17001-5
23	国际金融:理论与实务	皮特·塞尔居	Piet Sercu	88.00	2014	978-7-300-18413-5
24	金融市场与金融机构(第7版)	弗雷德里克·S·米什金 斯坦利·G·埃金斯	Frederic S. Mishkin Stanley G. Eakins	79.00	2013	978-7-300-18129-5
25	货币、银行和金融体系	R·格伦·哈伯德等	R. Glenn Hubbard	75.00	2013	978-7-300-17856-1
26	并购创造价值(第二版)	萨德·苏达斯纳	Sudi Sudarsanam	89.00	2013	978-7-300-17473-0
27	个人理财——理财技能培养方法(第三版)	杰克·R·卡普尔等	Jack R. Kapoor	66.00	2013	978-7-300-16687-2
28	国际财务管理	吉尔特·贝克特	Geert Bekaert	95.00	2012	978-7-300-16031-3
29	金融理论与公司政策(第四版)	托马斯·科普兰等	Thomas Copeland	69.00	2012	978-7-300-15822-8
30	应用公司财务(第三版)	阿斯沃思·达摩达兰	Aswath Damodaran	88.00	2012	978-7-300-16034-4
31	资本市场:机构与工具(第四版)	弗兰克·J·法博齐	Frank J. Fabozzi	85.00	2011	978-7-300-13828-2
32	衍生品市场(第二版)	罗伯特·L·麦克唐纳	Robert L. McDonald	98.00	2011	978-7-300-13130-6
33	跨国金融原理(第三版)	迈克尔·H·莫菲特等	Michael H. Moffett	78.00	2011	978-7-300-12781-1
34	统计与金融	戴维·鲁珀特	David Ruppert	48.00	2010	978-7-300-11547-4
35	国际投资(第六版)	布鲁诺·索尔尼克等	Bruno Solnik	62.00	2010	978-7-300-11289-3

图书在版编目（CIP）数据

财务管理基础：第七版/（ ）劳伦斯·J. 吉特曼，（ ）查德·J. 祖特著；路蒙佳译. —北京：中国人民大学出版社，2018.1
（金融学译丛）
ISBN 978-7-300-25339-8

Ⅰ.①财… Ⅱ.①劳…②查…③路… Ⅲ.①财务管理 Ⅳ.①F275

中国版本图书馆 CIP 数据核字（2018）第 002554 号

金融学译丛
财务管理基础（第七版）
劳伦斯·J. 吉特曼
查德·J. 祖特 著
路蒙佳 译
Caiwu Guanli Jichu

出版发行	中国人民大学出版社		
社　　址	北京中关村大街 31 号	邮政编码	100080
电　　话	010－62511242（总编室）		010－62511770（质管部）
	010－82501766（邮购部）		010－62514148（门市部）
	010－62515195（发行公司）		010－62515275（盗版举报）
网　　址	http://www.crup.com.cn		
	http://www.ttrnet.com（人大教研网）		
经　　销	新华书店		
印　　刷	北京市鑫霸印务有限公司		
规　　格	185 mm×260 mm　16 开本	版　　次	2018 年 1 月第 1 版
印　　张	37 插页 1	印　　次	2018 年 1 月第 1 次印刷
字　　数	946 000	定　　价	89.00 元

Pearson

尊敬的老师：

您好！

为了确保您及时有效地申请培生整体教学资源，请您务必完整填写如下表格，加盖学院的公章后传真给我们，我们将会在2～3个工作日内为您处理。

请填写所需教辅的开课信息：

采用教材			□ 中文版 □ 英文版 □ 双语版
作　者		出版社	
版　次		ISBN	
课程时间	始于　　年　月　日	学生人数	
	止于　　年　月　日	学生年级	□ 专科　□ 本科 1/2 年级 □ 研究生　□ 本科 3/4 年级

请填写您的个人信息：

学　校			
院系/专业			
姓　名		职　称	□ 助教 □ 讲师 □ 副教授 □ 教授
通信地址/邮编			
手　机		电　话	
传　真			
official email（必填） （eg：×××@ruc. edu. cn）		email （eg：×××@163. com）	
是否愿意接受我们定期的新书讯息通知：　□ 是　□ 否			

系/院主任：________________（签字）

（系 / 院办公室章）

___年___月___日

资源介绍：

——教材、常规教辅（PPT、教师手册、题库等）资源：请访问 www. pearsonhighered. com/educator。（免费）

——MyLabs/Mastering 系列在线平台：适合老师和学生共同使用；访问需要 Access Code。（付费）

100013　北京市东城区北三环东路 36 号环球贸易中心 D 座 1208 室

电话：(8610) 57355003　　传真：(8610) 58257961

Please send this form to：